দ্য লেট দেম থিওরি

দ্য লেট দেম থিওরি

জীবন বদলে দেওয়া এক অনন্য পদ্ধতি যা লক্ষ লক্ষ মানুষের অন্তহীন আলোচনার বিষয়বস্তু

মেল রবিন্স

অনুবাদ : প্রতীক কুমার মুখার্জী

MANJUL

মঞ্জুল পাবলিশিং হাউস

First published in India by

MANJUL

Manjul Publishing House

Corporate and Editorial Office

• 2nd Floor, Usha Preet Complex, 42 Malviya Nagar, Bhopal 462 003 – India

Sales and Marketing Office

• C-16, Sector 3, Noida, Uttar Pradesh 201301 – India

Website: www.manjulindia.com

Distribution Centres

Ahmedabad, Bengaluru, Kochi, Kolkata, Chennai,
Hyderabad, Mumbai, New Delhi, Pune

Bengali translation of *The Let Them Theory* by Mel Robbins

English edition first published by Hay House Publishers

Bengali translation published by Manjul Publishing House, by arrangement with 143 STUDIOS PUBLISHING c/o Hodgman Literary, USA in association with Europa Content.

This Bengali edition first published in 2026

ISBN 978-93-7317-656-7

Translated by Pratik Kumar Mukherjee

Cover design: Peter Garceau
Interior design and illustrations: Julie Davison

Printed and bound in India by Repro India Limited

আমার কন্যা সয়্যারের উদ্দেশ্যে,
যার সাহায্য ছাড়া এই বই লেখা সম্ভব ছিল না।

এই অভিজ্ঞতা তোমার সঙ্গে ভাগ করে নিতে আমার ভালো লেগেছিল,
যদিও একাধিক পরিস্থিতিতে তুমি আমার মৃত্যুকামনা করেছিলে।

যেমন সবাই বলে থাকে, *ওদের সুযোগ দিন (লেট দেম)*।

সূচিপত্র

দ্য লেট দেম থিওরি এবং আপনার জীবনের পারস্পরিক সম্পর্ক

সূচনা

আমার কথা

একচল্লিশ বছর বয়সে পৌঁছে আমি একদিন হঠাৎ আবিষ্কার করি যে আমাদের মাথার উপরে খাঁড়ার মতো ঝুলছে ৮০০,০০০ ডলারের ঋণ—সেই সময়ে আমি আক্ষরিক অর্থে কর্মহীন এবং আমার স্বামীর রেস্তোরাঁর ব্যবসাটি চোখের সামনে চূর্ণবিচূর্ণ হয়ে মাটিতে মিশে যাওয়ার দাখিল। সেই মুহূর্তে মনে হয়েছিল, জীবনে আমরা সম্পূর্ণভাবে অকৃতকার্য এবং সেই পাহাড়প্রমাণ ঋণের ভার লাঘব করা আমাদের পক্ষে কখনোই সম্ভব নয়।

রীতিমত ঈর্ষার দৃষ্টিতে দেখতাম, আমার বন্ধুবান্ধবরা যখন নিজেদের কর্মক্ষেত্রে ক্রমাগতভাবে সাফল্যের সিঁড়ি বেয়ে উপরে উঠছেন, তখন নিত্যপ্রয়োজনীয় রসদটুকু খাবার টেবিলে পৌঁছে দিতে আমাদের দাঁতে দাঁত চেপে লড়াই চালাতে হচ্ছে। কর্মস্থল থেকে ছাঁটাই হওয়ার অব্যবহিত পরে, সেই মুহূর্তে নিজের জীবন সম্পর্কে আমি দিশাহারা হয়ে পড়েছিলাম: ইতিমধ্যে আমি ক্রমান্বয়ে নিউ ইয়র্ক শহরের লিগ্যাল এইড সোসাইটিতে একজন সরকারি উকিল হিসেবে বহাল হওয়ার চেষ্টা করি, বোস্টনের একটি নামজাদা ফার্মে অস্থায়ী উকিল হিসেবে কাজ করি, অনামী কিছু স্টার্টআপে কাজ করে নিজের ভাগ্যপরীক্ষার চেষ্টা চালাই, একটি বিজ্ঞাপন সংস্থার হয়ে বিজনেস ডেভেলপমেন্টের কাজ করি, লাইফ কোচ হিসেবেও কিছুদিন কাজ করেছিলাম, একটি কল-ইন রেডিও শোতে সঞ্চালক হিসেবে কিছুদিন বহাল ছিলাম, এমনকী ব্যক্তিগত পুঁজি লগ্নি করে একটি ছোট পেইন্ট-ইয়োর-ওন-পটারি স্টুডিও শুরু করেছিলাম। কিন্তু এসবের পরেও আমি এক বিন্দু আশার আলো দেখতে পাইনি, মনে হত যতই চেষ্টা করি না কেন, এই অসম্ভব পরিস্থিতি থেকে উদ্ধার পাওয়া এই জীবনে আর সম্ভব নয়।

প্রবল মানসিক উৎকণ্ঠা ও তলানিতে পড়ে থাকা আত্মবিশ্বাস আড়াল করার চেষ্টায়, যে কোনো পরিস্থিতি এড়িয়ে যাওয়াকে নিজের একমাত্র হাতিয়ার বানাতে আমি বাধ্য হয়েছিলাম। সময়মতো ঘুম থেকে ওঠা এড়াতে এলার্ম বন্ধ করার মতো। মানসিক যন্ত্রণা এড়াতে বেহিসেবি মদ্যপানের মতো। নিজের দায়িত্ব এড়াতে স্বামীর উপরে সব দোষ চাপিয়ে দেওয়ার মতো। কর্মসংস্থানের খোঁজে বেরিয়ে পড়া এড়াতে যথেচ্ছভাবে গড়িমসি করার মতো।

যদি কখনো আপনি অনুরূপ পরিস্থিতির সম্মুখীন হয়ে থাকেন, আপনি নিশ্চয় জানবেন

এই সময়ে দৈনন্দিনের সাধারণ নিত্যকর্মও কেমন জগদ্দল পাথরের মতো আপনার পথ আটকে দাঁড়ায়: ঘুম ভাঙার পরে বিছানা থেকে ওঠা, প্রদেয় বিলের গুচ্ছে চোখ বোলানো, নিজের পরিবারকে সম্পূর্ণভাবে সময় দেওয়া, একটি সুস্বাদু পদ রান্না করা, কর্মসংস্থানের উদ্যোগ নেওয়া, বাড়ির বাইরে হাঁটতে যাওয়া, যে কোনো একটি সাবস্ক্রিপশন বন্ধ করে দেওয়া, কিংবা অন্তত নিজের জীবনে এই অসম লড়াই ও কৃচ্ছ্রসাধনের ভয়াবহতাকে মানসিক স্বীকৃতি দেওয়া...আপনার কাছে সমস্তটাই অসম্ভব হিসেবে প্রতিপন্ন হয়। প্রতিদিন সকালে ঘুম থেকে ওঠার পরে, আমি নিজের শরীরের প্রতিটি ধমনীর মধ্যে বহমান দুশ্চিন্তা ও উৎকণ্ঠার স্রোত অনুভব করতাম এবং অসহায়তার অন্ধকারে ডুবে যেতাম, *সত্যিই কি আমার বাকি জীবনটাও এই খাতেই বয়ে যেতে চলেছে?*

কিন্তু এইভাবে জাঁতাকলে আটকে পড়ার পরিস্থিতিতে সবচেয়ে মজার উপকরণ কোনটা, আপনি কি জানতে ইচ্ছুক? সেই মুহূর্তে আমি উপলব্ধি করতে পেরেছিলাম আমাকে ঠিক কী কী করতে হবে: ঘুম থেকে ওঠা, প্রদেয় বিলের ভয়াবহ গুচ্ছটির মোকাবিলা করা, বাচ্চাদের স্কুলের জন্য তৈরি করানো, নিয়মিতভাবে কয়েক পাক হেঁটে আসা, সাহায্যের জন্য বন্ধুবান্ধবদের সঙ্গে নিয়মিত যোগাযোগ রাখা, নিজের জন্য একটি বাজেট তৈরি করা, কর্মসংস্থানের উদ্যোগ নেওয়া ইত্যাদি। তা সত্ত্বেও, আমার পক্ষে একটি কাজও সুষ্ঠভাবে সম্পন্ন করা সম্ভব হয়নি।

কীভাবে আমি নিজের জীবন বদলে দিতে পেরেছিলাম

সেই সকালের কথা আমি কখনো ভুলতে পারব না, যেদিন আমার জীবনটাই বরাবরের জন্য বদলে গিয়েছিল। সেদিন এলার্ম বেজে যাওয়ার পরেও আমি অন্যান্য দিনের মতোই নিজেদের জীবনের সামগ্রিক পরিস্থিতির দুশ্চিন্তায় বিধ্বস্ত ও জর্জরিত অবস্থায় বিছানায় শুয়ে গড়িমসি করছিলাম। অনুরূপ পরিস্থিতির মোকাবিলা করতে থাকা অন্যান্যদের মতো, আমিও যাবতীয় দুর্ভাবনার জেরে মানসিকভাবে বিপর্যস্ত হয়ে শুয়েছিলাম এবং বিছানা থেকে উঠে আরো একটা নতুন দিনের সামনে বুক চিতিয়ে দাঁড়ানোর মতো কোনো পর্যাপ্ত ক্ষমতাই আমার ছিল না।

কিন্তু তখনই, একটা অদ্ভুত ঘটনা ঘটে গিয়েছিল! বিদ্যুচ্চমকের মতো আমার মাথায় একটি ধারণার উৎপত্তি হয় যা আমার জীবন সম্পূর্ণভাবে বদলে দেওয়ার ক্ষেত্রে অন্যতম কাণ্ডারি। আমার মস্তিষ্কপ্রসূত এই ধারণাটি ছিল এতই সাধারণ, যা আপেক্ষিকভাবে হাস্যকর অথবা বালখিল্য মনে হওয়া স্বাভাবিক। নাসা থেকে একটি মহাকাশযান উৎক্ষেপণ প্রক্রিয়া দেখার স্মৃতি থেকে আমার মনে পড়ে, সেখানে উৎক্ষেপণের প্রাকমুহূর্ত পর্যন্ত: : ৫-৪-৩-২-১ এরকমভাবে ক্রমিক সংখ্যাগুলিকে উল্টোদিকে গুনে কাউন্টডাউন করা হয়। আমার মাথায় খেলে গিয়েছিল, *কেমন হবে, যদি আমি সেই পদ্ধতি মেনে সংখ্যাগুলি উল্টোদিকে গুনতে গুনতে বিছানা থেকে ওঠার চেষ্টা করি?*

ধারণাটি অত্যন্ত হাস্যকর বলে মনে হলেও, সেই মুহূর্তে মরিয়া হয়ে আমি কাজটি করে ফেলেছিলাম। আমি পিছনের দিকে গুনতে শুরু করি: ৫-৪-৩-২-১ এবং বিছানা থেকে উঠে পড়ি। যেমন ভাবা, তেমনি কাজ। সেই মুহূর্তে আমার মাথায় আসেনি আমি কতটা ক্লান্ত অথবা

নিজের জীবনে যাবতীয় সমস্যার মোকাবিলা করার ক্ষেত্রে আমার কতটা অনীহা। এই নির্দিষ্ট কাজটির ক্ষেত্রে আমার মস্তিষ্ক আমাকে নিরস্ত করার আগেই চটজলদি আমি তা সমাধা করি। ব্যাপারটি একেবারেই মহাকাশযান উৎক্ষেপণের প্রক্রিয়া অনুসারে ঘটে গিয়েছিল: একবার যদি আপনি এই কাউন্টডাউন শুরু করে দিতে পারেন—৫-৪-৩-২-১—তারপর পিছনে তাকাবার কোনো সুযোগ থাকে না।

জীবনের সেই কঠিনতম অধ্যায় চলাকালীন, যাবতীয় দুশ্চিন্তা আমাকে এমনভাবে চলৎশক্তিহীন করে তুলেছিল এবং অপরিসীম আতঙ্ক ও মানসিক চাপের ভারে আমি এতটাই পর্যুদস্ত হয়ে পড়েছিলাম যে এই নবাগত চিন্তাধারা আমার কাছে নিতান্তই অলীক একটি ভাবনা হিসেবে প্রতিপন্ন হয়েছিল। মনে পড়ে, এই নবাঙ্কুরিত ধারণাটি আমার কাছে এক বিশেষ রহস্যের সমাধান হিসেবে আত্মপ্রকাশ করার পরে আমি নিজেকে প্রশ্ন করেছিলাম, *মানসিকভাবে বিপর্যস্ত অবস্থায় থেকেও কি আমি নিজের প্রয়োজনীয় কাজকর্ম সুষ্ঠভাবে সম্পন্ন করতে পারি? হ্যাঁ, মেল, তুমি অবশ্যই পারো।* এই চিন্তাধারা যে সফলভাবে কাজ করেছিল তা বলাই বাহুল্য।

মাত্র পাঁচ সেকেন্ডের মধ্যে, যাবতীয় চিন্তাভাবনার গণ্ডি ভেঙে আমি বেরিয়ে আসতে পেরেছিলাম। এই ঘটনা আমার কাছে এক ক্ষুদ্রাতিক্ষুদ্র কিন্তু সফল পদক্ষেপ হিসেবে সাময়িক আত্মপ্রসাদের কারণ হলেও, আসলে ছিল একটি বিশাল রহস্য উদ্ঘাটনের চাবিকাঠি। যদি আতঙ্কময় সেই পাঁচটি সেকেন্ড আমি কোনোভাবে কাটিয়ে দিতে পারি, তাহলে ভবিষ্যতে আমার কাছে কোনো সমস্যার সমাধানই অসম্ভব নয়।

কাজেই, জীবনের প্রতিটি ক্ষেত্রেই এই কাউন্টডাউনের প্রয়োগ আমি শুরু করে দিয়েছিলাম।

৫-৪-৩-২-১ এলার্ম বাজার সঙ্গে সঙ্গেই বিছানা ছেড়ে উঠে পড়তে হবে।

৫-৪-৩-২-১ টেলিফোন হাতে তুলে নেওয়ার সঙ্গে সঙ্গেই কর্মসংস্থানের উদ্দেশ্যে যোগাযোগ শুরু করতে হবে।

৫-৪-৩-২-১ মাসের পর মাস ধরে কাউন্টারের এক কোণে জমা হতে থাকা প্রদেয় বিলগুলির নিষ্পত্তি করতে হবে।

আমি এই পদ্ধতির নামকরণ করেছিলাম "পাঁচ সেকেন্ডের পদ্ধতি।" একের পর এক প্রতি পাঁচ সেকেন্ড সময় ধরে, একটু একটু করে পা ফেলে স্বাভাবিক জীবনে ফিরে আসার আপাত অসম্ভব লড়াইটি নিজের বিরুদ্ধেই আমি ঘোষণা করেছিলাম। আপনাদের কাছে আমি মিথ্যে বলব না। এ কাজ একেবারেই সহজ ছিল না। পরবর্তী দুটি বছর আমার জীবনের অন্যতম কঠিন সময় ছিল।

একটু একটু করে মাথার উপরে ঝুলতে থাকা বিশাল ঋণের ভার লাঘব করা অথবা একটি যন্ত্রণাদায়ক বৈবাহিক সম্পর্ক থেকে বেরিয়ে আসার মতো কাজগুলি কখনোই সহজ নয়। শান্তভাবে নিজের মানসিক উৎকণ্ঠার মোকাবিলা করা কিংবা তলানিতে পড়ে থাকা আত্মবিশ্বাসকে চাঙ্গা করে তোলা কখনোই আয়াসহীন হতে পারে না। যখন নিজের কর্মদক্ষতার উপরে আপনি সন্দেহ পোষণ করেন, তখন পেশা সংক্রান্ত জীবনপঞ্জীতে সম্পূর্ণভাবে রদবদল ঘটিয়ে কর্মসংস্থানের উদ্যোগ নেওয়া সত্যিই দুরূহ। বহুদিন ধরে শারীরিক অনুশীলন ছেড়ে

দেওয়ার পরে একটি ঈর্ষণীয় দেহসৌষ্ঠব গড়ে তোলা অথবা স্বাস্থ্যকর অভ্যাস গড়ে তোলার ক্ষেত্রে নিজেকে উৎসাহিত করার মতো কাজ সম্পন্ন করতে প্রচুর অধ্যাবসায়ের প্রয়োজন।

সারাদিন অক্লান্তভাবে কাজ করার পরে বাড়ি ফিরে এসে তিন সন্তানের চাহিদা সামলানোর দায়িত্ব, স্বামীকে সঙ্গদান করা, প্রতিদিন গভীর রাত পর্যন্ত না ঘুমিয়ে, কীভাবে আরো বেশি পরিমাণে অর্থ উপার্জন করা সম্ভব তা নিয়ে গবেষণা করতে থাকার পাহাড়প্রমাণ খাটনির পর নিশ্চয়ই আপনার রূপলাবণ্য অন্যান্যদের ঈর্ষার কারণ হয়ে উঠতে পারে না।

আমি কিন্তু সেই অসাধ্য সাধন করতে সমর্থ হয়েছিলাম।

পাঁচ সেকেন্ডের পদ্ধতি আমাকে শিখিয়েছে, যে কোনো কাজ তৎক্ষণিকভাবে সম্পন্ন করাই হল এই সমস্যার অব্যর্থ সমাধান। দিনের পর দিন যদি আপনি নিজের সমস্যা নিয়ে দুশ্চিন্তা করতে থাকেন, তাহলে সেগুলির সমাধান কখনোই সম্ভব নয়। কোনো কাজ সুষ্ঠভাবে সম্পন্ন করার জন্য অপেক্ষা করার অর্থই হল, আপনার পক্ষে সেই কাজটি সমাধা করা অসম্ভব। এই পদ্ধতি আমাকে শিখিয়েছে যে আপনাকে বাঁচাবার জন্য কেউ এগিয়ে আসবে না। নিজেকেই নিজের কবল থেকে বাঁচাতে হবে। সারাদিন ধরে, দিনের পর দিন, ছোট ছোট পদক্ষেপে এগিয়ে চলার ক্ষেত্রে নিজেই নিজেকে উদ্বুদ্ধ করতে হবে—বিশেষ করে তখন, যখন সেই কাজটি করতে আপনি অনিচ্ছুক।

৫-৪-৩-২-১ এর পদ্ধতি প্রয়োগ করে, আমি ক্রমে নিজের ক্ষেত্রে যাবতীয় অজুহাত, উৎকণ্ঠা, আচ্ছন্নভাব এবং সর্বোপরি আমার অবান্তর আতঙ্কের মোকাবিলা করতে থাকি। এর ফলে একটু একটু করে, দিনের পর দিন, সপ্তাহের পর সপ্তাহ ধরে এমনভাবে আমি নিজের গুরুত্বপূর্ণ কাজগুলি সম্পন্ন করতে থাকি যা আমার জীবন ও পেশাদারি কর্মদক্ষতাকে শেষ পর্যন্ত সঠিক পথে চালনা করতে সাহায্য করে। এই একই পদ্ধতি প্রয়োগ করে আমার স্বামী নিজের ব্যবসা সংক্রান্ত সমস্যার মোকাবিলা করতে শুরু করেন এবং এটি তাঁর ক্ষেত্রেও ফলদায়ক হিসেবে প্রতিপন্ন হয়। কিন্তু, আবিষ্কারের প্রায় তিন বছর পরে, এই পাঁচ সেকেন্ডের পদ্ধতির কথা আমি জনসমক্ষে আনার কথা ভেবেছিলাম। কিন্তু তখনও এই পদ্ধতির কথা অন্যান্যদের সঙ্গে ভাগ করে নেওয়ার জন্য আমি প্রস্তুত ছিলাম না কারণ, প্রথমত, আমি নিজেই জানতাম না এই পদ্ধতি কেন ও কীভাবে কাজ করে। দ্বিতীয়ত, আমি নিজে এই কঠিন পরিস্থিতির মধ্যে থেকে অন্যান্যদের পরামর্শ দেওয়ার কথা ভাবতেই পারিনি।

কিন্তু বিশেষ একটি দিনে এই পরিস্থিতির আমূল পরিবর্তন ঘটে যায়, যেদিন আমার এক পুরোনো রুমমেট একজন “যথাযথ ব্যক্তি” হিসেবে আমার নামটি সুপারিশ করেন, যে একটি ছোট অনুষ্ঠানে পেশাদারি জীবনে পরিবর্তন নিয়ে আসার প্রসঙ্গে নিজের অভিজ্ঞতা দর্শকদের সঙ্গে ভাগ করে নেবে। মনে হয় এক্ষেত্রে আমার বন্ধু আমার কথা এই জন্যই ভেবেছিলেন, কারণ তিনি জানতেন আমি বহুবার নিজের পেশা পরিবর্তন করেছি—ঠিক কতবার, তার সঠিক হিসেব সম্ভবত আমার কাছেও ছিল না। উক্ত অনুষ্ঠানে অংশগ্রহণ করার জন্য উদ্যোক্তারা আমাকে ও আমার স্বামীকে সান ফ্রান্সিস্কোতে উড়িয়ে নিয়ে যাওয়ার পাশাপাশি, সেই শহরের একটি হোটেলে বসবাসের সবরকম ব্যবস্থাও করে ফেলেন। জীবনে যখন আপনি প্রবল

অর্থনৈতিক সংকটে ধুঁকছেন, এই অনভিপ্রেত ব্যবস্থা আপনার কাছে সম্পূর্ণ বিনামূল্যে একটি ছুটির সমার্থক হয়ে দাঁড়ায়, এবং স্বভাবতই আমি এই প্রস্তাবে সানন্দে সম্মতি দিই। জীবনে প্রথমবার আমি কোনো অনুষ্ঠানের মঞ্চে দাঁড়িয়ে ঘরভর্তি দর্শকের সামনে বক্তৃতা দিতে যাচ্ছিলাম। দর্শকদের সামনে নিজের বক্তব্য পেশ করার যে প্রথাগত প্রশিক্ষণ, তা আমি একমাত্র হাই স্কুলে পড়ার সময় পেয়েছিলাম, কাজেই বিমানে উঠে বসার সঙ্গে সঙ্গে আমি আবার আতঙ্কগ্রস্ত হয়ে পড়ি: এ আমি আবার কোনো নতুন সমস্যায় জড়িয়ে পড়ার ব্যবস্থা করলাম?

মঞ্চে উঠে হেঁটে যাওয়ার সময় যখন আমি দেখলাম যে দর্শকাসনে প্রায় ৭০০ মানুষ একযোগে, একদৃষ্টে আমার দিকে তাকিয়ে রয়েছেন, আমি সমস্ত চিন্তাভাবনার ঊর্ধ্বে চলে গিয়েছিলাম, শুধু বুঝতে পেরেছিলাম আমার বুকটা ফাঁকা হয়ে গিয়েছে, এবং আমার ঘাড় ও গলা ক্রমশ আড়ষ্ট ও রক্তাভ হয়ে উঠছে।

পরবর্তী একুশ মিনিট ধরে মঞ্চের উপর দাঁড়িয়ে আমি নিদারুণ উৎকণ্ঠার শিকার হতে থাকলাম। বক্তৃতার প্রায় উনিশ মিনিট কেটে যাওয়ার পরে, পেশাদারী জীবনে পরিবর্তন নিয়ে আসার প্রসঙ্গে আমার বক্তব্য কীভাবে শেষ করতে হবে তা আমি সম্পূর্ণভাবে ভুলে গিয়েছিলাম। খেই হারিয়ে তাই আমি আচমকা পাঁচ সেকেন্ডের পদ্ধতির কথা এবং কীভাবে আমি সেই পদ্ধতির প্রয়োগ করে থাকি সেই বিষয়ে বলতে শুরু করেছিলাম, কারণ সেটি ছাড়া বলার মতো আর কোনো প্রসঙ্গ আমার মাথায় আসেনি। সেই মুহূর্তে সম্ভবত আমি সাময়িকভাবে স্মৃতিশক্তি হারিয়েছিলাম, কারণ এরপরে কখন আমি দর্শকদের সঙ্গে আমি নিজের ইমেইল অ্যাড্রেস বিনিময় করেছিলাম—তা আমার স্মৃতিতে আজ নেই। যখন আমি মঞ্চ থেকে নেমে আসি, তখন মনে হয়েছিল যে এটিই ছিল আমার জীবনের সবচেয়ে কলঙ্কময় অভিজ্ঞতা। কোনোমতে অনুষ্ঠান শেষ করতে পারার জন্য ঈশ্বরকে ধন্যবাদ দিয়েছিলাম আমি।

পরবর্তীকালে আমি জানতে পারি যে সেই নির্দিষ্ট অনুষ্ঠানটি আসলে টেডএক্স (TEDx) এর পক্ষ থেকে আয়োজিত বিশ্বব্যাপী সম্মেলনের প্রবর্তক অনুষ্ঠান হিসেবে জনসমক্ষে আত্মপ্রকাশ করেছিল। অনুষ্ঠানটি ক্যামেরাবন্দি করে রাখা হয়, এবং এক বছর পরে সেই ভিডিও অনলাইনে প্রকাশ করা হয়েছিল। এই ভিডিও সারা পৃথিবী জুড়ে যে শুধুমাত্র ভাইরাল হয়েছিল তাই নয়—দর্শকদের কাছে এটি টেডএক্স (TEDx) টকসের ইতিহাসে জনপ্রিয়তম অনুষ্ঠান হিসেবে সর্বকালের রেকর্ড ভেঙে দিয়েছিল। পাঁচ সেকেন্ডের পদ্ধতি এবং তার অন্তর্ভুক্ত ৫-৪-৩-২-১ কাউন্টডাউনের কথা মানুষের মুখে মুখে সারা পৃথিবীতে ছড়িয়ে পড়ে। এই পদ্ধতি প্রচার পাওয়ার সঙ্গে সঙ্গে, অগণিত মানুষের অসংখ্য ইমেইল আমার ইনবক্স ভরিয়ে তুলতে থাকে, এবং এই পদ্ধতির প্রয়োগ কীভাবে তাঁদের জীবনে পরিবর্তন নিয়ে এসেছে সেই অভিজ্ঞতা তাঁরা আমার সঙ্গে ভাগ করে নিতে থাকেন। তাঁদের অভিজ্ঞতার কথা জেনে আমি এতটাই অনুপ্রাণিত হই যে প্রতি রাতে আমার তিন সন্তানকে ঘুমোতে পাঠাবার পরে, সারারাত জেগে একের পর এক তাঁদের ইমেইলের জবাব দিতে আমি অভ্যস্ত হয়ে উঠি।

যখন আমি নিজের জীবনের অন্তহীন সমস্যার মোকাবিলায় নাস্তানাবুদ হচ্ছিলাম, মনে হত দুনিয়ায় আমিই একমাত্র হতভাগ্য যার নিজের প্রয়োজনীয় কাজগুলি সুষ্ঠভাবে সম্পন্ন করতে পদে পদে নাকানিচোবানি খেতে হয়। কিন্তু বাস্তবে আমার সেই ধারণা সর্বৈব ভুল প্রমাণিত হল।

অনুপ্রেরণা সংক্রান্ত সমস্যার বিরুদ্ধে আমাদের প্রত্যেককেই নিরন্তর সংগ্রাম করে যেতে হয়। এটি অবশ্যই এক সার্বজনীন সমস্যা, এবং পাঁচ সেকেন্ডের পদ্ধতি সম্ভবত এই ধরনের সব সমস্যার ক্ষেত্রে এক অন্যতম সফল সমাধান, যা শুধুমাত্র আমার ক্ষেত্রেই নয়, পৃথিবীর প্রতিটি দেশের প্রতিটি মানুষের যাবতীয় সমস্যার সমাধানের ক্ষেত্রেই প্রযোজ্য।

মানুষের অভিজ্ঞতার কথা জানতে পেরে আমি যারপরনাই হতবাক হয়ে যাই: তাঁরা ৫-৪-৩-২-১ কাউন্টডাউন প্রয়োগ করে জীবনের অপ্রয়োজনীয় আতঙ্ক, গড়িমসির বদ অভ্যাস এবং যথেচ্ছভাবে কর্মক্ষেত্র পরিবর্তন করার অহেতুক অছিলা; ১০০ পাউন্ড পর্যন্ত শারীরিক ওজন কমিয়ে ফেলা; নিজেদের চালচলন পরিশীলিত ও সম্ভ্রান্ত করে তোলা; একাধিক ব্যবসার গোড়াপত্তনের পরে সেগুলির হস্তান্তর করে উন্নতির শিখরে ওঠা; স্বাস্থ্যকর ও সফল বৈবাহিক জীবনে নিজেদের উন্নীত করা ইত্যাদি নানাবিধ সমস্যা ইতিমধ্যেই জয় করেছেন। স্বাস্থ্য ও চিকিৎসার পরিসরে এই পদ্ধতির সফল ব্যবহার আমাকে স্তম্ভিত করে দেয়। চিকিৎসক ও মনোবিজ্ঞানীরা এই নির্দিষ্ট পদ্ধতির ব্যবহারে পোস্ট ট্রমাটিক স্ট্রেস ডিসঅর্ডার (PTSD), অবসেসিভ কম্পালসিভ ডিসঅর্ডার (OCD) এবং মানসিক অবসাদের চিকিৎসার ক্ষেত্রে অভূতপূর্ব সাফল্যের স্বাদ পেতে শুরু করেছিলেন। এমনকী এই বইয়ের ভূমিকা লেখার সময়েও, আমি হাজার হাজার মানুষের কাছ থেকে নিয়মিতভাবে খবর পেয়েছি, যাঁরা পাঁচ সেকেন্ডের পদ্ধতির প্রয়োগ করে আত্মহনন ও অন্যদের মুখাপেক্ষী হয়ে জীবনযাপন করার কবল থেকে বরাবরের জন্য মুক্তিলাভ করতে সফল হয়েছেন।

সেই নির্দিষ্ট টেডএক্স (TEDx) টকসের অনুষ্ঠানটি অনলাইনের দুনিয়ায় জনপ্রিয়তার তুঙ্গে পৌঁছোবার পরে অসংখ্য ছোট ছোট অনুষ্ঠানে নিজের বক্তব্য পেশ করার উদ্দেশ্য আমি আমন্ত্রিত হতে থাকি। মনে আছে, একবার একটি পানশালায় কিছু রিয়েল এস্টেট এজেন্টের সঙ্গে নিজের অভিজ্ঞতা বিনিময় করার জন্য আমাকে আমন্ত্রণ করা হয়। হাতে বীয়ারের পাত্র নিয়ে তাঁদের সঙ্গে কথোপকথন চালিয়ে যেতে আমার প্রচণ্ড অস্বস্তি হচ্ছিল, কারণ পাশের ঘর থেকে উচ্চগ্রামে ভেসে আসছিল মানুষের কোলাহল ও গানের আওয়াজ। কিন্তু সেযাত্রায় আমি কোনোক্রমে বেঁচে যাই। পরবর্তীতে একাধিক গির্জার বেসমেন্ট, হাইস্কুলের ক্লাসরুম, আমার এক বন্ধুর কর্মক্ষেত্রে মধ্যাহ্নভোজের জন্য নির্দিষ্ট হলঘরে দর্শকদের সামনে নিজের বক্তব্য পেশ করতে আমি বাধ্য হই, এবং ক্রমেই এই পরিসরে নিজেকে অভ্যস্ত করে তুলি।

মাইক্রোফোন হাতে নিয়ে নিজের বক্তব্য দর্শকদের কাছে পৌঁছে দেওয়ার জন্য প্রাণপাত করে ফেললেও, সেক্ষেত্রে অর্থ সমাগমের কোনো সম্ভাবনাই ছিল না। কিন্তু এই নির্দিষ্ট পদ্ধতির কথা যত বেশি আলোচনা করতাম, আমি জানতে পারতাম এই পদ্ধতির প্রয়োগ যাঁরা ইতিমধ্যেই করেছেন, তাঁদের ক্ষেত্রে এই পদ্ধতি কতটা শক্তিশালী হিসেবে প্রতিপন্ন হয়েছে। এর থেকে আমার মধ্যে জন্ম হল এক উদগ্র কৌতূহলের। কীভাবে এই অতি সাধারণ চিন্তাধারা মানুষের জীবনে বহুল প্রভাব বিস্তার করতে সক্ষম।

কাজেই, নিজের অনুসন্ধিৎসু স্বত্তাকে জাগিয়ে তুলে মানুষের সামগ্রিক অভ্যাস, ব্যবহারিক বৈশিষ্ট্য এবং উৎসাহ ও অনুপ্রেরণার নেপথ্যে থাকা ব্যবহারিক বিজ্ঞান সম্পর্কে আমি গবেষণা শুরু করে দিলাম। আমাকে একটি বিশেষ পরিসরে গবেষণা করতে হয়েছিল: ক্রমিক সংখ্যা

৫-৪-৩-২-১ গুলিকে উল্টোদিকে গোনার মধ্যে কি কোনো জাদু লুকিয়ে থাকতে পারে? যে সমস্ত সাধারণ মানুষ এই নির্দিষ্ট পদ্ধতি ব্যবহার করে নিজেদের জীবনে সুফল পেয়েছিলেন, তাঁদের জীবনের বিভিন্ন অভিজ্ঞতা আমি একটু একটু করে একত্রিত করতে থাকি। অগ্রগণ্য থেরাপিস্ট, মাদকাসক্তি সম্পর্কিত বিশেষজ্ঞ এবং বিশেষজ্ঞ চিকিৎসকরা যে এই নির্দিষ্ট পদ্ধতির প্রয়োগ তাঁদের রোগীদের ক্ষেত্রে বাধ্যতামূলক প্রতিকার হিসেবে ইতিমধ্যেই ব্যবহার করতে শুরু করেছেন, তার তথ্যসমৃদ্ধ নজির আমার কাছে সংরক্ষিত থাকার দরুণ, সমস্ত সূত্র একটি সাধারণ ব্যাখ্যার দিকে নির্দেশ করতে থাকে:

অতি ক্ষুদ্র কিন্তু সামঞ্জস্যপূর্ণ প্রক্রিয়া সবকিছু বদলে দিতে পারে

অন্যদিকে, নিজের জীবনে আমি কী করছি সেই সম্পর্কে আমার পরিবার পরিজন এবং বন্ধুবান্ধবদের বিন্দুমাত্র ধারণা ছিল না কারণ, তাঁদের সেই কথা বলতে আমি রীতিমত ভয় পেতাম। কে? মেল? ও আবার অন্যদের কী পরামর্শ দেবে? ওর কথা বাদ দাও। ওর নিজের জীবনটাই তো বরবাদ হয়ে গিয়েছে।

জীবনের সেই কঠিনতম মুহূর্তে, আমার স্বামী সারাজীবনের মতো নিজের রেস্তোরাঁর ব্যবসাটি জলাঞ্জলি দিয়েছেন এবং প্রবল মানসিক অবসাদের বিরুদ্ধে সংগ্রাম করে চলেছেন, আমাদের গলায় ফাঁসের মতো চেপে বসেছে পাহাড়প্রমাণ ঋণের বোঝা। আমি তখন সারাদিন ধরে একটি সংস্থায় কাজ করে আমাদের পাঁচজনের পরিবারটিকে কোনোমতে ভাসিয়ে রাখার প্রাণপণ চেষ্টা করে চলেছি, আর প্রতি রাত ও উইকএন্ড উৎসর্গ করেছি ছোটখাটো অনুষ্ঠানে নিজের বক্তব্য সাধারণ মানুষের মধ্যে ছড়িয়ে দিতে। এর পাশাপাশি, মানুষের জীবনে যাবতীয় অনুপ্রেরণার নেপথ্যে থাকা বিজ্ঞানের উপর নিজস্ব মতামতকে প্রাধান্য দিয়ে আমি একটি প্রবন্ধ লেখার চেষ্টা চালিয়ে যাচ্ছিলাম।

জানতাম যেমন করেই হোক, ভবিষ্যৎ জীবনে পাঁচ সেকেন্ডের পদ্ধতি সম্পর্কে মানুষকে প্রশিক্ষণ দেওয়ার ব্যবস্থাকেই আমি নিজের পেশায় রূপান্তরিত করব, কিন্তু সেই লক্ষ্য কীভাবে অতিক্রম করব তা আমার জানা ছিল না। স্মৃতি রোমনথন করলে দেখতে পেতাম, নিজের উপর চেপে বসা 'প্রতারক' তকমাটি আমাকে কীভাবে চলৎশক্তিহীন করে তুলতে পারে। নির্দিষ্ট একটি বিষয়ে আমি কীভাবে নিজেকে বিশেষজ্ঞ হিসেবে ঘোষণা করতে পারি? সেই অধিকার আমাকে কে দিয়েছে? মনে হত, এই বিশেষ কাজে নিজেকে নিয়োজিত করে জনসমক্ষে আত্মপ্রকাশ করার জন্য আমি যেন কারো অনুমতির অন্তহীন প্রতিক্ষায় রয়েছি।

এই মুহূর্তে আপনিও সম্ভবত এই একই কাজ করছেন। আপনিও সঠিক সময়ের জন্য অপেক্ষা করছেন। নিজেকে গুছিয়ে নেওয়া অথবা অন্তর্নিহিত ভয়কে জয় করার অপেক্ষা। আপনি হয়তো এমন কারো জন্য অপেক্ষা করছেন, যিনি এসে আপনাকে অনুমতি দেবেন—হ্যাঁ, আজ থেকে তুমি নিজের কাজ শুরু করতে পারো। এই অপেক্ষার ক্ষেত্রে মূল সমস্যা হল,

আপনার জন্য কেউ আসবেন না। আপনাকে নিজের কাজ করার অনুমতি দিতে পারেন শুধুমাত্র একজনই—আপনি নিজে।

একজন প্রেরণাদায়ী বক্তা হিসেবে নিজেকে গড়েপিটে নিয়ে প্রভূত অর্থ উপার্জন করার লক্ষ্যে নিরন্তর চেষ্টা চালিয়ে যাওয়ার জন্য বদ্ধপরিকর হওয়াই আমার জীবনের শ্রেষ্ঠতম সিদ্ধান্ত। এই বইয়ের প্রতিটি পৃষ্ঠার মাধ্যমে আপনাদের সঙ্গে কীভাবে এবং কোন উপায়ে আমি এই পথের সঠিক দিশা খুঁজে পেয়েছিলাম সে সম্পর্কে নিজের সমস্ত অভিজ্ঞতা ভাগ করে নিতে চলেছি।

যে মুহূর্তে এই পরিসরে কাজের মাধ্যমে আমি অর্থ উপার্জন করতে শুরু করি, আমি প্রতিটি ডলার প্রাণপণে সঞ্চয় করতে থাকি, উদ্দেশ্য একটাই—ঋণশোধ। প্রথম বছরে পারিশ্রমিকের বিনিময়ে দর্শকদের সামনে আমি ১৭টি বক্তৃতা দিয়েছিলাম। পরের বছর, বক্তৃতার সংখ্যা ৪৭-এ পৌঁছতে, আমি কর্মক্ষেত্রে ইস্তফা দিই। আমার জীবনে সেই মুহূর্তে যা যা ঘটছিল তা আমার বিশ্বাসের পরিধির বাইরে ছিল। তৃতীয় বছরে পৌঁছে, পারিশ্রমিকের বিনিময়ে বক্তৃতার সংখ্যা গিয়ে দাঁড়ালো ৯৯-এ, সঙ্গে জেপিমর্গ্যানচেজের ব্যবস্থাপনায় ২৪টি শহর পরিক্রমার একটি সুদীর্ঘ অনুষ্ঠান! ততদিনে আমি পৃথিবীর ব্যস্ততমা প্রেরণাদায়ী বক্তা হিসেবে নিজেকে সুপ্রতিষ্ঠিত করে ফেলেছি। যে সমস্ত প্রতিষ্ঠানে কাজে বহাল হওয়ার সুযোগ আমার কাছে রীতিমত স্বপ্ন ছিল, তাঁরাই বর্তমানে আমাকে প্রতিনিয়ত আমন্ত্রণ করে চলেছেন।

এ কীভাবে সম্ভব হল? যে দিনগুলিতে সকালে ঘুম ভাঙার পরে বিছানা থেকে উঠতে আত্মার ইচ্ছা করত না, কিন্তু আমি মনের জোরে উঠে পড়তাম—সেই একই রীতি মেনে। আপনার অন্তরে যখন আতঙ্ক বাসা বেঁধেছে অথবা আপনার আত্মবিশ্বাস তলানিতে গিয়ে ঠেকেছে, বা অপ্রয়োজনীয় অজুহাত আপনাকে নিজের কাজ শুরু করতে দিচ্ছে না, তখন নিজেকে মনের জোরে সামনের দিকে ঠেলে নিয়ে চলাই হল জীবনের সবচেয়ে বড় কর্মদক্ষতা।

মঞ্চের উপরে দাঁড়িয়ে পাঁচ সেকেন্ডের পদ্ধতি এবং অনুপ্রেরণার নেপথ্যে থাকা বিজ্ঞানের প্রভাব সম্পর্কে দর্শকদের প্রশিক্ষণ দেওয়ার জন্য বছরে প্রায় ১৫০ দিন আমি নিজের বাড়ির বাইরে থাকতে বাধ্য হতাম, অন্যদিকে আমার স্বামী বাড়িতে থেকে আমাদের সন্তানদের প্রতিপালনের সম্পূর্ণ দায়িত্বভার নিজের কাঁধে তুলে নিয়েছিলেন। এই পদ্ধতির সার্বিক প্রসারের পাশাপাশি মঞ্চে আমার আন্তরিক সাবলীলতাও দিনে দিনে মানুষের অন্তহীন আলোচনার বিষয়বস্তু হয়ে উঠতে লাগল। আমার একটি অনুষ্ঠানের দর্শকাসনে প্রায় ২৭,০০০ জনের থেকেও বেশি মানুষ উপস্থিত হয়েছিলেন। ক্রমে অসংখ্য বিশ্ববিখ্যাত প্রতিষ্ঠানের স্বনামধন্য কর্ণধার, সুবিখ্যাত পেশাদার খেলোয়াড়, বিশেষজ্ঞ চিকিৎসক, বিশিষ্ট মনোবিজ্ঞানী এবং সর্ববিক্রীত লেখকদের সুপারিশের মাধ্যমে আমার কাজের কথা মানুষের মধ্যে ছড়িয়ে পড়তে শুরু করে। অচিরেই আমি একটি নিউজলেটার শুরু করতে বাধ্য হয়েছিলাম, কারণ সেই মুহূর্তে আমার কাছে আছড়ে পড়া অসংখ্য মানুষের অগণিত ইমেইলের ব্যক্তিগত জবাব দেওয়া আমার পক্ষে সম্ভব ছিল না। শেষ পর্যন্ত একরকম বাধ্য হয়েই আমি টেডএক্স (TEDx) কার্যনির্বাহী দলের উদ্দেশ্যে একটি অনুরোধ রাখি—তাঁদের পক্ষে যদি কোনোভাবে সেই নির্দিষ্ট অনলাইন ভিডিও থেকে আমার ইমেইল অ্যাড্রেসটি মুছে দেওয়া সম্ভব হতে পারে।

মানুষ যখন আমাকে জিজ্ঞাসা করতেন আমি পিএইচডি ডিগ্রিধারী কিনা অথবা আমি

একজন থেরাপিস্ট কিনা, আমি নিঃসংকোচে তাঁদের জানাতাম, "না, নিজের জীবনের অভিজ্ঞতার বিনিময়ে আমি এই চরম সত্য উপলব্ধি করেছি—প্রথমে নিজের জীবনকে একটি অসম্ভব খারাপ অবস্থায় নিয়ে যাওয়ার পরে প্রচুর কৃচ্ছ্রসাধন দ্বারা সেটিকে আজকের অবস্থায় নিয়ে আসতে পারার কষ্টসাধ্য প্রক্রিয়ার মাধ্যমে।"

জীবনের বহু বছর ধরে লালিত ও সংরক্ষিত সামগ্রিক অভিজ্ঞতা, প্রমাণ, সাক্ষ্য এবং নিরন্তর গবেষণার সম্মিলিত বলে বলীয়ান হয়ে শেষ পর্যন্ত নিজের সার্বিক কর্মযজ্ঞকে আমি একটি বইয়ের আকারে রূপদান করতে প্রস্তুত হয়েছিলাম। ২০১৭ সালে, নিজস্ব খরচে আমি প্রকাশ করি 'দ্য ফাইভ সেকেন্ড রুল' অথবা 'পাঁচ সেকেন্ডের পদ্ধতি' নামক বইটি।

পরবর্তীকালে 'দ্য ফাইভ সেকেন্ড রুল' নিজের খরচে প্রকাশিত অডিওবুকের ইতিহাসে সর্বকালের সেরা বই হিসেবে নিজের আসন পাকা করে নেয়, এবং সেই বছরেই অ্যামাজনের হিসেবে সেটি জনপ্রিয়তম বইয়ের তালিকায় ষষ্ঠ স্থান অধিকার করে। ইতিমধ্যেই সেই বই পৃথিবী জুড়ে লক্ষ লক্ষ মানুষ পড়ে ফেলেছেন এবং সেটি অনুদিত হয়েছে ৪১ টি ভাষায়।

বছরের পর বছর ধরে দেশে-বিদেশে ঘুরে মঞ্চে দাঁড়িয়ে, সুবিশাল দর্শকাসনের সামনে নিজের বক্তব্য পেশ করার সামগ্রিক অভিজ্ঞতা থেকে আমি তিনটি অত্যন্ত গুরুত্বপূর্ণ শিক্ষা লাভ করেছি: প্রথমত, আমাদের মধ্যে অধিকাংশ মানুষ উন্নতি করার উদ্দেশ্যে সর্বাত্মকভাবে কাজ করে চলেছি, আমাদের লক্ষ্য সময় মেনে সমস্ত প্রদেয় বিলের নিষ্পত্তি করা, সংসার প্রতিপালন করা, ভালোবাসাকে সুপ্রতিষ্ঠিত করা, জীবনকে উপভোগ করা, এবং জীবনের সমস্ত সম্ভাবনাকে পুরোমাত্রায় চরিতার্থ করে তোলা। জীবনকে আরো আনন্দময় করে তুলতে এবং স্বচ্ছলতম জীবনযাপনের উদ্দেশ্যে আমরা কিছু সাধারণ পন্থার অন্বেষণে ব্যস্ত। এবং এই পন্থা শুধুমাত্র নিজেদের জীবনের উৎকর্ষ খুঁজে নেওয়ার ক্ষেত্রে সীমাবদ্ধ নয়—আত্মীয়, পরিজন ও বন্ধুবান্ধবদের জন্যেও এগুলি আমরা ক্রমাগতভাবে খুঁজে চলেছি, যেগুলি তাঁদের ভালো থাকার ক্ষেত্রেও অপরিহার্য।

দ্বিতীয়ত, বিভিন্ন পরিস্থিতিতে আমাকে বিভিন্নভাবে বলা হয়েছে যে অত্যন্ত জটিল ধ্যানধারণা ও বিজ্ঞানভিত্তিক গবেষণার জটিলতম চিন্তাভাবনাকে নিজের মতো করে বিশ্লেষণ করে সেগুলিকে অতি প্রাঞ্জলভাবে বোধগম্য এবং অবশ্যকরণীয় করে তোলার অত্যাশ্চর্য গুণ আমার মধ্যে বিদ্যমান, যার প্রয়োগে সাধারণ মানুষ নিজের জীবনে উন্নতি করতে সক্ষম।

এবং তৃতীয়ত, এতদিনে আমি যে শিক্ষালাভ করতে পেরেছি তা আপনাদের মতো মানুষের সঙ্গে একযোগে ভাগ করে নিতে পারার অনাবিল আনন্দ ও সন্তুষ্টি, যার অনুভূতি তুলনাহীন।

কাজেই, আমার জীবনের একমাত্র লক্ষ্য হল বেশ কিছু সাধারণ পদ্ধতি ও প্রণালী খুঁজে বার করে সেগুলিকে সকলের সঙ্গে ভাগ করে নেওয়া, যার সাহায্যে প্রতিটি সাধারণ মানুষ নিজেদের জীবনের উন্নতিসাধন করতে পারেন। এখানে "সাধারণ" শব্দটি হল রহস্যভেদের প্রধান চাবিকাঠি, কারণ সেটি নিজের স্মরণে থাকলে, আপনি সময়মত অবশ্যই সেটির সদ্ব্যবহার করবেন। উদহারণ হিসেবে বলি, আপনি কি জানেন, আয়নার সামনে দাঁড়িয়ে নিজেকে 'হাই ফাইভ' করলে সেটি কত দ্রুত আত্মবিশ্বাস বৃদ্ধির ক্ষেত্রে মানসিক শক্তি প্রদান করতে পারে? এই পদ্ধতি সম্পর্কে আমার ধারণা ছিল না, কিন্তু জানার পর থেকে আমি এই নির্দিষ্ট বিষয়ে

গবেষণা করতে শুরু করি এবং এটি হয়ে ওঠে আমার লেখা নিউ ইয়র্ক টাইমসের সর্ববিক্রীত অন্য একটি বইয়ের মূল প্রসঙ্গ—'দ্য হাই ফাইভ হ্যাবিট।'

পাঁচ সেকেন্ডের পদ্ধতি এবং হাই ফাইভ হ্যাবিটের পদ্ধতি প্রয়োগ করে সাধারণ মানুষ নিজেদের জীবনের ক্ষেত্রে যত বেশি করে সাফল্য পেয়েছেন, তত বেশি সংখ্যায় বিভিন্ন প্রতিষ্ঠান, মিডিয়া কোম্পানি, এবং কর্পোরেট দুনিয়ার কেষ্টবিষ্টুরা আমাকে তাঁদের প্রতিষ্ঠানের সকল স্তরের কর্মী এবং দর্শকদের জন্য নিত্যনতুন কর্মপদ্ধতি ও কর্মশৈলীর উদ্ভাবন করার নিরন্তর আমন্ত্রণ জানিয়ে গিয়েছেন।

ফলে আমি ১৪৩টি নতুন স্টুডিওর গোড়াপত্তন করতে বাধ্য হয়েছি, যার দায়িত্বভার রয়েছে বোস্টন শহরের অন্তর্গত একটি প্রোডাকশন কোম্পানির উপরে, যেখান থেকে উৎপাদিত হয় অজস্র পুরস্কারপ্রাপ্ত কন্টেন্ট, বিভিন্ন অনুষ্ঠান, অডিও সিরিজ, অনলাইন কোর্স, জার্নাল, বইপত্র, এবং পেশাদারী ক্ষেত্রে উন্নতি করার প্রশিক্ষণ। আমার এই কর্মযজ্ঞের উপকৃত অংশীদারেরা হল যথাক্রমে স্টারবাকস, অডিবল, আল্ট্রা বিউটি, জেপিমর্গ্যানচেজ, লিংকডইন এবং হেডস্পেস।

২০২২ সালে, আমরা দ্য মেল রবিন্স পডকাস্টের গোড়াপত্তন করে সেটির প্রযোজনার দায়িত্বভার গ্রহণ করি, যা এই মুহূর্তে ১৯৪টি দেশে একযোগে সম্প্রচারিত হয় এবং সারা পৃথিবীতে সেটি অন্যতম শ্রেষ্ঠ পডকাস্ট হিসেবে সেরার তালিকায় প্রথমের সারিতে অন্তর্ভুক্ত। আমরা বিনামূল্যে বেশ কিছু অনলাইন কোর্স শুরু করেছি, যেগুলিতে অংশগ্রহণ করে ইতিমধ্যেই লক্ষ লক্ষ ছাত্র উপকৃত হয়েছেন। কয়েক বছর আগে আমি যে ছোট নিউজলেটারটি তৈরি করেছিলাম, সেটির পাঠক সংখ্যা এই মুহূর্তে দেড় লক্ষের বেশি, যাঁরা প্রতি সপ্তাহে নিয়মিত দুবার করে এই নিউজলেটার পড়েন। আমার নিজস্ব মিডিয়া প্রোডাকশন কোম্পানি, পডকাস্ট, নিউজলেটার এবং আমাদের সংস্থার বিভিন্ন কোর্স সম্পর্কে বিশদে জানতে হলে দেখুন www.melrobbins.com।

জীবনে আমি যতটুকু সাফল্য অর্জন করেছি, তার জন্য আমার কোনো পূর্ব অভিজ্ঞতা ছিল না, ছিল না কোনো "নির্দিষ্ট" লক্ষ্যের হাতছানি। আমি নিজের মতো করে এগিয়ে যেতে যেতেই জীবনের এই অপূর্ব সন্ধিক্ষণে এসে পৌঁছেছি।

টেডএক্স (TEDx) এর অনুষ্ঠান চলাকালীন মঞ্চে দাঁড়িয়ে যখন আমি সেই নিদারুণ উৎকণ্ঠার শিকার হয়েছিলাম, তখন আমার বয়স ছিল ৪১ বছর। বক্তৃতার জন্য হাতে পারিশ্রমিকের চেকটি যখন প্রথমবার পৌঁছয়, তখন আমার বয়স ৪৬ বছর। নিজস্ব খরচে যখন আমি নিজের প্রথম বইটি প্রকাশ করি তখন আমার বয়স ৪৯ বছর। ৫০ বছর বয়সে আমি নিজের প্রোডাকশন কোম্পানির গোড়াপত্তন করি। শেষ পর্যন্ত, যখন আমার ৫৪ বছর বয়স, তখন আমি পৃথিবীর দ্রুততম হারে বৃদ্ধি পেতে থাকা পডকাস্টের ভিত্তিপ্রস্তর স্থাপন করি।

একটি নির্দিষ্ট কাজ সুষ্ঠভাবে সম্পন্ন করার জন্য আমার জীবন বরাবরের মতো বদলে যায়নি; এই পরিবর্তনের কারণ —যে সব দিন সকালে ঘুম ভাঙার পরে আমি বিছানা ছাড়তে অনিচ্ছুক ছিলাম এবং অহেতুক গড়িমসি করতাম, তখন আমি মনের জোরে ৫-৪-৩-২-১ পদ্ধতির প্রয়োগে নিজেকে ঠেলেঠুলে উঠিয়ে দাঁড় করাতে পেরেছিলাম।

নিজের জীবন বদলে দেওয়ার প্রক্রিয়া অনায়াস ছিল না; তা ছিল অত্যন্ত কষ্টসাধ্য

আমার কাছে কোনো গোপন চাবিকাঠির সন্ধান ছিল না যার সাহায্যে আমার পক্ষে সাফল্য কিংবা অর্থনৈতিক সচ্ছলতা অর্জন অনায়াস হয়ে উঠেছিল। এই লক্ষ্য অতিক্রম করতে পারার মূল কারণ হল, যে সমস্ত কাজ সাধারণ মানুষ স্বভাবতই এড়িয়ে চলতে চান, আমি সেগুলি সুষ্ঠভাবে সম্পন্ন করতে প্রস্তুত ছিলাম: নিয়মিতভাবে ঘুম থেকে ওঠার অদম্য তাগিদ, এবং নিজের মনমতো না হওয়া সত্ত্বেও, দীর্ঘ দশ বছরের বেশি সময় ধরে নিজের অভীষ্ট লক্ষ্যপূরণের পথে একটু একটু করে পা বাড়ানো—যা আমার কাছে অত্যন্ত যন্ত্রণাময় এবং শ্লথগতির একটি প্রক্রিয়া ছিল।

প্রতিদিন আমি তার আগের দিনের চাইতে আরো একটু ভালো থাকার, আরো ভালো করার প্রচেষ্টায় নিজেকে নিয়োজিত করার কাজে মনঃসংযোগ করতাম। অধিকাংশ ক্ষেত্রে আপনাকে এই প্রচেষ্টাকেই অগ্রাধিকার দিতে হবে। মানুষ হিসেবে আমি কোনোদিক থেকেই বিশিষ্ট, কিংবা আলাদা, অথবা নির্দিষ্ট প্রতিভার অধিকারী বা সৌভাগ্যবান নই; আমি শুধুমাত্র আমার জীবনের ক্ষেত্রে ফলদায়ী হতে পারে এমন সঠিক পদ্ধতিগুলি খুঁজে বার করেছিলাম এবং সেগুলিকে ব্যবহার করতে সমর্থ হয়েছিলাম। বর্তমানে, আমার সামগ্রিক পেশাদারী জীবনের এক ও অন্যতম লক্ষ্য হল আপনাদের সঙ্গে এই নির্দিষ্ট পদ্ধতিগুলি পুঙ্খানুপুঙ্খভাবে ভাগ করে নেওয়া।

এই কথাগুলি স্রেফ বড়াই করার জন্য আমি বলছি না। আমি বলতে চাইছি যে নিজেদের প্রত্যেকের অন্তর্নিহিত ক্ষমতা সম্পর্কে আপনাদের বিন্দুমাত্র ধারণা নেই, এবং শুরুতে সেই ধারণা আমারও ছিল না। বিভিন্ন কাজের মাধ্যমে নিজের জীবনে আমি বহু অত্যাশ্চর্য ও আশাতীত সাফল্য অর্জন করতে পেরেছি, এবং আমার বিশ্বাস আপনারাও তা পারবেন।

নিজের জীবনে পরিবর্তন নিয়ে আসার ক্ষেত্রে আপনি কখনোই মানসিকভাবে প্রস্তুত থাকবেন না। এমন একটি দিন আসবে, যখন দৈনন্দিন জীবনের প্রতিটি ক্ষেত্রে অজুহাত দিতে দিতে আপনি ক্লান্ত হয়ে পড়বেন এবং বাধ্য হবেন জীবনকে সম্পূর্ণ নতুনভাবে অন্য খাতে বইয়ে দিতে। শরীরচর্চার জন্য নিয়মিতভাবে জিমে যেতে আপনি কখনোই কোনো তাগিদ অনুভব করেন না, কিন্তু একদিন আপনি নিজের উপর বিরক্ত হয়েই জিমের দিকে পা বাড়াতে বাধ্য হবেন। প্রতিপক্ষের সঙ্গে বিতর্কমূলক বার্তালাপ করার অপ্রিয় কাজটি থেকে আপনি নিশ্চিন্তে বিরত থাকতে অভ্যস্ত। কিন্তু একদিন নিজের উপর আপনার এতটাই ঘৃণাবোধ হবে যে আপনি সেটির মোকাবিলায় নিজেকে উদ্বুদ্ধ করতে বাধ্য হবেন। নতুন করে একটি কর্মসংস্থানের জন্য আপনি উৎসাহিত নন। কিন্তু একদিন আপনি এই নির্দিষ্ট কাজটি শুরু করার লক্ষ্যে কোমর বেঁধে লাগবেন।

৫-৪-৩-২-১ এর পদ্ধতি আপনার অন্তর্নিহিত যাবতীয় প্রতিবন্ধকতাকে অতিক্রম করে সেই কাজগুলি সুষ্ঠভাবে সম্পন্ন করার ক্ষেত্রে উৎসাহিত করবে, বিশেষ করে সেই সময়ে যখন

আপনি সেগুলির ক্ষেত্রে নিতান্তই অনাগ্রহী। এই পদ্ধতি যদি আপনি দীর্ঘ সময় ব্যবহারে অভ্যস্ত হন, তাহলে জীবনে কি পরিমাণ সাফল্য আপনার জন্য অপেক্ষা করে রয়েছে তা আপনাকে স্তম্ভিত করে তুলতে বাধ্য।

এই পাঁচ সেকেন্ডের পদ্ধতি অধিকাংশ মানুষের ক্ষেত্রেই চূড়ান্তভাবে সফল, কারণ এটি আপনাকে নিজের অভ্যন্তরিণ স্বত্তার বিরুদ্ধে নিরন্তর চলতে থাকা অনন্ত টানাপোড়েনের ক্ষেত্রে জয়লাভের শক্তি জোগায়। কিন্তু এই পদ্ধতি যে কাজ করতে পারে না তা হল: দৈনন্দিন জীবনে প্রতি পদক্ষেপে আপনার যাবতীয় বাহ্যিক আক্রমণ প্রতিহত করা। আপনি যতবারই ৫-৪-৩-২-১ গুনুন না কেন, তা আপনাকে যানজটে আটকে থাকা থেকে, বিবেচনাহীন অপরিচিত মানুষজনের থেকে, চুলচেরা বিশ্লেষণে অভ্যস্ত খিটখিটে উপরওয়ালার কবল থেকে, আপনার পরিবার পরিজনের অন্তহীন সংনির্ণয় থেকে, আপনার অভিসারমূলক অভিযানের অপরাধবোধ থেকে, অন্যান্যদের বিরূপ মন্তব্য থেকে, এবং সীমাহীন চাহিদা ও অভিলাষের হাত থেকে বাঁচাতে পারবে না। একটি বিষয়ে আমি একেবারেই নিশ্চিত, জীবনে যতবার আপনি ৫-৪-৩-২-১ গুনে নিজেকে উদ্বুদ্ধ করতে সমর্থ হবেন, ততই আপনার মনে এই পদ্ধতির প্রয়োগে নিজের পারিপার্শ্বিকের মানুষের জীবন পরিবর্তনের বাসনা জেগে উঠবে।

সেই নির্দিষ্ট পরিসরেই এই বইয়ের কার্যকারিতা।

বিগত এক দশক ধরে, আপনাদের এবং আমার নিজের সামগ্রিক উন্নতিসাধনে আমার সম্পূর্ণ মনোযোগের কেন্দ্রবিন্দু নিত্যনতুন পদ্ধতি ও প্রণালীর আবিষ্কার, সৃষ্টি, সফল প্রশিক্ষণ এবং সেগুলিকে সকলের সঙ্গে সাধারণভাবে ভাগ করে নেওয়ায় আবদ্ধ ছিল। কিন্তু এই দীর্ঘ সময় ধরে, আমরা আদৌ স্বাস্থ্যসম্মতভাবে ও আনন্দ সহকারে জীবনযাপন করতে সমর্থ কি না তা নির্ধারণ করার প্রথম কারণটির (গবেষণাভিত্তিক) প্রতি মনোনিবেশ আমি কখনা করতে পারিনি, যা হল: পারস্পরিক সম্পর্ক। ঠিক এই পটভূমিকাতেই দ্য লেট দেম থিওরি অথবা ওদের করতে দিন—এই পদ্ধতির আত্মপ্রকাশ ঘটে। আমাদের পারিপার্শ্বিকে সকলের সঙ্গে সফল ব্যবহারিক সম্পর্ক বজায় রাখা এবং আপনার জীবনে প্রতিটি মানুষের সঙ্গে সুস্থ ও প্রগাঢ় পারস্পরিক সম্পর্ক গড়ে তোলার রহস্যের আশ্চর্য চাবিকাঠি সম্পর্কে বিস্তারিত আলোচনা করার সময় আগত।

বছরদুয়েক আগে, এই দুটি আপাত নিরীহ শব্দে এসে প্রথমবার আমি হোঁচট খেয়েছিলাম: লেট দেম অথবা করতে দাও, এবং সেই মাহেন্দ্রক্ষণেই আমার জীবনের গতিপথ যেন মন্ত্রবলে অন্য খাতে বইতে শুরু করে।

পাঁচ সেকেন্ডের পদ্ধতির প্রয়োগ আমার নিজের সঙ্গে নিজের স্বত্তার পারস্পরিক সম্পর্কের সংজ্ঞা বদলে দিয়েছিল।

দ্য লেট দেম থিওরি পারিপার্শ্বিকের মানুষের সঙ্গে আমার পারস্পরিক সম্পর্কের সংজ্ঞা আমূল বদলে দিয়েছিল।

আসুন, ব্যাপারটা আপনাদের বুঝিয়ে বলা যাক।

পাঁচ সেকেন্ডের পদ্ধতি হল সম্পূর্ণভাবে আপনার নিজের জীবনে উন্নতিসাধনের সঙ্গে সংযুক্ত। বিশেষ বিশেষ দিনে, যখন আপনার কোনো কাজে হাত দিতে ইচ্ছে করে না, এই

পদ্ধতি আপনাকে নিজের বিছানা ছেড়ে উঠতে, নিয়মানুযায়ী জিমে পৌঁছে যেতে, নিজের জায়গায় বসে লেখা শুরু করতে, প্রদেয় বিলের গোছাটি খুলে চোখের সামনে মেলে ধরতে, যে কোনো কাজে ঝুঁকি নেওয়ার সিদ্ধান্ত নিতে, ক্লাসে অংশগ্রহণ করার জন্য সাইনআপ প্রক্রিয়া সম্পন্ন করতে, শেষ পর্যন্ত নিজের ব্যাঙ্কের স্টেটমেন্টে চোখ বোলাতে, গত দু-সপ্তাহের জমে থাকা কাপড়চোপড় একসঙ্গে ধুয়ে ফেলতে, কিংবা এতদিন পর্যন্ত সযত্নে এড়িয়ে যাওয়া অত্যন্ত প্রয়োজনীয় এ আইয়ের কোডিং ক্লাসটি এক ধাক্কায় সেরে ফেলার ক্ষেত্রে সাহায্য করতে সক্ষম।

যতবার আপনি ৫-৪-৩-২-১ গুনবেন, ততবার নিজের দিকে ধেয়ে আসা অন্তহীন দ্বিধা, অহেতুক গড়িমসির প্রবণতা, অতিরিক্ত দুশ্চিন্তা এবং সন্দেহের ভ্রূকুটির বিরুদ্ধে জয়লাভ করার ক্ষেত্রে পায়ে পায়ে এগিয়ে যেতে পারবেন। যেকোনো পরিস্থিতিতে আপনার অনুভূতি যেমনই হোক না কেন, নিজেকে উপযুক্ত সিদ্ধান্ত অনুযায়ী সঠিক পদক্ষেপ গ্রহণ করতে উজ্জীবিত আপনি করে তুলতে পারবেন। একমাত্র একটি কারণেই এই পদ্ধতিটি জীবনের প্রতিটি ক্ষেত্রে কর্মক্ষম।

কিন্তু তা সত্ত্বেও, বছরের পর বছর ধরে আমি ভেবেছি, জীবনে উন্নতি করার ক্ষেত্রে কেন প্রতিনিয়ত নিজেকে উজ্জীবিত করতে হবে? অকৃতকার্য হওয়ার ক্ষেত্রে আমি কেন সর্বদাই আতঙ্কিত হয়ে থাকব? যে কোনো ক্ষেত্রে ঝুঁকিপূর্ণ সিদ্ধান্ত নেওয়ার আগে আমি কেন স্নায়বিকভাবে দুর্বল হয়ে পড়ব? দৈনন্দিন জীবনে আমার যা যা প্রয়োজন সেগুলি অন্যান্যদের কাছ থেকে চেয়ে নিতে কেন আমাকে কুণ্ঠার সম্মুখীন হতে হবে? আমার জীবনে মূল প্রতিবন্ধকতাটি আসলে কী?

নিজের গতিময় জীবনে কয়েক মুহূর্ত থমকে দাঁড়িয়ে আপনি কি নিজেকে কখনো এই প্রশ্নগুলি করেছেন: কেন তুমি জীবনের অধিকাংশ ক্ষেত্রে প্রবল দ্বিধার সম্মুখীন হতে থাকো? তোমার অহেতুক গড়িমসির পিছনে আসল কারণ কী? কেন তুমি অতি অল্পেই ক্লান্ত এবং হতোদ্যম হয়ে পড়ো? প্রতিটি সিদ্ধান্তের নেপথ্যে কেন অতিরিক্ত চিন্তাভাবনা তোমাকে জর্জরিত করতে থাকে? তোমার জীবনে প্রতিটি বিষয়ে অমূলক সন্দেহ প্রকাশ করার প্রবণতার উৎস কী? নিজের প্রয়োজন অনুযায়ী কাজকর্ম করা অথবা নিজের ইচ্ছানুসারে জীবনযাপন করার ক্ষেত্রে তোমার জীবনে সবচেয়ে বড় প্রতিবন্ধকতা কোনটি? তোমার জীবনে আতঙ্কের মূল কারণ কী?

নিজের ক্ষেত্রে যেদিন এই সমস্ত প্রশ্নের উত্তর আমি আবিষ্কার করতে পেরেছিলাম, সেদিন আমি যারপরনাই অবাক হয়ে যাই: এই সমস্যার মূল ও একমাত্র কারণ হল পারিপার্শ্বিকের মানুষজন। অন্যভাবে বলতে গেলে, আমি বুঝেছিলাম কীভাবে আমি অন্যান্য মানুষকে নিজের জীবনে প্রভাব বিস্তার করবার অবাধ ছাড়পত্র দিয়ে আমার সমস্যাকে আরো ঘনীভূত করে তুলেছি। পারিপার্শ্বিকের মানুষজনের ব্যক্তিগত জীবন সম্পর্কে অযাচিতভাবে দুশ্চিন্তা করতে থাকা অথবা তাঁদের জীবনের বিভিন্ন সমস্যার সমাধান করার উদ্দেশ্যে নিজের অমূল্য সময় ব্যয় করার মতো ভুল প্রতিনিয়ত কীভাবে আমাকে ক্রমশ পিছনের সারিতে ঠেলে দিচ্ছে। প্রতি মুহূর্তে তাঁরা কী করছেন, তাঁদের বক্তব্য কী, তাঁরা কোনো সময়ে কী চিন্তাভাবনা করছেন, জীবনের প্রতি ক্ষেত্রে তাঁদের অনুভূতি কী, এবং তাঁরা আমার কাছ থেকে কী ও কতটা সমর্থন আশা করেন— এই জাতীয় কথা আপনি সমানে ভাবতে থাকেন। কিন্তু বাস্তবে, আপনি তাঁদের জন্য যতই

প্রাণপাত করুন অথবা মরিয়া চেষ্টা চালিয়ে যান না কেন, অন্যান্যদের জীবনের নিয়ন্ত্রণ নিজের হাতে তুলে নেওয়া আপনার পক্ষে কখনোই সম্ভব নয়। তা সত্ত্বেও, আপনি সেই মরীচিকার পিছনে ছুটতে ছুটতে নিজের জীবনে উন্নতির শিখর ছোঁয়ার অলীক স্বপ্ন দেখতে থাকেন।

আপনি এমনভাবে বিশ্বাস করতে অভ্যস্ত হয়ে উঠেছেন, যেন সবসময় উচিত কথা বললে জনপ্রিয়তার শীর্ষে অধিষ্ঠান করতে আপনি সমর্থ হবেন। আপনি বিশ্বাস করেন কর্মক্ষেত্রে যত বেশি দায়িত্ব নিজের কাঁধে তুলে নেবেন, ততই আপনি উপরওয়ালার স্নেহভাজন ও সম্ভ্রমের পাত্র হয়ে উঠবেন। যদি আপনি সবসময় সঠিকভাবে কাজ করেন, নিজের মায়ের প্রতিটি নির্দেশ অক্ষরে অক্ষরে পালন করেন, এবং পরিবার পরিজন ও বন্ধুবান্ধবদের সন্তুষ্ট করে চলেন, এই জীবনে আপনার চাইতে সুখী আর কেউ হবে না বলে আপনার ধারণা। না, এ কখনোই সম্ভব নয়।

এই বই পড়ার সময় আপনি শিখবেন দুটি অতি সাধারণ শব্দ—লেট দেম অথবা ওদের করতে দিন—যেগুলি আপনার নিজস্ব স্বত্তাকে সম্পূর্ণ স্বাধীনতা এনে দিতে সক্ষম। এটি আপনাকে পারিপার্শ্বিকের মানুষের যাবতীয় মতবাদ, নাটকীয়তা, এবং অবাঞ্ছিত বিচার বিবেচনার ক্ষেত্রে তাঁদের সর্বময় কর্তৃত্ব থেকে নিরবিচ্ছিন্ন স্বাধীনতা দেবে। দেবে, আপনার পারিপার্শ্বিকের যাবতীয় পরিস্থিতিকে সামাল দেওয়া ও অন্যান্যদের পরিতুষ্ট করার ক্ষেত্রে আপনার নিরন্তর ও ক্লান্তিকর প্রচেষ্টার কবল থেকে নিষ্কৃতি লাভ করার অব্যর্থ সুলুকসন্ধান।

আরো ভালোভাবে জীবনযাপন করা অবশ্যই সম্ভব।

লেট দেম থিওরি অর্থাৎ ওদের করতে দিন হল এক অব্যর্থ ও প্রমাণিত পদ্ধতি যার প্রয়োগে আপনি সময়ানুবর্তিতা এবং নিজের কর্মক্ষমতাকে সংরক্ষণ করতে শিখবেন, এবং নিজের জীবনের গুরুত্বপূর্ণ বিষয়গুলিতে মনঃসংযোগ করতে পারবেন। প্রতিটি ক্ষেত্রে অন্যান্যদের অনুমতির অপেক্ষা, তাঁদের জীবন আনন্দময় করে তোলার অভিপ্রায়ে মরিয়া প্রচেষ্টা চালিয়ে যাওয়া এবং তাঁদের মতামতকে গুরুত্ব দিয়ে নিজের জীবনে ক্রমশ পিছিয়ে পড়ার নিরিখে আপনি ইতিমধ্যেই প্রচুর সময় নষ্ট করে ফেলেছেন। আপনার অন্তর্নিহিত ক্ষমতা অন্যের জন্য অপব্যয় না করে, নিজের জীবন এমনভাবে গড়ে তুলতে শিখুন যেখানে অগ্রাধিকার একমাত্র আপনারই—আপনার স্বপ্নপূরণ, আপনার অভীষ্ট লক্ষ্য, আপনার সামগ্রিক পরিতুষ্টি। কিন্তু এই পদ্ধতির সর্বশ্রেষ্ঠ শিক্ষা কী? দ্য লেট দেম থিওরি অথবা ওদের করতে দিন এর এই পদ্ধতি যে শুধুমাত্র আপনার জীবনের উৎকর্ষকে উন্নততর করে তোলার ক্ষমতা রাখে, তাই নয়—এটি আপনার পারিপার্শ্বিকে থাকা প্রত্যেকের জীবনকেও ভালোর জন্য বদলে দেওয়ার ক্ষমতা রাখে।

এই বই কীভাবে আপনাকে উপকৃত করবে

এই বই দ্য লেট দেম থিওরি অর্থাৎ ওদের করতে দিন এর পদ্ধতির উপরে বিশদে আলোকপাত করে, এই পদ্ধতিটি কী, এটি কেন এত সফল, এবং কীভাবে এই পদ্ধতির প্রয়োগে জীবনের অন্তত আটটি অত্যন্ত গুরুত্বপূর্ণ পরিসরে আপনি সম্পূর্ণভাবে নিয়ন্ত্রণ কায়েম করতে সক্ষম তা সবিস্তারে ব্যাখ্যা করে। বইটির প্রতিটি পৃষ্ঠায় থরে থরে সাজানো রয়েছে বিভিন্ন গবেষণাভিত্তিক

তথ্য, অকাট্য সাক্ষ্যপ্রমাণ, এবং নিজের জীবনে আপনি কীভাবে এই লেট দেম থিওরির পদ্ধতি প্রয়োগ করতে পারেন তার অসংখ্য প্রামাণ্য উদাহরণ—এখানে আপনি জানবেন যে এই নির্দিষ্ট চিন্তাধারার নেপথ্যে রয়েছে বিভিন্ন প্রাচীন দার্শনিক মতবাদ, সনাতন ভেষজ চিকিৎসা শাস্ত্রে বর্ণিত বিভিন্ন উপশম, পৃথিবীর একাধিক সর্বশ্রেষ্ঠ ধার্মিক মতবাদের গর্ভে লুকিয়ে থাকা অমূল্য শিক্ষার বাণী, স্টোইকিজম অথবা আত্মসংযমের প্রশিক্ষণ ও বিভিন্ন আধ্যাত্মিক অনুশীলনের সমর্থন।

এই বইয়ের মাধ্যমে আপনারা যতটুকু শিখতে চলেছেন তার অধিকাংশ যদিও বিজ্ঞানভিত্তিক গবেষণায় উপলব্ধ তথ্য দ্বারা সমৃদ্ধ, এটিকে কোনো নির্দিষ্ট পাঠ্যক্রমের পাঠ্যপুস্তক অথবা তত্ত্বগত দস্তাবেজ হিসেবে ভুল করা উচিত নয়। এই বইটির মূল উদ্দেশ্য হল দ্য লেট দেম থিওরির অন্তর্গত অসংখ্য পদ্ধতি ও বিভিন্ন প্রণালীকে নিজেদের জীবনের সবচেয়ে গুরুত্বপূর্ণ ক্ষেত্রগুলিতে সঠিকভাবে প্রয়োগ করার জন্য নিজেদের আলোকপ্রাপ্ত করা। শুধুমাত্র এই কারণেই বইটি এমনভাবে লেখা হয়েছে যাতে সকলের বোধগম্য হতে পারে, পাঠকদের নির্মল আনন্দ প্রদান করতে পারে। এটির পৃষ্ঠায় পৃষ্ঠায় সাজানো রয়েছে অসংখ্য প্রামাণ্য উদাহরণ এবং সুনির্দিষ্ট কিছু শিক্ষা। এ ছাড়াও, প্রতিটি বিভাগের শেষে সাজিয়ে দেওয়া রয়েছে প্রতিটি অধ্যায়ের সারমর্ম, যার ফলে প্রতিটি মূল শিক্ষার মর্মার্থ থাকবে আপনার নখদর্পণে, যাতে প্রশিক্ষণের পাশাপাশি সেগুলিকে বাস্তব জীবনে আপনি নিয়মিতভাবে প্রয়োগ করতে পারেন।

এই বই আপনি কখন পড়বেন এবং এটি থেকে যা কিছু শিখবেন তা নিজের জীবনে কখন সঠিকভাবে প্রয়োগ করতে পারবেন, সেই মুহূর্তের জন্য আমার অপেক্ষার তর সইছে না। গভীরভাবে লক্ষ করলে আপনি উপলব্ধি করবেন যে ইতিমধ্যেই আপনার জীবনের সামগ্রিক আনন্দটুকু পারিপার্শ্বিকের মানুষজনের ব্যবহারিক বৈশিষ্ট্য, তাঁদের অযাচিত মতবাদ এবং বিভিন্ন অনুভূতির মুখাপেক্ষী হয়ে থাকতে থাকতে ক্রমশ তলানিতে পৌঁছে গিয়েছে। এর শেষ কোথায়? নিজের অজান্তেই আপনি নিজের আনন্দে থাকার অধিকার, স্বাস্থ্যবান থাকার ক্ষমতা, এবং প্রতিটি লক্ষ্য লঙ্ঘন করার দুর্দমনীয় আকাঙ্খার জলাঞ্জলি দিয়ে ফেলেছেন।

এই বইটি আপনার সেই পঙ্কিল আবর্ত থেকে উদ্ধার পাওয়ার একমাত্র উপায়।

আপনি যদি নিজেকে প্রতিশ্রুতি দেন যে এই বই পড়ার সময় প্রতি পৃষ্ঠার ক্ষেত্রে আমার প্রত্যেকটি পরামর্শ অনুসরণ করে চলার চেষ্টা করবেন, পড়ার সঙ্গে সঙ্গে প্রতিটি শব্দের অর্থ হৃদয়ঙ্গম করে সেগুলিকে তৎক্ষণাৎ নিজের জীবনের প্রতিটি পরিসরে প্রয়োগ করার চেষ্টা করবেন, তাহলে আমিও হলফ করে বলতে পারি: আপনার জীবন অচিরেই আগের চাইতে সহজতর হয়ে উঠবে এবং জীবনের পারস্পরিক সম্পর্কগুলি ক্রমেই দৃঢ় থেকে দৃঢ়তর হয়ে উঠতে থাকবে।

এই পদ্ধতি সম্বলিত বইটি আপনার কাছে নিঃসন্দেহে এক অনাস্বাদিত মুক্তি ও সমৃদ্ধির জোয়ার এনে দিতে চলছে, যার রসাস্বাদনের অভিজ্ঞতা এ যাবৎকাল আপনার হয়নি। এই অত্যাশ্চর্য অভিযানের সূচনা হতে চলেছে দুটি অত্যন্ত সাধারণ শব্দ দিয়ে: লেট দেম অথবা ওদের করতে দিন।

দ্য লেট দেম থিওরি

ওদের সুযোগ দিন + নিজে সুযোগের সদ্ব্যবহার করুন

অধ্যায় ১

যে পরিস্থিতির উপর আপনার নিয়ন্ত্রণ নেই, তাতে নিজের জীবন অপব্যয় করবেন না

নিজেদের জীবনে প্রয়োজনীয় পরিবর্তন নিয়ে আসার জন্য, অভীষ্ট লক্ষ্য চরিতার্থ করার জন্য, কিংবা জীবনকে আনন্দময় করে তোলার তাগিদে যদি আপনাদের নিরন্তর সংগ্রাম চালিয়ে যেতে হয়, তাহলে আমি চাইব আপনারা নিম্নলিখিত বাক্যের প্রতি মনঃসংযোগ করুন: সমস্যার নেপথ্যে আপনার কোনো ভূমিকা নেই। সমস্যার আসল কারণ পারিপার্শ্বিকের মানুষজনের মতামতকে অগ্রাধিকার দিয়ে তাঁদের হাতে ক্ষমতার রাশ তুলে দেওয়া।

প্রতি মুহূর্তে আমরা প্রত্যেকে নিজেদের অগোচরেই এই ভুল করে চলেছি। আপনি যদি সবসময় উচিত অথবা সত্যি কথা বলেন, তাহলে আশপাশের মানুষজন আপনার ব্যবহারে সন্তুষ্ট থাকবেন। কর্মক্ষেত্রে আপনি সিংহভাগ দায়িত্ব নিজের কাঁধে তুলে নেওয়ার প্রাণপণ চেষ্টা করলে, আপনার সহকর্মীদের হতোদ্যম হয়ে পড়ার সম্ভাবনা কমবে। আপনার সামগ্রিক ব্যবহার বন্ধুত্বপূর্ণ হলে, সহকর্মীরা আপনাকে পছন্দ করবে। আপনি দৈনন্দিন জীবনে শান্তি বজায় রাখতে পারলে, পরিবার পরিজনেরা আপনার যাবতীয় ভুলভ্রান্তির চুলচেরা বিশ্লেষণ করার থেকে অব্যাহতি দেবেন। এরকম বেশ কিছু ভ্রান্ত ধারণা আমরা সকলেই লালন করে থাকি।

এই ব্যাপারে আমি সম্পূর্ণভাবে অবগত, কারণ নিজের জীবনে এই প্রতিটি পরিস্থিতির সম্মুখীন আমি ইতিমধ্যেই হয়েছি। বছরের পর বছর ধরে নিজের চারপাশের প্রতিটি মানুষকে ভালো রাখার জন্য নিরন্তর প্রচেষ্টা আমি চালিয়ে গিয়েছি, একটি অকাট্য যুক্তির উপরে মানসিকভাবে নির্ভর করে—সাহায্য করার মনোভাব নিয়ে আমি যদি তাঁদের পাশে গিয়ে দাঁড়াই, সবসময় উচিত অথবা সত্যি কথা বলি, তাঁদের সর্বদা সন্তুষ্ট রাখতে পারি, তাহলে শেষ পর্যন্ত আমার অতুলনীয় পরিতৃপ্তি সম্ভব।

কিন্তু বাস্তবে, পরিস্থিতি আসলে কী? আপনি প্রাণপণ পরিশ্রম করতে থাকেন, সিংহভাগ দায়িত্ব নিজের কাঁধে তুলে নেওয়ার চেষ্টা করেন, নিজস্ব কর্মদক্ষতার প্রসার ও বিস্তারের আবহ

ক্রমশ সংকুচিত করে ফেলেন—কিন্তু আপনার প্রতি এই প্রভূত স্বার্থত্যাগের পরেও, কেউ না কেউ অসন্তুষ্ট থেকেই যান। অসন্তোষ থেকেই সমালোচনার উৎপত্তি হয়। সেই সার্বিক অসন্তোষের সম্মুখীন হওয়ার মুহূর্তে আপনি উপলব্ধি করেন, নিজের পরিশ্রম ও প্রচেষ্টায় বিন্দুমাত্র খামতি না থাকা সত্ত্বেও, আপনার পক্ষে সবাইকে সন্তুষ্ট করা নিতান্তই অসম্ভব।

আমরা কিন্তু এই পথ অবলম্বনের চেষ্টা করব না। অন্তর্নিহিত ক্ষমতার সামগ্রিক নিয়ন্ত্রণ নিজের হাতে ফিরিয়ে আনার প্রচেষ্টায়, এই বই হবে আপনার নিত্যসঙ্গী—আপনার একমাত্র হাতিয়ার। যে পরিস্থিতির উপর আপনার নিয়ন্ত্রণ নেই, তা নিয়ন্ত্রণের চেষ্টায় অযথা নিজের মূল্যবান সময়ের অপচয়, অভ্যন্তরীণ শক্তির অপচয়, জীবনের আনন্দ উপভোগ করার সুযোগের অপচয় বন্ধ করতে হবে—আপনার নিয়ন্ত্রণে নেই এমন সব বিষয়, যেমন অন্যান্যদের মতবাদ, তাঁদের মেজাজের চাপানউতোর অথবা কর্মশৈলী নিয়ে চিন্তাভাবনা না করে এমন কিছুর উপরে সম্পূর্ণ মনঃসংযোগ করুন, যা সম্পূর্ণভাবে নিয়ন্ত্রণের ক্ষমতা আপনার রয়েছে—যেমন আপনার নিজের উপরে।

এখানেই সেই অত্যাশ্চর্য উপলব্ধির উন্মেষ ঘটবে: যে মুহূর্তে অন্যান্যদের যাবতীয় দায়িত্বভার লাঘব করতে আপনি সমর্থ হবেন, আপনি উপলব্ধি করবেন নিজের অন্তর্নিহিত ক্ষমতা ও অভ্যন্তরীণ শক্তি কতটা সুদূরপ্রসারী। নিজের অজান্তেই দীর্ঘদিন ধরে আপনি সেই ক্ষমতার অপব্যবহার করে আসছিলেন।

আসুন, আপনাদের পরিচয় করিয়ে দেওয়া যাক একটি অত্যন্ত সাধারণ, কিন্তু জীবন বদলে দেওয়ার মতো ক্ষমতাসম্পন্ন একটি ধারণার সঙ্গে—যা আমার জীবনের শ্রেষ্ঠতম আবিষ্কার হিসেবে ইতিমধ্যেই প্রমাণিত, ও বিশ্বব্যাপী প্রচলিত: দ্য লেট দেম থিওরি অথবা ওদের করতে দিন এর পদ্ধতি।

দ্য লেট দেম থিওরি আসলে কী

দ্য লেট দেম থিওরি আসলে আমাদের মানসিক স্বাধীনতার উৎস। দুটি অতি সাধারণ শব্দ—লেট দেম অথবা ওদের করতে দিন—পারিপার্শ্বিকের মানুষজনের যাবতীয় দায়িত্বভার অযাচিতভাবে নিজের কাঁধে তুলে নেওয়ার গুরুদায়িত্ব থেকে আপনাকে স্থায়ীভাবে অব্যাহতি দেওয়ার ক্ষমতা রাখে। অন্যান্যরা আপনার সম্পর্কে কী ধারণা পোষণ করছেন, আপনার সম্বন্ধে কী বলছেন অথবা করছেন, এই অবান্তর ধ্যানধারণার প্রভাব থেকে নিজেকে বিচ্ছিন্ন করার পরেই, আপনি নিজের প্রতি মনোযোগ দেওয়ার জন্য সচেষ্ট হতে পারবেন। সেই বিশেষ মুহূর্ত থেকেই আপনি সঠিকভাবে জীবনযাপন করার পথে পা বাড়াতে সক্ষম হবেন।

যেনতেন প্রকারে অন্যান্যদের সন্তুষ্ট করা অথবা তাঁদের দৈনন্দিন জীবনের যাবতীয় সমস্যার মোকাবিলায় তাঁদের জন্য প্রাণপাত করার পরিবর্তে, আপনি শিখতে চলেছেন লেট দেম অথবা ওদের করতে দিন এর অসামান্য প্রক্রিয়াটি।

এই পরিবর্তিত পরিস্থিতি ঠিক কেমন হবে? কল্পনা করুন আপনি নিজের কর্মক্ষেত্রে ব্যস্ত রয়েছেন, এবং সেই মুহূর্তে আপনার এক সহকর্মী মোটেই খোশমেজাজে নেই। সেই ভদ্রলোকের

নেতিবাচক ধ্যান ধারণায় প্রভাবিত না হয়ে, শুধু বলুন লেট দেম অর্থাৎ ওদের করতে দিন। তাঁকে নিজের ইচ্ছানুসারে ক্ষোভের বহিঃপ্রকাশ করতে দিন। কারণ সেটি কখনোই আপনার নিজের সমস্যা নয়। কর্মক্ষেত্রে মনঃসংযোগ করুন এবং নিজের কাজ সুষ্ঠভাবে সম্পন্ন করে সন্তুষ্টি উপভোগ করুন।

অন্য একটি ক্ষেত্রে, হয়তো অভিভাবকরা আপনার সামগ্রিক পছন্দ অপছন্দ সম্বন্ধে বিজাতীয় এবং তির্যক মন্তব্যে আপনাকে জর্জরিত করছেন, এবং স্বভাবতই আপনি মর্মাহত হচ্ছেন। কিন্তু সেই বাক্যবাণের অভিঘাতে নিজের দিনটি বরবাদ না করে, শুধু বলুন লেট দেম, অর্থাৎ ওঁদের বলতে দিন। ওঁকে নিজের মতামতের বহিঃপ্রকাশ করা থেকে আপনি আটকাতে পারবেন না, এবং তাঁর মতামতের কারনে আপনার পরিচয় বদলে যাবে না অথবা জীবনে আপনি যা অর্জন করেছেন তাতে কোনো তারতম্য ঘটবে না। যে ধরনের সিদ্ধান্ত আপনাকে সন্তুষ্টি প্রদান করতে পারে, সেই সিদ্ধান্ত গ্রহণের অধিকার আপনার কাছ থেকে কেউ ছিনিয়ে নিতে পারবে না।

আসল কথা হল, আপনার জীবনের যে কোনো পরিসরে অন্যান্যদের কোনোপ্রকার নিয়ন্ত্রণ থাকতে পারে না, যদি না আপনি সেই ক্ষমতা তাঁদের হাতে সঁপে দেন।

এই পদ্ধতি কীভাবে কাজ করে তার একটি সাধারণ ধারণা: যে মুহূর্তে আপনি নিজের ক্ষমতা বহির্ভূত নির্দিষ্ট পরিস্থিতি নিয়ন্ত্রণের সার্বিক প্রচেষ্টায় ক্ষান্ত দেন, আপনার অন্তর্নিহিত ক্ষমতা ও উদ্যমের অপব্যয় তৎক্ষণাৎ বন্ধ হয়। নিজের জন্য পর্যাপ্ত সময়, মানসিক স্থিতিশীলতা এবং মনঃসংযোগ করার ক্ষমতা আপনি সঙ্গে সঙ্গে ফিরে পান। আপনি উপলব্ধি করেন যে সামগ্রিক পরিতৃপ্তির সূত্র লুকিয়ে রয়েছে আপনার কর্মশৈলীতে, এবং সেটি কখনোই অন্যান্যদের ব্যবহার, মতামত অথবা মেজাজের মুখাপেক্ষী নয়।

এই পদ্ধতি অত্যন্ত সহজ বলে মনে হচ্ছে কী?—সত্যিই, এটি এতটাই সহজ! আমি দায়িত্ব নিয়ে আপনাদের বলছি, জীবনযাত্রায় এই যৎসামান্য রদবদল আপনার জীবন সম্পূর্ণভাবে বদলে দেওয়ার ক্ষমতা রাখে। যদিও এই বইয়ের নামের একটি অংশ লেট দেম অথবা ওদের করতে দিন, এর কেন্দ্রবিন্দুতে রয়েছেন আপনি, আপনার সময় এবং আপনার অন্তর্নিহিত শক্তি; কারণ এগুলিই আপনার জীবনে অমূল্য শক্তি ও ক্ষমতার উৎস।

দ্য লেট দেম থিওরি অথবা ওদের করতে দিন এর পদ্ধতি আপনাকে শেখাবে, নিজের পারিপার্শ্বিকের অন্যান্য মানুষকে আপনি যত বেশি নিজেদের মতো করে জীবনযাপন করতে দেবেন, আপনার জীবন ততই সুন্দর হতে থাকবে এবং যত বেশি করে আপনি অন্যান্যদের তাঁদের নিজস্ব পরিচয়ে বাঁচতে দেবেন, কিংবা জীবনের যাবতীয় অনুভূতি নিজের মতো করে উপলব্ধি করতে সাহায্য করবেন, অথবা নিজেদের মতো করে চিন্তাভাবনা করার সুযোগ করে দেবেন, পারস্পরিক সম্পর্কগুলির উন্নতি হতে থাকবে।

প্রাপ্তবয়স্ক মানুষজনকে নিজস্ব মতবাদের ভিত্তিতে, নিজেদের ইচ্ছানুসারে জীবনযাপন করতে দেওয়ার অমূল্য শিক্ষা, আমার জীবন সম্পূর্ণভাবে বদলে দিয়েছেছে; এবং আমি নিশ্চিত যে এই শিক্ষা আপনাদের জীবনও আমূল বদলে দেবে। কারণ, যে মুহূর্তে আপনি অন্যান্যদের হাতে ক্ষমতার রাশ তুলে দেওয়ার ভুল শুধরে নিতে পারবেন, তৎক্ষণাৎ নিজস্ব শক্তি ও ক্ষমতার ব্যাপ্তি সম্পর্কে অবগত হবেন।

কিন্তু এই অত্যাশ্চর্য পদ্ধতি—দ্য লেট দেম থিওরির আবিষ্কারের ক্ষেত্রে সবচেয়ে অদ্ভুত ব্যাপার হল, সারা পৃথিবীতে এই অসামান্য ধারণাটি সর্বপ্রথম আমার মাথাতেই এসেছিল!

এই আবিষ্কারের নেপথ্যের কাহিনী আপনাদের সামনে উপস্থাপনা করতে আমি রীতিমতো বিব্রতবোধ করছি।

জীবনের প্রতি আমার সামগ্রিক দৃষ্টিকোণ বরাবরের জন্য বদলে দেওয়ার মূল ধারণাটি আমি হাইস্কুলে আয়োজিত প্রমের অনুষ্ঠান চলাকালীন অদ্ভুতভাবে আবিষ্কার করি...। (উপরোক্ত বাক্যটি যে আমি কখনো জনসমক্ষে প্রকাশ করব, তা আমি ঘুণাক্ষরেও ভাবিনি।)

প্রমের সেই অনুষ্ঠান যা আমার জীবন বদলে দিয়েছিল

প্রমের অনুষ্ঠান সম্পর্কে আমার একটি নিজস্ব মতবাদ রয়েছে। আমার কাছে এই বিশেষ অনুষ্ঠান অত্যন্ত ক্লান্তিকর। অতীতে আমাদের দুই মেয়ের চারটি প্রমের অনুষ্ঠানে সামিল হতে বাধ্য হওয়ায় মনে হয়েছিল আমাদের পুত্র ওকলের হাইস্কুলে প্রমের অনুষ্ঠানটিও আমার কাছে জলবৎতরলং-ই হবে। কিন্তু আমার ধারণা সম্পূর্ণভাবে ভুল প্রমাণিত হয়েছিল।

প্রমের কয়েক মাস আগে থেকেই, আমার মেয়েরা অনুষ্ঠানের জন্য প্রয়োজনীয় প্রতিটি জিনিসের উপর তীক্ষ্ণ নজর রেখেছিল: পোশাক পরিচ্ছদ, অনুষ্ঠানের তারিখ, প্রম সংক্রান্ত প্রস্তাবনা, কুশীলবদের কেশসজ্জার খুঁটিনাটি, স্প্রে ট্যানস, প্রসাধন সামগ্রী, ফুলের তোড়া, পরিবহণের ব্যবস্থাপনা, প্রম শেষের পার্টি ইত্যাদি ইত্যাদি। এই তালিকা ছিল অনন্ত, স্বভাবতই তাদের প্রমের অনুষ্ঠান শেষ হওয়ার পরে আমি রীতিমতো হাঁফ ছেড়ে বেঁচেছিলাম।

অন্যদিকে আমার পুত্র এবং তার বন্ধুবান্ধবদের ঠিকমতো জানাই ছিল না শেষ পর্যন্ত তারা নিজেদের অনুষ্ঠানে গিয়ে পৌঁছোতে পারবে কি না। একাধিকবার জেরা করা সত্ত্বেও, সে আমাদের কাছে অনুষ্ঠানের জন্য পূর্বনির্ধারিত কোনো পরিকল্পনা বা চিন্তাভাবনার বিন্দুমাত্র আভাস পর্যন্ত দিতে পারেনি। (আমি জানি এই মুহূর্তে প্রতিটি মহিলা, যাঁদের একটি পুত্র, একটি ভাই, কিংবা একজন বয়ফ্রেন্ড বর্তমান, তাঁরা আমার তালেই তাল মেলাতে ব্যস্ত।)

তারপর, ঠিক যে সপ্তাহে প্রম অনুষ্ঠিত হতে চলেছে, অবধারিতভাবে ওকলে আচমকা সিদ্ধান্ত নিল সে অনুষ্ঠানে অংশগ্রহণ করবে। শেষ মুহূর্তে বাড়িতে শুরু হল তাণ্ডবলীলা। প্রমে পরার টাক্সিডো, তার পছন্দমতো জুতো, অনুষ্ঠানের জন্য অত্যন্ত প্রয়োজনীয় রসদ, ইত্যাদি। সবচেয়ে বড় সমস্যা হয়ে দাঁড়াল ছেলের যোগ্য সঙ্গিনী জোগাড় করে ওঠা। এই একই কারণে আমার মেয়েরা মাসের পর মাস নিজেদের কপালে করাঘাত পর্যন্ত করতে বাধ্য হয়েছিল। অনুষ্ঠান শুরুর হওয়ার আগে তখন বাকি আর মাত্র আটচল্লিশ ঘণ্টা!

জানি না কোনজাদু মন্ত্রবলে প্রম শুরুর আগেই আমাদের কাছে সেই টাক্সিডো, পছন্দসই জুতো, ছেলের যোগ্য সঙ্গিনী, এবং প্রমের আগে সুসজ্জিত মণ্ডপে তোলা প্রয়োজনীয় ছবিগুলি এসে গিয়েছিল। কীভাবে জানি না, স্কুলের তরফ থেকে সেই প্রমের অনুষ্ঠানের পরবর্তী পার্টির প্রধান উদ্যোক্তা হওয়ার জন্যেও আমাদের রাজি করে ফেলা গিয়েছিল। অবিশ্বাস্য ঘটনাই বটে!

অনুষ্ঠানে সময়মতো পৌঁছবার উদ্দেশ্যে যখন আমরা বাড়ির সদর দরজা দিয়ে প্রায় ঊর্দ্ধশ্বাসে ছুটে বেরোচ্ছি, আমার স্বামী ক্রিস, ওকলের গলায় ঝুলতে থাকা বো-টাই শেষবারের মতো শক্ত করে বেঁধে দিচ্ছিল। আমাদের মেয়ে কেন্ডাল ভাইয়ের দিকে মুগ্ধ দৃষ্টিতে তাকিয়ে মন্তব্য করতে বাধ্য হয়েছিল, "তোকে কী সুন্দর দেখাচ্ছে রে ওকলে!"

কয়েক মুহূর্তের জন্য থমকে দাঁড়িয়ে আমি সেই বিশেষ মুহূর্তটিকে উপলব্ধি করার চেষ্টা করছিলাম। সত্যিই, সময়ের সঙ্গে সঙ্গে আমাদের সেই ছোট্ট ছেলেটা এক অনিন্দ্যসুন্দর যুবকে পরিণত হয়েছে। আমি বিশ্বাস করতে পারছিলাম না আমাদের জীবনের আঠেরোটা বসন্ত অতিবাহিত হয়ে গিয়েছে। এর পাশাপাশি আমার এও বিশ্বাস করতে কষ্ট হচ্ছিল যে কেন্ডাল তার কলেজ জীবনের প্রায় শেষ প্রান্তে এসে পৌঁছেছে, এবং আমাদের আরেক কন্যা সয়্যার স্নাতকোত্তর পাশ করে ইতিমধ্যেই বোস্টনের একটি নামজাদা সংস্থায় কর্মরত।

কিংকর্তব্যবিমূঢ় অবস্থায় রান্নাঘরে দাঁড়িয়ে আমি এক পরম সত্য উপলব্ধি করি: সময় নিজের খেয়ালে এগিয়ে চলেছে, এতই দ্রুতবেগে যে আমি তার সঙ্গে তাল রাখতে হিমশিম খাচ্ছি। সময়—জাগতিক সমস্ত কিছুকে নিজের করাল আবর্তে আত্মসাৎ করতে অভ্যস্ত। আপনি নিজস্ব গতিবেগের তারতম্য ঘটালেও সে নিজের গতি অনুসারেই এগিয়ে চলবে, না ঘটালেও তার গতিবেগ অপরিবর্তিত। জীবনের নিকটতম মানুষজনের সঙ্গে কাটাবার মতো যতটুকু সময় আপনার হাতে রয়েছে, তার তুলনা একমাত্র একটি ক্রমশ গলে যেতে থাকা বরফের টুকরোর সঙ্গেই করা সম্ভব।

এই মুহূর্তে সেটি আপনার সম্মুখে রয়েছে... পরমুহূর্তেই, সেটির অস্তিত্বমাত্র নেই!

এখানে উন্মোচিত হয় সেই অমোঘ সত্য: আপনি অথবা আমি যেই হই না কেন, এই বরফের টুকরোকে সম্পূর্ণভাবে গলে যাওয়ার হাত থেকে আমরা কোনোভাবেই আটকাতে পারব না। আমাদের পক্ষে একটা কাজই সম্ভব—সেটা হল পর্যাপ্ত সময় হাতে থাকতে, নিজেদের জীবনে নিকটতম মানুষজনের সান্নিধ্যে থেকে সেই সময়টুকুর পূর্ণ সদ্ব্যবহারের চেষ্টা করা। এই বিশেষ মুহূর্তগুলিতে, যখন আমি স্থাণু হয়ে নিজস্ব চিন্তাভাবনায় ডুবে যাই, প্রতিবার আমার মন বিষাদে ভরে ওঠে।

আপনাদের কথা বলতে পারব না, কিন্তু আমার মনে হয় আমি যেন জীবনকে উপভোগ করার থেকে নিজেকে সর্বদা বঞ্চিত করে জীবনভর একটি প্রতিযোগিতার অন্তর্গত হয়ে নিরন্তর ছুটে চলেছি এবং প্রতি মুহূর্তে বিভিন্ন অপ্রয়োজনীয় কাজে আমি নিজেকে এতটাই ব্যস্ত রাখি যে, একান্ত ভালোবাসার মুহূর্তগুলি নিজের মতো করে উপভোগ করার কোনো উপায় আমার থাকে না।

সত্যিই কি প্রমের আগের তাণ্ডবলীলায় বিধ্বস্ত পরিস্থিতির সম্পূর্ণ দায়ভার বেচারা ওকলের উপর চাপিয়ে দিতে পারি? কখনোই পারি না।

আপনাদের পরিবারে প্রমে অংশগ্রহণ করার উপযুক্ত কোনো সন্তান থাকার সম্ভাবনা না থাকলেও, আমি জানি আপনাদের কাছে আমার পরিস্থিতি সহজেই অনুমেয়। হয়তো একইভাবে পরিবারের কোনো বিশেষ সদস্যের তির্যক কোনো মন্তব্য একসঙ্গে ছুটি কাটাবার মজাটাই মাটি করে দিয়ে থাকবে, অথবা কর্মক্ষেত্র কিংবা স্কুলের কাজের চাপে আপনি হয়তো কখনো

এতটাই ব্যস্ত হয়ে পড়েছেন যে, বন্ধুবান্ধবদের সঙ্গে বেড়াতে যাওয়ার আরো একটি পূর্বনির্ধারিত পরিকল্পনা বাতিল করতে আপনি বাধ্য হয়েছেন। নিজের জীবনে বহুমূল্য সময়ের বেশিরভাগটাই হয়তো আপনি অর্থহীন চিন্তায় মনঃসংযোগ করতে গিয়ে, অথবা রাত জেগে কাজ করতে গিয়ে নষ্ট করে ফেলেছেন। জীবনে মানসিক চাপের মোকাবিলা করতে গিয়ে আপনি সম্ভবত এতটা বিধ্বস্ত ও বীতশ্রদ্ধ, যে নিজের জীবনকে উপভোগ করাই যে আপনার মূল উদ্দেশ্য, এই পরম সত্য আপনি সম্পূর্ণ বিস্মৃত হয়েছেন।

রান্নাঘরে দাঁড়িয়ে থাকাকালীন, যখন ক্রিসকে দেখলাম ওকলের বো-টাই শক্ত করে বেঁধে দিতে, আমি সিদ্ধান্ত নিয়েছিলাম যে এই বিশেষ মুহূর্তটি সারাজীবনের জন্য নিজের স্মৃতির মণিকোঠায় আগলে রাখব। সুদীর্ঘ শ্বাস টেনে আমি ওকলের সামনে গিয়ে তাকে পরম স্নেহে আলিঙ্গন করলাম। কিছুক্ষণ তার দিকে একদৃষ্টে তাকিয়ে থেকে বললাম, "তোমাকে খুব সুন্দর দেখাচ্ছে।"

"ধন্যবাদ মা।" তার পরের মুহূর্তেই হাতঘড়িতে সময় দেখে নিয়ে একরাশ উৎকণ্ঠা সহকারে সে বলল, "বন্ধু, এবার আমাদের সত্যি করেই দৌড়োতে হবে যে!"

ঠিক এইভাবেই, আমাদের জীবন থেকে বিশেষ মুহূর্তগুলো এক লহমায় বরাবরের মতো নিশ্চিহ্ন হয়ে যায়, সময় আবার নিজের খেয়ালে চলতে শুরু করে। এই জীবনের মজাই এইরকম। একটি বিশেষ মুহূর্তে আপনি সময়ের অবিশ্রান্ত কালচক্র নিয়ে মানসিক দ্বিধায় ভুগছেন এবং আপনার সন্তানেরা কত দ্রুত প্রাপ্তবয়স্ক হয়ে যাচ্ছে তা নিয়ে নিজের বিরুদ্ধেই অনুযোগ করছেন; পরের মুহূর্তেই আপনি বাড়িময় ছোটাছুটি করে হারানো চাবির গোছাটি তন্নতন্ন করে খুঁজতে শশব্যস্ত হয়ে পড়ছেন, এবং একইসঙ্গে রান্নাঘরের সিঙ্কে পরিবারের কোনো সদস্য এঁটো বাসনপত্র নামিয়ে দিয়ে চলে গিয়েছে বলে বাড়ি মাথায় তুলছেন, এত কিছু উপলব্ধি করার পরেও—আরও একবার!

সদর দরজার দিকে এগিয়ে যাওয়ার আগে, ফ্রিজের দরজা খুলে আমি বার করে আনলাম সেই সুদৃশ্য ফুলের তোড়া, যা স্থানীয় ফুলের দোকান থেকে প্রমের অনুষ্ঠান উপলক্ষ্যে ওকলের সঙ্গিনীর জন্য আলাদা করে বানানো হয়েছিল। ওকলে সেই ফুলের তোড়ার দিকে একবার তাকিয়েই বলল, "মা, আমার সঙ্গিনীর ফুলের তোড়ার প্রয়োজন নেই। ও ফুল পছন্দ করে না, ওটা নিতে হবে না।"

আমি ওকলের দিকে অবাক দৃষ্টিতে তাকিয়ে আমতা আমতা করে বললাম, "কিন্তু এই জিনিসটা সত্যিই ভীষণ সুন্দর। তুমি ঠিক জানো তো?"

"আমি তোমাকে তো একবার বললাম মা, সে নিজে বলেছে যে ফুলের তোড়া তার পছন্দ নয়।"

"আচ্ছা, আমি যদি এটা সঙ্গে করে নিয়ে যাই, সেক্ষেত্রে তার পছন্দ হলে সে এটা ব্যবহার করতেও পারে...পছন্দ না হলে অবশ্য আলাদা কথা, তখন এটা ব্যবহার করার কোনো প্রশ্নই উঠবে না।"

আমার পুত্রের কণ্ঠস্বর এবার আগের চাইতে অপেক্ষাকৃত রূঢ় শোনাল, "মা, এই নিয়ে আর কোনো কথা নয়। আমি চাই না তুমি এই জিনিসটা অনুষ্ঠানে নিয়ে চলো।"

সেই পরিস্থিতিতে অসহায়ভাবে আমি কেন্ডালের দিকে তাকিয়েছিলাম, যাতে সে আমাকে কোনো সাহায্য করতে পারে। কিন্তু সেও আমার দিকে তাকিয়ে মাথা নাড়িয়ে বলল, "ছেড়ে দাও মা। ও আসলে মানসিকভাবে প্রচণ্ড উদ্বিগ্ন অবস্থায় রয়েছে। আজ ওর সঙ্গে যে মেয়েটি অনুষ্ঠানে যোগদান করছে, তাকে ও ভালোমত চেনে না। ওকে আর এই ব্যাপারে বিরক্ত না করাই ভালো।"

আজ আমি স্বীকার করছি, সেই মুহূর্তে অসন্তুষ্ট হওয়ার পাশাপাশি আমি কিছুটা মর্মাহতও হয়েছিলাম। হাইস্কুল প্রমের ক্ষেত্রে কী ধরনের সুদৃশ্য ফুলের তোড়া ব্যবহৃত হয় তা জানতে, বেশ কিছুদিন ধরে আমি অনলাইনে রীতিমতো গবেষণা চালিয়েছিলাম; ছেলের সঙ্গিনীর জন্য অনেক বাছবিচার করে একটি নজরকাড়া এবং জমকালো পোশাক পছন্দ করেছিলাম; নিজের অসীম ব্যস্ততা সত্ত্বেও অনেক সময় নষ্ট করে নিজে গিয়ে দোকান থেকে সেগুলি নিয়ে এসেছিলাম, সর্বোপরি এর জন্য স্বতঃস্ফূর্তভাবে অর্থব্যয় করেছিলাম। এদিকে আমি তার ভালোর জন্য প্রাণপণ চেষ্টা করে যাচ্ছি, অন্যদিকে কৃতজ্ঞতার পরিবর্তে সে আমার সঙ্গে উদ্ধতভাবে কথা বলছে! সবচেয়ে বড় কথা, এটি তার জীবনের প্রথম প্রমের অনুষ্ঠান, সে এসবের ভালোমন্দ কী বোঝে?

নীরবে সেই সুদৃশ্য ফুলের তোড়াটি নিজের হাতব্যাগে গুঁজে দিয়ে, সদর দরজা দিয়ে বেরিয়ে সেই নির্দিষ্ট জায়গায় পৌঁছোলাম যেখানে অংশগ্রহণকারীরা প্রত্যেকে প্রমের পূর্ববর্তী ছবি তোলার মহড়ায় ব্যস্ত। পৌঁছোবার সঙ্গে সঙ্গে, ওকলে তার সঙ্গিনীর সঙ্গে আমাদের সকলের আলাপ করিয়ে দিল। মেয়েটি নিজের ব্যাগ থেকে একটি সুদৃশ্য বুটেনিয়ার বার করে সেটি ওকলের টাক্সিডোর লেপেলে (Lapel) আটকানোর জন্য ক্রিসের সাহায্য চেয়ে বসল। সেই মুহূর্তে, আমি নিজেকে সংবরণ করতে পারিনি।

তৎক্ষণাৎ নিজের হাতব্যাগ খুলে আমার পছন্দ করা সেই সুদৃশ্য ফুলের তোড়াটি এমনভাবে বার করে এনেছিলাম, যেন সেটি এক মহার্ঘ লটারির টিকিট, এবং মেয়েটিকে বলেছিলাম, "ওকলে আগেই বলেছে যে তুমি আমাদের কাছ থেকে কোনো উপহারের প্রত্যাশী নও, কিন্তু আমি এই ফুলের তোড়া তোমার জন্য নিয়ে এসেছিলাম।"

অবশ্য ওকলের জ্বলন্ত দৃষ্টি দেখে, আমার তৎক্ষণাৎ মনে হয়েছিল এই পরিস্থিতিতে আমি যদি মুখ বুঁজে থাকতাম, তাহলেই সবচেয়ে ভালো হত। সে অসহায়ভাবে নিজের সঙ্গিনীর দিকে তাকিয়ে আমতা আমতা করে বলল, "তোমাকে ওটা ব্যবহার করতে হবে না।"

মেয়েটি সবাইকে অবাক করে দিয়ে জানিয়েছিল, "একদম ঠিক আছে...আমি অবশ্যই এটা ব্যবহার করব!"

সেই মুহূর্তে আমার চোখ পড়েছিল তার নিজের হাতে তৈরী ফুলের তোড়াটির উপর, যেটি ইতিমধ্যেই সে হাতের কব্জিতে জড়িয়ে নিয়েছিল। কেন্ডাল সঙ্গে সঙ্গে চোখ মটকাল। ক্রিস অবিলম্বে ভিড়ে মিশে যাওয়াই শ্রেয় মনে করল। আর আমি? সেই মুহূর্তে যদি আমার কাছে বাতাসে মিলিয়ে যাওয়ার সুযোগ থাকত, আমি কখনোই পিছপা হতাম না!

ওকলে আমার কাছ থেকে প্লাস্টিকের বাক্সটি প্রায় ছিনিয়ে নিয়ে তোড়াটি বার করে তার সঙ্গিনীর সানন্দে বাড়িয়ে ধরা হাতে পরাবার ব্যবস্থা করল। সেই মুহূর্তে, ক্রিস সুযোগ বুঝে ফিরে

এসে সেই মেয়ের দেওয়া বুটেনিয়ার ওকলের জমকালো টাক্সিডোর লেপেলে আটকে দিল। এর পরে আমরা সবেমাত্র দুখানা ছবি তুলতে পেরেছিলাম, কারণ হঠাৎ বৃষ্টি শুরু হয়ে গিয়েছিল। বৃষ্টি বলে বৃষ্টি... মুষলধারে বৃষ্টি নেমেছিল। সেদিনের আবহাওয়ার পূর্বাভাসে বৃষ্টির কোনো সম্ভাবনা না থাকার কারণে, সেখানে উপস্থিত কালো টাইয়ে সুসজ্জিত কুড়িটি বাচ্চা ছেলের একজনের কাছেও, এমনকী তাদের বাবা মায়েদের একজনের কাছেও, বর্ষাতি অথবা ছাতা ছিল না।

প্রথমেই আমার মাথায় দুশ্চিন্তা ঘনিয়ে এল, ছেলেগুলো তো বৃষ্টিতে ভিজে ঢোল হয়ে যাবে। কিন্তু সেই প্রবল দুর্যোগেও তাদের মুখে কোনো ভাবান্তর ছিল না। তারা দল বেঁধে কথাবার্তা বলতে ব্যস্ত হয়ে পড়ল, এবং তাদের মধ্যে থেকে কোনো একজনের কণ্ঠস্বর আমার কানে ভেসে এল, "বন্ধুরা, তাহলে আজকের ডিনারের জন্য আমাদের কি বিশেষ কোনো পরিকল্পনা রয়েছে?"

আমি ওকলের দিকে একটু ঝুঁকে পড়ে ফিসফিস করে জিজ্ঞেস করলাম, "ওকি, প্রমের আগে ডিনারের জন্য তোমরা আগে থেকে কোনো টেবিল রিজার্ভ করে রাখোনি?"

"না, একদম না।"

অসহায়ভাবে আমার স্বামীর দিকে তাকিয়ে রীতিমতো আর্তনাদ করে উঠেছিলাম, "ওদের ডিনারের কোনো রিজার্ভেশন করা নেই?!"

ক্রিস শান্তভাবে মাথা নাড়িয়ে বলল, "মনে হয় না।"

এই পরিস্থিতিতেও স্বামী এবং ছেলের বিশেষ হেলদোল আমার চোখে পড়ল না। এদিকে আমি তো দুশ্চিন্তায় রীতিমতো ঘামতে শুরু করেছি। কোনো পূর্বনির্ধারিত পরিকল্পনা বা রিজার্ভেশন ছাড়াই প্রমের আগে ডিনারে আসার কথা এই ছেলেগুলো ভাবল কী করে? আমার মেয়েরা তো অনেক মাস আগে থাকতেই সমস্ত ব্যবস্থা করে রেখেছিল।

ওক এবং তার বন্ধুরা তখন দল বেঁধে যাবতীয় সম্ভাবনার কথা আলোচনা করতে ব্যস্ত। আমি তাদের দিকে তাকিয়ে আবার প্রশ্ন করেছিলাম, "তো ছেলেরা, ডিনারের ব্যবস্থা কী করবে?"

ওকলে আমার দিকে শীতল দৃষ্টিতে তাকিয়ে এমনভাবে উত্তর দিয়েছিল যা শুধুমাত্র একজন টিনএজারের পক্ষেই বলা সম্ভব, "আমরা ভেবেচিন্তে ঠিক করেছি যে, আজ আমরা সবাই মিলে আমিগোসে ডিনার সারব।"

অ্যামিগোস টাকেরিয়া শহরের কেন্দ্রস্থলে অবস্থিত সুস্বাদু ট্যাকোর জন্য একটি বিখ্যাত নামজাদা কিন্তু ছোট্ট রেস্তোরাঁ...কিন্তু সেখানে তো মেরেকেটে চারটির বেশি টেবিল হবে না। সম্পূর্ণ রেস্তোরাঁর আয়তন একটি ছোট্ট গ্যারেজর শেডের মতো। ছেলেদের এই পরিকল্পনা জানার সঙ্গে সঙ্গে তাদের মায়েরা স্তম্ভিত হয়ে গেলেন, তাদের বাবারাও এই পরিকল্পনা যুক্তিযুক্ত কিনা তা নিয়ে আলোচনা করতে লাগলেন। আপাদমস্তক জমকালো পোশাক এবং কালো টাইয়ে সুসজ্জিত কুড়িজন অল্পবয়সী ছেলে, এই সাংঘাতিক ঝড়বৃষ্টি মাথায় করে শহরের আরেক প্রান্তে একটি ফাস্টফুডের রেস্তোরাঁয় ডিনার সারতে যাওয়ার পরিকল্পনা করছে, যেখানে বড়জোর দশজনের জায়গা হওয়া সম্ভব। এদের একজনের কাছেও কোনো বর্ষাতি কিংবা ছাতা নেই; এবং এটি তাদের প্রমের আগের বিশেষ ডিনার হতে চলেছে?! আমি তখন যাবতীয় ভাবনাচিন্তার ঊর্ধ্বে উঠে গিয়েছি।

আপনারা নিশ্চয় সেই বিশেষ অনুভুতির ব্যাপারে ওয়াকিবহাল, যখন আপনাদের শরীরী ভাষা নিজেদের চিন্তাভাবনার থেকে দুকদম এগিয়ে থাকে, এবং হাজার চেষ্টা সত্ত্বেও অনভিপ্রেত কোনো মন্তব্য করা অথবা অযাচিতভাবে কোনো কাজ করে ফেলা থেকে আপনারা নিজেদের নিরস্ত করতে পারেন না? স্বভাবতই, এই বিশেষ পরিস্থিতিতে ছেলেদের পরিকল্পনার বিরুদ্ধাচরণে শুধুমাত্র আমিই সরব হইনি। সেই মুহূর্তে উপস্থিত অধিকাংশ বাবা মায়েরাই তাঁদের সন্তানদের সঙ্গে রীতিমতো ধস্তাধস্তি শুরু করে দিয়েছিলেন। ইতিমধ্যেই আমি ফোনে সেই সমস্ত রেস্তোরাঁ খুঁজতে শুরু করেছিলাম, যেখানে অন্তত কুড়িজনের একসঙ্গে খাওয়াদাওয়া করার জন্য পর্যাপ্ত আসন রয়েছে।

কিন্তু সেই মুহূর্তে কোথাও জায়গা পাওয়া সম্ভব হয়নি...একটি রেস্তোরাঁও খালি ছিল না। পরিষ্কার বুঝতে পারছিলাম কেন্ডাল আড়চোখে আমার যাবতীয় কীর্তিকলাপ দেখছিল। আমি যখন উচ্চগ্রামে স্বর চড়িয়ে অন্যান্য বাবা মায়েদের উদ্দেশ্যে বলছিলাম, "একটা রেস্তোরাঁতেও রিজার্ভেশন পাওয়া সম্ভব হচ্ছে না। আমি এমন একটি পিৎজ্জার দোকানের খোঁজ করছি, যারা অন্ততপক্ষে খাবারটা এখানে পৌঁছে দেওয়ার ব্যবস্থা করবে।"—তখনও সে নীরবে দাঁড়িয়েছিল।

তার পরের মুহূর্তে এগিয়ে এসে কেন্ডাল আমার একটা হাত সজোরে চেপে ধরে আমাকে নিজের কাছে টেনে নিয়ে অপলক দৃষ্টিতে আমার চোখে চোখ রেখে বলেছিল,

"মা, ওকলে যদি তার বন্ধুদের সঙ্গে প্রমের অনুষ্ঠান শুরু হওয়ার আগে ডিনারে কোনো ট্যাকো বারে যেতে চায়, ওদের যেতে দাও।"

"কিন্তু ওদের সকলের একসঙ্গে বসে খাওয়াদাওয়া করার জন্য ওই বারটি যে খুবই ছোট; আর এই প্রচণ্ড ঝড়বৃষ্টিতে সেখানে পৌঁছোবার আগেই ওরা ভিজে ঢোল হয়ে যাবে," আমি বললাম।

"মা, ওদের ভিজতে দাও।"

"কিন্তু জলে ভিজে ওর নতুন জুতোটা যে একেবারেই নষ্ট হয়ে যাবে।"

"ওদের নষ্ট করতে দাও।"

"কেন্ডাল, ওগুলো যে আমি সদ্য কিনে এনেছি!"

"মা! এবার কিন্তু তুমি সবাইকে রাগিয়ে দেওয়ার মতো অদ্ভুত ব্যবহার করছ। প্রমের অনুষ্ঠানে ভিজে টাক্সিডো আর ভিজে পোশাকে ওদের যেতে দাও না! ওদের যেখানে ইচ্ছে সেখানে খেতে যেতে দাও না! আচ্ছা, এই প্রমের অনুষ্ঠান তো একান্তভাবেই ওদের। এটা তো তোমার অনুষ্ঠান নয়। ছেড়ে দাও, আর কোনো চেষ্টা করতে হবে না তোমাকে।"

ওদের। করতে। দাও।

এর প্রভাব ছিল তাৎক্ষণিক। আমার অন্তরাত্মা যেন মুহূর্তের মধ্যে শান্ত হয়ে গিয়েছিল। আমি অনুভব করছিলাম ক্রমশ আমার যাবতীয় মানসিক চাপ হ্রাস পাচ্ছে, আমার মনে দুশ্চিন্তার ঘনঘটা ফিকে হয়ে আসছে, এবং চারদিকে যাই ঘটে যাক না কেন, সেই বিষম পরিস্থিতিকে সামলাবার উদগ্র বাসনা আমার অন্তর থেকে ক্রমেই উবে যাচ্ছে। কী প্রয়োজন ছিল এই পরিস্থিতিতে আমার জড়িয়ে পড়ার? কেন আমার মনে হয়েছিল যে এই পরিস্থিতিকে সামলাবার দায়িত্ব একান্তভাবেই আমার? আমরা নিজেরা সেদিন ডিনারে কী খাবো, সেই কথা

চিন্তা না করে কেন আমি ছেলেদের ব্যাপারে নাক গলাতে ছুটে গিয়েছিলাম? কেন আগাগোড়াই আমি ওদের সমস্যার সমাধান খুঁজে বার করার জন্য নিজের মানসিক চাপ বাড়িয়ে তুলছিলাম?

ওদের। করতে। দাও। এই অনুষ্ঠান ওদের, তোমার নয়। তাই এই বিশেষ পরিস্থিতি নিয়ন্ত্রণ করা, এর বিচার বিবেচনা করা অথবা সামলাবার দায়িত্ব সম্পূর্ণভাবেই ওদের, সুতরাং ওদের করতে দাও।

আর আমি ঠিক সেই কথা মতোই কাজ করেছিলাম। আমার চারপাশে যখন অন্যান্য ছেলেদের বাবা-মায়েরা নিজেদের সন্তানকে শাসন করার প্রাণপণ প্রচেষ্টা চালিয়ে যাচ্ছিলেন, আমি সটান ওকলের কাছে পৌঁছে গিয়ে এক গাল হাসলাম। "এবার কী হবে মা?" সে আমাকে জিজ্ঞেস করেছিল। "অ্যামিগোসে খাবার বাবদ খরচ করার জন্য এই চল্লিশ ডলার রইল," আমি বললাম, "তোমাদের প্রমের অনুষ্ঠান দুর্দান্ত হবে।"

ওকলের মুখে ঝলসে উঠেছিল উজ্জ্বল হাসি, সে আমাকে শক্ত করে জড়িয়ে ধরে বলেছিল, "অসংখ্য ধন্যবাদ, মা। আমরা আজ অবশ্যই ভীষণ আনন্দ করব।"

তারপরেই দেখলাম, ওকি তার সঙ্গিনীর হাত ধরে দরজার বাইরে অঝোর বৃষ্টির মধ্যে অদৃশ্য হয়ে যাচ্ছে। নিজের চোখে দেখলাম প্রবল ঝড়ের মধ্যে ওরা নির্মল আনন্দে ছুটে বেড়াচ্ছে, মেয়েটির জমকালো গাউন ক্রমশ ভরে উঠছে বড় বড় কাদার ছোপে আর ওকলের নতুন জুতোজোড়া ক্রমশ জলে ভিজে সপসপে হয়ে উঠছে। একবারের জন্যেও আমার মনে আর কোনো অস্বস্তিবোধ ফিরে আসেনি। বরং সত্যি কথা বলতে গেলে, এই দৃশ্য আমার মনে অনাবিল আনন্দের সঞ্চার করেছিল।

তখনও আমার মনে বিন্দুমাত্র সন্দেহের উদ্রেক ঘটেনি যে, স্রেফ সেই মুহূর্তটিই জীবনের প্রতি আমার সামগ্রিক দৃষ্টিকোণ আমূল বদলে দিতে চলেছে।

লেট দেম অথবা ওদের করতে দাও...এক অত্যাশ্চর্য ধারণা

মাত্র এক সপ্তাহের ভিতর, কোনো জাদুমন্ত্রবলে আমার জীবন সম্পূর্ণভাবে বদলে গিয়েছিল। এর পর থেকে যখনই আমি মানসিক চাপ অনুভব করতাম, স্নায়বিক দুর্বলতার সম্মুখীন হতাম, কিংবা হতাশার কবলে পড়তাম, আমি একটাই কথা বলতাম, লেট দেম অথবা ওদের করতে দাও...এবং মজার ব্যাপারটা হল এই যে, ক্রমেই আমি উপলব্ধি করি যে এই সমস্যার নেপথ্যে রয়েছে পারিপার্শ্বিকের মানুষজনের যাবতীয় দৈনন্দিন সমস্যা।

বেকারির সমস্ত ব্যাগেল রুটি ওদের বিক্রি করে ফেলতে দাও।

আজ আমি যে ওকলেকে বাড়ির বাইরে রাত কাটাবার অনুমতি দিচ্ছি না, সেই রাগে ওকে মেজাজ দেখাতে দাও।

প্রপিতামহীকে জোরে জোরে উচ্চারণ করে খবরের কাগজ পড়ে বলতে দাও: "আজ কী হয়েছে তোমরা জানো...?"

সোমবার সকালে নিত্যযাত্রীদের থিকথিকে ভিড়ে ওদের রাস্তা সারাইয়ের কাজ করতে দাও।

রান্নাঘরের সিঙ্কে ওদের সমস্ত এঁটো বাসনপত্র নামিয়ে রাখতে দাও।

প্রতিবেশিদের পোষা কুকুরটাকে সারাদিন ধরে গলা ফাটিয়ে ডাকতে দাও।

প্রতিটি অনুষ্ঠানে পরিবারের সদস্যদের দেরিতে পৌঁছোতে দাও।

আমার পেশাদারী কর্মজীবন নিয়ে আমার পরিবার পরিজনদের অনবরত আলাপ আলোচনা চালিয়ে যেতে দাও।

অনলাইনে পোস্ট করা আমার সাম্প্রতিক ছবিটির নিন্দা সবাইকে মন ভরে করতে দাও।

আমার সন্তান প্রতিপালন সংক্রান্ত ব্যাপারে আমার শাশুড়িকে স্বচ্ছন্দে দ্বিমত পোষণ করতে দাও।

দুটি অত্যন্ত সাধারণ শব্দ: ওদের করতে দাও, আমার জীবনের প্রতিটি অধ্যায় সম্পূর্ণভাবে বদলে দিতে পেরেছিল। অবস্থা এমন দাঁড়িয়েছিল, মনে হত যেন দৈনন্দিন জীবনের কোনো বিষয়েই আমার বিন্দুমাত্র আগ্রহ নেই এবং আমি যেন অদ্ভুতভাবে জাগতিক চিন্তাভাবনার ঊর্ধ্বে চলে যেতে পেরেছিলাম। যে ধরনের পরিস্থিতি আমাকে এতদিন রীতিমতো তিতিবিরক্ত করে রাখত...সেগুলির অস্তিত্ব যেন আমার জীবন থেকে বরাবরের জন্য বিলীন হয়ে গিয়েছিল। যে সমস্ত মানুষের ব্যবহারে আমি এতদিন রেগে যেতাম...সেগুলির অস্তিত্ব আমার জীবন থেকে ক্রমশই মুছে যেতে থাকল। জীবনের প্রতিটি পরিস্থিতিকে আমি যেভাবে শক্ত হাতে মোকাবিলা করার চেষ্টা করতাম, সেই অযাচিত কর্তৃত্বের মুঠো আস্তে আস্তে শিথিল হয়ে পড়তে লাগল। কর্মক্ষেত্রে যে সমস্ত পরিস্থিতিতে আমি সহজেই মানসিকভাবে বিপর্যস্ত হয়ে পড়তাম এবং বাড়িতে ফেরার পরেও সেই সমস্যা নিয়ে পরিবারের সদস্যদের কাছে ক্রমাগত অনুযোগ করতে থাকতাম, সেই পরিস্থিতি ক্রমে অতীতে পরিণত হল। আমার মস্তিষ্কের সিংহভাগ যা অতীতে অবান্তর দুশ্চিন্তা, অহেতুক ক্ষোভ, অসন্তোষ এবং নাটুকেপনায় বোঝাই হয়ে থাকত, তা এখন জীবনের গুরুত্বপূর্ণ দায়িত্বগুলি নিয়ে চিন্তাভাবনার কাজে পুরোদমে ব্যবহৃত হতে লাগল।

যত বেশি করে আমি ওই দুটি শব্দ— ওদের করতে দাও — নিজের জীবনে ব্যবহার করতে থাকলাম, তত বেশি করে আমি উপলব্ধি করতে থাকলাম যে অতীতের অবান্তর দুশ্চিন্তা আমার জীবনে কতটা অপ্রাসঙ্গিক ছিল। আর এতদিন ধরে, আমার নিজস্ব ক্ষমতা আমি কীভাবে অযোগ্য মানুষজনের জন্য অপব্যয় করে এসেছি। মুক্তির স্বাদ পেতে শুরু করেছিলাম আমি।

আমার জীবনযাপনে ক্রমেই স্বচ্ছলতা, আনন্দ এবং ভারসাম্য ফিরে আসতে শুরু করল। আমার জীবনে এই অত্যন্ত সাধারণ পদ্ধতির অবদান, এক কথায় অনস্বীকার্য। এমনকী এই অভূতপূর্ব পরিবর্তন আমার স্বামী, ক্রিসেরও নজর এড়াতে পারেনি: "তোমাকে এক সম্পূর্ণ নতুন মানুষ বলে মনে হচ্ছে।" এবং সত্যি কথা বলতে কী, আমি নিজেকে সম্পূর্ণ এক নতুন মানুষ হিসেবে আবিষ্কার করেছিলাম। আমার জীবনে ঘটে যাওয়া এই অলৌকিক অভিজ্ঞতা আমাকে এতটাই প্রভাবিত করে, যে এই লেট দেম অথবা ওদের করতে দাও এর সুলুকসন্ধান অনলাইনে সবার সঙ্গে ভাগ করে নিতে আমি একটুও দেরি করিনি। সেই কারণেই, আমি সমাজমাধ্যম অথবা সোশ্যাল মিডিয়াতে একটি ৬০ সেকেন্ডের ভিডিও পোস্ট করি, যেখানে সাধারণ মানুষের কাছে দ্য লেট দেম থিওরি অথবা ওদের করতে দিন এর পদ্ধতিটি আমি বিশদে বোঝাবার চেষ্টা করেছিলাম। এই ভিডিওতে আমার বক্তব্যের সারমর্ম আপনাদের জন্য আমি উদ্ধৃত করলাম:

> আপনার বন্ধুরা সপ্তাহান্তে যদি আপনাকে মধ্যাহ্নভোজের জন্যে আমন্ত্রণ না জানানোর সিদ্ধান্ত নিয়ে থাকেন, ওদের করতে দিন। যে সমস্ত মানুষের প্রতি আপনি আকর্ষণ অনুভব করেন, তাঁরা যদি স্থায়ী সম্পর্ক স্থাপনে বিশ্বাসী না হন, ওঁদের করতে দিন। এই সপ্তাহে আপনার সন্তানরা যদি ঘুম থেকে উঠে আপনার সঙ্গে নির্দিষ্ট কোনো কাজ করতে অথবা অনুষ্ঠানে যেতে অনীহা প্রকাশ করে, ওদের করতে দিন। আমাদের নিজেদের প্রত্যাশা অনুযায়ী কাজ করাবার উদ্দেশ্যে অন্যদের রাজি করাবার ক্ষেত্রে আমরা অহেতুক সময় ও শক্তির অপচয় করতে অভ্যস্ত হয়ে গিয়েছি। আসল সত্যিটা হল, যদি আপনার পারিপার্শ্বিকের মানুষজনের মধ্যে কেউ—আপনার প্রেমিক, আপনার ব্যবসার অংশীদার, আপনার পরিবারের কোনো সদস্য—তাঁদের কেউ যদি প্রত্যাশা অনুযায়ী আপনার ডাকে সাড়া না দেন, জোর করে তাঁদের পরিবর্তন করার চেষ্টা করবেন না। তাঁদের নিজেদের পরিচয়ে নিজের মতো করে জীবনযাপন করতে দিন, কারণ প্রতিটি পদক্ষেপের মাধ্যমে তাঁরা আপনাকে বুঝিয়ে দিচ্ছেন যে—তাঁরা আপনার কতটা আপন। শুধু ওদের করতে দিন নিজেদের মতো করে, তাহলেই পরবর্তী পদক্ষেপে আপনার কী করণীয় তা আপনার কাছে জলের মতো পরিষ্কার হয়ে যাবে।

অনলাইনে এই ভিডিও পোস্ট হওয়ার মাত্র ২৪ ঘণ্টার মধ্যে, পৃথিবীজুড়ে ১৫০ লক্ষের বেশি দর্শক এটি দেখে ফেলেন। এক সপ্তাহ যেতে না যেতেই, সেই সংখ্যা আশাতীতভাবে পৌঁছে যায় ৬০০ লক্ষে, এবং সেই ভিডিওর কমেন্ট বক্স ভরে উঠতে থাকে লক্ষাধিক মন্তব্যে। সংবাদ সংস্থাগুলি এই নবাগত পদ্ধতি সম্পর্কে অগণিত আর্টিকেল প্রকাশ করার পাশাপাশি, মানুষের জীবনে এর অসামান্য ও সুদূরপ্রসারী প্রভাবের প্রচার করতে শুরু করেন। সারা দুনিয়ার মানুষের কাছ থেকে বন্যার জলের মতো ডি এম (ডাইরেক্ট মেসেজ) আমার ইনবক্সে আছড়ে পড়তে থাকে; তাতে থাকে অসংখ্য প্রশ্ন, বর্ণনা এবং উদাহরণ—কীভাবে তাঁরা এই অভূতপূর্ব পদ্ধতির প্রয়োগে ইতিমধ্যেই নিজেদের জীবনে উন্নতিসাধনে সক্ষম হয়েছেন। প্রথিতযশা মনোবিজ্ঞানী এবং মনোরোগ বিশেষজ্ঞরা এই পদ্ধতির সম্পর্কে ইতিমধ্যেই ব্লগ পোস্ট লিখে ইন্টারনেটের দুনিয়া ভরিয়ে তুলেছিলেন।

ভিডিওর ক্ষেত্রে এই অভাবনীয় সাড়া পেয়ে, আপ্লুত অবস্থায় বাধ্য হয়ে আমি এই থিওরি অথবা পদ্ধতি সম্পর্কে পডকাস্টের একটি বিশেষ পর্ব রেকর্ড করি, যেখানে এই পদ্ধতির প্রয়োগে আমার জীবনের অভিজ্ঞতার কথা বলা হয়। এই বিশেষ পর্বটি পডকাস্টের জগতে জনপ্রিয়তার সমস্ত রেকর্ড ভেঙে দিয়েছিল। এই পডকাস্ট অনলাইনে এতবার শেয়ার হয়েছিল, যে অ্যাপেল (Apple) এটিকে সেই বছরের বিশ্বব্যাপী সবচেয়ে বেশি শেয়ার হওয়া পডকাস্টের পর্বের তালিকায় ষষ্ঠ স্থানাধিকারী হিসেবে স্বীকৃতি দিয়েছিলেন।

এই ছিল সাফল্যের সর্বপ্রথম পদক্ষেপ, কারণ এর অব্যবহিত পরেই দুনিয়া জুড়ে লেট দেম অথবা ওদের করতে দিন সম্বলিত ট্যাটুর বিজয় মিছিল শুরু হয়!

Let them
Let them
Let them
Let them
Let them
Let them
Let Them
Let Them

আরো লেট দেম ট্যাটু

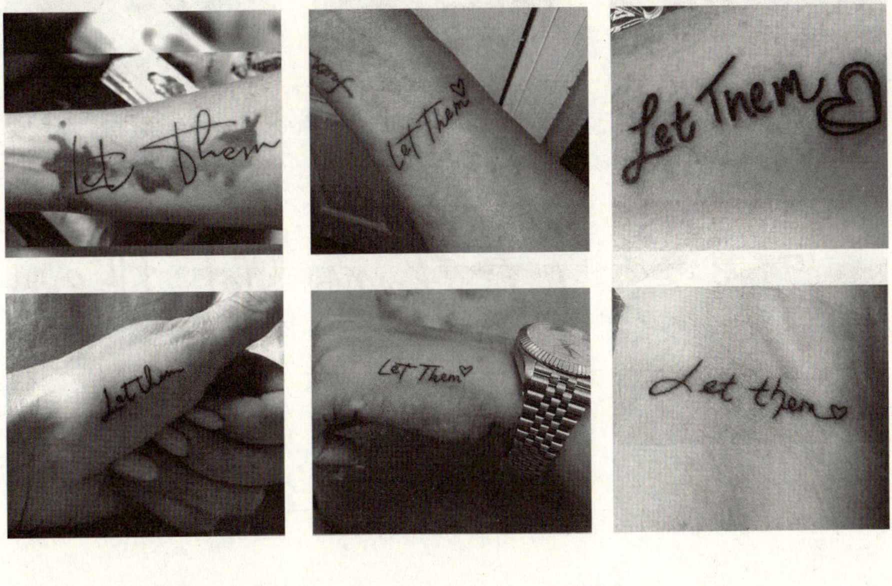
Let them
Let Them
Let Them
Let Them
Let them

Let Them
let them
Let them
Let them
let Them
LET THEM
Let them
Let Them
LET THEM
Let Them
let them
LET THEM
Let them
Let them

আজ পর্যন্ত লেট দেম অথবা ওদের করতে দিন এর পদ্ধতি হল আমার জীবনের সবচেয়ে বড় ও শক্তিশালী আবিষ্কার। এই অভূতপূর্ব পদ্ধতিকে মন থেকে স্বাগত জানাবার, স্বীকৃতি দেওয়ার বহিঃপ্রকাশ হিসেবে সারা পৃথিবীর মানুষ যে লেট দেম শব্দ দুটিকে নিজেদের শরীরে বরাবরের জন্য কালিতে লিখে আমার এই আবিষ্কারকে সম্মান জানিয়েছিলেন, তাঁদের এই নীরব সমর্থন আমার এই বই লেখার নেপথ্যে প্রধান এবং একমাত্র অনুপ্রেরণা—এ কথা আমি সর্বসমক্ষে স্বীকার করি। বেশ কিছুটা সময় নিয়ে আমাকে উপলব্ধি করতে হয়, কেন এই নির্দিষ্ট দুটি শব্দ সারা দুনিয়ার মানুষের জীবনে এইভাবে তাৎক্ষণিক, সুদূরপ্রসারী এবং সার্বজনীন প্রভাব বিস্তার করতে সক্ষম হয়েছিল।

এই পদ্ধতির প্রাথমিক গবেষণা

বিগত দুই বছর ধরে আমি দ্য লেট দেম থিওরি অথবা ওদের করতে দিন এর পদ্ধতি সংক্রান্ত গবেষণায় ডুবে ছিলাম: কীভাবে এই পদ্ধতি সামগ্রিকভাবে কাজ করে, কীভাবে এর

প্রয়োগে নিজেদের জীবনে আমূল পরিবর্তন নিয়ে আসা সম্ভব ও কীভাবে আপনি পারিপার্শ্বিকের মানুষজনের সঙ্গে পারস্পরিক সম্পর্কের সার্বিক উন্নতিসাধন করতে পারেন।

এই বই লেখার সময়, পৃথিবীর অগ্রগণ্য বিশেষজ্ঞদের অমূল্য মতামত আমি সংগৃহীত করেছিলাম, যাঁরা ব্যক্তিগত কাজের পরিসরে যেমন—মনোবিজ্ঞান, স্নায়ুবিজ্ঞান, ব্যবহার বিষয়ক বিজ্ঞান, পারস্পরিক সম্পর্ক, মানসিক চাপের মোকাবিলা করার বিজ্ঞান, এবং সর্বোপরি মানুষের জীবন আনন্দময় করে তোলার গবেষণার ক্ষেত্রে মহীরুহ হিসেবে ইতিমধ্যেই নিজেদের প্রতিষ্ঠিত করেছেন। এই বই পড়ার সময় আপনারা ক্রমশ এই আলোকপ্রাপ্ত মানুষ এবং তাঁদের মূল বক্তব্যের সঙ্গে পরিচিত হবেন, এবং তাঁদের গবেষণামূলক আবিষ্কারের ভিত্তিতে এই নির্দিষ্ট পদ্ধতির সফল প্রয়োগে জীবনের অসংখ্য প্রতিকূল পরিস্থিতির মোকাবিলায় সক্ষম হবেন। অচিরেই আপনাদের চোখের সামনে এই নির্দিষ্ট পদ্ধতির নেপথ্যে লুকিয়ে থাকা রহস্যের উন্মোচন হবে: এই পদ্ধতি যথার্থভাবেই কার্যকর। দ্য লেট দেম থিওরি অথবা ওদের করতে দিন এর পদ্ধতির সঙ্গে শুধুমাত্র আপনাদের যোগসূত্র স্থাপন করানোর উদ্দেশ্যে এই বই লেখা হয়নি। এটি মানুষের প্রকৃতিগত বৈশিষ্টের একটি মৌলিক নিয়ম বিশদে আলোচনা করে: প্রতিটি মানুষেরই নিজের জীবনকে সঠিকভাবে নিয়ন্ত্রণ করার অনিবার্য প্রয়োজন রয়েছে।

প্রত্যেকের ক্ষেত্রেই জীবনের প্রতিটি পরিসরকে সম্পূর্ণভাবে নিজের নিয়ন্ত্রণে রাখার একটি জন্মগত আকাঙ্খা রয়েছে: তার মধ্যে আমাদের সময়, সামগ্রিক চিন্তাধারা, আমাদের কর্মশৈলী, পরিমণ্ডল, পরিকল্পনা, আমাদের ভবিষ্যৎ, সিদ্ধান্ত এবং পারিপার্শ্বিকের সমস্ত কিছুই পড়ে। আপনিই যে নিজের জীবনের একমাত্র নিয়ন্ত্রণকর্তা, এই ধারণাটি আপনাকে প্রভূত সন্তুষ্টি এবং স্বস্তি প্রদান করে, তাই স্বাভাবিকভাবেই পারিপার্শ্বিকের মানুষ এবং তাঁদের জীবনের সিংহভাগ পরিস্থিতির নিয়ন্ত্রণ করার চেষ্টা করেন, প্রায়শই, নিজের অজান্তেই।

কিন্তু বাস্তবে, মানুষের জীবনে এমন একটি বিশেষ পরিস্থিতি বর্তমান, যা কারো পক্ষে কখনোই নিয়ন্ত্রণ করা সম্ভব নয়। যেভাবে ও যতভাবে প্রাণপণ চেষ্টা করুন না কেন, আপনার পক্ষে কখনোই অন্য কোনো মানুষকে নিয়ন্ত্রণ অথবা তাকে পরিবর্তন করা সম্ভব নয়। একমাত্র ব্যক্তি যাকে আপনি সম্পূর্ণভাবে নিয়ন্ত্রণ করতে পারেন, তা হল নিজেকে। আপনার চিন্তাধারা, কর্মশৈলী এবং যাবতীয় অনুভূতির উপর আপনার সম্পূর্ণ নিয়ন্ত্রণ রয়েছে ।

এতদিন ধরে আপনারা মানুষের স্বতন্ত্র এবং প্রকৃতিগত এই মৌলিক নিয়ম বহির্ভূত কাজ করে এসেছেন, একটি সম্পূর্ণ বিপরীত চিন্তাধারা পোষণ করে এসেছেন। পারিপার্শ্বিকের মানুষজনের জীবনধারা পরিবর্তন করার মরিয়া প্রচেষ্টা চালিয়ে এসেছেন, বিভিন্ন প্রতিকূল পরিস্থিতিকে নিয়ন্ত্রণ করার জন্য সংগ্রাম করে এসেছেন, অন্যান্যদের বক্তব্য, মতবাদ এবং কাজকর্ম সম্পর্কে দুশ্চিন্তা করে এসেছেন; এবং এইসব করতে গিয়ে আপনি নিজের জীবনে অপ্রয়োজনীয় মানসিক চাপ, স্নায়বিক চাঞ্চল্য, পারস্পরিক সম্পর্কগুলির ক্ষেত্রে অহেতুক অশান্তির বাতাবরণ বাড়িয়ে তুলেছেন। আমার ক্ষেত্রেও পরিস্থিতি একইরকম ছিল।

দ্য লেট দেম থিওরি অথবা ওদের করতে দিন এর এই পদ্ধতি নিজের জীবনের প্রতি আমার সামগ্রিক দৃষ্টিভঙ্গী এবং পারিপার্শ্বিকের মানুষজনের সঙ্গে আমার ব্যবহারিক বৈশিষ্ট্য আমূল বদলে দিতে পেরেছে। মানুষের স্বাভাবিক প্রকৃতির বিরুদ্ধে বাধাপ্রদান করার পরিবর্তে,

আমি সেটিকে আপন করে নিতে সক্ষম হয়েছি। যে পরিস্থিতির উপর আমার কোনো নিয়ন্ত্রণ নেই, সেক্ষেত্রে অন্যান্যরা কে কী বলছেন, ভাবছেন অথবা করছেন ভেবে নিজের ক্ষমতার অপব্যয় করার পরিবর্তে আমি সম্পূর্ণ ক্ষমতার প্রয়োগে নিজের জীবনকে নিয়ন্ত্রণ করার চেষ্টা করেছি।

ফলে কী হয়েছে? নিজের জীবনের সর্বময় কর্তৃত্ব আমি নিজের হাতে তুলে নিতে পেরেছি। ফলে আমি স্বাধীনভাবে জীবনযাপন করতে সমর্থ হয়েছি। প্রতিটি ক্ষেত্রে অন্যান্যদের সমস্যাকে নিজের সমস্যা মনে করা বন্ধ করতে পেরেছি, এবং এর ফলে, আমার জীবনের পারস্পরিক সম্পর্কগুলির ক্ষেত্রে অভাবনীয় উন্নতিসাধন সম্ভব হয়েছে, যা এতদিন অধরা ছিল। এ যেন যুগের পর যুগ ধরে বন্ধ করে রাখা একটি প্রাচীন সিংহদরজার মতো, যেটি এতদিন পরে খোলা সম্ভব হয়েছে। কোন ঐশ্বর্য লুকোনো ছিল এই দীর্ঘদিন ধরে বন্ধ থাকা সিংহদরজার পিছনে? একটি নিরুপদ্রব জীবন, যেখানে অন্যান্যদের দায়িত্বের গুরুভার আমার কাঁধ থেকে নামিয়ে দেওয়া সম্ভব হয়েছে।

বইয়ের পরবর্তী পৃষ্ঠাতে, আপনি এই পদ্ধতির প্রয়োগ শুরু করার সহজতম উপায়গুলি, এবং এর সফল প্রয়োগ আপনাকে কীভাবে মানসিক শান্তি প্রদান করতে সক্ষম সে সম্বন্ধে বিশদে জানতে চলেছেন। আমাদের গবেষণা চলাকালীন যে চমকপ্রদ আবিষ্কারটি আমি করতে পেরেছিলাম, তার সম্পর্কেও আপনারা অবগত হতে চলেছেন। দ্য লেট দেম থিওরি অর্থাৎ ওদের করতে দিন এর পদ্ধতি শুধুমাত্র...লেট দেম অথবা ওদের করতে দিন এর উপর নির্ভরশীল নয়। এই পদ্ধতির ভিত্তিস্থাপন যদিও এই নির্দিষ্ট দুটি শব্দের মাধ্যমে হয়েছে, কিন্তু সমগ্র পদ্ধতিটি এর মধ্যেই সীমাবদ্ধ নয়। লেট দেম অথবা ওদের করতে দিন হল সমীকরণের প্রথম অর্ধাংশ মাত্র। এর পরের অংশটি হল এই নির্দিষ্ট পদ্ধতির সবচেয়ে গুরুত্বপূর্ণ পদক্ষেপ: লেট মি অর্থাৎ আমাকে করতে দিন।

পরবর্তী অধ্যায়ে, আমরা আপনাদের সামনে একযোগে উপস্থাপনা করতে চলেছি লেট দেম এবং লেট মি, অর্থাৎ ওদের করতে দিন এবং আমাকে করতে দিন এর অভ্যন্তরীণ ধারণাগুলি, এবং বিশদে আলোচনা করতে চলেছি এই দুই প্রণালীর নেপথ্যে থাকা যাবতীয় বৈজ্ঞানিক এবং মনস্তত্ত্বের সূত্র। আপনারা জানতে পারবেন জীবনের সেই আটটি বিশেষ ক্ষেত্র সম্পর্কে, যেখানে এই পদ্ধতি সর্বান্তকরণে আপনার জীবনে তার সামগ্রিক প্রভাব বিস্তার করতে চলেছে। আমরা তখন বিশদে আলোচনা করব আপনার জীবনের পারস্পরিক সম্পর্ক, কর্মক্ষেত্র, আপনার ভাবাবেগ, মতবাদ, মানসিক চাপ, আপনার প্রেম, সংগ্রাম, বন্ধুত্ব, এবং সর্বোপরি, আপনার নিজের সঙ্গে আপনার অন্তর্নিহিত সত্তার পারস্পরিক সম্পর্ক নিয়ে।

আপনারা ক্রমান্বয়ে আবিষ্কার করতে পারবেন, এখনো পর্যন্ত কীভাবে একাধিক ভুল পরিস্থিতিকে আপনারা নিজেদের নিয়ন্ত্রণে নিয়ে আসার মরিয়া প্রচেষ্টা চালিয়ে গিয়েছেন এবং নিজেদের অজান্তেই পারিপার্শ্বিকের মানুষজনকে জীবনের সবচেয়ে বড় সমস্যা হিসেবে গড়ে তুলেছেন। বাস্তবিকভাবে, পারিপার্শ্বিকের মানুষজনের সর্বময় উপস্থিতি আপনার জীবনের সর্বাধিক আনন্দ, নিরঙ্কুশ সমর্থন এবং অনাবিল ভালোবাসার আধার হিসেবে প্রতিপন্ন হওয়া উচিত। কিন্তু তাঁরা কখনোই সেই জায়গায় পৌঁছোতে পারেন না, কারণ আপনি প্রতিনিয়ত তাঁদের যাবতীয়

অনুভূতি, বক্তব্য এবং কর্মকাণ্ডকে অযাচিতভাবে নিয়ন্ত্রণ করার চেষ্টা করে চলেছেন। আপনার এই স্বতঃপ্রণোদিত প্রচেষ্টার কবল থেকে নিষ্কৃতি পাওয়ার সুলুকসন্ধান সাজানো রয়েছে এই বইয়ের প্রতিটি পৃষ্ঠা জুড়ে।

দ্য লেট দেম থিওরি অথবা ওদের করতে দিন এর এই পদ্ধতি সম্পূর্ণভাবে করায়ত্ত করার পরে, আপনার পক্ষে নিজের ক্ষমতা বহির্ভূত পরিস্থিতি নিয়ন্ত্রণের বৃথা প্রচেষ্টা থেকে বিরত থাকা সম্ভব। এক্ষেত্রে আপনার জীবনে পরিতৃপ্তি লাভ করাই শেষ কথা নয়। কীভাবে নিজের দৃষ্টিভঙ্গী বদলে ফেলে সম্পূর্ণ নতুনভাবে আপনি জীবনযাপন করতে সমর্থ হচ্ছেন, এই আমাদের অভীষ্ট লক্ষ্য। আমার আর কোনোভাবেই তর সইছে না—কতক্ষণে আপনারা নিজেদের অভ্যন্তরীণ তৃপ্তি, সন্তুষ্টি এবং স্বাধীনতার অন্বেষনে সফল হয়ে আপনাদের স্বপ্নাতীত জীবনযাপনে অভ্যস্ত হবেন—নিজের শর্তে নিজের মতো করে জীবনযাপন করা শুরু করতে পারবেন।

আসুন, শুরু হোক পথ চলা।

অধ্যায় ২

শুরুর কথা: ওদের সুযোগ দিন + নিজে সুযোগের সদ্ব্যবহার করুন

দ্য লেট দেম থিওরি অর্থাৎ ওদের করতে দিন এর পদ্ধতি আবিষ্কার করার পরে তখনো খুব বেশি দিন অতিবাহিত হয়নি। একদিন আরামকেদারায় বসে সোশ্যাল মিডিয়া ঘাঁটাঘাঁটি করার সময়ে হঠাৎই আমার এক পুরোনো বান্ধবীর ছবি আমি দেখতে পাই। ছবিতে সত্যিই তাঁকে অসাধারণ সুন্দরী লাগছিল। ছবির ক্যাপশন পড়ার জন্য আমি নীচের দিকে তাকাই, যেখানে তিনি নিজের বন্ধুবান্ধবদের সঙ্গে কাটানো একটি অসামান্য সপ্তাহান্তের বিস্তারিত বর্ণনা দিয়েছিলেন। ছবিতে তাঁর অভিব্যক্তি দেখেই বোঝা যাচ্ছিল যে, তিনি সত্যি কথাই বলছিলেন।

ছবিটি কিছুক্ষণ দেখার পর আমি সেই বান্ধবীর সৌন্দর্যের তারিফ করতে বাধ্য হয়েছিলাম, তাঁর ত্বক উজ্জ্বল, তাঁর অভিব্যক্তিতে ঝরে পড়ছিল অনাবিল আনন্দ, শান্তি এবং তাঁর তরতাজা মানসিক তৃপ্তির আভাস। আমি অনুভব করি, আমিও কোনসময়ে ভাবতে শুরু করেছি—আরে! আমিও তো ওঁর মতো নিজের উইকএন্ডগুলি কাটাতে পারি। অত্যন্ত আগ্রহের সঙ্গে আমি তাঁর সমস্ত ছবি একে একে দেখতে গিয়ে উপলব্ধি করি যে, আমি অসম্ভব আনন্দঘন একটি সপ্তাহান্ত কাটানোর ছবি দেখে চলেছি।

প্রাতঃরাশ। নাচগানের মুহূর্ত। কেনাকাটার ছবি। হৈ-হুল্লোড়ের মুহূর্ত। সাঁতারের ছবি। ককটেল পার্টির ছবি।

এরপর নিজের তর্জনী ও বৃদ্ধাঙ্গুষ্ঠকে একত্রিত করে ছবিগুলি বড় করে দলের প্রত্যেকের মুখ পরিষ্কারভাবে দেখতে গিয়েই আমি স্তম্ভিত হয়ে যাই! পর্দায় ফুটে ওঠা হাসিমুখের ছবিগুলির প্রতিটি মানুষ আমার খুবই পরিচিত। আমি যারপরনাই মর্মাহত হয়ে পড়েছিলাম। আমার সমস্ত বান্ধবীরা একসঙ্গে বেড়াতে গিয়েছে আপনারা প্রত্যেকেই নিশ্চয়ই আপনি যে দলছুট, তা বোঝার পরে পেটের মধ্যে হতে থাকা অস্বস্তিকর অনুভূতির সঙ্গে বিশেষভাবে পরিচিত। এই অনুভূতি সপাটে একটি ঘুঁষি হজম করার মতোই বেদনাদায়ক। পরবর্তীতে যতই আপনি সেই দুঃখকে

ঝেড়ে ফেলতে চান না কেন, যতই আপনি নিজেকে বোঝাবার চেষ্টা করুন যে এটি আপনার কাছে নিতান্তই তুচ্ছ একটি ঘটনা, আপনার পক্ষে এই অভিঘাত সহজে হজম করা দুষ্কর হয়ে ওঠে। সেই মুহূর্তে আমার ফোন হাত থেকে নামিয়ে রাখাই উচিত ছিল, কিন্তু আমি সে কাজটি করে উঠতে পারিনি।

একের পর এক প্রতিটি ছবিতে আমি চোখ বুলিয়ে গিয়েছিলাম—আমার ঘনিষ্ঠ বান্ধবীদের ছুটি কাটানোর বিভিন্ন মুহূর্তের ছবি—যাঁদের সঙ্গে মিলে আমি এই মফস্বল শহরে আমার সন্তানদের মানুষ করেছি। যাতে এই ঘটনা আমার মনে কোনো ছাপ না ফেলে সে চেষ্টা আমি করেছিলাম, কিন্তু তা ফলপ্রসূ হয়নি।

আমার মধ্যে ঘটনাটির পুনর্নির্মাণের প্রক্রিয়া শুরু হয়েছিল। আমি কল্পনা করতে শুরু করেছিলাম আমার বান্ধবীরা একসঙ্গে কতই না মজা করেছেন এবং এই ছুটির অবসরে তাঁরা কীভাবে একে অপরের অন্তরঙ্গ হয়ে উঠেছেন। এই দলের প্রতিটি মহিলার সঙ্গে আমার ব্যক্তিগতভাবে বহু বছরের আলাপ ও পরিচয়। বহুবার বিভিন্ন বার্বিকিউ পার্টিতে, কারপুলে, ফুটবল ম্যাচে, স্বামীদের সঙ্গে করে নিয়ে যাওয়া বিভিন্ন অনুষ্ঠানে আমাদের দেখা হয়েছে। সন্তান প্রতিপালনের প্রসঙ্গে অনেক গভীর আলোচনা করেছি একাধিকবার। তাই, স্বভাবতই, এই ঘটনার ফলে আমার স্থির চিন্তা লোপ পেয়েছিল।।

অর্থাৎ আমি একেবারে স্টকারদের মত আচরণ করতে শুরু করেছিলাম। আরামকেদারার একই জায়গায় একইভাবে বসে বান্ধবীদের প্রত্যেকের অ্যাকাউন্টে ঢুকে তাঁদের জীবনযাপনের খুঁটিনাটি খবরাখবর গোগ্রাসে গিলতে শুরু করেছিলাম। মাত্র পাঁচ মিনিট আগেই আমি মানসিকভাবে সম্পূর্ণ সুস্থ ছিলাম। কিন্তু এই মুহূর্তে? এই মুহূর্তে অনুভব করছিলাম যে আমার অতি পরিচিত, চিরন্তন ভাবাবেগের প্রবল তোড়ে আমি অসহায়ভাবে ভেসে চলেছি: প্রত্যাখ্যান, নিরাপত্তাহীনতা এবং বিভ্রান্তি। এই নির্দিষ্ট ছুটির পরিকল্পনা আমার বান্ধবীরা কবে করেছিলেন? এই দলে কেন আমাকে অন্তর্ভুক্ত করা হয়নি? কেন আমাকে কোনো অনুষ্ঠানে কখনো আমন্ত্রণ জানানো হয় না? শেষবার নিজের বন্ধুবান্ধবের সঙ্গে আমি কোথায় ও কবে বেড়াতে যেতে পেরেছিলাম?

যখন আমি প্রায় অপ্রকৃতিস্থের মতো বান্ধবীদের অসংখ্য ছবি নিয়ে নাকানিচোবানি খাচ্ছিলাম এবং উপরোক্ত প্রশ্নগুলি উপর্যুপরি আমাকে বিভ্রান্ত করে তুলেছিল, ক্রিস সেই ঘরে এসে ঢুকে আমার দিকে একবার তাকিয়েই জিজ্ঞাসা করে, "কী হয়েছে তোমার?"

দীর্ঘশ্বাস ত্যাগ করে, আমি তাঁকে সব খুলে বলি: "খবর পেলাম, আমার সব বান্ধবীরা একসঙ্গে কোনো একটি উইকএন্ডে ছুটি কাটাতে গিয়ে ভীষণ আনন্দ করে ফিরে এসেছেন, এবং এই দল থেকে আমাকে বাদ দেওয়া হয়েছে।"

"আরে, এ তো রীতিমতো জঘন্য ব্যাপার," তিনি বলেন।

"হয়তো আমার আচরণে কোনো ভুল হয়েছিল। বিশেষ কোনো কারণে ওঁরা আমার উপরে মনঃক্ষুণ্ণ হয়েছেন।"

আমার স্বামী বুকের কাছে নিজের হাতদুটি ভাঁজ করে বলেন, "তাতে তোমার আর কি যায় আসে?"

আমি নীরবে তাঁর দিকে তাকিয়েছিলাম।

"এতে কি প্রমাণ হয় মেল, তুমি তাঁদের অন্তরঙ্গ বন্ধুর তকমাটি বরাবরের জন্য হারিয়ে ফেলেছ?"

আমার স্বামী ঠিকই বলেছিলেন। আমি জানতাম তিনি ঠিকই বলবেন। তা সত্ত্বেও এই বিষয়টি আমি কিছুতেই মেনে নিতে পারছিলাম না, সেই মুহূর্তে বান্ধবীদের কাছে গিয়ে সরাসরি সকল সমস্যার সমাধান করার উগ্র বাসনা আমাকে তাড়িয়ে নিয়ে বেড়াচ্ছিল। নিজেজের জীবনেও একাধিকবার আপনারা অনুরূপ ঘটনার সাক্ষী থেকেছেন, এই ব্যাপারে আমি সুনিশ্চিত। যখন আপনি আবিষ্কার করেন যে একটি নির্দিষ্ট বিষয়ে বন্ধুমহলে আপনার অন্তর্ভুক্তি হয়নি, প্রথমেই আপনার মাথায় আসে যে অবিলম্বে তাঁদের তরফ থেকে সান্ত্বনাবাক্য জোগাড় করতে হবে যে, নিজের কোনো অপ্রিয় ব্যবহারের ফলে আপনি দল থেকে বাদ পড়েননি।

বান্ধবীদের এই ব্যবহারের কারণ আমার কাছেও সম্পূর্ণভাবেই অজানা ছিল। আপনাদের মনোভাব যদি আমার সঙ্গে মিলে যায়, তাহলে এই ধরনের ঘটনা ঘটার সঙ্গে সঙ্গে আপনিও নির্ঘাত ধরে নেবেন যে আপনার কোনো ভুলের কারণে আপনাকে শাস্তি প্রদান করা হয়েছে। আরামকেদারায় বসে আমি তখন পাগলের মতো খুঁজে চলেছিলাম সেই সম্ভাব্য সূত্রটি, যার ভিত্তিতে আমাকে বন্ধুমহলে ব্রাত্য হতে হল। কিন্তু সমস্যার কোনো সুরাহা খুঁজে পাওয়া সম্ভব হয়নি। সেই কারণে আমি মানসিক অবসাদে ভুগতে শুরু করেছিলাম।

বারবার একটা কথাই মনে হচ্ছিল আমার, সত্যিই তো আমাদের কত বছরের সম্পর্ক। মাতৃত্বের নিরিখে আমরা সকলে সমসাময়িক, আমরা একসঙ্গে বহুদিন ধরে জীবনযাপন করে এসেছি, এবং সেই ছুটি কাটাতে যাওয়া দলের প্রত্যেকটি মানুষ বিশেষভাবে আমার অত্যন্ত অন্তরঙ্গ। কিন্তু অন্যদিকে, বান্ধবীদের সেই দলের নিয়মিত সদস্য হিসেবে আমি তাঁদের সঙ্গে মিলেমিশে সময় কাটাবার কোনো সুযোগই বহুদিন পাইনি। শহরে অনুষ্ঠিত বিভিন্ন সমাবেশে উপস্থিত থাকার সময়ে আমার সঙ্গে তাঁদের দেখা হয়েছে ঠিকই, কিন্তু ব্যক্তিগত বন্ধুত্বকে অক্ষুণ্ন রাখতে আমার তরফ থেকে আলাদাভাবে কোনো প্রচেষ্টা ছিল না; কোনো পরিস্থিতিতেই আমি তাঁদের সঙ্গে মিলেমিশে আনন্দ করার জন্য কিছু করে উঠতে পারিনি অথবা সাম্প্রতিক সময়ে তাঁদের সঙ্গে দেখাসাক্ষাৎ করার সময় আমার হয়ে ওঠেনি। আমার মস্তিষ্কে এই যুক্তিগুলি আমার স্বপক্ষে কথা বললেও, মানসিকভাবে আমি রীতিমতো ভেঙে পড়েছিলাম। মনে হচ্ছিল যে আমি আবার নিজের স্কুলের দিনগুলিতে ফিরে গিয়েছি: আমি এমন এক ব্যক্তি যাকে কখনো বন্ধুদের বাড়িতে রাত জাগার জন্য ডাকা হয় না, এমন একজন যে স্কুলের খেলার দলে ডাক পায় না, কিংবা এমন একজন যার সঙ্গে কোনো বিশেষ ধরনের চুটকি ভাগ করে নেওয়া সম্ভব নয়।

এই পদ্ধতিকে বাস্তবে প্রয়োগ করা

আমার মনে হচ্ছিল সেই মুহূর্তে তাঁদের কাছে পৌঁছে, সামনাসামনি বসে সব মনোমালিন্যের সমাধান করে নিই। তাঁদের সরাসরি ফোন করি, তাঁদের মেসেজ করি। সেই মুহূর্তে যা ইচ্ছে

তাই করি, যাতে আমার সমস্ত আশঙ্কার উপশম হয়। ঠিক তখনই আমার স্মৃতিতে ভেসে আসে সেই দুটি অতি সাধারণ শব্দ, যা মানসিক টানাপোড়েনে দ্বিখণ্ডিত সত্তার কবল থেকে নিষ্কৃতি দেওয়ার ব্যবস্থা করে। লেট দেম অথবা ওদের করতে দাও।

অতীতের 'আমি' যদি এই পরিস্থিতির সম্মুখীন হতাম, তাহলে তার জের চলত দিনের পর দিন। সত্যি কথা বলতে গেলে, বেশ কয়েক সপ্তাহ ধরে। প্রবল ভাবাবেগ আমার অন্তর্নিহিত সত্তাকে সম্পূর্ণভাবে গ্রাস করে ফেলত। আমার বাহ্যিক আচরণে হয়তো এই উৎকণ্ঠার রেশ অন্যান্যদের চোখে ধরা পড়ত না। আমি সম্ভবত নিজেকে বোঝাবার প্রাণপণ চেষ্টা চালিয়ে যেতাম যে, এতে আমার কিছুই এসে যায় না। প্রতিনিয়ত নিজের মনে হয়তো যুক্তির পাহাড় খাড়া করার চেষ্টা করে যেতাম, যাতে এই পরিস্থিতি থেকে আমি বেরিয়ে আসতে পারি। প্রতিটি বান্ধবীকে হয়তো শত্রু হিসেবে কল্পনা করে নিজেকে সান্ত্বনা দেওয়ার চেষ্টায় ব্যস্ত হতাম। কিন্তু এইসব সত্ত্বেও আমি মানসিক ভারসাম্য হারিয়ে ফেলতাম এবং ক্রমেই এক সময়ের অত্যন্ত প্রিয় মানুষগুলির কাছ থেকে নিজেকে গুটিয়ে নিয়ে আরো দূরে চলে যাওয়ার চেষ্টা করতাম।

তা সত্ত্বেও সেই পরিস্থিতির সামনে আমি হার স্বীকার করিনি। আমার প্রতিটি বান্ধবীদের এই চরম ঔদাসীন্য আমাকে বড় জোর দশ মিনিট মর্মাহত করেছিল। যে মুহূর্তে নিজের মনকে বললাম লেট দেম অথবা ওদের করতে দাও, আমি মানসিকভাবে সুস্থ বোধ করতে শুরু করি। দ্বিতীয়বার সেই দুটি শব্দ উচ্চারণ করার পরে আমার মানসিক অবসাদ রীতিমতো উবে যেতে শুরু করেছিল। এরপর থেকে, তৃতীয়, চতুর্থ, পঞ্চম থেকে শুরু করে ষোলতম থেকে তিরিশবার পর্যন্ত এই দুটি শব্দের শরণাগত হয়েই...শেষ পর্যন্ত আমি নিজের মানসিক বিপর্যয় কাটিয়ে উঠতে পেরেছিলাম।

নিজের অভিজ্ঞতার ভিত্তিতে আমি আপনাদের বলতে চাই: এই ধরনের প্রতিকূল এবং মানসিক যন্ত্রণাদায়ক পরিস্থিতির সঠিক মোকাবিলা করতে, আপনাদের বার বার এই দুটি শব্দ লেট দেম অথবা ওদের করতে দাও আওড়ে যেতে হবে। কারণ, যখন আপনি আঘাতপ্রাপ্ত হন সেই অভিঘাতের ক্ষত তৎক্ষণাৎ মিলিয়ে যাওয়া সম্ভব নয়। সেই আঘাতের স্মৃতি আপনাকে যন্ত্রণা দিতে বারবার ফিরে আসে। তাই, নিজেদের জীবনে আপনাদের যদি অসংখ্যবার এই দুটি শব্দ লেট দেম অর্থাৎ ওদের করতে দাও এর প্রয়োগ করে যেতে হয়, তাহলে অবাক হওয়ার কোনো কারণ নেই।

নিজের মতো করে ওদের ছুটি কাটাতে দাও। নিজেদের মতো করে ওদের উইকএন্ড উপভোগ করতে দাও। আপনাকে বাদ দিয়েই ওদের যাবতীয় হইহুল্লোড় চালিয়ে যেতে দাও।

প্রথম প্রথম, এই নির্দিষ্ট শব্দগুলিকে প্রত্যাখানের সমার্থক বলে আমার মনে হত। মনে হত আমি যেন জীবনের প্রতিটি ক্ষেত্রেই হেরে যাচ্ছি। কিন্ত পরবর্তীকালে আমি এই পদ্ধতির মর্মার্থ উপলব্ধি করতে সক্ষম হই: লেট দেম অর্থাৎ ওদের করতে দাও এর অর্থ কখনোই হেরে যাওয়া নয়। এর আসল অর্থ হল, যে পরিস্থিতির উপরে কখনোই আমার কোনো নিয়ন্ত্রণ ছিল না, সেই পরিসর থেকে সম্পূর্ণভাবে নিষ্কৃতি লাভ করা। আমি উপলব্ধি করতে পেরেছিলাম পরম সত্যকে—যেভাবেই আমি কোনো পরিস্থিতিকে বিশ্লেষণ করবার চেষ্টা করি না কেন অথবা সেই পরিস্থিতি সংক্রান্ত যাবতীয় সমস্যার সমাধান অথবা নিয়ন্ত্রণ করতে চাই না কেন, যা অনিবার্য

তা ঘটবেই। সেই পরিসরে আমার যাবতীয় প্রচেষ্টা স্বাভাবিকভাবেই কোনো কাজে আসবে না। আমার বান্ধবীরা যে আমাকে ছাড়াই ছুটি কাটাতে যাওয়ার পরিকল্পনা করতে পেরেছিলেন—এই চিন্তাভাবনা আমাকে যতখানি যন্ত্রণা দেবে, তার চেয়ে সেই প্রত্যাখ্যান মেনে নেওয়ার প্রচেষ্টা আমাকে মানসিকভাবে আরো বিপর্যস্ত করে তুলবে।

সুতরাং, লেট দেম অর্থাৎ ওদের করতে দাও।

এইভাবেই, সেই অসামান্য পদ্ধতির প্রয়োগে আমার বুকের উপর চেপে বসা পাহাড়প্রমাণ মানসিক যন্ত্রণা আস্তে আস্তে লাঘব হতে শুরু করেছিল। যে মুহূর্তে সেই পরিস্থিতির সমাধান করার দায়বদ্ধতা আমার মন থেকে বিলীন হতে শুরু করে, কোন এক জাদু মন্ত্রবলে আমি উপলব্ধি করি যে আমার জীবনে আমূল পরিবর্তনের সূচনা হয়েছে: সেই মুহূর্তে, সেই ঘটনাবহুল উইকএন্ড সংক্রান্ত যাবতীয় চিন্তাভাবনা আমার মন থেকে বরাবরের জন্য মুছে যেতে থাকে।

এটি কখনোই কোনো ব্যক্তিগত আক্রমণ ছিল না। আমার বান্ধবীরা কখনোই আমার বিরুদ্ধে কোনো ষড়যন্ত্রে লিপ্ত হননি। তাঁরা আমার সামাজিক অবস্থানের বিরুদ্ধে কখনোই উষ্মা প্রকাশ করেননি। আর যদি করেই থাকেন, কার কী এসে যায়? লেট দেম অর্থাৎ, ওদের করতে দাও।

আমরা আসলে কোনো পরিস্থিতিকে নিয়ন্ত্রণ করতে চাই

প্রত্যেকের দৈনন্দিনের জীবনে এমন অসংখ্য মুহূর্তের উদ্ভব হয় যখন আমরা পারিপার্শ্বিকের যাবতীয় পরিস্থিতিকে নিজের মতো করে নিয়ন্ত্রণ করার মরিয়া প্রচেষ্টায় উদ্যত হই, বিশেষ করে যখন আমরা আঘাতপ্রাপ্ত হই, প্রত্যাখানের সম্মুখীন হই, অসন্তুষ্ট হই অথবা কোনো নির্দিষ্ট কারণে আতঙ্কিত হয়ে পড়ি। পারিপার্শ্বিকের মানুষজন যখন আপনার পাঠানো একাধিক মেসেজের উত্তর দেওয়ার প্রয়োজন বোধ করেন না, তখন আপনার মনে হয় যে বিশেষ কোনো কারণে তাঁরা আপনার উপরে অসন্তুষ্ট। উপরোক্ত পরিস্থিতিতে আপনি স্বভাবতই মানসিক চাপের সম্মুখীন হন, তাই না?

প্রকৃতিগতভাবে আমি সকল পরিস্থিতির মধ্যস্থতায় বিশ্বাসী। আমার স্থির বিশ্বাস, নিজের জীবনের অধিকাংশ ক্ষেত্রে যদি আমি কোনোভাবে মধ্যস্থতা না করতাম, যদি আমি সেই পরিস্থিতির মোকাবিলায় আসরে অবতীর্ণ না হতাম, আমার জীবন ছারখার হয়ে যেত। আমিই হলাম সেই ব্যক্তি যে জীবনের প্রতিটি পরিসরকে এক সূত্রে বেঁধে রাখার সামগ্রিক দায়িত্বভার নিজের কাঁধে তুলে নিয়েছে—পারস্পরিক সম্পর্ক, কর্মক্ষেত্র, আত্মীয় বন্ধুবান্ধব এবং পরিবার পরিজন, এমনকী আমার ভালোবাসার মানুষজনের যাবতীয় ভাবাবেগ প্রকাশের ক্ষেত্রেও আমিই হলাম একমাত্র অভিভাবক। যখন কোনো পরিস্থিতি আমার ইচ্ছে অনুযায়ী সংঘটিত হওয়ার পরিবর্তে অন্যদিকে বাঁক নিত, সেটির প্রতিফলন আমার মানসিক শান্তির উপরে প্রভাব বিস্তার করত। যদি আমার আপনজনের মধ্যে কেউ মানসিকভাবে বিপর্যস্ত হয়ে পড়তেন, যদি কোনো কাজ আমার পরিকল্পনা অনুযায়ী সম্পন্ন না হত, অথবা কোনো ক্ষেত্রে যদি কেউ আমাকে

প্রত্যাখ্যান করতেন, বিনা প্ররোচনায় আমি সেই প্রতিকূলতার মধ্যস্থতা, নিয়ন্ত্রণ এবং পরিস্থিতি বদলে দেওয়ার লক্ষ্য নিয়ে যুদ্ধে অবতীর্ণ হতাম।

এই বই লেখার নেপথ্যে রয়েছে বহু প্রথিতযশা মনোবিজ্ঞানীর সঙ্গে প্রচুর গবেষণামূলক আলোচনা, যার ভিত্তিতে আমি উপলব্ধি করি যে পারিপার্শ্বিকের যাবতীয় পরিস্থিতিকে নিয়ন্ত্রণ করার এই আকাঙ্খার উৎস হল মানুষের একটি নির্দিষ্ট আবেগ: আতঙ্ক। প্রত্যাখ্যানের আতঙ্ক, অনাসক্তির আতঙ্ক, জীবনে সমস্ত কিছু ছারখার হয়ে যাওয়ার আতঙ্ক। এই যাবতীয় পরিস্থিতি আমাদের জীবনে বিভিন্নভাবে বারবার ফিরে আসতে থাকে। প্রতি মুহূর্তে আমরা সন্তানদের আগলে রাখি, নিজেদের জীবনে তারা সঠিক সিদ্ধান্ত গ্রহণ করছে কী না, তা সুনিশ্চিত করার চেষ্টায় ব্যগ্র হয়ে থাকি। আমরা নিজের জীবনসঙ্গীর প্রতিটি পদক্ষেপের ক্ষেত্রে নিজেদের প্রভাব বিস্তার করবার চেষ্টা করি, মনে করি যে আমাদের মধ্যস্থতা ছাড়া, তাঁরা জীবনে কখনোই সাফল্য পেতে পারেন না। বন্ধুবান্ধবদের উপরেও আমরা অযাচিতভাবে নিজের মতবাদ চাপিয়ে দেওয়ার চেষ্টা করি, কারণ আমাদের স্থির বিশ্বাস যে জীবনের ক্ষেত্রে তাঁদের তুলনায় আমাদের জ্ঞানের পরিধি ও অভিজ্ঞতা অনেক, অনেক বেশি।

এই আতঙ্ক আমাকে প্রতিনিয়ত তাড়িয়ে নিয়ে বেড়িয়েছে। জীবদ্দশায় আমি যদি কোনো অবিস্মরণীয় অবদান না রাখতে পারি, মানুষ আমাকে ভুলে যাবে—এই ছিল আমার আতঙ্ক। আমাকে মানুষ পছন্দ করবেন না অথবা গ্রহণ করবেন না অথবা আমি যদি জীবনের হাল না ধরি, আমার সমস্ত কিছু ছারখার হয়ে যাবে; এই আতঙ্কে আমি রীতিমতো সন্ত্রস্ত হয়ে থাকতাম। আসল কথাটি হল, নিয়ন্ত্রণের ক্ষমতা হাতে থাকলে আমরা নিজেদের সুরক্ষিত মনে করি। ক্ষমতার রাশ আমাদের হাতে থাকলে, জীবনের যাবতীয় যন্ত্রণা, হতাশা এবং প্রত্যাখ্যানের কবল থেকে আমরা নিজেদের নিরাপদ মনে করতে অভ্যস্ত হয়ে উঠি।

কিন্তু এই ধারণাটি এক মানসিক বিভ্রম ছাড়া আর কিছুই নয়— আমাদের আপেক্ষিক নিরাপত্তার বিভ্রম। কারণ যতই আমরা পারিপার্শ্বিকের মানুষজন অথবা জীবনের বিভিন্ন পরিস্থিতির নিয়ন্ত্রণ নিজেদের হাতে তুলে নেওয়ার চেষ্টা করি না কেন, আমাদের সে ক্ষমতা নেই। মানুষ যেমনভাবে চাইবেন, সেভাবেই কাজকর্ম করবেন। তাঁরা নিজেদের পছন্দমতো জীবনের সব সিদ্ধান্ত গ্রহণ করবেন, নিজেদের শর্তে জীবনযাপন করবেন।

এই 'নিয়ন্ত্রণের ক্ষমতা' কখনোই আপনার জীবনের উন্নতিসাধন করতে পারে না। দেখতে গেলে, এই ক্ষমতা আপনার সামগ্রিক অবনতির অন্যতম কারণ হয়ে দাঁড়াতে পারে। পারিপার্শ্বিকের মানুষ এবং জীবনের বিভিন্ন পরিস্থিতিকে নিয়ন্ত্রণ করার চেষ্টার মাধ্যমে আপনি কখনোই নিজের অন্তর্নিহিত আতঙ্ককে জয় করতে পারবেন না। পরিবর্তে এই প্রচেষ্টা সেই আতঙ্কের পরিমাণ বৃদ্ধি করতে সক্ষম। যে কোনো মনোবিজ্ঞানী আপনাকে বলবেন, যতই আপনি আপনার পক্ষে নিয়ন্ত্রণ করা সম্ভব নয় এমন পরিস্থিতিকে নিয়ন্ত্রণ করতে উদ্যত হবেন, আপনার মানসিক উৎকণ্ঠা এবং স্নায়বিক দুর্বলতা উত্তরোত্তর বৃদ্ধি পাবে।

সেই আরামকেদারায় বসে, নিজের ফোনের দিকে নির্নিমেষে তাকিয়ে থাকতে থাকতে আমি উপলব্ধি করেছিলাম যে, আমার বান্ধবীরা আমার সম্পর্কে কী ধারণা পোষণ করছেন তা নিয়ন্ত্রণ করার পরিবর্তে—আমি আসলে নিজের প্রবল মানসিক অস্বস্তিকে নিয়ন্ত্রণ করার

মরিয়া চেষ্টা করে চলেছি। প্রত্যাখ্যানের শিকার হতে আমি ঘৃণাবোধ করি, তাই সেই পরিস্থিতির তাৎক্ষণিক মোকাবিলায় উন্মুখ হয়ে উঠেছিলাম, যাতে আমি মানসিক অবসাদের শিকার না হই।

সেই মুহূর্তে দ্য লেট দেম থিওরি অথবা ওদের করতে দিন এর এই পদ্ধতি আমার মনের গভীরে বরাবরের জন্য শিকড় বিস্তার করতে সমর্থ হয়েছিল।

লেট দেম: জ্ঞানের প্রসারে একটি অব্যর্থ অনুষঙ্গ

দ্য লেট দেম থিওরি অথবা ওদের করতে দিন এর পদ্ধতি আমাদের মানসিকতাকে প্রভাবিত করার নবাগত কোনো টোটকা নয়—এই ধারণার উল্লেখ পাওয়া যায় সুপ্রাচীন দর্শনের বিভিন্ন অধ্যায়ে এবং মনোবিজ্ঞানের বিভিন্ন গলিঘুঁজিতে, যা হাজার হাজার বছর ধরে মানুষকে উন্নতির শিখরে পৌঁছোতে সাহায্য করে এসেছে। স্টোইকিজম অথবা আত্মসংযমের পথ, বৌদ্ধধর্ম, ডিট্যাচমেন্ট থিওরি, কিংবা রেডিক্যাল এক্সেপট্যান্স সম্পর্কে অবগতি থাকলে, আপনারা অনায়াসেই উপলব্ধি করতে পারবেন যে এই লেট দেম অথবা ওদের করতে দিন কিংবা লেট মি অথবা আমাকে করতে দিন এই পদ্ধতিগুলি আসলে এই সমস্ত পথের মাধ্যমে শেখানো মূল ধারণাগুলির সরলীকরণ করে সেগুলিকে অতি সাধারণ, দৈনন্দিন জীবনে ব্যবহার করার মতো পদ্ধতি হিসেবে আমাদের সামনে উপস্থাপিত করে—যাতে আমরা জীবনে পারস্পরিক সম্পর্ক এবং ব্যক্তিগত ক্ষমতার উন্নতিসাধন করতে সক্ষম হই।

স্টোইকিজম অথবা আত্মসংযমের পথ অনুসারে, নিজের চিন্তাধারা এবং কাজকর্মের উপরে আপনাদের সর্বদা মনঃসংযোগ করতে হবে—পারিপার্শ্বিকের মানুষ কী ভাবছেন অথবা কী করছেন, তা আপনাদের জীবনে কখনোই মুখ্য হতে পারে না। লেট দেম অথবা ওদের করতে দিন এর পদ্ধতি এই দর্শনের উপর ভিত্তি করেই কাজ করে, যার মূলমন্ত্র হল অন্যান্য মানুষকে নিজের পছন্দ অনুযায়ী চলতে দেওয়া এবং নিজেদের মতো করে জীবনযাপন করতে দেওয়া, যেখানে তাঁদের ব্যবহারিক বৈশিষ্ট্যকে প্রভাবিত করা অথবা নিয়ন্ত্রণ করার কোনো প্রশ্নই ওঠে না। লেট দেম এবং লেট মি পদ্ধতির অনুশীলনের মাধ্যমে, আপনারা স্টোইকিজমের মূল নির্যাসের প্রয়োগ করছেন: নিজের উপরে সম্পূর্ণভাবে মনঃসংযোগ করুন, কারণ আপনার অন্তর্নিহিত শক্তির আধার হলেন আপনি নিজেই।

বৌদ্ধধর্ম এবং রেডিক্যাল এক্সেপট্যান্স অর্থাৎ সামগ্রিক গ্রহণযোগ্যতা সংক্রান্ত পথের মূল শিক্ষা অনুযায়ী, বাস্তবকে অস্বীকার করাই হল জীবনের সামগ্রিক দুর্দশার কারণ। আমাদের যাবতীয় সমস্যার কারণ হল জীবনের বর্তমান অবস্থানের পরিপ্রেক্ষিতে আমাদের সামগ্রিক অসন্তুষ্টি। দ্য লেট দেম থিওরি অর্থাৎ ওদের করতে দিন এর পদ্ধতি আপনাকে শুধুমাত্র বাস্তবে নিজের অবস্থান সম্বন্ধে অবহিত করে না, সেই বাস্তবকে অযাচিতভাবে বদলে দেওয়ার অদম্য স্পৃহা থেকে আপনাকে নিরাসক্ত করে। আপনি স্বীকার করতে বাধ্য হন যে অন্যান্যদের চিন্তাভাবনা এবং কর্মকাণ্ডের নিয়ন্ত্রণ করার গুরুদায়িত্ব আপনার নয়, এবং তার ফলে, নিজের ভাবাবেগ প্রকাশ করার ক্ষেত্রে সম্পূর্ণ স্বাধীনতা আপনি ফিরে পেতে পারেন। রেডিক্যাল এক্সেপট্যান্স অর্থাৎ সামগ্রিক গ্রহণযোগ্যতার নিরিখে এ হল সবচেয়ে সঠিক পন্থা।

ডিট্যাচমেন্ট থিওরি অথবা মোহহীনতা সংক্রান্ত পথের শিক্ষা অনুসারে আমরা শিখি কীভাবে সেই সমস্ত পরিস্থিতি থেকে নিজেদের দূরে সরিয়ে রাখা সম্ভব, যা আমাদের ভাবাবেগকে প্ররোচিত করে। যখন আপনি লেট দেম অথবা ওদের করতে দিন শব্দ দুটির শরণাগত হন, আপনি আসলে নিজেকে নিজের ভাবাবেগ থেকে বিচ্ছিন্ন করতে সমর্থ হন। সেই মুহূর্তে আপনি যে পরিস্থিতির সম্মুখীন হয়েছেন, তার থেকে নিজের ভাবাবেগকে বিচ্ছিন্ন করে নিয়ে একটি অত্যন্ত গুরুত্বপূর্ণ মানসিক দূরত্ব সৃষ্টি করতে পারেন, যার ফলে কোনো ঘটনা নিজের চোখের সামনে সংঘটিত হতে দেখলেও, সেই পরিস্থিতিতে জড়িয়ে পড়া থেকে আপনি নিজেকে বিরত রাখতে পারেন। এর ফলে কী হয়? আপনি শান্তভাবে, ঠান্ডা মাথায় নিজের লক্ষ্যে অবিচল থাকতে পারেন।

আমার কাছে, এই পদ্ধতি কিন্তু কোনোভাবেই "সবকিছু ছেড়ে দিন" এর সমার্থক নয়। ব্যক্তিগতভাবে, নিজের জীবনের কোনো ক্ষেত্রেই আমি হার মানতে শিখিনি, কারণ এর ফলে মানসিক শান্তি লাভ করা সম্ভব নয়। এক্ষেত্রে মনে হতে পারে যে আপনি নিজের সমস্যার আসল কারণ সযত্নে এড়িয়ে যেতে চাইছেন, যাবতীয় অনুভূতিকে দমন করে সেই পরিস্থিতিতে হার মেনে নিতে মানসিকভাবে প্রস্তুত হচ্ছেন। লেট দেম অর্থাৎ ওদের করতে দিন এর পদ্ধতি কিন্তু সম্পূর্ণভাবেই স্বতন্ত্র। যখন এই দুটি শব্দ—লেট দেম অর্থাৎ ওদের করতে দিন আপনি উচ্চারণ করছেন, আপনি কিন্তু নিজের সমস্যা অথবা সেই প্রতিকূল পরিস্থিতিতে হার মেনে নেওয়ার কথা মোটেই ভাবছেন না। সেই নির্দিষ্ট পরিস্থিতি থেকে নিজেকে আপনি বিচ্ছিন্ন করে নিচ্ছেন। সেই পরিস্থিতিকে কীভাবে মোকাবিলা করা সম্ভব, সেই অযাচিত চিন্তাধারা থেকে আপনি নিজেকে সম্পূর্ণভাবে বিচ্ছিন্ন করে, সেটিকে নিজের গতিতে এগিয়ে যাওয়ার ছাড়পত্র দিচ্ছেন।

যখন আপনি অন্যান্যদের নিজের মতো করে নিজেদের পরিচয়ে জীবনযাপন করার সুযোগ করে দেন, আপনি একটি যথার্থ এবং সঙ্গতিপূর্ণ সিদ্ধান্ত নেন—সেই সমস্ত পরিস্থিতি নিয়ন্ত্রণ করার ব্যর্থ প্রচেষ্টা থেকে আপনি বিরত থাকেন, যা কখনোই আপনার পক্ষে নিয়ন্ত্রণ করা সম্ভব ছিল না। নিজেকে সেই প্রভূত মানসিক চাপ, হতাশা এবং আবেগতাড়িত টানাপোড়েনের অন্তহীন চক্র থেকে অব্যাহতি দেওয়ার চেষ্টা আপনি করেন, যা পারিপার্শ্বিকের মানুষজন এবং সেই সংক্রান্ত বিভিন্ন প্রতিকূল পরিস্থিতিকে নিয়ন্ত্রণ করার ক্ষেত্রে আপনাকেই সামলাতে হত। লেট দেম অর্থাৎ ওদের করতে দিন এবং লেট মি অর্থাৎ আমাকে করতে দিন এর পদ্ধতিগুলির অভিনবত্ব হল, এগুলিকে আয়ত্ব করার মাধ্যমে নিজের ভাবাবেগের দ্বারা প্রভাবিত না হয়ে আপনি একটি শান্তিপূর্ণ এবং লক্ষ্যভিত্তিক জীবনে উপনীত হতে পারেন।

বাস্তবে এই পদ্ধতি কীভাবে কার্যকরী হতে পারে

একবার ভেবে দেখুন এই পদ্ধতি আপনার জীবনের বিভিন্ন পরিসরে কীভাবে প্রযোজ্য হতে পারে। ধরে নেওয়া যাক, আপনি নিজের কর্মস্থানে একটি বৈঠকে ব্যস্ত রয়েছেন এবং আপনার মাথায় এমন একটি ধারণার উদ্ভব হয়েছে যার সম্পর্কে আপনি যারপরনাই উচ্ছ্বসিত। সেই নবাঙ্কুরিত ধারণার নেপথ্যে রয়েছে আপনার সৃষ্টিশীল চিন্তাভাবনা, আপনি জানেন সেটি কতটা সম্ভাবনাময়

হতে পারে। কিন্তু যে মুহূর্তে আপনি সেটির উপস্থাপনা করেন, সেই ঘরে উপস্থিত প্রত্যেকে নির্বাক হয়ে যান। আপনার সহকর্মীরা ভদ্রতাবশত আপনার যুক্তির স্বপক্ষে ইতিবাচকভাবে সম্মতি জানালেও, আপনি কিছু বুঝে ওঠার আগেই তাঁরা সেটি নিয়ে পর্যালোচনার পরিবর্তে পরবর্তী বক্তার দিকে সম্পূর্ণ মনোনিবেশ করেন। আপনার মনে হয় সেই ঘরে আপনার আর কোনো অস্তিত্বই নেই। আপনি নিজের ধারণাটিকে কাটাছেঁড়া শুরু করেন, এবং বিব্রতভাবে ভাবতে থাকেন আপনার উপস্থাপনার ক্ষেত্রে কোথায় গলদ ছিল অথবা সেটি কি আরো উচ্চগ্রামে, আরো প্রাঞ্জলভাবে বলার প্রয়োজন ছিল?

আপনি এই গোষ্ঠীবদ্ধ প্রত্যাখ্যানের ফলে হয় সম্পূর্ণভাবে বিধ্বস্ত হয়ে পড়তে পারেন, অথবা স্বল্প বিরতির পরে উচ্চারণ করতে পারেন সেই দুটি সাধারণ শব্দ—লেট দেম অথবা ওদের করতে দিন। আপনার ধারণাকে ওঁদের বাতিল করতে দিন। ওঁদের অন্য কোনো ধারণাকে অবলম্বন করে এগিয়ে যেতে দিন। ওঁদের এই শীতল প্রতিক্রিয়া আপনার ধারণার সঠিক মূল্য নির্ধারণ করতে পারে না। একজন প্রতিশ্রুতিমান অবদানকারী হিসেবে আপনার এই ধারণার মূল্য কখনোই পরিবর্তিত হতে পারে না। সেই মুহূর্তে তাঁরা হয়তো অন্য কোনো পরিকল্পনাকে উৎকৃষ্টতর হিসেবে গ্রহণ করেছেন, কিন্তু তার অর্থ এই নয় যে আপনার ধারণাটি নিতান্তই অবান্তর ছিল। আপনি এখনো সেই ব্যক্তি, যাঁর সামগ্রিক প্রতিভা এবং সফল হওয়ার সদিচ্ছা একই জায়গায় অবস্থান করছে, এবং আপনার তরফ থেকে উপস্থাপিত সেই পরামর্শটি তার প্রত্যক্ষ প্রমাণ বিশেষ!

ডেটিং এর ক্ষেত্রেও অনুরূপ ঘটনা অসম্ভব নয়। আপনি হয়তো বেশ কিছু দিন ধরে বিশেষ কোনো ব্যক্তির সঙ্গে মেসেজের মাধ্যমে কথোপকথনে লিপ্ত রয়েছেন এবং আপনার মনে হয়েছে পরিস্থিতি একটি ইতিবাচক সম্ভাবনার দিকে গড়াচ্ছে। কিন্তু তারপরে, কোনো পূর্বাভাস ছাড়াই সেই ব্যক্তি সম্পূর্ণভাবে নিস্তব্ধ হয়ে যান। তাঁর দিক থেকে না আসে কোনো প্রত্যুত্তর, না কোনো জবাবদিহি। স্বভাবতই আপনি মর্মাহত হয়ে পড়েন, তাই না? আপনি আকাশপাতাল ভাবতে শুরু করেন যে কোথায় আপনার ভুল হল, প্রতিটি কথোপকথন বারবার পড়ে দেখতে ব্যগ্র হয়ে পড়েন, মরিয়া হয়ে খুঁজে বার করার চেষ্টা করতে থাকেন ঠিক কোন পরিস্থিতিতে আপনাদের ক্রমশ দানা বাঁধতে থাকা সম্পর্কের সূত্রটি বরাবরের জন্য বিচ্ছিন্ন হয়ে গেল। প্রতিনিয়ত সেই ব্যক্তিকে বারবার মেসেজ করতে আপনি প্রলোভিত হবেন, আবার নতুন করে সেই সম্পর্ক স্থাপন করার জন্য আপনি প্রাণপণ প্রচেষ্টা চালিয়ে যেতে বাধ্য হবেন। এই ঘটনার অভিজ্ঞতা ইতিমধ্যেই আমি নিজের জীবন থেকে সংগ্রহ করেছি।

ঠিক এই পরিস্থিতিতেই লেট দেম অর্থাৎ ওদের করতে দিন এর পদ্ধতির আত্মপ্রকাশ ঘটে। ওঁদের আসল পরিচয় আপনার সামনে উন্মোচিত হতে দিন। আপনার প্রতি ওঁদের অশ্রদ্ধা আপনার সম্পর্কে কিছুই বলার ক্ষমতা রাখে না। এই পরিস্থিতিতে আপনার প্রতিক্রিয়াই আপনার পক্ষে কথা বলে। তাঁরা কেন আপনার সঙ্গে এই ব্যবহার করছেন, এই সম্পর্কে আপনি কখনোই বিচলিত হবেন না। মোদ্দা কথা হল, কেন আপনি এমন কারো সঙ্গে সম্পর্ক স্থাপন করবেন, যিনি আপনার সঙ্গে এই ব্যবহার করছেন? জীবনে এমন কোনো ব্যক্তিকে অনুসরণ করে নিজের শক্তির অপব্যয় করবেন না, যিনি ইতিমধ্যেই আপনাকে পরিত্যাগ করেছেন।

আপনার পক্ষে যেসব পরিস্থিতি নিয়ন্ত্রণ করা সম্ভব, আপনাকে সেগুলিতে মনঃসংযোগ করতে হবে: নিজের যাবতীয় ভাবাবেগকে নিয়ন্ত্রণ করে নিজেকে মনে করাতে হবে যে আপনার জীবনে সেই মানুষটিই আসল, যিনি আপনার প্রতি যোগ্য সম্মান প্রদর্শন করেন।

উপরোক্ত দুই পরিস্থিতির ক্ষেত্রে—আপনার কর্মস্থান, পারস্পরিক সম্পর্কের ক্ষেত্রে অথবা অন্য যে কোনো পরিসরে—লেট দেম অথবা ওদের করতে দাও শব্দগুলি উচ্চারণ করার সঙ্গে সঙ্গেই, কোন পরিস্থিতি আপনার নিয়ন্ত্রণে আর কোনটি নয়, তা আপনার পক্ষে আলাদা করে বেছে নেওয়া সম্ভব হবে। অবান্তর চিন্তাভাবনার বশবর্তী হয়ে বিভ্রান্ত হওয়ার পরিবর্তে, আপনি সেই পরিস্থিতি থেকে নিজেকে সরিয়ে নিয়ে নিজের জীবনের ভারসাম্য বজায় রাখার চেষ্টা করতে পারবেন। আমি আপনাদের আগেই বলেছি, আপনি নিজের পারিপার্শ্বিকের মানুষজনের ক্ষমতার বশবর্তী হয়ে কখনোই থাকবেন না, যদি না ইতিমধ্যেই সেই ক্ষমতার রাশ আপনি তাঁদের হাতে তুলে দেওয়ার ব্যবস্থা করে থাকেন। দৈনন্দিন জীবনে আপনি যতবার লেট দেম অর্থাৎ ওদের করতে দিন শব্দগুলির শরণাগত হবেন, ততবার নিজের অজান্তেই আপনি সেই ক্ষমতা তাঁদের হাত থেকে ফিরিয়ে নেওয়ার ব্যবস্থা করবেন।

আসুন, আরামকেদারায় বসে ফোন ঘাঁটার সময়ে আমার সঙ্গে ঘটে যাওয়া সেই নির্দিষ্ট পরিস্থিতির কথাই ধরা যাক। আমার বন্ধুবান্ধবরা যে আমাকে দল থেকে বাদ দিয়ে ছুটি কাটাতে গিয়েছিলেন, সেই ঘটনা সম্পর্কে আমি একেবারেই অবগত ছিলাম না। যে মুহূর্তে তাঁদের একত্রে ছুটির কাটানোর ছবিগুলি আমার নজরে পড়ে, তৎক্ষণাৎ আমার মনে বিরূপ প্রতিক্রিয়া শুরু হয়। আমি মারাত্মকভাবে আবেগপ্রবণ হয়ে পড়ি। আমি নিরাপত্তার অভাব বোধ করতে শুরু করি। প্রত্যাখ্যানের নিষ্ঠুর আঘাতে আমি মর্মাহত হয়ে পড়ি। আমি উপলব্ধি করি যে বন্ধুরা আমাকে নিজেদের সমকক্ষ আর ভাবছেন না। এরপর আমার উর্বর মস্তিষ্ক আগ বাড়িয়ে এই সিদ্ধান্তে আসে যে, নিশ্চয় আমি তাঁদের বিরুদ্ধে কোনো অপ্রীতিকর কাজ করেছি, যার ফলে এই প্রত্যাখ্যান। এই চিন্তাধারা স্বভাবতই আমাকে আরো মর্মাহত করে তোলে।

আসল কথা হল, এই অবস্থার জন্য একমাত্র আমিই দায়ী। আমার এই মানসিক অবস্থার জন্য আমার বান্ধবীরা কখনোই দায়ী নন। তাঁরা স্রেফ নিজেদের মতো করে জীবনযাপনে ব্যস্ত ছিলেন। তাঁরা নিজেদের পরিবারের সদস্যদের কাছ থেকে এই ছুটি কাটাতে যাওয়ার অনুমতি পেয়েছিলেন। নিজেদের ইচ্ছে অনুসারে অন্যান্যদের সঙ্গে উইকএন্ডে ছুটি কাটাতে যাওয়ার পরিকল্পনার ক্ষেত্রে তাঁরা কোনোপ্রকার বাধা নিষেধের সম্মুখীন হননি। কিন্তু তাঁদের এই ছুটি কাটাবার ক্ষেত্রে আমার স্বভাবসিদ্ধ প্রতিক্রিয়ার ফলে আমি রীতিমতো মর্মাহত হয়েছিলাম।

এই ধরনের পরিস্থিতি আমাদের জীবনে এতটাই গুরুত্বপূর্ণ যে এই প্রসঙ্গ নিয়ে আমি আপনাদের সঙ্গে খোলাখুলিভাবে এবং বিশদে আলোচনা করতে আগ্রহী। এক্ষেত্রে আমরা যে কোনো খেলার মাঠে বাচ্চাদের খেলনা ঢেঁকির উদাহরণ ব্যবহার করব, যার সাহায্যে আমরা বলতে পারি যে আপনার এবং আপনার পারিপার্শ্বিকের মানুষজনের মধ্যে সামগ্রিক ক্ষমতার ভারসাম্যের কীরকম টানাপোড়েন চলতে থাকে, এবং যখন এই বিশেষ পরিস্থিতির উদ্ভব হয়, তখন আমরা কীভাবে দ্য লেট দেম থিওরি অথবা ওদের করতে দিন এর পদ্ধতির প্রয়োগ করতে পারি।

যখন কোনো ব্যক্তি নির্দিষ্ট কোনো অনুষ্ঠানের আয়োজন করেন (যেমন আপনাকে বাদ রেখে একটি নির্দিষ্ট পরিকল্পনা বিশেষ), তার পরিপ্রেক্ষিতে আপনার প্রতিক্রিয়া একরকমই হতে পারে—ইতিবাচক অথবা নেতিবাচক। আপনার প্রতিক্রিয়া নেতিবাচক হলে—নিজের প্রবল ভাবাবেগ এবং আত্ম-ধ্বংসাত্মক চিন্তাভাবনা আপনাকে পেড়ে ফেলতে পারে। এই প্রতিক্রিয়ার ফলে আপনার এবং অন্যান্যদের মধ্যে ক্ষমতার ভারসাম্যের টানাপোড়েনে তুলাদণ্ডের পরিমাপে তারতম্য ঘটাই স্বাভাবিক।

যে মুহূর্তে আমি অনলাইনে সেই নির্দিষ্ট ছবিগুলি দেখি, আমার মানসিক প্রতিক্রিয়া কী হয়েছিল তা এই ছবিগুলির মাধ্যমে আপনাদের বোঝাবার চেষ্টা করা হয়েছে।

১) যখন লেট দেম পদ্ধতির প্রয়োগ করা হয়নি

হীনমন্যতা
ঈর্ষাপরায়ণতা
নিরাপত্তাহীনতা
সমাজ বহির্ভূত
অনুপযুক্ত

আমার মানসিক অবসাদের আসল কারণ কী ছিল? আমার নেতিবাচক চিন্তাধারা।

যখনই আপনি পারিপার্শ্বিকের মানুষজনের আপেক্ষিক চিন্তাধারা, তাঁদের যাবতীয় কর্মকাণ্ড এবং ভাবাবেগকে অগ্রাধিকার দিয়ে, সেগুলির ভিত্তিতে আত্মসমালোচনায় মগ্ন হন, নিজের সম্পর্কে এই সিদ্ধান্তে উপনীত হন যে আপনি আদতে একজন খারাপ মানুষ অথবা আপনি নিশ্চয় কোনো ভুল করেছেন, সেই মুহূর্তেই আপনি সামগ্রিক ক্ষমতার রাশ নিঃশর্তে তাঁদের হাতে তুলে দেওয়ার ব্যবস্থা করে ফেলেন। তখনই আপনাদের পারস্পরিক সম্পর্কের সার্বিক গতিশীলতা এবং ভারসাম্যের তারতম্য ঘটে যায় এবং আপনি তাঁদের ধ্যানধারণার বশবর্তী হয়ে পড়েন।

যে মুহূর্তে আমি ভাবতে শুরু করেছিলাম যে আমি নির্ঘাত কোনো ভুল করে ফেলেছি, আমার ক্ষেত্রেও সেই একই ঘটনা ঘটেছিল। আমার মনে হয়েছিল আমি তাঁদের তুলনায় অত্যন্ত নগণ্য, ঈর্ষাপরায়ণ, নিরাপত্তাহীন, প্রত্যাখ্যাত এবং অসম। এই ধরনের চিন্তাভাবনা ও ভাবাবেগ আমাদের মানসিক শক্তিকে রীতিমতো পর্যুদস্ত করে ফেলতে পারে।

লেট দেম অথবা ওদের করতে দিন এর শরণাগত হলে আপনার পক্ষে নেতিবাচক চিন্তাধারার এই পাহাড়প্রমাণ গুরুভার থেকে মুক্তিলাভ করা সম্ভব। এ যেন সেই মাঠের খেলনা ঢেঁকিতে চেপে মাটিতে পা ঠুকে উপরে উঠে যাওয়ার অনুরূপ ঘটনা। এক্ষেত্রে আপনি মাটি ছেড়ে শূন্যে ওঠেন, অন্যদিকে আপনার বন্ধুরা মাটির কাছাকাছি নেমে যান। এইভাবেই ক্ষমতার গতিশীলতার এবং ভারসাম্যের পরিবর্তন ঘটে চলে।

২) লেট দেম শব্দের সাহায্য নেওয়ার পরে

শ্রেষ্ঠত্ব
বিচ্ছিন্নতা
অহেতুক নিয়ন্ত্রণের প্রচেষ্টা
পরিস্থিতির মীমাংসা

পারিপার্শ্বিকের মানুষজন অথবা বিভিন্ন প্রতিকূল পরিস্থিতি, যা বর্তমানে আপনার জীবনকে দুর্বিষহ করে তুলেছে, তার থেকে বরাবরের জন্য নিষ্কৃতি লাভ করার মতো সুখ আর কিছুতেই নেই। এই কারণেই মানুষ লেট দেম শব্দগুলির প্রয়োগ করতে ভালোবাসেন, কারণ এর সাহায্যে যখন আপনি জীবনের যাবতীয় সমস্যা কাটিয়ে উঠতে পারবেন, তখন এতদিনের সেই ঠুনকো শ্রেষ্ঠত্বের গরিমা ও ঔদ্ধত্যপূর্ণ আত্মবিশ্বাসের আসল চেহারাটি অনুভব করা সম্ভব হবে। আপনি সেই পাহাড়প্রমাণ ভাবাবেগের ওজন ঠেলে স্বাধীনভাবে উঠে দাঁড়াতে সক্ষম হবেন। এই পরিস্থিতিতে আপনি স্বভাবতই অন্যান্যদের তুলনায় ভালোভাবে জীবনযাপন করতে পারবেন। অন্যান্যদের তুলনায় নিজের জ্ঞানের পরিধি আবিষ্কার করতে পারবেন, এবং সর্বোপরি বুঝবেন, কেন আপনার পক্ষে যাবতীয় অপ্রয়োজনীয় পরিস্থিতি থেকে নিজেকে সরিয়ে নেওয়ার কাজটি অপেক্ষাকৃত সহজ বলে মনে হয়।

ভাবাবেগের স্রোত যখন আপনাকে চালিত করে, তখন এই আপেক্ষিক শ্রেষ্ঠত্বের অনুভূতি আপনাকে জীবনে এগিয়ে যেতে সাহায্য করবে। পারিপার্শ্বিকের মানুষজনের উপর সেই অস্থায়ী কর্তৃত্ব আপনাকে জীবনের ক্ষেত্রে কয়েক পা এগিয়ে দেবে, প্রতিনিয়ত ঘটে চলা ঘটনাপ্রবাহকে স্বীকৃতি প্রদান করে আপনি আনন্দে থাকবেন, এবং নিজের মতো করে জীবনের যাবতীয় হতাশা এবং যন্ত্রণাদায়ক অভিজ্ঞতার বিরুদ্ধে যুযুধান থাকবেন।

যে বন্ধু আপনাকে ঘুরিয়ে ফোন করার প্রয়োজন পর্যন্ত মনে করেন না, আপনি স্বভাবতই তাঁর চাইতে ভালো থাকবেন, কিংবা সেই অলস সঙ্গীর তুলনায় আপনি ভালো থাকবেন যিনি নিজের এঁটো বাসনপত্র ধুয়ে ফেলার প্রয়োজন পর্যন্ত বোধ করেন না, কিংবা সেই তিরিক্ষে মেজাজের ক্রেতার চাইতে ভালো থাকবেন, যিনি কর্মক্ষেত্রে প্রতিনিয়ত আপনাকে তিতিবিরক্ত করে মারেন।

কিন্তু ততক্ষণে, লেট দেম অর্থাৎ ওদের করতে দিন এর পদ্ধতির কার্যকারিতার মেয়াদ শেষ হয়ে গিয়েছে।

সেই মুহূর্তে আপনার মনে একটি নতুন চিন্তার উৎপত্তি হবে...এবার আমার কী করণীয়? সেই সময়ে যেহেতু আপনি পারিপার্শ্বিকের মানুষজনের তুলনায় অপেক্ষাকৃত উন্নততর পরিস্থিতিতে বিদ্যমান, অন্যান্যদের ভিড়েও আপনি কিছুটা একাকিত্ব অনুভব করতে পারেন। আমি নিজেও যখন প্রথম প্রথম লেট দেম অর্থাৎ ওদের করতে দিন এর প্রয়োগ শুরু করি,

পরবর্তী পদক্ষেপ সম্পর্কে আমিও একেবারেই ওয়াকিবহাল ছিলাম না। বারবার ওই শব্দগুলিকে নিজের জীবনে প্রয়োগ করার ফলে শ্রেষ্ঠত্বের স্বাদ পেতে আমারও ভালোই লাগত, এবং যাবতীয় ভাবাবেগ থেকে নিজেকে বিচ্ছিন্ন করে নিতে আমি ভীষণ পছন্দ করতাম। এই পর্যন্ত নিজেকে টেনে নিয়ে আসতে আমার কোনো সমস্যাই হয়নি। কিন্তু সেই মুহূর্তে আমি জানতাম না যে আমার পরবর্তী পদক্ষেপ কী হতে চলেছে।

এটিই হল জীবনের প্রতিটি ক্ষেত্রে লেট দেম অথবা ওদের করতে দিন এর শরণাপন্ন হওয়ার খারাপ দিক: আপনি যদি জীবনের প্রতিটি পরিসরেই লেট দেম, লেট দেম, লেট দেম এর শরণাপন্ন হন, সেক্ষেত্রে আপনি সম্পূর্ণভাবেই একঘরে হয়ে যেতে বাধ্য। এই পদ্ধতি তখন সম্পূর্ণ বিপরীত পথে হেঁটে জাগতিক সমস্ত কিছু থেকে বিচ্ছিন্ন করে ফেলে আপনাকে জড়ভরতে রূপান্তরিত করবে।

আমি যখন আরামকেদারায় বসে সেই কঠিন পরিস্থিতির মোকাবিলা করার প্রাণপণ চেষ্টা চালিয়ে যাচ্ছিলাম, আমার পুরোনো সত্তাও আমাকে সেই পথেই হাঁটতে বাধ্য করছিল। আজও চিন্তা করি—আমি যদি সেই লেট দেম অর্থাৎ ওদের করতে দাও এর অংশেই থেমে যেতাম—তাহলে নিজেকে শ্রেষ্ঠতম হিসেবে ধরে নিয়ে আমি সম্পূর্ণভাবে একঘরে হয়ে পড়তাম। জীবনে আমার আর কারো কাছে পৌঁছোবার উপায় থাকত না। আমি হয়তো সবার চোখের অন্তরালে থেকে পরনিন্দা ও পরচর্চায় নিজেকে ডুবিয়ে রাখতাম, অন্যান্য বন্ধুদের কাছ থেকে নিরাপত্তা ভিক্ষা করে বেড়াতাম, এবং আমার পুরোনো বান্ধবীদের সঙ্গে কখনো দেখা হলে নিদারুণ অস্বস্তিতে জেরবার হয়ে পড়তাম। কিন্তু এই মানুষগুলিই যে আমার জীবনের প্রথম পছন্দ এবং আমি সবসময়ই চাইতাম নিজের নাম তাঁদের বন্ধুতালিকায় জ্বলজ্বল করুক!

আমি চাইব আপনারা কিছুক্ষণের জন্যে থেমে এমন একটি পরিস্থিতির কথা তলিয়ে ভাবার চেষ্টা করুন, যখন নিজের চোখের সামনে আপনি দেখছেন যে নিজের নিকট বন্ধুবান্ধবরা আপনাকে ছাড়াই বিভিন্ন জায়গায় একত্রে ঘুরতে যাচ্ছেন অথবা দল বেঁধে এমন কোনো কাজ করছেন যেখানে আপনার কোনো প্রবেশাধিকার নেই। এই ধরনের ঘটনা যখন নিজের চোখের সামনে ঘটতে দেখা যায়, আপনি স্বভাবতই মর্মাহত হন। প্রত্যাখ্যানের যন্ত্রণার কোনো তুলনা হয় না। আপনি সবসময়েই চাইবেন বন্ধুদের সঙ্গে গলফের প্রতিযোগিতায় যেতে। প্রতিযোগিতা উপভোগ করতে অন্যান্যদের সঙ্গে আমন্ত্রিত হওয়ার আশায় আপনি উদগ্রীব হয়ে থাকবেন। উইকএন্ডের ছুটিতে আপনি সবার সঙ্গে হইহুল্লোড়ে মেতে উঠবেন। আপনার অন্তরঙ্গ সহকর্মীদের সঙ্গে আপনি প্রায়শই কোনো পানশালায় গিয়ে চুটিয়ে আনন্দ করতে চাইবেন। আপনি চাইবেন সর্বদাই নিজের নিকট বন্ধুবান্ধবদের সঙ্গে হাসি মশকরায় বুঁদ হয়ে থাকতে।

আমিও চাই আপনারা যাতে এইভাবেই আনন্দ আহ্লাদের মাধ্যমে জীবনযাপন করতে সক্ষম হন। তাই আমি আপনাদের একটি প্রশ্ন করতে চাই: মানসিকভাবে শ্রেষ্ঠতর জায়গায় অধিষ্ঠান করলে আপনার পক্ষে কী এই ধরণের সৌহার্দ্য বজায় রাখা সম্ভব হতে পারে? এ কখনোই সম্ভব নয়।

লেট দেম অথবা ওদের করতে দিন এর শরণাপন্ন হলে আপনি নিজস্ব মানসিক যন্ত্রণা এবং আঘাতের কবল থেকে মুক্তি পেতে পারেন...কিন্তু অবশ্যই সাময়িকভাবে। পারিপার্শ্বিকের

মানুষজনের ঘাড়ে সব দোষ চাপিয়ে দিয়ে তাঁদের তুলনায় ভালো থাকার অনুভূতিটুকুই আপনি উপভোগ করতে পারেন।

কিন্তু একজন প্রকৃত বন্ধু হিসেবে আমি আপনাদের সাবধান করতে চাই যে, আপনারা যদি শুধুমাত্র লেট দেম অর্থাৎ ওদের করতে দিন এর ছত্রছায়ায় থেকে জীবনযাপন করতে ইচ্ছুক থাকেন, তাহলে সেই জীবনে অগণিত বন্ধুবান্ধবের সাহচর্য থাকবে না, থাকবে না কোনো সামাজিক পরিকল্পনার ইন্ধন, এবং আপনি অচিরেই দুশ্চিন্তাগ্রস্ত হয়ে পড়বেন কেন আপনার জীবনের ক্ষেত্রে এই অসাধারণ পদ্ধতিটি 'কার্যকরী হচ্ছে না।'

যখন আমি প্রথমবার এই নির্দিষ্ট পদ্ধতি নিয়ে নিজের গবেষণা শুরু করি, তখন এই সূত্রের উপর ভিত্তি করে আমি আরো একটি উল্লেখযোগ্য আবিষ্কার করতে সমর্থ হয়েছিলাম। লেট দেম অথবা ওদের করতে দিন হল এই সমীকরণের প্রথম অর্ধাংশ মাত্র। আপনাকে এই জায়গায় থেমে থাকলে চলবে না। এই সমীকরণের একটি দ্বিতীয়, অত্যন্ত জটিল অংশ বর্তমান—লেট মি অথবা আমাকে করতে দিন।

আপনার অন্তর্নিহিত ক্ষমতার আসল উৎস পারিপার্শ্বিকের মানুষজনের জীবন ও সমস্যার মোকাবিলা করা নয়; এর আসল উৎস লুকিয়ে থাকে আপনার যাবতীয় প্রতিক্রিয়ার মধ্যে। যখন আপনি বলেন লেট মি অর্থাৎ আমাকে করতে দিন, আপনি সেই সুপ্ত ক্ষমতার সাহায্যে পরবর্তীতে নিজের করণীয় কাজ, নিজের চিন্তাধারা এবং নিজের বক্তব্যের সম্পূর্ণ দায়িত্বভার নিজের কাঁধে তুলে নেন। লেট মি অথবা আমাকে করতে দিন এর পদ্ধতি আপনাকে উপলব্ধি করতে সাহায্য করে যে—পরবর্তী সময়ে যা যা ঘটতে চলেছে তার সম্পূর্ণ নিয়ন্ত্রণ আপনার হাতে রয়েছে। আপনি যখন নিজের শ্রেষ্ঠত্বের গরিমায় সন্তুষ্ট অবস্থায় একাকী বসে থাকবেন না, তখনই আপনার জীবন হয়ে উঠবে অনাবিল আনন্দে পরিপূর্ণ।

লেট মি অথবা আমাকে করতে দিন হল সবচেয়ে শক্তিশালী পদক্ষেপ

এই পদ্ধতি আপনাদের জীবনে তখনই সম্পূর্ণভাবে কার্যকর হবে, যখন আপনারা এই সমীকরণের দুটি অংশই একত্রে উচ্চারণ করবেন। যখন আপনারা শুধুমাত্র লেট দেম অথবা ওদের করতে দিন বলছেন, আপনি একটি স্বয়ংসম্পূর্ণ সিদ্ধান্ত নিচ্ছেন যাতে অন্যান্য মানুষের সামগ্রিক ব্যবহার ও সমস্যা যেন আপনার দুশ্চিন্তার কারণ হয়ে না দাঁড়ায়। কিন্তু আপনারা যখন লেট মি অথবা আমাকে করতে দিন বলছেন, পরবর্তীতে আপনি কী করতে চলেছেন তার সম্পূর্ণ দায়িত্বভার আপনি নিজের কাঁধে তুলে নিচ্ছেন।

লেট মি অথবা আমাকে করতে দিন এর পদ্ধতির ক্ষেত্রে আমার সবচেয়ে পছন্দসই ব্যাপারটি হল, এটি তৎক্ষণাৎ আপনাকে বলে দেবে কোন কোন পরিস্থিতি আপনার পক্ষে নিয়ন্ত্রণ করা সম্ভব। নিজের জীবনের ক্ষেত্রে আপনার পক্ষে বিভিন্ন পরিস্থিতির নিয়ন্ত্রণ সম্ভব: যেমন, আপনার মনোভাব...ব্যবহারিক বৈশিষ্ট্য...মূল্যায়ন করার ক্ষমতা, আপনার প্রয়োজন,

আপনার আকাঙ্খা, এবং সম্প্রতি ঘটে যাওয়া ঘটনার পরিপ্রেক্ষিতে আপনি কী করতে চান ইত্যাদি।

এটি হল বিচার বিবেচনার সামগ্রিক প্রক্রিয়ার সম্পূর্ণ বিপরীতার্থক। লেট মি অথবা আমাকে করতে দিন হল নিজের অবগতি, সহমর্মিতা, নিজের শক্তিবর্ধন করা এবং ব্যক্তিগত দায়িত্বভার নিজের কাঁধে তুলে নেওয়ার প্রণালী সম্বলিত সামগ্রিক একটি প্রক্রিয়া।

যে বান্ধবীরা আপনাকে প্রত্যাখ্যান করেছিলেন তাঁরা কখনোই আপনার তুলনায় শ্রেষ্ঠতর নন। একইভাবে, আপনিও তাঁদের চাইতে উৎকৃষ্টতর নন।

এগুলিই হল দ্য লেট দেম থিওরির মূলমন্ত্র: লেট দেম অর্থাৎ ওদের করতে দিন এবং লেট মি অর্থাৎ আমাকে করতে দিন।

যতই আপনি নিজের পারিপার্শ্বিকের মানুষজনকে নিজের মতো করে জীবনযাপন করতে দেবেন, আপনার জীবন ততই সুন্দর ও আনন্দময় হয়ে উঠবে। নিয়ন্ত্রণের ক্ষমতা যত বেশি করে আপনি অন্যান্যদের হাতে তুলে দেবেন, আপনার জীবন ততই সুখকর হয়ে উঠবে।

দ্য লেট দেম থিওরি অর্থাৎ ওদের করতে দিন এর পদ্ধতি কখনোই নিজের জীবনে শ্রেষ্ঠত্ব অন্বেষণের অনুষঙ্গ নয়। এটি আপনার জীবনের ভারসাম্য বজায় রাখে। এটি একই সঙ্গে আপনার এবং অন্যান্যদের শান্তিপূর্ণ সহাবস্থানের ব্যবস্থা করতে পারে। এই পদ্ধতি প্রয়োগের মাধ্যমে আপনি অন্যান্যদের প্রয়োজনীয় স্থান সংকুলান করার পাশাপাশি তাঁদের নিজেদের মতো জীবনযাপন করার সুযোগ করে দিতে পারেন এবং সেই সুযোগের সদ্ব্যবহার আপনি নিজের জীবনেও সম্পূর্ণভাবে করতে পারেন।

৩) লেট মি শব্দের সাহায্য নেওয়ার পরে

গ্রহণযোগ্যতা
পরিস্থিতির বোঝাপড়া
সহানুভূতিশীলতা
দায়বদ্ধতা
সঠিক নিয়ন্ত্রণ

আমার বন্ধুদের সেই উইকএন্ডে ছুটি কাটানোর ঘটনার সময় নিজেকে শান্ত করার জন্য সর্বপ্রথম আমি লেট দেম অথবা ওদের করতে দাও এর শরণাপন্ন হয়েছিলাম, যা আমাকে সেই পরিস্থিতির মোকাবিলা করতে এবং মানসিক আঘাত সামলে উঠতে সাহায্য করেছিল। এই পদ্ধতির প্রয়োগে আমি নিজেকে নিজের প্রবল ভাবাবেগ থেকে বিচ্ছিন্ন করতে সক্ষম হয়েছিলাম। এটিই ছিল আমার নেওয়া প্রথম পদক্ষেপ, কারণ আবেগতাড়িত অবস্থায় নিজের বন্ধুদের দোষারোপ করা কিংবা নিজেকে শাপশাপান্ত করার মাধ্যমে, আমাদের বন্ধুত্বের উন্নতিসাধন সম্ভব ছিল না।

মানসিকভাবে সাময়িক শ্রেষ্ঠত্বে উন্নীত হয়ে আমি মানসিক শান্তি লাভ করেছিলাম এবং আমার অবস্থান থেকে সেই নির্দিষ্ট পরিস্থিতিকে বিচার বিবেচনা করার সুযোগ পেয়েছিলাম। যতবার আমি লেট দেম অথবা ওদের করতে দাও শব্দগুলি উচ্চারণ করি, ততবারই আমার মনের পরিধি বৃদ্ধি পেতে থাকে এবং যতই আমি এই পরিস্থিতিতে পুঙ্খানুপুঙ্খভাবে নিজের অবস্থান বিচার করার সুযোগ পাচ্ছিলাম, ততই পরবর্তীতে আমার কী করা উচিত, তার একটি পরিষ্কার রেখাচিত্র নিজের চোখের সামনে পরিষ্কার হয়ে ফুটে উঠছিল।

এই ঘটনার পরে আমি যখন আয়নার সামনে গিয়ে দাঁড়িয়েছিলাম, আমি নিজের মধ্যে অসংখ্য পরিবর্তন লক্ষ করি।

বিগত কয়েক বছর ধরে আমি নিজের কাজে এতটাই ব্যস্ত হয়ে পড়েছিলাম, যে বন্ধুবান্ধবদের সঙ্গে দেখা করার সামান্যতম সুযোগটুকু আমার হয়নি। বহু বছর ধরে সেই বান্ধবীদের নিজের কোনো অনুষ্ঠানে আমন্ত্রণ জানাবার চিন্তাও আমি মাথায় আনিনি। আমার বান্ধবীরা সম্ভবত আমাকে বাদ দেওয়ার কথাই ভাবেননি। আমাকে আমন্ত্রণ জানাবার কথা সম্ভবত তাঁদের মাথাতেও আসেনি। আমার তরফ থেকে যদি তাঁদের কথা ভাবার, নিয়মিতভাবে তাঁদের খোঁজখবর নেওয়ার, অথবা নিজেদের এলাকায় তাঁদের সঙ্গে দেখাসাক্ষাৎ করার কোনো তাগিদ না থেকে থাকে, তবে তাঁরা আমার কথা মাথায় রাখবেন কেন? আমি যদি সত্যি কথা বলার সাহস রাখি, তাহলে বলতে হবে বিগত কয়েক বছরে আমি নিজের জীবনে এতটাই ব্যস্ততার মধ্যে ছিলাম, আমার কর্মক্ষেত্রে, আমার সন্তানদের নিয়ে—যে অনলাইনে মাঝেমধ্যে দু একটা পোস্টে তাঁদের ছবি দেখা ছাড়া, আমার কাছে তাঁদের অস্তিত্বটুকুও ছিল না।

আমার কাছে কারো কোনো আমন্ত্রণ পাওনা নেই। এমন কেউ নেই যিনি বলতে পারবেন যে আমি তাঁকে ফোন করতে ভুলে গিয়েছি। এই ছোট ছোট ঘটনাগুলি অবশ্যই তৃপ্তিদায়ক; এবং সত্যিই সেই সমস্ত বন্ধুরা, যাঁরা নিয়মিতভাবে আপনার খবরাখবর রাখেন তাঁরা আপনার জীবনে একান্তই প্রয়োজনীয়। কিন্তু জীবনভর এই ধরনের বন্ধুত্ব টিকিয়ে রাখার দায়িত্ব আসলে কার? সর্বোপরি, আমাকে নিজের কাছে সৎ থাকতে দিন: আমি কি সত্যিই এই পারস্পরিক সম্পর্কের ক্ষেত্রে নিজের দায়িত্ব পালনে সমর্থ হয়েছি? আমি যখন নিজেকে এই প্রশ্ন করেছিলাম—সরাসরি উত্তর এসেছিল—না, কখনোই না।

আপনি যখন প্রাপ্তবয়স্ক হন, সামাজিক জীবনের সামগ্রিক দায়িত্বভার আপনার উপরেই বর্তায়। নিজের জীবন যদি আনন্দময় করে তুলতে ইচ্ছুক হন, তাহলে আপনাকে আরামকেদারা থেকে নিজেকে ঠেলে তুলে সামাজিক জীবন গড়ে তুলতে হবে (এক্ষেত্রে এই কথা আমি নিজেকেও বলার চেষ্টা করছি)।

পারিপার্শ্বিকের মানুষজন যে প্রতিটি ক্ষেত্রেই আমাকে দলে টেনে নিতে বাধ্য, সেই ভ্রান্ত ধারণা থেকে আমাকে বেরিয়ে আসতে দিন। নিজের জীবনে আমার কী অভীষ্ট লক্ষ্য, তার সম্পূর্ণ দায়িত্ব আমাকে নিজের কাঁধে তুলে নিতে দিন। নিজের জীবনের গভীরতম সমস্যাগুলির সমাধানের প্রতি আমাকে নজর রাখতে দিন। পারিপার্শ্বিকের মানুষজনের সঙ্গে প্রতিনিয়ত যোগাযোগ রাখার ক্ষেত্রে আমাকে সদাব্যস্ত থাকতে দিন। এই সপ্তাহান্তে কোনো অনুষ্ঠানে উপস্থিত থাকার জন্য আমাকে বন্ধুবান্ধবদের আমন্ত্রণ জানাতে দিন। একবারের জন্য আমাকে

একটি পার্টির উদ্যোগ নিতে দিন। নিজের কর্মক্ষেত্রে সমস্ত কাজ আমাকে এমনভাবে সামলাতে দিন যাতে আমার বন্ধুবান্ধবদের জন্য আমার কাছে পর্যাপ্ত সময় অবশিষ্ট থাকে। নিজের সামাজিক জীবন অক্ষুণ্ন রাখার ক্ষেত্রটিতে আমাকে অগ্রাধিকার নিতে দিন, কারণ এটি আমার জীবনে সবচেয়ে গুরুত্বপূর্ণ, এবং এই সামাজিক জীবনকে সঠিকভাবে বজায় রাখা আমার কর্তব্যের মধ্যে পড়ে।

ছবিতে উপস্থিত আমার সেই বন্ধুবান্ধবদের সঙ্গে আমাকে আবার বন্ধুত্ব স্থাপন করার সুযোগ দিন। একেবারে সরাসরি, পরোক্ষভাবে কখনোই নয়। নিজেদের মধ্যে মনোমালিন্য মিটিয়ে নেওয়ার জন্য নয়। তাঁদের পরবর্তী অনুষ্ঠানগুলিতে আমন্ত্রণ পাওয়ার কারণেও নয়। একমাত্র এই কারণে—কোনো সময়ে আমি লেট দেম অথবা ওদের করতে দাও এবং লেট মি অথবা আমাকে করতে দাও এর শরণাপন্ন হয়ে নিজেকে নিজের ভাবাবেগ থেকে সম্পূর্ণভাবে বিচ্ছিন্ন করার চেষ্টা করলেও, আজ আমি মানুষগুলির অধিকাংশকে নিজের জীবনে ভীষণভাবে চাই। তাঁদের সেই অনলাইন পোস্টের মাধ্যমেই আমি উপলব্ধি করতে পেরেছিলাম যে জীবনের অধিকাংশ সময় আমি কাজের ব্যস্ততায় কাটিয়ে দিয়েছি এবং এখন আমি আমাদের সেই পুরোনো বন্ধুত্ব ফিরে পাওয়ার...এবং আরও কিছু মানুষের সঙ্গে পুনরায় যোগাযোগ স্থাপনের জন্য আন্তরিক প্রচেষ্টা করতে চাই।

শুরু করার আগে: দুটি অত্যন্ত গুরুত্বপূর্ণ শর্ত

এই বই নিয়ে গবেষণা করার সময়, আমি বিভিন্ন মানুষ, যাঁরা দ্য লেট দেম থিওরি অথবা ওদের করতে দিন এর এই পদ্ধতি নিজেদের জীবনে ইতিমধ্যেই প্রয়োগ করেছিলেন, তাঁদের পক্ষ থেকে বারবার উঠে আসতে থাকা দুটি অত্যন্ত গুরুত্বপূর্ণ প্রশ্নের সম্মুখীন হয়েছিলাম। এই বইয়ের বিভিন্ন পৃষ্ঠায় ডুব দেওয়ার আগে আসুন, সেই প্রশ্নগুলি আলাদা করে আপনাদের সামনে তুলে ধরা যাক।

প্রথম প্রশ্ন: দ্য লেট দেম থিওরি কি শিশুদের ক্ষেত্রে প্রযোজ্য?

হ্যাঁ, আপনারা সম্পূর্ণ নিশ্চিন্তে দ্য লেট দেম থিওরি অর্থাৎ ওদের করতে দিন এর পদ্ধতি শিশুদের সঙ্গে ভাগ করে নিতে পারেন (অবশ্যই কিছু অত্যন্ত গুরুত্বপূর্ণ সতর্কতা অবলম্বন করার কথা মাথায় রেখে), কিন্তু এই বইয়ের মূল উদ্দেশ্য হল কীভাবে এই পদ্ধতি আপনারা প্রাপ্তবয়স্ক মানুষজনের ক্ষেত্রে প্রয়োগ করতে পারেন। এই বইয়ের প্রতিটি পৃষ্ঠায়, আমি চেষ্টা করেছি প্রাপ্তবয়স্ক এবং শিশুদের সম্পূর্ণ বিপরীত মেরুতে রেখে এই পদ্ধতি আপনাদের সামনে উপস্থাপনা করতে, যাতে কোনোরকম বিভ্রান্তির সৃষ্টি না হয়। যে সমস্ত মানুষ জানতে চাইছেন কীভাবে এই বিশেষ পদ্ধতি তাঁরা শিশু, কিশোর এবং বয়ঃসন্ধিতে পৌঁছে যাওয়া মানুষের ক্ষেত্রে প্রয়োগ করবেন, তাঁদের সুবিধার্থে আমি বইয়ের শেষে পরিশিষ্ট অংশে আলাদা করে একটি নির্দেশিকার অন্তর্ভুক্তি ঘটিয়েছি, যেখানে এই বিষয়ে বিশদে আলোচনা করা হয়েছে।

দ্বিতীয় প্রশ্ন: লেট দেম এর পদ্ধতি প্রয়োগ করার পরে যদি আপনি একাকিত্ব অনুভব করেন, তাহলে কী হবে?

এ এক অত্যন্ত আলোচনাসাপেক্ষ বিষয়। বহু মানুষ আমাকে জানিয়েছেন যে দ্য লেট দেম থিওরি অথবা ওদের করতে দিন এর পদ্ধতি নিজেদের জীবনে প্রয়োগ করার ফলে তাঁরা ইতিমধ্যেই একাকিত্ব অনুভব করতে শুরু করেছেন। এক্ষেত্রে আপনিও যদি তাঁদের সঙ্গে সহমত পোষণ করেন, তাহলে আমি বলতে বাধ্য হবো যে আপনারা সঠিকভাবে এই পদ্ধতির প্রয়োগ করতে অসমর্থ হচ্ছেন। দ্য লেট দেম থিওরি অর্থাৎ ওদের করতে দিন এর পদ্ধতি দুটি গুরুত্বপূর্ণ ভাগে বিভক্ত করা হয়েছে: লেট দেম অর্থাৎ ওদের করতে দিন এবং লেট মি অর্থাৎ আমাকে করতে দিন। এই পদ্ধতির সফল প্রয়োগের ক্ষেত্রে এই দুটি পদক্ষেপ সমান্তরালভাবে চলতে থাকবে। শুধুমাত্র লেট দেম অথবা ওদের করতে দিন বলার পরে থেমে গেলে চলবে না। বহু মানুষ অত্যন্ত গুরুত্বপূর্ণ দ্বিতীয় পদক্ষেপ, লেট মি অর্থাৎ আমাকে করতে দিন, এর কথাটি সম্পর্কে প্রায়শই বিস্মৃত হন।—এটি হল সবচেয়ে বড় ভুল, কারণ লেট মি অথবা আমাকে করতে দিন এর মধ্যেই আপনার অভ্যন্তরীণ শক্তি এবং সামগ্রিক ক্ষমতা অন্তর্নিহিত রয়েছে। লেট মি অথবা আমাকে করতে দিন এর মধ্যে আপনার নিজের জীবনের পরবর্তী পদক্ষেপ, নিজের মতো করে জীবন গড়ে তোলার লক্ষ্য, পারস্পরিক সম্পর্ক স্থাপন করা, এবং পারিপার্শ্বিকের মানুষজনের সঙ্গে আপনার যোগসূত্র স্থাপন করার সামগ্রিক দায়িত্বভার লুকিয়ে রয়েছে। তাই এই নির্দিষ্ট প্রণালীর সঠিক প্রয়োগ না করলে, নিজের সামগ্রিক শক্তিবর্ধন করার পরিবর্তে আপনি স্বভাবতই একাকিত্বে ভুগতে শুরু করবেন।

একজন ঘনিষ্ঠ বন্ধু হিসেবে আপনাদের সাবধান করে দেওয়াকে আমি নিজের কর্তব্য মনে করি যে, আপনারা যদি এই পদ্ধতির প্রয়োগের ক্ষেত্রে শুধুমাত্র লেট দেম অথবা ওদের করতে দিন এর শরণাপন্ন হন, তাহলে আপনার জীবনে অবধারিতভাবে বন্ধুবান্ধবের অভাব বোধ হবে। আপনার কোনো সামাজিক পরিকল্পনা থাকবে না, এবং আপনি চরম বিভ্রান্তিকর অবস্থায় দুশ্চিন্তা করতে শুরু করবেন যে কেন আপনার জন্য এই পদ্ধতি একেবারেই 'কার্যকরী হচ্ছে না।' আমাদের পক্ষে সবসময়েই লেট দেম অথবা ওদের করতে দাও এর বুলি আওড়ানো অপেক্ষাকৃত সহজ মনে হয়, কারণ অন্যান্যদের দোষারোপ করার মাধ্যমে আমরা এক ধরনের আত্মপ্রসাদ বোধ করি। যেমন কিছুক্ষণ আগেই আমরা আলোচনা করেছিলাম যে, যখন আপনারা মানসিকভাবে বিপর্যস্ত হয়ে পড়েন, তখন অন্যান্যদের তুলনায় আপেক্ষিক শ্রেষ্ঠত্বের অনুভূতি আপনাদের কিছুটা সন্তুষ্টি এনে দিতে সক্ষম। যদিও, এই সাময়িক সন্তুষ্টি প্রদান কখনোই এই পদ্ধতির প্রধান উদ্দেশ্য ছিল না।

লেট দেম কখনোই ফোনের জবাব না দেওয়া, কাঁধ ঝাঁকিয়ে 'জানি না তো' বলা, মানসিকভাবে বিপর্যস্ত পরিবারের কোনো সদস্য অথবা বন্ধুবান্ধবকে বোঝানো অথবা সান্ত্বনা দেওয়া, আপনার জন্য ক্ষতিকর পরিস্থিতিতে জোর করে থাকা, কিংবা বৈষম্যমূলক অথবা বিপজ্জনক ব্যবহারকে এড়িয়ে যাওয়া ইত্যাদিকে সমর্থন করে না। পারিপার্শ্বিকের মানুষজনের সঙ্গে বার্তালাপ এড়িয়ে যাওয়া, তাঁদের সান্নিধ্য উপভোগ না করা, যাবতীয় তর্কবিতর্ক এড়িয়ে

চলা, অথবা নিজের জীবনে পারস্পরিক সম্পর্কগুলি থেকে নিজেকে সরিয়ে নেওয়ার অবাধ ছাড়পত্র এই পদ্ধতি কখনোই আপনার হাতে তুলে দেয়নি।

এই পদ্ধতির মূল উদ্দেশ্য কখনোই সমাজে আপনাকে ব্রাত্য এবং নিঃসঙ্গ করে তোলা নয়। এর একমাত্র লক্ষ্য হল আপনার জীবনের প্রতিটি পারস্পরিক সম্পর্ক এবং সামাজিক আদানপ্রদানকে পরিপূর্ণতায় ভরিয়ে তোলা। কখনো যদি আপনার মনে হয় যে এই পদ্ধতির প্রয়োগ আপনাকে একাকিত্বের অসহনীয় বন্ধনে আবদ্ধ করে ফেলছে, তাহলে আমার কথা মনে রাখার চেষ্টা করবেন: আপনি সঠিকভাবে এই পদ্ধতির প্রয়োগে অসমর্থ হয়েছেন। এই পদ্ধতির একমাত্র উদ্দেশ্য হল সর্বতোভাবে আপনার জীবনের উন্নতিসাধন করা, ক্ষতি করা কখনোই নয়। সেই কারণেই আমি আপনাদের বারবার বলতে চাই—নিজের জীবনে প্রতিনিয়ত লেট মি অর্থাৎ আমাকে করতে দিন বলার অভ্যাস করুন। কারণ এই অভূতপূর্ব পদ্ধতির অন্তর্গত এই বিশেষ অংশটিই আপনার জীবনে আমূল পরিবর্তন নিয়ে আসার ক্ষমতা রাখে।

প্রথমবার দ্য লেট দেম থিওরি প্রয়োগ করার সময়, আমি উপলব্ধি করি নিজের আরামকেদারায় একাকী বসে থাকার দায় কীভাবে আমি অন্যান্যদের উপরে চাপিয়ে দিচ্ছি। কিংবা অপরাধবোধে ভোগর জন্য কতবার আমি হ্যাঁ বলছি। অথবা কতবার অন্যদের হতাশ করব না বলে বিভিন্ন রকমের সিদ্ধান্ত নিয়েছি। অথবা কতবার নিজের মানসিক আনন্দ বা শরীরকে অগ্রাধিকার দেওয়ার জন্য ক্লান্তির অজুহাত দিয়েছি।

প্রাপ্তবয়স্ক হওয়ার পর, আপনার জীবনের সন্তুষ্টি, স্বাস্থ্য, উপশম, সামাজিক জীবনধারা, বন্ধুত্ব, জীবনের পরিধি, প্রয়োজন এবং সামগ্রিক সাফল্যের সম্পূর্ণ দায়িত্বভার আপনার উপরেই বর্তায়। আপনি যদি আজ পর্যন্ত মনের গভীরে এমন ধারণা পোষণ করেন যে আচমকা কেউ এসে জীবনের পঙ্কিল আবর্ত থেকে আপনাকে টেনে তুলবে, আপনার যাবতীয় সমস্যার সমাধান করবে, আপনার হয়ে প্রদেয় বিলের অর্থ মিটিয়ে দেবে, আপনার জন্য একটি সুস্থ সামাজিক জীবনের ভিত্তিপ্রস্তর স্থাপন করবে, আপনার শারীরিক ও মানসিক ক্ষতে প্রলেপ লাগিয়ে আপনাকে সুস্থ করে তুলবে, হয়ে উঠবে আপনার স্বপ্নসঙ্গী, এবং জীবনের প্রতিটি পরিসরে আপনাকে উৎসাহ প্রদান করতে থাকবে... জানবেন এটি আপনার অলীক কল্পনা মাত্র। আপনার জীবনে এমন কারো আসার কোনো সম্ভাবনাই নেই। উপরন্তু যে সময়টুকু আপনি অন্যান্যদের দোষারোপ করতে, তাঁদের অনুমতি পাওয়ার জন্য অপেক্ষা করতে অথবা তাঁদের তরফ থেকে আমন্ত্রণ পাওয়ার উদ্দেশ্যে ব্যয় করে এসেছেন, সেটি আপনি আর কখনোই ফিরে পাবেন না। সেই দিনগুলি আপনার জীবন থেকে বরাবরের জন্য মুছে গিয়েছে।

আপনার জীবনে লেট মি অথবা আমাকে করতে দিন এর আমল ইতিমধ্যেই শুরু হয়ে গিয়েছে।

নিজের ব্যস্ত জীবন থেকে কিছুটা মূল্যবান সময় বার করে নিয়ে যদি আপনি নিজের ক্ষমতার সম্পূর্ণ সদ্ব্যবহার করতে প্রস্তুত থাকেন, তাহলে আপনার পক্ষে যে কোনো ধরনের সৃষ্টিই অসম্ভব নয়। এর আসল অর্থ হল—দৈনন্দিন জীবনের বিভিন্ন অপ্রয়োজনীয়, গুরুত্বহীন এবং তুচ্ছ পরিস্থিতিতে অযথা সময় ও শক্তির অপব্যয় আপনাকে সম্পূর্ণভাবে বন্ধ করতে

হবে। অর্থাৎ, আপনাকে সেই সমস্ত পরিস্থিতি নিয়ন্ত্রণের অহেতুক প্রচেষ্টা বন্ধ করতে হবে যা আপনার নিজের ক্ষমতা বহির্ভূত।

এই বইয়ের পরবর্তী অংশে, আমরা আপনার জীবনের অন্তর্বর্তী সেই প্রধান চারটি পরিসরে ডুব দিতে চলেছি, সেখানে দ্য লেট দেম থিওরি অর্থাৎ ওদের করতে দিন এর পদ্ধতি সর্বাত্মকভাবে এক তাৎক্ষণিক এবং ইতিবাচক প্রভাব বিস্তার করতে চলেছে। সেখানে আপনারা শিখবেন কীভাবে পারিপার্শ্বিকের মানুষজনের যাবতীয় ব্যবহারিক বৈশিষ্ট্য, মতবাদ, প্রতিক্রিয়া এবং সাফল্যকে নিজেদের জীবনে প্রবেশাধিকার না দিয়ে, সেগুলিকে নিজেদের উন্নতিসাধনের পথে অন্তরায় হয়ে দাঁড়ানো থেকে বরাবরের জন্য আটকানো সম্ভব। নিজেদের জীবনে লেট দেম অথবা ওদের করতে দিন এর প্রভূত ক্ষমতাকে অনুভব করতে এবং তার প্রয়োগে মানসিক চাপ এবং শান্তি বজায় রাখতে এর চাইতে সহজ ও দ্রুততম পন্থা আর হতে পারে না।

আসুন, শুরু হোক পথ চলা।

আপনি এবং দ্য লেট দেম থিওরি

মানসিক চাপের মোকাবিলা

অন্যান্যদের মতামতকে ভয় করে চলা

অন্যান্য ব্যক্তির আবেগতাড়িত প্রতিক্রিয়ার মোকাবিলা করা

ক্রমাগত তুলনার পরিস্থিতি কাটিয়ে ওঠা

পারিপার্শ্বিকের মানুষকে নিজেদের মতো করে জীবনযাপনে অভ্যস্ত হতে দিলে, আপনি নিজের মতো করে জীবনকে উপভোগ করতে পারবেন।

—মেল রবিন্স

মানসিক চাপের মোকাবিলা

অধ্যায় ৩

অভিঘাত: জীবনে মানসিক চাপ অবশ্যম্ভাবী

দ্য লেট দেম থিওরি অথবা ওদের করতে দিন এর পদ্ধতি প্রয়োগের দ্রুততম এবং কার্যকরী পন্থা হল—দৈনন্দিন জীবনে আপনি যে অফুরন্ত সমস্যার সম্মুখীন হতে থাকেন, সেগুলির সফল সমাধানের মাধ্যমে নিজের জীবনের প্রতিটি ক্ষেত্রে জয়লাভ করা।

আপনারা নিশ্চয় বুঝতে পারছেন আমি ঠিক কোনো ধরনের সমস্যার কথা বলতে চাইছি: আপনার ফোনে প্রতি মুহূর্তে আসতে থাকা নোটিফিকেশনের বন্যা, ইন্টারনেট সংযোগের মন্থরগতি, শেষ মুহূর্তে পূর্বনির্ধারিত পরিকল্পনার আমূল রদবদল, কর্মক্ষেত্রে মিটিং ও সমাবেশের অন্তহীন ব্যস্ততা, অন্যান্য মানুষের বিবেচনাহীন চালচলন ও দুর্ব্যবহার, সুদীর্ঘ পংক্তিতে দাঁড়িয়ে অপেক্ষা, রাস্তাঘাটে শম্বুকগতিতে চলতে থাকা ক্লান্ত পথচারীর দল। এই ধরনের যাবতীয় পরিস্থিতি আপাতদৃষ্টিতে অত্যন্ত নিরীহ বলে মনে হলেও, সেগুলি আপনাদের অবদমিত বিরক্তি ও ক্ষোভের অন্যতম কারণ।

আমি উপলব্ধি করতে পারি যে আশেপাশের মানুষ আপনার বিরক্তির মূল কারণ হয়ে দাঁড়াতে পারেন, এবং হ্যাঁ, আপনার অজস্র কাজ আছে। মানুষের আধুনিক জীবন বর্তমানে এতটাই দুর্বিষহ হয়ে উঠেছে, যে প্রতি মুহূর্তে মনে হয় শরীর জুড়ে হাজার ক্ষত থেকে অবিশ্রান্ত রক্তক্ষরণের ফলে অচিরেই আমাদের মৃত্যু হবে—ক্রমান্বয়ে চলতে থাকা অভিঘাতের ফলে আপনার শক্তিক্ষয় হতে থাকে এবং ক্রমশ আপনি ক্লান্তি ও অবসাদে ডুবে যান।

প্রাপ্তবয়স্ক মানুষজনের বিবেচনাহীন চালচলন নিয়ন্ত্রণের ক্ষমতা আপনার নেই, কিন্তু প্রতিনিয়ত সেই সংক্রান্ত সমস্যা নিয়ে চিন্তাভাবনার জেরে আপনার সহজাত শক্তির ক্ষয় হতে থাকে। দৈনন্দিন জীবনের এই অপ্রয়োজনীয় সমস্যা অথবা অবিবেচক মানুষজনের এই বিভ্রান্তিকর চালচলনের প্রতি দুশ্চিন্তা যদি অনবরত আপনার জীবনীশক্তিকে নিংড়ে নিতে থাকে, আপনি কখনোই নিজের জীবনের সর্বোচ্চ পর্যায়ে পৌঁছোতে পারবেন না।

সময় এবং শক্তি আপনাদের জীবনের অমূল্য পাথেয়, এবং বইয়ের পরবর্তী অধ্যায়গুলিতে আপনারা শিখতে চলেছেন কীভাবে দ্য লেট দেম থিওরি অথবা ওদের করতে দিন এর প্রয়োগে,

পারিপার্শ্বিকের মানুষজনের কারণে উদ্ভূত বিভিন্ন সমস্যা থেকে নিজেদের বাঁচিয়ে রেখে, কীভাবে আপনারা সেই অপ্রয়োজনীয় পরিস্থিতির কবল থেকে বরাবরের জন্য নিষ্কৃতি লাভ করতে পারেন।

ব্যস্ত জীবন থেকে কিছুটা সময় বার করে নিয়ে নিজেদের প্রশ্ন করুন: কফিশপের সামনে বহু মানুষের ভিড়ে অপেক্ষা করার মাধ্যমে একটি গোটা দিন অযথা নষ্ট করার প্রয়োজনীয়তা কোথায়? বহুক্ষণ যানজটে আটকে থাকলে, কেন বারবার আপনি মেজাজ হারান? কেউ আপনার কোনো গুরুত্বপূর্ণ কাজে বিঘ্ন ঘটালে, কী কারণে আপনি তিতিবিরক্ত হয়ে ওঠেন? রাস্তাঘাটে বা হাটেবাজারে যদি কোনো ব্যক্তি নিজের ফোনে উচ্চস্বরে কথা বলতে থাকেন, কেন সেটি আপনার মাথাব্যথার কারণ হয়ে দাঁড়ায়? পরিবারের কোনো সদস্যের অযাচিত পরামর্শকে কেন আপনি ব্যক্তিগত আক্রমণ বলে মনে করেন? জনবহুল রাস্তায় দ্রুতগতিতে হাঁটার সময়, কোনো পথচারীর স্বাভাবিক শ্লথ গতি কেন অকারণেই আপনার চক্ষুশুল হয়ে দাঁড়ায়?

এই সমস্ত ক্ষেত্রে আমার সহজাত প্রতিক্রিয়াও আপনাদের সঙ্গে হুবহু মিলে যায়। মাত্র কয়েকদিন আগের কথা, আমি গার্ডেন সেন্টারে, নিজের জন্য পছন্দসই কিছু গাছ কেনার জন্য গিয়েছিলাম। দেখলাম যে, দোকানের হিসাবরক্ষক শম্বুকগতিতে কাজ করতেই অভ্যস্ত। কাউন্টারে পৌঁছোনোর দুটি লেনেই পাঁচজন করে ক্রেতা আগে থেকেই অপেক্ষারত।

বিপ। বিপ। বিপ।

মাথার মধ্যে বিপদসংকেত বেজে ওঠার পাশাপাশি, ক্রমেই আমার মেজাজের পারদ ঊর্ধ্বমুখী হতে থাকল। একটি গুরুত্বপূর্ণ মিটিং থাকার কারণে, সেদিন বাড়ি ফেরার তাড়া ছিল। ইচ্ছে করছিল আমার পিছনে দাঁড়িয়ে থাকা মানুষটির দিকে ঘুরে গিয়ে, চরম হতাশায় মাথা নেড়ে বলতে, "কী অবস্থা দেখেছেন, এ কি বিশ্বাস করা যায়?"

কিন্তু শেষ মুহূর্তে, আমি নিজেকে সংযত করতে পেরেছিলাম। রাগে ফেটে পড়ার পরিবর্তে আমি লেট দেম অথবা ওদের করতে দিন এর শরণাপন্ন হয়ে হাতেনাতে ফল পেয়েছিলাম। ক্রমেই আমার উদ্বেল হয়ে ওঠা মেজাজ শান্ত হয়ে এসেছিল। কিন্তু এর ফলে সেই হিসাবরক্ষক কি একটু তাড়াতাড়ি কাজ করার চেষ্টা করেছিলেন? না, একেবারেই নয়।

কিন্তু এই পদ্ধতির প্রয়োগে আমি নিজে উপকৃত হয়েছিলাম। দৈনন্দিন জীবনের ক্ষুদ্রাতিক্ষুদ্র ঘটনাগুলিকে কেন্দ্র করে নিজের মানসিক চাপ অযথা বাড়িয়ে তোলার সেই বদ অভ্যাস থেকে, আমি নিজেকে নিরাপদ রাখতে শিখেছিলাম। সেই লাইনে দাঁড়িয়ে কাজ সারতে বাড়তি যে দশ মিনিট অপচয় হওয়ার সম্ভাবনা তৈরি হয়েছিল, তার প্রভাব আমার অবশিষ্ট দিনের প্রেক্ষীতে অতি নগণ্য ছিল। কিন্তু সেই পরিস্থিতিতে আমি যদি বিরক্ত হয়ে রাগে ফেটে পড়তাম, তাহলে সেটি আক্রোশের অসহায় আস্ফালন হত, কারণ সেই পরিস্থিতি নিয়ন্ত্রণ করার কোনো ক্ষমতাই আমার ছিল না। যে সমস্ত পরিস্থিতি নিয়ন্ত্রণ করা একান্তভাবে আপনার সাধ্যের বাইরে, অথবা আপনার জীবনে সেগুলি নিতান্তই গুরুত্বহীন, সেগুলি নিয়ে কেন নিজের মানসিক চাপ এবং উৎকণ্ঠা বাড়িয়ে তুলতে আপনি উদ্যত? এই তুচ্ছাতিতুচ্ছ এবং অপ্রয়োজনীয় পরিস্থিতি কিকোনোভাবে আপনার জীবনকে প্রভাবিত করে?

আপনি যখন পারিপার্শ্বিকের পরিমণ্ডল আপনার ভাবাবেগ এবং মানসিক ভারসাম্যকে সহজে প্রভাবিত করতে থাকে, তখন এই বহিরাগত শক্তি অনায়াসে আপনাকে চালিত করতে থাকে। নিতান্ত ছোটখাটো ঘটনার প্রভাবে আপনার মেজাজে তারতম্য ঘটতে পারে, সুনির্দিষ্ট অনুপ্রেরণার অভাব দেখা দিতে পারে এবং সর্বোপরি, আপনার মনঃসংযোগে চিড় ধরতে পারে। মানুষের সামগ্রিক জীবন সম্পর্কে স্বনামধন্য গ্রীক দার্শনিক এপিকটেটাসের বিশ্ববিখ্যাত উক্তিটি আমি এখানে উদ্ধৃত করব, "জীবনে তোমার সঙ্গে কী হচ্ছে তা মুখ্য নয়, সেই পরিস্থিতিতে তোমার প্রতিক্রিয়া কী, সেটাই মুখ্য।" এই উক্তির মর্মার্থ কী? এর অর্থ, আপনার সামগ্রিক প্রতিক্রিয়াই হল আপনার অন্তর্নিহিত শক্তির মূল আধার।

দৈনন্দিন জীবনে প্রতিনিয়ত আপনার দিকে ধাবিত অজস্র বিরক্তিকর এবং প্রতিকূল পরিস্থিতির বিরুদ্ধে ভিন্নভাবে প্রতিক্রিয়াশীল হতে শেখার মাধ্যমেই আপনার জীবনে আমূল পরিবর্তন সম্ভব। এই মুহূর্তে আপনি অজান্তেই নিজের অন্তর্নিহিত শক্তি ও অমূল্য সময় অপব্যয় করছেন, এমন কিছু পরিস্থিতির মোকাবিলা করতে আপনি উদ্যত হচ্ছেন, যেগুলি আপনার জীবনে একেবারেই গুরুত্বহীন; কিংবা এমন কিছু নিয়ে আপনি নিজের মানসিক চাপ বাড়িয়ে চলেছেন যেগুলির নিয়ন্ত্রণ আপনার ক্ষমতা বহির্ভূত। আপনাদের ধারণাই নেই, এই বিশেষ সমস্যাটি আমাদের জীবনে কতটা বিপজ্জনক হতে পারে। বলা বাহুল্য, সে ধারণা আমারও ছিল না।

আপনার ক্রমবর্ধমান মানসিক চাপকে নিয়ন্ত্রণে রাখার কাজটি অত্যন্ত কঠিন, কারণ পারিপার্শ্বিকে নিরন্তর ঘটে চলা ঘটনাপ্রবাহের বিরুদ্ধে আপনার যাবতীয় প্রতিক্রিয়া সম্পূর্ণভাবেই স্বতন্ত্র, এবং প্রতিটি ক্ষেত্রে ওতপ্রোতভাবে জড়িয়ে পড়ার ক্ষেত্রে আপনি এক অমোঘ আকর্ষণ অনুভব করেন। ভাবাবেগের প্রবল তাড়নায় কাজটি করে ফেলার পরে সম্বিৎ ফিরে পেয়েই, আপনি মেসেজের মাধ্যমে দুঃখপ্রকাশ করতে বাধ্য হন। কিংবা বিশেষ কোনো পরিস্থিতিতে আপনি এমন কোনো বিতর্কিত মন্তব্য করে ফেলেন, যা কখনোই আপনার অভিপ্রায় ছিল না। অথবা বহু মানুষের ভিড়ে একটি দীর্ঘ লাইনে দাঁড়িয়ে থাকার সময়, আপনার অন্তরে ঘনিয়ে আসতে থাকে অপরিসীম বিরক্তি এবং ক্ষোভের ঘনঘটা, কিন্তু সেই প্রবল ভাবাবেগের নিয়ন্ত্রণ করার ক্ষমতা আপনার হাতে নেই।

দৈনন্দিন জীবনে আপনাকে এই ধরনের অসংখ্য বিরক্তিকর এবং অস্বস্তিকর পরিস্থিতির সম্মুখীন হতে হবে, এবং এগুলির মোকাবিলায় আপনার যাবতীয় প্রতিক্রিয়া কীভাবে সমস্যা হয়ে উঠতে পারে, উপরোক্ত ঘটনাগুলি তার প্রকৃষ্ট উদাহরণ বিশেষ। পারিপার্শ্বিক পরিমণ্ডলে প্রতিনিয়ত ঘটে যাওয়া বিভিন্ন ঘটনার নিয়ন্ত্রণ আপনার হাতে না থাকলেও, নিজের যাবতীয় প্রতিক্রিয়াকে আপনি অবশ্যই নিয়ন্ত্রণ করতে সক্ষম। এই পরিস্থিতি সঠিকভাবে উপলব্ধি করার জন্য, আমরা যে কোনো একটি বিমানবন্দরকে প্রকৃষ্ট উদাহরণ হিসেবে ধরে নিতে পারি। মোদ্দা কথা, যদি আপনি বাস্তবে মানসিক চাপের একটি সঠিক পরিমাপ করতে রাজি হন, আমি আপনাকে সরাসরি একটি বিমানবন্দরে পৌঁছে যাওয়ার পরামর্শ দেবো।

বিমানবন্দরে মানসিক চাপ সামলানো সংক্রান্ত পর্যালোচনা

যে কোনো বিমানবন্দরে পৌঁছোলে লক্ষ করবেন, যাত্রীদের চেক ইন সংক্রান্ত লাইন থেকে শুরু করে সুরক্ষা সংক্রান্ত খানাতল্লাশির প্রক্রিয়া, প্রতিকূল আবহাওয়া সংক্রান্ত বিলম্ব, নিরুদ্দিষ্ট লটবহর, বোর্ডিং এর প্রক্রিয়া শুরু হওয়ার আগে থাকতে প্রবেশদ্বারের সামনে অহেতুক জমে ওঠা ভিড়, সময়মতো পরের উড়ান ধরার হিসেবনিকেশ, শেষ মুহূর্তে বিমানের যাত্রাপথ পরিবর্তন, বিমানে দেরি করে ওঠার জন্য আসনের উপরাংশে লটবহর রাখার প্রকোষ্ঠ আগে থেকে ভর্তি থাকা, ভাড়া গাড়ির কাউন্টারের সামনে অহেতুক ভিড় ইত্যাদি সব কিছু নিয়েই আপামর মানুষের অপ্রকৃতিস্থ ছোটাছুটি, অহেতুক কোলাহল এবং অস্বাভাবিক উৎকণ্ঠা... এবং এর সঙ্গে আরো অনেক জিনিস, যা আপনার মানসিক চাপ বাড়িয়ে তুলতে বাধ্য!

এই উদাহরণের মাধ্যমে আপনারা বুঝতে পারবেন যে কী ধরনের পরিস্থিতি আপনাদের পক্ষে নিয়ন্ত্রণ করা সম্ভব, আর কোনগুলি নয়। এক্ষেত্রে মানুষের মূল প্রকৃতিগত বৈশিষ্ট্যের কথা আমাদের স্মরণে রাখতে হবে: আপনার পক্ষে অন্যান্য মানুষের বক্তব্য, চিন্তাধারা কিংবা কর্মকাণ্ড নিয়ন্ত্রণ করা কখনোই সম্ভব নয়। তা সত্ত্বেও, সেই কাজ করা মানে আপনি নিজের ক্ষমতার অপব্যবহার করছেন। আপনার নিজস্ব বক্তব্য, চিন্তাধারা এবং কর্মকাণ্ডের উপরে আপনাকে মনঃসংযোগ করতে হবে। সঠিকভাবে এই কাজ সম্পন্ন করতে পারলে সম্পূর্ণ পরিস্থিতি আপনার নিয়ন্ত্রণে থাকতে বাধ্য।

একটি বিমানে অথবা বিমানবন্দরে আপনার চোখের সামনে যাই ঘটুক না কেন, সামগ্রিক ক্ষমতার নিয়ন্ত্রণের রাশ আপনার হাতেই রয়েছে।

কয়েক মাস আগের কথা, যখন আমি একটি বিমানে যাত্রা করছিলাম, আমার পিছনের আসনের ব্যক্তি এমন মারাত্মক ভাবে কাশছিলেন, আমার মনে হচ্ছিল সেই দিনটিই সম্ভবত পৃথিবীতে তাঁর শেষ দিন। আপনাদের নিশ্চয় সেই ঘড়ঘড়ে কাশির দমক ও সাঁইসাঁই শব্দের শ্বাসপ্রশ্বাসের সঙ্গে পরিচিতি রয়েছে, যা চারপাশের সকলের ক্ষেত্রে সংক্রামক হয়ে দাঁড়ায়?

প্রাথমিকভাবে, স্বভাবতই আমি সেদিকে দৃকপাত করিনি, কিন্তু যখন ভদ্রলোক একইভাবে সেই প্রচণ্ড কাশি চালিয়ে যেতে থাকলেন, এবং তার সঙ্গে মুহুর্মুহু গলা খাঁকরাতে শুরু করলেন, পরমুহূর্তেই আবার প্রচণ্ড কাশির দমকে প্রায় শ্বাসরুদ্ধ হয়ে পড়লেন, আমার মেজাজ প্রায় বিপদসীমা ছাড়াবার উপক্রম করেছিল।

একটি বিশেষ অনুষ্ঠানে উপস্থিত হওয়ার জন্য আমি সেই বিমানে যাত্রা করছিলাম। ওই অনুষ্ঠানে আমাকে প্রচুর দর্শকের সামনে নিজের বক্তব্য পেশ করতে হত, এবং পরবর্তী দুই সপ্তাহ জুড়ে বিভিন্ন উল্লেখযোগ্য অনুষ্ঠানে বক্তৃতা দেওয়ার জন্যে আমাকে আমন্ত্রণ জানানো হয়েছিল। তাই, এক্ষেত্রে সেই মারাত্মক কাশির সংক্রমণে অসুস্থ হয়ে পড়া বা গলা বসে যাওয়ার ঝুঁকি নেওয়া, কোনোটাই মেনে নেওয়া আমার পক্ষে সম্ভব ছিল না।

দুটি আসনের মাঝের খালি অংশটির ভিতর দিয়ে আমি পিছনে ঘুরে তাকাবার চেষ্টা করে দেখলাম, আমাদের সেই সহযাত্রী নিজের হাত দিয়ে মুখ আড়াল না করেই অবিবেচকের মতো

এমনভাবে কেশে চলেছেন, যেন সেই বিমানে তিনি ছাড়া আর কোনো মানুষই নেই। আমি চিন্তা করলাম: ভদ্রলোকের নির্বুদ্ধিতার কারণে সত্যিই কি আমি অসুস্থ হয়ে পড়তে পারি? ইনি অত্যন্ত অবিবেচক ও স্বার্থপরের মতো ব্যবহার করছেন। আমি কোনোমতেই সংক্রমিত হওয়ার ঝুঁকি নিতে পারি না। সে সময়ে আমি নিজের জন্য সহজে প্রযোজ্য উপায়গুলির কথা চিন্তা করতে শুরু করেছিলাম।

এক্ষেত্রে আমার ভাবলেশহীন মনোভাব অথবা আক্রমণাত্মক প্রতিক্রিয়া এই সমস্যার সমাধান কখনোই করতে পারত না। নিজের আসনে বসে আমি যতই উশখুশ করি না কেন, অথবা আসনের মাঝের অংশ দিয়ে যতই তাঁর চোখের দিকে কঠোর এবং অর্থপূর্ণ দৃষ্টিতে তাকাবার চেষ্টা করি না কেন, সেই ভদ্রলোক হয় আমার বিরক্তিসূচক ইশারা ধরতে পারছিলেন না, নয়তো তিনি আমাকে স্রেফ পাত্তা দেওয়ার প্রয়োজন বোধ করছিলেন না।

বিমানসেবিকাদের তলব করে ভদ্রলোকের বিরুদ্ধে নালিশ জানাবার পরিকল্পনা একাধিকবার মাথায় আসা সত্ত্বেও, আমি চিন্তা করছিলাম যে তিনি ঠিক আমার পিছনেই বসে রয়েছেন। স্বভাবতই তাঁর বিরুদ্ধে আমি কী নালিশ জানাচ্ছি তা তিনি পরিষ্কার শুনতে পাবেন, যা আমার কাছে অত্যন্ত অস্বস্তিকর হয়ে দাঁড়াতে পারে। শেষ পর্যন্ত, আমি সিদ্ধান্ত নিতে বাধ্য হই, যে একজন দায়িত্বশীল প্রাপ্তবয়স্ক মানুষ হিসেবে আমি সেই সহযাত্রীকে ভদ্রভাবেই একটি প্রশ্ন করব, "মহাশয়, কাশির সময় দয়া করে আপনি কি হাত দিয়ে নিজের মুখ ঢেকে রাখতে পারেন?"

প্রত্যুত্তরে আমার কাছে ফিরে এসেছিল এক অখণ্ড, অস্বস্তিকর নীরবতা।

কয়েক মুহূর্ত পরে মাথা ঝুঁকিয়ে তিনি আমার প্রস্তাবে সম্মতি জানিয়েছিলেন ঠিকই, কিন্তু বিমানযাত্রার অবশিষ্ট অংশে তিনি আগের মতোই, নিজের মুখ আড়াল না করে কাশতে থাকেন। এই ব্যাপারে আমি সম্পূর্ণভাবে নিশ্চিত, কারণ দুটি আসনের মাঝের খালি অংশ দিয়ে বারবার তাঁর উপরে আমি নজর রাখছিলাম। মাঝে মাঝে, ভদ্রলোকের জন্য আমার খারাপও লাগছিল। তিনি নিজেও নিশ্চয় অসুস্থ হয়ে পড়তে চাননি। কাশির দমক এলে আপনি যে কোনো পরিস্থিতিতেই থাকুন না কেন আপনি কাশতে বাধ্য।

কিন্তু এই বিশেষ পরিস্থিতির প্রভাবে, আমি ক্রমশই সম্পূর্ণভাবে মেজাজ হারাবার পর্যায়ে চলে যাচ্ছিলাম। সেই মুহূর্তে আমার মানসিক চাপের পরিমাণ ক্রমশ বৃদ্ধি পাচ্ছিল, আমার সামগ্রিক একাগ্রতা বিঘ্নিত হচ্ছিল এবং আসন্ন অনুষ্ঠানের জন্য প্রয়োজনীয় অনুশীলনে আমি কিছুতেই মনঃসংযোগ করতে পারছিলাম না।

আপনার পারিপার্শ্বিকে ঘটমান যে কোনো পরিস্থিতি, কীভাবে অতি সহজে আপনার মানসিক চাপ বাড়িয়ে তুলতে পারে, আপনার শরীরকে পরোক্ষভাবে প্রভাবিত করতে পারে এবং মস্তিষ্কে চলতে থাকা গুরুত্বপূর্ণ চিন্তাধারাকে সমূলে বিনষ্ট করতে পারে, এই ঘটনাটি তার প্রকৃষ্ট উদাহরণ।

আপনার মস্তিষ্কের উপরে মানসিক চাপের প্রভাব

এই বই লেখার জন্য গবেষণা চলাকালীন, আমি বহু স্বনামধন্য বিশেষজ্ঞের সাক্ষাৎকার নিয়েছিলাম, তাঁদের অন্যতম হলেন ডঃ অদিতি নেউরুকার, যিনি হার্ভার্ড মেডিক্যাল স্কুলের একজন অগ্রগণ্য বিশেষজ্ঞ চিকিৎসক হওয়ার পাশাপাশি, একটি অসামান্য বইয়ের রচয়িতা—দ্য ফাইভ রিসেটস: রিওয়্যার ইয়োর ব্রেন এন্ড বডি ফর লেস স্ট্রেস এন্ড মোর রেজিলিয়েন্স (মানসিক চাপের পরিমাণ কমাতে এবং একাগ্রতার উন্নতিসাধনের ক্ষেত্রে, নিজের মস্তিষ্ক ও শরীরকে ঢেলে সাজান)। হার্ভার্ড বিশ্ববিদ্যালয়ের অন্তর্ভুক্ত বেথ ইজরায়েল ডিকনএস হাসপাতালের মেডিসিন প্রোগ্রামের শীর্ষে মেডিক্যাল ডাইরেক্টর পদে কর্মরত ছিলেন ডঃ অদিতি, যেখানে তিনি আলাদা করে মানসিক চাপ নিয়ন্ত্রণ নিয়ে গবেষণা ও চিকিৎসার উদ্দেশ্যে বিশাল এক চিকিৎসাকেন্দ্রের গোড়াপত্তন করেন, যেখানে উপযুক্ত প্রমাণের ভিত্তিতে, বিজ্ঞানসম্মত পদ্ধতিতে তাঁর রোগীদের মানসিকভাবে শান্ত করার ব্যবস্থা করা হয়।

ডঃ অদিতির বক্তব্য, "মানসিক চাপ আপনার জীবনের সবচেয়ে বড় সমস্যা, যদিও আমাদের পক্ষে তা উপলব্ধি করা সহজ নয়।"

ডঃ অদিতির ধারণা, মানসিক চাপ আপনার অন্তরে দ্বিধাগ্রস্ততার, গড়িমসির, মানসিক ক্লান্তি ও অবসাদের, নেতিবাচক চিন্তাধারার প্রভাবে আত্ম-ধ্বংসাত্মক মানসিকতার, এবং পারস্পরিক তুলনার বিরুদ্ধে নিরন্তর সংগ্রামের জন্ম দেয়। নিজের জীবনে মনঃসংযোগ করতে, আনন্দে জীবনযাপন করতে, অথবা নিজের যত্ন নিতে যদি আপনার সমস্যা হয়, জানবেন তার একমাত্র কারণ হল মানসিক চাপ।

তিনি বলেন, যখন নিজের আত্মসমালোক সত্তা আপনাকে বারবার সাবধান করতে থাকা সত্ত্বেও আপনি গড়িমসি করতে থাকেন, প্রতিনিয়ত ক্লান্তি ও অবসাদ আপনাকে পেড়ে ফেলতে থাকে, হাজার চেষ্টা করেও আপনি মোবাইল ফোন ঘাঁটা বন্ধ করতে পারেন না, অথবা কর্মক্ষেত্র থেকে নিজেকে বিচ্ছিন্ন করতে পারেন না, তাহলে এই সমস্ত সমস্যার নেপথ্যে রয়েছে মানসিক চাপ। ডঃ অদিতি আমাকে বুঝিয়েছিলেন, এক্ষেত্রে শারীরিকভাবে আপনি যে উত্তেজনা অনুভব করেন, তার চাইতে আপনার মানসিক টানাপোড়েনের পরিমাণ বহুগুণে বেশি। মানসিক চাপ আমাদের মস্তিষ্কের ক্ষেত্রে একটি শারীরবৃত্তীয় পরিস্থিতি। আমাদের পক্ষে এই পরিস্থিতিটি ভালোভাবে বুঝে নেওয়া গুরুত্বপূর্ণ, কারণ মানসিক চাপ আমাদের মস্তিষ্কের কর্মক্ষমতাকে প্রতিনিয়ত শুষে নিতে থাকে। ডঃ অদিতির কথা অনুযায়ী, সাধারণত, মস্তিষ্কের প্রি-ফ্রন্টাল কর্টেক্স অংশটি আমাদের মস্তিষ্ককে পরিচালনা করে।

মস্তিষ্কের এই বিশেষ অংশটি আপনার দৈনন্দিন জীবনের প্রতিটি পরিস্থিতিকে সঠিকভাবে নিয়ন্ত্রণ করার দায়িত্বে নিয়োজিত রয়েছে। এর সাহায্যে আপনি যাবতীয় পরিকল্পনা, সংগঠনমূলক কর্মকাণ্ড, স্মৃতিশক্তি এবং সিদ্ধান্ত গ্রহণের কাজগুলি সঠিকভাবে সম্পন্ন করতে সক্ষম হন। জীবনে সামগ্রিক উন্নতিসাধনের নেপথ্যে, আপনার মস্তিষ্কের এই বিশেষ অংশটির অবদান অনস্বীকার্য।

মূল সমস্যা অবশ্য অন্য জায়গায়। বিমানযাত্রার সময় যে মুহূর্তে আপনি সেই নির্দিষ্ট ব্যক্তির ক্রমাগত কাশির কারণে "মানসিক চাপ" এর অদৃশ্য টানাপোড়েনের শিকার হতে থাকেন, অথবা একটি দীর্ঘ লাইনে অনেক মানুষের পিছনে দাঁড়িয়ে অপেক্ষার সময়, কিংবা যে কোনো পরীক্ষার ফলাফল ঘোষণার সময়ে, আপনার মস্তিষ্ক স্বয়ংক্রিয়ভাবে সেই মানসিক চাপের প্রতিক্রিয়া নির্ধারণে ব্যস্ত হয়। এর ফলে, মস্তিষ্কের প্রি-ফ্রন্টাল কর্টেক্স নির্দিষ্ট পরিস্থিতির উপরে নিয়ন্ত্রণ হারায় (এবং সেই পরিস্থিতি নিয়ন্ত্রণের ক্ষমতা আর আপনার আয়ত্বে থাকে না)।

যাবতীয় মানসিক চাপের প্রতিক্রিয়া নির্ধারণ করে আপনার মস্তিষ্কের অন্য একটি অংশ, যেটি অ্যামিগডালা নামে বহু পরিচিত। ডঃ অদিতি এই অ্যামিগডালা অংশটির বর্ণনা করেছেন এইভাবে, "মস্তিষ্কের মধ্যভাগে গভীরে অবস্থিত একটি ক্ষুদ্র, বাদামের আকারবিশিষ্ট বস্তু, যেটি অবস্থান করছে আপনার দুটি কানের মধ্যবর্তী অঞ্চলে। এটি মানুষের মস্তিষ্কের প্রাচীনতম অংশগুলির অন্যতম এবং মানুষ বহুক্ষেত্রেই এটিকে 'সরীসৃপের মস্তিষ্কের অংশ' নামেও অভিহিত করে থাকেন। এটির একমাত্র দায়িত্ব হল মানসিক চাপের প্রতিক্রিয়া নির্ধারণ।"

আপনি নিশ্চয় অন্যান্যদের মুখে এই নির্দিষ্ট শব্দের ব্যবহার সম্পর্কে ইতিমধ্যেই পরিচিত, "যুদ্ধ, পলায়ন অথবা অসাড় হওয়ার প্রতিক্রিয়া,"—এগুলি আসলে আপনার "মানসিক চাপের প্রতিক্রিয়া"র সমার্থক। এর অর্থ হল, যখনই আপনি মানসিক চাপের সম্মুখীন হন, সামগ্রিক পরিস্থিতির সম্পূর্ণ নিয়ন্ত্রণ থাকে অ্যামিগডালার উপরে। এর ফলে, আপনার ক্ষেত্রে একাধিক পরিস্থিতিতে হঠকারী সিদ্ধান্ত গ্রহণ করা, অথবা আবেগতাড়িত ব্যবহারের বশবর্তী হয়ে পড়ার প্রবল সম্ভাবনা দেখা দিতে পারে।

স্বাভাবিক জীবনযাপনে অভ্যস্ত হয়ে যখন আপনি মানসিকভাবে সন্তুষ্ট থাকেন, মস্তিষ্কের প্রি-ফ্রন্টাল কর্টেক্স আপনার যাবতীয় কর্মকাণ্ডকে নিয়ন্ত্রণ করতে থাকে। এর অর্থ হল, প্রতিটি পরিস্থিতির ক্ষেত্রেই আপনি যুক্তিসঙ্গতভাবে ভালো এবং মন্দের বিবেচনা করতে পারেন এবং নিজের পরিকল্পনা অনুযায়ী সঠিক সিদ্ধান্ত গ্রহণ করতে সমর্থ। অন্যভাবে বলতে গেলে, সেক্ষেত্রে আপনার পক্ষে নিজের প্রতিক্রিয়ার ধরনটি বেছে নেওয়া সহজ হয়ে যাবে।

কিন্তু যে মুহূর্তে আপনি এমন কোনো পরিস্থিতির সম্মুখীন হন, যেক্ষেত্রে মানসিক চাপের বিরুদ্ধে লড়াই করার সম্ভাবনা রয়েছে, তখনই আপনার এবং আমার ক্ষেত্রে প্রভূত সমস্যার সৃষ্টি হয়, কারণ আমাদের শরীর এবং মস্তিষ্কপ্রসূত যাবতীয় প্রতিক্রিয়া সম্পূর্ণভাবেই স্বয়ংক্রিয়। আপনার অ্যামিগডালা তৎক্ষণাৎ পরিস্থিতির নিয়ন্ত্রণে আসরে নেমে পড়ে। এবং, সেই মুহূর্তে আপনার মস্তিষ্কের এই বিশেষ অংশটির একমাত্র দায়িত্ব হল: সহাবস্থান এবং আত্মরক্ষা।

সেই পরিস্থিতির মোকাবিলায়, তৎক্ষণাৎ আপনার শরীর এবং মস্তিষ্ক সংগ্রামে অথবা পলায়নে ব্যস্ত হয়ে পড়ে, কিন্তু আপনার শরীরের গঠন এমনই, যা শুধুমাত্র একটি নির্দিষ্ট সময়ের জন্যেই এই উত্তেজনা সামলাবার ক্ষমতা রাখে। কিছুক্ষণ পরেই আপনার শরীর পুরোনো অবস্থায় ফিরে আসতে বাধ্য, যেখানে আবার আপনার মস্তিষ্কের প্রি-ফ্রন্টাল কর্টেক্স সামগ্রিক পরিস্থিতির দায়িত্ব নিয়ে আপনাকে ঠিক আগের মতোই শান্ত এবং আত্মবিশ্বাসী করে তোলে। কিন্তু, যদি কোনো ক্ষেত্রে আমরা এই পুরোনো অবস্থায় ফিরতে না পারি, তাহলে কী হবে?

আপনার অবিরাম ক্লান্তি এবং অবসাদের আসল কারণ

ডঃ অদিতির ধারণা অনুসারে, আজকের পৃথিবীতে দশজনের মধ্যে অন্তত সাতজন মানুষ, অসম্ভব মানসিক চাপের বিরুদ্ধে লড়াই করে জীবনযাপন করতে বাধ্য হন। কিছু দিন আগে, আমিও এঁদের মধ্যেই একজন ছিলাম। চরম মানসিক চাপ ও অবসাদের বশবর্তী থাকার সময়, অনবরত যুদ্ধ এবং পলায়নের মানসিক টানাপোড়েনে আপনি দ্বিখণ্ডিত হতে থাকেন। আপনার অ্যামিগডালা প্রতিটি পরিস্থিতিতে নিজের কাজে ব্যস্ত থাকে—সেটি কখনোই বিশ্রাম পায় না।

ডঃ অদিতি আমাকে বুঝিয়েছিলেন, মানসিক চাপের দংশনে আমরা যখন রীতিমত পিষে যেতে থাকি, তখন আমরা যে শুধুমাত্র বেঁচে থাকার মরিয়া লড়াই চালিয়ে যাওয়ার অভিজ্ঞতা লাভ করি তাই নয়, মনস্তাত্ত্বিক দৃষ্টিভঙ্গী দিয়ে বিচার করলে, মস্তিষ্ক নিজের পূর্ণশক্তি দিয়ে বেঁচে থাকার অসম লড়াইয়ে সামিল হয়। আপনার অভীষ্ট লক্ষ্যগুলি... আপনার যাবতীয় স্বপ্ন... আপনার অন্তর্নিহিত সত্তা... আপনার ধৈর্যশীল এবং প্রতিক্রিয়াহীন থাকার ক্ষমতা...। এহেন পরিস্থিতিতে আপনার জীবনে এগুলির কোনো প্রাসঙ্গিকতাই থাকে না।

একমাত্র এই কারণেই, আপনাকে এই সমস্যার সমাধান করতে হবে এবং পারিপার্শ্বিকের মানুষজনের সামগ্রিক প্রভাব কাটিয়ে উঠে, নিজের জীবনে অপ্রয়োজনীয় মানসিক চাপ বাড়িয়ে তোলা থেকে বিরত থাকতে হবে। এই পরিস্থিতি কাটিয়ে না উঠতে পারলে, নিজের জীবনের অনেক কিছু বরাবরের জন্য আপনি হারিয়ে ফেলতে পারেন। ভালোভাবে জীবনযাপন করার সম্পূর্ণ অধিকার আপনারও রয়েছে, কিন্তু আপনি যদি মানসিকভাবে প্রতিনিয়ত অস্তিত্বরক্ষার লড়াই চালিয়ে যেতে থাকেন, তাহলে তা কখনোই সম্ভব হবে না।

এই সপ্তাহান্তে আপনার পক্ষে কখনোই সেই নির্দিষ্ট প্রোজেক্টটি সুষ্ঠভাবে সম্পন্ন করা সম্ভব নয়, কারণ মানসিক চাপ সামলাতে গিয়ে আপনি অহেতুক গড়িমসি করে চলেছেন।

আপনার জীবনে মনোরঞ্জনের প্রয়োজন আছে, কিন্তু আপনার পক্ষে তা করা সম্ভব নয় কারণ, আপনি কিছুতেই নিজেকে কর্মব্যস্ততা থেকে বিচ্ছিন্ন করতে পারছেন না।

নিজের পরিবারের সদস্যদের এবং বিশেষভাবে নিজের জীবনসঙ্গীকে আলাদা করে সময় দেওয়া অত্যন্ত গুরুত্বপূর্ণ, কিন্তু আপনার পক্ষে তা সম্ভব হচ্ছে না কারণ, আপনি নিরন্তরভাবে মানসিক ক্লান্তি ও অবসাদের বিরুদ্ধে যুদ্ধ করে চলেছেন।

যে জীবনের স্বপ্ন আপনি বরাবর দেখে এসেছেন তা আপনার নাগালের মধ্যে থাকা সত্ত্বেও, আপনি কখনোই সেখানে পৌঁছোতে পারবেন না কারণ, আপনার অন্তর্নিহিত সত্তা আপনাকে সেই অনুমতি দেবে না। আপনার জীবনের সবচেয়ে বড় শত্রু হল মানসিক চাপ এবং আপনাকে অবিলম্বেই সেটিকে পর্যুদস্ত করতে হবে।

মানসিক চাপের বিরুদ্ধে আপনার প্রতিক্রিয়ার নিয়ন্ত্রণ

ডঃ অদিতিকে আমি আলাদা করে জিজ্ঞাসা করেছিলাম, কোন নির্দিষ্ট পদ্ধতির প্রয়োগে আমাদের পক্ষে নিজের মস্তিষ্ককে আগের মতো শান্ত ও নিরুদ্বেগ অবস্থায় ফিরিয়ে নিয়ে আসা সম্ভব।

তিনি বলেছিলেন, প্রথমেই আমাদের উপলব্ধি করতে হবে যাবতীয় মানসিক চাপের আসল উৎস কোথায়, কারণ একমাত্র সেক্ষেত্রেই আমাদের পক্ষে বুঝে ওঠা সম্ভব, যে এই বিশেষ পরিস্থিতির মোকাবিলা করার পর্যাপ্ত শক্তি ও ক্ষমতা আমাদের মধ্যে আগাগোড়াই রয়েছে।

দুটি আলাদা পরিস্থিতির টানাপোড়েনে আমাদের শরীর এবং মনের উপর দিয়ে বয়ে যাওয়া যাবতীয় ঝড়ঝঞ্ঝা থেকেই উদ্ভব হয় মানসিক চাপের; এই তথ্য আবিষ্কার করতে পেরে আমি রীতিমত চমৎকৃত হয়েছিলাম। জানতে পেরে খুবই সন্তুষ্ট হয়েছিলাম যে, আমাদের পক্ষে খুব সহজেই উত্তেজনার পারদ নিয়ন্ত্রণ করে স্বাভাবিক পরিস্থিতিতে ফিরে আসা সম্ভব, শুধুমাত্র দ্য লেট দেম থিওরি অর্থাৎ ওদের করতে দিন এর পদ্ধতির সঠিক প্রয়োগ করতে হবে।

যখন আপনি উপলব্ধি করেন যে, নিজের পারিপার্শ্বিকের যাবতীয় ঘটনাপ্রবাহ আপনার মানসিক চাপের কারণ হয়ে উঠছে না, এবং মানসিকভাবে স্থিতিশীল অবস্থায় জীবনযাপন করতে আপনি সক্ষম, তখন নিশ্চয়ই আপনি সন্তুষ্ট হতে বাধ্য? অন্যান্য মানুষের ব্যবহারিক বৈশিষ্ট্য যে আপনার নিজের জীবনে কোনোরকম সমস্যার কারণ হয়ে দাঁড়াচ্ছে না, তা নিশ্চয় আপনার কাছে তৃপ্তিদায়ক এক অনুভূতি বিশেষ?

পরবর্তীকালে, দ্য লেট দেম থিওরি অথবা ওদের করতে দিন এর পদ্ধতি প্রয়োগ করে আপনি মানসিক চাপের বিরুদ্ধে নিজের যাবতীয় প্রতিক্রিয়াকে নিয়ন্ত্রণ করতে অবশ্যই সক্ষম হবেন। এটিকে আপনার মস্তিষ্কের অন্তর্বর্তী একটি ছোট্ট বোতাম অথবা স্যুইচ হিসেবে ধরে নেওয়া যাক। যখনই আপনি বিশেষ কোনো পরিস্থিতির প্রভাবে মানসিক চাপের সম্মুখীন হবেন, সেটিকে আপনি নিজের ইচ্ছেমতো খুলতে অথবা বন্ধ করতে পারবেন।

আপনি লেট দেম অথবা ওদের করতে দিন শব্দগুলি উচ্চারণ করার মাধ্যমে, মস্তিষ্কের উদ্দেশ্যে একটি নির্দেশ প্রেরণ করছেন: সব ঠিক আছে, এই নির্দিষ্ট বিষয়ে অহেতুক মাথা ঘামানোর প্রয়োজন নেই। এই পদ্ধতির মাধ্যমে আপনি অ্যামিগডালাকে তার কাজ বন্ধ করার নির্দেশ দিতে সক্ষম। আপনার অন্তরে জন্ম নিতে উদ্যত নেতিবাচক ভাবাবেগ থেকে নিজেকে সম্পূর্ণভাবে বিচ্ছিন্ন করে, সেই বিশেষ পরিস্থিতি সংক্রান্ত সামগ্রিক প্রতিক্রিয়াকে নিয়ন্ত্রণ করতে আপনি সক্ষম হচ্ছেন।

এই পদ্ধতি প্রয়োগের সঠিক পথ হল: যে মুহূর্তে আপনার মানসিক চাপ বৃদ্ধির উপক্রম হয়, তৎক্ষণাৎ লেট দেম অর্থাৎ ওদের করতে দিন এর সাহায্য নিন। কিছুক্ষণ পর আবার বলুন, লেট মি অর্থাৎ আমাকে করতে দিন এবং বুক ভরে একটি গভীর শ্বাস নিন।

আরো একটি শ্বাস আমাকে নিতে দিন। মানসিক চাপের বিরুদ্ধে নিজের যাবতীয় প্রতিক্রিয়ার দুর্বার গতি স্খলন করুন। নিজের শরীরকে শান্ত করুন এবং মাথা ঠান্ডা রাখার চেষ্টা করতে থাকুন। তারপর, পরিস্থিতির নিয়ন্ত্রণ নিজের হাতে নিয়ে নিজের ক্ষমতার প্রয়োগ করুন।

আপাতদৃষ্টিতে অত্যন্ত নগণ্য বলে মনে হলেও, এই অতি সাধারণ পরিবর্তনটুকুই আপনাকে সম্পূর্ণভাবে একজন নতুন মানুষে পরিণত করার ক্ষমতা রাখে। লেট দেম অর্থাৎ ওদের করতে দিন এবং লেট মি অর্থাৎ আমাকে করতে দিন এর পদ্ধতির প্রয়োগে, আপনি নিজের যাবতীয় প্রতিক্রিয়ার নিয়ন্ত্রণ করতে সক্ষম, যার সাহায্যে আপনার বক্তব্য, সামগ্রিক চিন্তাধারা, কিংবা কর্মকাণ্ডকে নিজের আয়ত্বে রাখা সম্ভব, ভাবাবেগের প্রবল স্রোত আপনার যাবতীয় প্রতিক্রিয়াকে আর সহজে ভাসিয়ে নিয়ে যেতে পারবে না। কঠোর ভাষায় লিখে কাউকে জবাব দেওয়া বা নিকট আত্মীয় অথবা পরিবার পরিজনের দিকে রুক্ষভাবে তেড়ে যাওয়া, কিংবা কর্মস্থানে বসে ঘণ্টার পর ঘণ্টা সময় অপচয় করে সামান্য একটি ইমেইল লেখার অনভিপ্রেত ঘটনাগুলি ক্রমেই আপনার জীবন থেকে বিলীন হয়ে যাবে।

মোদ্দা কথা হল, আপনার কাছে আসা প্রতিটি ইমেইলের জবাব দেওয়া যেমন বাঞ্ছনীয় নয়, একইভাবে প্রতিটি আলোচনাতে অংশগ্রহণ করতে আপনি বাধ্য নন। সর্বোপরি, জীবনের প্রতিটি ক্ষেত্রে আপনার কথা সবাইকে মেনে নিতেই হবে, সেরকম কোনো অলিখিত চুক্তিপত্রে আপনি কিংবা অন্যান্যরা কখনোই সাক্ষর করেননি।

ক্রমেই লক্ষ করবেন, এতদিন পর্যন্ত যে বিভিন্ন পরিস্থিতির মোকাবিলা করার দায়িত্ব আপনি নিজের কাঁধে তুলে নিয়েছিলেন, সেগুলি ছিল নিজের অমূল্য সময় ও শক্তির অপচয় মাত্র; এবং লেট মি অর্থাৎ আমাকে করতে দিন এর পদ্ধতির প্রয়োগে পারিপার্শ্বিকে ঘটে চলা বিভিন্ন পরিস্থিতিতে যত বেশি করে আপনি প্রতিক্রিয়াহীন থাকতে পারবেন, জীবনকে নিয়ন্ত্রণ করা ততই আপনার কাছে সহজতর হয়ে উঠতে বাধ্য।

ডঃ অদিতি বলেছিলেন মানসিক চাপের বিরুদ্ধে নিজের প্রতিক্রিয়ার নিয়ন্ত্রণের ক্ষেত্রে, মাঝে মধ্যেই দীর্ঘ শ্বাসপ্রশ্বাস নেওয়ার অভ্যাস যে অত্যন্ত কার্যকরী বিজ্ঞানসম্মতভাবে তা ইতিমধ্যেই প্রমাণিত। বুক ভর্তি করে শ্বাস নেওয়ার ফলে আপনি অনুভব করেন, তরতাজা বাতাস আপনার শরীরের অভ্যন্তরে প্রবেশ করছে, আপনার ভেগাস স্নায়ুকে উদ্দীপিত করছে এবং আপনার মস্তিষ্কে অর্থবহভাবে সরাসরি একটি ইশারা পৌঁছে যাচ্ছে, "এখন আমাদের শান্ত হওয়ার সময়।"

লেট মি অর্থাৎ আমাকে করতে দিন শব্দগুলি উচ্চারণ করে মানসিক চাপের বিরুদ্ধে নিজের যাবতীয় প্রতিক্রিয়াকে নিয়ন্ত্রণ করার ফলে—নিজের সত্তাকে আপনি নিয়ন্ত্রণ করতে সক্ষম, এবং কোন পরিস্থিতিতে কীভাবে আপনি নিজের প্রতিক্রিয়ার প্রকাশ করবেন তা সম্পূর্ণভাবে আপনার ক্ষমতাধীন থাকে।

যাবতীয় প্রতিক্রিয়ার নিয়ন্ত্রণকর্তা হিসেবে নিজের ক্ষমতা ফিরিয়ে আনুন

চলুন, সেই পুরোনো 'আমি'তে ফিরে যাওয়া যাক, যেখানে সেই বিমানযাত্রায় নিজের আসনে বসে আমি প্রতি মুহূর্তে অদম্য মানসিক চাপের বিরুদ্ধে যুদ্ধ চালিয়ে যাচ্ছিলাম, এবং পিছনের

আসনে বসা সেই ভদ্রলোক নিজের মুখ আড়াল না করে সমানে কেশে চলেছিলেন। সেই মুহূর্তে আমি নিজের প্রয়োজনীয় কাজে মনঃসংযোগ করতে পারছিলাম না, এবং আসনের বন্ধনপেটির কবলে আবদ্ধ অবস্থায় খাঁচায় বন্দী বন্য পশুর মতোই নিজের মনে নিষ্ফল আক্রোশে গজরাচ্ছিলাম—!

কারো কাশি থামাবার জন্য আপনি কীভাবে দ্য লেট দেম থিওরি অথবা ওদের করতে দিন এর পদ্ধতির প্রয়োগ করবার কথা চিন্তা করতে পারেন?

আপনি কখনোই পারেন না। আপনাকে ওদের কাশতে দিতে হবে। ওদের করতে দিতে হবে।

এই পরিস্থিতিতে আপনারা কী বলবেন আমি জানি... দয়া করে আমার কথা শুনুন। হ্যাঁ, সেই মুহূর্তে আমার মানসিক চাপ উত্তরোত্তর বৃদ্ধি পাচ্ছিল। আমি অবশ্যই ভাবছিলাম যে সেই ভদ্রলোক নিজের মুখ আড়াল না করে রীতিমতো অভব্যতার পরিচয় দিচ্ছেন। সর্বোপরি, সেই নির্দিষ্ট পরিস্থিতিতে নিজে অসুস্থ হয়ে পড়ার আশঙ্কায় ভুগতে শুরু করেছিলাম।

চলুন, পরিস্থিতির নিয়ন্ত্রণের চিন্তাভাবনা করা যাক: এই পরিস্থিতিতে আমাকে ঠিক কোন সমস্যার নিয়ন্ত্রণ করার কথা ভাবতে হত? নিজের পারিপার্শ্বিকে একজন মানুষ ক্রমাগতভাবে কাশছেন কিনা, সেটি কখনই আমার নিয়ন্ত্রণের এক্তিয়ারে পড়ে না। সেই অবিরাম কাশির দমকের বিরুদ্ধে আমার কী প্রতিক্রিয়া হতে পারে, সেটি নিয়ন্ত্রণ করার ক্ষমতাটুকু আমার ক্ষেত্রে বরাদ্দ।

যে পরিস্থিতি আপনার পক্ষে নিয়ন্ত্রণ করা সম্ভব নয়, তাতে মনঃসংযোগ করাই আপনার মানসিক চাপ বাড়িয়ে তোলার জন্য যথেষ্ট। যে পরিস্থিতি নিয়ন্ত্রণ করার ক্ষমতা আপনি রাখেন, সেই বিষয়ে মনঃসংযোগ করতে পারার ক্ষমতাই আপনাকে শক্তিশালী করে তোলে। সেই চিন্তাধারার ভিত্তিতে আমার সামনে উন্মোচিত হয়েছিল আরো একটি অত্যন্ত গুরুত্বপূর্ণ প্রশ্ন: এই পরিস্থিতিতে নিজেকে সুস্থ রাখার দায় কার উপরে বর্তায়?

আমার উপর, নাকি সেই বিমানে আমার সহযাত্রী সেই অপরিচিত ভদ্রলোকের উপরে?

সে দায়িত্ব সম্পূর্ণভাবেই আমার। নিজের সুস্বাস্থ্য বজায় রাখার জন্য একমাত্র আমিই দায়ী। আমার কথা মেনে, আমি চাইছি বলে নিজের কাশি থামানোর দায়িত্ব কখনোই সেই ভদ্রলোকের উপরে বর্তায় না। সেই বিশেষ পরিস্থিতিতে আমি নিজেকে কীভাবে সুরক্ষিত রাখতে পারি, তার সামগ্রিক প্রতিক্রিয়ার দায়বদ্ধতা আমার উপরেই ন্যস্ত। এই মুহূর্তে আমি জানি আপনারা কী চিন্তা করছেন।

প্রত্যেকের কি নিজের মুখ আড়াল করে রাখা উচিত নয়? প্রত্যেকের উপরে কি সময়মতো নিজের হাত পরিষ্কার করে ধোয়ার দায়িত্ব বর্তায় না? প্রত্যেকের কি ভদ্রতার মৌলিক নিয়মকানুনগুলি মেনে চলার সামান্যতম দায়িত্ব থাকা উচিত নয়? নিশ্চয়, অবশ্যই তাঁদের মেনে চলা উচিত, কিন্তু অধিকাংশ মানুষই সেই সাধারণ সামাজিক দায়িত্ব মেনে চলতে চান না।

আমার দৃষ্টিকোণ অনুযায়ী, পারিপার্শ্বিকের মানুষজনের সমস্যার সমাধান করা, কিংবা আপনার ক্ষমতা বহির্ভূত কোনো পরিস্থিতির মোকাবিলা করার ক্ষেত্রে, শুধুমাত্র আপনার মানসিক চাপ বৃদ্ধি পাওয়ার সম্ভাবনাই অনিবার্য। এক্ষেত্রে আমি মানসিক চাপ সামলাতে না

পেরে অপ্রকৃতিস্থের মতো আচরণ শুরু করে দিতে পারতাম। বারবার পিছনে ঘুরে তাকাবার অনভিপ্রেত কাজটি আমি হয়তো করেই যেতাম। হয়তো চিৎকার চেঁচামেচি করে বিমানসেবিকার মাথা খারাপ করে দিতে পারতাম। শেষ পর্যন্ত, মাথা ঠিক না রাখতে পেরে আমি হয়তো ভদ্রলোকের উদ্দেশ্যে গালিগালাজ করতেও পিছপা হতাম না। কিন্তু এসবে কি আমার সমস্যার সমাধান সম্ভব ছিল? আমার নাগালের মধ্যে কি একটি অপেক্ষাকৃত সহজ এবং শক্তিশালী সমাধান উপস্থিত ছিল না?

আপনাদের সামনে নিজের জীবনে উন্নতিসাধনের ক্ষেত্রে অত্যন্ত গুরুত্বপূর্ণ, একটি বাস্তবধর্মী এবং পরিকল্পনা ভিত্তিক সমাধানের উপস্থাপনা আমি করতে চলেছি।

আসনে বসে নিষ্ফল আক্রোশে মানসিকভাবে বিপর্যস্ত হওয়ার পরিবর্তে, সেই ভদ্রলোককে আমি নিজের মতো কাশতে দিয়েছিলাম, এবং তারপরে এমন কিছু সাধারণ পদক্ষেপ নিয়েছিলাম, যার সাহায্যে অসুস্থ হয়ে পড়ার হাত থেকে নিজেকে বাঁচাতে পারি।

ভেবেছিলাম, নিজের নাক মুখ স্কার্ফে জড়িয়ে নিলেই সমস্যার সমাধান সহজেই সম্ভব। পাশাপাশি নিজের কানে হেডফোন চাপিয়ে নিতে পারলেই সেই বিরক্তিকর কাশির আওয়াজ আমাকে আর বিরক্ত করতে পারবে না। আমি ঠিক সেই কাজটিই করেছিলাম। স্কার্ফ দিয়ে নিজের নাক মুখ সম্পূর্ণভাবে জড়িয়ে নিয়ে, হেডফোনে উচ্চগ্রামে গান চালিয়ে দিয়েছিলাম।

ব্যাস!! সব সমস্যার সমাধান।

প্রতিবার আপনি যখন লেট দেম অর্থাৎ ওদের করতে দিন এর শরণাপন্ন হন, আপনি মনে মনে স্বীকার করে নেন যে এই নির্দিষ্ট পরিস্থিতির মোকাবিলা করা আপনার ক্ষমতার বাইরে, এবং এটি ক্রমাগতভাবে আপনার মানসিক চাপ বৃদ্ধি করতে থাকবে । যে মুহূর্তে আপনি লেট মি অর্থাৎ আমাকে করতে দিন এর শরণাগত হচ্ছেন, ডঃ অদিতির পরামর্শ অনুযায়ী আপনি কাজ করছেন এবং সেই পরিস্থিতির মোকাবিলায় মনঃসংযোগ করার চেষ্টা করছেন, যা নিয়ন্ত্রণ করার ক্ষমতা আপনার রয়েছে। যা হল এই সমস্ত প্রতিকূল পরিস্থিতির বিরুদ্ধে আপনার সামগ্রিক প্রতিক্রিয়ার বহিঃপ্রকাশ।

ডঃ অদিতি নিশ্চিতভাবে জানিয়েছিলেন, "দ্য লেট দেম থিওরি অথবা ওদের করতে দিন এর এই পদ্ধতি আপনার মানসিকভাবে বিপর্যস্ত মস্তিষ্কের ক্ষেত্রে এক ঝলক ঠান্ডা বাতাসের মতো। আপনার মানসিক স্থিতি এবং যাবতীয় দুশ্চিন্তাকে নিয়ন্ত্রণ করার ক্ষেত্রে এই পদ্ধতির সমকক্ষ আর কিছুই হতে পারে না, এবং এই পদ্ধতির সফল প্রয়োগের ফলে আপনার শরীর এবং মস্তিষ্ক, আপনাকে জীবনের মূলস্রোতে ফিরে আসার সুযোগ করে দেয়।"

আমাকে বুঝিয়ে বলতে দিন, এই পদ্ধতি কেন আমাদের জীবনে এতটাই গুরুত্বপূর্ণ। মানসিক চাপের কাছে যদি হার মেনে আপনি মানসিকভাবে বিপর্যস্ত হয়ে পড়েন, তাহলে জানবেন নিজের অন্তর্নিহিত সামগ্রিক ক্ষমতার রাশ আপনি নিজের অজান্তেই পারিপার্শ্বিকের মানুষজনের হাতে তুলে দিচ্ছেন।

অতীতে আমার সঙ্গে অনুরূপ ঘটনা ঘটলে, সেই ভদ্রলোকের কাজে তিতিবিরক্ত হয়ে আমি অবশ্যই নিজের মানসিক স্থিতি হারিয়ে ফেলতাম। সেক্ষেত্রে, আমি নিজের একটিও প্রয়োজনীয় কাজ সুষ্ঠভাবে সম্পন্ন করতে পারতাম না, ফলে বিমান অবতরণ করার আগেই

মানসিক অবসাদের শিকার হয়ে পড়তাম, এবং মাটিতে পা দিয়েই আমার স্বামীকে ফোন করে ঝুড়ি ঝুড়ি নালিশ করে তাঁকে ব্যতিব্যস্ত করে তুলতাম। তাঁকে জানাতাম, কীভাবে সেই অর্বাচীনের জন্য আমার উড়ানের সুন্দর অভিজ্ঞতাটি বিনষ্ট হয়েছে। যে অনুষ্ঠানে আমাকে আমন্ত্রণ জানানো হয়েছিল, সেই অনুষ্ঠানের নৈশভোজে নিজের এই তিক্ত অভিজ্ঞতাটি আমি সম্ভবত নিজের ক্লায়েন্টদের সঙ্গে ভাগ করে নিতেও পিছপা হতাম না। সেই বিশেষ পরিস্থিতি কীভাবে আমাকে 'রাগান্বিত' করে তুলেছিল, তা নিয়ে আমি সম্ভবত ঘণ্টার পর ঘণ্টা তাঁদের সঙ্গে আলোচনা চালিয়ে যেতাম। এবং ভাবাবেগের এই প্রবল স্রোতে অনর্গলভাবে ভেসে যাওয়ার পরে, নিজের মানসিক ভারসাম্য, মানসিক ক্লান্তি ও অবসাদের বহিঃপ্রকাশ আমার সামগ্রিক স্বাস্থ্যের উপরে রীতিমতো প্রভাব বিস্তার করত।

এই পরিস্থিতির বিস্তারিত বর্ণনার উদ্দেশ্য একটাই, আমি চাই অনুরূপ পরিস্থিতি কত বড় সমস্যা হয়ে দাঁড়াবার ক্ষমতা রাখে, তা আপনাদের সামনে পরিষ্কার হয়ে যাক। যখন নিজেকে মানসিকভাবে বিপর্যস্ত করে তোলার ক্ষমতার রাশ আপনি অন্যান্য মানুষজনের হাতে তুলে দেন, তখন নিজের অন্তর্নিহিত শক্তি ও ক্ষমতা সমর্পণ করেন এমন কিছু ক্ষেত্রে, যার নিয়ন্ত্রণ আপনার ক্ষমতা বহির্ভূত কিংবা যে সমস্ত ক্ষেত্র আপনার জীবনে নিতান্তই অপ্রাসঙ্গিক। সেই মানসিক অশান্তির জের ক্রমান্বয়ে ছড়িয়ে পড়তে থাকে আপনার জীবনের প্রতিটি পরিসরে, তার দীর্ঘস্থায়ী প্রভাব আপনাকে বিপর্যস্ত করতে থাকে ঘণ্টার পর ঘণ্টা, দিনের পর দিন, এমনকি বছরের পর বছর ধরে।

যদি আপনারা নিজেদের অভীষ্ট লক্ষ্য অতিক্রম করতে চান, জীবনযাপনের লক্ষ্যে সর্বদা প্রাসঙ্গিক থাকতে চান, আত্মবিশ্বাসের তুঙ্গে অবস্থান করতে চান, নিজেদের জীবনকে আনন্দময় করতে তুলতে চান, তাহলে পারিপার্শ্বিকের মানুষকে নিজের মানসিক চাপের কারণ হতে দেওয়া থেকে বিরত থাকুন। আপনাদের জীবনে এমন অনেক পরিস্থিতি আসবে যার মধ্যে কয়েকটির নিয়ন্ত্রণ আপনার পক্ষে সম্ভব হলেও, বাকিগুলির নিয়ন্ত্রণ আপনার ক্ষমতা বহির্ভূত। কিছু পরিস্থিতি হবে আপনার নিয়ন্ত্রণের ক্ষেত্রে অনুকূল, অন্যগুলির নিয়ন্ত্রণ আপনাদের কাছে রীতিমতো প্রতিকূলতার সামিল হবে। আপনাদের সিদ্ধান্ত নিতে হবে কোন কোন পরিস্থিতি আপনাদের মানসিক চাপের কারণ, এবং সেই প্রভাব কোনক্ষেত্রে কতটা দীর্ঘস্থায়ী হতে চলেছে।

ডঃ অদিতির গবেষণা প্রমাণ করে যে আপনার অন্তর্নিহিত শক্তি ও ক্ষমতাকে সঠিক নিরাপত্তা দিতে শিখলে আপনার মানসিক স্থিতি, সামগ্রিক মনোভাব, স্বাস্থ্য, মনঃসংযোগ করার ক্ষমতা এবং বিভিন্ন পরিস্থিতিতে নিজেকে নিজের সত্তা থেকে বিচ্ছিন্ন করার ক্ষেত্রে প্রভূত উন্নতিসাধন সম্ভব। আমার মনে হয়, এই বিশেষ কারণেই পৃথিবীর অনেক মানুষ এই পদ্ধতির প্রয়োগ করার মাত্র কয়েক দিনের মধ্যেই, নিজেদের শরীরে এই বিশেষ দুটি শব্দ চিরকালের জন্য কালি দিয়ে লিখে রাখবার ব্যবস্থা নিয়েছেন।

এই শব্দগুলি আপনাকে প্রতি মুহূর্তে মনে করিয়ে দেবে যে, আপনার মানসিক শান্তিকে নিরাপদ রাখার কাজটি জীবনে সবচেয়ে গুরুত্বপূর্ণ। পারিপার্শ্বিকের মানুষজন কোনো পরিস্থিতিতেই যে আপনার মানসিক শান্তিকে বিঘ্নিত করতে পারবেন না, এই সত্য উপলব্ধি করতে পারলেই আপনার জীবনে বিশেষ এক আত্মবিশ্বাসের স্ফুরণ ঘটতে বাধ্য।

কিন্তু, আসুন এই পর্যালোচনাকে আমরা আরো একটি ধাপ এগিয়ে নিয়ে যাই।

একটি নির্দিষ্ট বিমানযাত্রায়, কোনো একজন যাত্রীর ক্ষেত্রে তাঁর নিজের আসনে বসে নিরন্তর কাশতে থাকা, নিতান্তই একটি অত্যন্ত সাধারণ ঘটনা। উড়ানের শেষে, আপনারা স্বভাবতই সেই বিমান থেকে নেমে পড়বেন এবং নিজের পরবর্তী কর্মকাণ্ডে ব্যস্ত হয়ে যাবেন, সেই কারণে আপনাদের পক্ষে এই ক্ষেত্রে দ্য লেট দেম থিওরি অর্থাৎ ওদের করতে দিন এর পদ্ধতি প্রয়োগ করা আপেক্ষিকভাবে সহজ বলে মনে হওয়াই স্বাভাবিক।

কিন্তু যে পরিস্থিতিতে পরবর্তীতে কী করা উচিত অথবা পরবর্তী প্রতিক্রিয়া কী হতে চলেছে, তা সম্পর্কে আপনি সন্দিহান থাকেন, সেক্ষেত্রে কী করণীয়? নিজের কর্মক্ষেত্রে উদ্ভব হওয়া বিভিন্ন প্রতিকূল পরিস্থিতি যখন আপনার মানসিক চাপ বৃদ্ধির কারণ হয়ে দাঁড়ায়, তখন আপনি কীভাবে এই পদ্ধতির প্রয়োগ করবেন?

অধ্যায় ৪

আপনাকে উৎপীড়ন করতে ওদের উৎসাহিত করুন

নিজের জীবনে প্রতিনিয়ত যদি বিশেষ কোনো পরিস্থিতি, অথবা বিশেষ কোনো মানুষের সম্মুখীন হওয়ার ফলে আপনি মানসিক বিপর্যয়ের বিরুদ্ধে প্রতিক্রিয়াশীল হতে বাধ্য হন, তাহলে আপনার পক্ষে কি লেট দেম অর্থাৎ ওদের করতে দিন এবং লেট মি অথবা আমাকে করতে দিন এর পদ্ধতির অভ্যাস করা সমীচীন নয়? গবেষণামূলক বিশ্লেষণ অনুসারে, অধিকাংশ মানুষের জীবনে অত্যধিক মানসিক উৎকণ্ঠার প্রধান এবং একমাত্র কারণ হল কর্মক্ষেত্রে মাত্রাতিরিক্ত কাজের চাপ। আপনার সামগ্রিক মানসিক স্থিতির উপরে আপনার জীবনসঙ্গী যতটা প্রভাব বিস্তার করেন, আপনার ঊর্ধ্বতন সহকর্মীও সমপরিমাণ প্রভাব বিস্তার করেন।

আমি নিশ্চিত যে, অন্তত্পক্ষে এই ব্যাপারে আপনাদের দৃষ্টি আকর্ষণ করার বিশেষ প্রয়োজন নেই, কারণ আপনারা প্রত্যেকেই জানেন যে কর্মক্ষেত্রে সাফল্য যেমন আমাদের উন্নতির শিখরে পৌঁছে দিতে পারে, সেরকমই আমাদের মানসিক চাপের যাঁতায় পিষে ফেলার ক্ষমতাও রাখে। প্রতি শুক্রবার, বিকেল চারটে নাগাদ শুরু হওয়া একাধিক বিরক্তিকর মিটিং থেকে আরম্ভ করে, অভব্য ক্রেতাদের সঙ্গে মাথা ঠান্ডা রেখে বার্তালাপ চালিয়ে যাওয়া, ইতিবাচক ও নেতিবাচক—বিভিন্ন রকমের ইমেইলের জবাব দেওয়া, আপনার কাজের চুলচেরা বিশ্লেষণ করতে থাকা খিটখিটে উপরওয়ালার মনোরঞ্জন করা, আপনার অপছন্দের কাজগুলিকে একে একে সমাধা করা, কর্মক্ষেত্রে উপযুক্ত প্রশংসা ও সমর্থন না পাওয়া, নিজের কর্মজীবনে কোনোরকম উন্নতির সম্ভাবনা না দেখে হতাশ হয়ে পড়া, মিথ্যা স্তোকবাক্যে ব্যথিত হওয়া, আচমকা ছাঁটাই হয়ে যাওয়ার আশঙ্কা, কিংবা কর্মক্ষেত্রে অতিরিক্ত সহকর্মীর অপসারণের ফলে অপরিসীম দায়িত্বের গুরুভার সামলানো, আপনার জীবনে এইসব সমস্যার কোনো শেষ নেই।

আপনি যদি আমার মতো করে চিন্তাভাবনা করতেন, এবং আমার উদাহরণ অনুসরণ করে নিজস্ব ব্যবসার গোড়াপত্তন করতে সক্ষম হতেন, অথবা একজন স্বাধীন সংগঠক হওয়ার স্বপ্ন দেখতেন, আমি নিশ্চিত যে উপরোক্ত তালিকার দৈর্ঘ্য অনায়াসেই চতুর্গুণ হয়ে দাঁড়াতো।

তাহলে, আপনার কর্মক্ষেত্রের এই পাহাড়প্রমাণ মানসিক চাপের কবল থেকে নিষ্কৃতি লাভ করার উদ্দেশ্যে, আপনি কীভাবে দ্য লেট দেম থিওরি অর্থাৎ ওদের করতে দিন এর পদ্ধতির প্রয়োগ করতে পারেন? উদাহরণ হিসেবে, ধরা যাক কর্মক্ষেত্রে আপনার মতো কর্মদক্ষ ব্যক্তি আর একজনও নেই, প্রতিনিয়ত আপনার নাম সফলতম কর্মীবৃন্দের নামের তালিকায় প্রথম স্থান অধিকার করে থাকে, আপনার কর্মদক্ষতা ক্রমাগতভাবে সহকর্মীদের ঈর্ষার কারণ হয়ে দাঁড়াচ্ছে, কিন্তু তা সত্ত্বেও আপনার উপরওয়ালা কেন আপনার পদোন্নতির প্রসঙ্গে সম্পূর্ণ নিরাসক্ত?

এই বিষয়ে তাঁর অভিমত জানতে চাইলে, সেই উপরওয়ালার কাছ থেকে আপনি গতানুগতিক কিছু অজুহাত শুনতে পান, "এই আর্থিক বছরে আমাদের প্রতিষ্ঠানের মুনাফার পরিমাণ অপেক্ষাকৃত কম" এবং "সদিচ্ছা থাকলেও, এই পরিস্থিতিতে আমার হাত-পা বাঁধা"। পাশাপাশি আপনার কানে বাজতে থাকে সেই চিরাচরিত তোয়াজের সুর, "দলের সার্বিক সাফল্যের নেপথ্যে আপনার অবদান অনস্বীকার্য।" ফলে, নিজের সহ্যশক্তির বিরুদ্ধে আপনি নীরবে সংগ্রাম করতে বাধ্য হন।

এই পরিস্থিতিতে একাধারে চূড়ান্ত হতাশা, নিরুৎসাহ, শক্তিহীনতা, বিদ্রোহ কিংবা চরম ব্যর্থতায় অসহায়ভাবে আপনি ধুঁকতে থাকেন। ডঃ অদিতির মতে, এই নির্দিষ্ট কারণেই সারা পৃথিবী জুড়ে রেকর্ড সংখ্যক মানুষ প্রতিনিয়ত ক্রমশ শারীরিক ও মানসিকভাবে অবসাদগ্রস্ত হয়ে পড়ছেন: কর্মক্ষেত্রে মানুষ মাত্রাতিরিক্ত মানসিক চাপের মোকাবিলা করতে গিয়ে নিয়মিত পরাজিত হচ্ছেন। তিনি বলেছেন, কর্মক্ষেত্রে যেহেতু আপনাদের মানসিক চাপের পরিমাণে কোনো তারতম্য ঘটছে না, সুতরাং এই মারাত্মক পরিস্থিতির মোকাবিলা করার ক্ষেত্রে আপনাদের অন্য পন্থার কথা ভাবতে হবে।

নিজের জীবনে যখন সেই কঠিনতম পরিস্থিতির বিরুদ্ধে আমি লড়াই চালাচ্ছিলাম, আমিও অনুরূপ অভিজ্ঞতার সম্মুখীন হয়েছিলাম। বিলের অর্থ পরিশোধ করার জন্য রোজগারের চেকটি যে আপনার কাছে অপরিহার্য, এই চিন্তাই আপনার মানসিক চাপ বাড়িয়ে তুলতে থাকে এবং আপনাকে অসহায় করে তোলে।

কিন্তু কর্মক্ষেত্রে আপনার অবস্থান এই মুহূর্তে যাই হোক না কেন, কখনোই আপনি নিজেকে অসহায় মনে করবেন না। এবারে দেখব কীভাবে দ্য লেট দেম থিওরি অর্থাৎ ওদের করতে দিন এর পদ্ধতির সফল প্রয়োগে, আপনার উপরওয়ালা যোগ্যতম ব্যক্তি হিসেবে পদোন্নতির সেই ন্যায্য উপহার আপনার হাতে তুলে দিতে বাধ্য হন।

এক্ষেত্রে আপনার করণীয় বিশেষ কিছুই নেই। এই দায়িত্ব একান্তভাবেই ওঁদের, তাই সে কাজ ওঁদেরই করতে দিন।

আমি জানি এটি আপনার পক্ষে সহ্য করা অত্যন্ত কঠিন। অবশ্যই, তিনি আপনার সঙ্গে যা করছেন, সেই ব্যবহার কখনোই আপনার প্রাপ্য ছিল না। অবশ্যই, এই মুহূর্তে পদোন্নতির নিরিখে আপনার চেয়ে যোগ্যতম ব্যক্তি আপনার কর্মক্ষেত্রে আর নেই। স্বভাবতই, এই পরিস্থিতিতে আপনার ভিতর থেকে ক্ষোভ, রাগ ও অসন্তোষের বহিঃপ্রকাশ একেবারেই যথাযথ।

আপনাকে একটি প্রশ্ন করি, : আপনার পেশাদারী কর্মজীবনের দায়িত্বভার কার উপরে ন্যস্ত? একদম সঠিক উত্তর, আপনার উপরে।

পাশাপাশি চিন্তা করলে বোঝা যায়, আপনার উপরওয়ালা আপনার পদোন্নতির যথাযোগ্য ব্যবস্থা করবেন কিনা, অথবা আপনার পারিশ্রমিক বৃদ্ধির ক্ষেত্রে প্রয়োজনীয় হস্তক্ষেপ করবেন কিনা, বা খোলা জানলার কাছাকাছি একটি সুদৃশ্য কিউবিকলে আপনার বসার স্থায়ী ব্যবস্থা করবেন কিনা, এর কোনোটাই আপনার নিয়ন্ত্রণে নেই। কর্মক্ষেত্রে আপনি যতই প্রাণপাত করুন না কেন, অথবা বিভিন্ন ক্ষেত্রে আপনি যতই প্রশংসা পান না কেন, এই সিদ্ধান্তের সম্পূর্ণ দায়ভার তাঁদের উপরেই বর্তায়।

তাই এমন কোনো পরিস্থিতিতে আপনি যদি পড়েন—যেক্ষেত্রে ইতিমধ্যেই আপনি নিজের যথাসর্বস্ব দিয়ে সার্বিক অবদান রেখেছেন, উপরওয়ালাদের সঙ্গে ইতিমধ্যেই আপনার পর্যালোচনা হয়েছে, ইতিমধ্যেই আপনি নিজের পদোন্নতির প্রসঙ্গ উত্থাপন করেছেন, আপনার দায়িত্বে থাকা প্রতিটি কাজ সুষ্ঠভাবে সম্পন্ন করেছেন; এবং আপনি সেই মহার্ঘ পদোন্নতির জন্য, কিংবা বিশেষ কোনো ওজনদার পদের জন্য বা ব্যক্তিগত কিউবিকলের জন্য অধীর আগ্রহে অপেক্ষা করছেন, কিন্তু সেগুলি এখনো আপনার কাছে অধরাই রয়ে গিয়েছে—সেক্ষেত্রে মানসিক উৎকণ্ঠা নিয়ন্ত্রণ করে, শান্তভাবে পরিকল্পনায় বসতে হবে যে এই পরিস্থিতিতে আপনার কী করণীয়।

কোনোভাবে আন্দাজ করতে পারছেন কি? যদি নিজের যাবতীয় ভাবাবেগকে প্রাধান্য দিয়ে সেই স্রোতে ভেসে যাওয়ার জন্য আপনি তৈরি থাকেন, অবশ্যই তা আপনাকে অপ্রকৃতিস্থ করে তুলবে। এই পরিস্থিতির ফলে উদ্ভব হওয়া মানসিক অস্বস্তিকে যদি আপনি অগ্রাধিকার দিতে থাকেন, পরবর্তী পদক্ষেপের ক্ষেত্রে আপনি কখনোই সঠিকভাবে নিজের পরিকল্পনা সাজাতে সমর্থ হবেন না।

এই ধরনের পরিস্থিতির ফলে আপনার উপরে যে অসীম মানসিক চাপ সৃষ্টি হবে, সেটিকে প্রাধান্য দিয়ে নিশ্চয় আপনি নির্বোধের মতো কাজ করবেন না। বরং এক্ষেত্রে কী উপায়ে নিজের যাবতীয় প্রতিক্রিয়াকে নিয়ন্ত্রণ করবেন, সে সম্পর্কে আপনাকে বুদ্ধি খাটাতে হবে। লেট মি অর্থাৎ আমাকে করতে দিন। এই পদ্ধতির মধ্যেই লুকিয়ে আছে আপনার যাবতীয় সমস্যা সমাধানের ক্ষমতা।

কর্মক্ষেত্রে বিশেষ কোনো পরিস্থিতির নিয়ন্ত্রণ যদি আপনার ক্ষমতা বহির্ভূত হয় এবং আপনি ইতিমধ্যেই সেই সমস্যার সমাধানে প্রাণপাত করে থাকেন, তাহলে সেই পরিস্থিতি আয়ত্বে আনার উদ্দেশ্যে আর এক মুহূর্ত সময়ও অপচয় করা বুদ্ধিমানের কাজ নয়। তার চাইতেও নির্বুদ্ধিতার কাজ হল, সেই দুশ্চিন্তায় প্রতি মুহূর্তে নিজের মানসিক চাপ বৃদ্ধি করে তোলা। আপনি নিশ্চয় এই নির্বুদ্ধিতার কাজ করবেন না। আপনার জীবন এবং সেই জীবনের সম্ভাবনাগুলি সবসময়েই আপনার বর্তমানের কর্মকাণ্ড অথবা কর্মক্ষেত্রের চাইতে অনেক, অনেক বড়।

জীবনের কোনো ক্ষেত্রেই আপনি এক জায়গায় আটকে পড়তে পারেন না। এটি স্রেফ নিজেকে সান্ত্বনা দেওয়ার জন্য একটি নির্ভেজাল মিথ্যা। যে কোনো অবস্থায় আপনি নির্দিষ্ট কর্মক্ষেত্র, পারস্পরিক সম্পর্ক, বিশেষ কোনো পরিস্থিতি, একটি গুরুত্বপূর্ণ ডেট, চাকরির সাক্ষাৎকার অথবা একটি কথোপকথন পরিত্যাগ করতেই পারেন।

কিন্তু এই মুহূর্তে নিজের দিকে একবার দেখুন, আপনি একইভাবে আপনার উপরওয়ালা স্টিভের মুখের দিকে নির্নিমেষে তাকিয়ে রয়েছেন—তিনি সেই একই ব্যক্তি, যাঁকে প্রতিটি জুম মিটিং শেষ হওয়ার সঙ্গে সঙ্গেই আপনি রীতিমতো গালিগালাজ করতে অভ্যস্ত।

নিজের মানসিকতার বিপক্ষে গিয়ে এমন কোনো কর্মক্ষেত্রে নিজেকে টিকিয়ে রাখার প্রয়োজন নেই, যেখানে আপনি প্রতিনিয়ত হতাশা, নিরুৎসাহ অথবা মানসিক চাপের শিকার হতে থাকেন। কেন আপনি এইভাবে নিজের জীবনে সমস্যার সৃষ্টি করবেন? সেই সমস্যাগুলিকে নিজের গতিপথ অনুযায়ী ভেসে যেতে দিন।

এইবার আমরা লেট মি অর্থাৎ আমাকে করতে দিন অংশটির উপরে মনঃসংযোগ করতে চলেছি। জীবনে আপনার বর্তমান পরিস্থিতি নিয়ে দুশ্চিন্তার পরিবর্তে, অপেক্ষাকৃত একটি ভালো সুযোগ খুঁজে বার করার দিকে মনঃসংযোগ করতে হবে। এই মুহূর্তে অন্য কোনো জায়গায় নিশ্চয় অসামান্য কোনো একটি লোভনীয় চাকরি, একজন দূরদর্শী উপরওয়ালা, আশাতীত পারিশ্রমিকের সুব্যবস্থা, এবং খোলা জানলার পাশেই একটি সুন্দর ডেস্ক আপনার জন্যেই অপেক্ষমান! এই মুহূর্তে আপনি যেখানে কর্মরত, পৃথিবীতে সেটিই একমাত্র প্রতিষ্ঠান নয়, এবং মাথার উপরে থেকে আপনাকে সঠিকভাবে পথ দেখাবার ক্ষেত্রে লক্ষ লক্ষ বিচক্ষণ মানুষ রয়েছেন, যাঁদের সাহায্যে আপনি অচিরেই নিজের পেশায় অভাবনীয় উন্নতি করতে সমর্থ হবেন।

আমাকে সেই সুযোগ দুহাতে লুফে নিতে দিন।

মনের মতো একটি কর্মক্ষেত্র খুঁজে বার করা কি অত্যন্ত দুরূহ কাজ? অবশ্যই। এই সুযোগ খুঁজে বার করতে কি সারাজীবন কেটে যেতে পারে? অবশ্যই। আপনি কি নিজের জীবনপঞ্জী পরিবর্তন করার জন্য পদক্ষেপ গ্রহণে ভয় পান? অবশ্যই। চার দেওয়ালের বাইরে বেরিয়ে বহির্জগতের সঙ্গে যোগাযোগ স্থাপন করার কাজটি কি আপনার দুশ্চিন্তার কারণ? অবশ্যই। আপনার পেশাদারী জীবন হল একমাত্র আপনার দায়িত্ব এবং এই পরিসরে আপনার চাইতে ক্ষমতাধর আর কেউ নন, যদিও সেই সত্য সম্পর্কে আপনি অবগত নন। সেই অনুযায়ী নিজের জীবনে অগ্রসর হওয়ার সময় আগত।

বিভিন্ন সপ্তাহান্ত আমি কী করে উপভোগ করব তা আমাকে ভাবতে দিন। পানশালায় বন্ধুবান্ধব পরিবৃত হয়ে বসে সুরাপান করতে করতে নিজের জীবন ও কর্মক্ষেত্রের নিন্দা করার পরিবর্তে, আপনারা যদি নিজেদের সময় ও ক্ষমতার সঠিক প্রয়োগে নিজেদের জন্য উপযুক্ত কর্মসংস্থানের সন্ধানের উদ্যোগ করেন, তাহলে কেমন হয়? হয়তো সেই স্বপ্নের কাজটি খুঁজে পেতে আপনার মাস ছয়েক সময় লাগতে পারে, কিন্তু এই সময়কে কি আপনি কখনোই নিজের কাছে ধরে রাখতে পারতেন? একবার ভেবে দেখুন: সেই নির্দিষ্ট কর্মক্ষেত্রে থেকে যাওয়ার কথাই যদি আপনি ভেবে থাকেন, আপনার ভবিষ্যৎ কে নিয়ন্ত্রণ করবেন? একদম সঠিক। আপনার উপরওয়ালা স্টিভ। কিন্তু আপনি যদি নিজের জীবনপঞ্জীতে প্রয়োজনীয় পরিবর্তন করে, বহির্জগতের সঙ্গে যোগাযোগ স্থাপন করে, নতুন চাকরির জন্য সাক্ষাৎকার দিতে যাওয়ার উদ্যোগ আপন নেন, আপনার ভবিষ্যতের দায়িত্বভার কার কাঁধে উঠছে? ঠিক ধরেছেন। আপনার।

শিশুসুলভ আচরণ করে নিজের কর্মক্ষেত্রে আপনার উপরওয়ালাকে বিভিন্ন নামকরণের মাধ্যমে বিদ্রূপ করার কথা আপনি ভাবতেই পারেন, কিন্তু এক্ষেত্রে নির্মম সত্য হল যে আসল

দোষ আপনার, কারণ আপনিই সেই ব্যক্তি যিনি অসংখ্য সমস্যার সম্মুখীন হওয়ার পরেও সেই নির্দিষ্ট কর্মক্ষেত্রে মুখ বুঁজে পড়ে থাকার জন্য প্রস্তুত।

এক্ষেত্রে সম্পূর্ণ দোষ আপনার। জানতে চান আরো কতভাবে আপনি নিজের অনিষ্টসাধনে ব্রতী হয়েছেন? ওই নির্দিষ্ট চাকরিটি ছেড়ে কেন আপনি অন্য কাজ খোঁজার উদ্যোগ নিতে পারছেন না, তার অসংখ্য হাস্যকর অজুহাত দেওয়া। আপনার অন্তর্নিহিত শক্তি ও ক্ষমতা সম্পর্কে আপনার কোনো ধারণাই নেই। কিন্তু সেই ক্ষমতা অনুযায়ী কাজ করার সময় আগত।

আপনার পরবর্তী পদক্ষেপের নিয়ন্ত্রণ আপনার হাতে

আপনারা যখন লেট মি অর্থাৎ আমাকে করতে দিন এর পদ্ধতির শরণাপন্ন হন, তখন সঠিক প্রতিক্রিয়া কোনগুলি তা সম্পর্কে আপনারা কীভাবে নিশ্চিত হতে পারবেন? এই পদ্ধতির অন্তর্গত লেট দেম অর্থাৎ ওদের করতে দিন এর অংশটি আপনাদের বোধগম্য হয়েছে বলে আমার বিশ্বাস।

যখন আপনি লেট দেম অর্থাৎ ওদের করতে দিন শব্দগুলি উচ্চারণ করেন, পারিপার্শ্বিকের মানুষজন সংক্রান্ত বিভিন্ন পরিস্থিতিকে নিয়ন্ত্রণ করার দায়িত্ব থেকে আপনি বিরত থাকার চেষ্টা করেন। কিন্তু যখন আপনি লেট মি অথবা আমাকে করতে দিন শব্দের ব্যবহার করেন, একটি নির্দিষ্ট পরিস্থিতিতে আপনি কীভাবে প্রতিক্রিয়াশীল হবেন, তার সম্পূর্ণ দায়িত্বভার আপনি নিজের কাঁধে তুলে নেওয়ার ব্যবস্থা করেন, যা কখনোই স্বয়ংক্রিয়ভাবে হওয়া সম্ভব নয়।

জীবনে প্রতিটি পরিস্থিতি অন্যান্যদের চাইতে আলাদা, এবং পর্যাপ্ত সময় ও ক্ষমতার সদ্ব্যবহারে আপনি কোনগুলির ক্ষেত্রে কীভাবে নিজের প্রতিক্রিয়ার প্রকাশ করবেন, অথবা করবেন না—তা সঠিকভাবে শিখতে পারলে আপনার জীবনে আমূল পরিবর্তন ঘটা সম্ভব। আমি এই মুহূর্তে আপনাদের একটি কাহিনী শোনাব, যেখান থেকে কীভাবে নিজের ক্ষেত্রে সঠিক প্রতিক্রিয়াটি বেছে নেওয়া সম্ভব, তার একটি স্বচ্ছ ধারণা পাওয়া যেতে পারে।

মাত্র কয়েকদিন আগের কথা, আমি আমাদের পোষা কুকুরদের সঙ্গে নিয়ে স্থানীয় একটি সরকারী উদ্যানের পছন্দসই জায়গায় হাঁটতে গিয়েছিলাম। পার্কিং লটে গাড়ি রাখার পরেই, উদ্যানের দায়িত্বপ্রাপ্ত স্থানীয় রেঞ্জার কাজে যাওয়ার সময় আমার পোষ্যদের সঙ্গে আলাপ করে, তাদের 'হ্যালো' বলবার জন্য একটু সময়ের জন্য দাঁড়িয়েছিলেন। নিজেদের মধ্যে কথাবার্তা বলার সময়, ভদ্রলোক আমাকে পরামর্শ দেন যে আমি যেন কোনোভাবেই পোষ্যদের শিকল হাতছাড়া না করি, এবং তারা মলত্যাগ করার পর আমি যেন বর্জ্য পদার্থ মাটি থেকে তুলে নেওয়ার ব্যবস্থা করি। এর কারণ হল সম্প্রতি তাঁদের কাছে বহু মানুষ নালিশ করেছেন যে উদ্যানের ভিতরে অনেক কুকুর যথেচ্ছভাবে দৌড়ে বেড়ায় এবং কুকুরের মালিকেরা হামেশাই তাদের ওই উদ্যানে বরাবরের জন্য ছেড়ে দিয়ে যান। পরিস্থিতি এমনই দাঁড়িয়েছিল যে কর্তৃপক্ষ সেই উদ্যানে কুকুরদের প্রবেশাধিকার রদ করার কথা ভাবতে বাধ্য হচ্ছিলেন।

এই তথ্য আমার সঙ্গে ভাগ করে নেওয়ার জন্য আমি ভদ্রলোককে ধন্যবাদ জানিয়ে তাঁকে আস্বস্ত করেছিলাম যে আমি "সেই ধরনের মানুষের" মধ্যে পড়ি না, এবং অবশ্যই

উদ্যানের সমস্ত নিয়মকানুন মেনে চলতে আমি রাজি। উদ্যানের অন্তর্বর্তী রাস্তা দিয়ে হাঁটার সময়, আমার সামনে প্রায় ১০০ ফুট দূরত্বে অন্য এক ভদ্রমহিলা হেঁটে যাচ্ছিলেন, যাঁর কুকুরের গলায় শিকল বাঁধা ছিল না, সেটি যথেচ্ছভাবে দৌড়ে বেড়াচ্ছিল এবং অচেনা মানুষের শরীর বেয়ে উঠে দাঁড়িয়ে তাদের অস্বস্তির কারণ হচ্ছিল।

আমার মধ্যে অবদমিত ক্ষোভের পরিমাণ উত্তরোত্তর বৃদ্ধি পেতে শুরু করে। টের পাচ্ছিলাম যে মানসিক চাপ বৃদ্ধির ফলে আমার যাবতীয় প্রতিক্রিয়া সোচ্চার হওয়ার উপক্রম, এবং আমার অ্যামিগডালা কাজে নামার প্রস্তুতি নিতে শুরু করেছে। সেই মুহূর্তে আমি আর প্রাকৃতিক সৌন্দর্য উপভোগ করতে করতে হাঁটার দিকে মনোযোগ দিতে পারছিলাম না। আমার সমস্ত মনোযোগ সেই কুকুর এবং তার মালিকের দিকে নিবদ্ধ হয়েছিল, এবং ক্রমে আমার মধ্যে রাগ ও অসন্তোষের পারদ চড়তে থাকে, কারণ সেই উদ্যানের রেঞ্জার কিছুক্ষণ আগেই আমার সঙ্গে এই সমস্যার কথাই আলোচনা করছিলেন। একমাত্র এই অবিবেচক মানুষগুলির জন্যেই এই উদ্যানে আমাদের সকলের প্রবেশাধিকার রদ হতে চলেছিল।

আমি লেট দেম অর্থাৎ ওদের করতে দিন এর শরণাপন্ন হয়েছিলাম, এবং প্রথম পাঁচবার তাতে কাজও হয়েছিল। কিন্তু, পরমুহূর্তেই সেই ভদ্রমহিলার পোষ্যটি যখন রাস্তার মধ্যবর্তী অংশে আড়ষ্টভাবে শরীর কুঁকড়ে মলত্যাগ করতে শুরু করল, আমি স্তম্ভিত হয়ে দেখলাম সেই মল তুলে একটি পরিত্যাজ্য ব্যাগে না রেখে, সেই অর্বাচীন ভদ্রমহিলা পায়ের ঠেলায় কিছু শুকনো পাতা দিয়ে সেটি সুকৌশলে ঢেকে দেওয়ার ব্যবস্থা করলেন!

আমার পক্ষে চোখের সামনে ঘটতে থাকা এই দৃশ্য সহ্য করার ক্ষমতা ছিল না। মানসিক চাপের বিরুদ্ধে নীরবে লড়াই চালিয়ে যাওয়ার পরিবর্তে, আমি পাঁচ সেকেন্ডের মধ্যে একজন ডগ পুলিশের ভূমিকায় অবতীর্ণ হতে বাধ্য হয়েছিলাম। এই নির্দিষ্ট পদ্ধতি ব্যবহারের ক্ষেত্রে, সেই মুহূর্তে আমি একটি নতুন তথ্য আবিষ্কার করতে সক্ষম হয়েছিলাম। বিভিন্ন পরিস্থিতির ক্ষেত্রে, আপনাদের সামগ্রিক প্রতিক্রিয়া প্রতিবারই অনন্য এবং আলাদা হতে বাধ্য।

কিছু ক্ষেত্রে আমার পক্ষে সেই অবিবেচক ভদ্রমহিলার কাছে পৌঁছে, তাঁর হাতে একটি ডগি ব্যাগ তুলে দেওয়া, নিজের হাতে সেই আবর্জনাটুকু তুলে নেওয়ার জন্য তাঁকে অনুরোধ করা, তাঁকে সাম্প্রতিক ঘটনাপ্রবাহের বিবরণ দেওয়া এবং শেষ পর্যন্ত তাঁকে সমস্ত নিয়মকানুন মেনে চলার অনুরোধ করা সম্ভব হবে না।

কিন্তু কিছু ক্ষেত্রে, আমার পক্ষে প্রবল পরাক্রমে একজন অলিম্পিক দৌড়বীরের গতিতে তাঁর কাছে পৌঁছে গিয়ে, উপরোক্ত প্রতিটি কাজ নির্বিঘ্নে সম্পন্ন করা অবশ্যই সম্ভব।

কিংবা কিছু ক্ষেত্রে, আমি হয়তো অন্যায় দেখতে পেয়েও কাঁধ ঝাঁকিয়ে, লেট দেম অথবা ওদের করতে দিন বলে এই পরিস্থিতি এড়িয়ে যাওয়ার চেষ্টা করব—কারণ আমি জানি এই বিষয়ে নিজের অমূল্য সময় ও শক্তির অপচয় করা কখনোই আমার পক্ষে লাভজনক হবে না। শেষ পর্যন্ত নিজেকে উদার প্রমাণ করতে গিয়ে, নিজেই একটি ব্যাগে সেই পরিত্যাজ্য বস্তুটি তুলে নেওয়ার ব্যবস্থা করব। এবং পরে, উদ্যান থেকে বেরিয়ে আসার সময়ে, সেই ভদ্রমহিলার গাড়িটি খুঁজে বার করে সে বস্তুটি গাড়িময় লেপে দিতে বিন্দুমাত্র দ্বিধাবোধ করব না! (বাক্যের শেষাংশটি অবশ্যই মজা করার জন্য বলা হয়েছে)।

নিজেকে আমি সেই সমস্ত দায়িত্বশীল মানুষের দলে অন্তর্ভুক্ত করি, যাঁরা সার্বজনীন ব্যবহারের অঞ্চলকে পরিষ্কার পরিচ্ছন্ন রাখতে পছন্দ করেন—যাতে সাধারণ মানুষের পক্ষে সেগুলি উপভোগ করা সহজতর হয়। ভাবতে ভালো লাগে, যে সমস্ত জায়গায় আমি ঘুরে এসেছি, সেগুলি আগের তুলনায় অপেক্ষাকৃত পরিষ্কার পরিচ্ছন্ন অবস্থায় থাকার পিছনে আমার সামান্য, কিন্তু ইতিবাচক ভূমিকা রয়েছে। বরাবরই মানুষকে পথ দেখাতে আমি পছন্দ করি, যদিও বহুক্ষেত্রে সেই দায়িত্ব আমার উপরে বর্তায় না।

এমনও হতে পারত, আমি হাঁটা বন্ধ করে তৎক্ষণাৎ পার্কিং লটে পৌঁছে, সেই রেঞ্জারকে খুঁজে বার করে, ব্যক্তিগতভাবে ভদ্রমহিলার বিরুদ্ধে রেঞ্জারের কাছে নালিশ করে তাঁর সঙ্গে ভদ্রমহিলার বেরিয়ে আসার অপেক্ষা করতাম, যাতে তিনি তাঁর বিরুদ্ধে যথাযথ ব্যবস্থা নিতে পারেন।

উপরোক্ত প্রতিটি লেট মি অর্থাৎ আমাকে করতে দিন এর সুযোগ আমার এবং আপনাদের কাছে সবসময়েই উপলব্ধ। আপনারা যখন এই ঘটনার কথা পড়ছিলেন, আপনাদের মাথায় আরো অনেক সম্ভাবনার কথা ভেসে আসা স্বাভাবিক। আসল কথা হল, প্রতিটি পরিস্থিতি আলাদা হওয়া সত্ত্বেও একটি জিনিস কিন্তু প্রতিটি ক্ষেত্রেই একই থেকে যায়: আপনারা কীভাবে প্রতিক্রিয়াশীল হবেন, তা বেছে নেওয়ার দায়িত্ব একান্তভাবেই আপনাদের নিয়ন্ত্রণে রয়েছে।

আমার পক্ষে ভদ্রমহিলার পোষ্যকে রাস্তার মাঝখানে মলত্যাগ করার থেকে আটকানো কখনোই সম্ভব নয়, কিন্তু আমার পক্ষে সেই পরিস্থিতির বিরুদ্ধে নিজের প্রতিক্রিয়াকে নিয়ন্ত্রণ করা অবশ্যই সম্ভব। এই ঘটনার পরিপ্রেক্ষিতে নিজেকে কীভাবে ও কোন ভূমিকায় আমি দেখতে চাইছি, তা বেছে নেওয়ার ক্ষমতা আমার রয়েছে, এবং এই ক্ষমতা আমার মানসিক শক্তিকে উত্তরোত্তর বৃদ্ধি করতে থাকে।

আপনার যাবতীয় অনুভূতি, আপনার জীবনে এই মুহূর্তে কী ঘটে চলেছে, আপনার হাতে কতটা সময় রয়েছে, একটি ঘটনা আপনার জীবনে কতটা প্রভাব বিস্তার করতে পারে, আপনার মানবিক মূল্যবোধ আপনাকে কী বলে, উন্নতি সাধনের পথে সর্বোৎকৃষ্ট পন্থাটি কী—এর উপরে ভিত্তি করে আপনার জীবনে প্রতিটি পরিস্থিতি প্রতিনিয়ত বদলে যেতে থাকবে।

লেট মি অর্থাৎ আমাকে করতে দিন এর পদ্ধতি আপনাদের কাছে এক সুবর্ণ সুযোগ এনে দেয়। এর সাহায্যে আপনারা নিজেদের পর্যাপ্ত সময়, কর্মক্ষমতা এবং মানবিক মূল্যবোধকে জীবনের কেন্দ্রস্থলে প্রতিষ্ঠা করতে সক্ষম হবেন। এর সফল প্রয়োগে আপনার পক্ষে বেছে নেওয়া সহজ হবে—কোন পরিস্থিতি আপনার মনঃসংযোগের উপযুক্ত এবং কোনগুলি নয়। আপনার জন্য কোন পরিস্থিতি একেবারে সঠিক, তা বেছে নেওয়ার সিদ্ধান্ত আপনি কীভাবে নিতে পারেন? বিশেষ করে যখন আপনি একটি জটিল পরিস্থিতির সম্মুখীন? এটি অত্যন্ত গুরুত্বপূর্ণ একটি প্রশ্ন।

এই ধরনের জটিল পরিস্থিতির ক্ষেত্রে, আমি লেট দেম অর্থাৎ ওদের করতে দিন এর শরণাপন্ন হতে স্বচ্ছন্দবোধ করি, এবং কয়েক মুহূর্ত অপেক্ষা করার পরে, নিজেকে কিছু নির্দিষ্ট প্রশ্নের সামনে দাঁড় করাই: এই পরিস্থিতি সংক্রান্ত দুশ্চিন্তা কি আমাকে এক ঘণ্টার মধ্যে আবার আক্রমণ করতে চলেছে? এক সপ্তাহের মধ্যে কি আমার যাবতীয় দুশ্চিন্তা ফিরে আসার সম্ভাবনা রয়েছে? নাকি এই নির্দিষ্ট পরিস্থিতি সংক্রান্ত যাবতীয় দুর্ভাবনা এই মুহূর্তে আমার মানসিক চাপ বৃদ্ধি করে চলেছে?

লেট দেম অথবা ওদের করতে দিন এর পদ্ধতির প্রয়োগের এক ঘণ্টা পরেও আমি যদি সেই পরিস্থিতি নিয়ে দুশ্চিন্তায় মগ্ন হয়ে থাকি, তবে আমাকে অন্য কোনো উপায় খুঁজে বার করতে হবে। কিন্তু এক সপ্তাহ কিংবা এক বছর পরেও যদি সেই দুশ্চিন্তা আমাকে কুরে কুরে খেতে থাকে, আমাকে অবশ্যই অন্য কোনো সমাধান সুনিশ্চিত করতে হবে। আমি খুব ভালো করেই জানতাম, সেই অবিবেচক ভদ্রমহিলা এবং তাঁর পোষ্য কুকুরের ঘটনাটি বারবার আমার স্মৃতিতে ভেসে উঠতে থাকবে, যতবার সেই সরকারি উদ্যানে নিজের কুকুরদের নিয়ে হাঁটবার জন্য যাব।

অধিকাংশ ক্ষেত্রেই, আপনার জন্য কোনটি সঠিক পদক্ষেপ তা আপনার পক্ষে জানা সম্ভব। এবং এই তত্ত্বের ভিত্তিতে আমি পরবর্তী উদাহরণে চলে যেতে চাই—যে প্রসঙ্গটি বর্জ্য পদার্থ সংক্রান্ত আলোচনার অব্যবহিত পরেই আসা অত্যন্ত প্রাসঙ্গিক বলে আমি মনে করে থাকি—রাজনীতি।

অধিকাংশ মানুষ বর্তমানে বিশ্বব্যাপী রাজনৈতিক পরিস্থিতি সংক্রান্ত আলোচনার ক্ষেত্রে প্রভূত মানসিক চাপের সম্মুখীন হন বলে অনুযোগ করেছেন। আমিও সর্বান্তঃকরণে তাঁদের সঙ্গে সহমত। আমার মনে হয়, আপনাদের মানসিক স্থিতিও একই কথা বলে।

এমন একটি সময়ে আমরা এই পৃথিবীতে বসবাস করছি, যেখানে আমরা সম্পূর্ণভাবে সমবর্তিত অবস্থায় থাকতে অভ্যস্ত, জীবনযাপনের ক্ষেত্রে অপরিহার্য ঝুঁকির পরিমাণ সবচেয়ে বেশি, প্রতিটি মানুষ একে অপরের থেকে নিরাপদ দূরত্ব বজায় রেখে চলতে অভ্যস্ত, এবং জীবনের প্রতিটি পরিসরে সঠিক পদক্ষেপ গ্রহণ করার ক্ষেত্রে হয় আমরা ক্ষোভে অথবা বিদ্বেষে জর্জরিত, বা অহেতুক আশঙ্কায় ভীত সন্ত্রস্ত অবস্থায় জীবনধারণ করে চলেছি (অথবা দুটি ক্ষেত্রেই আমাদের প্রতিক্রিয়া একইরকম)।

আজকের পৃথিবীতে অধিকাংশ মানুষের সঙ্গে যে কোনো বিষয়ে সুষ্ঠভাবে আলোচনা করা ক্রমশই অসম্ভব হয়ে যাচ্ছে, কারণ তাঁদের দৃষ্টিভঙ্গি সম্পূর্ণভাবেই আলাদা, কারণ আমাদের কারো কাছেই সেই পর্যাপ্ত সময়টুকু নেই যাতে উল্টোদিকের মানুষটির মতামত, তাঁর সামগ্রিক দৃষ্টিকোণ এবং তিনি সমাজের কোন স্তর থেকে এসেছেন তার মূল্যায়ন করা সম্ভব হতে পারে।

আপনারা জানেন যে স্থানীয়, রাজ্য সম্পর্কিত, দেশ কেন্দ্রিক কিংবা আন্তর্জাতিক স্তরে বিশ্ব রাজনীতির আলোচনা কীভাবে আপনাদের মানসিক চাপ উত্তরোত্তর বৃদ্ধি করার ক্ষমতা রাখে, তাই আপনাদের পক্ষে যে কোনো প্রসঙ্গে হাত তুলে নিজের সমর্থন জানানো, কোনো সময় সমগ্র আলোচনা থেকে নিজেকে সম্পূর্ণভাবে বিচ্ছিন্ন করে নেওয়া, কিংবা পরিস্থিতির পরিবর্তনে নিজেকে অক্ষম ভাবতে শুরু করা খুবই স্বাভাবিক কিছু ঘটনা।

তাহলে স্থানীয়, রাজ্য সম্পর্কিত, দেশ কেন্দ্রিক কিংবা আন্তর্জাতিক স্তরে বিশ্ব রাজনীতির স্থিতি পরিবর্তনের ক্ষেত্রে আপনারা কীভাবে দ্য লেট দেম থিওরি অর্থাৎ ওদের করতে দিন এর পদ্ধতির প্রয়োগ করতে পারেন?

একদমই পারেন না। কারণ, শিক্ষা পর্ষদ ইতিমধ্যেই সর্বসম্মতভাবে সিদ্ধান্ত গ্রহণ করে ফেলেছেন। মন্ত্রিসভায় এই সিদ্ধান্ত ইতিমধ্যেই সর্বজনবিদিত। তাঁদের ব্যবস্থা অনুযায়ী, দেশের রাজনৈতিক তন্ত্রের ভার দুজন প্রার্থীর উপরে ন্যস্ত। মতদানের পর্ব ইতিমধ্যেই সমাপ্ত হয়েছে।

এই সমস্ত তথ্য দেশের উচ্চ আদালতে নথিভুক্ত করা হয়েছে। ওদের করতে দিন। ইতিমধ্যেই যে প্রক্রিয়া সম্পন্ন হয়েছে, তাকে পরিবর্তন করা আপনার ক্ষমতা বহির্ভূত।

আমি কিন্তু একবারও বলিনি যে আপনি ভবিষ্যতের পৃথিবীকে পরিবর্তন করার ক্ষমতা রাখেন না। জানি না, আপনাদের কাছে আমার এই ধারণা অতিরঞ্জিত মনে হচ্ছে কিনা। আপনাদের কি মনে হয় যে, এর ফলে দেশতন্ত্রে আদৌ কোনো তারতম্য ঘটার সম্ভাবনা রয়েছে? অবশ্যই।

কিন্তু থেমে গেলে চলবে না। রাজনীতির পরিসরে যে সমস্ত ক্ষেত্রে সামগ্রিক সংস্কার হওয়ার প্রয়োজন বলে আমি মনে করি, সেই প্রসঙ্গ নিয়ে আমাকে ওতপ্রোতভাবে জড়িয়ে থাকতে দিতে হবে, আমাকে গলার স্বর চড়াতে দিতে হবে—যার ফলে আমার স্থানীয়, রাজ্য সম্পর্কিত, দেশ কেন্দ্রিক এবং আন্তর্জাতিক স্তরে বিশ্ব রাজনীতির ভবিষ্যৎ বদলে দিতে পারে। আপনার চোখের সামনে পড়ে থাকা আবর্জনার স্তূপ পরিষ্কার করার জন্য অলসভাবে অন্য কারো অপেক্ষায় সময় নষ্ট করা কখনোই সমীচীন নয়।

আপনি যদি এই নির্দিষ্ট চিন্তাধারার বশবর্তী হয়ে থাকেন, তাহলে অবশ্যই সেই বিশেষ ব্যক্তি হিসেবে আত্মপ্রকাশ করুন—যাঁর অপেক্ষায় মানুষ প্রতিনিয়ত দিন গুনছেন। যে পরিবর্তন আপনি আনতে চাইছেন সেই পরিবর্তনের পরিস্থিতি আপনাকেই সৃষ্টি করতে হবে। লেট মি অর্থাৎ আমাকে করতে দিন এর আসল ক্ষমতা এখানেই।

এই প্রসঙ্গে প্রফেসর মার্গারেট মিডের বক্তব্যকে আমি স্মরণ করতে চাই: "চিন্তাশীল, প্রতিশ্রুতিবদ্ধ কিছু নাগরিক সম্বলিত একটি ক্ষুদ্র গোষ্ঠী যে এই পৃথিবীর খোলনলচে বদলে দেওয়ার ক্ষমতা রাখে, সেই ব্যাপারে দ্বিচারিতার কোনো অবকাশই নেই; আসলে, পৃথিবীর ইতিহাসে এই ঘটনার সাক্ষ্যপ্রমাণ লিপিবদ্ধ রয়েছে।"

সঠিক কাজটি সুষ্ঠভাবে সম্পন্ন করার জন্য মাত্র একটি মানুষের প্রয়োজন। এবং সেই দুশ্চিন্তা যদি নিরন্তর আপনাকে মানসিকভাবে বিপর্যস্ত করে তোলে, জানবেন আপনিই হলেন সেই ব্যক্তি। আপনার সার্বিক অবদানই তফাৎ গড়ে দিতে পারে। কিন্তু এই নির্দিষ্ট ক্ষেত্রে যদি আপনি জড়িয়ে পড়তে অনিচ্ছুক হন, তাহলে আপনার থেকে ক্ষোভ, ক্ষেদ অথবা অসন্তোষের একটি শব্দও আমরা আশা করব না। কারণ নিজের ক্ষোভ অথবা অসন্তোষের এই বহিঃপ্রকাশ আপনার মানসিক চাপ বৃদ্ধি করতে পারে। যে কোনো পরিস্থিতিতে অনর্থক মন্তব্য করা অগভীরতার পরিচয় দেয়। কোনো পরিস্থিতি যদি আপনার বিরক্তির কারণ হয়ে দাঁড়ায়, নিজের তরফ থেকে কিছু অমূল্য সময় এবং প্রচেষ্টার বিনিময়ে সেই পরিস্থিতি পরিবর্তন করার দায়িত্ব আপনাকেই নিজের কাঁধে তুলে নিতে হবে।

নিজেদের জীবনে যতবার, যে ধরনের পরিস্থিতিতে অথবা ঘটনার পরিপ্রেক্ষিতে আপনারা দ্য লেট দেম থিওরি অর্থাৎ ওদের করতে দিন এর পদ্ধতির সদ্ব্যবহার করার সুযোগের সম্মুখীন হবেন, আপনারা ক্রমশই উপলব্ধি করবেন যে—সমস্যার আয়তন বা ব্যাপ্তি যতই বিশাল হোক অথবা সেই বিশেষ পরিস্থিতি আপনাদের শারীরিক ও মানসিক ক্লান্তি ও অবসাদ যতই বাড়িয়ে তুলুক না কেন, সামগ্রিক কর্মক্ষমতা এবং মনোভাবের বলে বলীয়ান হয়ে আপনারা অবশ্যই সেই পরিস্থিতির উন্নতিসাধন করতে সক্ষম হবেন।

লেট মি অর্থাৎ আমাকে করতে দিন এর আসল শক্তি এখানেই। পারিপার্শ্বিকের মানুষকে বদলাবার ক্ষমতা আপনার নেই, অথবা বৃহদার্থে বললে—এই পৃথিবীর কাউকে বদলানো আপনার ক্ষমতা বহির্ভূত, কিংবা বিভিন্ন উদ্যানে অন্যান্য মানুষজন কী করছেন তাতে বাধা দেওয়া আপনার এক্তিয়ারে পড়ে না; কিন্তু আপনি কী বলছেন, কী ভাবছেন অথবা বিভিন্ন পরিস্থিতির মোকাবিলায় আপনার প্রতিক্রিয়া কী, তার সম্পূর্ণ নিয়ন্ত্রণ রয়েছে আপনার হাতে—এবং সেটিই আপনার অন্তর্নিহিত শক্তি বা ক্ষমতার আসল উৎস।

যত বেশি করে এই ক্ষমতার গভীরে আপনি ডুব দেবেন, আপনাদের চোখের সামনে একের পর এক বিভিন্ন রহস্যের উন্মোচন হতে থাকবে, আপনারা উপলব্ধি করতে পারবেন কীভাবে জীবনের যাবতীয় সুখ, আহ্লাদ ও আনন্দের বলিদান দিয়ে আপনারা নিজেদের ক্ষমতার রাশ তুলে দিতে থেকেছেন পারিপার্শ্বিকের মানুষজনের হাতে। আমার মতোই, এই সমস্যা সম্পর্কে আপনারাও কখনো অবগত ছিলেন না। আপনাদের জীবনে সময় ও অন্তর্নিহিত শক্তি বা ক্ষমতার অফুরন্ত যোগান রয়েছে। দ্য লেট দেম থিওরি অথবা ওদের করতে দিন এর পদ্ধতি এই সত্য আপনাদের চোখের সামনে তুলে ধরে, এবং জীবনের কোন কোন পরিস্থিতিতে আপনি নিজের অমূল্য সময় এবং ক্ষমতার বিনিয়োগ করবেন, অথবা করবেন না, তার একটি সুনির্দিষ্ট পরিকল্পনা সাজাতে সাহায্য করে। এই পদ্ধতি কিন্তু প্রতিকূল পরিস্থিতি এড়িয়ে যাওয়া অথবা কঠিন সমস্যার ক্ষেত্রে সম্পূর্ণ নিশ্চুপ হয়ে থাকার পরামর্শ কখনোই দেয় না।

এর অর্থ কখনোই এই দাঁড়ায় না, যে আপনি নিজেকে অন্যান্যদের পাপোশ হিসেবে ব্যবহার করার অবাধ ছাড়পত্র দিয়ে রেখেছেন, যাতে পারিপার্শ্বিকের মানুষ আপনাকে অনায়াসেই পদপিষ্ট করে চলে যেতে পারেন; আবার অন্যদিকে, আপনি অপরের পোষ্যের বর্জ্য নিজের হাতে তুলে নেবেন অথবা রাজনৈতিক ক্ষমতার লোভে চারদিকে বিভ্রান্ত হয়ে ছুটে বেড়াবেন—এই পদ্ধতি কখনোই এই শিক্ষা আপনাকে দেয় না।

এর মর্মার্থ হল, আপনাদের উপরে কোনো পরিস্থিতি কীভাবে ও কতটা প্রভাব বিস্তার করার ক্ষমতা রাখে, তা নিজেদের পক্ষে বেছে নেওয়া সম্ভব। জীবনে কোন কোন ক্ষেত্রে আপনারা অংশগ্রহণ করবেন অথবা করবেন না, তা নির্বাচনের ক্ষমতা আপনাদের হাতেই থাকবে। একটি নির্দিষ্ট কর্মক্ষেত্র, একটি পারস্পরিক সম্পর্ক অথবা একটি পরিস্থিতিকে নিয়ন্ত্রণে আনার জন্য আপনি কি সর্বশক্তিতে ঝাঁপাবেন, নাকি এড়িয়ে গিয়ে নীরবে নিজের পথে অগ্রসর হবেন—তা নির্বাচনের দায়িত্ব একান্তভাবেই আপনার। যেহেতু এই ক্ষমতা আপনার নিজের হাতেই রয়েছে, তাই পরবর্তীতে যা ঘটতে চলেছে তা নিয়ন্ত্রণের গুরুদায়িত্ব আপনার উপরে বর্তায়।

এতক্ষণ পর্যন্ত মানসিক চাপ সামলাবার ক্ষেত্রে আপনারা যা যা শিখলেন, তার একটি সারসংক্ষেপ তৈরি করা যাক। এই মুহূর্তে, আপনার জীবনে অপ্রয়োজনীয় মানসিক চাপ সৃষ্টি করার অবাধ ছাড়পত্র আপনি পারিপার্শ্বিকের মানুষজনকে দিয়ে রেখেছেন। দ্য লেট দেম থিওরি অর্থাৎ ওদের করতে দিন এর পদ্ধতি শেখায়, বিভিন্ন প্রতিকূল পরিস্থিতিকে অকারণে নিজেদের জীবনে প্রাধান্য না দিয়ে, নিজের অমূল্য সময় ও ক্ষমতাকে সংরক্ষিত করে রাখতে—যাতে আপনি জীবনের গুরুত্বপূর্ণ ক্ষেত্রে মনোনিবেশ করতে সক্ষম হন।

১. **সমস্যা:** পারিপার্শ্বিকের মানুষজন নিরন্তর এমন কিছু কাজকর্ম করতে অভ্যস্ত, যা আপনার বিরক্তির কারণ হবে, রাগান্বিত করবে অথবা আপনাকে মানসিকভাবে বিপর্যস্ত করে তুলবে। এ অবশ্যম্ভাবী। এর নিয়ন্ত্রণ আপনার ক্ষমতা বহির্ভূত। যখন অন্যের ব্যবহারে আপনি মানসিক চাপের বশবর্তী হয়ে পড়েন, অন্তর্নিহিত ক্ষমতার রাশ আপনি নিজের অজান্তেই তাঁদের হাতে তুলে দেন। ফলে, আপনার কাছে পর্যাপ্ত সময় ও শক্তির যোগান থাকে না।

২. **উপলব্ধি:** মানসিক চাপের বিরুদ্ধে আপনার শারীরিক প্রতিক্রিয়া সম্পূর্ণভাবেই স্বয়ংক্রিয়। আপনি যে ক্রমশ রেগে গিয়ে হতাশায় ভেঙে পড়তে থাকবেন। আপনি অনুভব করবেন ক্রমবর্ধমান ক্রোধ ও বিরক্তি আপনার সত্তার দখল নিচ্ছে। আপনার ভিতর বিপদসীমা অতিক্রম করতে থাকা প্রবল ভাবাবেগের স্রোতকে আপনি নিয়ন্ত্রণ করতে পারবেন না। কিন্তু নিজের সামগ্রিক প্রতিক্রিয়ার নিয়ন্ত্রণ আপনার পক্ষে সম্ভব।

৩. **সমাধান:** দ্য লেট দেম থিওরি অর্থাৎ ওদের করতে দিন পদ্ধতির প্রয়োগে, পারিপার্শ্বিকের মানুষজন আপনার উপরে যে মানসিক চাপের পরিমাণ বাড়িয়ে তুলেছেন, তা থেকে আপনি নিষ্কৃতি লাভ করতে সক্ষম। অন্যান্য মানুষের ব্যবহারের বিরুদ্ধে আপনার যাবতীয় প্রতিক্রিয়া, যে কোনো বিরক্তিকর পরিস্থিতিতে আপনার অন্তর্নিহিত ক্ষমতার প্রয়োগে ভাবাবেগের নিয়ন্ত্রণ সম্ভব ।

লেট দেম অথবা ওদের করতে দিন শব্দগুলি উচ্চারণ করার সময়ে, আপনি দৃঢ়প্রতিজ্ঞ থাকেন যে পারিপার্শ্বিকের মানুষজনের ব্যবহার আপনাকে বিচলিত করবে না অথবা আপনার মানসিক চাপের তারতম্য ঘটাবে না। যখন আপনি লেট মি অর্থাৎ আমাকে করতে দিন এর শরণাপন্ন হন, আপনি মানসিক চাপের বিরুদ্ধে নিজের যাবতীয় প্রতিক্রিয়ার নিয়ন্ত্রণ করে সেই পরিস্থিতিতে কীভাবে প্রতিক্রিয়াশীল হবেন, তার দায়িত্বভার নিজের কাঁধে তুলে নেওয়ার ব্যবস্থা করেন।

আপনার জীবনের ক্ষেত্রে সর্বাধিক গুরুত্বপূর্ণ বিষয়গুলিতে মনঃসংযোগ করার জন্য নিজের অমূল্য সময় এবং ক্ষমতার পুনরুদ্ধার করার সময় আগত।

অধ্যায় ৫

আপনার সম্পর্কে অশুভ চিন্তা করতে ওদের প্রশ্রয় দিন

কবি মেরী অলিভার তাঁর কবিতা "দ্য সামার ডে"তে এই প্রশ্নটি করেছিলেন: "আমাকে বলো, তোমার একমাত্র বন্য এবং অমূল্য জীবন সম্পর্কে তোমার পরিকল্পনা কি?"

আমি জানিনা মেরী অলিভারের এই প্রশ্নের কী উত্তর আপনাদের কাছে রয়েছে, কিন্তু এর উত্তরে আমি বলতে পারি: নিজের জীবনের ক্ষেত্রে যে পরিকল্পনাই আপনি করুন না কেন, সেটি সম্পর্কে আপনার পারিপার্শ্বিকের মানুষজনের মতবাদ থাকা স্বাভাবিক।

এই বইয়ের পরবর্তী কিছু অধ্যায় জুড়ে, আপনারা শিখতে চলেছেন দ্য লেট দেম থিওরি অর্থাৎ ওদের করতে দিন এর পদ্ধতির প্রয়োগে, কীভাবে আপনাদের পিছনে টেনে রাখার প্রচেষ্টায় অন্যান্যদের যাবতীয় মতবাদকে প্রাধান্য দেওয়া বন্ধ করে, আপনারা জীবনের অভীষ্ট লক্ষ্য পরিপূরণের ক্ষেত্রে এগিয়ে যেতে পারবেন এবং নিজেদের 'একমাত্র বন্য এবং অমূল্য জীবনের' প্রতি সুবিচার করতে সক্ষম হবেন।

এই সমস্যার গভীরতা সম্পর্কে আপনাদের বিন্দুমাত্র ধারণা নেই। অতীতে আমার অবস্থাও আপনাদের মতোই ছিল। অন্যান্য মানুষজন আপনার সম্পর্কে কী ভাবছেন তাতে আমল না দেওয়ার অভিনয় করা অত্যন্ত সহজ হলেও, বাস্তবে সেই নিয়ে দুশ্চিন্তা আমাদের প্রত্যেকের মনে আঘাতের পর আঘাত হানতে থাকে।

বাস্তবে, আপনার প্রতিটি পদক্ষেপের ক্ষেত্রে পারিপার্শ্বিকের প্রত্যেকটি মানুষের নেতিবাচক মতবাদ পোষণ করাই স্বাভাবিক, এবং এই পরিস্থিতিতে আপনার পক্ষে কোনোভাবেই কিছু করা সম্ভব নয়। যে পথে আপনি অগ্রসর হতে চাইছেন, সেই পথ চলার সময় যদি আপনি প্রতিনিয়ত অন্যান্য মানুষ আপনার সম্পর্কে কী কি ভাবছেন তা নিয়ে ভয় পেতে থাকেন, এবং সেই কারণে নিজের পথ চলা বন্ধ করতে উদ্যত হন—জানবেন ইতিমধ্যেই আপনি পারিপার্শ্বিকের মানুষের চাপিয়ে দেওয়া মতবাদের শিকারে পরিণত হয়েছেন।

এই ভয় আপনার জীবনের প্রতিটি পরিসরে নিজের প্রভাব বিস্তার করে। এর ফলে আপনি সব কাজে গড়িমসি করতে শুরু করেন। নিজের ক্ষমতাকে আপনি অবিশ্বাস করতে

শুরু করেন। সুষ্ঠভাবে একটি কাজ সম্পন্ন করার ক্ষেত্রে অহেতুক দুশ্চিন্তায় আত্মবিশ্বাস হারিয়ে, জগদ্দল পাথরে পরিণত হন।

আপনাদের জীবন থেকে এই অহেতুক ভয়ের বাতাবরণ সরিয়ে দেওয়ার সময় আগত। মানুষ যাতে স্বাধীনভাবে নিজের চিন্তাভাবনা অনুযায়ী জীবনের পথে পা বাড়াতে পারেন, সেই সময় এসে গিয়েছে। ওদের করতে দিন। নিজেকে স্বাধীন ঘোষণা করার সময় আগত। জীবনের ক্ষেত্রে অত্যন্ত প্রয়োজনীয় কিছু ক্ষুদ্রাতিক্ষুদ্র পরিবর্তন নির্ভয়ে এবং ক্ষমাহীনভাবে আমাকে করতে দিন, যা অচিরেই আপনাদের জীবনে আমূল পরিবর্তন নিয়ে আসতে চলেছে।

আমার জীবনে দ্য লেট দেম থিওরি অথবা ওদের করতে দিন এর পদ্ধতির সামগ্রিক ভূমিকা অনস্বীকার্য। আমি জানতাম যে অন্যান্য মানুষের যাবতীয় মতামত নিয়ে আমি মারাত্মক দুশ্চিন্তা করেই থাকি, কিন্তু এই সমস্যার শিকড় যে জীবনের কত গভীরে ছড়িয়ে রয়েছে সে সম্পর্কে লেট দেম অর্থাৎ ওদের করতে দিন শব্দগুলির প্রয়োগ করার আগে পর্যন্ত আমার বিন্দুমাত্র ধারণাও ছিল না। ওদের বিচার করতে দিন। ওদের নাকচ করতে দিন। ওদের নিজস্ব মতামত অনুযায়ী কাজ করতে দিন। ওদের খারাপ চিন্তা করতে দিন। আমার অনুপস্থিতিতে ওদের আমার সম্পর্কে নিন্দা করতে দিন।

এই মুহূর্তে, আপনারা পারিপার্শ্বিকের মানুষজনের মতামতকে পথনির্দেশ হিসেবে ব্যবহার করে নিজেদের জীবনে অগ্রসর হওয়ার পরিপন্থী। অন্যান্য মানুষ আপনার সম্পর্কে কী বলতে পারেন অথবা ভাবতে পারেন, তা আন্দাজ করে আপনি ডানদিকে ঘুরবেন না বাঁয়ে যাবেন, তার সিদ্ধান্ত নিতে অভ্যস্ত। আপনি নিজে কোনদিকে যেতে চান, তা আপনার কাছে একেবারে গৌণ। পারিপার্শ্বিকের মানুষজন আপনার সম্পর্কে কী বলতে পারেন অথবা কী ভাবতে পারেন, তা আন্দাজ করে আপনি যখন নিজের জীবনের পথে অগ্রসর হওয়ার চেষ্টা করেন, নিজের অজান্তেই আপনার অন্তর্নিহিত ক্ষমতার রাশ তাঁদের হাতে তুলে দেওয়ার ব্যবস্থা করে ফেলেন।

প্রতিটি পদক্ষেপের সম্পর্কে অতিরিক্ত চিন্তাভাবনা করার পরিবর্তে, যদি আপনি তাঁদের হাতে নিজের মতো করে চিন্তাভাবনা করার ছাড়পত্র তুলে দেন, তাতে কী হতে পারে? এই পাহাড়প্রমাণ মানসিক চাপের কবল থেকে নিষ্কৃতি পেলে রাতারাতি আপনার জীবন বদলে যেতে পারে। এক্ষেত্রে আমাদের মানসিক প্রকৃতিগত মৌলিক নিয়মের কথা স্মরণে রাখতে হবে: একজন প্রাপ্তবয়স্ক মানুষ যা বলেন, করেন অথবা ভাবেন, তা নিয়ন্ত্রণের ক্ষমতা আপনার হাতে নেই। সেই কাজ করার চেষ্টা করে দেখতেই পারেন, কিন্তু পরে আপনি নিজেই আফশোস করতে বাধ্য হবেন। তা আপনি যতই তাঁদের চাহিদা অনুযায়ী বেশি করে ভাবার সুযোগ তাঁদের দেবেন, আপনার জীবন ততই আনন্দময় হয়ে উঠবে।

আপনি যদি নিজেকে নিজের শর্তে জীবনযাপন করার অনুমতি দেন, এবং পারিপার্শ্বিকের মানুষজনকে সেই ব্যাপারে যা ইচ্ছে ভাবনাচিন্তা করার অনুমতি দেন—তাহলে পরিস্থিতি কোথায় গিয়ে দাঁড়াতে পারে? আপনি যদি নিজের শখ, নিজের অভ্যাস এবং নিজের সন্তুষ্টির ক্ষেত্রে নিজের অমূল্য সময় এবং ক্ষমতার বিনিয়োগ করেন, তাহলে কী হতে পারে?

আপনি যদি প্রতিনিয়ত অন্যান্যদের বিচার বিবেচনার মুখাপেক্ষী না হতেন, তাহলে কী আপনার জীবন অন্য খাতে বয়ে যেত? জীবনে আপনি কী চাইছেন, সেটি জনসমক্ষে স্বীকার

করার ক্ষেত্রে কেন আপনি নিরন্তর আতঙ্কগ্রস্ত হয়ে থাকবেন? নিজের মতামত পরিষ্কার উচ্চারণে, গলার শির ফুলিয়ে ঘোষণা করার সময় কেন আপনি স্নায়বিক দুর্বলতার শিকার হবেন? নিজের জীবনে আগে কখনো সেই কাজটি সম্পন্ন করেননি বলে, কেন সেই নির্দিষ্ট কাজটি প্রথমবার করার সময়ে আপনি ভীত ও সন্ত্রস্ত হয়ে থাকবেন? জীবনে কোনো পরীক্ষা কিংবা প্রতিযোগিতা বা অভিযানের সুপ্ত বাসনা আপনার মনে বহুদিন ধরে সযত্নে লালিত হয়ে আছে? কর্মক্ষেত্রে যে কোনো বিষয়ে আপনার মনে অদম্য কৌতূহল থাকাই স্বাভাবিক, কিন্তু কেন আপনি সেই সম্পর্কে প্রশ্ন করতে বারবার পিছিয়ে যাবেন? কী ধরনের বার্তালাপ আপনি সযত্নে এড়িয়ে চলতে পছন্দ করেন? নিজের কী ধরনের ছবি অনলাইনে পোস্ট করতে আপনি প্রবল দ্বিধার সম্মুখীন হতে থাকেন?

শেষের এই প্রশ্নটি আমাকে সেই শুরুর দিনগুলির কথা মনে করিয়ে দিতে থাকে।

জীবনে সবচেয়ে বড় প্রতিবন্ধকতায় আপনি স্বাগত

দশ বছর আগের কথা, আমি তখন একজন প্রেরণাদায়ী বক্তা হিসেবে সবে নিজের পেশাদারী জীবন শুরু করেছি। পেশাদারী বক্তৃতার জগতে আমি তখন নিতান্তই শিক্ষানবিশ। স্বভাবতই, অন্যান্য ব্যবসার মতোই, গোড়ার দিকে অর্থ সমাগমের কোনো সম্ভাবনাই ছিল না। এই নতুন পৃথিবীতে নিজের পায়ের তলায় মাটি খুঁজে নিয়ে নিজেকে প্রতিষ্ঠা করার লক্ষ্যে, আমি মহিলাদের দ্বারা সঞ্চালিত অসংখ্য ছোটখাটো সমাবেশে সম্পূর্ণ বিনা পারিশ্রমিকে কাজ শুরু করেছিলাম।

যখন আপনি একটি ব্যবসার গোড়াপত্তন করেন, অথবা নিজের কর্মকাণ্ডের পাশাপাশি একটি বিকল্প আয়ের সংস্থান করেন, কিংবা অনলাইনে সোশ্যাল মিডিয়া অথবা সামাজিক মাধ্যমে অর্থ সমাগমের প্রচেষ্টায় নিজেকে নিয়োজিত করেন, আপনি স্বভাবতই নিজের বিফলতায় হতোদ্যম হয়ে পড়েন—কারণ শুরুর দিকে, এসব ক্ষেত্রে প্রাণপণ চেষ্টা সত্ত্বেও, কোনো অর্থ সমাগম অথবা উপার্জনের সম্ভাবনা আপনি দেখতে পান না।

আমিও এক বছর ধরে এই পরিসরে নিজেকে রীতিমত নিংড়ে দেওয়ার পরে, স্বভাবতই হতাশার অন্ধকারে ডুবতে শুরু করেছিলাম। যদিও এই একটি বছরে মঞ্চে আমার সপ্রতিভতা এবং দর্শকাসনে শ্রোতার সংখ্যা উত্তরোত্তর বৃদ্ধি পেতে শুরু করেছিল, কিন্তু অন্যদিকে, পাল্লা দিয়ে ব্যাঙ্কে জমানো পুঁজির পরিমাণ ক্রমেই শীর্ণকায় হয়ে আসছিল। কী কারণে? কারণ, সারা সপ্তাহ ধরে আমি নিজের কর্মক্ষেত্রে প্রচন্ড ব্যস্ততার মধ্যে কাটাবার পরে সপ্তাহান্তে বিনা পারিশ্রমিকে এই সমস্ত অনুষ্ঠানে বক্তা হিসেবে প্রতিষ্ঠা পাওয়ার চেষ্টা চালিয়ে যাচ্ছিলাম।

এই বইয়ের সূচনার অংশে আমি আপনাদের কাছে ইতিমধ্যেই স্বীকার করেছি যে, এই সময়ে আমার এবং আমার স্বামীর মাথার উপরে খাঁড়ার মতো ঝুলে ছিল পাহাড়প্রমাণ ঋণের বোঝা, সেই কারণে আমি এই নতুন পেশার মাধ্যমে অর্থ উপার্জনের লক্ষ্যে লড়াই করার জন্য নিজেকে অনুপ্রাণিত করার যথাসাধ্য চেষ্টা করছিলাম।

বেশ কয়েকজন বিদগ্ধ এবং অভিজ্ঞতা সম্পন্ন বক্তার শরণাপন্ন হয়ে, তাঁদের কাছে থেকে আমি এই পেশার মাধ্যমে অর্থ উপার্জনের সুলুকসন্ধান জানবার চেষ্টা করেছিলাম, এবং

আপনাদের পরামর্শ দেব যাতে আপনারাও নিজেদের স্বপ্নকে সাকার করার লক্ষ্যে একটি নতুন ব্যবসার গোড়াপত্তনের ক্ষেত্রে, উদ্যোগের ক্ষেত্রে অথবা বিকল্প আয়ের ব্যবস্থা করার ক্ষেত্রে আমার পদাঙ্ক অনুসরণ করেন।

প্রতিটি ব্যবসার একটি মৌলিক সমীকরণ রয়েছে। সেটিকে অনুসরণ করে অগ্রসর হওয়াই বাঞ্ছনীয়। এই কথা বলতে বাধ্য হচ্ছি, কারণ আমি দেখেছি প্রায়শই অধিকাংশ মানুষ একটি ভ্রান্ত ধারণার বশবর্তী হয়ে চলতে থাকেন "আমাকে অন্যদের থেকে আলাদা কিছু করে দেখাতে হবে।" আপনারা ভয় পান অন্যান্যদের ধারণা হবে যে, আপনারা তাঁদের কর্মশৈলী নকল করেছেন। তাই নিজেদের বক্তব্য এইভাবে, বুদ্ধিমত্তার সাহায্যে প্রতিষ্ঠিত করার চেষ্টা করেন। অন্যান্যরা আপনাদের সম্পর্কে কী ধারণা পোষণ করেন, সেই আতঙ্কে আপনারা কীভাবে ব্যক্তিগত উন্নতিসাধনের ক্ষেত্রে অব্যর্থ এবং অত্যন্ত সহজ, অনায়াস ও প্রমাণিত পদ্ধতির প্রয়োগ না করে ক্রমশ পিছিয়ে পড়তে থাকেন, এটি তার প্রকৃষ্টতম উদাহরণ বিশেষ।

আপনারা যে ওঁদের কর্মশৈলীর নকল করেছেন, এই চিন্তা ওদের করতে দিন। কারণ সত্যি করেই আপনারা সেই কাজ করেছেন। জানবেন, তাঁরাও অন্যান্যদের কাছ থেকেই সেই সমীকরণের ব্যবহার শিখেছেন। তাহলে, তাঁরাও সেই একই দোষে দোষী। মানুষের জীবনে এই সমীকরণ বারবার ফিরে আসে, কারণ প্রতি ক্ষেত্রেই এগুলি সম্পূর্ণভাবে কার্যকরী। আপনি এই নির্দিষ্ট সমীকরণকে অনন্য করে তুলতে সক্ষম, কারণ এটির ক্ষেত্রে আপনি নিজের ক্ষমতা ও বুদ্ধিমত্তার প্রয়োগ করবেন। নতুন করে চাকার আবিষ্কার যেমন সম্ভব নয়, সেই যুক্তি মাথায় রেখেই এই সমীকরণের প্রয়োগ করুন এবং নিজের ক্ষেত্রে এটিকে সর্বাধিকভাবে ফলদায়ী করে তোলার চেষ্টা করুন।

সেই বিদগ্ধ বক্তারাও আমাকে ঠিক এইভাবেই নিজের লক্ষ্যে অগ্রসর হওয়ার পরামর্শ দিয়েছিলেন। সফল বক্তাদের প্রত্যেকেই নির্দিষ্ট তিনটি পদ্ধতি অনুযায়ী কাজ করেন। এবং যতক্ষণ পর্যন্ত আপনি এই কাজগুলি সুষ্ঠভাবে সম্পন্ন করতে না পারবেন, একজন সফল প্রেরণাদায়ী বক্তা হিসেবে আপনি নিজেকে সুপ্রতিষ্ঠিত করতে সক্ষম হবেন না।

তাঁরা আমাকে নিম্নলিখিত কাজগুলি করার সুপরামর্শ দিয়েছিলেন:

১. মঞ্চে নিজের বক্তব্য পেশ করার মুহূর্তে তোলা বেশ কিছু ছবি ব্যবহার করে একটি সাধারণ ওয়েবসাইট তৈরি করুন, এবং সেখানে নিজের মূল বক্তব্যের বর্ণনা দেওয়ার ব্যবস্থা করার পাশাপাশি, অত্যন্ত সহজ ভাষায় আপনার মতাদর্শের প্রধান বার্তাগুলি লিপিবদ্ধ করে রাখুন।

২. বিভিন্ন উদ্যোক্তার কাছ থেকে বিগত কিছু অনুষ্ঠানের শংসাপত্র ও সাক্ষ্যপ্রমাণ জোগাড় করুন, যেখানে আপনি ইতিমধ্যেই নিজের বক্তব্য পেশ করেছেন, এবং সেগুলির সাহায্যে ওয়েবসাইট সাজিয়ে তোলার ব্যবস্থা নিন।

এবং, শেষে সবচেয়ে গুরুত্বপূর্ণ কাজ:

৩. অনলাইনে নিজের বক্তৃতা পোস্ট করতে শুরু করুন। সোশ্যাল মিডিয়াকে নিজের কর্মকাণ্ডের বিপণনের ক্ষেত্রে কাজে লাগান। বিভিন্ন অনুষ্ঠানের ছবিতে ওয়েবসাইট

ভরিয়ে তুলুন। আপনার বক্তৃতা সম্পর্কিত যাবতীয় তথ্য পরিবেশনের ব্যবস্থা করুন। সেই সমস্ত উদ্যোক্তাদের সঙ্গে তোলা আপনার ছবিগুলি পোস্ট করুন, যাঁরা বারবার আপনাকে অনুষ্ঠানে আমন্ত্রণ জানাতে থাকেন। সোশ্যাল মিডিয়ার মাধ্যমেই মানুষ আপনাকে খুঁজে নেবেন। সোশ্যাল মিডিয়ার মাধ্যমেই প্রকাশ পাবে যে, আপনি এই শিল্পজগতের এক অবিচ্ছেদ্য অংশ। সোশ্যাল মিডিয়ার মাধ্যমেই সারা পৃথিবীর মানুষ সেই এক পৃষ্ঠা বিশিষ্ট ওয়েবসাইটের প্রতি আকৃষ্ট হবেন এবং আপনাকে আমন্ত্রণ জানাতে সমর্থ হবেন।

এই হল সেই নির্দিষ্ট সমীকরণ। এটিকে সঠিকভাবে অনুসরণ করলেই, আপনার ক্ষেত্রে অর্থ সমাগমের প্রক্রিয়া শুরু হবে। কাজেই, সেই বিশেষজ্ঞদের পরামর্শকে নিজের হাতিয়ার করে, আমি সিদ্ধান্ত নিয়েছিলাম ভবিষ্যতে আমি কী করতে চলেছি। এছাড়াও, সেই মুহূর্তে নিজের জীবনের ক্ষেত্রে আমি অত্যন্ত কঠিন পরিস্থিতির বিরুদ্ধে যুযুধান ছিলাম। নিজের পরিবারকে সেই পাহাড়প্রমাণ ঋণের কবল থেকে নিষ্কৃতি দেওয়ার জন্য আমার প্রচুর অর্থের প্রয়োজন ছিল। তাই, সেই মুহূর্তে আমাকে কী করতে হবে তার সম্পূর্ণ পরিকল্পনা আমি নিজের মাথায় ছকে নিয়েছিলাম।

কিন্তু সেই সমীকরণ অনুযায়ী আমি কি কাজ করেছিলাম? সত্যি কথা বলতে গেলে, না। অবশ্যই একটি ওয়েবসাইট খোলার ব্যবস্থা আমি করেছিলাম। অবশ্যই বিভিন্ন শংসাপত্র ও সাক্ষ্যপ্রমাণ জোগাড় করে আমি ওয়েবসাইটে অন্তর্ভুক্ত করেছিলাম। কিন্তু সোশ্যাল মিডিয়া অথবা সামাজিক মাধ্যমের সাহায্য আমি কি নিয়েছিলাম? না, একেবারেই নয়।

সেই সময়ে, সোশ্যাল মিডিয়া অর্থাৎ সামাজিক মাধ্যমের ব্যবহার আমি সম্পূর্ণ ব্যক্তিগত পরিধিতে সীমাবদ্ধ রাখতাম। সেখানে আমার সন্তানদের, পারিবারিক ছুটি সংক্রান্ত বিভিন্ন মুহূর্তের, বন্ধুবান্ধবদের সঙ্গে নিজস্বী সহ অজস্র ছবি সযত্নে সংরক্ষিত ছিল। ফলোয়ারদের মধ্যে অধিকাংশই আমার বন্ধুবান্ধব, প্রাক্তন সহপাঠী এবং পরিবারের সদস্য ছিলেন। সোশ্যাল মিডিয়াতে কখনোই একজন প্রেরণাদায়ী বক্তা হয়ে ওঠার ব্যাপারে নিজের উদগ্র বাসনা সম্পর্কে, অথবা বিগত এক বছর ধরে বিনা পারিশ্রমিকে বিভিন্ন অনামী সংগঠনে নিজের বক্তব্য পেশ করার ব্যাপারে আমি কিছু পোস্ট করিনি।

আপনারাও যদি সোশ্যাল মিডিয়া অর্থাৎ সামাজিক মাধ্যমের সাহায্য নিয়ে একটি ব্যবসার গোড়াপত্তন, অথবা ব্যক্তিগত জীবন সম্পর্কিত কোনো তথ্য পরিবেশন, অথবা নিজের হাতে সৃষ্ট কোনো কারুকলা অন্যান্যদের সঙ্গে ভাগ করে নেওয়ার কথা ইতিমধ্যেই ভেবে থাকেন, তাহলে একবার চিন্তা করে দেখবেন যে জীবনের অসংখ্য ব্যক্তিগত ছবিতে ভরপুর আপনাদের সোশ্যাল একাউন্টকে, পেশাগত বিপণনের কেন্দ্র হিসেবে ব্যবহার করার সিদ্ধান্তটি গ্রহণ করতে আপনাদের কতটা অসুবিধে হতে পারে।

নিজের ব্যবসা সম্পর্কিত যাবতীয় তথ্য সোশ্যাল মিডিয়াতে পোস্ট করার কাজটি পুরোদমে শুরু করতে আমার ঠিক দুই বছর সময় লেগেছিল। কেন বলতে পারেন?

কারণ আমি ভয় পেতাম অন্যান্য মানুষ আমার সম্পর্কে কী চিন্তা করবেন

তুমি কাদের ভয় পাচ্ছ, মেল? আমার বন্ধুবান্ধবদের।

সোশ্যাল মিডিয়ার সাহায্যে আমি যদি নিজের সন্তানদের, অথবা ঘরোয়া বার্বিকিউয়ের অনুষ্ঠান এবং আমাদের বৃহত্তর পরিবারের সদস্যদের সঙ্গে ছুটি উপভোগ করার বিভিন্ন মুহূর্তের ছবি পোস্ট করার পরিবর্তে, বিভিন্ন সমাবেশে নিজের বক্তৃতার বিভিন্ন মুহূর্তের ছবি পোস্ট করতাম তাহলে পারিপার্শ্বিকের মানুষজন কী চুলচেরা বিশ্লেষণে আমাকে জর্জরিত করে তুলবেন—এটিই ছিল আমার ভয়ের একমাত্র কারণ।

ও নিজেকে কী মনে করতে শুরু করেছে? ওকে নিজের বক্তব্য পেশ করার জন্য আমন্ত্রণ জানাবার দুর্মতি কার হতে পারে? ওর কীই বা বলার থাকতে পারে? দিন দিন একটা নকলনবিশ তৈরি হচ্ছে!

পোস্ট করার চেষ্টা আমি করেছিলাম। বিভিন্ন অনুষ্ঠানে তোলা অজস্র ছবির মধ্যে থেকে বেছে বেছে দু-একটি ছবি পছন্দও করেছিলাম। কিন্তু পোস্ট করতে গেলেই আমার শিরদাঁড়া দিয়ে আতঙ্কের শীতল এবং সর্পিল স্রোত বইতে আরম্ভ করত। ছবির ক্যাপশন লিখতে বসলেই পারিপার্শ্বিকের মানুষজনের নেতিবাচক মন্তব্যের সম্পর্কে দুশ্চিন্তা আমাকে কুরে কুরে খেতে শুরু করত: এই ক্যাপশনে কি ঔদ্ধত্য প্রকাশ পাচ্ছে? এতে আদৌ কি আমার পেশাদারী মনোভাব প্রকাশ পাচ্ছে? আমি যদি এই পোস্ট করি, তাহলে মানুষ কি আমাকে আনফলো করে দিতে পারেন? বন্ধুবান্ধব এবং আত্মীয় পরিজনেরা কি ভাববেন যে আমি স্বয়ংসম্পূর্ণতার শিকারে পরিণত হয়েছি? নাকি এর জন্যে আমি সম্পূর্ণ আলাদা একটি একাউন্ট খোলার ব্যবস্থা করব?

তারপরে আমি নিজেকে বিশ্বাস করাতে বাধ্য হতাম যে, এই পোস্ট আমার কোনো উপকারে আসবে না। আপনারা কি এর কারণ জানতে ইচ্ছুক? কারণ অমূল্য সময় এবং শক্তিক্ষয় করে নিজের উৎকৃষ্টতম ছবিগুলি, নিজের সম্পর্কে সবচেয়ে বিশ্বাসযোগ্য, বিপণনক্ষম ক্যাপশন লেখার সামগ্রিক প্রক্রিয়া—যা আমাকে একজন নবাগত প্রেরণাদায়ী বক্তা হিসেবে প্রতিষ্ঠিত করার পাশাপাশি অন্যান্যদের নেতিবাচক মন্তব্য থেকে নিরাপদ রাখতে পারে—আমাকে সম্পূর্ণভাবে অবসাদগ্রস্ত করে তুলত।

ফলে, আমি অসংখ্য পোস্টের মকশো করে ফেলেছিলাম। এবং সেই বিভিন্ন পোস্ট বছরের পর বছর ধরে আমার ড্রাফ্টবক্সেই পড়ে থাকত। সেগুলি সোশ্যাল মিডিয়ায় পোস্ট করার পর্যাপ্ত আত্মবিশ্বাস সঞ্চয় করার পরে, পাঁচ মিনিটের জন্য অপেক্ষা করে, সেগুলিতে তড়িঘড়ি করে আমি আবার চোখ বুলিয়ে নিতাম; যখন দেখতাম যে আমার পোস্টের প্রতিক্রিয়ায় আশানুরূপ সংখ্যায় লাইক আসেনি, অথবা মানুষের মন্তব্যের মাধ্যমে উল্লেখযোগ্য এবং ইতিবাচক সম্ভাবনা তৈরি হয়নি, আমি সেগুলি বরাবরের জন্য মুছে ফেলতাম।

এই অহেতুক আতঙ্কের ফলে যে স্বপ্নকে আমি বছরের পর বছর ধরে লালন করে নিজের প্রধান পেশায় রূপান্তরিত করতে চেয়েছিলাম, যা সফল করার জন্য নিজের ব্যবসার প্রচার ও

প্রসার ঘটাতে আমি অকৃতকার্য হয়েছিলাম। নিজের জীবনে সাফল্যের স্বাদ পাওয়ার ক্ষেত্রে, পারিপার্শ্বিকের মানুষজনের মতামতকে আমি অযাচিতভাবে অনেক বেশি প্রাধান্য ও গুরুত্ব দিয়ে ফেলেছিলাম। সেই মুহূর্তে উপলব্ধি করেছিলাম, কীভাবে নিজের অজান্তেই আমি অন্যান্যদের হাতে নিজের সামগ্রিক ক্ষমতার রাশ তুলে দিয়েছি।

আজ যখন সেই পুরোনো দিনের কথা স্মরণ করি, আমি রীতিমত মর্মাহত হয়ে পড়ি।

সেই সমস্ত কাজ সুষ্ঠভাবে সম্পন্ন করা থেকে আমি নিজেকে নিরস্ত করেছিলাম, যার সাহায্যে আমি নিজের অভীষ্ট লক্ষ্যে পৌঁছোতে পারতাম, আরো বেশিমাত্রায় অর্থ উপার্জন করতে সক্ষম হতাম, ঘাড়ে চেপে বসা পাহাড়প্রমাণ ঋণের ভার অনায়াসেই লাঘব করতে পারতাম, নিজের সন্তানদের জন্য উৎকৃষ্টতর জিনিসপত্র কিনতে সমর্থ হতাম, এবং অত্যন্ত দ্রুতগতিতে আরো বেশি সংখ্যায় মক্কেলদের সাক্ষাতপ্রাপ্ত হতাম। এটি কী আমার নির্বুদ্ধিতা নয়? অবশ্যই এ আমার নির্বুদ্ধিতা ছিল। তা সত্ত্বেও, আমার মনে হয় যখন নিজেদের জীবনে "বহির্জগতে আত্মপ্রকাশ করা"র প্রশ্নের উদ্ভব হয়, আপনারাও অনুরূপ আতঙ্কের বিরুদ্ধে নিরন্তর সংগ্রাম চালিয়ে যান।

ব্যবসার ক্ষেত্রেই হোক, অথবা অন্যান্য সৃষ্টির ক্ষেত্রে, আপনাদের সংগীত বা ভিডিওর ক্ষেত্রে হোক, কিংবা স্নানের পোশাকে নিজেদের ছবি সমাজমাধ্যমে পোস্ট করার ক্ষেত্রেই হোক, আপনারা এই মুহূর্তগুলি লোকচক্ষুর আড়ালে রাখতে স্বচ্ছন্দবোধ করেন, তার একমাত্র কারণ হল পারিপার্শ্বিকের মানুষজনের নেতিবাচক মতামত নিয়ে আপনাদের অহেতুক আতঙ্ক। এই কারণেই নিজেদের মুখে ফোঁড়া কিংবা ফুসকুড়ির দাগ ঢাকতে "মুখের অপেক্ষাকৃত নিটোল দিক"টি এগিয়ে দিতে আপনারা স্বচ্ছন্দ, যাতে ছবিতে আপনাদের সৌন্দর্য কালিমালিপ্ত না হয়। একই কারণে কোনো সমাবেশে, মানুষের সামনে নিজেদের বক্তব্য রাখা নিয়ে বারবার পিছিয়ে আসেন। সমাজমাধ্যমের দুনিয়ায় আপনাদের দেখতে খারাপ লাগবে, অথবা কর্মক্ষেত্রে আপনাদের বক্তব্য বাতিল হবে, সেই ভয়ে আপনারা হীনমন্যতায় ভুগতে থাকেন। আপনাদের আসল রূপে দেখলে, পারিপার্শ্বিকের মানুষজন কী ভাববেন, সেই আতঙ্ক আপনাদের দিনের পর দিন ঘিরে রাখে।

একটি পোস্ট করার আগে আপনি সেটিকে বারবার বদলাতে থাকেন, নিজেদের কর্মক্ষেত্রে অথবা ক্লাসে নীরবে বসে থাকতে পছন্দ করেন, যে কোনো দলের অন্তর্ভুক্ত হয়ে ছবি তোলার সময় সবার পিছনে লুকিয়ে থাকতে চান, এবং এভাবেই নিজেদের অজান্তেই আপনারা নিজেদের বাতিলের দলে ফেলে দেওয়ার সম্ভাবনা বাড়িয়ে তুলতে থাকেন। আপনিই সেই ব্যক্তি যিনি প্রতি মুহূর্তে নিজের মনে সেই ধারণার প্রশ্রয় দিতে থাকেন যে, কোনো ক্ষেত্রেই আপনি সঠিকভাবে উপযুক্ত নন। প্রতি মুহূর্তে সন্দেহের বশে নিজেকে আপনি জর্জরিত করতে থাকেন, নিজের পোস্ট বদলাতে থাকেন, সেগুলি বারবার মুছে ফেলে নতুন করে লিখতে থাকেন, অতিরিক্ত চিন্তাভাবনার বশবর্তী হয়ে অন্যান্যদের প্রশ্ন করতে থাকেন, "এটা কি দেখতে ভালো লাগছে?" এর ফলে আপনার মানসিক সংশয় ক্রমশ বৃদ্ধি পেতে থাকে। এই পরিস্থিতির সবচেয়ে খারাপ অংশটির সম্পর্কে অবহিত হতে চান? এই সমস্ত কাজ আপনি নিজেই করছেন। আমার জীবনেও এই একই ঘটনা ঘটেছিল।

এই প্রসঙ্গ সম্পর্কিত সমস্ত পরামর্শই মানুষের কাছে অপ্রয়োজনীয় মনে হয়। অধিকাংশ মানুষই আপনাকে বলবেন, অন্যান্য মানুষ কী বললেন অথবা ভাবলেন সেই ব্যাপারে "মাথা ঘামাবার কোনো প্রয়োজন নেই।" কিন্তু কেউ আপনাকে সঠিক পন্থাটি সম্পর্কে আলোকপাত করবেন না। কাজেই, একটি সম্পূর্ণ নতুন দৃষ্টিভঙ্গীকে ব্যবহার করার সময় আগত। দ্য লেট দেম থিওরি অর্থাৎ ওদের করতে দিন এর পদ্ধতির সফল প্রয়োগে, আপনারা এমন একটি যুগান্তকারী সমাধানের সম্পর্কে অবগত হবেন, যার সাহায্যে চিরদিনের মতো এই অহেতুক আতঙ্ককে কাটিয়ে উঠতে আপনারা সক্ষম হবেন: পারিপার্শ্বিকের মানুষজনকে আপনার সম্পর্কে নেতিবাচক চিন্তা করবার সম্পূর্ণ স্বাধীনতা দিন।

এটি এক অত্যন্ত যুক্তিসঙ্গত এবং অনিন্দ্যসুন্দর ধারণা, যা আপনাদের শৃঙ্খলাবদ্ধ আত্মবিশ্বাসকে স্বাধীনতা দেবে, আপনাদের নিজস্ব মতামতের প্রকাশের পথে প্রতিবন্ধকতা সৃষ্টি করবে না, এবং আপনাদের জীবনের সম্পূর্ণ নতুন একটি অধ্যায়ের সঙ্গে পরিচিত হতে সাহায্য করবে। অন্যান্য মানুষের হাতে আপনাদের সম্পর্কে যাবতীয় নেতিবাচক চিন্তাভাবনা করার অবাধ ছাড়পত্র তুলে দিন।

ওদের করতে দিন। এটি শুধুমাত্র কার্যকরী তাই নয়। এ এক বিজ্ঞান।

আপনার সম্পর্কে অন্যান্যদের অভিমতের নিয়ন্ত্রণ আপনার নিজের হাতে নেই

মোদ্দা কথা হল, অন্যান্যদের চিন্তাভাবনাকে প্রভাবিত করতে পারার কাজটি নিতান্তই অসম্ভব। কাজেই, পারিপার্শ্বিকের মানুষজন কী ভাবছেন তাতে ভীতসন্ত্রস্ত হয়ে থাকা, কিংবা তাঁদের ধ্যান ধারণাকে প্রভাবিত করার বৃথা চেষ্টা, আপনার অমূল্য সময় ও উদ্যমের অপচয় ছাড়া আর কিছুই নয়।

যতক্ষণ পর্যন্ত আপনারা নিজেদের সম্পর্কে অন্যান্যদের যাবতীয় চিন্তাধারাকে প্রভাবিত করার অহেতুক প্রচেষ্টা অথবা তাঁদের অযাচিত ধ্যানধারণাকে প্রাধান্য দেওয়ার অপচেষ্টা বন্ধ করতে না পারছেন, ততক্ষণ পর্যন্ত নিজেদের জীবন, অনুভূতি, চিন্তাভাবনা অথবা কর্মশৈলীর উপরে সম্পূর্ণভাবে নিয়ন্ত্রণ কায়েম করতে আপনারা অসমর্থ হতে থাকবেন।

এই কথাটি আমি আরো একবার বলতে চাই: আপনারা যাই করুন না কেন, আপনাদের সম্পর্কে প্রাপ্তবয়স্ক মানুষের নেতিবাচক ধ্যানধারণা বহাল থাকাই স্বাভাবিক। কেন? কারণ, প্রাপ্তবয়স্কদের প্রতিটি বিষয়কেই নিজেদের চিন্তাভাবনা অনুযায়ী বিশ্লেষণ করার অধিকার রয়েছে।

শারীরিকভাবে কিংবা মনস্তাত্ত্বিকভাবে আপনাদের পক্ষে অন্যান্য মানুষের চিন্তাভাবনার নিয়ন্ত্রণ করা কার্যত অসম্ভব। একজন স্বাভাবিক মানুষের মস্তিষ্কে সারাদিনে প্রায় ৭০,০০০ আলাদা ধরনের চিন্তাভাবনা ঘুরপাক খেতে থাকে। যার অধিকাংশই স্বয়ংক্রিয়ভাবে উদ্ভুত হতে থাকে এবং যেগুলিকে কোনোভাবেই নিয়ন্ত্রণ করা সম্ভব নয়। সেই কারণে, অন্যান্য মানুষজন আপনাদের সম্পর্কে কী চিন্তাভাবনা করছেন অথবা সেই চিন্তাভাবনাকে নিয়ন্ত্রণ করার ক্ষেত্রে

আপনাদের তরফ থেকে অহেতুক দুশ্চিন্তা ও শক্তিক্ষয় করার ব্যাপারটি অত্যন্ত হাস্যকর হিসেবে প্রতিপন্ন হতে পারে।

নিজেদের মনে প্রতি মুহূর্তে উদ্ভব হতে থাকা অসংখ্য চিন্তাভাবনার অর্ধাংশও আপনাদের পক্ষে নিয়ন্ত্রণ করা একান্তই অসম্ভব। সেক্ষেত্রে, আপনারা কিসের ভিত্তিতে মনে করেন যে পারিপার্শ্বিকের মানুষজনের যাবতীয় ধ্যানধারণা আপনাদের পক্ষে নিয়ন্ত্রণ করা সম্ভব? আপনি তা কখনোই পেরে উঠবেন না। বিজ্ঞানসম্মতভাবে এই কাজ অসম্ভব। এই কারণেই দ্য লেট দেম থিওরি অথবা ওদের করতে দিন এর পদ্ধতি এক যুগান্তকারী আবিষ্কার হিসেবে প্রতিপন্ন হয়েছে।

পারিপার্শ্বিকের মানুষজনের যাবতীয় মতবাদকে ভয় পাওয়ার পরিবর্তে, আপনারা তাঁদেরকে নিজেদের ইচ্ছানুসারে চিন্তাভাবনা করতে দিন। এক্ষেত্রে, আমি আপনাদের বলতে চাই যে—ধরেই নিন, অন্যান্য মানুষজন আপনাদের সম্পর্কে নেতিবাচক ধ্যানধারণা পোষণ করে চলেন। কারণ, বাস্তবে পারিপার্শ্বিকের মানুষজন সেই প্রথম দিন থেকেই আপনাদের সম্পর্কে নেতিবাচক চিন্তাভাবনা করতে অভ্যস্ত হয়ে এসেছেন।

মানুষের জীবনে এটি অত্যন্ত স্বাভাবিক পরিস্থিতি।

আরো একটি কথা আমি আপনাদের বলতে চাই, যে সমস্ত মানুষ আপনাদের ভালোবাসেন বলে বুক ফুলিয়ে দাবী করেন, তাঁরাই আপনাদের সম্পর্কে খারাপ চিন্তাভাবনায় অভ্যস্ত... প্রতিনিয়ত! যে সমস্ত মানুষকে আমি ভালোবাসি, তাঁদের সম্পর্কে আমার মনেও নেতিবাচক চিন্তাভাবনা আসতে থাকে। এটি অত্যন্ত স্বাভাবিক। এর প্রমাণ আপনাদের সামনে তুলে ধরার জন্য, নিজের জীবনের বিভিন্ন মুহূর্তের কথা আমি বলতে চলেছি।

প্রতিদিন ঘুম থেকে ওঠার সঙ্গে সঙ্গেই, আমার স্বামী সশব্দে বাতকর্ম করায়। আমার মনে তাঁর সম্পর্কে সর্বপ্রথম যে ধারণাটি আসে, তা হল—তুমি একেবারে জঘন্য। কিন্তু এই পৃথিবীতে, অন্য যে কোনো মানুষের চাইতে আমি ক্রিসকে বেশি ভালোবাসি। তা সত্ত্বেও, তাঁর সম্পর্কে আমার মনে নিরন্তর নেতিবাচক চিন্তার উদ্ভব হতে থাকে।

আমার পোষ্য কুকুরের ক্ষেত্রেও এই ধারণা একইভাবে প্রযোজ্য। রোজ বিকাল পাঁচটার সময়, আমাদের কুকুর হোমি আমাদের ভীষণভাবে বিরক্ত করতে থাকে, কারণ সে জানে তখন তার রাতের খাবার খাওয়ার সময়। সে ব্যস্তভাবে আমার পায়ে পায়ে ঘুরতে থাকে, পাগলের মতো হাঁফাতে থাকে, মাঝেমধ্যে আমার গায়ের উপর হামলে পড়ে—জানেন সেই মুহূর্তে আমার কী মনে হয়: সে আমার গলায় একটি বিশাল কাঁটার মতো বিঁধে রয়েছে, এবং তার জন্য কোনো কঠিন পদক্ষেপ গ্রহণ করা খুবই জরুরি। কিন্তু তাও আমি তাকে পাগলের মতো ভালোবাসি।

আমার বড় মেয়ে সয়্যার, যার সাহায্য ছাড়া এই বই লেখা আমার পক্ষে কখনোই সম্ভব হত না, সে একজন শুচিবায়ুগ্রস্ত মানুষ; যে মুহূর্তে সে দেখে বাড়ির জিনিসপত্র অগোছালো হয়ে রয়েছে, তৎক্ষণাৎ তার চালচলনে এক অদ্ভুত পরিবর্তন দেখা যায়। রীতিমতো অপ্রকৃতিস্থের মতই, সে এমনভাবে সারা বাড়ি পরিষ্কার করতে শুরু করে দেয়, যে অন্যান্যরা রীতিমত বিপর্যস্ত হয়ে পড়ে। কিন্তু আমার মেয়ে আমার কাছে অত্যন্ত ভালোবাসার পাত্রী।

আমাদের দ্বিতীয় কন্যা কেন্ডাল যতবার সুদূর লস এঞ্জেলেস থেকে ফেসটাইমের মাধ্যমে আমাদের সঙ্গে কথা বলে, আমার মনে হয় প্রতিবারই সে নতুন পোশাক পরে রয়েছে। আমার

ধারণা, সে নিজের উপার্জিত অর্থ সঠিকভাবে খরচ করে না এবং নিত্যনতুন পোশাক কেনাকাটা করা ছাড়া জীবনের কাছে তার আর কোনো চাহিদাই নেই। তা সত্ত্বেও, তাকে আমি অসম্ভব ভালোবাসি। আমাদের একমাত্র পুত্র ওকলে, সে আক্ষরিক অর্থেই একজন যথার্থ মানুষ। রোজ ঘুম থেকে ওঠার পরের এক ঘণ্টায়, সে কারো দিকেই চোখে চোখ মিলিয়ে তাকাতে রাজি নয়, তাদের সঙ্গে কথা বলা তো দূর অস্ত। আমার মনে হয় সে অত্যন্ত রুক্ষ। কিন্তু, আমি তাকে অত্যন্ত ভালোবাসি।

একবার, নিজের সন্তানদের কাছে আমি এক অদ্ভুত আবদার করেছিলাম—তাদের অনুরোধ করেছিলাম নির্দিষ্ট কিছু বিশেষণের মাধ্যমে আমার সামগ্রিক মানসিকতার বিশ্লেষণ করতে। তাদের সম্যক ধারণা অনুযায়ী: আমি রীতিমত অগোছালো, বিশৃঙ্খল, অতিরঞ্জিত, অতিরিক্ত বন্ধুবৎসল, সব জায়গায় নাক গলানোর মানসিকতা সম্পন্ন, সবাইকে নিয়ন্ত্রণ করার ক্ষেত্রে আগ্রহী, চূড়ান্ত আধিপত্যশালী, প্রতিটি ক্ষেত্রে দেরী করার স্বভাববিশিষ্ট, সবজান্তা মনোভাবাপন্ন একজন মানুষ। এবং সর্বোপরি, আমাদের ব্যক্তিগত জীবনে যা কিছু ঘটে চলেছে, তার অধিকাংশই যে আমি সমাজমাধ্যমে সকলের সঙ্গে ভাগ করে নেওয়ার পক্ষপাতী, সেই ব্যাপারে তাদের অসংখ্য অভিযোগ ও মতামত রয়েছে। কিন্তু তা সত্ত্বেও, তারা আমাকে অসম্ভব ভালোবাসে ও শ্রদ্ধা করে। (সয়্যারের অনুরোধ অনুযায়ী আমি আপনাদের জানাতে চাই—এই বই লেখার সময় তার মনোভাব এমন পরিস্থিতিতে গিয়ে পৌঁছেছিল যে বহুবার সে আমাদের সঙ্গে সারাজীবনের মতো সম্পর্কচ্ছেদ করার কথাও ভাবতে বাধ্য হয়েছিল, কারণ একাধিকবার বীতশ্রদ্ধ হয়ে আমি সম্পূর্ণ পাণ্ডুলিপি ছিঁড়ে ফেলে দিয়েছিলাম—এই ঘটনার বিস্তারিত বিবরণ দেওয়া হয়েছে ১১.০ তম সংস্করণে।)

এই কথাগুলি আমি আপনাদের কী কারণে বলছি? কারণ প্রতিটি মানুষ স্বাভাবিক নিয়মের বশবর্তী হয়ে নিজেদের নিকটতম ভালোবাসার মানুষ এবং অবশ্যই, অপরিচিত মানুষজনের সম্পর্কে সমালোচনামূলক মনোভাব পোষণ করে থাকেন। এটি মানবজীবনের এক অবিচ্ছেদ্য অঙ্গ বিশেষ।

সুতরাং আমাদের এই সার্বজনীন সত্যকে আপন করে নিতে হবে, এবং মেনে নিতে হবে। বাস্তবকে পরিবর্তন করার বদলে, এটিকে নিজেদের উন্নতিসাধনের অনুষঙ্গ হিসেবে ব্যবহার করতে হবে। ওদের করতে দিন।

আরো একটি সত্য আমি আপনাদের সামনে তুলে ধরতে চাই: আপনার সম্পর্কে অন্য কেউ কোনো নেতিবাচক মনোভাব পোষণ করার অর্থ এই নয় যে, তাঁরা আপনাকে সামগ্রিকভাবেই একজন নেতিবাচক ব্যক্তিত্ব হিসেবে পরিগণিত করতে বাধ্য।

আমি একাধারে নিজের স্বামীর প্রতি একটি নির্দিষ্ট নেতিবাচক মনোভাব পোষণ করতে পারি, আবার একইসঙ্গে তাঁকে ভালোবেসে পরম মমতায় এবং শ্রদ্ধাবনতভাবে কাছে টেনে নিতে পারি, কারণ আমার মানসিকতায় এই দুটি পরিস্থিতিই দিনের আলোর মতো পরিষ্কার। আপনারা অন্য কারো চালচলন ও কর্মকাণ্ডে তিতিবিরক্ত হওয়ার সঙ্গে সঙ্গেই তাঁকে আমৃত্যু ভালোবেসে যেতেই পারেন।

যে সমস্ত মানুষ আপনার অত্যন্ত অন্তরঙ্গ, যাদের আপনি নিঃস্বার্থভাবে ভালোবাসেন,

তাঁদের প্রতি আপনার এই মনোভাব একেবারেই স্বাভাবিক! আপনি ভাবেন বন্ধুবান্ধবরা তাঁদের জীবনে নিরন্তর নেতিবাচক প্রভাব বিস্তার করে চলেছেন। আপনি ভাবেন তাঁদের যাবতীয় প্রতিক্রিয়া জীবনের প্রতিটি ক্ষেত্রেই অতিরঞ্জিত। আপনি ভাবেন তাঁদের পুরুষবন্ধুরা তাঁদের যথার্থ মর্যাদা দিতে অভ্যস্ত নন। আপনি ভাবেন তাঁদের বাণিজ্যিক চিন্তাধারা যে কোনো সময়ে মুখ থুবড়ে পড়তে পারে। আপনি মনে করেন তাঁরা চূড়ান্তভাবে আত্মকেন্দ্রিক। কিন্তু এত কিছু জানার পরেও, আপনি তাঁদের অন্ধের মতো ভালোবাসেন।

আমার বক্তব্য অত্যন্ত সাধারণ: আপনাদের সম্পর্কে এবং আপনাদের যাবতীয় কর্মকান্ড সম্পর্কে পারিপার্শ্বিকের প্রাপ্তবয়স্ক মানুষজন আগাগোড়াই নেতিবাচক মনোভাব পোষণ করতে অভ্যস্ত। ওঁদের বিচার বিবেচনা করতে দিন। ওঁদের সার্বিকভাবে প্রতিক্রিয়াশীল হতে দিন। আপনাদের উপর ওঁদের সন্দেহপ্রবণ হতে দিন। আপনাদের যাবতীয় সিদ্ধান্তের বিরুদ্ধে ওঁদের প্রশ্নবোধক চিহ্ন বসাতে দিন। আপনাদের সম্পর্কে ওঁদের ভুল ধারণা পোষণ করতে দিন। যখন আপনি সমাজমাধ্যমে নিজেদের অনলাইন ভিডিও পোস্ট করতে শুরু করেন অথবা নিজের বইয়ের পাণ্ডুলিপি বারোতম বার নতুন করে লেখার কথা ভাবেন, তখন ওঁদের চোখ গোল করে অবাক দৃষ্টিতে দেখতে দিন।

তাঁদের যাবতীয় ধ্যানধারণা সম্পর্কে অযথা নিজের মাথা না ঘামিয়ে, এমনভাবে জীবনযাপন করতে শুরু করুন যাতে আপনি নিজের সামগ্রিক কৃতিত্ব সম্পর্কে গর্ববোধ করতে পারেন। আমার একমাত্র বন্য এবং অমূল্য জীবন আমি যেভাবে অতিবাহিত করতে চাই, তা আমাকে করতে দিন।

এই নির্দিষ্ট দৃষ্টিভঙ্গি আপনাকে স্বাধীনভাবে বাঁচতে সাহায্য করবে, কারণ এই মুহূর্তে আপনি এমনভাবে জীবনযাপন এবং সিদ্ধান্ত গ্রহণে অভ্যস্ত, যেখানে প্রতিনিয়ত আপনি পারিপার্শ্বিকের মানুষজনের ধ্যানধারণাকে প্রাধান্য দিয়ে চলেন। আপনার যাবতীয় পছন্দ অপছন্দের ক্ষেত্রে অন্যান্য মানুষজনের ধ্যানধারণা কি, সেই অহেতুক আতঙ্কের বশবর্তী হয়ে যখন আপনি জীবনযাপনে অভ্যস্ত থাকেন, নিজের অন্তর্নিহিত ক্ষমতাকে আপনি সীমাবদ্ধ করে রাখতে বাধ্য হন এবং নিজের জীবনে অভীষ্ট লক্ষ্যে পৌঁছোবার ক্ষেত্রে ক্রমশ পিছিয়ে পড়তে থাকেন।

এই পরিস্থিতিতেই আপনি গড়িমসির শিকার হন, দ্বিধাগ্রস্ততা হয়ে ওঠে আপনার জীবনের অবিচ্ছেদ্য অঙ্গ, যে কোনো কাজকে সুষ্ঠভাবে সম্পন্ন করতে আপনি বদ্ধপরিকর থাকেন, এবং সর্বোপরি, রোজ সকালে ঘুম থেকে ওঠার পরে আপনি সেই কাজগুলি এড়িয়ে যাওয়ার চেষ্টা করতে থাকেন, যেগুলি আপনার জীবনের উন্নতিসাধনে একান্তভাবেই অপরিহার্য।

কাজের পরিসরে অযাচিত বিচার ও বিশ্লেষণের আতঙ্কে আপনি এতটাই সন্ত্রস্ত হয়ে থাকেন, যে কর্মক্ষেত্রে আপনি কোনোরকম ঝুঁকি নিতে মানসিকভাবে প্রস্তুত থাকেন না। সত্যি করে বলুন তো, এটিই আপনাদের আতঙ্কের একমাত্র কারণ নয় কি?

আপনার বৈবাহিক সম্পর্কে যদি কখনো পূর্ণচ্ছেদ পড়ে, বা যদি কখনো আপনার স্থাপত্যশিল্প সংক্রান্ত ব্যবসা বরাবরের জন্য বন্ধ হয়ে যায়, অথবা যদি নিজের পুরোনো কর্মক্ষেত্রে ফিরে যেতে আপনি বাধ্য হন, অথবা নিজের মাথার চুল কেটে ফেলার পরিস্থিতি দেখা দেয়, কিংবা ফুটবল দলে সুযোগ পাওয়ার পূর্ণাঙ্গ প্রচেষ্টার পরেও আপনাকে বাতিলের দলে ছুড়ে ফেলা

হয়, পারিপার্শ্বিকের মানুষজনের আপনার প্রতি কী ধারণা হতে পারে? অবশ্যই আপনার প্রতি তাঁদের একটি সামগ্রিক ধারণা থাকতেই পারে। তাতে কি আপনার জীবন অন্য খাতে বইতে শুরু করবে?

এই অহেতুক আতঙ্কের বশবর্তী হয়ে আপনার পক্ষে নিত্যনতুন কাজে হাত দেওয়া অসম্ভব হয়ে দাঁড়ায়, আপনি যে কোনো ঝুঁকি নেওয়ার ক্ষেত্রে স্বভাবতই পিছিয়ে আসতে থাকেন, নিজের স্বাধীন সত্তাটাই হারিয়ে ফেলেন, এবং নিজের জীবনে প্রয়োজনীয় পদক্ষেপ নেওয়ার সাহসটুকুও দেখাতে ভুলে যান। এই পরিস্থিতি অত্যন্ত যন্ত্রণাদায়ক।

দ্য লেট দেম থিওরি অর্থাৎ ওদের করতে দিন এর পদ্ধতি আপনাদের পর্যাপ্ত সাহসিকতা এবং নির্ভীকতাকে বাড়িয়ে তোলার ক্ষমতা রাখে। আপনাদের পক্ষে বাস্তবকে সর্বান্তঃকরণে মেনে নিয়ে, পারিপার্শ্বিকের মানুষজনের হাতে যথেচ্ছ বিচার বিবেচনা করার স্বাধীনতা তুলে দেওয়ার কাজটি কী অপেক্ষাকৃত যুক্তিসঙ্গত বলে মনে হয় না?

যেহেতু অন্যান্যদের সার্বিক চিন্তাধারাকে প্রভাবিত করা আপনার ক্ষমতা বহির্ভূত, সেই কারণেই আপনার অন্তরে ক্রমবর্ধমান আশঙ্কাটি নিতান্তই অমূলক—সেই অহেতুক আশঙ্কার গন্ডিতে নিজেকে আটকে রাখার স্বপক্ষে কোনো যুক্তিই খাটে না। এই অপ্রয়োজনীয় কাজে অনর্থক সময় নষ্ট করার মতো পর্যাপ্ত সময় আপনাদের হাতে নেই, কারণ এই একমাত্র বন্য এবং অনিন্দ্যসুন্দর জীবনে অসংখ্য গুরুত্বপূর্ণ দায়িত্ব আপনাদের জন্য অপেক্ষমান।

আজ থেকে আপনাদের জীবনে শুরু হতে চলেছে এক সম্পূর্ণ নতুন অধ্যায়, আপনাদের সম্পর্কে অশুভ চিন্তা করার সম্পূর্ণ স্বাধীনতা পারিপার্শ্বিকের মানুষজনের হাতে সমর্পণ করুন। ওদের করতে দিন।

"কিন্তু আমি চাই না, অন্যান্যরা আমার সম্পর্কে অশুভ চিন্তা করুন"

আমি জানি এই মুহূর্তে আপনারা কী ভাবছেন: কিন্তু আমি চাই না, পারিপার্শ্বিকের মানুষজন আমার সম্পর্কে অশুভ চিন্তাভাবনা করুন, মেল। আমি ভালো করেই জানি আপনারা তা চাইছেন না। আমিও নিজের জীবনে তা কখনোই চাইনি। কিন্তু আপনাদের সম্পর্কে পারিপার্শ্বিকের মানুষজন কী ভাবতে পারেন, সেই অমূলক আতঙ্কের বশবর্তী হয়েই আপনাদের আত্মবিশ্বাস রীতিমত তলানিতে গিয়ে ঠেকেছে।

আমি কোনোভাবেই উপযুক্ত নই। (কার জন্য?)

আমি একেবারেই চালাকচতুর নই। (কার জন্য?)

ওঁরা আমার কারণে ব্যতিব্যস্ত হয়ে পড়বেন। (কারা ব্যতিব্যস্ত হয়ে পড়বেন?)

আমার অভিভাবকরা কখনোই সম্মতি দেবেন না। (তাতে কী হবে?)

আমি যদি এই কাজ করি, আমাকে আর কেউ পছন্দ করবেন না। (কেউ বলতে কাদের কথা ভাবা হচ্ছে?)

আমার বন্ধুবান্ধবরা কী ভাববেন? (তাঁদের যা ইচ্ছে।)

এতে কি আমাকে খারাপ দেখাতে পারে? (কাদের জিজ্ঞাসা করা হচ্ছে?)

দৈনন্দিনের জীবনে প্রতিটি মানুষের মনে এই অহেতুক আতঙ্কের বাতাবরণ ওতপ্রোতভাবে জড়িয়ে রয়েছে। একমাত্র সেই কারণেই আমি এই প্রসঙ্গে বারবার একই কথা বলার চেষ্টা করে চলেছি: পারিপার্শ্বিকের মানুষজন আপনাদের ব্যবহারিক বৈশিষ্ট্য সম্পর্কে নেতিবাচক ধ্যানধারণার লালনপালন করতে অভ্যস্ত—আপনাদের পোশাক আশাক সম্পর্কে, আপনাদের সাম্প্রতিক মন্তব্যের পরিপ্রেক্ষিতে, গত সপ্তাহে আপনারা কী করেছিলেন তা সম্পর্কে, এবং আপনাদের জীবনের অভীষ্ট লক্ষ্য সম্পর্কে তাঁদের অশুভ চিন্তাভাবনা অক্ষুণ্ণই থেকেই যাবে।

ওদের করতে দিন।

প্রাপ্তবয়স্করা নিজেদের ইচ্ছানুসারে কী ধরনের ভাবনাচিন্তা করবেন তার অবাধ ছাড়পত্র তাঁদের হাতেই দেওয়া রয়েছে। এবং আপনারাও কীভাবে জীবনযাপন করবেন, তার সামগ্রিক অধিকার আপনাদের হাতে রয়েছে। একমাত্র এই কারণেই দ্য লেট দেম থিওরি অথবা ওদের করতে দিন এর পদ্ধতি জীবনের প্রতিটি পরিসরে যাবতীয় সমস্যার কবল থেকে আপনাদের নিষ্কৃতি দিতে সমর্থ। রক্ষণাত্মক প্রক্রিয়ার অন্তর্বর্তী হয়ে জীবনযাপন করার পরিবর্তে, আপনাদের আক্রমণাত্মক প্রক্রিয়ায় সাহায্যে জীবনযাপন করার সিদ্ধান্ত নিতে হবে। যেভাবে চান, সেভাবেই জীবনযাপন করার অধিকার সম্পূর্ণভাবেই আপনাদের উপরেই ন্যস্ত।

এখানে আপনাদের সামনে আরো একটি সত্যের উন্মোচন আমি করতে চাই: পারিপার্শ্বিকের মানুষজনের সামগ্রিক ধারণার তুলনায়, আপনার অন্তর্নিহিত ক্ষমতার পরিমাণ বহুগুণে বেশি। তাই, অন্যান্যদের হাতে আপনার ক্ষমতার রাশ তুলে দেওয়ার পরিবর্তে, আপনাদের নিজস্ব ক্ষমতা অথবা শক্তির যথাযথ প্রয়োগ করতে হবে।

আমাকে এমনভাবে নিজের শর্তে জীবনযাপন করতে দিন, যাতে সেই জীবন সম্পর্কে আমি গৌরববোধ করতে পারি। এমনভাবে আমাকে নিজের সিদ্ধান্ত গ্রহণ করতে দিন, যা আমার মূল্যবোধের সঙ্গে সামঞ্জস্যপূর্ণ হয়ে উঠতে পারে। আমাকে নিজের মতো করে ঝুঁকি নিতে দিন, যা আমি স্বেচ্ছায় করতে প্রস্তুত। আমাকে সেই নির্দিষ্ট পথে অগ্রসর হতে দিন, যা আমার অন্তরাত্মা চায়।

সাহসে ভর করে, যথেচ্ছভাবে ঝুঁকি নিয়ে, এবং জীবনের অভীষ্ট লক্ষ্যে পৌঁছে যাওয়ার ক্ষেত্রে নিজের ইচ্ছানুসারে যে ধরনের কাজ করলে তা আপনাকে সামগ্রিক সন্তুষ্টি প্রদান করে, তা সবসময়ই অন্যান্যদের অযাচিত ধারণার তুলনায় আপনাদের কাছে গুরুত্বপূর্ণ হিসেবে প্রতিপন্ন হয়। এই জীবন সম্পূর্ণভাবেই আপনার। কাজেই, পারিপার্শ্বিকের মানুষজনের অমূলক ধারণার প্রভাবে এটিকে বিনাশ হওয়ার হাত থেকে বাঁচানো প্রয়োজন।

একটি বই লিখে ফেলুন। পছন্দের মানুষকে বিভিন্ন অনুষ্ঠানে আমন্ত্রণ জানান। যে ধরনের পোশাক পরার ইচ্ছে হবে, তা নির্দ্বিধায় পরুন। সারাদিন সমুদ্রতটে ঘুরে বেড়ান। পুরোনো কর্মক্ষেত্রে ফিরে যান। ইচ্ছামত কর্মক্ষেত্র থেকে ইস্তফা দিন। এক জায়গা থেকে অন্যত্র চলে যাওয়ার সিদ্ধান্ত নিন। একটি কুকুরকে নিজের পোষ্য হিসেবে বেছে নিন। ছুটি কাটানোর উদ্দেশ্যে একটি মনোরম গন্তব্য ঠিক করে ফেলুন। মাদকাসক্তি বর্জন করুন। লিঙ্গবৈষম্যের বস্তাপচা

ধ্যানধারণার কবল থেকে নিজেকে মুক্ত করুন। এতদিন যে পথে অগ্রসর হওয়ার ক্ষেত্রে আপনি অহেতুক আতঙ্কের বশবর্তী ছিলেন, বুক ফুলিয়ে সেই অভীষ্ট লক্ষ্য পরিপূর্ণ করার কাজ শুরু করুন।

নিজেদের জীবনে যত বেশি ক্ষেত্রে আপনারা দ্য লেট দেম থিওরি অথবা ওদের করতে দিন এর প্রয়োগ করবেন, ততই উপলব্ধি করতে পারবেন যে এই অহেতুক আশঙ্কার নেপথ্যে, আপনাদের অন্তরাত্মা আবহমানকাল ধরেই সেই অভীষ্ট লক্ষ্যের পথে আপনাদের চালিত করার প্রচেষ্টায় সক্রিয় ছিল।

প্রতিবার যখন আপনারা লেট দেম অর্থাৎ ওদের করতে দিন এর শরণাপন্ন হবেন, দৈনন্দিন জীবনের বহিরাবরণে সামগ্রিক কোলাহল এবং অসংখ্য প্রলোভনের ফাঁদ এড়িয়ে নিজেদের অন্তর্বর্তী সত্তার নিরিখে আপনারা কিছু অমূল্য উপলব্ধি করতে সক্ষম হবেন: আপনাদের বক্তব্য, আপনাদের অন্তর্দৃষ্টি, আপনাদের জীবনের সত্যাসত্য, এবং জীবনের সঠিক পথে অগ্রসর হওয়ার দুর্মূল্য পাথেয় সম্পর্কে।

আপনার অন্তর্গত এই দূরদৃষ্টি আবহমানকাল থেকেই সযত্নে লালিত হয়ে আসছিল। কিন্তু সেটি আজ পর্যন্ত এই অহেতুক আশঙ্কার পাহাড়প্রমাণ গুরুভারের নীচে অবদমিত হয়ে পড়েছিল।

পারিপার্শ্বিকের মানুষজনের অযাচিত মতবাদের গুরুভার থেকে বরাবরের জন্য মুক্তিলাভ করার উদ্দেশ্যে আপনারা যখনই দ্য লেট দেম থিওরি অথবা ওদের করতে দিন এর পদ্ধতির প্রয়োগ করবেন, তখন নিজেদের মূল্যবোধ, প্রয়োজন এবং জীবনের অভীষ্ট লক্ষ্যকে পথপ্রদর্শক হিসেবে ব্যবহার করে, জীবনের পথে অগ্রসর হওয়ার কাজ আপনারা শুরু করতে পারবেন। অন্যান্য মানুষ আপনাদের সম্পর্কে কী ভাবনাচিন্তা করছেন তাতে বিন্দুমাত্র আমল না দিয়ে, আপনারা এমনভাবে নিজেদের জীবনের হাল ধরবেন যাতে ভবিষ্যতে সেই জীবন সম্বন্ধে আপনারা গৌরবান্বিত হতে পারেন।

এই রহস্যের অব্যর্থ সমাধান আপনাদের সামনে সাজিয়ে দেওয়া হল। যখন আপনি নিজের সম্পর্কে গর্ববোধ করার মতো পরিস্থিতিতে উপনীত হবেন, জীবনের সামগ্রিক ক্ষমতার রাশ থাকবে আপনার হাতের মুঠোয়।

এমন সিদ্ধান্ত নিন, যা আপনাকে গর্বিত করে

একাধারে ভালোবাসা ও সৌহার্দ্যপূর্ণ পারস্পরিক সম্পর্কগুলিকে বজায় রাখার পাশাপাশি, নিজেদের জীবনে যাবতীয় গুরুত্বপূর্ণ ক্ষেত্রকে অগ্রাধিকার দেওয়ার দিকে আমি এই মুহূর্তে আপনাদের দৃষ্টি আকর্ষণ করার চেষ্টা করব। আমরা কখনোই পারিপার্শ্বিকের মানুষজন সম্পর্কে উদাসীন একজন আত্মকেন্দ্রিক এবং আত্মরতিপূর্ণ ব্যক্তিবিশেষ হিসেবে জীবনযাপন করার কথা চিন্তা করব না।

অন্যান্য মানুষজনের যাবতীয় আশা আকাঙ্খা এবং অনুভূতির সঙ্গে সামঞ্জস্য রেখে নিজেদের যাবতীয় গুরুদায়িত্বকে অগ্রাধিকার দেওয়ার প্রশিক্ষণ আপনাদের এমনভাবে গ্রহণ করতে হবে, যাতে নিজেদের জীবনে একটি সুষম ভারসাম্য রক্ষা সম্ভব হতে পারে। কারণ,

জীবনের ক্ষেত্রে একদিকে যেমন আপনারা পারিপার্শ্বিকের মানুষজনের পাপোষ হিসেবে নিজেদের প্রতিপন্ন করবেন না, অন্যদিকে নিজেদের একটি অবিবেচক, অশুভ শক্তি হিসেবেও প্রতিষ্ঠিত করতে নিশ্চয় রাজি থাকবেন না। এটিই হল জীবনের অলিখিত ভারসাম্য।

ধরা যাক আগামী সপ্তাহান্তটি আপনার কাছে অত্যন্ত কর্মব্যস্ত হতে চলেছে। একদিকে, আপনার অত্যন্ত অন্তরঙ্গ বান্ধবীর জন্মদিন উপলক্ষে বিশাল আয়োজন করা হয়েছে—সেটি আপনার জীবনের একটি উল্লেখযোগ্য দিন হতে চলেছে কারণ, কারণ সেই অনুষ্ঠানে আপনার সমস্ত বন্ধুবান্ধবরা একত্রিত হবেন।

আপনার কাছে এই জাঁকজমকপূর্ণ অনুষ্ঠানে উপস্থিত থাকার অর্থ হল, চার ঘণ্টা ধরে গাড়ি চালিয়ে অনুষ্ঠানে পৌঁছনো। অন্যদিকে, মাত্র কয়েক মাস আগে আপনি নিজের অভিভাবকদের প্রতিশ্রুতি দিয়েছেন যে সপ্তাহান্তের সেই নির্দিষ্ট দিনটিতেই আপনি তাঁদের সঙ্গে দেশের বাড়িতে উপস্থিত থাকবেন।

আপনার কাছে দুটি অনুষ্ঠানই সমানভাবে গুরুত্বপূর্ণ।

আপনি একজন যথার্থ বন্ধুর ভূমিকা পালন করার পাশাপাশি, একজন যথার্থ সন্তান হিসেবে নিজেকে প্রতিপন্ন করতে উদগ্রীব থাকবেন। সেক্ষেত্রে আপনাকে প্রথমে, হন্তদন্ত হয়ে দীর্ঘ চার ঘণ্টার যাত্রাপথ অতিক্রম করে, শুক্রবার রাতে সেই অন্তরঙ্গ বান্ধবীর জন্মদিন উদযাপন করার জন্য, সেই বর্ণাঢ্য অনুষ্ঠানে উপস্থিত থাকতে হবে।

সেখানে গভীর রাত পর্যন্ত জেগে, নিজের প্রিয় মানুষজনের সঙ্গে দেদার আড্ডা, হাসিমস্করা এবং হৈহুল্লোড়ে মেতে উঠবেন, এবং সুরাপানের মাধুর্যে দিনটি উদযাপন করবেন। পরের দিন সকাল সাতটায় ঘুম থেকে উঠে সুন্দরভাবে বিছানা গুছিয়ে রাখার পরে, আপনি দ্রুতগতিতে নিজের শরীরচর্চার পোশাক পরে নেবেন এবং তার পরে একটি কাগজে লিখবেন যে, একটি আপৎকালীন পরিস্থিতি তৈরি হয়েছে বলে আপনার পক্ষে উইকএন্ডটি বন্ধুদের সঙ্গে কাটানো সম্ভব হচ্ছে না, এবং সেই কারণে আপনি যারপরনাই দুঃখিত ও ক্ষমাপ্রার্থী। এর অব্যবহিত পরেই, গাড়িতে উঠে বসে আপনি দেশের বাড়ির উদ্দেশ্যে রওনা দেবেন এবং প্রায় চার ঘণ্টা পথ অতিক্রম করে গন্তব্যে পৌঁছোবেন। তাহলে সপ্তাহান্তের অবশিষ্ট সময়টুকু নিজের অভিভাবক ও প্রপিতামহের পরিবারের সান্নিধ্যে কাটাতে পারবেন।

সেই সুদীর্ঘ পথ গাড়ি চালিয়ে অতিক্রম করার সময়, নিজের এই অভূতপূর্ব প্রচেষ্টার জন্য আপনি গর্ববোধ করতে বাধ্য হবেন।

সেই মুহূর্তে আপনার পক্ষে কোনোভাবেই জানা সম্ভব নয় (যা পরবর্তীতে আপনি জানতে পারবেন), যে বান্ধবীর জন্মতিথি উপলক্ষে যাবতীয় সমস্যাকে উপেক্ষা করে আপনি সেই অনুষ্ঠানে উপস্থিত হয়েছিলেন, তিনি আপনার এই অপ্রত্যাশিত প্রস্থানের ফলে ক্ষোভে ফেটে পড়ে বলেছিলেন, "আমি জানি না ও কেন শুধুমাত্র একটা রাতের জন্য এখানে আসার কথা ভেবেছিল।"

ওনাকে বলতে দিন।

চার ঘণ্টা পরে, যখন আপনি নিজের দেশের বাড়িতে গিয়ে পৌঁছেছিলেন—সেই মুহূর্তে আপনার শরীরে গত রাতের নেশার রেশ রয়ে গিয়েছিল, এবং অস্বাভাবিক ক্লান্তিতে আপনার

শরীর ছিল অবসন্ন। শরীরচচর্চার পোশাকে গাড়ি থেকে নেমে নিজের প্রপিতামহীকে আপনি জড়িয়ে ধরেছিলেন, যিনি আপনার উপস্থিতিতে আনন্দে চোখের জল ধরে রাখতে পারেননি।

তারপর আপনি যখন নিজের মাকে জড়িয়ে ধরেন, তিনি সেই অবস্থাতেই আপনার কানে ফিসফিস করে বলেন, "গতকাল যখন ওঁরা এখানে এসে পৌঁছেছিলেন, তখন তোমাকে না দেখতে পেয়ে তোমার প্রপিতামহী প্রচন্ড হতাশ হয়েছিলেন।" এর সঙ্গে তিনি আরো বলেন, "আর মাত্র দশ মিনিটের মধ্যে আমরা মধ্যাহ্নভোজে বেরোচ্ছি। তুমি এক্ষুনি নিজের পোশাক বদলে নাও।"

ওনাকে বলতে দিন।

আপনাদের আমি এই বিশেষ গল্পটি বলছি, শুধুমাত্র দুটি সত্য প্রমাণের উদ্দেশ্যে: প্রথমত, যখন আপনি প্রাণপাত করে অন্যান্যদের সন্তুষ্ট করার চেষ্টা করেন, এবং তাঁদের চাহিদামতো সমস্ত কাজ সুষ্ঠভাবে সম্পন্ন করতে সফল হন, তা সত্ত্বেও আপনার পারিপার্শ্বিকের মানুষজন যে আপনার সম্পর্কে ইতিবাচক ধ্যানধারণা পোষণ করবেন, সে ব্যাপারে আপনি নিঃসন্দেহ হতে পারবেন না।

ওঁদের করতে দিন।

দ্বিতীয়ত—এটি হচ্ছে সবচেয়ে গুরুত্বপূর্ণ বিষয়—কখনো নিজেকে সেই মানুষ হিসেবে গড়ে তুলবেন না যিনি পারিপার্শ্বিকের মানুষজনের সন্তুষ্টির উদ্দেশ্যে নিজের ক্ষমতা বহির্ভূত কাজ করতেও পিছপা হন না। অতীতে আমিও এই চেষ্টা করে দেখেছি। সেই আপ্রাণ প্রচেষ্টা সত্ত্বেও আমি বরাবর হতাশার সম্মুখীন হয়েছি এবং পরবর্তীকালে মনে হয়েছে যে যাই করি না কেন, আমার পক্ষে কাউকে সন্তুষ্ট করা নিতান্তই অসম্ভব।

বর্তমানে দ্য লেট দেম থিওরি অথবা ওদের করতে দিন এর পদ্ধতির সম্পর্কে অবগত হওয়ার পরে, আমি শুধুমাত্র নিজেকে সন্তুষ্ট করার ক্ষেত্রেই প্রাণপণ চেষ্টা করতে অভ্যস্ত হয়ে উঠেছি। আমাকে বুঝিয়ে বলতে দিন।

একদিকে শত সমস্যার মধ্যেও প্রিয় বান্ধবীর জন্মদিনের অনুষ্ঠানে উপস্থিত হওয়া এবং তার অব্যবহিত পরেই দেশের বাড়িতে গিয়ে প্রপিতামহের পরিবারের মনোরঞ্জন করার ক্ষেত্রে, আসল কারণটি হল যাতে আপনি নিজের উপরে গর্ববোধ করতে পারেন। আপনি যদি নিজের বান্ধবীর জন্মদিনের অনুষ্ঠানে গিয়ে না পৌঁছোতে পারেন, তাতেও আপনি তাঁদের অন্তরঙ্গ বন্ধু হিসেবে পরিগণিত হবেন। কিন্তু সেই বান্ধবীর জন্মদিনের অনুষ্ঠানে গিয়ে পৌঁছোলে, তাঁর অন্তরঙ্গ বন্ধু হিসেবে আপনি নিজের সন্তুষ্টি অনুভব করতে পারবেন।

নিজের মাকে সন্তুষ্ট করার উদ্দেশ্যে, দেশের বাড়িতে পৌঁছে প্রপিতামহের পরিবারের সঙ্গে দেখা করার কোনো প্রয়োজন আপনার নেই। আপনার প্রপিতামহের পরিবারের সঙ্গে দেখা করতে যাওয়ার একমাত্র উদ্দেশ্য হল নিজের পরিবার এবং প্রপিতামহের পরিবারকে অগ্রাধিকার দেওয়ার ফলে আপনি কী পরিমাণে সন্তুষ্টি লাভ করছেন।

যখন নিজের সামগ্রিক কর্মকাণ্ডের নিরিখে আপনি নিজের উপরে গর্ববোধ করতে পারেন, তখন পারিপার্শ্বিকের মানুষজন আপনার সম্পর্কে কী ধ্যানধারণা পোষণ করছেন, তাতে আপনার কিছুই আসে যায় না। সময়ের অনেক আগেই যে আপনি আচমকা অনুষ্ঠান ছেড়ে চলে যাওয়ার

সিদ্ধান্ত গ্রহণ করেছেন, এতে আপনার বান্ধবীরা আপনার উপর অসন্তুষ্ট হতেই পারেন। আপনি যে সময়মতো দেশের বাড়িতে পৌঁছোতে পারেননি, তাতে আপনার পরিবারের সদস্যরা আপনার উপরে অসন্তুষ্ট হতেই পারেন। আপনি যে ধরনের সিদ্ধান্তই গ্রহণ করুন না কেন, তাতে কারো না কারো হতাশা অথবা অসন্তোষের সম্মুখীন হওয়ার সম্ভাবনা থাকবেই। নিজের অপরাধবোধের ভিত্তিতে কখনোই কোনো সিদ্ধান্ত গ্রহণ করা আপনার উচিত নয়।

নিজের অপরাধবোধকে অগ্রাধিকার দেওয়ার উদ্দেশ্যে আপনি যখন অভিভাবকদের কাছে গিয়েছিলেন, তাঁরা ইতিমধ্যেই আপনার দৃষ্টিভঙ্গীতে খলনায়কের ভূমিকায় অবতীর্ণ হয়েছেন। যখন আপনি মরিয়া হয়ে যাওয়ার মনস্থ করেন একমাত্র এই কথা ভেবে, যে সেখানে সময়মতো না পৌঁছোতে পারলে আপনার নিজের খারাপ লাগবে, একমাত্র তখনই আপনি নিজের যাবতীয় সিদ্ধান্তের নিয়ন্ত্রণ করতে সক্ষম।

পারিপার্শ্বিকের মানুষজনের যাবতীয় চিন্তাভাবনা সম্পর্কে ভাবলেশহীন অবস্থায় কীভাবে থাকা সম্ভব, এবং নিজের মূল্যবোধের সাহায্যে কীভাবে যাবতীয় সিদ্ধান্ত গ্রহণ করা সম্ভব, উপরোক্ত ঘটনাটি তার এক প্রকৃষ্টতম উদাহরণ বিশেষ।

কিন্তু সেই মুহূর্তে কী ঘটতে পারে, যখন অন্যান্যদের সঙ্গে আপনার মতান্তরের পরিস্থিতির উদ্ভব হয়? যেমন, ধরে নেওয়া যাক আপনি যে ব্যক্তিকে পছন্দ করে বিবাহসূত্রে আবদ্ধ হওয়ার কথা ভেবেছেন, আপনার মায়ের সেই ব্যক্তিকে একেবারেই পছন্দ নয়? সেই মুহূর্তে আপনি কী করবেন?

আমিও নিজের জীবনে অনুরূপ পরিস্থিতির সম্মুখীন হয়েছিলাম।

অধ্যায় ৬

জটিল মানসিকতার মানুষকে কীভাবে আপন করে নেবেন

আমার নিজস্ব ধারণা অনুযায়ী, অপরিচিত মানুষজন, সহকর্মী, এমনকি নিজের বন্ধুবান্ধবের ক্ষেত্রে দ্য লেট দেম থিওরি অথবা ওদের করতে দিন এর পদ্ধতির প্রয়োগ অপেক্ষাকৃত সহজ হতে পারে, কারণ এটির প্রয়োগের ফলস্বরূপ তাঁদের সঙ্গে আপনার কিছুটা মানসিক দূরত্ব তৈরি হওয়ার সম্ভাবনা রয়েছে—যে সময়ে আপনি নিজেকে নতুন করে গুছিয়ে নেওয়ার যথেষ্ট সুযোগ পেতে পারেন। নিজের শোবার ঘরে ঢুকে আপনি দরজা বন্ধ করে দিতে পারেন। কাজের শেষে কর্মক্ষেত্র থেকে আপনি নিজের বাড়িতে ফিরে আসতে পারেন। উড়ানের শেষে আপনি বিমান থেকে নেমে আসতে পারেন।

এবং অধিকাংশ ক্ষেত্রে, পারিপার্শ্বিকের মানুষজন আপনার সম্পর্কে কখন, কোনো নেতিবাচক ধ্যানধারণা পোষণ করে চলেছেন—সেই সম্বন্ধে আপনি স্বভাবতই অবগত থাকেন না। কিন্তু আপনার পরিবারের ক্ষেত্রে? নিজের পরিবারের পরিস্থিতি অবশ্যই সম্পূর্ণভাবে আলাদা। কারণ, আপনার পরিবারের সদস্যরা সারাজীবন ধরে আপনার সংস্পর্শেই থাকেন।

পরিবারের সদস্যরা স্বভাবতই আপনার সম্পর্কে তাঁদের যাবতীয় ধ্যানধারণা, আবদার ও অনুযোগ সরাসরি প্রকাশ করতেই অভ্যস্ত: ছুটিতে বাড়ি ফেরার সুযোগ না পেলে, তাঁরা আপনার মুখের উপরে নিজেদের অবদমিত ক্ষোভ ও উষ্মা উগরে দিতে পিছপা হন না। এখনো পর্যন্ত কী কারণে আপনি অবিবাহিত রয়েছেন, সেই নিয়ে তাঁদের অনন্ত প্রশ্নবাণ নিরন্তর আপনাকে জর্জরিত করতে থাকে। তাঁরা ভাবেন মাঝপথে লেখাপড়ায় ইস্তফা দেওয়ার কারণে, আপনি নিজের ভবিষ্যৎ ইতিমধ্যেই বরবাদ করে ফেলেছেন। আপনার বন্ধুবান্ধবদের তাঁরা দুচক্ষে দেখতে পারেন না। আপনি যেভাবে জীবনযাপন করতে অভ্যস্ত, তা কখনোই তাঁদের সনাতন মতবাদের সঙ্গে খাপ খায় না। যাঁর সঙ্গে আপনার আত্মিক ভালোবাসার সম্পর্ক দানা বেঁধে উঠছে, তিনি যে একেবারেই তাঁদের পছন্দের মানুষ নন—সে কথা সরাসরি জানিয়ে দিতে তাঁরা বিন্দুমাত্র দ্বিধাবোধ করেন না। তাঁরা কখনোই চান না যে আপনি নিজের কর্মক্ষেত্রে ইস্তফা দিয়ে, নিজের ইচ্ছানুসারে

একটি ব্যবসার গোড়াপত্তন করেন। তাঁরা মনে করেন, জীবনের প্রতিটি ক্ষেত্রে আপনার নিজের সম্পর্কে যথেষ্ট সাবধানতা অবলম্বনের প্রয়োজন, এবং সেই বিষয়ে আপনাকে ওয়াকিবহাল করার উদ্দেশ্যে গলা চড়াতে তাঁরা রীতিমত অভ্যস্ত।

আপনার সামগ্রিক সন্তুষ্টি এবং সাফল্যের ভিত্তিতে তাঁদের জীবনযাপনের উৎকর্ষ সম্পূর্ণভাবে নির্ভরশীল হওয়ার কারণে, পরিবারের সদস্যরা আপনাকে অনায়াসে, মুখের উপরে তাঁদের যাবতীয় ধ্যানধারণা ব্যক্ত করার কাজকে অত্যন্ত স্বাভাবিক বলে মনে করতে অভ্যস্ত। অধিকাংশ ক্ষেত্রেই, প্রয়োজনীয় উৎসাহ ও উদ্দীপনা যোগাবার উদ্দেশ্যে তাঁরা আপনার উপর নিজেদের প্রত্যাশার পাহাড়প্রমাণ চাপ সৃষ্টি করতে থাকেন। আপনার বন্ধুবান্ধবদের যখন তাঁরা সহ্য করতে পারেন না, অথবা তাঁরা ভাবেন যে নিজের জীবনে আপনি ভুল পথে চালিত হচ্ছেন, বা তাঁরা মনে করেন যে আপনি নিজের ক্ষেত্রে পর্যাপ্ত সাবধানতা অবলম্বন করতে অসমর্থ হচ্ছেন, তাঁরা সেগুলি সরাসরি আপনার মুখের উপর জানিয়ে দিতে সময় নষ্ট করেন না।

জীবনের অধিকাংশ ক্ষেত্রেই, পরিবারের সদস্যরা এভাবেই আপনার প্রতি তাঁদের ভালোবাসা, দুশ্চিন্তা ও উদ্বেগের বহিঃপ্রকাশ করতে অভ্যস্ত। আপনার সান্নিধ্য পেতে তাঁরা সদাই উন্মুখ থাকেন, তাঁরা চান প্রতিনিয়ত আপনি আনন্দে ও শান্তিতে থাকুন এবং যখন দেখেন আপনি নিজের যাবতীয় প্রতিভা ও দক্ষতার সঠিক মূল্যায়ন করতে অসমর্থ হচ্ছেন, স্বভাবতই তাঁরা উদ্বিগ্ন হয়ে পড়েন। যদিও, তাঁদের এই অকৃত্রিম মনোভাবের বহিঃপ্রকাশ প্রায়শই নিঃস্বার্থ ভালোবাসা এবং সামগ্রিক নিয়ন্ত্রণের মধ্যের সূক্ষ্ম বিভাজনের মাত্রা লঙ্ঘন করে যায়।

পৃথিবীতে আপনার পদার্পণের দিনটি থেকে শুরু করে, পরিবারের প্রতিটি সদস্যের হাতেই আপনাকে যথেচ্ছভাবে নিয়ন্ত্রণ করার ক্ষমতা রয়েছে। কারণ, আপনাকে জন্মাবধি দেখতে তাঁরা অভ্যস্ত। স্বভাবতই, তাঁরা ভাবেন আপনার সম্পর্কে তাঁদের যাবতীয় মতবাদ সম্যকভাবে যথার্থ এবং আপনাকে নিয়ন্ত্রণ করার ক্ষমতা তাঁদের সহজাত অধিকার—কারণ একমাত্র তাঁরাই জানেন আপনার জন্য কোনটি সঠিক। (এবং এই অলিখিত ক্ষমতায় বলীয়ান হয়ে তাঁরাও চূড়ান্ত আত্মশ্লাঘায় অভিভূত থাকতে অভ্যস্ত।)

এছাড়াও, আপনার পরিবারের প্রতিটি সদস্য একে অপরের সার্বিক অবদানের ক্ষেত্রে চরম প্রত্যাশী এবং তাঁরা আশা করেন যে, প্রত্যেকের সামগ্রিক প্রচেষ্টা পরিবারের সুষ্ঠ সঞ্চালনার ক্ষেত্রে একান্তভাবেই অপরিহার্য। এই ধরনের পারিবারিক সম্পর্কগুলি আপনার জীবনের ক্ষেত্রে সবচেয়ে গুরুত্বপূর্ণ হয়ে দাঁড়াতে বাধ্য, কারণ আজন্মকাল থেকে এঁদের সঙ্গে আপনি ওতপ্রোতভাবে জড়িত—এবং এই সম্পর্কগুলি বর্তমানে একটি সার্বজনীন এবং পারস্পরিক তন্ত্রে রূপান্তরিত হয়েছে। স্বভাবতই, যে মুহূর্তে আপনি নিজের জীবনের ক্ষেত্রে সামান্যতম পরিবর্তনে উদ্যত হন, আপনার পরিবারের সদস্যদের প্রতিক্রিয়া রুক্ষতা ও নাটকীয়তায় পরিপূর্ণ হয়ে উঠতে বাধ্য—কারণ, আপনি সেই পরিবারের অন্তর্গত একটি অবিচ্ছেদ্য অংশবিশেষ। তাই, আপনার জীবনের ক্ষেত্রে সামান্যতম পরিবর্তনের ফলে, পরিবারের সেই পারস্পরিক তন্ত্রের মধ্যে দিয়ে, হয় ইতিবাচক নয় নেতিবাচক প্রতিক্রিয়ার তরঙ্গ সঞ্চারিত হতে থাকবে।

আপনি যে আবহমানকাল থেকে চলে আসা একটি সামগ্রিক এবং পারস্পরিক সম্পর্কের তন্ত্রের অন্তর্গত অংশবিশেষ, সেই কারণে আপনার প্রতিটি পদক্ষেপের ফলে সেই তন্ত্রের

অন্তর্গত অন্যান্য সদস্যরা স্বাভাবিকভাবেই প্রতিক্রিয়াশীল হবেন—এই পরম সত্যের অবগতির ফলে আপনার পক্ষে জীবনের পথে সঠিকভাবে অগ্রসর হওয়া সহজ হবে।

আমি কখনোই বলছি না যে, সেই অমূলক প্রত্যাশা অথবা সেই তন্ত্রের অন্তর্ভুক্ত ধ্যানধারণা সম্পূর্ণভাবে যুক্তিসঙ্গত। আমি শুধুমাত্র বলতে চাইছি যে—এটি আমাদের জীবনে চরম বাস্তব। আমি মনে করি, এই বিশেষ পরিস্থিতি সম্পর্কে আমি যত বেশি ওয়াকিবহাল থাকব, ততই নিজের পরিবারের ক্ষেত্রে আমি কীভাবে নিজেকে উপস্থাপিত করব—তা থাকবে সম্পূর্ণভাবে আমার নিয়ন্ত্রণে।

উদাহরণ হিসেবে, নিজের জীবনসঙ্গীর সঙ্গে সমস্ত সম্পর্ক বিচ্ছিন্ন করার সিদ্ধান্ত যদি আপনি নিয়ে থাকেন, সনাতন ধ্যানধারণার বশবর্তী হয়ে জীবনযাপন করতে আপনি যদি আর রাজি না থাকেন, বা নিজের ধর্ম বহির্ভূত কোনো মানুষকে নিজের জীবনসঙ্গী হিসেবে বেছে নেওয়ার সিদ্ধান্ত যদি আপনি নিয়ে থাকেন, কিংবা নিজের ইচ্ছানুসারে একটি নির্দিষ্ট পেশা বেছে নিয়ে থাকেন, অথবা অন্যান্যদের থেকে সম্পূর্ণ আলাদা একটি রাজনৈতিক মতবাদ আপনি পোষণ করেন, আপনার সিদ্ধান্ত সেই পারস্পরিক সম্পর্কের তন্ত্রের ভীত নাড়িয়ে দেওয়ার জন্য যথেষ্ট। কারণ, এটি আপনার ভাবমূর্তি, সত্তা বা আপনার জীবনযাপনের প্রক্রিয়ার পূর্বনির্ধারিত ধারণার প্রতি, অন্যান্যদের সামগ্রিক প্রত্যাশা এবং বিশ্বাসের মুলে সজোরে আঘাত করতে বাধ্য।

এই পারস্পরিক সম্পর্কের আবর্তে, যে মুহূর্তে সৎ-সন্তান এবং সৎ-পিতামাতাদের ক্ষেত্রটির সংযোজন করা হয়, তখনই এই বিশেষ পরিস্থিতি অপেক্ষাকৃত সহজে পরিস্ফুট হয়। আপনার সিদ্ধান্ত এই পারস্পরিক তন্ত্রের মূলে এক অত্যন্ত শক্তিশালী অভিঘাত হিসেবে প্রতিপন্ন হয়, এবং এর ফলে এই তন্ত্র আরো সংগঠিত হয়ে ওঠে অথবা তাসের ঘরের মতো ভেঙে পড়ে—অর্থাৎ, আপনার সিদ্ধান্তের ফলে এর সামগ্রিক উন্নতিসাধন, অথবা সম্পূর্ণভাবে ধ্বংস হওয়া সম্ভব। এই পারস্পরিক সম্পর্কের তন্ত্রে নবাগত কোনো সদস্যের অন্তর্ভুক্তি, এবং তাঁদের সার্বিক অবদানের প্রত্যাশায় স্বচ্ছলভাবে জীবনযাপন করার যাবতীয় সম্ভাবনাকে সর্বান্তঃকরণে বাতিল করা হয়। যে কোনো পরিবর্তনকে সাবলীলভাবে স্বীকার করে নেওয়ার কাজটি অত্যন্ত কঠিন। বিশেষ করে সেই সমস্ত নাবালকদের জন্য, যাদের উপরে এই পরিবর্তনের ভার জোর করে চাপিয়ে দেওয়া হয়—যাতে তারা একটি সুবৃহৎ, সামগ্রিকভাবে সন্তুষ্ট ও ঐক্যবদ্ধ পরিবারের অবিচ্ছেদ্য অংশ হিসেবে জীবনযাপন করতে সমর্থ হতে পারে।

দ্য লেট দেম থিওরি অর্থাৎ ওদের করতে দিন এর পদ্ধতির সঠিক প্রয়োগে, আপনার পক্ষে একজন আদর্শ সৎ অভিভাবক হিসেবে নিজের ভূমিকা যথার্থভাবে পালন করার কাজটি অত্যন্ত অনায়াস হিসেবে প্রতিপন্ন হবে। একজন প্রাপ্তবয়স্ক হিসেবে, আপনার উপরে ওদের ইচ্ছানুসারে শোকপালন করতে দেওয়ার সম্পূর্ণ দায়িত্বটুকু বর্তায়। আপনাকে (এবং আপনার নিজের সন্তানদের) ওদের জীবনের অন্যতম প্রতিবন্ধকতা হিসেবে দেখতে দিন, কারণ তাঁদের প্রতি আপনার মনোভাব যতই উষ্ণ ও বন্ধুত্বপূর্ণ হোক না কেন, আপনার উপস্থিতি তাঁদের কাছে আশঙ্কার কারণ। নিজের অভিভাবকদের অমূল্য সান্নিধ্য লাভ করার লক্ষ্যপূরণের ক্ষেত্রে, আপনার বিরুদ্ধে তাঁদের প্রতিযোগিতায় অবতীর্ণ হতেই হবে। এ হল ঘোর বাস্তব। আপনার মতোই, তাঁরাও যাবতীয় নিয়ন্ত্রণের রাশ নিজেদের আয়ত্বে রাখতে উৎসুক। নিজেদের ভাবাবেগের

তাড়নায় ওদের ইচ্ছামতো ভেসে যেতে দিন। নিজেদের অভিভাবকদের সঙ্গে একান্তে সময় কাটাবার সুযোগ ওদের করে দিন। আপনি যদি কোনোভাবেই ওদের পছন্দের তালিকায় অন্তর্ভুক্ত না হতে পারেন, কোনো ব্যাপার নয়। ওদের করতে দিন।

একটা কথা কখনো ভুলবেন না যে, সৎ-সন্তানেরা বিশেষভাবে আপনার কাছ থেকে পর্যাপ্ত সহমর্মিতা, সহানুভূতি এবং সান্ত্বনা প্রত্যাশা করে। শুধুমাত্র একজন নবাগত আগন্তুককে নিজেদের জীবনে নতুন করে প্রবেশাধিকার দেওয়ার প্রক্রিয়ায় তাঁরা যে অভ্যস্ত হচ্ছেন তাই নয়; নিজেদের পরিবারকে যেভাবে গড়ে তোলবার স্বপ্ন তারা দেখেছিলেন, তা সারাজীবনের জন্য অধরা থেকে যাবে—সেই শোকে তাদের মন অত্যন্ত ভারাক্রান্ত হয়ে রয়েছে। এবং তাদের পক্ষে তা একদম স্বাভাবিক।

এই বিশেষ পরিস্থিতির সঠিক মূল্যায়ন করতে পারলে, আপনার পক্ষে পদ্ধতির লেট মি অর্থাৎ আমাকে করতে দিন এর অংশটিতে মনঃসংযোগ করা সম্ভব এবং একজন স্থিতধী ও সহানুভূতিশীল প্রাপ্তবয়স্ক মানুষ হিসেবে নিজের যাবতীয় দায়িত্ব সুষ্ঠভাবে পালন করা সম্ভব হয়ে উঠবে। এবং নিজের ব্যবহারের মাধ্যমে আপনি যতটা সংবেদনশীলতা এবং সহানুভূতি প্রদর্শন করতে পারবেন, ততই আপনার পক্ষে এই অনভিপ্রেত পরিবর্তনের পরিস্থিতিকে সামাল দেওয়া সম্ভব।

সৎ-সন্তান এবং সৎ-অভিভাবকদের মধ্যে পারস্পরিক সম্পর্কের এই অস্থির টানাপোড়েন স্বাভাবিকভাবেই অত্যন্ত সূক্ষ্ম একটি ভারসাম্যের উপরে দাঁড়িয়ে। এঁদের মধ্যে কোনো সমস্যারই সহজ সমাধান সম্ভব নয়। কিন্তু দ্য লেট দেম থিওরি অথবা ওদের করতে দিন এর পদ্ধতির সঠিক প্রয়োগের ফলে, এই ধরনের সম্পর্কগুলির উল্লেখযোগ্য উন্নতি হওয়া সম্ভব—এবং এর সঙ্গে রয়েছে একটি নির্দিষ্ট অনুষঙ্গ—এই অধ্যায়ে যার সম্পর্কে আপনারা শিখতে চলেছেন।

একটি সমাবেশে একবার আমি একজন থেরাপিস্টকে বলতে শুনেছিলাম, "আমার জীবনে যদি 'পরিবার' শব্দটির অস্তিত্ব না থাকত, তাহলে আমার পক্ষে আজ এই ব্যবসার গোড়াপত্তন করা সম্ভব ছিল না।" অবশ্যই, যখন পরিবারের প্রশ্ন ওঠে, আপনার আত্মীয়স্বজনদের ক্ষেত্রে নিজেদের মতামত প্রকাশ করার সম্পূর্ণ স্বাধীনতা রয়েছে, কিন্তু সেই মতামতের অধিকার খাটিয়ে তাঁরা যখন নিজের শর্তে আপনার জীবনযাপন, নিজের মতো করে নিজেকে গড়ে তোলা, এবং নিজের ইচ্ছানুসারে ভালোবাসার মানুষকে খুঁজে নেওয়ার ক্ষেত্রগুলি নস্যাৎ করে দিতে দুবার ভাবেন না—তখন পরিস্থিতি সম্পূর্ণভাবেই বদলে যায়। তাঁদের এই মতবাদ সঠিক না বেঠিক, তার বিশেষ কোনো তাৎপর্য নেই। সেই মতবাদ আপনার জীবনের সঙ্গে কতটা সামঞ্জস্যপূর্ণ, সেটাই আসল কথা।

তাহলে, আপনি যে ধরনের জীবনযাপনে অভ্যস্ত, অথবা একজন ব্যক্তি হিসেবে আপনার সামাজিক অবস্থান সম্পর্কে আপনার পরিবারের আপনজনেরা যখন সন্তুষ্ট থাকতে পারেন না, তখন আপনার কী মনে হয়? এই পরিস্থিতি সম্পর্কে আমার ধারণা রয়েছে। এই পরিস্থিতিতে আপনারা একটি বিশেষ পদ্ধতির প্রয়োগ করতে চলেছেন। লেট দেম অথবা ওদের করতে দিন।

আপনার সম্পর্কে তাঁদের মতবাদ কখনোই পরিবর্তন করার চেষ্টা করবেন না। বরং সে কাজ করার জন্য তাঁদের প্রশ্রয় দিতে থাকুন। তাঁরা আপনার সৎ-সন্তানই হন, অথবা

আপনার বউদি, শ্যালিকা বা বৌমা, আপনার প্রপিতামহী হন অথবা আপনার সহোদর ভাই, তাঁরা যেভাবে চিন্তাভাবনা করতে ভালোবাসেন তাঁদের নির্দ্বিধায় করতে দিন। দেখবেন, তাঁরা আপনাকে কিংবা আপনার ভালোবাসার মানুষকে ব্যক্তি হিসেবে পছন্দ করছেন অথবা করছেন কী না—সেই ভাবনার ভিত্তিতে আপনার নিজস্ব চিন্তাধারা কোনোভাবেই প্রভাবিত হচ্ছে না। সুতরাং, লেট দেম অথবা ওদের করতে দিন। এবং তারপরে, আমার নিজস্ব প্রতিক্রিয়া আমাকে খুঁজে নিতে দিন।

প্রসঙ্গের পরিকাঠামো

আমার অন্তরঙ্গ এবং প্রিয় বান্ধবী লিসা বিলেউ, যিনি একাধারে একজন সর্ববিক্রীত লেখিকা, উওমেন অফ ইম্প্যাক্ট নামক পডকাস্টের প্রধান সঞ্চালিকা, এবং কোটি ডলার মূল্যের খাদ্যসামগ্রীর বিপণন সংস্থা—কোয়েস্ট নিউট্রিশনের যুগ্ম প্রবর্তক, আমাকে প্রথমবার প্রসঙ্গের পরিকাঠামো সংক্রান্ত ধারণাটির সঙ্গে পরিচয় করিয়ে দিয়েছিলেন।

এটি এমন একটি বিশেষ অনুষঙ্গ যার সাহায্যে আপনি সেই সমস্ত পরিস্থিতির মোকাবিলা করতে সক্ষম হবেন, যেখানে অন্য কোনো ব্যক্তি আপনার পরিচয় অথবা ভাবমূর্তি, আপনার ভালোবাসার মানুষ, আপনার যাবতীয় বিশ্বাস, অথবা আপনি কীভাবে জীবনযাপন করছেন, তা অম্লানবদনে নস্যাৎ করে দেন। আমাদের এই সমস্যার গভীরে ডুব দিয়ে সঠিক সমাধান খুঁজে বার করে আনতে হবে।

নিজের জীবনে আমি ইতিমধ্যেই এই পরিস্থিতির সম্মুখীন হয়েছি এবং সম্ভবত আপনিও অনুরূপ সমস্যার মোকাবিলা করতে বাধ্য হয়েছেন নিজের জীবনে।

লিসা যখন আমাদের পডকাস্টের দুনিয়াজোড়া দর্শকের সামনে প্রথমবার 'প্রসঙ্গের পরিকাঠামো'কে একটি বিশেষ মনস্তাত্ত্বিক অনুষঙ্গ হিসেবে উপস্থাপনা করেছিলেন, যার প্রয়োগে তাঁর জীবনে পারস্পরিক সম্পর্কের উন্নতিসাধন সম্ভব হয়েছিল—তাঁরা স্বভাবতই উচ্ছ্বসিত হয়েছিলেন। প্রসঙ্গের পরিকাঠামো একটি অভূতপূর্ব অনুষঙ্গ, যার সারমর্ম হল, "সেই পরিসরের সঙ্গে ভালোভাবে পরিচিত হওয়া, যার মাধ্যমে আমরা অন্য কিছু পরিষ্কারভাবে দেখার চেষ্টা করি" এবং এই নির্দিষ্ট অনুষঙ্গ দ্য লেট দেম থিওরি অর্থাৎ ওদের করতে দিন এর পদ্ধতির সঙ্গে সম্পূর্ণ সাযুজ্য রেখে কাজ করতে সক্ষম।

নিজের জীবন থেকে আপনাদের সামনে আমি একটি উদাহরণ তুলে ধরতে চাই। আমার স্বামী ক্রিসের সঙ্গে যখন আমার প্রথম দেখা হয়েছিল, আমি অত্যন্ত উচ্ছ্বসিত ছিলাম এবং তাঁকে প্রথম দর্শনেই ভালোবেসে ফেলেছিলাম। যে মুহূর্তে তিনি আমাকে বিবাহের প্রস্তাব দেন, আমি জাগতিক সমস্ত কিছুর ঊর্ধ্বে বিচরণ করতে শুরু করি। আজও মনে আছে যে, সেই মুহূর্তে, আমার মায়ের সামগ্রিক প্রতিক্রিয়া আমার কাছে একেবারেই আশানুরূপ ছিল না।

স্বভাবতই, তাঁর সঙ্গে আমি আলোচনায় বসতে বাধ্য হয়েছিলাম, যেখানে তাঁকে অনুরোধ করেছিলাম, যাতে তিনি আমার বিবাহ সংক্রান্ত সিদ্ধান্তে অত্যন্ত উচ্ছ্বসিত হওয়ার অভিনয়

করেন, এবং পাশাপাশি এমন ব্যবহার করেন যেন তাঁর একক ব্যবস্থাপনায় আমি ক্রিসকে খুঁজে পেয়েছিলাম।

আমার সেই প্রস্তাবের উত্তরে তিনি বলেছিলেন, "কিন্তু বাস্তবে তোমার জন্য ওকে তো আমি পছন্দ করিনি, এবং আমার ক্ষমতায় থাকলে, আমি এই কাজ কখনোই করতাম না। আমি ওরকম অভিনয় করতে পারব না, যাতে আত্মীয়স্বজনরা ভাবেন যে ওকে আমিই তোমার জন্য খুঁজে বার করেছি।"

সেই মুহূর্তে আমি এতটাই রেগে গিয়েছিলাম যে, পরবর্তীতে আমার কী করণীয় তা বুঝে ওঠা সম্ভব হয়নি। নিজের মাকে জীবন থেকে বর্জন করার কথা আমি ভাবতে পারিনি, কিন্তু কীভাবে সেই নির্দিষ্ট পরিস্থিতির মোকাবিলা সম্ভব, তা কিছুতেই আমার মাথায় আসেনি। একদিকে একজনকে ইতিমধ্যেই পাগলের মতো ভালোবেসে তাঁকে জীবনসঙ্গী হিসেবে আমি নির্বাচিত করেছি, অন্যদিকে আমার মা আমার মুখের উপরে বলে দিয়েছিলেন, "আমি হলে তোমার জন্য কখনোই ওকে পছন্দ করতাম না," এবং তারপরে আমার জন্য আনন্দে উচ্ছ্বসিত হওয়ার সামান্য অভিনয়টুকুও তিনি করতে রাজি নন।

নিজের পছন্দ অনুসারে ক্রিসকেই আমি জীবনসঙ্গী হিসেবে বেছে নিয়েছিলাম, কিন্তু আমার ও মায়ের মধ্যে অস্বীকৃত সম্পর্কের জেরে, সেই নীরব মানসিক টানাপোড়েন বহু বছর ধরে চলতে থাকে। তাঁর মুখ থেকে নিঃসৃত শব্দগুলি আমার পক্ষে সহজে ভুলে যাওয়া সম্ভব ছিল না। তখন আমি জানতাম না কীভাবে সেই অনভিপ্রেত ঘটনাটি মন থেকে বরাবরের জন্য মুছে ফেলা সম্ভব।

সময়ের সঙ্গে সঙ্গে সেই মানসিক টানাপোড়েনের অবসান ঘটেছে, এবং বর্তমানে, প্রায় তিরিশ বছর পরে, ক্রিস আমার মায়ের অত্যন্ত ভালোবাসার পাত্র হয়ে উঠতে পেরেছেন। আমার মা এখন প্রায়শই মজা করে বলেন, "ক্রিস, তুমি হলে গিয়ে আমার সবচেয়ে প্রিয় জামাই!" (ঘটনাচক্রে, আমার স্বামী আমার মায়ের একমাত্র জামাই)।

এই পরিস্থিতির মোকাবিলা আমি কীভাবে করতে পেরেছিলাম? সম্প্রতি আমি একযোগে দ্য লেট দেম থিওরি অথবা ওদের করতে দিন এর পদ্ধতি এবং এই বিশেষ অনুষঙ্গ, প্রসঙ্গের পরিকাঠামোর প্রয়োগের ফলে উপলব্ধি করতে পেরেছি যে, সেই সময়ে কেন আমার মায়ের প্রতিক্রিয়া ওরকম অদ্ভুত ছিল। এই বিশেষ অনুষঙ্গের প্রয়োগে আমার সঙ্গে মায়ের পারস্পরিক সম্পর্কের সংজ্ঞা আমূল বদলে গিয়েছিল, এবং পরবর্তীকালে যখনই তাঁর সঙ্গে আমার মতান্তর হতে থাকে, আমি তাঁর যাবতীয় যুক্তিহীন মতামতের জন্য মানসিকভাবে কিছুটা স্থান সংকুলান করতে অভ্যস্ত হয়ে উঠেছি।

দেখুন, মায়ের দৃষ্টিভঙ্গীতে দেখতে গেলে, অর্থাৎ তাঁর জীবন সম্পর্কে আমি যতটা জেনে এসেছি তার ভিত্তিতে, ক্রিসকে নিজের জীবনসঙ্গী হিসেবে বেছে নেওয়ার কাজটি আমার পক্ষে মোটেই সঙ্গতিপূর্ণ ছিল না। কেন? কারণ, ক্রিসের পূর্বপুরুষরা ইস্ট কোস্টের বাসিন্দা ছিলেন এবং তাঁর সঙ্গে বিবাহসূত্রে আবদ্ধ হওয়ার অর্থই ছিল দেশের পূর্বাংশে বরাবরের জন্য থিতু হওয়া। সেক্ষেত্রে আমার পক্ষে কখনোই দেশের পশ্চিম-মধ্যাংশে ফিরে এসে বসবাস করা, অর্থাৎ নিজের বাবা মায়ের কাছাকাছি থাকার সম্ভাবনা তৈরি হতে পারত না।

মায়ের ক্ষেত্রে তাঁর জীবনের প্রসঙ্গের পরিকাঠামো অনুযায়ী, যখন নিজের বাড়ি ছেড়ে এসে তিনি আমার বাবার সঙ্গে বিবাহসূত্রে আবদ্ধ হয়েছিলেন, তাঁর পক্ষেও আর নিজের বাড়িতে ফেরা সম্ভব হয়নি। নিউ ইয়র্ক শহরের কেন্দ্রস্থলে অবস্থিত তাঁদের পারিবারিক খামারবাড়িতে বড় হয়ে ওঠার পরে, আমার মা মাত্র ১৭ বছর বয়সে সেই বাড়ি ছেড়ে এসে ক্যানসাসের কলেজে ভর্তি হয়েছিলেন। সেখানে তাঁর সঙ্গে আমার বাবার দেখা হওয়ার সঙ্গে সঙ্গেই, তাঁরা একে অপরের প্রেমে পড়েন। পরবর্তীকালে তাঁরা বিবাহসূত্রে আবদ্ধ হওয়ার পরে, তিনি মাত্র ১৯ বছর বয়সে মা হন এবং আমি পৃথিবীর আলো দেখি।

এই ধরনের কোনো পরিকল্পনা আমার মা অথবা বাবা কখনোই করেননি, কিন্তু তাঁদের জীবন এই খাতেই বইতে শুরু করেছিল। ঘটনাচক্রে, বাবার অভিভাবকরা যখন খবর পেয়েছিলেন যে মা আমাকে নিয়ে অন্তঃসত্ত্বা, আমার প্রপিতামহী মাকে প্রশ্ন করেছিলেন, "আশা করি তুমি আমাদের পুত্রের জীবন সারাজীবনের মতো শেষ করে দেবে না?"

কল্পনা করতে পারেন? যখনই চিন্তা করি যে সেই সময়ে আমার অভিভাবকরা কতটা অল্পবয়সী এবং অনভিজ্ঞ ছিলেন, ও সম্পূর্ণ নির্বান্ধব অবস্থায় ক্যানসাসের মতো একটি শহরে বসবাস করতে শুরু করেছিলেন, এবং দুজনের পরিবারের তরফ থেকে একজন সদস্যও তাঁদের পাশে ছিলেন না, আমি রীতিমত মর্মাহত হয়ে পড়ি।

আমার মায়ের জীবনের এই নিদারুণ অভিজ্ঞতার ফলস্বরূপ, তাঁর মানসিকতা অনুযায়ী তাঁর প্রসঙ্গের পরিকাঠামো তৈরি হয়ে যায়—সেই অল্প বয়সে নিজের অভিভাবকদের থেকে হাজার হাজার মাইল দূরে থেকে, সম্পূর্ণভাবে একক প্রচেষ্টায় একটি পরিবারকে তিলে তিলে গড়ে তোলার গুরুদায়িত্ব। আপনারা প্রত্যেকেই জানেন, আপনাদের সঙ্গে নিজের পরিবারের সমর্থন না থাকলে, সেই পরিস্থিতির মোকাবিলা করা কতটা দুরূহ হয়ে উঠতে পারে?

আমার বাবা চিকিৎসাবিজ্ঞানের একজন আবাসিক ছাত্র হিসেবে মেডিক্যাল স্কুলের প্রশিক্ষণ সম্পন্ন করার পরে, মায়ের সঙ্গে শেষ পর্যন্ত মিশিগান শহরে থিতু হওয়ার সিদ্ধান্ত নিয়েছিলেন। আস্তে আস্তে বড় হওয়ার সময়ে, মাত্র হাতে গোনা কিছু পরিস্থিতিতে আমি নিজের প্রপিতামহ এবং তাঁর পরিবার, অথবা আমাদের বৃহত্তর পরিবারের সদস্যদের সঙ্গে দেখা করার সুযোগ পেয়েছিলাম, কারণ তাঁরা আমাদের থেকে বহু দূরে বসবাস করতেন। পরিবার বলতে আমরা শুধু চারজন সদস্যের কথাই বুঝতাম—আমি, আমার মা, আমার বাবা এবং আমার ভাই। এই বিশাল পৃথিবীর বুকে আমাদের একান্ত নিজের, চারজনের ক্ষুদ্র একটি পরিবার।

কলেজে ভর্তি হওয়ার জন্য যখন আমি ইস্ট কোস্টের উদ্দেশ্যে পাড়ি দিয়েছিলাম, আমার মনে সেই একই আতঙ্ক থাবা বসিয়েছিল যে—আমার পক্ষে সম্ভবত আর কখনোই নিজের বাড়িতে ফেরা সম্ভব হবে না। নিউ ইয়র্ক শহরে ক্রিসের সঙ্গে যখন আমার প্রথম দেখা হয়, এবং আমরা জানতে পারি যে তাঁর পূর্বসূরীদের বাসস্থান সুদূর ইস্ট কোস্টে, আমার মায়ের মনে আবার সেই প্রবল আশঙ্কা ক্রমেই শিকড় বিস্তার করতে শুরু করে যে, আমার নতুন জীবন তাঁরই মতো দেশের আরেক প্রান্তে শুরু হতে চলেছে—এবং তাঁদের মতোই আমি আর কখনো দেশের মধ্য-পশ্চিমাংশে, আমাদের ছোট্ট মফস্বলে ফেরার সুযোগ পাবো না।

ঘটনাচক্রে আমাদের ক্ষেত্রে, সেই অনভিপ্রেত ঘটনাই ঘটেছিল। আমার মায়ের আশঙ্কাই বাস্তবায়িত হয়েছিল। সেই কারণেই মায়ের সামগ্রিক দৃষ্টিকোণ থেকে, তাঁর জীবনের প্রসঙ্গের পরিকাঠামো অনুযায়ী দেখতে গেলে—তিনি চোখের সামনে নিজের জীবনের পুনরাবৃত্তি হতে দেখছিলেন—শুরু থেকে শেষ পর্যন্ত। আমিও একইভাবে নিজের বাড়ি ছেড়ে বহুদূরে চলে যাবো, সেখানে নিজের জীবনসঙ্গী হিসেবে কাউকে খুঁজে নেবো, এবং আর কখনোই বাড়ি ফিরে আসব না।

তাঁর ধারণাই সত্যি হিসেবে প্রমাণিত হয়েছিল। আমি জানতাম, তিনি চেয়েছিলেন আমি মিশিগানের কোনো সুপাত্রকে জীবনসঙ্গী হিসেবে বেছে নিই, যাতে বরাবরের জন্য তাঁদের কাছাকাছি থিতু হতে পারি। সুদীর্ঘ তিরিশ বছর আগে যখন আমার সঙ্গে ক্রিসের প্রথমবার দেখা হয়েছিল, আমি কখনোই নিজের মায়ের প্রসঙ্গের পরিকাঠামো সম্পর্কে চিন্তাভাবনা করিনি। বরঞ্চ তাঁর অদ্ভুত প্রতিক্রিয়ার ফলে আমি নিষ্ফল আক্রোশে ফেটে পড়েছিলাম এবং একটি সম্পূর্ণ ভ্রান্ত ধারণার বশবর্তী হয়ে পড়েছিলাম যে—তিনি "আমাকে সমর্থন জানালেন না।"

আজ উপলব্ধি করতে পারি, সেদিন আমার প্রতি তাঁর পূর্ণ সমর্থন ছিল—তাঁর মনে শুধুমাত্র নিজের মেয়েকে বরাবরের জন্য হারিয়ে ফেলার আশঙ্কাই কাজ করছিল। তিনি আমাকে যথেষ্ট ভালোবাসেন এবং কখনোই চাননি যে আমি তাঁদের নাগালের বাইরে গিয়ে বরাবরের জন্য থিতু হই। দ্য লেট দেম থিওরি অর্থাৎ ওদের করতে দিন এর পদ্ধতির সঠিক প্রয়োগে, আমি তাঁকে স্বাধীনভাবে ভাবনাচিন্তা করতে দেওয়ার ব্যবস্থা করতে পারি যে, আমার জীবনযাপন অন্যরকম হলে আরো ভালো হত, এবং অন্যদিকে, তাঁর যাবতীয় দুশ্চিন্তা ও আশঙ্কার উৎস কোথায় তা আমার পক্ষেও গভীরতার সঙ্গে উপলব্ধি করা সহজতর হতে পারে।

আমার পক্ষে সেই ব্যক্তির প্রতি সহানুভূতিশীল হওয়া একেবারেই স্বাভাবিক, যিনি নিজের চোখের সামনে নিজের মেয়েকে দেখেন এমন একজন মানুষের সঙ্গে বিবাহসূত্রে আবদ্ধ হতে, যিনি সেই আদরের মেয়েকে নিয়ে বরাবরের জন্য সেই মায়ের নাগালের বাইরে চলে যাওয়ার জন্য বদ্ধপরিকর। স্বভাবতই, আমিও নিজের পুত্র ও কন্যাদের জন্য এরকম কোনো মানুষকে বেছে নেওয়ার বিরুদ্ধাচরণ করব।

আমার মেয়ে সয়্যারের ক্ষেত্রে, আমি কখনোই তাকে এমন কোনো ব্যক্তিকে জীবনসঙ্গী হিসেবে বেছে নিতে দেবো না, যাঁর পৈতৃক বাসস্থান ইওরোপে হওয়া সত্ত্বেও তিনি আমার মেয়েকে নিয়ে প্যারিসে বরাবরের জন্য থিতু হওয়ার পরিকল্পনা করেছেন। আমি বলতে চাই, আমার মেয়ে যদি এই শর্তে রাজিও থাকে, তাহলে সে অবশ্যই নিজের ইচ্ছানুসারে সিদ্ধান্ত গ্রহণ করতে পারে। কিন্তু তার সেই সিদ্ধান্ত কী আমার মনোমতো হবে? অবশ্যই নয়। আমার এই ব্যবহার আপেক্ষিকভাবে অসহযোগ অথবা গা-জোয়ারি হিসেবে প্রতিপন্ন হতে পারে, কিন্তু আমি মনে করি এক্ষেত্রে প্রতিটি অভিভাবক আমার মানসিকতার কারণ উপলব্ধি করতে সক্ষম। আমি এই পরিস্থিতির নিয়ন্ত্রণের রাশ নিজের হাতে তুলে নেওয়ার জন্য এই কথা কখনোই বলছি না। নিজের যাবতীয় অনুভূতি আমাকে দিয়ে এই কথাগুলি বলিয়ে নিচ্ছে। এক্ষেত্রে আমার ধ্যানধারণা মানুষের কাছে নেতিবাচক মনে হতে পারে, কিন্তু এটি আমার মৌলিক অধিকার। এবং আমি নিশ্চিত, আমার এই নির্দিষ্ট ধারণাটি আমার মেয়ের কাছে একেবারেই সমর্থনহীন হিসেবে প্রতিপন্ন হতে চলেছে।

আমার দ্বিতীয় কন্যা কেন্ডালের ক্ষেত্রেও অনুরূপ পরিস্থিতির উদ্ভব অবশ্যম্ভাবী। এই মুহূর্তে সে লস এঞ্জেলেসে বসবাস করে এবং কর্মরত, তাই যে কোনো সময়ে সে এমন কোনো মানুষের সঙ্গে ভালোবাসার বন্ধনে জড়িয়ে পড়তে পারে যিনি ক্যালিফোর্নিয়ায় বসবাস করেন, এবং অদূর ভবিষ্যতে তাঁর সঙ্গে বিবাহসূত্রে আবদ্ধ হয়ে সেই শহরেই থিতু হয়ে তার সংসার প্রতিপালনে কর্মব্যস্ত হয়ে পড়ার ক্ষেত্রে প্রবল সম্ভাবনা রয়েছে। তার অর্থ একটাই, আমার সঙ্গে তার এবং তার সন্তানদের দেখা সাক্ষাতের সম্ভাবনা অনেকাংশে কমে যেতে বাধ্য—কিন্তু তারা যদি ইস্ট কোস্টের কাছাকাছি থিতু হওয়ার সিদ্ধান্ত গ্রহণ করত, স্বাভাবিকভাবেই তাদের সঙ্গে প্রায়ই দেখাসাক্ষাৎ হওয়ার সুযোগের অভাব ঘটত না।

আমার ক্ষেত্রে যেমন এই ধারণায় উপনীত হওয়ার সম্পূর্ণ স্বাধীনতা রয়েছে, সেভাবেই সয়্যারের ক্ষেত্রে প্যারিসে থিতু হওয়ার ব্যাপারটি একেবারেই স্বাভাবিক, এবং কেন্ডাল স্বভাবতই নিজের ইচ্ছানুসারে লস এঞ্জেলেসে থিতু হয়ে নিজের কর্মক্ষেত্র ও সংসার প্রতিপালনে মনোযোগ দিতেই পারে।

আমার মা নিজের ধ্যানধারণা অনুযায়ী প্রতিনিয়ত চিন্তা করতে পারেন যে, তিনি ইস্ট কোস্ট থেকে কখনোই আমার জন্য কোনো পাত্রকে পছন্দ করার কথা ভাবতেন না। আজ আমি অত্যন্ত খুশি যে, তাঁর ধ্যানধারণার বশবর্তী হয়ে আমি ক্রিসকে প্রত্যাখ্যান করার কথা কখনো ভাবিনি, এবং আজ আমরা যেভাবে জীবনযাপন করছি এবং নিজেদের পরিবারের প্রতিপালন করছি, তাতে আমাদের চাইতে খুশি সম্ভবত আর কেউ হতে পারবেন না।

এই মুহূর্তে আমি দ্য লেট দেম থিওরি অর্থাৎ ওদের করতে দিন এর পদ্ধতির প্রতি অত্যন্ত কৃতজ্ঞ, যে এই পদ্ধতির প্রয়োগ আমাকে নিজের মায়ের মানসিকতার গভীরে ঢুকে তাঁর চিন্তাভাবনার মূল্যায়ন করতে সাহায্য করেছে, এবং আমি উপলব্ধি করতে পেরেছি, কী কারণে ৩০ বছর আগে তিনি আমার মতে সায় দিতে অস্বস্তিবোধ করেছিলেন। সেটি তাঁর সিদ্ধান্ত ছিল না; সেটি ছিল তাঁর অন্তরের শোকের বহিঃপ্রকাশ মাত্র। নিজের জায়গায় তিনি কখনোই ভুল ছিলেন না। তিনি একেবারেই সঠিক ভেবেছিলেন। কিন্তু, উল্টোদিকে আমিও কোনো অংশে ভুল ছিলাম না।

আসলে, সেক্ষেত্রে আমরা দুজনেই সঠিক ছিলাম। আমাদের দুজনের প্রসঙ্গের পরিকাঠামো একে অপরের থেকে সম্পূর্ণভাবে আলাদা ছিল।

মায়ের দৃষ্টিকোণ থেকে ঘটনাটি নতুন করে দেখার পরেই, আমি সমস্যার আসল কারণ হৃদয়ঙ্গম করতে পেরেছিলাম এবং আমাদের পারস্পরিক সম্পর্কের সূক্ষ্ম ভারসাম্য ফিরিয়ে আনার জন্য তৎক্ষণাৎ, যথাযথ ব্যবস্থা নিয়েছিলাম। তার পর থেকে আমাদের মধ্যে ক্ষমতার টানাপোড়েন অচিরেই থেমে যায়; সৃষ্টি হয় এক অভূতপূর্ব বোঝাপড়ার সম্পর্ক।

এই বিশেষ ধরনের যাবতীয় পরিস্থিতিকে সম্পূর্ণভাবে বুঝে ওঠার প্রক্রিয়া আমাদের পক্ষে অত্যন্ত কঠিন মনে হওয়ার একমাত্র কারণ হল, এক্ষেত্রে দুপক্ষের মানুষই বিশ্বাস করেন যে তাঁদের ধারণা একেবারে সঠিক। তাঁদের নিজেদের জীবনের অভিজ্ঞতা থেকে, তাঁদের প্রসঙ্গের পরিকাঠামো অনুযায়ী, নিজেদের যাবতীয় ধারণাকে অকাট্য বলে মনে করেন। আপনিও নিজের

জীবনের যাবতীয় অভিজ্ঞতার ভিত্তিতে, নিজের প্রসঙ্গের পরিকাঠামো অনুযায়ী, সবসময় নিজের ধারণাকেই অগ্রাধিকার দিতে অভ্যস্ত হয়ে উঠেছেন।

দ্য লেট দেম থিওরি অথবা ওদের করতে দিন এর পদ্ধতির ব্যবহারে, আমরা মানসিকভাবে নিজের জন্য আলাদা করে কিছুটা স্থান সংকুলান করতে সক্ষম হই। কিছু সঠিক বিচার বিবেচনার মাধ্যমে, কিছু পরিস্থিতিকে মন থেকে স্বীকৃতি দেওয়ার মাধ্যমে, আমরা উপলব্ধি করতে পারি যে নিজেদের দৃষ্টিকোণ অনুসারে, আমাদের দুপক্ষের ধারণাই অকাট্য এবং যুক্তিসম্মত। ফলত, আমাদের মানসিকতায় অঙ্কুরিত হতে থাকে কিছু গভীর পারস্পরিক সম্পর্কের বীজ, সততা এবং সর্বোপরি ভালোবাসার বন্ধন।

নিজেকে নিজের আভ্যন্তরীণ সত্তা থেকে সম্পূর্ণভাবে বিচ্ছিন্ন করে, অন্য কোনো মানুষের ভূমিকায় অবতীর্ণ হতে গেলে, আপনাকে অত্যন্ত পরিণত মনের মানুষ হয়ে উঠতে হবে। নইলে আপনার পক্ষে কখনোই উপলব্ধি করা সম্ভব হবে না যে, একাধারে আপনাকে কেউ নিঃশর্তভাবে ভালোবাসতে পারেন আবার অন্যদিকে, সেই মানুষটিই আপনার বিরুদ্ধে এমন মনোভাব পোষণ করতে পারেন যা বিভিন্ন সময়ে আপনাকে মানসিকভাবে আঘাত করার পাশাপাশি, নিখাদ গোঁড়ামি হিসেবে প্রতিপন্ন হতে পারে।

জীবনে যখন এই ধরনের পরিস্থিতির উদ্ভব হয়, কীভাবে আপনি নিজের প্রতিক্রিয়া ব্যক্ত করবেন তা সম্পূর্ণভাবেই আপনার ব্যক্তিগত পছন্দের ব্যাপার। পরিবারের বিশেষ কোনো সদস্য প্রতিনিয়ত আপনার প্রতিটি কাজের চুলচেরা বিশ্লেষণ করতে থাকলে, সেক্ষেত্রে আপনার কী করণীয় তা আমার পক্ষে বোঝানো অসম্ভব। আমার পক্ষে আপনাকে সেই সমস্ত অনুষঙ্গ এবং পদ্ধতিগুলি সম্পর্কে অবগত করা সম্ভব, যার সাহায্যে আপনি কীভাবে সেই পরিস্থিতির মোকাবিলায় প্রতিক্রিয়াশীল হবেন, কিন্তু সঠিক সিদ্ধান্ত গ্রহণ করার সামগ্রিক দায়িত্ব আপনার উপরেই বর্তায়।

এই নির্দিষ্ট ব্যক্তিকে কি আপনি নিজের জীবনে অন্তর্ভুক্ত করতে ইচ্ছুক? যদি ইচ্ছুক থাকেন, তাহলে দ্য লেট দেম থিওরি অথবা ওদের করতে দিন এর পদ্ধতি, তার জন্য আপনাকে মানসিকভাবে স্থান সংকুলানের ব্যবস্থা করে দিতে সক্ষম। আমার নিজের জীবনের অভিজ্ঞতা এবং এই বই সম্বন্ধে গবেষণা করার ভিত্তিতে, এবং পারিপার্শ্বিকের মানুষজনের সঙ্গে পারস্পরিক সম্পর্কের যাবতীয় অভিজ্ঞতার নিরিখে আমি যতটুকু উপলব্ধি করতে পেরেছি, তা হল—পারিপার্শ্বিকের মানুষজনকে যখন তাঁদের নিজেদের ইচ্ছানুযায়ী সিদ্ধান্ত গ্রহণের জন্য আপনি পর্যাপ্ত স্থান সংকুলান করে দেবেন—নিজের আপামর সত্তাকে যখন সহানুভূতিশীল এবং সমব্যথী হিসেবে প্রতিপন্ন করার ক্ষেত্রে মনঃসংযোগ করতে পারবেন—সময়ের সঙ্গে সঙ্গে, মানুষ নিজেদের চেষ্টাতেই নিজেদের যাবতীয় ধ্যানধারণায় পরিবর্তন নিয়ে আসার উদ্যোগ নেবেন।

তাই, উপরোক্ত প্রক্রিয়াটি শুনতে যতই কঠিন বলে হোক না কেন, মানুষকে নিজের ধ্যানধারণা অনুযায়ী কাজ করতে দিন এবং সেক্ষেত্রে আপনার সামগ্রিক প্রতিক্রিয়া কী হতে চলেছে তাতে মনঃসংযোগ করার ব্যবস্থা করুন। এইভাবে পারিপার্শ্বিকের মানুষজনের প্রসঙ্গের পরিকাঠামোতে নিজের চিন্তাভাবনার অন্তর্ভুক্তি ঘটানোর ক্ষেত্রে আমার সবচেয়ে পছন্দের বিষয়টি

হল, তাঁদের মনোভাব অথবা মানসিকতাকে উপলব্ধি করতে পারার ফলস্বরূপ তাঁদের অথবা আপনার সামগ্রিক ধ্যানধারণার পরিবর্তন কখনোই হতে পারে না, কিন্তু আপনাদের মধ্যে সামগ্রিক পারস্পরিক সম্পর্কের ভিতটি উত্তরোত্তর শক্তিশালী হয়ে ওঠা অবশ্যম্ভাবী।

এই প্রক্রিয়ার সাহায্যে আপনি এমনভাবে মানসিক স্থান সংকুলান করতে সমর্থ হবেন, যাতে দুপক্ষের মতবাদ সমানভাবে অগ্রাধিকার পেতে পারে, এবং সেটি এমন এক পরিসর—যেখানে সবসময় ভালোবাসার অগ্রাধিকার। বিশ্বাস করুন, আজ আমি এই বিশেষ পরিস্থিতি উপলব্ধি করতে সমর্থ—নিজের অভিভাবকদের ব্যবহারে অল্পেতেই রাগান্বিত হওয়া অথবা ক্ষোভে ফেটে পড়া আপনাদের পক্ষে অত্যন্ত সহজ। আমাদের পক্ষে অপেক্ষাকৃত সহজ হল তাঁদের উপরে দোষারোপ করা।

আপনার এবং নিজের সহোদরদের মধ্যে, অথবা আপনার বিবাহবিচ্ছিন্ন অভিভাবকদের মধ্যে, বা নিজের শ্বশুরবাড়ীর সদস্যদের মধ্যে, কিংবা আপনার সৎ-অভিভাবকদের মধ্যে এবং আপনার প্রাপ্তবয়স্ক সন্তানদের মধ্যে নিরন্তর চলতে থাকা মানসিক টানাপোড়েনের ফলস্বরূপ আপনার পক্ষে সহজেই হতাশ অথবা মানসিকভাবে অবসাদগ্রস্ত হয়ে পড়া অত্যন্ত স্বাভাবিক। তাঁদের দৈনন্দিন মনোমালিন্যের মধ্যে নিজের নাক না গলানোর প্রক্রিয়াই এক্ষেত্রে আপনার জন্য বুদ্ধিমত্তা হিসেবে প্রতিপন্ন হতে পারে।

আপনাকেই সঠিকভাবে সিদ্ধান্ত নিতে হবে যে, পারিপার্শ্বিকের মানুষকে তাঁদের মতো করে (আপনার পরিবারের অথবা আপনার বৃহত্তর পরিবারের সদস্যদের) নিজের জীবনে প্রবেশাধিকার দেওয়ার জন্য আপনি প্রস্তুত কী না, নাকি তাঁদের কাছ থেকে নিরাপদ দূরত্ব বজায় রাখাই আপনার পক্ষে ভালো। একজন ব্যক্তি কীভাবে একটি নির্দিষ্ট পরিবারের ক্ষেত্রে নিজেকে উপস্থাপিত করতে পারছেন, এই ক্ষেত্রে সেটিই সবচেয়ে গুরুত্বপূর্ণ হিসেবে প্রতিপন্ন হতে পারে, কারণ এর উপরে ভিত্তি করেই সামগ্রিক পরিবার তন্ত্রের উন্নতিসাধন সম্ভব। এবং এই উন্নতিসাধনের একমাত্র কান্ডারী হলেন আপনি নিজে।

দ্য লেট দেম থিওরি অথবা ওদের করতে দিন এর পদ্ধতির ক্ষেত্রে আমার অন্যতম পছন্দের বিষয়টি হল, যে মুহূর্তে আপনি নিজের উন্নতিসাধনে ব্রতী হবেন, আপনার জীবনের পারস্পরিক সম্পর্কের সামগ্রিক উন্নতিসাধনের প্রক্রিয়া শুরু হয়ে যায়, এবং পরিবারভিত্তিক সম্পর্কের ক্ষেত্রে এটি বহুলভাবে প্রযোজ্য। এই নির্দিষ্ট প্রক্রিয়ার প্রভাব আমি নিজের পরিবারের ক্ষেত্রে ইতিমধ্যেই অনুভব করেছি।

অতীতে যেসব পরিস্থিতি আমার মানসিক উৎকণ্ঠা ও যন্ত্রণার কারণ হত, সেগুলি বর্তমানে কখনোই আমার মানসিক বিপর্যয়ের কারণ হয় না। নিজেকে সেই অতিরঞ্জিত নাটকীয়তার বশবর্তী আমি হতে দিই না। শুধুমাত্র নিজের অভীষ্ট লক্ষ্য অতিক্রম করার ক্ষেত্রে এবং নিজের স্বচ্ছল জীবনযাপনের ক্ষেত্রে আমি এমনভাবে মনঃসংযোগ করতে অভ্যস্ত হয়ে পড়েছি, যা আজ আমার গর্বের কারণ।

নিজের জীবনে যে বিশেষ ক্ষেত্রে আমি সম্পূর্ণভাবে বদ্ধপরিকর, তা হল—আমার কাছে সবচেয়ে গুরুত্বপূর্ণ নিজের পরিবারের প্রত্যেক সদস্যের সঙ্গে একটি সুস্থ, স্বাস্থ্যকর পারস্পরিক

সম্পর্ক বজায় রেখে চলা। পারিপার্শ্বিকের মানুষজনের যাবতীয় সমস্যার সমাধানে অনর্থক নিজের সময় এবং প্রাণশক্তির অপব্যবহার, এবং যে সমস্ত পরিস্থিতির নিয়ন্ত্রণ নিতান্তই আমার ক্ষমতা বহির্ভূত, সেগুলিকে নিয়ন্ত্রণ করার বৃথা চেষ্টা আজ আমার কাছে স্রেফ অভ্যন্তরীণ ক্ষমতা এবং অমূল্য সময়ের অপচয় ছাড়া আর কিছুই নয়।

কারণ মানুষের জীবনে সর্বকালীন সত্য: ভালোবাসার মানুষজনের সান্নিধ্যলাভ করার সময়টুকু আমাদের কাছে অত্যন্ত সীমিত। জীবনের বিশেষ কোনো মুহূর্তে, আপনি সম্ভবত উপলব্ধি করবেন যে নিজের অভিভাবকরা আপনার কাছে সারাজীবনের জন্য থাকবেন না, এবং তাঁরাও মানুষ হিসেবে প্রথমবারই এই পৃথিবীতে জন্মগ্রহণ করার সুযোগ পেয়েছিলেন।

মানুষ যে অন্তরঙ্গতায় তাঁদের অন্তর্নিহিত সত্তার সঙ্গে মিলিত হয়েছেন, তাঁরা আপনাদের সঙ্গেও ততটাই গভীরভাবে মিলিত হওয়ার ক্ষমতা রাখেন। অধিকাংশ মানুষ কোনো মনোবিজ্ঞানীর কাছে সাহায্য চাইতে যাননি, নিজেদের জীবনের বিভিন্ন পরিস্থিতির বিষয়ে সেভাবে তলিয়ে ভেবে দেখেননি, এবং সেই কাজ করার ক্ষেত্রে তাঁদের মধ্যে কোনো আগ্রহ নেই।

ওদের করতে দিন। অভিভাবকরা আপনার প্রত্যাশা পূরণ করতে অসমর্থ হলে, তাঁদের যাবতীয় খামতি মেনে নেওয়ার চেষ্টা করুন। আপনার পারিবারিক জীবন নিজের স্বপ্নে দেখা রূপকথা হয়ে উঠতে না পারলে, তাকে নিজের খেয়ালে বইতে দিন। নিজেদের জীবনের যাবতীয় ক্ষমতা ও অভিজ্ঞতার নিরিখে, তাঁরা প্রতিনিয়ত আপনার মনের মতো করে নিজের গড়েপিটে নেওয়ার প্রাণপণ চেষ্টা করে চলেছেন। দেখবেন, সেক্ষেত্রে আপনার পক্ষে জীবনে এগিয়ে চলার পথে যাবতীয় পরিস্থিতিকে নিজের মতো করে সাজিয়ে নেওয়া সম্ভব।

আপনার জীবনে আসন্ন কোনো প্রতিকূল পরিস্থিতির পক্ষে নিজের যুক্তি সাজাবার জন্য আমি এ কথা বলছি না। আমি কখনোই বলতে চাইছি না যে, জীবনে আপনার পক্ষে এর চাইতে ভালো কিছু প্রত্যাশা করা উচিত নয়। কারণ, প্রত্যেকেই নিজের ভাবমূর্তিকে সকলের সামনে তুলে ধরতে চান, সমর্থন পেতে চান, ভালোবাসা পেতে চান— অন্তত পক্ষে যেভাবে করে তাঁদের পরিবারের মানুষজনের পক্ষ থেকে।

কিন্তু ঘটনাচক্রে, অধিকাংশ মানুষ নিজেদের সম্পূর্ণভাবে উপলব্ধি করার ক্ষেত্রে পর্যাপ্ত চিন্তাভাবনা করেননি, অতীতের ক্ষতে প্রলেপ দেওয়ার চেষ্টা করেননি অথবা আজ পর্যন্ত নিজেদের প্রবল ভাবাবেগের নিয়ন্ত্রণ করার সামান্যতম প্রয়োজন বোধ করেননি। নিজেদের ক্ষেত্রে তাঁরা এই পরিসরে চিন্তাভাবনা না করে থাকলে, স্বভাবতই আপনাদের জন্য ন্যূনতম চিন্তাভাবনা করার ক্ষমতা এবং নিজেদের সেভাবে উপস্থাপনা করার ক্ষমতাও তাঁদের নেই—যেভাবে আপনি তাঁদের দেখতে চাইছেন।

ওদের করতে দিন। আপনি যখন তাঁদের এই যাবতীয় খামতি উপলব্ধি করতে সক্ষম হবেন, নিজের মতো করে নিজের জীবনকে আপনি সাজিয়ে নিতে পারবেন।

আপনার পরিবারের সদস্যদের নিজেদের মতো করে জীবনযাপন করতে দিন। আপনার বাবা কখনোই নিজেকে পরিবর্তন করতে পারবেন না। আপনার মাও কখনো নিজেকে বদলাতে পারবেন না। আপনার সহোদরেরাও নিজেদের বদলাবার কোনো কারণ অনুভব করবেন না।

আপনার শ্বশুরবাড়ির মানুষজন নিজেদের মতো করেই চলতে অভ্যস্ত থাকবেন। আপনার পক্ষে একমাত্র যে মানুষটিকে পরিবর্তন করা সম্ভব—তা হলেন আপনি নিজে।

যে মুহূর্তে আপনি লেট দেম অর্থাৎ ওদের করতে দিন এর শরণাপন্ন হবেন, আপনি সম্ভবত আপনার পরিবারের সদস্যদের এমনভাবে দেখছেন, যেন আপনি নিজের জীবনে প্রথমবার তাঁদের সম্মুখীন হয়েছেন। তাঁরা প্রত্যেকেই সাধারণ মানুষ। অতীতে আপনার জীবনে যা যা ঘটেছে, তার উপরে আপনার কোনো নিয়ন্ত্রণ ছিল না। তাঁদের পরিচয় অথবা ভাবমূর্তির উপর আপনার কোনো নিয়ন্ত্রণ নেই। এই সময় থেকে, নিজের সামগ্রিক কর্মকান্ড ছাড়া আর কিছুতেই আপনার কোনো নিয়ন্ত্রণ থাকবে না।

আপনার জীবনের সামগ্রিক পরিস্থিতির বাস্তবতাকে মেনে নেওয়ার অর্থ এই নয় যে, আপনি তার সামনে আত্মসমর্পণ করতে বাধ্য হচ্ছেন। পরিবর্তে, এর আসল অর্থ হল কীভাবে নিজের ভবিষ্যতকে সংগঠিত করার উদ্দেশ্যে আপনি, নিজের আভ্যন্তরীণ ক্ষমতাকে পুঞ্জীভূত করার চেষ্টা করছেন। প্রাপ্তবয়স্কদের নিজেদের মতো করে জীবনযাপন করতে দেওয়া এবং অন্যান্য মানুষজনকে তাঁদের নিজের মতো করে নিজের জীবনে মেনে নিতে শিখুন। তারপরে সিদ্ধান্ত গ্রহণ করার চেষ্টা করুন কীভাবে আপনি জীবনের পথে অগ্রসর হতে চাইছেন, এবং আমি হলফ করে আপনাকে বলতে পারি যে—পারিবারিক ক্ষেত্রে আপনার পারস্পরিক সম্পর্কের উন্নতিসাধন একান্তভাবে অবশ্যম্ভাবী।

এইভাবে তাঁদের প্রত্যেককে সর্বান্তঃকরণে মেনে নেওয়ার ফলে, নিজের পরিবারের সদস্যদের প্রতি আপনি সর্বদাই সহানুভূতিশীল থাকতে পারবেন, এবং গুরুত্বপূর্ণভাবে, নিজেকে এমন একজন মানুষ হিসেবে আপনি নতুন করে আবিষ্কার করতে পারবেন, যার জীবনে একটি অনন্য প্রসঙ্গের পরিকাঠামো বর্তমান এবং যে একটি নির্দিষ্ট পদ্ধতি অনুসারে জীবনের পথে অগ্রসর হতে ব্যগ্র।

এরপরে আমরা আসব সমীকরণের দ্বিতীয় অংশে, যেটিকে আগেই লেট মি অর্থাৎ আমাকে করতে দিন হিসেবে উল্লেখ করা হয়েছে। জীবনে নিজের মূল্যবোধের সাহায্যে আমি কী ধরনের মানুষ হিসেবে নিজেকে গড়ে তুলতে চাই, এবং তার ভিত্তিতে পারিপার্শ্বিকের মানুষজনের সঙ্গে আমি কী ধরনের পারস্পরিক সম্পর্ক সৃষ্টি করব সেটা আমাকে দেখতে দিন।

এর অর্থ কোনো নির্দিষ্ট অপরাধবোধের মাশুল দিতে, নিজের পরিবারের সদস্যদের সঙ্গে পর্যাপ্ত সময় কাটানো নয়, বরং এই জন্য, কারণ তাঁদের সান্নিধ্য আপনার জীবনে অত্যন্ত গুরুত্বপূর্ণ। এর অর্থ হতে পারে, আপনি নিজস্ব শর্তে নিজের পরিবারে কিছু সনাতন রীতি রেওয়াজের প্রবর্তন করতে চলেছেন, যদিও তা আপনার পরিবারের সদস্যদের ক্ষেত্রে অস্বস্তিকর হিসেবে প্রতিপন্ন হতে পারে। এর অর্থ নিজেকে এমন মানসিকতায় গড়ে তোলা, যে কোনো প্রতিদানের প্রত্যাশা ছাড়াই প্রাণপণ চেষ্টা করতে কখনো পিছপা নয়। এর অর্থ, জীবনে প্রথমবারের জন্য নিজের পরিবারের কোনো সদস্যকে “আমি তোমাকে ভালোবাসি” অথবা “আমি সব বুঝতে পারছি” অথবা “আমি তোমাকে ক্ষমা করলাম” বলার চেষ্টা করা।

এর অর্থ হল, সেই সমস্ত তর্কবিতর্কের সম্মুখীন হওয়া যেগুলি থেকে আপনি এতদিন পর্যন্ত নিজেকে নিরাপদ দূরত্বে সরিয়ে রেখেছিলেন, কারণ অন্যান্যদের মতবাদ অথবা বিচার বিবেচনার ক্ষেত্রে আপনি রীতিমত আতঙ্কগ্রস্ত হয়ে থাকতেন। এর অর্থ হতে পারে, নিজেকে নিজের যাবতীয় অপরাধবোধ থেকে বিচ্ছিন্ন করে, সামগ্রিক পরিস্থিতিকে পরিবর্তন করার সৎ প্রচেষ্টা করা। এবং এর অর্থ হতে পারে, নিজেকে সমস্ত কিছু থেকে সম্পূর্ণভাবে বিচ্ছিন্ন করে নেওয়া—কারণ এই মুহূর্তে আপনি নিজের ন্যায্য প্রাপ্তি থেকে একটি কণিকাও অন্যদের জন্য উৎসর্গ করতে মানসিকভাবে প্রস্তুত নন। এবং এর অর্থ হল, নিজেদের হাতে পর্যাপ্ত সময় থাকতে থাকতে, নিজের উন্নতিসাধনের লক্ষ্যে সর্বশক্তি পুঞ্জীভূত করে জীবন সংগ্রামে ঝাঁপিয়ে পড়া।

আসুন, পারিপার্শ্বিকের মানুষজনের মতবাদকে প্রাধান্য দিয়ে সেই আশঙ্কায় জীবনযাপন করার ক্ষেত্রে আপনারা যা যা শিখলেন, তার একটি সারমর্ম তৈরি করা যাক। এই মুহূর্তে আপনি অন্যান্যদের মতবাদের প্রতি নিজের আতঙ্কের বশবর্তী হয়ে জীবনযাপন করতে অভ্যস্ত। দ্য লেট দেম থিওরি অর্থাৎ ওদের করতে দিন এর পদ্ধতি আপনাকে শেখায় কীভাবে অন্যান্যদের মতবাদকে নিজের জীবনে প্রাধান্য না দিয়ে নির্ভীকভাবে জীবনযাপন করা সম্ভব; এবং এই পদ্ধতি আপনাকে এমনভাবে জীবনযাপন করতে সাহস যোগায়, যার ফলে আপনি নিজের উপরে গর্ববোধ করতে শুরু করেন।

১. **সমস্যা:** পারিপার্শ্বিকের মানুষজনের সামগ্রিক মতবাদকে আপনি ভীষণভাবে প্রাধান্য দিতে অভ্যস্ত হয়ে পড়েছেন। যখন নিজের জীবনের প্রতিটি পছন্দ অপছন্দের ক্ষেত্রে আপনি অন্যান্য মানুষের ধ্যানধারণাকে অগ্রাধিকার দিতে থাকেন, নিজের অন্তর্নিহিত ক্ষমতাকে শৃঙ্খলাবদ্ধ করে রেখে, নিজের অভীষ্ট লক্ষ্য অতিক্রম করার ক্ষেত্রে ক্রমশই আপনি পিছিয়ে পড়তে থাকেন। এই অহেতুক আতঙ্কের বাতাবরণে আপনি প্রতিটি কাজে গড়িমসি করতে শুরু করেন, আপনার আত্মবিশ্বাস তলানিতে গিয়ে ঠেকে, যে কোনো কাজ সুষ্ঠভাবে সম্পন্ন না করতে পারার আশঙ্কা আপনাকে তাড়িয়ে নিয়ে বেড়ায়, এবং, সর্বোপরি, নিজের জীবনের স্বপ্নগুলি সাকার করার লক্ষ্য থেকে আপনি বিচ্যুত হয়ে পড়েন।

২. **উপলব্ধি:** যে কোনো ক্ষেত্রে আপনি যতই প্রাণপাত করুন না কেন, পারিপার্শ্বিকের মানুষজন আপনার প্রতি নেতিবাচক মনোভাব পোষণ করতে বাধ্য। এটি অবশ্যম্ভাবী। ওদের করতে দিন। এই পরিস্থিতির নিয়ন্ত্রণ আপনার ক্ষমতা বহির্ভূত। অন্যান্যদের মতামতকে প্রাধান্য দেওয়ার ফলে, আপনার মনঃসংযোগে বিঘ্ন ঘটে এবং আপনি শারীরিক ও মানসিকভাবে অবসাদগ্রস্ত হয়ে পড়েন—এটি আপনার আভ্যন্তরীণ ক্ষমতা এবং অমূল্য সময়ের অপব্যয় ছাড়া আর কিছুই নয়।

৩. **সমাধান:** যখন অন্যান্য মানুষকে আপনি নিজেদের মতো করে চিন্তাভাবনা করতে দেন, নিজের ইচ্ছানুসারে যে কোনো কাজই আপনার পক্ষে করা সম্ভব। যখন নিজের যাবতীয় চিন্তাভাবনা ও কর্মকাণ্ডকে আপনি নিজের মূল্যবোধের সঙ্গে সামঞ্জস্যপূর্ণ করে তুলতে পারেন, নিজের সম্পর্কে গর্ববোধ করতে আপনি সমর্থ। এবং যে মুহূর্তে নিজের সম্পর্কে আপনি গর্ববোধ করবেন, অন্যান্য মানুষজন আপনার সম্পর্কে কী ধ্যানধারণা পোষণ করছেন, তাতে আপনার জীবনে আর কিছু যাবে আসবে না।

যে মুহূর্তে আপনি লেট দেম অর্থাৎ ওদের করতে দিন এর শরণাপন্ন হবেন, পারিপার্শ্বিকের মানুষজনের হাতে আপনার সম্পর্কে নেতিবাচক চিন্তাভাবনা করার অবাধ ছাড়পত্র তুলে দেওয়ার ব্যবস্থা আপনি করছেন। যে মুহূর্তে আপনি লেট মি অর্থাৎ আমাকে করতে দিন এর পদ্ধতির প্রয়োগ করছেন, আপনি একমাত্র একজন মানুষের মতবাদের প্রতি মনঃসংযোগ করার ব্যবস্থা করছেন, যাঁর মতামত আপনার জীবনের ক্ষেত্রে সবচেয়ে গুরুত্বপূর্ণ—আপনার নিজের।

আপনার কাছে শুধুমাত্র একটিই বন্য এবং অমূল্য জীবন বর্তমান, তাই এমনভাবে জীবনযাপন করার চেষ্টা করুন, যা আপনাকে গৌরবান্বিত করে তোলে।

অধ্যায় ৭

প্রাপ্তবয়স্ক মানুষ যখন নিজের মর্জিমাফিক সমস্যা তৈরি করেন

এতদিন পর্যন্ত পারিপার্শ্বিকের মানুষজনের আবেগতাড়িত প্রতিক্রিয়ার সামগ্রিক প্রভাবে কীভাবে আপনাদের জীবনে সিদ্ধান্ত গ্রহণের প্রক্রিয়াটি প্রতিবন্ধকতার সম্মুখীন হয়ে এসেছে, আসুন সেই ব্যাপারে বিস্তারিত আলোচনায় বসা যাক।

বাস্তবে, অধিকাংশ প্রাপ্তবয়স্ক মানুষজন মননশীলতার নিরিখে অবোধ শিশুদের মতোই আবেগপ্রবণ, এবং তাঁদের সামগ্রিক প্রতিক্রিয়ার নিয়ন্ত্রণের দায়িত্বভার আপনার উপরে জোর করে কেউ চাপিয়ে দেয়নি। যতক্ষণ পর্যন্ত আপনি অন্যান্যদের আবেগতাড়িত হঠকারিতা এবং অবিবেচনায় প্রভাবিত হয়ে নিজের জীবনের যাবতীয় সিদ্ধান্ত গ্রহণের জন্য তাঁদের মুখাপেক্ষী হয়ে থাকবেন, নিজের অভীষ্ট লক্ষ্যে পৌঁছোবার ক্ষেত্রে আপনি ক্রমশই পিছিয়ে পড়তে থাকবেন।

এই বিশেষ পরিস্থিতি যে আমার জীবনে কত বড় সমস্যা হিসেবে দেখা দিতে পারে, সে সম্পর্কে কোনো ধারণাই আমার ছিল না। আপনাদের ক্ষেত্রেও তা একেবারেই সত্যি। লোকচক্ষু এড়িয়ে কোনো গোপন অভিসারে যাওয়ার অপরাধবোধ থেকে শুরু করে, জীবনের যে কোনো ক্ষেত্রে অকৃতকার্য হওয়ার অহেতুক আশঙ্কা, কিংবা অন্যান্যদের সার্বিক প্রতিক্রিয়া সম্পর্কে আতঙ্কে ভুগতে থাকা, অথবা "এই মুহূর্তে কী এই কাজ করা উচিত" সংক্রান্ত দুশ্চিন্তা, কিংবা অন্যান্যদের মেজাজ বুঝে নীরবে নিজের কাজ করা পর্যন্ত—পারিপার্শ্বিকের মানুষজনের সামগ্রিক ব্যবহার ও প্রতিক্রিয়াকে অগ্রাধিকার দিয়ে আপনি নিজের অমূল্য সময় ও অন্তর্নিহিত শক্তির অপব্যয় করছেন।

কিন্তু, এই সমস্যার মূল আরো গভীরে ছড়িয়ে রয়েছে। অন্যান্য মানুষজনের উদাসীন বা আক্রমণাত্মক ব্যবহার, গোপন অভিসারের ফলে উদ্ভুত অপরাধবোধ, এবং আবেগতাড়িত প্রতিক্রিয়া আপনার যাবতীয় সিদ্ধান্ত নেওয়ার ক্ষমতাকে সামগ্রিকভাবে নিয়ন্ত্রণ করে চলেছে। সেই কারণেই, যখন বিশেষ কোনো ক্ষেত্রে আপনি 'না' বলতে চান, আপনার মুখ থেকে নিজের অনিচ্ছাসত্ত্বেও, 'হ্যাঁ' শব্দটি বেরোয়। যে ক্ষেত্রে যখন আপনার শিরদাঁড়া সোজা করে পরিস্থিতির

মোকাবিলা করা উচিত, তখন নিজের গা বাঁচিয়ে আপনি নিঃশব্দে সরে দাঁড়ান। এই কারণেই, নিজেদের জীবনে আপনাদের পক্ষে নির্দিষ্ট কোনো লক্ষ্য নির্ধারণ করা সম্ভব হয় না। কাজেই, পারিপার্শ্বিকের মানুষ খোশমেজাজে না থাকলে, আপনি পা টিপে টিপে, নিঃশব্দে, ঠিক চোরের মতো অতি সন্তর্পণে চলাফেরা করতে বাধ্য হন—।

অবশ্যই, সহোদরের গোপন অভিসারে নিমরাজি হবার মুহূর্তটি আপনার কাছে অপেক্ষাকৃত সহজ বলে মনে হলেও ভবিষ্যৎ জীবনের নিরিখে, নিজস্ব সত্তার একটি গুরুত্বপূর্ণ অংশ বিসর্জন দিতে আপনি বাধ্য হন। নিজের বান্ধবী অথবা অন্তরঙ্গ বন্ধুর সঙ্গে প্রতিটি কথোপকথনের পরে, প্রবল ভাবাবেগের বশে আপনি যখন মানসিকভাবে অবসাদগ্রস্ত হয়ে পড়েন, তখন নিজেকে এই প্রশ্নটি আপনার করা উচিত: প্রতিটি ক্ষেত্রে আপনাকেই কেন অন্যান্যদের সঙ্গে মানিয়ে গুছিয়ে চলতে হবে? নিজের শখ, আনন্দ ও আহ্লাদের বলিদানের বিনিময়ে অন্যদের মনোরঞ্জন করার সামগ্রিক দায়িত্বভার প্রতিনিয়ত কেন আপনার উপরেই বর্তাবে?

অন্যান্য মানুষের আবেগতাড়িত হঠকারিতা এবং অবিবেচক প্রতিক্রিয়াকে যদি আপনি নিজের জীবনে প্রভাব বিস্তার করার অবাধ ছাড়পত্র দেন, তাহলে জীবনে নিজের অভীষ্ট লক্ষ্যপূরণ করা আপনার পক্ষে অসম্ভব। একটি অনন্য দৃষ্টিভঙ্গীর সঙ্গে আপনি পরিচিত হতে চলেছেন, যা আপনাকে পারিপার্শ্বিকের মানুষজনের জীবন সংক্রান্ত যাবতীয় হতাশা, রাগ বা ক্ষোভ, কিংবা অপরাধবোধের গুরুভার নিজের কাঁধে তুলে নেওয়ার পরিবর্তে, স্বাধীনভাবে জীবনযাপন করতে সাহায্য করবে: শুধুমাত্র ওদের নিজের মতো করে প্রতিক্রিয়াশীল হতে দিন।

আপনি লেট দেম অর্থাৎ ওদের করতে দিন এর শরণাপন্ন হয়ে, অন্যান্য মানুষকে নিজেদের ভাবাবেগকে অনুভব করার জন্য মানসিক স্থান সংকুলান করার ব্যবস্থা করে দেন, এবং স্বভাবতই সেগুলির মোকাবিলা করার ক্ষেত্রে আপনাকে আর প্রয়োজন হয় না। যখন আপনি লেট মি অথবা আমাকে করতে দিন এর পদ্ধতি অনুসরণ করেন, তখন নিজের ইচ্ছানুসারে আপনি সেই কাজ করেন যা আপনার কাছে সর্বোৎকৃষ্ট হিসেবে মনে হয়, এবং সেই কাজ যদি অন্যান্যদের বিচলিত করে, আপনার মানসিক ভাবান্তর হওয়ার কোনো প্রশ্ন ওঠে না। এভাবেই আপনার নিজের জীবনের যাবতীয় দায়িত্বভার নিজের কাঁধে তুলে নেওয়া উচিত।

পারিপার্শ্বিকের মানুষজনের যাবতীয় অপরাধবোধ, রাগ কিংবা ক্ষোভ অথবা তাঁদের হতাশার দ্বারা আপনার প্রভাবিত হওয়ার দিন শেষ হয়েছে। অন্যান্য মানুষের আবেগতাড়িত প্রতিক্রিয়াকে সামলানোর দায় কখনোই আপনার উপরে বর্তায় না। আমি এই শিক্ষা পেয়েছি আমার ব্যক্তিগত থেরাপিস্ট অ্যানে ডেভিনের কাছ থেকে, যিনি একাধারে একজন পি এইচ ডি ডিগ্রিধারী, একজন বিশেষজ্ঞ মনোবিজ্ঞানী, একজন সুলেখিকা হওয়ার পাশাপাশি, এমন একজন বিদুষী, যাঁর সমতুল্য কোনো মানুষের সংস্পর্শে আমি আর কখনো আসিনি। একদিন, পরিবারের একজন জটিল মানসিকতা সম্পন্ন বিশেষ সদস্যের সঙ্গে পারস্পরিক সম্পর্কে গণ্ডি টানার বিষয়ে আমি তাঁর সঙ্গে আলোচনা করছিলাম।

আমার একমাত্র লক্ষ্য ছিল, নির্দিষ্ট মানুষটি যাতে কোনো ক্ষেত্রেই আমাকে বিরক্ত করতে না পারেন তা সুনিশ্চিত করা। এই সমস্ত মানুষের ব্যবহারিক বৈশিষ্ট্য হল, প্রতিনিয়ত তাঁরা নিজেদের জীবনে ঘটতে থাকা বিভিন্ন প্রতিকূল পরিস্থিতি এবং সমস্যার কথা বলে আপনাকে

তাতে ওতপ্রোতভাবে জড়িয়ে ফেলার চেষ্টা করে যান। আমি হলফ করে বলতে পারি যে, আপনাদের প্রত্যেকের পরিবারে এই ধরনের মানুষ উপস্থিত। কাজেই, আপনি জানেন যে এই ধরনের মানুষের সঙ্গে একটি সন্ধ্যা অতিবাহিত করলে, আপনি কতটা মানসিক বিপর্যয়ের সম্মুখীন হতে পারেন। যে মুহূর্তে তাঁদের বক্তব্যের প্রতি আপনি অমনোযোগী হয়ে পড়েন, তাঁরা যেনতেন প্রকারে আপনাকে নিজেদের বক্তব্য শুনতে বাধ্য করেন।

আমাদের প্রত্যেকের বয়স আট বছর হলে পরিস্থিতি কী দাঁড়াত?

আমি যখন অ্যানের সঙ্গে এই বিশেষ ব্যক্তির বিষয়ে আলোচনায় বসেছিলাম, তখন তিনি আমাকে এমন কিছু কথা বলেছিলেন যা আমার দৃষ্টিভঙ্গী বরাবরের মতো বদলে দিয়েছিল:

“মেল, অধিকাংশ প্রাপ্তবয়স্ক মানুষই বাস্তবে একটি প্রাপ্তবয়স্ক শরীরের মধ্যে বন্দী হয়ে থাকা আট বছর বয়সের শিশুর মতো। পরবর্তী সময়ে যখন আপনি এই নির্দিষ্ট ধরনের মানুষের সঙ্গদান করবেন, এবং তাঁদের বিশেষ ধরনের হাবভাব এবং কথাবার্তার ফলে মানসিকভাবে অস্বস্তিবোধ করবেন, আমি চাইব তখন আপনি কল্পনা করেন যে, সেই মুহূর্তে সেই ঘরে আপনার সামনে চতুর্থ ক্লাসে পড়া একটি শিশু বসে রয়েছে। কারণ, যে ভদ্রলোকের কথা আপনি আমাকে বলছেন, আমার মতো তাঁর মানসিক পরিপক্কতা আট বছর বয়সী একটি শিশুর সমান। জানি না আমার কথা আপনি বিশ্বাস করবেন কী করবেন না, অধিকাংশ প্রাপ্তবয়স্কদের ক্ষেত্রেই এই ঘটনা সত্য।”

সত্যি কথা বলতে, সেখানে বসে একাগ্রচিত্তে তাঁর প্রতিটি কথা বিশ্লেষণ করার পরে আমি উপলব্ধি করি যে, তাঁর বক্তব্য একেবারেই যথার্থ। অধিকাংশ মানুষই জানেন না কীভাবে, তাঁদের যাবতীয় অনুযোগ এবং অভিযোগ সরাসরি ও উত্তেজিতভাবে অন্যান্যদের সামনে উগরে দেওয়ার পরিবর্তে, একটি সুস্থ প্রক্রিয়ার মাধ্যমে নিজেদের যাবতীয় ভাবাবেগের নিয়ন্ত্রণ সম্ভব। এই বিষয়ে নিজের অনবগতির বিষয়েও আমি নিশ্চিত ছিলাম।

মন দিয়ে একবার ভেবে দেখুন: সমস্যার কারণ নির্দিষ্টভাবে জানাবার পরিবর্তে, আপনার মায়ের মুখ দিয়ে কতগুলি বাড়তি শব্দ অনর্গলভাবে বেরিয়ে আসতে থাকে? কী কারণে বন্ধু আপনার সঙ্গে কথা বলা বন্ধ করে দিতে অভ্যস্ত? যখন আপনি অন্যান্য বন্ধুবান্ধবদের সঙ্গে কোথাও বেড়াতে যান, আপনার বিশেষ অন্তরঙ্গ বন্ধু কী কারণে আপনাকে ক্রমাগত নেতিবাচক অথবা আক্রমণাত্মক মেসেজ পাঠাতে থাকেন? কেন নিজের বোন আপনার উপরে প্রচণ্ড রাগে ফেটে পড়ার এক ঘণ্টার মধ্যেই সম্পূর্ণ সুস্থ, স্বাভাবিক ব্যবহারে ফিরে আসেন?

এর কারণ হল, প্রতিটি প্রাপ্তবয়স্ক মানুষ মননশীলতার দিক দিয়ে অবোধ শিশুদের মতোই, চূড়ান্ত আবেগপ্রবণ। শিশুদের সঙ্গে তাঁদের একমাত্র পার্থক্য হল, অধিকাংশ ক্ষেত্রেই তাঁরা সেই বিশেষ প্রতিক্রিয়াগুলি নিজের ব্যবহারিক বৈশিষ্ট্যের আড়ালে লুকিয়ে রাখতে সক্ষম।

দ্য লেট দেম থিওরি অর্থাৎ ওদের করতে দিন এর পদ্ধতির অসাধারণত্ব এখানেই: এর

সঠিক প্রয়োগের ফলে আপনি কখনোই বিচারকের আসনে অধিষ্ঠিত হতে পারেন না—পরিবর্তে, এই পদ্ধতি আপনাকে ক্রমশ এক সহানুভূতিশীল মানুষে পরিণত করে। যে কোনো পরিস্থিতিতে অল্পেতেই অধৈর্য হওয়ার পরিবর্তে, আপনি শান্তভাবে বোঝার চেষ্টা করেন যে অধিকাংশ মানুষের কাছে যাবতীয় প্রতিক্রিয়া সুবিবেচনার মাধ্যমে প্রকাশ করার জন্য নির্দিষ্ট কোনো উপায় বা অনুষঙ্গ উপলব্ধ নেই।

এই নির্দিষ্ট কাজ সুষ্ঠভাবে সম্পন্ন করার সঠিক পদ্ধতি কেউ কখনো কাউকে শিখিয়ে দেয়নি—এটিই পরম সত্য। নিজের ভাবাবেগ সঠিকভাবে নিয়ন্ত্রণ করার জন্য, আপনাকে প্রথমে সেগুলি যথাযথভাবে বুঝে উঠতে হবে এবং কীভাবে সেগুলিকে সুষ্ঠভাবে সম্পন্ন করা সম্ভব, তার একটি নিখুঁত পরিকল্পনা ঢেলে সাজাতে হবে। আমার অভিজ্ঞতা অনুসারে, অধিকাংশ মানুষের কাছেই এই প্রক্রিয়ার বিষয়ে বিন্দুমাত্র ধারণা নেই। এবং আমি ভালো করেই জানি, অতীতে সেই ধারণা আমারও ছিল না।

আবেগজনিত পরিপক্কতা কখনোই সহজাত একটি বিশেষ প্রতিভা কিংবা স্বয়ংক্রিয়ভাবে ঘটতে থাকা কোনো বিশেষ ঘটনা নয়। এটি এমন একটি দক্ষতা, যা দীর্ঘ সময়ের অক্লান্ত অনুশীলন এবং শেখার অদম্য আগ্রহের সঙ্গে সঙ্গে উন্নত হতে থাকে। আমার থেরাপিস্ট সত্যি কথাই বলেছিলেন। দৈনন্দিন জীবনে আপনি যে সমস্ত মানুষের সংস্পর্শে আসেন, তাঁদের মধ্যে অধিকাংশ মানুষই সময়বিশেষে আট বছরের শিশুর মতো নিজেদের প্রতিক্রিয়া ব্যক্ত করতে অভ্যস্ত, বিশেষ করে সেই মুহূর্তে, যখন তাঁদের আকাঙ্খা চরিতার্থ হয় না অথবা যখন তাঁরা অস্বস্তিকর পরিস্থিতির সম্মুখীন হন।

কিন্তু বর্তমানে, দ্য লেট দেম থিওরি অর্থাৎ ওদের করতে দিন এর পদ্ধতির প্রয়োগে, নিজের জীবনে অন্যান্যদের প্রতি আপনি সহানুভূতিশীল হতে শিখবেন, নিজেকে ঘিরে একটি অদৃশ্য গণ্ডি গড়ে তুলতে পারবেন, এবং পারিপার্শ্বিকের মানুষজনের আবেগতাড়িত হঠকারিতা অথবা অবিবেচনার কবল থেকে নিষ্কৃতি পাওয়ার ব্যবস্থা করতে সক্ষম হবেন। এবং সেই নির্দিষ্ট লক্ষ্য অতিক্রম করার ক্ষেত্রে, আপনার কাছে এই অসামান্য পদ্ধতি একান্তভাবেই অপরিহার্য হিসেবে প্রতিপন্ন হবে, কারণ প্রাপ্তবয়স্ক মানুষজন এবং তাঁদের শিশুসুলভ ব্যবহারের মধ্যে পারস্পরিক সম্পর্ক, এক কথায় অনস্বীকার্য।

শিশুসুলভ ব্যবহার = প্রাপ্তবয়স্ক ব্যবহার

শিশুরা আপনাকে দেখলে দৌড়ে পালায়	প্রাপ্তবয়স্করা সরাসরি বোঝাপড়া এড়িয়ে চলেন
শিশুরা গোপনে মুখ ভেংচায় অথবা ক্ষোভ প্রকাশ করে	প্রাপ্তবয়স্করা কথাবার্তা বন্ধ করে দিতে অভ্যস্ত
শিশুরা প্রতিক্রিয়া দেওয়া বন্ধ করে দেয়	প্রাপ্তবয়স্করা সহনশীলতা প্রদর্শন করেন

শিশুরা বায়না অথবা আবদার করতে অভ্যস্ত	প্রাপ্তবয়স্করা ক্ষোভপ্রকাশ করেন, লিখিত অভিযোগ দেন
শিশুরা সজোরে দরজা বন্ধ করে	প্রাপ্তবয়স্করা সজোরে দরজা বন্ধ করেন
শিশুরা মিথ্যা বলে	প্রাপ্তবয়স্করা মিথ্যা বলেন

এই তালিকায় চোখ বোলানোর সময় প্রতিটি ক্ষেত্রে বিশেষ কোনো ব্যক্তির কথা যদি আপনার স্মরণে আসে, জানবেন আমার থেরাপিস্টকে নিজের সমস্যার কথা খুলে বলার সময়ে আমার ক্ষেত্রেও একই ঘটনা ঘটেছিল। শিশুরা জীবনের বিভিন্ন পরিস্থিতিতে অনুরূপ ব্যবহারেই অভ্যস্ত, কারণ তাদের পক্ষে নিজেদের প্রতিক্রিয়ার বহিঃপ্রকাশ নিয়ন্ত্রণ করা অসম্ভব।

আপনাদের সামনে একটি নির্দিষ্ট ঘটনাকে আমি উদাহরণ হিসেবে তুলে ধরতে চাই। ধরা যাক, একটি শিশুকে একটি চোখ ধাঁধানো খেলনার দোকানে নিয়ে যাওয়া হয়েছে, যেখানে পৌঁছেই একটি বিশেষ লেগো সেট সে পছন্দ করেছে এবং সেটি নেওয়ার জন্য উদগ্রীব হয়ে রয়েছে। যে মুহূর্তে তাকে বলা হয় যে খেলনাটি তাকে কিনে দেওয়া সম্ভব নয়, কী হতে পারে?

শিশুটির ছোট্ট শরীরটি যুগপৎ আবেগতাড়িত প্রতিক্রিয়ার জোয়ারে ভেসে যায়: দুঃখ, হতাশা, বিস্ময় এবং ক্ষোভ। এর অব্যবহিত পরেই শুরু হয়ে যায় তাদের নাটকীয়তায় পরিপূর্ণ প্রতিক্রিয়ার বহিঃপ্রকাশ—শুরু হয় কান্না, অথবা সে সম্পূর্ণ প্রতিক্রিয়াহীন হয়ে যেতে পারে, কিংবা দোকানের মেঝেতে লুটিয়ে পড়ে হাত পা ছুঁড়ে চিল চিৎকার জুড়ে দিয়ে হুলুস্থুল বাঁধিয়ে দিতে পারে।

শিশুটির হাতে তৎক্ষণাৎ সেই খেলনাটি, অর্থাৎ সেই নির্বাচিত লেগো সেটটি তুলে দেওয়ার এই সমস্যার সমাধান নয়। তার অভিভাবকদের জন্য এই সমস্যার একমাত্র সমাধান হল অত্যন্ত শান্তভাবে, পরিস্থিতি সম্পর্কে অবগত করে, এবং তার প্রতি সহানুভুতিশীল হয়ে তাকে বোঝানো যে—এইভাবে নিজের ভাবাবেগের বহিঃপ্রকাশ করা একেবারেই ঠিক নয়।

তাঁদের ব্যবহারের সারাংশ শিশুটির সামনে আত্মসমর্পণ করে ক্ষমাভিক্ষা চাওয়ার মতো শোনাতেই পারে, "আমি জানি এই পরিস্থিতি তোমার কাছে অত্যন্ত কঠিন। আমি জানি এই লেগো সেটটি তোমার কতটা পছন্দ হয়েছে। এক্ষেত্রে তোমার অস্থির হওয়াই স্বাভাবিক। এই ধরনের পরিস্থিতিতে আমি নিজেও অত্যন্ত হতাশ হয়ে পড়ি। এ একেবারেই ভালো কথা নয়। কোনো জিনিস চাইবার পরে হাতে না পেলে আমার অবস্থাও তোমার মতোই হয়।"

ওদের কাঁদতে দিন, বায়না করতে দিন, অথবা ওদের যা মন চায় তাই করতে দিন, যতক্ষণ পর্যন্ত ওদের অবদমিত ক্ষোভের পরিসমাপ্তি ঘটে।

যতক্ষণ পর্যন্ত শিশুদের, ভাবাবেগের দুর্দমনীয় অভিঘাতের বিরুদ্ধে সংগ্রাম করার মানসিকতা তৈরি না হচ্ছে (যেখানে কোনো প্রাপ্তবয়স্ক অভিভাবক তাদের "শান্ত হও," অথবা "তুমি নির্বোধের মতো কাজ করছ," অথবা "তুমি অত্যন্ত বাড়াবাড়ি শুরু করেছ," বলে শান্ত করার চেষ্টা করবেন না), তাদের পক্ষে কখনোই সুস্থ ও স্বাভাবিকভাবে নিজেদের

যাবতীয় প্রতিক্রিয়া নিয়ন্ত্রণ করার ক্ষমতা তৈরি হবে না। পরিবর্তে, তারা অত্যন্ত আবেগপ্রবণ, হঠকারী এবং অবিবেচক মানুষ হিসেবে বেড়ে উঠবে, এবং উপরোক্ত ঘটনার মতোই নিজেদের প্রতিক্রিয়ার অনভিপ্রেত বহিঃপ্রকাশে পিছপা হবে না।

তাহলে, এক্ষেত্রে আমি ধরে নিতে পারি যে অধিকাংশ প্রাপ্তবয়স্ক মানুষ কখনোই নিজেদের যাবতীয় আবেগতাড়িত প্রতিক্রিয়াকে সুষ্ঠ ও স্বাস্থ্যকর প্রক্রিয়ার মাধ্যমে নিয়ন্ত্রণ করতে শেখেননি, কারণ তাঁদের অভিভাবকদের কাছেও এই ধরনের পরিস্থিতি সামলানোর কোনো নির্দিষ্ট পদ্ধতি অথবা অনুষঙ্গ ছিল না। আপনার অভিভাবকরা যদি আপনাকে সঠিকভাবে শিক্ষা দিয়ে থাকেন, তাহলে অবশ্যই আপনি নিজেকে সৌভাগ্যবান বলে মনে করতে পারেন। একজন শিশুর পক্ষে এই নির্দিষ্ট কাজ, সম্পূর্ণ নিজের প্রচেষ্টায় শিখে নেওয়া কখনোই সম্ভব নয়। যেমন আমি আগেই বলেছি, এ এমন এক বিশেষ দক্ষতা যেটিকে আয়ত্ব করতে হলে প্রয়োজন দীর্ঘ সময়, অক্লান্ত অনুশীলন এবং শেখার অদম্য ইচ্ছা।

এই বই নিয়ে গবেষণা করার সময়, একজন অভিভাবক হিসেবে আমি উপলব্ধি করতে পেরেছিলাম যে নিজের জীবনে এই বিশেষ ক্ষেত্রে আমি চূড়ান্তভাবে অকৃতকার্য হয়েছি। আমার ক্ষেত্রে এই ঘটনা ঘটলে, আমি নির্ঘাত লেগো সেটটি কিনে নিজের সন্তানের হাতে ধরিয়ে দিতাম। কিংবা, অবস্থার পরিপ্রেক্ষিতে প্রচণ্ডভাবে হতাশ হয়ে মেজাজ হারিয়ে চিৎকার করে উঠতাম, “এক্ষুনি কান্না থামাও!” অথবা, তাদের কাছে থেকে আমি দূরে চলে যেতাম, মেঝেতে শুয়ে তাদের হাত পা ছুঁড়তে দিতাম, নয়ত সেই দোকান থেকে তৎক্ষণাৎ বেরিয়ে যেতাম এবং তারপর আশা করতাম যে আমার অনুপস্থিতিতে তারা কিছুটা অন্যমনস্ক হয়ে, হঠাৎ ভয় পেয়ে কান্না থামিয়ে দেবে...এবং এই স্বাভাবিক কারণেই, বর্তমানে আমার তিন সন্তানের ক্ষেত্রেই নিয়মিতভাবে থেরাপির প্রয়োজন অনিবার্য হয়ে উঠেছে।

আমার একমাত্র আফসোস যে, এই কথাগুলি আপনাদের সামনে নিছক মশকরা হিসেবে উপস্থাপনা করতে আমি পারলাম না। যেহেতু নিজের যাবতীয় আবেগতাড়িত প্রতিক্রিয়ার সঠিক নিয়ন্ত্রণ করতে আমি অসমর্থ ছিলাম, তাই এই পরিস্থিতি আমি সামলাতে পারিনি। শৈশবে এই ধরনের পরিস্থিতির মোকাবিলা করবার জন্য আমাকে কোনো বিশেষ প্রশিক্ষণ দেওয়া হয়নি। এমন একটি পরিবারে আমি বড় হয়েছি, যেখানে নিজেদের যাবতীয় অনুভূতি সম্পর্কে আমরা কখনোই বিস্তারিত আলোচনায় বসিনি। আমার পরিবারের সদস্যরা মানসিক বিপর্যয়ের সম্মুখীন হলে প্রায়শই অদম্য রাগ এবং ক্ষোভে ফেটে পড়তেন, এবং তার অব্যবহিত পরেই এমন স্বাভাবিক ব্যবহারে ফিরে আসতে অভ্যস্ত ছিলেন, যেন অসন্তুষ্ট হওয়ার মতো কোনো ঘটনাই ঘটেনি।

দ্য লেট দেম থিওরি অথবা ওদের করতে দিন এর পদ্ধতির প্রয়োগের ক্ষেত্রে, একটি অত্যন্ত গুরুত্বপূর্ণ সত্যের প্রতি আমি আপনাদের দৃষ্টি আকর্ষণ করতে চাই, এবং আশা রাখব এই বিষয়টি আপনাদের প্রাঞ্জলভাবে বোঝাতে আমি সক্ষম হব: শিশুদের সঠিক ও সম্পূর্ণ শারীরিক এবং মানসিক বিকাশের ক্ষেত্রে প্রাপ্তবয়স্কদের দায়িত্ব ১০০ শতাংশ। শিশুদের যে পরিমাণ মানসিক এবং শারীরিক বিকাশের প্রয়োজন, সেই পর্যাপ্ত সমর্থনটুকু তাদের নিজের পক্ষে উৎপন্ন করা কখনোই সম্ভব নয়।

একটি শিশু যাতে নিজের আবেগতাড়িত প্রতিক্রিয়াকে একটি স্বাস্থ্যকর প্রক্রিয়ার মাধ্যমে নিয়ন্ত্রণ করতে শেখে, তার সম্পূর্ণ দায়িত্ব আপনাদের উপরে বর্তায়। আবেগতাড়িত প্রতিক্রিয়া যে আমাদের জীবনের অবিচ্ছেদ্য অঙ্গবিশেষ এবং সঠিক প্রক্রিয়ার মাধ্যমে সেগুলির নিয়ন্ত্রণ অবশ্যই সম্ভব, একটি শিশু যাতে তা শিখতে পারে—সেই প্রশিক্ষণের সম্পূর্ণ দায়িত্বভার আপনাদের উপরেই ন্যস্ত।

এই বই নিয়ে গবেষণা করার সময়, পি এইচ ডি ডিগ্রিধারী লিসা ডেমার, যিনি পেশায় বিশেষজ্ঞ মনোবিজ্ঞানী হওয়ার পাশাপাশি নিউ ইয়র্ক টাইমসের একজন সর্ববিক্রীত লেখিকা, আমাকে বলেছিলেন যে যখন একটি শিশু (অথবা একজন প্রাপ্তবয়স্ক মানুষ) নিজের চাহিদা চরিতার্থ না হওয়ার কারণে মাত্রাতিরিক্ত হতাশার সম্মুখীন হয়, কিংবা ব্যক্তিগত ক্ষতির কারণে শোকে মূহ্যমান হয়ে পড়ে—সেগুলি তাঁদের জীবনের বিভিন্ন অভিজ্ঞতার পরিপ্রেক্ষিতে অত্যন্ত স্বাভাবিক কিছু মানসিক প্রতিক্রিয়া বিশেষ। শোক এবং হতাশা সংক্রান্ত এই প্রতিক্রিয়াগুলির মাধ্যমে উপলব্ধি করা সম্ভব, যে আপনি মানসিকভাবে একেবারেই স্বাস্থ্যবান অবস্থায় রয়েছেন।

আপনার অনুভূতি কি পরিস্থিতির সঙ্গে সামঞ্জস্যপূর্ণ?

যখন আপনার বয়স মাত্র আট বছর, তখন পছন্দের লেগো সেটটি হাতছাড়া হয়ে যাওয়ার জন্য আপনার যাবতীয় ক্ষোভ এবং হতাশা একটি অত্যন্ত স্বাভাবিক প্রতিক্রিয়া হিসেবে পরিগণিত হবে। স্কুলের কোনো বন্ধু যখন আপনাকে এমন কোনো কথা বলে যার ফলে আপনি মানসিকভাবে আঘাতপ্রাপ্ত হন, সেক্ষেত্রে মর্মাহত হওয়া আপনার সার্বিক মানসিক সুস্থতার লক্ষণ। টেলিভিশন দেখতে চাইলে যখন অভিভাবকরা বলেন যে, আপনার শুতে যাওয়ার সময় হয়ে গিয়েছে, তখন অসন্তুষ্ট হয়ে অবদমিত ক্ষোভে ফেটে পড়ার মধ্যেও কোনো অস্বাভাবিকতার লক্ষণ নেই।

দেখতে গেলে, প্রাপ্তবয়স্কদের জীবনের অভিজ্ঞতাও অনেকটা একইরকম। প্রাপ্তবয়স্ক অবস্থায়, কোনো কারণবশতঃ আপনাকে নিজের কর্মক্ষেত্র থেকে বহিষ্কার করা হলে, অত্যন্ত হতাশ হয়ে মানসিকভাবে বিপর্যস্ত হয়ে পড়ার প্রতিক্রিয়াটি আপনার ক্ষেত্রে একেবারে প্রাসঙ্গিক। দীর্ঘদিনের কোনো সুসম্পর্কে যখন পূর্ণচ্ছেদ পড়ে, স্বভাবতই চূড়ান্তভাবে মানসিক অবসাদগ্রস্ত হয়ে পড়তে আপনি বাধ্য। ডঃ ডেমারের বক্তব্য অনুযায়ী, এর প্রত্যেকটিই হল যথার্থ, স্বাভাবিক আবেগের বহিঃপ্রকাশ। আপনার মানসিকতা যে সঠিকভাবে নিজের দায়িত্ব পালন করে চলেছে, এই ঘটনাগুলি তার উপযুক্ত সাক্ষ্যপ্রমাণ বিশেষ।

কিন্তু বড় হয়ে ওঠার সময়, জীবনে স্বাধীনভাবে নিজের স্বতঃস্ফূর্ত অনুভূতির প্রকাশ করার ক্ষেত্রে সম্ভবত নিষেধাজ্ঞা আরোপ করা হয়ে থাকবে। যখন বারবার কোনো শিশুকে আপনি বলেন "এই ঘটনা ভুলে যাও," অথবা "কান্না থামাও," অথবা "নিজেকে শান্ত করো," আপনি তাকে নিজের স্বাভাবিক অনুভূতির অবদমনের শিক্ষা দিচ্ছেন। তাদের শেখাচ্ছেন,

কীভাবে এই স্বাভাবিক, স্বতঃস্ফূর্ত আবেগতাড়িত প্রতিক্রিয়াকে অবহেলা, এড়িয়ে যাওয়া অথবা অবশ করে রাখার অভ্যাস তৈরি করা সম্ভব।

ডঃ ডেমার আমাকে বলেছিলেন, একমাত্র এই কারণেই পৃথিবীর অধিকাংশ মানুষ অতিরিক্ত উৎকণ্ঠায়, মানসিকভাবে অবসাদগ্রস্ত হয়ে, মাদকাসক্তির কবলে পড়ে, কিংবা অসহনীয় মানসিক যন্ত্রণা নিয়ে জীবনযাপনে অভ্যস্ত হয়ে উঠেছেন—কারণ এঁদের প্রত্যেকেই বছরের পর বছর ধরে আবেগতাড়িত প্রতিক্রিয়াকে অবদমিত রাখতে বাধ্য হয়েছেন। সেগুলি প্রতিনিয়ত তাঁদের অভ্যন্তরে তৈরি হতে থেকেছে কিন্তু নিষ্ক্রমণের রাস্তা খুঁজে পায়নি।

আমি আরো একবার মনে করিয়ে দিতে চাই: একটি শিশুর মনে পর্যাপ্ত স্থান সংকুলানের ব্যবস্থা করে, তাদের যাবতীয় প্রতিক্রিয়ার নিয়ন্ত্রণ করার জন্য সঠিকভাবে সাহায্য করা, আপনাদের জীবনের অন্যতম দায়িত্বের মধ্যে একটি। কিন্তু প্রাপ্তবয়স্ক মানুষজনের আবেগতাড়িত প্রতিক্রিয়ার মোকাবিলা করার দায়িত্ব কোনোভাবেই আপনাদের নয়।

এই বিষয়টি সম্পূর্ণ হৃদয়ঙ্গম করা আমাদের জন্য অত্যন্ত গুরুত্বপূর্ণ। এই বিষয়টিকে আরো বিশদে, আরো প্রাঞ্জলভাবে বুঝিয়ে বলার চেষ্টা আমাকে করতে দিন।

প্রাপ্তবয়স্ক শিশুসুলভ ব্যবহার

দৈনন্দিন জীবনের একটি নিতান্ত সাধারণ অভিজ্ঞতাকে এক্ষেত্রে উদাহরণ হিসেবে আমরা বেছে নিতে পারি। ধরা যাক, নির্দিষ্ট কোনো ব্যক্তি আপনার সঙ্গে বাক্যালাপ বন্ধ করেছেন। কোনো হঠকারী এবং অবিবেচক ব্যক্তি মানসিক বিপর্যয়ের সম্মুখীন হলে, পারিপার্শ্বিক মানুষজনের সঙ্গে বাক্যালাপ বন্ধ করে দেন; কারণ, সুস্থ মানসিকতায় অন্যান্যদের প্রতি শ্রদ্ধাশীল থেকে, নিজেদের আবেগতাড়িত প্রতিক্রিয়ার নিয়ন্ত্রণ কীভাবে করা সম্ভব, সেই প্রক্রিয়া তাঁদের অজানা।

সেই কারণে, সম্পূর্ণ মৌন থাকাই তাঁদের কাছে সঠিক পন্থা বলে মনে হয়। তাঁদের হাবভাব দেখে বোঝাই দুষ্কর যে তাঁদের জীবনে সেই মুহূর্তে কোনো সমস্যার উদ্ভব হয়েছে। অধিকাংশ ক্ষেত্রে, তাঁরা আপনাকে সযত্নে এড়িয়ে চলার পক্ষপাতী। যখনই নিজের বন্ধুবান্ধব, পরিবারের কোনো সদস্য, কিংবা কোনো সহকর্মীর থেকে আপনি এই ধরনের ব্যবহার পান, স্বভাবতই তা আপনার কাছে অত্যন্ত যন্ত্রণাদায়ক হয়ে ওঠে, এবং তৎক্ষণাৎ নিজের ভুল খুঁজে বার করার জন্য আপনি মরিয়া হয়ে ওঠেন।

যে ব্যক্তি আপনার সঙ্গে বাক্যালাপ বন্ধ করেছেন, তাঁর লক্ষ্যই হল—নিজের প্রতি আপনার সম্পূর্ণ মনোযোগ আকর্ষণ করা। একটি শিশু যখন ঘরের কোণে গিয়ে বিরক্তিতে গজগজ করতে থাকে, তার একমাত্র লক্ষ্য হল—যাতে অভিভাবকরা তার কাছে ছুটে এসে, তার বিরক্তির কারণ জিজ্ঞাসা করেন এবং তাকে সান্ত্বনা দেন। একজন প্রাপ্তবয়স্ক ব্যক্তি, যিনি আপনার সঙ্গে বাক্যালাপ বন্ধ করেছেন, তিনি সবসময় আশা করেন যে আপনি তাঁর কাছে গিয়ে জিজ্ঞাসা করবেন, "আপনি ঠিক আছেন তো?" এবং "আপনার জন্য আমি কী করতে পারি?" এবং "আমার কি কোনো ভুল হয়েছে?"

অন্যান্যদের সঙ্গে বাক্যালাপ বন্ধের প্রক্রিয়া প্রয়োগ করতে তাঁরা প্রত্যেকেই অভ্যস্ত, কারণ নিজেদের আবেগতাড়িত প্রতিক্রিয়ার সঠিক নিয়ন্ত্রণ করতে তাঁরা চূড়ান্তভাবে অসমর্থ। তাঁদের অন্যতম অভিপ্রায় হল অন্যান্যদের দৃষ্টি আকর্ষণ করা—যাতে সবাই কাছে এসে তাঁদের সমস্যার কারণ জিজ্ঞাসা করেন।

হাইস্কুলে পড়ার সময় আমার এক বন্ধু ছিল, যে প্রতিনিয়তভাবে এই প্রক্রিয়ার প্রয়োগ করতে অভ্যস্ত ছিল। এক মুহূর্তে আমাদের মধ্যে মনোমালিন্যের রেশমাত্র থাকত না, আবার পরমুহূর্তেই দেখা যেত সে আমার সঙ্গে কথা বলা বন্ধ করে দিয়েছে। প্রতিটি ক্ষেত্রেই আমি কখনো নিজের কোনো ভুল খুঁজে পেতাম না। সেই দমবন্ধ করা পরিস্থিতির মোকাবিলায়, বারবার আমি তাকে ফোন করার চেষ্টা করতাম, হলঘরে দেখা হলে আগ বাড়িয়ে তাকে 'হ্যালো' বলার চেষ্টা করতাম; এমনকি, মাঝেমধ্যে তার কাছে নিঃশর্তে ক্ষমাভিক্ষা করতেও পিছপা হতাম না—এমন অপরাধের জন্য, যা ছিল আমার সমস্ত কল্পনার বাইরে!

সে কখনোই আমার অপরাধের কারণ খোলসা করে বলার প্রয়োজন মনে করত না, কিন্তু দেখা যেত হঠাৎ করে একদিন সে সিদ্ধান্ত নিয়েছে, যে আমাদের মধ্যে যাবতীয় মনোমালিন্যের অবসান ঘটেছে—পরমুহূর্ত থেকেই আমরা আবার গলায় গলায় বন্ধু হয়ে যেতাম। সে যখন নতুন করে আমার সঙ্গে আবার কথা বলা শুরু করত, মানসিকভাবে আমি এতটাই শান্তিলাভ করতাম যে—তার সঙ্গে প্রাণপণে খেলাধুলোয় মেতে উঠতাম, যেন আমাদের মধ্যে এই জীবনে কখনোই কোনো মতান্তর ঘটেনি।

বর্তমানে উপলব্ধি করতে পেরেছি, সেই বন্ধুর আমার কাছে এসে তার যাবতীয় সমস্যা ও অনুভূতি সম্পর্কে খোলাখুলি আলোচনা করার চাইতে, আমার সঙ্গে কথা বন্ধ করে দেওয়া অপেক্ষাকৃত সহজ বলে মনে হত। কারণ, কীভাবে পারস্পরিক আলোচনার মাধ্যমে নিজেদের মধ্যে সমস্যার সমাধান সম্ভব, সে সম্পর্কে তার বিন্দুমাত্র ধারণাও ছিল না।

একটি গুরুত্বপূর্ণ সত্য উপলব্ধি করা প্রয়োজন—এই ধরনের পরিস্থিতিতে আপনার কোনো ভূমিকাই থাকতে পারে না। যখন কোনো ব্যক্তি আপনার সঙ্গে বাক্যালাপ বন্ধ করে দেন, তাঁর যাবতীয় চিন্তাধারার উদ্ভব ঘটে তাঁর নিজের ভাবাবেগের সঠিক নিয়ন্ত্রণের অক্ষমতা থেকে, এবং অতীতের অনভিপ্রেত কিছু ঘটনার স্মৃতির ফলে।

ওদের করতে দিন। যখনই কোনো প্রাপ্তবয়স্ক মানুষ একজন আট বছর বয়সী শিশুর মতো আচরণ করেন, তাঁকে করতে দিন।

এই প্রক্রিয়া আপনার জীবনকে আমূল বদলে দেওয়ার ক্ষমতা রাখে।

আমার অন্যতম প্রিয় এক বন্ধুর কথাই ধরা যেতে পারে—যাঁর মা একমাস যাবৎ তাঁর সঙ্গে হঠাৎ করে কথা বলা বন্ধ করে দিয়েছিলেন। একমাস পরে একদিন সকালে, সিঁড়ি বেয়ে নেমে আসার পরে তিনি আবার এমনভাবে তাঁর সঙ্গে কথা বলতে শুরু করেন, মনে হয়েছিল তাঁদের মধ্যে কখনোই কোনোরকম মনোমালিন্যই ঘটেনি।

দ্য লেট দেম থিওরি অথবা ওদের করতে দিন এর পদ্ধতির সঠিক প্রয়োগের ফলে, আপনি ভবিষ্যতে আর কখনোই অন্যান্যদের আবেগতাড়িত অপরিণতমনস্কতা অথবা ভর্ৎসনার শিকারে পরিণত হবেন না—কারণ, সেই মুহূর্তে আপনি জানবেন আপনার পক্ষে কী করণীয়।

প্রথমত, পারিপার্শ্বিকের প্রাপ্তবয়স্ক মানুষজনের যাবতীয় আবেগতাড়িত প্রতিক্রিয়া সামলাবার দায়িত্ব একা আপনার নয়। যখন অন্যান্যরা আপনার সঙ্গে বাক্যালাপ বন্ধ করার সিদ্ধান্ত গ্রহণ করেন, অথবা নিজেদের পরিস্থিতির শিকার হিসেবে প্রতিপন্ন করেন, কিংবা চূড়ান্ত হতাশা এবং অবদমিত ক্ষোভের কারণে রাগে ফেটে পড়েন, ওদের করতে দিন। আমি চাইব সেই মুহূর্তে আপনি তাঁদের সেই আট বছরের শিশু হিসেবে কল্পনা করুন, যারা একটি প্রাপ্তবয়স্ক মানুষের শরীরে বন্দী হয়ে রয়েছে। যে মুহূর্তে আপনি এই কথা চিন্তা করবেন, আপনার মধ্যে এক অভূতপূর্ব পরিবর্তন ঘটে যাবে। সেই মুহূর্ত থেকে, তাঁদের প্রতি আপনার যাবতীয় আতঙ্ক এবং আশঙ্কা লোপ পায়। ক্রমেই আপনি তাঁদের অনুকম্পার চোখে দেখতে শুরু করেন। তাঁদের ব্যবহারে মনোক্ষুণ্ণ হওয়ার পরিবর্তে, তাঁদের প্রতি আপনি সহানুভূতিশীল হয়ে পড়েন।

ক্রমেই আপনার পক্ষে উপলব্ধি করা সহজ হবে যে, তাঁদের পক্ষে শোক, নিরাপত্তাহীনতা, হতাশার গ্লানি, রাগ ও ক্ষোভ, আতঙ্ক এবং প্রত্যাখ্যান ইত্যাদি মানুষের অত্যন্ত সাধারণ ও স্বাভাবিক আবেগের প্রতিক্রিয়াগুলি নিয়ন্ত্রণ করা সম্ভব নয়,—এবং সেক্ষেত্রে আপনার কোনো অপরাধই নেই। এই সমস্যার সমাধানে আপনার কোনো হাত নেই। এই সমস্ত ব্যক্তির ক্ষেত্রে, এই বিশেষ প্রবৃত্তির উদ্ভব হয়েছে তাঁদের শৈশবকাল থেকেই।

তাঁদের যাবতীয় ভাবাবেগের নিয়ন্ত্রণ, অথবা আবেগতাড়িত প্রতিক্রিয়া সংক্রান্ত সমস্যার সমাধানের দায়িত্ব আপনার নয়। আপনার একমাত্র দায়িত্ব হল তাঁদের আবেগতাড়িত প্রতিক্রিয়ার স্রোতের কবল থেকে নিজেকে নিরাপদ রাখা, এবং তাঁদের আসল পরিস্থিতিকে যথার্থভাবে বুঝে নেওয়া: তাঁরা এমন ধরনের মানুষ যাঁদের কাছে নিজেদের যাবতীয় আবেগকে সুষ্ঠভাবে এবং স্বাস্থ্যকর প্রক্রিয়ার মাধ্যমে নিয়ন্ত্রণ অথবা প্রকাশ করার বিন্দুমাত্র ধারণাই নেই।

ওদের নীরবে থাকতে দিন। ওদের অবদমিত রাগে এবং ক্ষোভে ফেটে পড়তে দিন। ওদের পরিস্থিতির শিকার হওয়ার অভিনয় করতে দিন। ওদের নিজের মনে গজগজ করতে দিন। বাস্তবকে ওদের অস্বীকার করতে দিন। যাবতীয় কঠিন পরিস্থিতির মোকাবিলা ওদের করতে দিন।

তারপরে, আমাকে করতে দিন। এই পরিস্থিতির মোকাবিলায় আমাকে একজন সুবিবেচক, জ্ঞানী এবং সহানুভূতিশীল প্রাপ্তবয়স্ক মানুষ হয়ে উঠতে দিন। এই সমস্যার ক্ষেত্রে আমি ওদের সঙ্গে সরাসরি আলোচনায় বসব কিনা, তার সিদ্ধান্ত আমাকে নিতে দিন। নিজেকে একটি অত্যন্ত গুরুত্বপূর্ণ কথা বারবার আমাকে মনে করাতে দিন যে, পারিপার্শ্বিকের মানুষজনের আবেগ সংক্রান্ত প্রতিক্রিয়া নিয়ন্ত্রণের দায়িত্ব আমার নয়। লিখিত অভিযোগ জানানো, খাবার টেবিলে বসে বিভিন্ন আলোচনা, পারস্পরিক সম্পর্ক, বন্ধুবান্ধব ইত্যাদি যে কোনো ক্ষেত্রেই অনুরূপ পরিস্থিতির উদ্ভব হলে, সেখান থেকে নিজেকে সম্পূর্ণভাবে বিচ্ছিন্ন করার কাজটি আমাকে করতে দিন।

পারিপার্শ্বিকের মানুষ কীভাবে নিজেদের জীবনযাত্রায় পরিবর্তন আনবেন, সেই আশায় বসে না থেকে, নিজের জীবনে সেই পরিবর্তন নিয়ে আসার জন্য নিজেকে উদ্বুদ্ধ করুন। নিজেকে অন্যান্যদের তুলনায় উৎকৃষ্টতর একটি স্তরে উন্নীত করে, আবেগতাড়িত প্রতিক্রিয়া থেকে উদ্ভুত অপরিপক্ক এবং হঠকারী মনোভাব নিয়ন্ত্রণ করার অযাচিত প্রবণতা থেকে নিজেকে সম্পূর্ণভাবে বিরত করুন।

যে পরিস্থিতিতে বারবার অন্যান্যদের আবেগজনিত হঠকারিতার পুনরাবৃত্তি ঘটতে থাকে, এবং তা রীতিমতো অসহনীয় বলে মনে হতে থাকে, সেই ধরনের পরিস্থিতি সকৌশলে এড়িয়ে যাওয়ার চেষ্টা করুন। যে সমস্ত মানুষ প্রতিনিয়ত পরিস্থিতির শিকার হিসেবে নিজেদের প্রতিপন্ন করতে অভ্যস্ত, তাঁদের প্রতি সহানুভূতিশীল হওয়ার কোনো প্রয়োজন নেই। কোনো ব্যক্তি যদি আত্মরতিমূলক চিন্তাধারার বশবর্তী হয়ে জীবনযাপন করতে অভ্যস্ত হন, তাঁর স্বপক্ষে রায় দেওয়া থেকে নিজেকে বিরত রাখুন।

আট বছর বয়সী একটি শিশুর মতো আচরণ করতে অভ্যস্ত একজন প্রাপ্তবয়স্ক মানুষের সঙ্গে পারস্পরিক সম্পর্কের খাতিরে আপনি যত বেশী সময় বিনিয়োগ করবেন—নিজেকে ততই আপনি সেই অবোধ মানুষটির অভিভাবক হিসেবে আবিষ্কার করতে সক্ষম হবেন। যখন উপলব্ধি করতে পারবেন, যে মানুষটির সঙ্গে আপনি পারস্পরিক সম্পর্কের ভিত্তিতে ওতপ্রোতভাবে জড়িয়ে পড়েছেন, তাঁর মানসিক বিকাশের একান্ত প্রয়োজন—সেই মুহূর্তে, তাঁর জন্য নিজের অমূল্য সময় এবং অন্তর্নিহিত শক্তির ব্যবহারের বিষয়ে একটি নির্দিষ্ট পরিসীমা চিহ্নিত করার ব্যবস্থা নেবেন।

কারণ, যতক্ষণ পর্যন্ত সেই নির্দিষ্ট ব্যক্তি নিজের আবেগতাড়িত প্রতিক্রিয়ার সঠিক নিয়ন্ত্রণ করে নিজের সামগ্রিক বুদ্ধিমত্তা এবং কর্মদক্ষতা বাড়িয়ে তোলার পরিস্থিতিতে নিজেকে উন্নীত না করতে পারছেন, তিনি অধিকাংশ ক্ষেত্রেই অন্যান্যদের সঙ্গে কথোপকথন বন্ধ করে, নিজেকে পরিস্থিতির শিকার হিসেবে প্রতিপন্ন করে, কিংবা উদাসীনতা অথবা আক্রমণাত্মক ব্যবহার ইত্যাদির সাহায্য নিতেই অভ্যস্ত থাকবেন। এটি তাঁর ব্যক্তিত্ব সংক্রান্ত বৈশিষ্ট্য নয়, এটি একটি নির্দিষ্ট পরিকল্পনার নকশা বিশেষ।

কিন্তু আপনিই যদি সমস্যার মূল কারণ হয়ে থাকেন?

বইয়ের এই অংশটি পড়ার সময় যখন আপনি উপলব্ধি করছেন যে, নিজের জীবনে ইতিমধ্যেই এমন কিছু বিশেষ পরিস্থিতির সম্মুখীন আপনি হয়েছেন, যেখানে আপনি নিজেই ছিলেন সেই মাত্রাতিরিক্ত আবেগপ্রবণ, হঠকারী এবং অবিবেচক ব্যক্তিটি—তখন আপনার কী করণীয়?

আবেগের তাড়নায় আপনিও অনেক সময় নিজের মাত্রা লঙ্ঘন করেন। আপনিও বিরক্তিতে গজগজ করতে অভ্যস্ত হয়ে পড়েন। অন্যান্যদের সঙ্গে মাঝেমধ্যেই আপনিও কথাবার্তা বন্ধ করে দেন। আপনিও ক্ষোভে ফেটে পড়ে লিখিত অভিযোগ জানান। আপনিও নিজেকে পরিস্থিতির শিকার হিসেবে প্রতিপন্ন করতে অভ্যস্ত। আপনিও অন্যান্য মানুষের উন্নতিতে স্বস্তিবোধ করেন না। আপনিও এই প্রতিটি দোষেই দুষ্ট।

এই মুহূর্তে নিজেকে এইভাবে আবিষ্কার করতে যদি আপনি সমর্থ হয়ে থাকেন, আপনার উদ্দেশ্যে একটি কথা আমার বলার আছে: এক্ষেত্রে আপনি একা নন। অতীতে আমিও নিজের সম্বন্ধে একই উপলব্ধি করতে পেরেছিলাম।

পারিপার্শ্বিকের মানুষজনের মধ্যে এই অপরিণত ব্যবহারিক বৈশিষ্ট্যগুলি খুঁজে বার করা খুব সহজ, কিন্তু নিজের ক্ষেত্রে এই সত্যাসত্য আবিষ্কার করার জন্য অসীম সাহস এবং

আবেগজনিত বুদ্ধিমত্তার প্রয়োজন। নিজের ক্ষেত্রে বলতে পারি, আমার মানসিক বুদ্ধিমত্তা একজন আট বছরের শিশুর সামগ্রিক বুদ্ধির সমকক্ষ ছিল না। আবেগজনিত ক্ষেত্রে আমি এতটাই অপরিণত ছিলাম, যে আমার সামগ্রিক বুদ্ধিমত্তা পাঁচ বছরের একটি শিশুর তুলনীয় ছিল।

আবেগের বশে আমি এতই সহজে প্রতিক্রিয়াশীল হয়ে পড়তাম যে, সময়ে সময়ে নিজের মর্জিমাফিক সমস্যার সৃষ্টি করতাম। নিজের জীবনে অসংখ্য পরিস্থিতি এসেছে, যখন আমি সব কিছু ভুলে নিজেকে প্রাধান্য দিয়েছি, এবং এর ফলে আমার জীবন থেকে বহু অন্তরঙ্গ বন্ধু অকালেই বিদায় নিয়েছেন। আজ পর্যন্ত, নিজের কর্মক্ষেত্রে অসীম কাজের চাপে যখন আমি নাকানিচোবানি খাই, আমার ব্যবসার অংশীদারদের উদ্দেশ্যে আমি সুদীর্ঘ অভিযোগপত্র লিখি—তাঁদের জানাই যে আমাদের সামগ্রিক কর্মশৈলী ও কর্মপদ্ধতি সম্পর্কে আমি কতটা অসন্তুষ্ট। এবং আমি জানি যে, এটি কখনোই সঠিক নয়।

আজও যখন আমি দ্য লেট দেম থিওরি অথবা ওদের করতে দিন এর পদ্ধতির উপর বইটি লিখছি, এবং নিজের জীবনে পুরোদমে লেট দেম অর্থাৎ ওদের করতে দাও এর পদ্ধতির প্রয়োগে অভ্যস্ত, প্রতিনিয়ত নিজের যাবতীয় ভাবাবেগের নিয়ন্ত্রণ করার প্রক্রিয়া আমি সঠিকভাবে শেখার চেষ্টা করছি। দ্য লেট দেম থিওরি অথবা ওদের করতে দিন পদ্ধতির প্রয়োগের ক্ষেত্রে প্রতিক্রিয়ার বহিঃপ্রকাশ ছাড়াই, নিজের আসল, অবিকৃত আবেগের সম্পর্কে অবগত হওয়াটাই সবচেয়ে কঠিন কেননা আজ পর্যন্ত, বিভিন্ন পরিস্থিতিতে অন্যান্যদের প্রতি নিজের ক্ষোভ উগরে দিতে আমি উদ্যত হই অথবা তৎক্ষণাৎ পরিস্থিতির যাবতীয় নিয়ন্ত্রণ নিজের হাতে তুলে নেওয়ার চেষ্টা করি...প্রতিনিয়তই। এবং, যে কোনো ক্ষেত্রে অকৃতকার্য হলে আমি চরম হতাশায় ভুগতে শুরু করি। কিন্তু এটিই মোদ্দা কথা: নিজেকে নিখুঁত করে তোলা আমাদের আসল লক্ষ্য নয়; আসল লক্ষ্য হল নিজের প্রতি সহানুভূতিশীল হয়ে জীবনে সঠিক পথে অগ্রসর হওয়া।

এই প্রক্রিয়া চলবে আবহমানকাল ধরে, এবং অনেক ক্ষেত্রেই আমার মনে হয়, আমি যেন আবার নতুন করে পথ চলা শুরু করেছি। আমি জানি এটি আমার স্বাভাবিক দক্ষতার অন্তর্গত, এবং এই পরিসরেই কাজ করতে করতে আমার জীবনের অবশিষ্ট সময়টুকু কেটে যাবে, এবং আপনাদের ক্ষেত্রেও আমার এই মূল্যায়ন সর্বৈব সত্যি।

নিজস্ব সত্তার প্রতি নিজেকে সহানুভূতিশীল করে তোলার ক্ষেত্রে, দ্য লেট দেম থিওরি অর্থাৎ ওদের করতে দিন এর পদ্ধতির সামগ্রিক অবদান আমার জীবনে অনস্বীকার্য। এই পদ্ধতির সঠিক প্রয়োগের ফলে আমি গভীরভাবে উপলব্ধি করতে পেরেছি, কীভাবে নিজের যাবতীয় ভাবাবেগকে নিয়ন্ত্রণ করা সম্ভব।

যখন কোনো ব্যক্তি নিজের মর্জিমাফিক সমস্যার সৃষ্টি করেন, সেই পরিস্থিতিতে দ্য লেট দেম থিওরি অর্থাৎ ওদের করতে দিন এর পদ্ধতির প্রয়োগ একেবারেই অব্যর্থ। এই পদ্ধতির সাহায্যে নিজের আবেগতাড়িত যাবতীয় প্রতিক্রিয়াকে কীভাবে আয়ত্বে রাখা সম্ভব, তা শিখতে পারলে আপনার জীবন সম্পূর্ণ অন্য খাতে বইতে শুরু করবে। যাবতীয় আবেগতাড়িত প্রতিক্রিয়া নিয়ন্ত্রণের ক্ষমতায় বলীয়ান হয়ে, কীভাবে আমি অবিশ্রান্তভাবে অর্থ সমাগমের ক্ষেত্রে সফল হয়েছি, কতটা সাবলীলভাবে কাজ করতে শিখেছি, কীভাবে একজন আদর্শ অভিভাবক

হয়ে উঠতে পেরেছি, একজন আদর্শ জীবনসঙ্গিনী হতে পেরেছি এবং একজন আদর্শ বন্ধু হয়ে উঠতে পেরেছি—তা এই মুহূর্তে আমার পক্ষে আপনাদের বলা সম্ভব নয়। এই মুহূর্তে আমি নিজেকে একজন স্থিতধী, পরিপক্ক এবং দায়িত্বশীল প্রাপ্তবয়স্ক মানুষ হিসেবে দেখতে শুরু করেছি।

নিজের যাবতীয় আবেগকে সঠিকভাবে, সুষ্ঠভাবে এবং একটি স্বাস্থ্যকর প্রক্রিয়ার মাধ্যমে নিয়ন্ত্রণ করার জন্য আপনি কীভাবে দ্য লেট দেম থিওরি অর্থাৎ ওদের করতে দিন এর পদ্ধতির প্রয়োগ করবেন, তা আপনাদের সুবিধার্থে এখানে সাজিয়ে দেওয়া হল: যে মুহূর্তে আপনি অনুভব করবেন যে আপনার যাবতীয় ভাবাবেগ পুঞ্জীভূত হওয়ার উপক্রম করছে, ওদের করতে দিন। আপনার অন্তর্নিহিত রাগ এবং ক্ষোভ, হতাশা, মানসিক আঘাত, অবসাদের গ্লানি, শোক, চোখের জল, এবং আপনার অকৃতকার্য হওয়ার দুঃখকে প্রকাশিত হওয়ার সুযোগ করে দিন। ওদের করতে দিন।

এবং তারপরে, আমাকে সম্পূর্ণভাবে প্রতিক্রিয়াহীন থাকতে দিন। আপনার ফোনের দিকে হাত বাড়াবার চেষ্টা করবেন না। টেলিভিশন চালাবার চেষ্টা করবেন না। নিজের জন্য পানীয়ের পাত্র পরিপূর্ণ করার চেষ্টা করবেন না। ফ্রিজ খোলার চেষ্টা করবেন না। নিজের হতাশা উগরে দেওয়ার জন্য কাউকে লিখিত অভিযোগ জানাবার চেষ্টা করবেন না। শুধুমাত্র নিজের যাবতীয় অনুভুতির উপরে নজর রাখুন এবং সেগুলিকে বেড়ে উঠতে দিন।

আপনাকে একটি সার্বজনীন সত্যকে উপলব্ধি করতে হবে, সেগুলিকে নিজের মতো বেড়ে উঠতে দিলে, কোনো না কোনো সময়ে সেগুলির প্রশমন হতে বাধ্য।

আবেগ আসলে কী সেই সম্পর্কে কিআপনি অবগত?

মাত্র ছয় সেকেন্ডের মধ্যে আপনার মস্তিষ্কের মধ্যে জ্বলে উঠে, পরমুহূর্তেই শরীরের মধ্যে মিশে যাওয়া কিছু রাসায়নিকের একটি সাধারণ বিস্ফোরণকেই আমরা আবেগ হিসেবে জানি। আপনার শরীরের অভ্যন্তরে এত দ্রুতগতিতে এই আবেগ সংক্রান্ত প্রতিক্রিয়াগুলি ঘটে যেতে থাকে, যে সেগুলি সম্পর্কে আমরা কখনোই অবগত থাকি না। এই রাসায়নিকের বিস্ফোরণের ফলে আপনার যে যাবতীয় শারীরিক অনুভূতি হতে থাকে, যেমন ঘাম হওয়া, মাংসপেশীর সংকোচন, কিংবা হৃৎস্পন্দনের গতি বৃদ্ধি—এগুলির মাধ্যমেই আপনার পক্ষে বোঝা সম্ভব যে আপনার মস্তিষ্কে বিভিন্ন আবেগের উদ্ভব হচ্ছে।

গবেষণায় জানা গিয়েছে যে মস্তিষ্কের ভিতরে অধিকাংশ আবেগের উদ্ভব এবং থিতিয়ে যাওয়ার সামগ্রিক সময়কাল মাত্র ৯০ সেকেন্ড, অবশ্যই যদি সেই আবেগের বিরুদ্ধে আপনার কোনো প্রতিক্রিয়া না থাকে।

নিজের যাবতীয় ভাবাবেগের উত্থানকে নিয়ন্ত্রণ করা আপনার ক্ষমতা বহির্ভূত। এক্ষেত্রে চেষ্টা করার অর্থ আপনার অমূল্য সময়ের অপচয় মাত্র। এক্ষেত্রে উৎকৃষ্টতর প্রক্রিয়া হল এই

ভাবাবেগকে নিজের মতো করে উদ্ভব হতে দেওয়া এবং প্রতিক্রিয়াহীন থেকে এগুলির প্রশমনের অপেক্ষা করা। স্বভাবতই, আপনার পক্ষে পারিপার্শ্বিকের মানুষজনের যাবতীয় আবেগতাড়িত প্রতিক্রিয়ার নিয়ন্ত্রণ করার প্রচেষ্টা কখনোই সফল হওয়া সম্ভব নয়, তা আপনি যতই চেষ্টা করুন না কেন।

আবেগ স্বতন্ত্রভাবেই অত্যন্ত সংক্রামক। অন্যান্য মানুষকে যখন আপনি নিজের চোখের সামনে শোকসন্তপ্ত, ভয়ভীত, হতাশ কিংবা রাগান্বিত অবস্থায় দেখেন, সেই আবেগের কিছুটা প্রভাব নিজের শরীরে অনুভব করা অত্যন্ত স্বাভাবিক ঘটনা। এর ফলে আমাদের পক্ষে সহজেই উপলব্ধি করা সম্ভব যে অন্যান্য মানুষজনের কণ্ঠস্বর, তাঁদের সামগ্রিক কর্মক্ষমতার উত্থান পতন, তাঁদের মেজাজের তারতম্য, এবং তাদের শারীরিক ভাষার প্রভাবে আপনার মধ্যে কী কারণে সাময়িক উত্তেজনা, দুশ্চিন্তা অথবা উৎকণ্ঠার সঞ্চার ঘটে।

এক্ষেত্রে আমাদের আরো একটি জিনিস বুঝে নিতে হবে, যখন আপনি অথবা আপনার পারিপার্শ্বিকের কোনো মানুষ ক্ষুধার্ত অবস্থায় থাকেন, অথবা শারীরিকভাবে অবসাদগ্রস্ত থাকেন, কিংবা মানসিক বিপর্যয়ের শিকার হয়ে পড়েন, বা অন্যান্য মানুষের দ্বারা প্রভাবিত হন, বা একাকিত্বে ভোগেন, অথবা রাগান্বিত থাকেন, কিংবা মর্মাহত থাকেন, তখন আপনারও আবেগপ্রবণ হয়ে পড়ার যথেষ্ট সম্ভাবনা তৈরি হতে পারে। আমার পক্ষে এই কথাটি জোর দিয়ে বলা সম্ভব, কারণ যখনই আমি এমন কোনো কাজ করি বা এমন কিছু বলে ফেলি, যার সম্বন্ধে আমাকে পরে অনুশোচনায় ভুগতে হয়, সেই মানসিক পরিস্থিতির নেপথ্যে অত্যধিক মানসিক চাপ, সুরাপানের প্রভাব অথবা ক্ষুধার ভূমিকা অবশ্যই থেকে যায়। এই সমস্ত পরিস্থিতি সম্পর্কে সম্পূর্ণভাবে অবহিত থাকার ফলে আমার পক্ষে অপেক্ষাকৃত সুষ্ঠভাবে নিজের যাবতীয় আবেগের নিয়ন্ত্রণ সম্ভব হতে পারে এবং আমি যাই বলি, করি অথবা চিন্তাভাবনা করি—সেগুলির উপরে আমার সম্পূর্ণ নিয়ন্ত্রণ থাকে।

দ্য লেট দেম থিওরি অর্থাৎ ওদের করতে দিন এর পদ্ধতির সফল প্রয়োগের ক্ষেত্রে এটি আমার জীবনের পরম প্রাপ্তি: আপনার পারিপার্শ্বিকে নিরন্তর ঘটে চলা ঘটনাপ্রবাহের নিয়ন্ত্রণ সম্পূর্ণভাবে আপনার ক্ষমতা বহির্ভূত। একইভাবে, আপনার পক্ষে নিজের যাবতীয় আবেগতাড়িত প্রতিক্রিয়ার নিয়ন্ত্রণ সম্ভব নয়, কারণ এগুলি স্বয়ংক্রিয়ভাবে ঘটতে থাকে—ঠিক যেমনভাবে মানসিক চাপের ক্ষেত্রে আপনি স্বয়ংক্রিয়ভাবে প্রতিক্রিয়াশীল।

কিন্তু পারিপার্শ্বিকের মানুষজনের ব্যবহার, আপনার পরিমণ্ডল, অথবা আপনার অভ্যন্তরে উদ্ভব হতে থাকা যাবতীয় আবেগের প্রতিক্রিয়া হিসেবে আপনি নিজের চিন্তাভাবনা, বক্তব্য অথবা অবশ্যকরণীয় কর্তব্য বেছে নিতে সক্ষম। এটিই হল আপনার অন্তর্নিহিত শক্তি অথবা ক্ষমতার একমাত্র আধার।

অন্যান্য প্রাপ্তবয়স্কদের, নিজেদের শর্তে নিজেদের যাবতীয় আবেগকে সামলাতে দেওয়ার শিক্ষাই আপনার জীবন সম্পূর্ণভাবে বদলে দিতে পারে। নিজের অভ্যন্তরে যাবতীয় আবেগের টানাপোড়েন চলাকালীন, কীভাবে আপনি পারিপার্শ্বিকের মানুষজনের সঙ্গে মানসিক যোগসূত্র বজায় রেখে চলতে পারবেন, এই শিক্ষাও আপনার জীবনকে সম্পূর্ণভাবে অন্য খাতে বইতে সাহায্য করবে।

অধ্যায় ৮

প্রায়শই সঠিক সিদ্ধান্তগুলি ভুল প্রতিপন্ন হতে থাকে

অতি সম্প্রতি, দ্য মেল রবিন্স পডকাস্টের এর এক নিয়মিত শ্রোতা চিঠির মাধ্যমে আমাকে নিম্নলিখিত এই প্রশ্নটি করেছিলেন:

> মেল, একজনের সঙ্গে আমার বাগদান সম্পন্ন হয়েছে, এবং খুব তাড়াতাড়ি আমরা বিবাহসূত্রে আবদ্ধ হতে চলেছি। বিবাহের অনুষ্ঠানের আর মাত্র কয়েক সপ্তাহ বাকি এবং আমি জানি যে সেটি আমার জীবনের সর্বশ্রেষ্ঠ মুহূর্ত হতে চলেছে। কিন্তু বাস্তবে তা নয়। বিবাহের অনুষ্ঠান যতই কাছে এগিয়ে আসছে, হবু স্ত্রীর সঙ্গে আমার মতবিরোধ চূড়ান্ত পর্যায়ে পৌঁছচ্ছে। এই আতঙ্কের পরিবেশ থেকে নিজেকে আমি কিছুতেই উদ্ধার করতে পারছি না। মনের গভীরে একটি আশঙ্কা জন্ম নিচ্ছে—মনে হচ্ছে, সম্ভবত জীবনের সবচেয়ে বড় ভুলটি আমি করতে চলেছি। এই মুহূর্তে আমি কী করব, তা নিজের মাথায় আসছে না। আত্মীয় পরিজনদের কাছে নিমন্ত্রণপত্র পৌঁছে গিয়েছে, আমাদের অভিভাবকরা প্রভূত অর্থের বিনিময়ে সমস্ত ব্যবস্থা ইতিমধ্যেই করে ফেলেছেন। পরিবারের সদস্যদের আমি হতাশ করতে চাই না। আমাদের অভিভাবকরা প্রভূত ক্ষতির সম্মুখীন হন তাও আমি চাই না। হবু স্ত্রীর মন ভেঙে দিতেও আমি রাজি নই। আমি চাই না তাঁর অভিভাবক এবং আমাদের পরিচিত মানুষজন আমার ব্যবহারে আঘাত পান। এই পরিস্থিতি থেকে আমি কীভাবে নিষ্কৃতি পাব?

এই প্রশ্নটি পড়ার সময়েই আমি অনুভব করতে পারছিলাম, আমার হৃদস্পন্দনের গতি ক্রমেই বেড়ে যাচ্ছে। আমার মনে হয়, এক্ষেত্রে আপনাদের পরিস্থিতিও অনুরূপ। যখনই আমরা কঠিন পরিস্থিতির সম্মুখীন হয়ে থাকি, প্রায়শই সঠিক সিদ্ধান্তগুলিকে ভুল বলে মনে হতে থাকে।

এই প্রশ্নের উত্তর অত্যন্ত সহজ বলে মনে হলেও, অনেক ক্ষেত্রেই তা নিয়ে যথেষ্ট সন্দেহ থেকে যায়। এই ব্যক্তির উচিত, আসন্ন বিবাহের অনুষ্ঠানটি অবিলম্বে বাতিল করে দেওয়া।

কারণ, নিজের বিবাহের অনুষ্ঠানটিই যদি আপনার আশঙ্কার কারণ হয়ে দাঁড়ায়, জানবেন আপনি অবশ্যই ভুল করতে চলেছেন। আপনার মনে যদি বিবাহ বাতিল করার চিন্তাভাবনা বারবার ঘুরে আসতে থাকে, জানবেন সেই আপনার সিদ্ধান্ত অনুযায়ী কাজ করাই উচিত।

সঠিক সিদ্ধান্তটি যখন একেবারেই যথাযথ মনে হয়, তখন সেই সিদ্ধান্ত নেওয়া অনায়াস নাও হতে পারে। এর কারণ হল, মানুষের জীবনের সামগ্রিক অভিজ্ঞতা, প্রধানত তাঁদের আবেগপ্রবণ মনোভাবের উপরেই সম্পূর্ণ নির্ভরশীল।

পরিস্থিতির বহিরঙ্গে সেই সিদ্ধান্ত যতটাই যুক্তিসঙ্গত বলে মনে হোক না কেন, আপনি যখন জানবেন যে সেই সিদ্ধান্ত বহু মানুষের যন্ত্রণার অন্যতম কারণ হবে, তখন সেটি আপনার কাছে অযৌক্তিক বলে মনে হবে।

নিজের জীবনে যখন আপনি কোনো দ্বিধায় ভোগেন, তখন সঠিক সিদ্ধান্ত নেওয়ার পরিবর্তে আপনি হাসিমুখে সেই যন্ত্রণা বেছে নিতে দ্বিধা করেন না, কারণ আপনি জানেন যে আপনার সিদ্ধান্তটি সম্পূর্ণভাবে যুক্তিসঙ্গত হওয়া সত্ত্বেও, তা মেনে নেওয়া পারিপার্শ্বিকের মানুষজনের জন্য সহজ হবে না।

হবু পাত্রটি, যিনি আমার কাছে তাঁর সমস্যার সমাধান চেয়েছিলেন, তিনি ভালো করেই জানতেন এই পরিস্থিতিতে তাঁর কী করা উচিত। কিন্তু মাত্রাতিরিক্ত আবেগপ্রবণতা তাঁর প্রতিবন্ধকতা হয়ে দাঁড়িয়েছিল। তিনি আমার কাছে লিখিত সমাধান প্রত্যাশা করেছিলেন, কারণ এক্ষেত্রে সিদ্ধান্ত নেওয়ার জন্য আমার লিখিত আশ্বাসের প্রয়োজন তাঁর ছিল। নিজের যাবতীয় অনুভূতিকে তিনি কীভাবে সামলাবেন, কিংবা তাঁর সিদ্ধান্তের ফলস্বরূপ পারিপার্শ্বিকের মানুষজনের আবেগতাড়িত প্রতিক্রিয়া তাঁর পক্ষে কীভাবে সামলানো সম্ভব, সে সম্পর্কে তাঁর বিন্দুমাত্র ধারণা ছিল না।

প্রতিকূল পরিস্থিতিতে একটি কঠিন সিদ্ধান্ত গ্রহণ করার জন্য অপরিসীম মানসিক যন্ত্রণার সম্মুখীন হওয়া একটি সুস্থ, স্বাভাবিক আবেগের প্রতিক্রিয়া হিসেবে পরিগণিত হয়। এক্ষেত্রে, ভদ্রলোক যে পারিপার্শ্বিকের মানুষজনের সামগ্রিক প্রতিক্রিয়া সম্পর্কে যথেষ্ট দুর্ভাবনায় রয়েছেন, তার থেকে সহজেই বোঝা সম্ভব যে বাস্তবে তিনি একজন ভালো মনের মানুষ।

আপনার জীবনে এমন অসংখ্য পরিস্থিতির উদ্ভব হয়, যখন আপনার বক্তব্য অথবা কর্মকাণ্ডের ফলে পারিপার্শ্বিকের মানুষজন আপনার উপরে রাগান্বিত, অত্যন্ত হতাশ অথবা চূড়ান্তভাবে বীতশ্রদ্ধ হয়ে উঠবেন। এ বিষয়ে আমি নিঃসন্দেহ। যে মুহূর্তে আপনি একটি অপেক্ষাকৃত কঠিন সিদ্ধান্ত গ্রহণ করার জন্য মনস্থির করবেন, তখন যাবতীয় আবেগপ্রবণতা থেকে নিজের সত্তাকে সম্পূর্ণভাবে বিচ্ছিন্ন করে ফেলার পাশাপাশি, অন্যান্যদের আবেগজনিত প্রতিক্রিয়ার থেকেও নিজেকে সরিয়ে নিতে হবে।

জীবনের ক্ষেত্রে নিজের যাবতীয় সিদ্ধান্তকে আপনি কখনোই আবেগপ্রবণতার বশবর্তী হতে দিতে পারেন না, কারণ সেই আবেগের সামগ্রিক প্রভাবে আপনার পক্ষে কখনোই সঠিক সিদ্ধান্ত গ্রহণ করা সম্ভব হবে না।

আপাতপক্ষে এই নির্দিষ্ট পরিস্থিতি যতটা কঠিন বলে মনে হচ্ছে, বাস্তবে এর চাইতে সেটি বহুগুণে জটিল। সঠিক সিদ্ধান্ত গ্রহণ করতে গেলে পরিস্থিতি মারাত্মক হয়ে দাঁড়াবার সম্ভাবনা

দেখা দিতে পারে। অন্যান্য মানুষজনের সম্মুখে সরাসরি সত্যি কথা বলার ক্ষেত্রটি, তাঁদের জন্য অত্যন্ত হতাশাব্যঞ্জক হয়ে উঠতে পারে। সেই কঠিন সিদ্ধান্তের অভিঘাতে আপনি নিজেই মর্মাহত হয়ে পড়তে পারেন, যখন সেই নির্দিষ্ট সিদ্ধান্তটি এমন কোনো মানুষের বিরুদ্ধে নেওয়া হচ্ছে, যিনি আপনার অত্যন্ত অন্তরঙ্গ এবং প্রিয়।

আমাকে লেখা তাঁর চিঠি পড়ার সময় আপনাদের মনেও নিশ্চয়ই এক অনাহুত আশঙ্কার বাতাবরণ তৈরি হয়েছে, যদিও সেই ব্যক্তির সঙ্গে আপনাদের এবং আমার ব্যক্তিগতভাবে কোনো পরিচয় নেই।

মানুষের আবেগ এতটাই শক্তিশালী এবং সংক্রামক।

যখন আপনি কল্পনা করেন, সেই ব্যক্তি নিজের বাগদত্তার সামনে বসে তাঁকে সরাসরি বলছেন, "আমার কিছু কথা বলার আছে।"—সেই মুহূর্তে আপনি অনুভব করতে পারেন, আপনার বুকে অবদমিত যন্ত্রণার গুরুভার ক্রমেই চেপে বসছে। আপনি কল্পনা করেন, সেই ব্যক্তি তাঁর অভিভাবকদের ফোনের মাধ্যমে নিজের সিদ্ধান্ত সম্পর্কে জানিয়ে দিচ্ছেন। সেই মুহূর্তে সম্ভবত আপনি, দুহাতের তালুতে মুখ ঢেকে বাগদত্তা মেয়েটির অসহায় কান্নার দমকটুকুও শুনতে পান। যখন আপনি চিন্তা করেন, সেই মেয়েটি কিছুক্ষণ পরে নিজেকে গুছিয়ে নিয়ে, কান্নায় বুঁজে আসা গলা পরিষ্কার করে নিজের অভিভাবকদের ফোন করতে উদ্যত হন—তখন এক অজানা আতঙ্কে আপনার হৃদস্পন্দনের হার বৃদ্ধি পেতে থাকে। প্রিয়তমা কন্যার আসন্ন দাম্পত্যজীবন ছারখার হয়ে যাওয়ার অভিজ্ঞতার অবগতিতে, তাঁর বাবার মনে ক্রমশ পুঞ্জীভূত হতে থাকা অবদমিত রাগ ও ক্ষোভের সঞ্চারণ, আপনি কিছুটা হলেও অনুভব করতে পারেন। "বাবা, ও নিজের হাতে সব সম্পর্ক ছিন্ন করে দিয়েছে," মেয়েটি বলতে পারে। "ও আমাদের বিবাহ বাতিল করে দিয়েছে।"

এই নির্দিষ্ট পরিস্থিতি সম্পর্কে আপনি শুধুমাত্র পড়ছেন এবং চিন্তাভাবনা করছেন, এবং তাতেই আপনার অন্তরে একটি আবেগতাড়িত প্রতিক্রিয়ার উদ্ভব ঘটছে। সুতরাং, এই কারণেই অন্যান্য মানুষজনকে হতাশার সম্মুখীন হতে দেওয়া এবং তাঁদের যাবতীয় মনোবল ভেঙে দেওয়ার ক্ষেত্রগুলি, আপনার জীবনের কঠিনতম কাজের তালিকার অন্তর্ভুক্ত।

প্রাপ্তবয়স্ক মানুষজনকে নিজের মতো করে যাবতীয় অনুভূতির মোকাবিলা করতে দিন—তাঁদের অবদমিত রাগ এবং ক্ষোভের বহিঃপ্রকাশ করতে দিন। মন ভেঙে যেতে দিন। মর্মাহত হতে দিন। বিকারগ্রস্ত হতে দিন। লজ্জিত হতে দিন। এবং আপনাকে মনের অন্তর থেকে ঘৃণা করতে দিন।

আপনার পক্ষে তাঁদের যাবতীয় ধ্যানধারণার নিয়ন্ত্রণ সম্ভব নয়।

কিন্তু এতদিন পর্যন্ত আপনারা এই ধরনের পরিস্থিতি নিয়ন্ত্রণের নিষ্ফল প্রচেষ্টা চালিয়ে এসেছেন, বাস্তবকে এড়িয়ে যাওয়ার মাধ্যমে। নিজেদের জীবনে প্রতিনিয়ত আমরা এই কাজ করতে অভ্যস্ত। সেই কারণেই, বছরের পর বছর ধরে আপনারা বিভিন্ন অপ্রকৃত পারস্পরিক সম্পর্কের বশবর্তী হয়ে থাকতে বাধ্য হয়েছেন, অথবা অপছন্দের কর্মক্ষেত্রে নিজেদের প্রাণপাত করেছেন, কিংবা অযৌক্তিক ব্যবহারিক বৈশিষ্ট্যের দ্বারা পরিচালিত হয়ে এসেছেন।

এই একই কারণে, আপনার অনুপস্থিতিতে আপনার বিরুদ্ধে যথেচ্ছ নিন্দা করা নিয়ে আপনি নিজের বন্ধুর কাছে সরাসরি জবাবদিহি চাইতে পারেননি, অথবা নিজের মায়ের চোখে চোখ রেখে দাঁড়াতে পারেননি, কিংবা প্রয়োজনমতো ছুটির অনুমতি চাইতে পারেননি, বা অন্তরঙ্গ বন্ধুবান্ধবদের সরাসরি জানাতে পারেননি, যে আপনি তাঁদের প্রত্যেককে বাস্তবে কতটা ভালোবাসেন।

এই ধরনের যাবতীয় পরিস্থিতি এড়িয়ে যাওয়া আমাদের পক্ষে অপেক্ষাকৃত সহজ বলে মনে হয়, কারণ এক্ষেত্রে আমাদের অনভিপ্রেত মুহূর্তগুলির সম্মুখীন হতে হয় না। কিন্তু এই মুহূর্তে সহজ মনে হলেও, ভবিষ্যতের জন্য এগুলি কঠিনতর হয়ে উঠতে থাকে। এই মুহূর্তে বিতর্কমূলক কথাবার্তা সযত্নে এড়িয়ে যাওয়ার অর্থ এই নয় যে, আগামীতে সেগুলি অপেক্ষাকৃত সহজে সামলানো সম্ভব হবে।

জীবনের অভিজ্ঞতার ভিত্তিতে বলতে পারি, আপনি যত বেশী অপেক্ষা করবেন, পরিস্থিতি ততই ঘোরালো হয়ে আপনার মানসিক যন্ত্রণার অন্যতম কারণ হয়ে দাঁড়াবে। এই পরিস্থিতিতে আপনার পক্ষে যে পদক্ষেপ নেওয়া উচিত, সঠিক সময়ে তা নিতে না পারলে সেটা আপনার মাথাব্যথার কারণ হয়ে উঠতে পারে।

সেই হবু স্বামী কি বাস্তবে নিজের বিবাহের অনুষ্ঠান বাতিল করেছিলেন? আমার জানা নেই। আমি কি আশা করেছিলাম যে তিনি সেই কাজ করবেন? অবশ্যই। আমি যেমন সেই ভদ্রলোকের ভালোর জন্য সেই আশা করেছিলাম, অন্যদিকে সেই হতভাগ্য মেয়েটির জন্যেও আমি একইভাবে আশান্বিত ছিলাম। প্রত্যেকেই নিজের জীবনে এমন একজন জীবনসঙ্গীর অপেক্ষা করেন, যিনি তাঁর সঙ্গে সুখে জীবনযাপন করতে ব্যগ্র হয়ে রয়েছেন।

জীবনে সবচেয়ে মহৎ, নির্ভীকতা এবং সহানুভূতির কাজ হল কাউকে সরাসরি বলতে পারা, যে আপনি মানসিকভাবে তাঁর সঙ্গে জীবন কাটাতে প্রস্তুত নন। সততার সঙ্গে জীবনযাপন করার কাজটি আপাতদৃষ্টিতে কঠিন, বিশেষ করে যখন আপনার পারিপার্শ্বিকের মানুষজন অত্যন্ত আবেগপ্রবণ এবং অপরিণতমনস্কতার দোষে দুষ্ট।

প্রতিনিয়তভাবে তাঁদের যাবতীয় অপরাধবোধ, অবদমিত রাগ ও ক্ষোভের বহিঃপ্রকাশ এবং বদমেজাজ এড়ানোর জন্য, তাঁদের সযত্নে এড়িয়ে চলার চেষ্টা আপনি করেন। তাঁদের সম্মুখীন হতে আপনি ভীত ও সন্ত্রস্ত নন, কিন্তু আপনি অন্যান্যদের আবেগতাড়িত প্রতিক্রিয়াকে এড়িয়ে চলার পক্ষপাতী। আপনার অন্তর্নিহিত সত্তার মধ্যে চলতে থাকা প্রবল টানাপোড়েনের মূলে যে মানসিক বিভ্রান্তি কাজ করে তা হল, আপনার যাবতীয় সিদ্ধান্তের পরিপ্রেক্ষিতে পারিপার্শ্বিকের মানুষজন কীভাবে প্রভাবিত হয়ে কীরকম প্রতিক্রিয়াশীল হবেন।

এই কারণেই অধিকাংশ মানুষ পারস্পরিক সম্পর্ক সম্পূর্ণ বিচ্ছিন্ন হয়ে যাওয়া সত্ত্বেও, বছরের পর বছর বিবাহসূত্রে আবদ্ধ থাকতে বাধ্য হন। একই কারণে, মানুষ বাধ্য হয়ে বহু বছর ধরে নিজের কর্মক্ষেত্রে দাঁত কামড়ে পড়ে থাকেন। এই কারণেই অধিকাংশ মানুষ এমনভাবে নিজেদের পড়াশোনা অথবা পেশাদারী ক্ষেত্রগুলি বেছে নিতে বাধ্য হন এবং তা নিয়ে প্রাণপণ সংগ্রাম চালিয়ে যেতে থাকেন, কারণ তাঁরা ভয় পান যে নিজেদের পছন্দমতো সিদ্ধান্ত নেওয়ার ফলে, অন্যান্যরা তাঁদের উপরে অসন্তুষ্ট হবেন। যখন উপলব্ধি করবেন যে আমাদের যাবতীয়

আবেগ, জীবনের এক অত্যন্ত স্বাভাবিক এবং অবিচ্ছেদ্য অঙ্গ বিশেষ, এবং প্রাপ্তবয়স্ক মানুষজন জীবনের সমস্ত চড়াই উৎরাই সামলে সাধারণভাবে জীবনযাপন করতে সমর্থ, আপনি অনায়াসেই মানসিক আতঙ্কের বাতাবরণ থেকে বেরিয়ে আসতে পারবেন। পারিপার্শ্বিকের মানুষজনকে নিজের ভাবাবেগের বশবর্তী হওয়া থেকে নিরাপত্তা প্রদান করা আপনার অবশ্যকরণীয় কর্তব্যের মধ্যে পড়ে না। আপনার আসল কাজ এবং দায়িত্ব হল এমন জীবনযাপনে অভ্যস্ত হওয়া, যা আপনার সামগ্রিক মূল্যবোধের সঙ্গে সামঞ্জস্যপূর্ণ, এবং চূড়ান্ত উপভোগ্য।

কোনো কোনো সময়ে আপনার বিশেষ কিছু সিদ্ধান্ত, অন্যান্যদের মর্মাহত করবে। সেই ধরনের সিদ্ধান্ত পারিপার্শ্বিকের মানুষজনের সামগ্রিক হতাশার কারণ হয়ে দাঁড়াবে। যখন উপলব্ধি করবেন যে আপনার সিদ্ধান্ত অন্যান্যদের আহত করবে, তখন স্বভাবতই আপনিও মর্মাহত কিংবা হতাশ হয়ে পড়বেন—এবং এই নির্দিষ্ট কাজটি সুষ্ঠভাবে সম্পন্ন করা আপনার জীবনের কঠিনতম পদক্ষেপ হিসেবে দেখা দেবে। যখন উপলব্ধি করি যে আমার যাবতীয় কাজকর্ম অন্যান্যদের হতাশা অথবা মানসিক বিপর্যয়ের কারণ হতে চলেছে, সেই মুহূর্তে আমি ডঃ ডেমারের সাবধানবাণী স্মরণ করে উপকার পাই—মানুষের জীবনে ঘটমান অসংখ্য বিপর্যয়ের বিরুদ্ধে নেতিবাচক আবেগের প্রতিক্রিয়া আসলে আমাদের মানসিক সুস্থতা এবং স্বাস্থ্যের লক্ষণ বিশেষ।

আপনি নিজের চিন্তাধারার পরিবর্তন করলে, পারিপার্শ্বিকের মানুষজনের মর্মাহত হওয়া অত্যন্ত স্বাভাবিক। যে মুহূর্তে আপনার জীবনে অনভিপ্রেত কোনো বিচ্ছেদের ঘটনা ঘটে, তাঁরাও হতাশ হয়ে মানসিক অবসাদে ভুগতে শুরু করেন। কোনো ব্যক্তি যখন নিজের কর্মক্ষেত্র থেকে বহিষ্কৃত হন, স্বভাবতই তাঁরা মানসিকভাবে বিপর্যস্ত হয়ে পড়েন।

সেক্ষেত্রে, আপনি তখন এমন একটি সিদ্ধান্ত গ্রহণ করতে বাধ্য হন যা আপনার নিজের ক্ষেত্রে অত্যন্ত গুরুত্বপূর্ণ। কিন্তু একইসঙ্গে সেই সিদ্ধান্তের ফলে আপনি গভীর অপরাধবোধে ভুগতে থাকেন এবং মানসিক বিপর্যয়ের সম্মুখীন হন। তখন এই কঠিন পরিস্থিতিকে সামলানো আপনার পক্ষে কীভাবে সম্ভব?

আবেগপ্রবণতার প্রতিবন্ধকতাকে জয় করতে শেখা

আবেগতাড়িত মানসিক অস্বস্তি নিয়ে চিন্তাভাবনার সময়ে এই বিশেষ পরিস্থিতিকে সমুদ্র তরঙ্গ লঙ্ঘন করতে শেখার সঙ্গে তুলনা করে, আমি বিশেষ উপকৃত হয়েছি। কারণ, অন্তঃকরণে—আমাদের প্রতিটি আবেগ আসলে সামুদ্রিক তরঙ্গের সমগোত্রীয়। তাদের উত্থান অবশ্যম্ভাবী এবং নিয়ামানুযায়ী, তাদের পতনও অনিবার্য।

কোনো কোনো দিনে, আপনার জীবনযাত্রা হবে শান্ত, নিস্তরঙ্গ এবং মসৃণ। কিন্তু অন্যান্য দিনের ক্ষেত্রে, যেমন যেদিন আপনি একটি পূবনির্ধারিত বিবাহের অনুষ্ঠান বাতিল করতে বাধ্য হবেন, আপনার জীবনে অবতীর্ণ হবে এক মারাত্মক সামুদ্রিক ঝঞ্ঝা। প্রতি মুহূর্তে অনুভব

করবেন যে আপনি প্রবল জলোচ্ছাসের তোড়ে হাবুডুবু খাচ্ছেন। কিন্তু সেই পরিস্থিতি সামলে আবার ভেসে উঠতে আপনি বাধ্য—সেটিই আপনার ভবিতব্য।

পূর্বনির্ধারিত একটি বিবাহের অনুষ্ঠান বাতিল করার ক্ষেত্রে আপনি কি বিরক্তি অনুভব করবেন? অবশ্যই। সেটি আপনার জীবনের কঠিনতম অভিজ্ঞতার মধ্যে একটি কি? অবশ্যই। আপনার বাগদত্তা সঙ্গিনীর বাবা কি আপনাকে খুন করার জন্য মুখিয়ে থাকবেন? অবশ্যই, অন্তত পক্ষে কয়েক মাসের জন্য হলেও। আপনার অভিভাবকরা কি নিজেদের বিনিয়োগ করা পুঁজি হারিয়ে আপনার উপরে অসন্তুষ্ট হবেন? অবশ্যই। তাঁরা আপনার হবু স্ত্রীকে ইতিমধ্যেই ভালোবেসে ফেলেছিলেন বলে, এই পরিস্থিতিতে কি তাঁরাও মর্মাহত হয়ে পড়বেন? অবশ্যই।

পূর্বনির্ধারিত যে পারস্পরিক সম্পর্কটি তাঁদের ক্ষেত্রে অত্যন্ত মঙ্গলময় হতে চলেছে বলে তাঁরা ভেবেছিলেন, তা এই মুহূর্তে তাঁদের কাছে এক অপূরণীয় ক্ষতি হিসেবে দেখা দেবে।

সময়ের সঙ্গে সঙ্গে, যখন আপনি তাঁদের নিজেদের মতো করে নিজেদের যাবতীয় অনুভূতি সামলে নেওয়ার সুযোগ করে দেবেন, এবং নিজের ক্ষেত্রেও নিজের মতো করে আপনার যাবতীয় আবেগকে বয়ে যেতে দেবেন; সেগুলিকে নিয়ন্ত্রণ করা, এড়িয়ে যাওয়া অথবা পরিবর্তন করার চেষ্টা থেকে নিজেকে বিরত রাখবেন, আপনার জীবন অচিরেই নিজের মতো অগ্রসর হওয়ার জন্য সঠিক পথ বেছে নেবে।

ঘটনাচক্রে দেখা যাবে, আপনার অভিভাবকেরা যে শুধুমাত্র আপনার সিদ্ধান্তের নেপথ্যে থাকা যাবতীয় কারণ উপলব্ধি করতে পারছেন তাই নয়, সেই সিদ্ধান্ত গ্রহণের ক্ষেত্রে আপনি যে পরিমাণ মনোবল এবং সাহস দেখাতে পেরেছেন, সেই জন্য তাঁরা গর্ববোধ করতে বাধ্য হবেন। ওদের করতে দিন।

এই পদ্ধতির অন্তর্গত লেট মি অর্থাৎ আমাকে করতে দিন এর অংশের প্রয়োগে, আপনি নিজেকে বারবার বোঝাতে সক্ষম হন, এই মুহূর্তে যে প্রতিকূল পরিস্থিতির সম্মুখীন আপনি হয়েছেন তা অচিরেই দূরীভূত হতে চলেছে। অন্যান্য মানুষজনের যাবতীয় আবেগতাড়িত প্রতিক্রিয়ার তুলনায়, আপনার মানসিক দৃঢ়তা ও ক্ষমতা বহুগুণে বেশী। ওদের নিজস্ব মতবাদের অধীনস্থ হয়ে থাকতে দিন। ওদের নিজের মতো করে নিজেদের প্রতিক্রিয়ার বহিঃপ্রকাশ করতে দিন। আমাকে নিজের প্রতিক্রিয়া নিজের মতো করে প্রকাশ করতে দিন। আপনাদের যাবতীয় আবেগের স্বতঃস্ফূর্ত উত্থান হতে দিন এবং নিজের মনে আলাদাভাবে এমনভাবে স্থান সংকুলান করার উদ্যোগ নিন, যেখানে নিজস্ব ভাবাবেগের নিয়ন্ত্রণ করবার বাড়তি সুযোগ আপনি পেতে পারেন।

পারিপার্শ্বিকের মানুষজনের আবেগতাড়িত প্রতিক্রিয়ার প্রভাবের ফলে, কখনোই নিজের কঠিনতম সিদ্ধান্তগুলি গ্রহণ করতে পিছপা হবেন না। আমাকে নিজের কাছে এবং অন্যান্য সকলের কাছে সৎ থাকতে দিন। আমাকে সেই সমস্ত কঠিন সমস্যার সমাধান করতে দিন যা এই মুহূর্তে আমার কাছে অত্যন্ত যন্ত্রণাদায়ক হিসেবে প্রতিপন্ন হচ্ছে, কারণ এটিই হল সঠিক প্রক্রিয়া এবং এগুলি সুষ্ঠভাবে সম্পন্ন করতে পারলে, ভবিষ্যতে আমার পক্ষে নির্বিঘ্নে জীবনযাপন করা সম্ভব হয়ে উঠবে। যেভাবে জীবনযাপন করার স্বপ্ন আমি দেখে এসেছি, সেভাবেই এগিয়ে চলার সুযোগ আমাকে করে দিন।

আসুন, এতক্ষণ পর্যন্ত আমরা অন্যান্যদের আবেগতাড়িত প্রতিক্রিয়া সামলানোর ক্ষেত্রে যা যা শিখলাম, তার একটি বিস্তারিত সারমর্ম তৈরির চেষ্টা করি। বর্তমানে আপনি পারিপার্শ্বিকের মানুষজনের যাবতীয় আবেগতাড়িত প্রতিক্রিয়ায় প্রভাবিত হয়ে নিজের জীবনের প্রতিটি সিদ্ধান্ত গ্রহণে অভ্যস্ত রয়েছেন। দ্য লেট দেম থিওরি অথবা ওদের করতে দিন এর পদ্ধতি সেই সমস্ত পরিস্থিতি থেকে নিজেকে সম্পূর্ণভাবে বিচ্ছিন্ন করে নেওয়ার ক্ষমতায় আপনাকে বলীয়ান করে, যখন পারিপার্শ্বিকের প্রাপ্তবয়স্ক মানুষজন শিশুসুলভ আচরণের মাধ্যমে, স্বাভাবিক পরিস্থিতিকে ঘোরালো করে তুলতে ব্যগ্র থাকেন।

১. **সমস্যা:** অন্যান্য মানুষজনের আবেগতাড়িত হঠকারিতা এবং অবিবেচনাকে, নিজের জীবনের চালিকাশক্তি হিসেবে প্রাধান্য দেওয়ার সুযোগ আপনি করে দিচ্ছেন। অন্যান্যদের যাবতীয় ক্ষোভের বহিঃপ্রকাশ, গোপন অভিসারের অপরাধবোধ এবং নিজস্ব প্রতিক্রিয়ার দ্বারা আপনার যাবতীয় কর্মকাণ্ডকে প্রভাবিত করার সুযোগ করে দেওয়ার ফলে, প্রতিনিয়ত নিজের আবেগের প্রতি মনঃসংযোগ না করে তাঁদের যাবতীয় প্রতিক্রিয়ার নিয়ন্ত্রণে আপনি নিজেকে নিয়োজিত করছেন। এর অর্থ, নিজের জীবনের সামগ্রিক আনন্দকে বিসর্জন দিয়ে, অন্যান্য মানুষজনের আবেগতাড়িত প্রতিক্রিয়াকে অগ্রাধিকার দিতে আপনি অভ্যস্ত হয়ে পড়েছেন।

২. **উপলব্ধি:** পারিপার্শ্বিকের মানুষজনের আবেগতাড়িত প্রতিক্রিয়া নিয়ন্ত্রণের দায়িত্ব আপনার উপরে বর্তায় না। বিভিন্ন পরিস্থিতিতে তাঁদের অনুভূতি অথবা প্রতিক্রিয়া; এবং তাঁদের আবেগতাড়িত হঠকারিতা এবং অবিবেচক মনোভাবকে নিয়ন্ত্রণ করা একান্তভাবেই আপনার ক্ষমতা বহির্ভূত। অধিকাংশ প্রাপ্তবয়স্ক মানুষের সামগ্রিক আবেগপ্রবণতা একজন আট বছর বয়সী শিশুর সমান, এবং আপনার পক্ষে তা পরিবর্তন করা কখনোই সম্ভব নয়।

৩. **সমাধান:** দ্য লেট দেম থিওরি অর্থাৎ ওদের করতে দিন এর পদ্ধতির প্রয়োগে, যখন কোনো প্রাপ্তবয়স্ক মানুষ শিশুসুলভ আচরণ করেন, এবং তার প্রভাবে আবেগতাড়িত হয়ে নিজের প্রতিক্রিয়ার বহিঃপ্রকাশ করেন, সেই মুহূর্তেও আপনি শান্ত এবং স্থিতিশীল থাকতে সক্ষম হবেন। পারিপার্শ্বিকের মানুষজনের সমস্যার কারণ হলেও নিজের জন্য সঠিক এবং কঠিনতম সিদ্ধান্তগুলি নিতে কখনো পিছপা হবেন না। অন্যান্যদের আবেগ সংক্রান্ত প্রতিক্রিয়ার ভার নিজের কাঁধে তুলে নেওয়ার পরিবর্তে, যখন আপনি নিজের মুল্যবোধকে অগ্রাধিকার দিয়ে নিজের পথে অগ্রসর হওয়ার উদ্যোগ নেন, তখন আপনি নিজের অন্তর্নিহিত ক্ষমতা এবং শক্তির প্রতি সুবিচার করতে সমর্থ হন।

যে মুহূর্তে আপনি লেট দেম অর্থাৎ ওদের করতে দিন এর শরণাপন্ন হবেন নির্দিষ্ট পরিস্থিতির নিয়ন্ত্রণ করার দায়বদ্ধতা থেকে আপনি অচিরেই মুক্তিলাভ করবেন। যে মুহূর্তে আপনি লেট মি অর্থাৎ আমাকে করতে দিন এর শরণাগত হবেন, নিজের জীবনের সঠিক এবং কঠিনতম

সিদ্ধান্তগুলি গ্রহণ করার ক্ষেত্রে আপনি মানসিক দৃঢ়তা ও সাহস সঞ্চয় করতে পারবেন, সেগুলি অন্যান্য মানুষজনের ক্ষেত্রে চক্ষুশূল হয়ে ওঠা সত্ত্বেও।

একজন স্থিতধী এবং পরিপক্ক প্রাপ্তবয়স্ক মানুষ হিসেবে নিজেকে গড়ে তোলা এবং কাজ করার সময় আগত।

অধ্যায় ৯

অবশ্যই, জীবন কখনোই সমস্যাবিহীন হতে পারে না

পরম সত্যটি হল: মানুষের জীবন কখনোই সমস্যাবিহীন হতে পারে না। কিন্তু একটি নির্দিষ্ট সময়ে বাস্তবকে উপলব্ধি করে, সেই নির্দিষ্ট পরিস্থিতিকে সর্বান্তঃকরণে মেনে ও মানিয়ে নেওয়া প্রয়োজন, এবং পারিপার্শ্বিকের মানুষের নামযশ ও প্রতিপত্তি, তাঁদের রূপলাবণ্য ও সৌন্দর্য, এবং তাঁদের সামাজিক অবস্থানের প্রভাব কাটিয়ে বেরিয়ে আসা প্রয়োজন।

এখন আমরা আলোচনা করব সেই বিশেষ সমস্যাটির সম্পর্কে, যার বিরুদ্ধে এই পৃথিবীর প্রতিটি মানুষ নিরন্তর সংগ্রাম করে চলেছেন: পারিপার্শ্বিকের মানুষজনের সার্বিক সাফল্য ও স্বচ্ছলতা, যার সামগ্রিক প্রভাবে আপনি বিবশ হয়ে পড়েন।

আসল কথাটি হল, আপনার পক্ষে অন্যান্যদের সাফল্য, ভাগ্য এবং তাঁদের জীবনে কখন কী ঘটতে চলেছে তা নিয়ন্ত্রণ করা সম্ভব নয়। আপনার পক্ষে একমাত্র যা নিয়ন্ত্রণ করা সম্ভব, তা হল—দৈনন্দিন জীবনে আপনার চারপাশে চূড়ান্ত সফল মানুষজনের পদাঙ্ক অনুসরণ করে, নিজের জীবনে এই মুহূর্তে আপনি কী করতে পারেন, অথবা ভবিষ্যতে কী করবার পরিকল্পনা নিতে চলেছেন সেটাই।

পারিপার্শ্বিকের মানুষজনের সাফল্যকে সাক্ষ্যপ্রমাণ মেনে, যখন আবিষ্কার করেন যে নিজের জীবনের ক্ষেত্রে আপনি একান্তভাবেই অকৃতকার্য, অথবা আপনার চেহারা কোনোদিক থেকেই আকর্ষণীয় নয়, কিংবা জীবনের কোনো ক্ষেত্রেই আপনি ঠিক উপযুক্ত নন—আপনি নিজেই হয়ে ওঠেন নিজের সবচেয়ে বড় প্রতিবন্ধকতা। অনির্দিষ্টভাবে সোশ্যাল মিডিয়া অর্থাৎ সামাজিক মাধ্যমের দুনিয়ায় নিজেকে হারিয়ে ফেলা, কিংবা নির্দিষ্ট কোনো ব্যক্তির ক্ষেত্রে চরম হীনমন্যতায় ভুগতে থাকার ফলে নিজেকে নিতান্ত অসহায়, সম্ভাবনাহীন এবং সকলের তুলনায় পিছিয়ে পড়া একজন মানুষ হিসেবে উপলব্ধি করাটা অত্যন্ত স্বাভাবিক। এর ফলে, নিতান্ত অকারণেই আপনি নিজের প্রতি মানসিক নির্যাতন করে চলেন। অন্যান্য মানুষজনের সামগ্রিক সাফল্যের প্রভাবে,

নিজের সহজাত প্রবৃত্তিগুলি আপনি ক্রমেই হারিয়ে ফেলতে থাকেন, যার ফলে আপনার মনে জন্ম নেয় গড়িমসির এবং আত্ম-সমালোচনার মনোভাব।

অন্যান্যদের তুলনায় আপনার জীবন কতটা সমস্যা জর্জরিত, সেদিকে মনোযোগ দিতে গিয়ে আপনি যাবতীয় উৎসাহ ও উদ্দীপনা হারিয়ে ফেলতে থাকেন, এবং নিজেই নিজের জীবনের পথে অগ্রসর হওয়ার ক্ষেত্রে অনর্থক প্রতিবন্ধকতা সৃষ্টি করতে থাকেন। আপনার জীবনে এই বিশেষ পরিস্থিতি হয়ে ওঠে স্বয়ংসম্পূর্ণ ভবিতব্যের সমার্থক। পারিপার্শ্বিকের মানুষজনের সঙ্গে নিজেকে প্রতিনিয়ত মাত্রাতিরিক্তভাবে তুলনা করার অভ্যাসটি, প্রতি ক্ষেত্রে আপনার অকৃতকার্য হওয়ার একমাত্র কারণ হয়ে দাঁড়ায়।

আপনি নিজেই হলেন এই সমস্যার মূল কারণ। জীবনের পরম সত্যকে উপলব্ধি করার সর্বপ্রথম পদক্ষেপটি হল: জীবন কখনোই সমস্যাবিহীন হতে পারে না। তা কখনোই সম্ভব নয়।

ছাত্র হিসেবে একটি প্রশিক্ষণের সুযোগ গ্রহণ করতে আপনি অসমর্থ, কারণ এই মুহূর্তে আপনার মাথার উপরে ঝুলছে পাহাড়প্রমাণ ঋণের বোঝা—এ আপনার জীবনের ঘোরতর সমস্যা।

আপনার বোনের শারীরিক সৌন্দর্য যে কোনো প্রতিষ্ঠিত সুপারমডেলের রূপলাবণ্যকে হার মানায়, সেই কারণে যে কোনো পানশালায় তাঁকে ঘিরে অসংখ্য গুণগ্রাহীর ভিড় উপচে পড়ে। অন্যদিকে, আপনি সেই পানশালার অন্য এক কোণে বসে নীরবে নিজের পানপাত্রে চুমুক দিতে দিতে, অলসভাবে সময় কাটাতে বাধ্য হন। অবশ্যই আপনার ক্ষেত্রে এটি এক অত্যন্ত অস্বস্তিকর সমস্যা।

কর্মক্ষেত্রে আপনার ঊর্ধ্বতন আধিকারিক রোজ আপনার জন্য দিনের সবচেয়ে অনাদৃত শিফটটি আলাদা করে বেছে রাখেন। এটি আপনার জীবনের নিত্যনৈমিত্তিক সমস্যাগুলির অন্যতম।

আপনার দেশ যে অবিরাম যুদ্ধবিগ্রহের ফলে সম্পূর্ণভাবে বিধ্বস্ত, এটিও আপনার জীবনে এক অনভিপ্রেত সমস্যা বিশেষ।

আজন্মকাল আপনি বহুমূত্র রোগে আক্রান্ত, এবং সেই কারণে আপনাকে প্রতিদিন পর্যাপ্ত পরিমাণে ইন্সুলিন নিতে হয়, এও আপনার জীবনের অন্যান্য সমস্যার অন্যতম।

আপনার বন্ধু উত্তরাধিকার সূত্রে একটি অনিন্দ্যসুন্দর বসতবাড়ি অথবা অট্টালিকার মালিকানা অর্জন করেছেন, তাও আপনার জীবনের ক্ষেত্রে একটি ঘোরতর সমস্যা বিশেষ।

কর্মক্ষেত্রে, সাফল্যের নিরিখে আপনার সহকর্মী উচ্চপদে উন্নীত হওয়া সত্ত্বেও আপনি না হলে, এটি আপনার জীবনে একটি অত্যন্ত কঠিন সমস্যা হিসেবে প্রতিপন্ন হয়। সম্প্রতি আপনার ব্রেস্ট ক্যান্সার ধরা পড়েছে, এটি আপনার জীবনে কঠিনতম সমস্যা হতে পারে। আপনার বন্ধু একটি আদর্শ পারিবারিক জীবনযাপনে অভ্যস্ত, কিন্তু আপনার পারিবারিক জীবনের সামগ্রিক পরিস্থিতি এতটাই খারাপ, যে আপনার পরিবারের সদস্যদের রিয়্যালিটি শোতে আমন্ত্রণ জানাতেও, উদ্যোক্তারা সম্ভবত হাজারবার ভাববেন—এটি অবশ্যই একটি কঠিন সমস্যা। আপনার বান্ধবী যে খাবারই খান না কেন—তা দ্রুত হজম করতে তাঁর কোনো সমস্যাই হয় না, এবং সেটাই আপনার সমস্যা। বায়ুদূষণে জর্জরিত একটি অঞ্চলে বড় হয়ে ওঠার কারণে বর্তমানে আপনি হাঁপানির শিকার- আপনার এই সমস্যার কোনো সান্ত্বনাই নেই।

দিনের পর দিন, আপনার দৈনন্দিন জীবন অত্যন্ত খরচসাপেক্ষ হয়ে উঠছে, তেল এবং গ্যাসের মূল্য উত্তরোত্তর বৃদ্ধি পাচ্ছে, এবং এই সমস্যার মোকাবিলা করতে আপনাকে যথেষ্ট বেগ পেতে হচ্ছে। আপনার মুখ নিরন্তরভাবে ব্রণের দাগে ভর্তি হয়ে যাচ্ছে, এ সমস্যাও আপনাকে তিতিবিরক্ত করে তুলছে।

আপনার ধারণা একেবারেই সঠিক। আপনি এই সমস্যাগুলির ফলে রীতিমতো অতিষ্ঠ।

মোদ্দা কথা, প্রতিটি মানুষকেই প্রতিনিয়ত নিজের জীবনে অসংখ্য সমস্যার সম্মুখীন হতে হয়, এবং সেই সমস্যার সমাধান সহজ নয়—কারণ পরিস্থিতির নিয়ন্ত্রণের রাশ ধরা রয়েছে অন্য কারোর হাতে। যত বেশি করে আপনি পারিপার্শ্বিকের মানুষজনের কর্মকাণ্ডের প্রতি মনোযোগী হবেন, ততই জীবনের আবর্তে ধীরে ধীরে আপনি তলিয়ে যেতে থাকবেন।

যখন নিজেকে পারিপার্শ্বিকের মানুষজনের সঙ্গে তুলনা করতে আপনি ব্যস্ত ছিলেন, তখন জীবনের গভীরতম রহস্যটি আপনার নজর এড়িয়ে গিয়েছে: অন্যান্য মানুষজন নিজেদের জীবনের মাধ্যমে আপনাকে একজন দক্ষ খেলোয়াড় হয়ে ওঠার প্রশিক্ষণ দিতে পারেন, এবং তাঁদের পদাঙ্ক সঠিকভাবে অনুসরণ করার মাধ্যমেই আপনি সফল হতে পারেন।

বাস্তবে, বহু মানুষ নিজেদের জীবনে “অপেক্ষাকৃত ভাগ্যবান” মানুষের অথবা “অত্যন্ত সম্ভাবনাময়” পরিস্থিতির সমর্থন পেয়ে এসেছেন। ওদের পেতে দিন।

এই সমস্ত মানুষ অন্যান্যদের তুলনায় অপেক্ষাকৃত দ্রুত নিজেদের অভীষ্ট লক্ষ্যে পৌঁছোতে পারেন। অন্যান্যদের তুলনায় তাঁরা প্রথম থেকেই কিছুটা এগিয়ে রয়েছেন। তাঁদের কাছে অন্যদের তুলনায় প্রকৃতিগত ক্ষমতার রসদ অপেক্ষাকৃত বেশী। তাঁদের স্বপক্ষে সমর্থনের পরিমাণ অন্যান্যদের তুলনায় অনেক বেশী। এবং আপনার কাছে এই সামগ্রিক পরিস্থিতির নিয়ন্ত্রণ করার কোনো উপায় নেই। ঘটনাচক্রে এটিই সর্বৈব সত্য। ওদের করতে দিন।

কারণ এই পরিস্থিতি সম্পর্কে আপনার যাবতীয় দুশ্চিন্তা, কিংবা সার্বিক হীনমন্যতা হল আপনার বুদ্ধিমত্তার সম্পূর্ণ অবমূল্যায়ন। জীবনের প্রতিটি ক্ষেত্রে কীভাবে জয়লাভ করা সম্ভব, তা আপনাকেই খুঁজে বার করতে হবে। এই মুহূর্তে নিজের জীবনে আপনি যেখানে অবস্থান করছেন, সেখান থেকেই নিজের সীমিত সাধ্যকে সম্বল করে অভীষ্টে পৌঁছোবার লক্ষ্যে আপনাকে এগিয়ে যেতে হবে, এবং নিজের জীবনকে নিজের শর্ত অনুযায়ী গড়ে তোলার কাজ শুরু করতে হবে।

কিন্তু আপনি যদি প্রতিনিয়ত পারিপার্শ্বিকের মানুষজনের সঙ্গে নিজের তুলনায় বিভোর হয়ে থাকার এই ক্ষতিকর এবং নির্বুদ্ধিতার অভ্যাসের বশবর্তী হয়ে, তাঁদের হাতে আপনার অন্তর্নিহিত ক্ষমতার রাশ তুলে দেওয়ার পক্ষপাতী হন, তাহলে নিজের অভীষ্টে পৌঁছোনো আপনার পক্ষে কখনোই সম্ভব নয়। এই অভ্যাস অবিলম্বে পরিত্যাগ করুন।

পানশালায় আপনার বোনকে ঘিরে থাকা মানুষ যদি তাঁর পরিবর্তে আপনাকে চোখে হারাত, অথবা ইউরোপে ছুটি কাটাবার সময় যদি বান্ধবীদের দলে আপনি অন্তর্ভুক্ত হতেন, কিংবা বর্তমানের তুলনায় যদি আপনি আরো ফর্সা এবং দীর্ঘদেহী হতেন, কিংবা আপনি যদি অপেক্ষাকৃত ওজনদার একটি পদে অধিষ্ঠান করতেন, বা একটি বিবাহের সুপ্রস্তাব পেতেন, অথবা আরো প্রতিপত্তিবান এবং বিত্তশালী হতেন, তাতে আপনার ভাবমূর্তি আমূল

বদলে যেত না। বরং, এই সমস্ত চিন্তাভাবনার ফলে আপনার সামগ্রিক আত্মবিশ্বাস মুহূর্তে অন্তর্হিত হত।

বিশ্বমানের যে কোনো তাস খেলোয়াড় (কার্ড প্লেয়ার) আপনাকে বলবেন, আপনার দক্ষতা কখনোই হাতের তাসের উপর নির্ভরশীল নয়। আপনি কীভাবে সেগুলিকে ব্যবহার করবেন সেটাই মুখ্য। তাই, জীবনের খেলায় জয়লাভ করতে গেলে আপনাকে যেমন নিজের হাতের তাসের প্রতি মনোযোগী হতে হবে, তার পাশাপাশি কোন পরিস্থিতিতে আপনি কোন তাস বেছে নিয়ে সেগুলি কীভাবে কাজে লাগাবেন, সেটি সম্পূর্ণভাবে আপনার উপরেই নির্ভর করবে।

এভাবে চিন্তাভাবনা করলে, জীবন আপনার কাছে অনেক সহজ মনে হতে বাধ্য! নিজের হাতের তাসগুলি দেখে অত্যন্ত হতাশ হয়ে প্রতিটি মানুষই ভাবেন যে এই দুনিয়ায় তাঁদের মতো দুর্ভাগা সম্ভবত আর কেউ নেই। এক্ষেত্রে আমাদের মুখ দিয়ে অনায়াসেই কয়েকটি শব্দ বেরিয়ে আসতে পারে, "আমার সঙ্গেই কেন এমন হয়?" নিজের পরিস্থিতি দেখে আপনার খুব সহজেই মানসিকভাবে বিপর্যস্ত হয়ে পড়া সম্ভব। পারিপার্শ্বিকের মানুষজনের সঙ্গে নিজের সার্বিক পরিস্থিতির তুলনা খুব সহজেই হীনমন্যতার জন্ম দিতে পারে—কারণ তাঁদের সুন্দর দেহসৌষ্ঠব, প্রভূত ধনসম্পত্তি এবং বিত্ত, সুন্দর পারস্পরিক সম্পর্ক, স্বাস্থ্যবান জীবনযাপন, দুর্মূল্য যানবাহন, আর্থিক সঞ্চয়ের পরিমাণ, সুরক্ষিত জীবন, নিয়মানুবর্তিতা, তাঁদের বন্ধুবান্ধবদের দল... এর প্রতিটিই আপনার জীবনে সমস্যার উদ্রেক করে। জীবনের মূল সত্যটি কী আপনি জানতে ইচ্ছুক? জীবন কখনোই সমস্যাবিহীন হতে পারে না।

কিছু মানুষ নিজেদের জীবনে অত্যন্ত সৌভাগ্যবান। আমার এমন অনেক বন্ধুবান্ধব রয়েছেন, যাঁদের দেখলে মনে হয় যে জন্মের প্রথম দিন থেকে তাঁদের জন্য প্রতিটি জিনিস জায়গামতো সাজিয়ে গুছিয়ে রাখা হয়েছে। দেখলে মনে হয়, জীবনে তাঁদের প্রতিটি আকাঙ্খা সম্পূর্ণভাবে চরিতার্থ হয়েছে। জীবনের প্রতিটি অভিজ্ঞতা তাঁদের ক্ষেত্রে অত্যন্ত সুখকর এবং জীবনের প্রতিটি অধ্যায় ইতিবাচকতায় পরিপূর্ণ। আজন্মকাল থেকে যে কোনো পরিস্থিতিতেই, তাঁদের কোনোরকমের সমস্যার সম্মুখীন কখনো হতে হয়নি।

কী কারণে এই মানুষগুলি নিজেদের জীবনে এতটা সৌভাগ্যবান, যেখানে আমাকে জীবনে প্রতিটি পদে সংগ্রাম করতে হচ্ছে? এই পরিস্থিতিতে এই 'ভাগ্যবান' মানুষজনের প্রতি একদিকে আপনি অবদমিত ক্ষোভে ফুটতে থাকেন, এবং অন্যদিকে অব্যক্ত হীনমন্যতার যন্ত্রণায় কুঁকড়ে যেতে থাকেন। তাঁদের পারিবারিক জীবন সমাজের কাছে আদর্শ; কলেজ জীবনে তাঁরা নিজেদের জীবনসঙ্গীকে খুঁজে নিতে সক্ষম; তাঁদের শারীরিক সৌন্দর্য এবং দেহসৌষ্ঠবের তুলনা সম্ভব নয় এবং খেলোয়াড় হিসেবে তাঁদের সমকক্ষ মানুষ খুঁজে পাওয়া দুষ্কর। এই ধরনের মানুষজনের জীবনে ভুলভ্রান্তির কোনো প্রবেশাধিকার নেই। যতদূর সহজভাবে বলা সম্ভব, আপনাদের মতো নিজেদের জীবনে প্রতিনিয়ত মানসিক অবসাদ, দুশ্চিন্তা, অথবা শৈশবের কোনো অনভিপ্রেত স্মৃতিচারণের বিরুদ্ধে প্রবল মানসিক টানাপোড়েনের সম্মুখীন হতে তাঁরা কখনোই অভ্যস্ত নন।

কিন্তু অন্যান্য মানুষজনের জীবনের সামগ্রিক সৌভাগ্যের সঙ্গে নিজের জীবনের অবস্থানকে তুলনা করা, আপনার জীবনে অমূল্য সময়ের অপচয় ছাড়া আর কিছুই নয়।

তুলনা যখন আপনার অন্তর্নিহিত সত্তাকে যন্ত্রণা দেয়

"কিন্তু মেল, আমার পক্ষে যে কিছুতেই অন্যান্য মানুষজনের আকর্ষণীয়তা থেকে চোখ ফেরানো সম্ভব হচ্ছে না, অথবা আমি যদি আরো দীর্ঘকায় হতাম অথবা আমার যদি হাঁপানির রোগ না থাকত, কিংবা আমার অভিভাবকরা যদি বিবাহবিচ্ছিন্ন না হতেন, তাহলে আমাদের পারিবারিক জীবন আরো কত সুন্দর ও আনন্দময় হতে পারত।"

নিজেকে পারিপার্শ্বিকের মানুষজনের সঙ্গে তুলনা করা আমাদের সহজাত স্বভাব। আমাদের স্বভাবই হল, নিজের চারপাশের মানুষজন কী করছেন তা লক্ষ্য করা এবং তাঁদের তুলনায় নিজের অবস্থান কোথায়, তার চুলচেরা বিশ্লেষণ করা।

অন্যান্যদের সঙ্গে নিজেকে তুলনা করার এই প্রবৃত্তি কিন্তু এখানে মূল সমস্যা নয়। এই তুলনার পরিপ্রেক্ষিতে আপনি নিজের ক্ষেত্রে কী করতে চলেছেন, আসল সমস্যার উৎপত্তি সেখানেই।

তাই, নিজেকে প্রশ্ন করুন: যখন নিজেকে অন্যদের সঙ্গে তুলনা করছেন, আপনি নিজের সত্তার প্রতি কী ব্যবহার করছেন? আপনি কি নিজেকে মানসিকভাবে নির্যাতন করছেন, নাকি নিজের এই চিন্তাধারা থেকে আপনি গুরুত্বপূর্ণ কোনো শিক্ষা পাচ্ছেন?

ঘটনাচক্রে, দুটি আলাদা ধরনের তুলনার ভিত্তিতে মানুষজন চিন্তাভাবনায় অভ্যস্ত: নির্যাতন অথবা প্রশিক্ষণ। এই পারস্পরিক তুলনাকে নিজের জীবনে যথাযথভাবে কাজে লাগাতে, সর্বপ্রথম দেখতে হবে যে কী ধরনের তুলনায় আপনি নিজেকে অভ্যস্ত করে তুলেছেন, এবং এটি শনাক্তকরণের প্রক্রিয়া অত্যন্ত সহজ।

পারস্পরিক তুলনার এই প্রথম ধরনটি হল মানসিক নির্যাতন। এক্ষেত্রে নিজেকে আপনি প্রতিনিয়ত দুশ্চিন্তাগ্রস্ত অবস্থায় পাবেন, আপনার অন্তরে চলতে থাকবে অসহনীয় মানসিক টানাপোড়েন, কিংবা এমন কোনো পরিস্থিতিকে নিয়ন্ত্রণ করার অদম্য আকাঙ্খা, যা সম্পূর্ণভাবে আপনার ক্ষমতা বহির্ভূত। যখন পারিপার্শ্বিকের মানুষজনের জীবনের স্থায়ী স্বচ্ছলতা অথবা সৌভাগ্যের উপরে মনঃসংযোগ করে আপনি নিজের পরিস্থিতির সঙ্গে তাঁদের তুলনা করেন, তখন সেই পারস্পরিক তুলনা মানসিক নির্যাতনের সমার্থক হয়।

উদাহরণ হিসেবে বলা যায়, অন্যান্যদের প্রাকৃতিক লাবণ্য, শারীরিক গঠন, পারিবারিক ইতিহাস, দৈর্ঘ্য এবং শারীরিক গঠন, পাচনশক্তি, অভিভাবক, নাগরিকত্ব, বিগত অভিজ্ঞতা, এবং যে কোনো ঐশ্বরিক প্রতিভা যেমন—খেলোয়াড়সুলভ ক্ষমতা, জলদগম্ভীর কণ্ঠস্বর, মস্তিষ্কের অতীন্দ্রিয় ক্ষমতা, পলকে একটি নতুন ভাষা রপ্ত করার ক্ষমতা, অলৌকিক স্মরণশক্তি, সৃষ্টিসুলভ মনন...এগুলি থেকেই এই পরিস্থিতির একটি পরিষ্কার ধারণা আপনি করতে পারবেন।

অন্যান্য মানুষের জীবনে তাঁদের এই চিরন্তন গুণাগুণ সম্পর্কে আপনি ঈর্ষান্বিত হতেই পারেন, কিন্তু একটি কথা মনে রাখতে হবে—উপরোক্ত প্রতিটি গুণাগুণ তাঁদের সহজাত, কখনোই অক্লান্ত পরিশ্রম অথবা অধ্যবসায়ের মাধ্যমে এগুলি তাঁরা অর্জন করেননি। এই

তাসগুলি প্রথম থেকেই বরাবরের মতো তাঁদের হাতে ধরিয়ে দেওয়া হয়েছে, এবং যে কোনো পরিস্থিতিতেই এগুলি তাঁদের হাতছাড়া হওয়ার উপায় নেই (এবং আপনার ক্ষেত্রেও তা সত্যি)।

সবচেয়ে গুরুত্বপূর্ণ, নিজের জীবনে মরিয়া চেষ্টা করে আপনি প্রাণপাত করলেও, এই তাসগুলি কখনোই আপনার হাতে এসে পৌঁছোতে পারবে না।

এই গুণাগুণ মানুষের জীবনে স্বাভাবিকভাবেই চিরস্থায়ী, তা সহজেই বোঝা সম্ভব। পরবর্তী ৩০ সেকেন্ডে এই নির্দিষ্ট পরিস্থিতি পরিবর্তন করার কোনো উপায় কী আপনার কাছে উপলব্ধ? তা যদি না থাকে, তাহলে আপনার পক্ষে এই নির্দিষ্ট পরিস্থিতি সারা জীবনেও পরিবর্তন করা সম্ভব হবে না।

কোন পরিস্থিতি পরিবর্তন করা আপনার পক্ষে সম্ভব এবং কোন পরিস্থিতি নয়, সেই পার্থক্যটি পরিষ্কার করে বুঝে নেওয়া আপনার জন্য অত্যন্ত গুরুত্বপূর্ণ, কারণ অন্য কোনো মানুষের সঙ্গে অথবা তাঁর জীবনের কোনো নির্দিষ্ট গুণাগুণের সঙ্গে আপনি নিজেকে তুলনা করছেন—যার বিন্দুমাত্র পরিবর্তন আপনার ক্ষমতা বহির্ভূত। সেক্ষেত্রে, আপনি যতই চেষ্টা করুন না কেন, এই অক্ষমতা হয়ে দাঁড়াবে আপনার মানসিক টানাপোড়েনের মূল কারণ।

সেই কারণে, যে মুহূর্তে পারিপার্শ্বিকের মানুষজনের জীবনে তাঁদের স্থায়ী গুণাগুণের সঙ্গে নিজের তুলনা করতে আপনি উদ্যত হন, সেটি আপনার মানসিক নির্যাতনের মূল কারণ হিসেবে প্রতিপন্ন হয়। আপনার সামগ্রিক উন্নতিসাধনের পথে এটি প্রতিবন্ধকতা হয়ে দাঁড়ায় এবং আপনার জীবনে অনাবিল আনন্দের পথে প্রধান অন্তরায়। আপনার পক্ষে যদি এই পরিস্থিতির পরিবর্তন সম্ভব না হয়, আপনাকে এটি মেনে নিতে শিখতে হবে। ওদের করতে দিন।

কিন্তু এই কাজ বলা যতটাই সহজ, কার্যক্ষেত্রে ততটাই কঠিন।

নিজের বড় মেয়ে সয়্যারের ক্ষেত্রে আমি দেখেছি, এই প্রথম ধরনের পারস্পরিক তুলনার বশবর্তী হয়ে তিনি কীভাবে বছরের পর বছর নিজেকে মানসিক নির্যাতনের শিকারে পরিণত করেছিলেন। তাঁর আগ্রহের বিষয়বস্তু ছিল তাঁর নিজের ছোট বোন কেন্ডাল, যার শারীরিক গঠন, তার হাড়ের বিন্যাস, তার পাচনশক্তি এবং তার খেলোয়াড় সুলভ চালচলন সম্পূর্ণ আলাদা। সর্বোপরি, কেন্ডালের গানের গলা ছিল অতি চমৎকার এবং তার কণ্ঠস্বর অত্যন্ত সুরেলা।

সয়্যারের পক্ষে এই সামগ্রিক পরিস্থিতির পরিবর্তন করা কখনোই সম্ভব ছিল না। এই পরিস্থিতির জন্য কেন্ডাল কখনোই দায়ী নয়। এমনকি, আমারও এই বিষয়ে কিছুই করণীয় নেই।

কিন্তু এই কয়েক বছরে আমি দেখেছিলাম, সয়্যার কীভাবে মানসিক নির্যাতন সম্বলিত পারস্পরিক তুলনার বশবর্তী হয়ে, মানসিক শক্তির ক্রমাগত ক্ষরণে, নিজের জীবনকে বিভীষিকায় পরিণত করেছিলেন। এর ফলে, আজ পর্যন্ত নিজের শরীরকে তিনি ঘৃণা করেন। নিজের পাচনশক্তির বিষয়ে তিনি খুবই বিরক্ত। প্রতিনিয়ত তিনি একই অভিযোগ করতে থাকেন—নিজের শারীরিক ওজন কমাবার জন্য তাঁকে কী পরিমাণে পরিশ্রম করতে হয়, এবং কত সহজেই সেই ওজনের উত্তরোত্তর বৃদ্ধি ঘটতে থাকে। বারবার তিনি একই বিষয়ে মনোক্ষুণ্ণ হন যে, কত সহজে তাঁর পোশাক কেন্ডাল পরতে পারেন, কিন্তু কেন্ডালের পোশাক পরার চেষ্টা করতে গেলে, প্রতিবারই তিনি অকৃতকার্য হন।

আপনারা সকলেই নিশ্চয় বুঝতে পারছেন...তাঁর ধারণা একেবারেই যথাযথ। এটি অবশ্যই, সাধারণ কোনো সমস্যা নয়। সয়্যার খুব ভালো করেই জানেন, যত বেশীমাত্রায় তিনি শরীরচর্চা করুন অথবা সাপ্লিমেন্ট খেতে থাকুন, গান শেখার যত চেষ্টা তিনি করুন না কেন, কখনোই নিজের ছোট বোনের সমকক্ষ তিনি হতে পারবেন না, এবং তাঁর মনে একটি অভ্রান্ত ধারণার জন্ম হয়েছে: জীবনের ক্ষেত্রে কেন্ডাল সবসময়ই জয়লাভ করতে অভ্যস্ত, এবং তিনি প্রতিবারই তার কাছে হেরে যেতে।

মনোবিজ্ঞানীরা এই বিশেষ পরিস্থিতিকে উচ্চগামী পারস্পরিক তুলনা হিসেবে পরিগণিত করেন। উচ্চগামী পারস্পরিক তুলনা হল সেই নির্দিষ্ট প্রবণতা, যেখানে নিজেকে অন্যান্য মানুষজনের সঙ্গে সেই বিশেষ পরিসরের নিরিখে আপনি মেপে নিতে চান, যেগুলির ক্ষেত্রে নিজের তুলনায় অন্যান্যদের আপনি উৎকৃষ্টতর বলে মনে করেন। গবেষণার ফলে দেখা গিয়েছে, এটি আপনার আত্মগরিমাকে ধ্বংস করার মূল কারণ।

মাত্র হাতে গোনা কিছু ক্ষেত্রে আপনারা নিম্নগামী পারস্পরিক তুলনার বশবর্তী হন, যেক্ষেত্রে পৃথিবীর অধিকাংশ মানুষের তুলনায় আপনারা কত সহজে ও অনায়াসে জীবনযাপন করতে সমর্থ হচ্ছেন—তা অনায়াসেই উপলব্ধি করতে পারেন। যুক্তরাষ্ট্রের বিবৃতি অনুসারে, পৃথিবীর চারজনের মধ্যে একজন মানুষ, পর্যাপ্ত পরিমাণে পরিশ্রুত পানীয় জল পান না। সুতরাং, এই মুহূর্তে যদি আপনার বাড়িতে পর্যাপ্ত জলের যোগান থাকে, বিদ্যুৎ পরিষেবা অটুট থাকে, এবং এই বইটি পড়ার জন্য যদি পর্যাপ্ত সময় আপনার থাকে, সেক্ষেত্রে পৃথিবীর অধিকাংশ মানুষের তুলনায় আপনি অপেক্ষাকৃত ভালোভাবে জীবনযাপন করছেন।

এই আলোচনার ভিত্তিতে আমি আবার সেই মানসিক নির্যাতন সম্বলিত পারস্পরিক তুলনায় ফিরে আসব, যেখানে নিজের জীবনের সেই যাবতীয় পরিসরকে পরিবর্তন অথবা নিয়ন্ত্রণ করার বৃথা এবং মরিয়া চেষ্টা করে আপনি প্রাণপাত করছেন, কারণ সেগুলি একান্তভাবেই আপনার ক্ষমতা বহির্ভূত।

নিজের চোখের সামনে সয়্যারের দুরাবস্থা দেখে, আমি মানসিক বিপর্যয়ের সম্মুখীন হয়ে পড়ি। এই বিশেষ পরিস্থিতি থেকে তাঁকে নিষ্কৃতি দেওয়ার ক্ষেত্রে, আমি নিতান্তই অসহায়। এই ধরনের পারস্পরিক তুলনার বশবর্তী হওয়া থেকে কোনোমতোই আমি তাঁকে আটকাতে পারি না। এক্ষেত্রে তাঁকে যেভাবেই সান্ত্বনা অথবা আশ্বাস দেওয়া হোক না কেন, তাঁর ব্যবহারিক বৈশিষ্ট্য পরিবর্তন করা সম্ভব নয়। এক্ষেত্রে, নিজের চেষ্টায় একমাত্র তাঁকেই এই চক্রব্যূহ ভেদ করে বেরিয়ে আসতে হবে।

যত দিন পর্যন্ত নিজের উপর এভাবে মানসিক নির্যাতন তিনি চালিয়ে যাবেন, তাঁর পক্ষে সেই সুবিশাল, সুন্দর এবং অত্যাশ্চর্য জীবনকে উপলব্ধি করা সম্ভব নয়—যা তাঁকে স্বাগত জানাতে দুহাত বাড়িয়ে অপেক্ষারত। কখনোই তিনি নিজের শারীরিক সৌন্দর্যের কদর করতে শিখবেন না। জীবনে নিজের বর্ণময় উপস্থিতি উপলব্ধি করার পরিবর্তে, তিনি জীবনের প্রতিটি পরিসরে নিজের যাবতীয় খামতি নিয়েই ব্যতিব্যস্ত থাকবেন। নিরন্তরভাবে নিজের ছোট বোনের যাবতীয় কর্মকাণ্ডের উপরে নজর রাখতে গিয়ে, তিনি আমাদের কাছে দৃশ্যমান—তাঁর নিজস্ব

গুণাগুণ সম্পর্কে ওয়াকিবহাল হবেন না—যেমন, তাঁর অনন্য প্রতিভার সম্ভার, অসামান্য বুদ্ধিমত্তা এবং অবশ্যই তাঁর খেলোয়াড়সুলভ কাঠিন্য এবং মানসিকতা।

অন্যান্যদের হাতে ধরা তাসগুলির সম্পর্কে প্রতিনিয়ত চিন্তাভাবনা করা আপনাকে বন্ধ করতে হবে। কারো জীবনই সমস্যাবিহীন নয়। কারো না কারো হাতে আপনার তুলনায় ভালো তাস থাকবেই, এবং প্রতি মুহূর্তে যদি নিজের হাতে ধরা তাসের সঙ্গে অন্যান্যদের তুলনায় আপনি বিভোর হয়ে থাকেন, তাহলে আপনার পরাজয় অনিবার্য। জীবনের ক্ষেত্রে অন্যান্য প্রতিযোগীর দিকে মনঃসংযোগ করা বন্ধ করুন; কারণ এই প্রক্রিয়ার মাধ্যমে আপনি জীবনযুদ্ধে জয়লাভ করতে পারবেন না। সেই সমস্ত প্রতিপক্ষের পাশাপাশি থেকে, তাঁদের কাছ থেকে খেলার সঠিক পদ্ধতি শিখে নেওয়ার চেষ্টা করুন, কারণ তাঁদের বিরুদ্ধে খেলে আপনি কখনোই জিততে পারবেন না।

এই বিশেষ ধরনের পারস্পরিক তুলনার ফলে যে অসহনীয় মানসিক টানাপোড়েনের উদ্ভব হয়, তার ফলে বহু মানুষকে আমি অনির্দিষ্ট খাদ্যাভ্যাসে অভ্যস্ত হয়ে পড়তে, সম্পূর্ণভাবে মানসিক বিপর্যয়ের সম্মুখীন হয়ে পড়তে অথবা নেশাগ্রস্ত অবস্থায় হীনমন্যতার বিরুদ্ধে প্রাণপণে সংগ্রাম করতে দেখেছি। এবং এই নির্দিষ্ট ক্ষেত্রে, আমি আপনাদের অত্যন্ত কঠোরভাবে সাবধান করতে চাই—কারণ আমি জানি, এর ফলে সাধারণ মানুষ এমন অনেক কঠিন পরিস্থিতি এবং সংগ্রামের সম্মুখীন হতে পারেন যা তাঁদের শেষ করে দিতে পারে, এবং তাঁদের মধ্যে আপনার অত্যন্ত নিকটজন এবং ভালোবাসার মানুষ থাকাও অবশ্যই সম্ভব।

মনোবিজ্ঞানীরা বলবেন, এই ধরনের মানসিক বিপর্যয়ের মূল কারণ হল বিভিন্ন পরিস্থিতিকে নিয়ন্ত্রণ করার ক্ষেত্রে আপনাদের অন্তরে লালিত অদম্য স্পৃহা, এক উদগ্র বাসনা। এই বইতে আপনারা যেমন শিখছেন, কোনো মুহূর্তে আপনি যদি সেই পরিস্থিতির নিয়ন্ত্রণে উদ্যত হন, যা একান্তভাবেই আপনার ক্ষমতা বহির্ভূত, সেই মুহূর্তে নিজের সত্তার কাছে আপনি নিতান্ত অসহায় এবং ক্ষমতাহীন এক মানুষ হিসেবে প্রতিপন্ন হতে থাকবেন।

সেই কারণেই, যখন আপনি এই প্রথম ধরনের পারস্পরিক তুলনার পথটি বেছে নিতে উদ্যত হন, তখন এই বিশেষ পরিস্থিতির সঠিক উপলব্ধি আপনার পক্ষে একান্তভাবেই আবশ্যকীয়।

থামুন। ওদের নিজেদের মতো করে জীবনযাপন করতে দিন। আমাকে নিজের জীবনের প্রতি মনঃসংযোগ করতে দিন।

নিজেকে প্রতিনিয়ত মানসিকভাবে নির্যাতন করে, নিজের জীবন নষ্ট করার পক্ষপাতী আপনি নিশ্চয় নন। অন্তর্নিহিত ক্ষমতার রাশ নিজের হাতে রাখুন, কারণ নিজের অনন্য জীবনে আপনার যাবতীয় সম্ভাবনার উন্মেষ ঘটাবার ক্ষেত্রে এর প্রয়োজন অনিবার্য। নিজের যাবতীয় গবেষণার ফলে আমি এই সত্য উন্মোচনে সমর্থ হয়েছি যে, জীবনে আনন্দে থাকতে গেলে আপনার অন্তর্নিহিত সত্তাকে আনন্দে রাখা অবশ্যই প্রয়োজন।

একাধারে নিজেকে ভালোবাসা এবং অনাবিল আনন্দে জীবনযাপন করার পাশাপাশি, অনবরতভাবে নিজের উপরে মানসিক নির্যাতন চালিয়ে যাওয়া কখনোই সম্ভব নয়।

এবার আমরা আলোচনা করব দ্বিতীয় ধরনের পারস্পরিক তুলনার সম্পর্কে।

অধ্যায় ১০

পারস্পরিক তুলনাকে কীভাবে নিজের প্রশিক্ষক করে তুলবেন

আগের অধ্যায়ে ইতিমধ্যেই আপনারা প্রথম ধরনের পারস্পরিক তুলনার বিষয়ে জেনেছেন, যা আমাদের জীবনে আত্ম-নির্যাতনের সমতুল্য। এবার আমরা আলোচনা করব দ্বিতীয় ধরনের পারস্পরিক তুলনা সম্পর্কে: এমন একটি তুলনা, যার ফলে প্রতিনিয়ত আপনি নতুন কিছু শিখতে পারবেন। এবং এই ধরনের পারস্পরিক তুলনা যে অন্যটির থেকে অপেক্ষাকৃত ভালো, তা এভাবে বোঝা সম্ভব: আপনি কেন অন্যান্য মানুষের গুণাগুণ অথবা সাফল্যের দিকে অযথা মনঃসংযোগ করবেন, যখন আপনি অনায়াসেই নিজের জীবনে অনুরূপ পরিস্থিতি সৃষ্টি করতে পারেন।

অমূল্য সময় এবং ধারাবাহিক প্রচেষ্টার বিনিয়োগে, আপনার জীবন, কর্মক্ষেত্র এবং স্বাস্থ্য সংক্রান্ত প্রতিটি পরিসরে সামগ্রিক উন্নতিসাধন করা অবশ্যই সম্ভব।

যে ধরনের পরিস্থিতিতে উল্লেখযোগ্য পরিবর্তন আনা আপনার পক্ষে অবশ্যই সম্ভব, তা এক কথায় সীমাহীন: নিজস্ব কর্মক্ষেত্র থেকে শুরু করে বন্ধুবান্ধবদের নিয়ে একটি উৎকৃষ্ট মানের দল গঠন করা, আপনার জীবনের অভীষ্ট লক্ষ্য খুঁজে বার করা থেকে শুরু করে নিজের সন্তানদের সঙ্গে আরো বেশী করে সময় কাটানো, ছুটি কাটানো থেকে শুরু করে নিজের জীবনে অর্থনৈতিক স্বচ্ছলতা সৃষ্টি করা; ভোরবেলায় ঘুম থেকে উঠে পড়া, জীবনসঙ্গীকে নিয়ে এমনভাবে জীবনযাপন করা যে অন্যান্যদের কাছে তা আদর্শ হয়ে উঠতে পারে, নিজেকে একজন অসাধারণ রন্ধনশিল্পী হিসেবে গড়ে তোলা, কিংবা একটি অনিন্দ্যসুন্দর দেহসৌষ্ঠবের অধিকারী হয়ে ওঠা; একটি বিশাল আংটি কেনা থেকে শুরু করে একটি সুদৃশ্য ঘড়ি অথবা একটি স্পোর্টস কারের মালিক হওয়া; বাড়ির রান্নাঘর ঝাঁ-চকচকে করে তোলা, নতুন করে একটি বসতবাড়ি কিনে ফেলা, সৎ-অভিভাবকদের সঙ্গে সুন্দর সম্পর্ক স্থাপন করা, জীবনে স্বাস্থ্যকর কিছু অভ্যাস তৈরি করা, একটি বই লিখে ফেলা, জীবনের অনভিপ্রেত স্মৃতির মানসিক ক্ষতে প্রলেপ লাগানো, সোশ্যাল মিডিয়া অর্থাৎ সামাজিক মাধ্যমে নিজের ফলোয়ারের সংখ্যা বৃদ্ধি করা,

নিজেকে আলাদা করে সময় দেওয়া, একটি নতুন ব্যবসার গোড়াপত্তন করা, অথবা নিজের ভাবমূর্তির সামগ্রিক উন্নতিসাধনের উদ্যোগ নেওয়া।

ইচ্ছে করেই উপরোক্ত তালিকায় আমি বিভিন্ন ধরনের পরিস্থিতির অন্তর্ভুক্তি ঘটিয়েছি। ঘটনাচক্রে, নিজের জীবনে আকাঙ্খিত যাবতীয় জিনিসের প্রায় ৯৫ শতাংশ আপনার কাছে অনায়াসেই উপলব্ধ হতে পারে, প্রতিনিয়ত যদি নিজের সর্বোচ্চ কর্মক্ষমতা অনুযায়ী কাজ করতে আপনি ইচ্ছুক হন, সেই কাজে যদি ধারাবাহিকতা থাকে, এবং ধৈর্য সহকারে যদি আপনি কাজ করতে থাকেন। কারণ, আপনার ভবিষ্যৎ কখনোই পূর্বনির্ধারিত নয়।

নিজের জীবনে কেউ যদি এমন সাফল্য অর্জন করে থাকেন, যার থেকে উৎকৃষ্টতর, বৃহত্তর এবং উন্নততর কোনো কৃতিত্ব আপনার কল্পনাতীত, ওদের করতে দিন। নিজেদের সাফল্য ওদের উপভোগ করতে দিন। নিজেদের কৃতিত্বের মাধ্যমে ওদের আপনাকে প্রভাবিত করতে দিন। অসাধারণ বুদ্ধিমত্তা এবং কৌশলের প্রয়োগে সেই কাজ ওদের করতে দিন। তাঁদের সামগ্রিক সাফল্যই আপনার উন্নতিসাধনের অন্যতম অনুপ্রেরণা হয়ে উঠবে। আপনাদের নিশ্চয়ই মনে আছে, একসময় আমিও সোশ্যাল মিডিয়া অর্থাৎ সামাজিক মাধ্যমে নিজের ছবি পোস্ট করার ক্ষেত্রে দ্বিধাগ্রস্ত ছিলাম? নিজের জীবনে আপনি যা আকাঙ্খা করেন, পারিপার্শ্বিকের মানুষজন নিজেদের কর্মকাণ্ডের মাধ্যমে সেগুলি চরিতার্থ করার চাবিকাঠি আপনার হাতে তুলে দেবেন। আপনার পথপ্রদর্শক হিসেবে ওদের কাজ করতে দিন।

নিজের জীবনের অধিকাংশ ক্ষেত্রেই, এই চিরন্তন সত্য আমি উপলব্ধি করিনি। নিজের আকাঙ্খিত বস্তুটি অন্য কেউ নিজের চেষ্টায় অর্জন করলে, নিজেকে এই বলে আমি প্রবোধ দিতাম যে—তাঁদের জন্যই আমার পক্ষে সফল হওয়া সম্ভব হয়নি। চারপাশের মানুষজনের যাবতীয় সাফল্যকে আমি নিজের পরাজয় অথবা ক্ষতি বলে মনে করতাম। যে মুহূর্তে আপনি পারিপার্শ্বিকের মানুষজনের সামগ্রিক সাফল্যকে নিজের ক্ষতি হিসেবে কল্পনা করবেন, আপনার মনে পরাজয়ের বাতাবরণ তৈরি হবে।

এক্ষেত্রে যথাযথ সাবধানতা অবলম্বন না করলে, পারস্পরিক তুলনা হয়ে উঠবে আপনার সামগ্রিক আত্মবিশ্বাসের অভাব, গড়িমসি এবং একটি নির্দিষ্ট পরিসরে আবদ্ধ থাকার একমাত্র কারণ। কোনো নির্দিষ্ট পরিসরে সফল হওয়ার যাবতীয় সম্ভাবনা আপনার মধ্যে থাকা সত্ত্বেও, সেই কাজে সর্বান্তঃকরণে ঝাঁপিয়ে পড়ার পরিবর্তে, আপনি প্রতিনিয়ত মানসিক টানাপোড়েনে দ্বিখণ্ডিত হতে থাকবেন। পারিপার্শ্বিকের মানুষকে আপনি কীভাবে নিজের জীবনের মূল সমস্যা হিসেবে প্রতিপন্ন করেছেন, এটি তার প্রকৃষ্টতম উদাহরণ—কারণ তাঁরা কখনোই আপনার জীবনের ক্ষেত্রে কোনো সমস্যা সৃষ্টি করেন না।

এই জীবনে প্রত্যেকের জন্য পর্যাপ্ত পরিমাণে আনন্দ, সাফল্য এবং অর্থের যোগান রয়েছে—এবং আপনিও সেই দলের অন্তর্ভুক্ত। এই পৃথিবী সকলের ক্ষেত্রেই এক অসীম এবং অফুরন্ত ভান্ডার।

আপনার কাছ থেকে কেউ, কখনো কোনো কিছু জোর করে ছিনিয়ে নেওয়ার জন্য বসে নেই। অনাবিল আনন্দ, আকাশচুম্বী সাফল্য এবং অর্থের সম্ভার সর্বদা রয়েছে আপনার প্রতীক্ষায়—যাতে নিজের কর্মক্ষমতা ও দক্ষতার মাধ্যমে আপনি সেগুলি অর্জন করতে সমর্থ

হন। এই কথাটি আরো একবার আমি মনে করিয়ে দিতে চাই: অন্যান্যদের সাফল্য কখনোই আপনার পরাজয় অথবা ক্ষতির সমার্থক নয়। সেই কারণেই, পারিপার্শ্বিকের মানুষজনের সামগ্রিক সাফল্যের প্রতি আপনার দৃষ্টিভঙ্গীর আমূল পরিবর্তন খুবই প্রয়োজন।

আমাদের এই পৃথিবীতে ৮ বিলিয়নের (৮০০ কোটি) বেশী সংখ্যক মানুষ বসবাস করেন। তাঁদের মধ্যে অসংখ্য ব্যক্তি আপনার তুলনায় বহুগুণ বেশী অর্থ উপার্জন করেন। কার সংগ্রহে চোখ ধাঁধানো পোশাকআশাকের অফুরন্ত সম্ভার রয়েছে, কার বন্ধুবান্ধবের দল অন্যান্যদের তুলনায় সেরা, কে সবচেয়ে ঐতিহ্যময় স্কুলে পড়াশোনা করেছেন, কার দেহসৌষ্ঠব অন্যান্যদের তুলনায় ঈর্ষণীয়, কে নিজের প্রতিষ্ঠান বিক্রির বিনিময়ে প্রভূত অর্থ উপার্জন করেছেন, কোন ব্যক্তি নিউ ইয়র্ক টাইমসের একজন সর্ববিক্রীত লেখক, কে ইতিমধ্যেই সারা পৃথিবী ঘুরে বেড়িয়েছেন, অথবা আক্ষরিক অর্থে আরো অনেক কিছু করেছেন, যা এই পৃথিবীতে আপনার কাছে অত্যন্ত আকাঙ্খিত...এ সব কিছুই আপনি নিজের জন্য খুঁজে নিতে পারেন।

পারস্পরিক তুলনার প্রবণতা মানুষের জীবনে আসল সমস্যা নয়। পারস্পরিক তুলনার ভিত্তিতে নিজেদের উন্নতিসাধন করাও মূল সমস্যা নয়। দ্য লেট দেম থিওরি অথবা ওদের করতে দিন পদ্ধতির প্রয়োগে, কীভাবে এই পারস্পরিক তুলনাকে আপনাদের জীবনের মূল সমস্যা থেকে আপনাদের জীবনের সর্বশ্রেষ্ঠ প্রশিক্ষক হিসেবে বদলে দেওয়া সম্ভব, তা আপনারা শিখতে চলেছেন।

এগুলি প্রথম থেকেই আপনার প্রশিক্ষক হিসেবে কাজ করে চলেছে

খুব সম্প্রতি আমার এক অন্তরঙ্গ বান্ধবী, মলির সঙ্গে আমার কথা হচ্ছিল। পেশাগতভাবে, মলি একজন অত্যন্ত প্রতিভাময়ী ইন্টেরিয়র ডিজাইনার। ইতিমধ্যেই তিনি একটি সফল ব্যবসায়িক প্রতিষ্ঠানের কর্ণধার, তাঁর অধীনে বেশ কিছু গুণী মানুষ কাজ করেন, এবং তাঁর প্রতিষ্ঠান নিজস্ব ক্রেতাদের জন্য ভীষণ সুন্দর এবং মনোগ্রাহী কাজ করে, ইতিমধ্যেই সুপ্রতিষ্ঠিত।

সাম্প্রতিক সময়ে তাঁর সঙ্গে আমার যতবার কথাবার্তা হয়েছিল, প্রতিবার তিনি আমার কাছে সোশ্যাল মিডিয়া অর্থাৎ সামাজিক মাধ্যমের ব্যবহার সম্পর্কে বিভিন্ন পরামর্শ চেয়েছিলেন, এবং কিছু প্রশ্ন করেছিলেন যেমন, "মেল, আমি মানুষের আরো কাছে কীভাবে পৌঁছোতে পারি? আমি জানি যে, নিজের ব্যবসার প্রসারের ক্ষেত্রে আমাকে সোশ্যাল মিডিয়া অর্থাৎ সামাজিক মাধ্যমের সাহায্য নিতে হবে, এবং আমার ব্যবসা সংক্রান্ত বিপণন এবং অনলাইনের মাধ্যমে আরো কাজ জোগাড় করতে হবে, কিন্তু এই প্রক্রিয়াটি কীভাবে শুরু করব তার সম্পর্কে আমি বিন্দুবিসর্গও জানি না।"

প্রতিটি ব্যবসার নেপথ্যে একটি বিশেষ সমীকরণ কাজ করে, তাই আমি তাঁকে দৈনন্দিন ব্যবহারের জন্য সাধারণ কিছু কাজের একটি নির্দিষ্ট তালিকা বানিয়ে দিয়েছিলাম: তোমাকে প্রতিদিন নতুন কিছু পোস্ট করতে হবে। বিভিন্ন প্রোজেক্ট সম্পর্কে বিশদে বুঝিয়ে, নিয়মিতভাবে তোমাকে একাধিক ভিডিও প্রেজেন্টেশন অনলাইনে দিতে হবে। 'আগে-পরে' ধরনের বেশ কিছু ছবি পোস্ট

করা অত্যন্ত জরুরি। এমন একজন ব্যক্তিকে কাজে বহাল করতে হবে, যিনি তোমার জন্য স্বল্পদৈর্ঘ্যের ভিডিওর একটি বিশেষ লাইব্রেরী তৈরি করবেন। সোশ্যাল মিডিয়া অর্থাৎ সমাজ মাধ্যমের বিভিন্ন প্ল্যাটফর্ম অথবা পরিসরের সম্পর্কে বিশদে জানতে, এবং নিজের জন্য একটি প্ল্যাটফর্মকে সঠিকভাবে বেছে নেওয়ার জন্য বিনামূল্যের কিছু অনলাইন ক্লাসের সাহায্য নেওয়া অত্যন্ত জরুরি।

ইতিমধ্যেই যেমন আমি কিছু উদাহরণের মাধ্যমে, নিজের জীবনের সেই সময়ের কথা আপনাদের বলেছি, যখন নিজেকে প্রেরণাদায়ী বক্তা হিসেবে গড়ে তোলার জন্য আমি কী কী করেছিলাম। তখন আমি এমন কিছু পদক্ষেপ গ্রহণ করেছিলাম, বাস্তবে যেগুলি নিতান্তই সাধারণ। কিন্তু সেই অনুসারে কাজ করলেও, সব সমস্যার সমাধান হয়নি।

কিছুদিন আগে মলি আমাকে ফোন করেছিলেন, এবং তাঁর কণ্ঠস্বর শোনার সঙ্গে সঙ্গেই আমি ধরতে পারি যে তিনি কোনো সমস্যার সম্মুখীন হয়েছেন। "মলি, তোমার গলাটা কেমন অদ্ভুত শোনাচ্ছে! বাচ্চারা সবাই ঠিকঠাক রয়েছে তো?"

তিনি উত্তর দেন, "আরে, হ্যাঁ হ্যাঁ! বাচ্চারা দিব্যি রয়েছে। কিন্তু আমার অবস্থা যে খুবই খারাপ।"

আমি বলি, "কেন, তোমার কী হয়েছে?"

তিনি বলেন, "শোনো, সেদিন রাতে আমি এমন কিছু দেখেছি, যা আমার মাথা ঘুরিয়ে দিয়েছে! এবং তারপর থেকে আমি কিছুতেই শান্ত হয়ে থাকতে পারছি না!"

তাঁর কথা শুনতে শুনতে আমি মনে মনে ভেবে চলেছি, আমার বান্ধবীর জীবনে আবার কোন পরিস্থিতির অবতারণা হল? হায় ভগবান! নিশ্চয় অনভিপ্রেত কোনো ঘটনা ঘটেছে!

ঘটনাচক্রে জানতে পেরেছিলাম যে, মলির প্রতিবেশীদের মধ্যে একজন মহিলা রয়েছেন, যাঁর সঙ্গে আমার বান্ধবীর বহুদিন ধরেই পরিচয়। কিন্তু এই বিশেষ মহিলাটি মলির পছন্দের মানুষের তালিকার অন্তর্ভুক্ত নন। কারণ সহজেই অনুমেয়, ইনি সেই ধরনের মানুষ যিনি আকর্ষণের কেন্দ্রবিন্দুতে থাকতে ভালোবাসেন, এবং তার জন্য আপনার সঙ্গে দুর্ব্যবহার করতেও পিছপা হন না। স্বভাবতই, তাঁদের মধ্যে সুসম্পর্ক গড়ে ওঠার কোনো সম্ভাবনাই ছিল না।

ইন্টেরিয়র ডিজাইনিং সম্পর্কে উপরোক্ত মহিলার কোনো পূর্ব অভিজ্ঞতা অথবা পড়াশোনার বালাই ছিল না। কিন্তু, যেহেতু তিনি 'ডিজাইনিং' এর ব্যবসা শুরু করেছিলেন, তাঁর তরফ থেকে সোশ্যাল মিডিয়াতে অসংখ্য পোস্ট আসতে শুরু করে, এবং অচিরেই সেই অজস্র পোস্টের মাধ্যমে তাঁর নাম এবং পরিচিতি দিকে দিকে ছড়িয়ে পড়তে থাকে। এই বিশেষ মহিলা স্বভাবতই নিজের পোস্টের জবাবে হাজার হাজার মন্তব্য পেতে শুরু করেন, এবং অচিরেই তা হয়ে উঠেছিল আমার বান্ধবী মলির বিরক্তির মূল কারণ। তাঁদের প্রতিবেশীদের প্রত্যেকেই এই মুহূর্তে, সেই বিশেষ মহিলার প্রশংসায় পঞ্চমুখ হয়ে উঠেছেন, এবং তাঁর 'অসাধারণ প্রতিভা' হয়ে দাঁড়িয়েছে তাঁদের আলোচনার মূল বিষয়বস্তু।

মলি আমার কাছে অবদমিত ক্ষোভে ফেটে পড়েছিলেন, "এই ছবি স্রেফ তাঁর নিজের বাড়িতেই তোলা, এবং এগুলির ডিজাইন ওনার পক্ষে কখনোই করা সম্ভব নয়!"

আমাকে ফোন করার আগের রাতে, মলি সারাদিন ধরে তাঁর ডিজাইনিং সংক্রান্ত ক্রেতাদের সামলানোর কাজ সেরে, নিজের সন্তানদের বিছানায় শুতে পাঠাবার পরে, আরামকেদারায় বসে

সোশ্যাল মিডিয়ার দুনিয়ায় ডুব দিয়েছিলেন। আপনারা ভাবতে পারেন, মলির সোশ্যাল মিডিয়া অথবা সামাজিক মাধ্যমের একাউন্ট জুড়ে কার নাম বারবার ভেসে আসছিল? সেই বিরক্তিকর মহিলাটির!

এই অদ্ভুত পরিস্থিতিতে মলির পক্ষে নিজেকে সামলানো কিছুতেই সম্ভব হয়নি। তিনি সেই মহিলার প্রতিটি পোস্টের প্রতিটি কমেন্ট খুঁটিয়ে পড়তে বাধ্য হয়েছিলেন, এমনকি তিনি তাঁর ওয়েবসাইটেও হানা দিয়েছিলেন। মহিলার ওয়েবসাইট ছিল অত্যন্ত পরিষ্কার এবং চোখধাঁধানো, তুলনায় মলির ওয়েবসাইট গত তিন বছরে একবারও আপডেট করা হয়নি। যে পদ্ধতিতে সেই মহিলা নিজের ব্যবসার বিপণন সামলাচ্ছিলেন, তা অত্যন্ত চিত্তাকর্ষক। তাঁর প্রচারের প্রক্রিয়া এতটাই অভিনব এবং অত্যাধুনিক ছিল, যে দেখে মনে হওয়া স্বাভাবিক যে তিনি এই ব্যবসায় বহু বছর ধরেই রয়েছেন। এই ছিল মলির মানসিক বিপর্যয়ের মূল কারণ।

ওই মহিলা আমার প্রত্যেকটি ক্রেতাকে নিজের দিকে টেনে নেবেন! তখন চারপাশের মানুষ ভাববেন যে উনি আমার থেকে বহুগুণ প্রতিভাশালী। এইভাবে নিজের ব্যবসার বিপণন ব্যবস্থা সামলাবার বুদ্ধি ওঁকে কে দিয়েছেন? আমি কেন তাঁর আগে এই ব্যবস্থা করার কথা চিন্তাভাবনা করে দেখিনি? হায় ভগবান!

তার পরে মলি একটি সুগভীর শ্বাস বুকে টেনে আমাকে প্রশ্ন করেছিলেন, "তোমার কী মনে হয় মেল, এই মুহূর্তে আমার কী করণীয়?"

মলিকে আমি যা যা বলেছিলাম, ঠিক সেই কথাগুলিই আমি আপনাদের বলতে চলেছি, এবং আশা করব যে পরবর্তীতে আপনারা যখন পারিপার্শ্বিকের মানুষজনের যাবতীয় কর্মকাণ্ডের নিরিখে নিজের তুলনা করবেন, কিংবা অবদমিত ক্ষোভে ফেটে পড়তে চাইবেন, তখনও এই কথাগুলি যেন আপনাদের স্মরণে থাকে:

আপনার প্রতি যেন কেউ কখনো করুণা অথবা অনুকম্পার মনোভাব পোষণ না করতে পারেন। এই মুহূর্তে যদি অন্যান্যদের সামগ্রিক সাফল্য অথবা কৃতিত্বকে আপনি ঈর্ষার চোখে দেখেন, তাহলে আপনার জন্য তা ভালো। সেক্ষেত্রে আমি আপনার চিন্তাভাবনায় খুশি। ঈর্ষা হল আপনার ভবিষ্যতের সত্তার তরফ থেকে একটি আমন্ত্রণ বিশেষ। চূড়ান্ত মনোযোগ সহকারে অন্য কারো কর্মকাণ্ডের প্রতি নজর রাখার মাধ্যমে সেটি আপনাকে আমন্ত্রণ জানাচ্ছে—নিজের বিফলতার ফলে হীনমন্যতায় ভুগবার জন্য নয়, বরং আপনাকে চোখে আঙ্গুল দিয়ে দেখানোর জন্য, যে সঠিক পদক্ষেপ গ্রহণ করা আপনার পক্ষেও কীভাবে সম্ভব হতে পারে।

এই নির্দিষ্ট মহিলা কখনোই মলির কাছ থেকে তাঁর সাফল্যের অংশ ছিনিয়ে নেওয়ার চেষ্টায় ছিলেন না। তিনি কখনোই মলিকে নিজের ওয়েবসাইটে পরিবর্তন করতে, অথবা সোশ্যাল মিডিয়া অথবা সামাজিক মাধ্যমে আরো বেশী করে অংশগ্রহণ করায় প্রতিবন্ধক হয়ে দাঁড়াননি। অনলাইনে এই মহিলার জয়জয়কার কখনোই মলির ক্ষতি কিংবা পরাজয়ের সমার্থক নয়। আপনার জন্য যা পূর্বনির্ধারিত, সেই লক্ষ্য অতিক্রম করার ক্ষেত্রে পারিপার্শ্বিকের মানুষজন কখনোই আপনার পথে অন্তরায় হয়ে দাঁড়াবেন না। তাঁদের সেই ক্ষমতাই নেই। সেই অভীষ্ট লক্ষ্যে পৌঁছোবার ক্ষেত্রে, এক এবং একমাত্র প্রতিবন্ধকতা সৃষ্টি করতে পারেন আপনি নিজে।

আমাদের জীবনে সোশ্যাল মিডিয়া অর্থাৎ সামাজিক মাধ্যমের গুরুত্ব ঠিক কতটা, সেটা এই প্রতিবেশী মহিলা মলির চোখে আঙ্গুল দিয়ে দেখিয়ে দিতে সক্ষম হয়েছিলেন। এক্ষেত্রে,

তিনিই হলেন সেই প্রশিক্ষক যিনি অন্যদের পথপ্রদর্শকের ভূমিকায় অবতীর্ণ হয়েছেন। ওদের আপনাকে জাগিয়ে তুলতে দিন। ওদের নিজের জীবনে সফল হতে দিন। ওদের চিত্তাকর্ষক ওয়েবসাইটের সৌন্দর্যে আপনার চোখ ধাঁধিয়ে দিতে দিন।

সবই যে সম্ভব তা ওদের দেখিয়ে দিতে দিন

নিজের দৈনন্দিন জীবনের কর্মকাণ্ডে আপনি এতটাই ব্যস্ত, যে নিজের চোখের সামনে থাকা এই চিরন্তন সত্যটি সম্ভবত আপনার নজর এড়িয়ে গিয়েছে। আপনার সামগ্রিক ভাবমূর্তি সম্ভবত এতই ক্ষুদ্র একটি পরিধির মধ্যে সীমাবদ্ধ, যে আপনার পক্ষে উপলব্ধি করা সম্ভব নয় যে নিজের জীবনের ব্যাপ্তি কতটা সুদূরপ্রসারী এবং সুন্দর হয়ে উঠতে পারে। চিরাচরিত প্রক্রিয়া অনুযায়ী নিজের কর্মকাণ্ড সামলাতে আপনি এতটাই অভ্যস্ত হয়ে উঠেছেন, যে নতুন কোনো পদ্ধতি অথবা প্রক্রিয়ার মাধ্যমে সেই কাজ সুষ্ঠভাবে সম্পন্ন করার ক্ষেত্রে আপনি চূড়ান্ত উদাসীন।

পারিপার্শ্বিকের মানুষজন আপনাকে দেখাবেন যে জীবনে কোনো কিছুই অসম্ভব নয়। একজন প্রশিক্ষক হিসেবে যখন আপনি এই পারস্পরিক তুলনার বিচার করবেন, আপনি উপলব্ধি করবেন যে অন্যান্য মানুষ আপনার কাছ থেকে কিছুই ছিনিয়ে নেওয়ার জন্য উদগ্রীব নন; বরং তাঁরা আপনাকে নতুন করে কিছু দিতে প্রস্তুত। আপনার পক্ষে ভবিষ্যৎ জীবনের যে অস্বচ্ছ দৃশ্যপট পরিষ্কারভাবে দেখা এই মুহূর্তে সম্ভব নয়, সেগুলি অন্যান্য মানুষজন নিজেদের জীবনযাপনের মাধ্যমে, আপনার সামনে সুন্দরভাবে উপস্থাপনা করার বিরল ক্ষমতা রাখেন। তাঁরা আপনার সামনে এমন কিছু সম্ভাবনার অবতারণা করতে পারেন, যেগুলির অস্তিত্ব সম্পর্কে আপনার বিন্দুমাত্র ধারণাও ছিল না কিংবা সেগুলি সুষ্ঠভাবে সম্পন্ন করার ক্ষেত্রে, আপনারা বরাবর নিজেদের অসমর্থ ভাবতেই অভ্যস্ত ছিলেন।

যে বিশেষ ব্যক্তির প্রতি অথবা যে নির্দিষ্ট পরিস্থিতিতে অন্যান্যদের প্রতি আপনি ঈর্ষাকাতর হয়ে উঠছেন, তা আপনার পক্ষে অত্যন্ত ভালো। তাঁদের সামগ্রিক সাফল্য এবং কৃতিত্ব কখনোই আপনার অভীষ্ট লক্ষ্য অতিক্রম করার সুযোগ এবং পথ সংকীর্ণ করে না। বরং সেগুলি আপনার পথ প্রশস্ত করে। ওদের আপনাকে পথ দেখাতে দিন। আপনার ঈর্ষাপরায়ণ মনোভাবকে উৎসাহ ও উদ্দীপনায় ভরিয়ে তুলতে শিখুন। তাঁদের জীবনের উদাহরণ মেনে কতদূর এগোনো সম্ভব, তা খুঁজে বার করুন। যে সমস্ত মানুষের সঙ্গে আপনি নিজের তুলনা করেন, তাঁরা আপনার জীবনে আয়নার ভূমিকা পালন করেন। সেই প্রতিফলনের মাধ্যমে নিজের জীবনের ক্ষেত্রে বৃহত্তর সম্ভাবনাগুলি খুঁজে বার করুন—যেমন আমার বান্ধবী মলির ক্ষেত্রে ঘটেছিল; ব্যবসার সেই নির্দিষ্ট সমীকরণ এবং সঠিক প্রক্রিয়া, যা তিনি সযত্নে এড়িয়ে যেতে অভ্যস্ত ছিলেন তা তিনি খুঁজে পেয়েছিলেন। এই কথাগুলিই মলিকে আমি সেদিন বলেছিলাম। ওদের আপনাকে পথ দেখাতে দিন।

আমি একটি গুরুত্বপূর্ণ বলতে চাই: সেই মহিলাটি যে মলির কাছে চক্ষুশূল ছিলেন, এর নেপথ্যেও একটি অত্যন্ত গুরুত্বপূর্ণ কারণ বর্তমান। আসল কথাটি হল, মলির সামগ্রিক উন্নতিসাধনের নেপথ্যে সেই বিরক্তিকর মহিলাই আসল কাণ্ডারী। বাস্তবে, কোনো কাজের

ক্ষেত্রে যদি আপনি পর্যাপ্ত অনুপ্রেরণার অভাববোধ করেন, আপনার মনোভাবে আমূল পরিবর্তন ঘটানোর জন্য একটি অত্যন্ত যন্ত্রণাদায়ক পরিস্থিতির অবতারণা অনিবার্য।

যেমন মলি, বহু বছর ধরে তিনি বিভিন্ন প্রথিতযশা এবং স্বনামধন্য ইন্টেরিয়র ডিজাইনারের কাজকর্ম সম্পর্কে যথেষ্ট ওয়াকিবহাল ছিলেন। 'সোশ্যাল মিডিয়ার ব্যবহার' সম্পর্কে তিনি বহু বছর ধরে অবগত ছিলেন এবং সেই বিষয়ে অনর্গল আলোচনায় অভ্যস্ত ছিলেন। কিন্তু এই সোশ্যাল মিডিয়া অর্থাৎ সামাজিক মাধ্যমের ব্যবহারের বিরুদ্ধে তাঁর কাছে অজস্র অজুহাত ছিল, এবং সেই কারণেই তিনি এই মাধ্যমকে অগ্রাধিকার দিতে প্রস্তুত ছিলেন না।

যতক্ষণ না পর্যন্ত...আচমকা তাঁর জীবনে উদয় হন সেই অত্যন্ত বিরক্তিকর মহিলা, যাঁর ডিজাইনিং সম্বন্ধে কোনো পূর্ব অভিজ্ঞতা ছিল না, কিন্তু তাঁর যাবতীয় কর্মকাণ্ড অনুসরণ করেই মলি উপলব্ধি করতে পারেন যে, সেই কাজগুলি তাঁর ব্যবসার প্রসারে কতটা গুরুত্বপূর্ণ, এবং বহু বছর আগে থেকেই সেগুলি সুষ্ঠভাবে সম্পন্ন করা তাঁর ব্যবসার ক্ষেত্রে কতটা জরুরি ছিল।

মলি ভালো করেই জানতেন যে, তাঁর প্রতিবেশী এই মহিলা নিজের ব্যবসার ক্ষেত্রে কোনো সুবিধা পাননি, এক্ষেত্রে তাঁর বিশেষ কোনো প্রতিভাও ছিল না অথবা ছিল না মূলধনের জোর। এবং সেই কারণেই, তিনি নিজের মাথা ঠিক রাখতে পারেননি। এই বিরক্তিকর মহিলা মানবজীবনের একটি সাধারণ উপলব্ধি মলির মুখের উপর সপাটে ছুঁড়ে মারতে পেরেছিলেন: আমি যদি এই কাজ করতে পারি, তাহলে আপনার পক্ষেও সেটি করা অবশ্যই সম্ভব।

পারস্পরিক তুলনার বিষয়টি এই পরিস্থিতিতে এসেই আকর্ষণীয় হয়ে ওঠে। জীবনে এই ধরনের মানুষের উপস্থিতি আপনাদের আয়নার সামনে, নিজের মুখোমুখি দাঁড়াতে বাধ্য করে এবং নিজেকে অনুপ্রাণিত করার জন্য প্রবলভাবে উদ্বুদ্ধ করে।

অতএব, আপনাকে ঈর্ষাকাতর করার কাজ ওদের করতে দিন। পারিপার্শ্বিকের যে সমস্ত মানুষ আপনাকে তাঁদের প্রতি ঈর্ষাপরায়ণ হওয়ার ইন্ধন জোগান, তাঁদের প্রত্যেককে আপনার পক্ষ থেকে ধন্যবাদ জ্ঞাপন করা একান্ত বাঞ্ছনীয়, কারণ আসলে আপনি তাঁদের সত্তার প্রতি ঈর্ষাকাতর নন। যে অবদমিত রাগ এবং ক্ষোভ আপনার অন্তরে ঘূর্ণিপাক খাচ্ছে, তা আপনার নিজের প্রতি ঘৃণা এবং অসন্তোষের বহিঃপ্রকাশ মাত্র। কারণ, আপনি জানেন যে সেই নির্দিষ্ট কাজটি আপনার পক্ষে মনোযোগ সহকারে, অনেক আগেই সুষ্ঠভাবে সম্পন্ন করা সম্ভব ছিল। কিন্তু সেই সময়ে সেই কাজটি করতে আপনি সমর্থ হননি। প্রেরণাদায়ী বক্তা হিসেবে আত্মপ্রকাশ করার আগে, আমার পরিস্থিতিও অনুরূপ ছিল। এই কারণেই আমি বারবার বলতে চাই যে, এই ধরনের পারস্পরিক তুলনার বিষয়টি আপনার জীবনে সবচেয়ে বড় প্রশিক্ষকের ভূমিকায় অবতীর্ণ হতে পারে।

যে কোনো পরিস্থিতিতে আপনার পক্ষে কী অবশ্যকরণীয় তা চোখে আঙুল দিয়ে দেখানো ছাড়াও, পারস্পরিক তুলনার এই বিষয়টি আপনার মানসিক অসন্তোষকে জাগিয়ে তুলে, আপনার অন্তর্নিহিত ক্ষমতার শক্তি বৃদ্ধি করে। ফলে, আপনার যাবতীয় রাগ এবং ক্ষোভকে ইন্ধন হিসেবে ব্যবহার করে আপনি জীবনের পথে অগ্রসর হতে পারেন।

তাই, নিজের জীবনে যে কারণে আপনি অনুপ্রাণিত হচ্ছেন সেটা ওদের করতে দিন। ওদের আপনাকে বিরক্ত করতে দিন। ওদের আপনাকে ঈর্ষাকাতর করে তুলতে দিন। নিজের

জীবনে আপনার অভীষ্ট লক্ষ্য আসলে কী এবং সেই লক্ষ্য অতিক্রম করার জন্য আপনার কী করণীয়, তা ওদের দেখিয়ে দিতে দিন।

আসুন, আপনার সম্পর্কে আলোচনা করা যাক

প্রবল ঈর্ষা এবং চরম হতাশার মুহূর্তগুলিকে কীভাবে আপনি অবলীলায় অনুকূল পরিস্থিতিতে বদলে দিতে পারেন? পারস্পরিক তুলনার ক্ষেত্রটিকে কীভাবে আপনি নিজের জীবনের সামগ্রিক অনুপ্রেরণায় বদলে দিতে পারেন? অত্যন্ত সহজে। একবার বলুন লেট মি অর্থাৎ আমাকে করতে দিন, এবং পারিপার্শ্বিকের মানুষজনের সামগ্রিক সাফল্যের নেপথ্যে থাকা যাবতীয় তথ্যে মনঃসংযোগ করুন।

যখনই অনুভব করবেন যে আপনি পারস্পরিক তুলনার ভিত্তিতে জীবনযাপনে অভ্যস্ত হয়ে পড়েছেন, জানবেন অচিরেই আপনার জীবনে একটি অত্যন্ত গুরুত্বপূর্ণ অধ্যায় শুরু হতে চলেছে।

নিজের জীবনে পারস্পরিক তুলনার মাধ্যমে আপনি সেই যাবতীয় পরিসরে আলোকপাত করতে সক্ষম হবেন—যেগুলিতে আরো বেশী করে মনঃসংযোগের প্রয়োজন।

এর অর্থ হল, অহেতুক চিন্তাভাবনা এবং যে কোনো পরিস্থিতিতে অজুহাত দেওয়ার সময় ও সুযোগ পাওয়া আর সম্ভব নয়। আমাকে কাজ শুরু করতে দিন। সেই কাজ সুষ্ঠভাবে সম্পন্ন করার জন্য আমাকে প্রয়োজনীয় অনুশীলন করতে দিন। আমার অন্তরঙ্গ বন্ধু, সর্ববিক্রীত লেখক জেফ ওয়াকার প্রায়শই একটি বিশেষ বাক্য ব্যবহারে অভ্যস্ত, "সঠিক অনুশীলনের মাধ্যমেই প্রতি ক্ষেত্রে সাফল্য অর্জন সম্ভব।" এই বাক্যের তাৎপর্য কী? অত্যন্ত সহজ: জীবনে সফল হওয়ার ক্ষেত্রে, দৈহিক ওজন কমাবার ক্ষেত্রে, একটি নতুন বই লেখার ক্ষেত্রে, কিংবা একজন সফল ইউটিউবার হওয়ার ক্ষেত্রে, আপনাকে প্রতিদিন, নিয়মিতভাবে—সেই একঘেয়ে, বিরক্তিকর এবং কষ্টকর কাজের প্রতি বিন্দুমাত্র অসহিষ্ণু না হয়ে অনুশীলন চালিয়ে যেতে হবে। অনুশীলন আপনার জীবনে একান্তই অপরিহার্য।

আপনার জীবনে নিজের চাহিদা অনুযায়ী নির্দিষ্ট কোনো পরিবর্তনের বিষয়ে চিন্তা করা যাক—যেমন শরীরচর্চার জন্য জিমে যাওয়া। কীভাবে শরীরের প্রতিটি পেশীকে আপনি সুঠাম ও সবলভাবে গড়ে তুলতে পারেন? সেক্ষেত্রে প্রতিনিয়ত আপনাকে জিমে পৌঁছে যথাযথ অনুশীলন করতে হবে। অতি সম্প্রতি, মানুষের জীবনে সামগ্রিক সাফল্য অর্জনের ক্ষেত্রে স্বনামধন্য কোয়ার্টারব্যাক টম ব্র্যাডির মন্তব্য: "বাস্তবে, জীবনের ক্ষেত্রে আপনাকে বিশেষ কোনো ক্ষমতার অধিকারী হওয়ার প্রয়োজন নেই। অন্যান্য মানুষ নিজেরা যা হতে পারেননি, আপনাকে সেই বিশেষ ক্ষেত্রে সফল হতে হবে: ধারাবাহিকতা, আত্মবিশ্বাস, এবং সাফল্য অর্জনের জন্য দৃঢ়প্রতিজ্ঞ হয়ে।"

পারিপার্শ্বিকের যে সমস্ত মানুষ আপনাকে ঈর্ষাপরায়ণ হয়ে উঠতে বাধ্য করেন, নিজেদের কর্মকাণ্ডের মাধ্যমে তাঁরা আপনাকে এই সহজ সত্যটি বোঝাবার চেষ্টা করেন যে—যখন অহেতুক অজুহাত খুঁজতে আপনি ব্যস্ত ছিলেন, তখন তাঁরা নিয়মিতভাবে নিজেদের অনুশীলন চালিয়ে গিয়েছেন, এবং ক্রমশই সেই একঘেয়ে, বিরক্তিকর এবং কষ্টকর কাজে অভ্যস্ত হয়ে উঠেছেন।

টম ব্র্যাডির বক্তব্য অনুযায়ী, তাঁরা কোনো দিক থেকেই বিশেষ ক্ষমতার অধিকারী নন; যে কাজ আপনার পক্ষে সমাধা করা সম্ভব হয়নি, তাঁরা শুধুমাত্র সেই কাজগুলিই সুষ্ঠভাবে সম্পন্ন করতে সক্ষম হয়েছেন: ধারাবাহিকভাবে, আত্মবিশ্বাসী হয়ে, এবং সাফল্য অর্জনের জন্য দৃঢ়প্রতিজ্ঞ থেকে। আমার জীবনে সামগ্রিক সাফল্যের নেপথ্যেও এই পদ্ধতিটি ১০০০ শতাংশ সফল।

আবার ফিরে আসা যাক আমার অন্তরঙ্গ বান্ধবী মলির প্রসঙ্গে। তিনি মানসিকভাবে সুনিশ্চিত ছিলেন যে, বহু বছর আগেই সেই নির্দিষ্ট কর্মকাণ্ডে তাঁকে সর্বান্তঃকরণে মনোনিবেশ করতে হত। এই মুহূর্তে সেই পরিস্থিতি তাঁর কাছে এতটা যন্ত্রণাদায়ক হয়ে ওঠার অন্যতম কারণ হল, চোখের সামনে অন্যান্যদের অক্লান্ত পরিশ্রম ও অনুশীলনের সুফল পেতে দেখার তিক্ত অভিজ্ঞতা। নিজের অভীষ্ট লক্ষ্যপূরণ করার ক্ষেত্রে এই মুহূর্তে যথার্থ পদক্ষেপ গ্রহণ না করলে, অচিরেই আপনাকে এই বিষম পরিস্থিতির সম্মুখীন হতে হবে।

সেই বিরক্তিকর মহিলার ব্যবসা সংক্রান্ত অসামান্য ওয়েবসাইট দেখার পরে, মলি যেভাবে মানসিক বিপর্যয়ের সম্মুখীন হয়েছিলেন—সেটি কখনোই রাতারাতি গজায়নি। মাসের পর মাস ধরে, মহিলা সেই ওয়েবসাইটের পিছনে অক্লান্ত পরিশ্রম করেছিলেন। সোশ্যাল মিডিয়া অথবা সামাজিক মাধ্যমের সাহায্যে নিজের ব্যবসার প্রসার করার যে অদম্য আকাঙ্খা মলির অন্তরে উদ্ভব হয়েছিল, তা নিশ্চয় কোনো জাদুমন্ত্রবলে ঘটেনি। কিন্তু মলি যখন এই নির্দিষ্ট পরিসরে কাজ না করার অজুহাত খুঁজতে ব্যস্ত ছিলেন, তখন সেই মহিলা এই বিষয়ে বিস্তারিত গবেষণা, পড়াশোনা, প্রয়োজনীয় প্রশিক্ষণ, এবং সেই সমস্ত পোস্ট করতে ব্যস্ত ছিলেন, যা এই মুহূর্তে মলির মাথাব্যথার কারণ হিসেবে উদ্ভুত হয়েছে।

অন্যান্য মানুষের যাবতীয় কর্মকাণ্ড সহজেই আপনার নিষ্ফল আক্রোশ এবং ক্ষোভের কারণ হয়ে ওঠে, কারণ আপনি জানেন যে এই প্রতিটি কাজ আপনার পক্ষে অনায়াসেই করা সম্ভব ছিল। নিজের হাতে পর্যাপ্ত সময় এবং সুযোগ থাকা সত্ত্বেও, আপনি যে এই কাজগুলি করতে অসমর্থ হয়েছেন, সেই দুশ্চিন্তা আপনাকে পাগল করে দিতে থাকে। আসলে, কোনো কাজ শুধুমাত্র অনুপ্রেরণার সাহায্যে সুষ্ঠভাবে সম্পন্ন করা সম্ভব নয়।

এই কারণেই, আপনার জীবনে রাগ এবং অসন্তোষের ভূমিকা অত্যন্ত গুরুত্বপূর্ণ। এই কারণেই পারস্পরিক তুলনা আপনার জীবনের সর্বোৎকৃষ্ট প্রশিক্ষক হয়ে উঠতে পারে, এবং আমি হলফ করে বলতে পারি, যখন এই ধরনের পরিস্থিতির সম্মুখীন হবেন, আপনি উপলব্ধি করতে পারবেন নিজের অন্তর্নিহিত রাগ এবং ক্ষোভের নেপথ্যে কোন বিশেষ মানুষটির গুরুত্বপূর্ণ ভূমিকা রয়েছে। তিনি আপনার সহকর্মী, কর্মস্থলের অপরপ্রান্তে নীরবে কাজ করতে থাকা অ্যারন নামের ব্যক্তিটি হতেই পারেন। একদিন দেখা যেতেই পারে, তিনি আচমকা কর্মস্থলে ইস্তফা দিয়ে নিজের পারিবারিক নৌকা তৈরির ব্যবসায় সর্বক্ষণের জন্য মনোনিবেশ করেছেন, যে কাজ এতদিন পর্যন্ত তিনি সকলের চোখের আড়ালে, সপ্তাহান্তে করতে অভ্যস্ত ছিলেন—যে সময়ে আপনি নিজের বন্ধুবান্ধবের সঙ্গে প্রমোদভ্রমণ উপভোগ করতেন ।

সেই কারণেই, আপনি যখন দেখেন যে সেই নির্দিষ্ট ব্যক্তি ভাবলেশহীন অভিব্যক্তিতে কর্মক্ষেত্র পরিত্যাগ করছেন, স্বভাবতই আপনি তাঁর প্রতি ঈর্ষাকাতর হয়ে পড়েন। কারণ, যখন

আপনি নিজের পরিচিত মানুষজনকে এই কাজ করতে দেখেন, সেই একই কাজ করার ক্ষেত্রে নিজের অক্ষমতার স্বপক্ষে আপনি কোনো জুতসই অজুহাত খাড়া করতে পারেন না। বিগত এক বছর ধরে কর্মক্ষেত্রে যদি অ্যারনের পাশে বসে কাজ করার সুযোগ আপনি পেতেন, তাহলে সহজেই উপলব্ধি করতে পারতেন যে তিনি কোনো বিশেষ ক্ষমতার অধিকারী নন, তিনি বিশাল অর্থের মূলধন বিনিয়োগ করার ক্ষমতা রাখেন না, কিংবা কাজের ক্ষেত্রে তাঁর পক্ষ থেকে নির্দিষ্ট কোন সুপারিশ রয়েছে। তিনি আস্তে আস্তে এই কাজ শুরু করেছিলেন এবং যথাসময়ে তিনি নিজের কর্মক্ষেত্র ছেড়ে, সেই কাজে মনোনিবেশ করার সিদ্ধান্ত নিতে পেরেছিলেন। কাজেই, আপনি প্রবলভাবে তাঁর প্রতি ঈর্ষাকাতর হয়ে পড়েন। ভাবতে থাকেন কেন এই ঘটনা আপনার ক্ষেত্রে না ঘটে, ওঁনার জীবনে সম্ভব হল!

যখন অন্যদের অসাধারণ ওয়েবসাইট দেখে আপনি মানসিকভাবে বিপর্যস্ত হয়ে পড়েন, অথবা অন্তরঙ্গ সহকর্মীকে অবলীলায় কর্মক্ষেত্রে ইস্তফা দিয়ে নিজস্ব ব্যবসায় মনোনিবেশ করার উদ্দেশ্যে প্রস্থান করতে দেখে হীনমন্যতায় ভুগতে শুরু করেন, কিংবা প্রিয় বন্ধুর চিত্তাকর্ষক নতুন বসতবাড়ি দেখে আশ্চর্যান্বিত হয়ে পড়েন—তা আপনার জন্য একান্তই স্বাভাবিক। কিন্তু, নিজের অভীষ্ট লক্ষ্য অতিক্রম করতে, অথবা সাফল্যের শিখরে উন্নীত হতে কিংবা সুস্বাস্থ্যের অধিকারী হওয়ার ক্ষেত্রে আপনি যদি বদ্ধপরিকর থাকেন, তবে মানসিকভাবে বিপর্যস্ত হয়ে পড়ার অবকাশ আপনার কাছে থাকবে না, এবং অন্যান্যদের প্রতি ঈর্ষাপরায়ণ হতে গিয়ে স্বভাবতই নিজের অমূল্য সময় এবং শক্তির অপব্যবহার করার কথা আপনি চিন্তাও করবেন না। আপনার সেই শক্তি ও ক্ষমতার প্রভূত প্রয়োজন, কারণ আপনার হাতে এই মুহূর্তে অনেক কাজ রয়েছে।

এই বিশেষ মুহূর্তেগুলি মানসিকভাবে অত্যন্ত যন্ত্রণাদায়ক হলেও, আপনার জীবনে এই ধরনের পরিস্থিতির উদ্ভব বারবার হবে—তাই, সেই জন্যে নিজেকে প্রস্তুত রাখুন। দ্য লেট দেম থিওরি অথবা ওদের করতে দিন এর পদ্ধতির প্রয়োগে, আপনি উপলব্ধি করতে পারবেন, জীবনে কোন বিশেষ মুহূর্তে পারস্পরিক তুলনার প্রক্রিয়া আপনাকে নতুন করে প্রশিক্ষণের সুযোগ দিচ্ছে। ঈর্ষাপরায়ণতা আপনার ভবিষ্যৎ জীবনের প্রবেশদ্বারে একটি ছিদ্রপথ বিশেষ, এবং সেটিকে সঠিকভাবে চিনে নেওয়াই আপনার প্রধান লক্ষ্য, কারণ সঠিক সময়ে, আপনাকে সেই দরজাটি উন্মুক্ত করে—সদর্পে নিজের পরবর্তী জীবনের পথে পা বাড়াতে হবে।

যখন পারিপার্শ্বিকের মানুষজনের দেখানো পথ আপনি অনুসরণ করবেন, আপনি উপলব্ধি করবেন যে নিজের জীবনে অমূলক আতঙ্ক, অহেতুক অজুহাত এবং অমূল্য সময়ের অপচয়ের আড়ালে লুকিয়ে রয়েছে সেই আদর্শ জীবন—যা বরাবরই আপনার কাছে আকাঙ্খিত ছিল। এই মুহূর্তে যে সমস্ত প্রতিবন্ধকতা আপনাকে জীবনের সম্পূর্ণ নিয়ন্ত্রণ নিজের হাতে তুলে নেওয়া থেকে বাধা দিচ্ছে, সেগুলি হল অজুহাত, আশঙ্কা এবং আতঙ্ক, এবং আবেগতাড়িত প্রতিক্রিয়া—যার সম্পর্কে আমরা এই বইতে ইতিমধ্যেই বিস্তারিতভাবে আলোচনা করেছি।

পারিপার্শ্বিকের মানুষজনের যাবতীয় চিন্তাধারা, অনুভূতি এবং কর্মকাণ্ডের সম্পূর্ণ নিয়ন্ত্রণ নিজের হাতে তুলে নেওয়ার চেষ্টায় প্রাণপাত করার কথা ভাবার পরিবর্তে, অমূল্য সময় এবং অন্তর্নিহিত ক্ষমতার সঠিক প্রয়োগে, নিজের জীবনের শ্রেষ্ঠ অধ্যায়টি রচনা করার সময় আসন্ন।

এই ধ্যানধারণা আমাদের জীবনে কতটা গুরুত্বপূর্ণ হিসেবে প্রতিপন্ন হতে পারে, তা বোঝাবার জন্য আমি নিজের জীবন থেকে আরো একটি উদাহরণ আপনাদের সামনে তুলে ধরতে চাই।

আপনার ঈর্ষাপরায়ণতা আপনাকে যে শিক্ষা দিচ্ছে সেটি প্রতি ক্ষেত্রেই সুনির্দিষ্ট নয়, তা আপনাদের সামনে তুলে ধরাই এই গল্পের মূল উদ্দেশ্য। যখন আমার বয়স চল্লিশের কোঠায় ছিল, যখন আমরা প্রাণপণে প্রবল অর্থনৈতিক সংকটের মোকাবিলা করছিলাম এবং আমি তখনও সঠিকভাবে নিজের বর্তমান পেশা বেছে নিতে সক্ষম হইনি, সেই সময়ে আমার এক অন্তরঙ্গ বান্ধবী নিজের প্রাসাদোপম বসতবাড়িটি ঢেলে সাজাবার ব্যবস্থা করেছিলেন।

যতবার আমরা একসঙ্গে মধ্যাহ্নভোজের অনুষ্ঠানে অথবা প্রাতঃভ্রমণে যেতাম, তাঁর কাছ থেকে সেই রাজসূয় যজ্ঞের খুঁটিনাটি খবর জানতে আমি অত্যন্ত উৎসাহী ছিলাম এবং সমানে সেই বাড়ি সাজানোর ছবিগুলি দেখবার অনুরোধ করতাম। এই কাজ করতে আমার স্বভাবতই, খুব ভালো লাগত। কিন্তু, এরপর নিজের বাড়িতে ফিরে এসে, আমার মন হতাশা এবং অতৃপ্তির অনুভূতিতে কানায় কানায় পরিপূর্ণ হয়ে উঠত।

সেই দিনটির কথা আমি কোনোদিন ভুলতে পারব না, যেদিন আমার স্বামী ক্রিস এবং আমি গাড়ি দাঁড় করিয়েছিলাম সেই বান্ধবীর সুদীর্ঘ, সুদৃশ্য এবং ঘুরপাক খেয়ে যাওয়া নিটোল ড্রাইভওয়ের একপাশে—ততদিনে তাঁদের বাড়ির কাজ সম্পূর্ণ হয়েছিল, এবং সেই অট্টালিকার সৌন্দর্য দেখার পরে আমি বাকরুদ্ধ হয়ে পড়েছিলাম। বাড়িটিকে যথার্থই অসামান্য দেখাচ্ছিল।

যখন বান্ধবী আমাদের সবাইকে সঙ্গে নিয়ে বাড়ির প্রতিটি অংশের সঙ্গে পরিচয় করিয়ে দিচ্ছিলেন, আমি অনুভব করেছিলাম যে আমার অন্তরে পারস্পরিক তুলনার প্রবৃত্তিটি আবার মাথাচাড়া দিতে শুরু করেছে। এদের কাছে কেমন করে এত অর্থ থাকা সম্ভব?! সেই সময়ে আমি কী চিন্তা করেছিলাম, তা আজও আমার স্মরণে রয়েছে।

অবশ্যই, নিজের বান্ধবীর এই অসাধারণ কীর্তিতে আমি যারপরনাই আনন্দিত হয়েছিলাম, কিন্তু একই সঙ্গে আমার মনে জন্ম নিয়েছিল তাঁর প্রতি অদম্য ঈর্ষা। বহু বছর ধরে আমার বান্ধবী এবং তাঁর স্বামী প্রবল পরিশ্রমের বিনিময়ে আজ এই জায়গায় এসে দাঁড়াতে পেরেছিলেন, এবং এই স্বাচ্ছন্দ্য তাঁদের অবশ্যই প্রাপ্য। এই অসাধ্যসাধন করার সম্পূর্ণ অধিকার তাঁদের ছিল, এবং সেটি নিয়ে আলোচনা করা, উপভোগ করা, এবং গর্বিত হওয়া তাঁদের ক্ষেত্রে ছিল একেবারেই স্বাভাবিক।

মানসিকভাবে এই উপলব্ধি করা সত্ত্বেও, আমি বুঝতে পারছিলাম না যে সেই মুহূর্তে আমার নিজের বান্ধবীর জন্য আনন্দিত হওয়া উচিত এবং নিজের মনের গভীরে দানা বাঁধতে থাকা ঈর্ষাকে সযত্নে লুকিয়ে রেখে স্বাভাবিক ব্যবহার করা উচিত, নাকি তাঁর জন্য গর্বিত হওয়ার পাশাপাশি নিরাপত্তার অভাব বোধ করা উচিত! যে মুহূর্তে তিনি খেলার ঘরের দরজাটি আমাদের সামনে উন্মুক্ত করেছিলেন, তৎক্ষণাৎ আমার খাবি খাওয়ার অবস্থা হয়েছিল।

"এটি হল দ্বিতলের খেলার ঘর, যেখানে পুল টেবিল এবং হ্যাংআউটের জায়গা বিচ্ছিন্নভাবে তৈরি করা হয়েছে, যাতে এখন বাচ্চারা খেলাধূলো করে সময় কাটাতে পারে—এবং পরবর্তীকালে, যখন তারা প্রাপ্তবয়স্ক হবে, তখন নিজেদের বন্ধুবান্ধবদের সঙ্গে সময় কাটাতে পারে," বান্ধবী আমাদের বলেছিলেন।

শেষের এই কথাটি বলার পরেই, তিনি আমাদের দিকে অর্থপূর্ণ দৃষ্টিতে তাকিয়ে চোখ টিপেছিলেন, এবং স্বভাবতই আমরা সকলে হেসে উঠেছিলাম।

"দেখো, এখানে আলাদা করে একটা বাঙ্করুমের ব্যবস্থা করা হয়েছে, যেখানে ক্ষুদে বাচ্চারা একসঙ্গে আরাম করে শুতে পারবে, এবং নিজের বন্ধুদের ডেকেও নিতে পারবে। আমার বাচ্চাদের এই বিশেষ ঘরটি এতই পছন্দ হয়ে গিয়েছে, যে তারা এখন আর নিজেদের শোবার ঘরে রাত কাটাতেই রাজি নয়।"

বিস্ময়ের আতিশয্যে আমার চোয়াল রীতিমতো ঝুলে পড়েছিল। সেই মুহূর্তে আমি উপলব্ধি করি, কী কারণে আমার সন্তানরা সবসময় তাঁদের বন্ধুবান্ধবের বাড়িতে যাওয়ার ক্ষেত্রে এক পায়ে খাড়া থাকলেও, আমাদের বাড়িতে নিজেদের কোনো বন্ধুবান্ধবকে আমন্ত্রণ জানাবার বিষয়টি সযত্নে এড়িয়ে যেত। বিশাল চেহারার অত্যন্ত আকর্ষণীয় বাঙ্ক বেড? গাড়ি রাখার গ্যারাজের উপরে বাচ্চাদের জন্য আলাদা করে সাজানো গোছানো খেলার ঘর? অবশ্যই... এগুলি প্রতিটি শিশুর জীবনের সেরা স্বপ্নগুলির অন্তর্গত, এবং নিজের বাড়িটি এভাবে সাজিয়ে তোলার স্বপ্ন আমিও সারাজীবন দেখে এসেছি—এমন একটি "প্রাসাদোপম অট্টালিকা"—যেখানে পাড়ার প্রতিটি শিশু একসঙ্গে মিলেমিশে খেলাধুলো করতে পারে।

বান্ধবীর বাড়ি ঘুরে দেখাকালীন আমার মনে হচ্ছিল বন্ধুবান্ধবদের থেকে বিচ্ছিন্ন হয়ে একতলায় নেমে এসে, ডাইনিং এরিয়া থেকে দুর্মূল্য ওয়াইনের একটি বোতল জোগাড় করে, যে কোনো একটি পালঙ্কে উঠে চুপচাপ শুয়ে পড়তে—আমার মানসিক পরিস্থিতি তখন এমন জায়গায় পৌঁছে গিয়েছিল! সেই মুহূর্তে আমার অন্তরে নিজের বান্ধবীর প্রতি যে প্রবল ঈর্ষার উদ্রেক হচ্ছিল, তাতে তাঁর এই গৌরবময় কীর্তির জন্য নিজের সামগ্রিক আনন্দ বিঘ্নিত হওয়ার কারণে, আমি নিজের কাছে এক অত্যন্ত ঘৃণ্য মানুষ হিসেবে প্রতিপন্ন হচ্ছিলাম। তিনি যে শুধুমাত্র আমার অত্যন্ত নিকট বান্ধবী তাই নয়, তিনি ছিলেন সকলের ভালোবাসার পাত্রী, অন্তঃকরণ এবং বহিরাবরণে তিনি ছিলেন এক সর্বাঙ্গসুন্দর মানুষ, কিন্তু এই মুহূর্তে আমার স্বপ্নের বাড়িটি যে তাঁর দখলে!

রাত বাড়ার সঙ্গে সঙ্গে, নিজের যাবতীয় অস্বস্তিকে হজম করার প্রাণপণ চেষ্টা আমি করেছিলাম। আমি এমন ভান করার প্রাণপণ চেষ্টা করি, যেন বান্ধবীর এই অসামান্য কীর্তিতে আমার অন্তরে কোনো ভাবান্তরই ঘটেনি। কিন্তু ফেরার পথে, যে মুহূর্তে গাড়িতে উঠে আমি ক্রিসের পাশের আসনে বসেছিলাম, আমার পক্ষে আর নিজের অবদমিত রাগ, ক্ষোভ এবং ঈর্ষার দমক সামলানো সম্ভব হয়নি...তার সামগ্রিক বহিঃপ্রকাশের একমাত্র সাক্ষী ছিলেন ক্রিস।

অবিকল একজন আট বছর বয়সী শিশুর মতোই, আমি তাঁর সামনে পুরোদমে নিজের অবদমিত ক্ষোভ, নিষ্ফল আক্রোশ এবং অসন্তোষ উগরে দিতে কোনো কার্পণ্য করিনি সেদিন।

"এই জীবনে আমাদের পক্ষে ওরকম একটি বাড়ির মালিক হওয়া সম্ভব নয়," আমি দিগ্বিদিকজ্ঞানশূন্য হয়ে রীতিমতো চিৎকার করছিলাম। "কী কুক্ষণেই যে তুমি ওই রেস্তোরাঁর ব্যবসাটা শুরু করার কথা ভেবেছিলে?"

সেই মুহূর্তে ক্রিসের কাছে জুতসই কোনো জবাব না থাকায়, আমরা দুজনে নীরবে নিজেদের প্রবল উত্তেজনা দমন করতে করতে বাড়ির দিকে রওনা দিতে বাধ্য হয়েছিলাম।

আপনাদের কাছে এই বিশেষ ঘটনার বিস্তারিত বর্ণনা দেওয়া আমার পক্ষে সম্ভব, কারণ নিজেদের বিবাহ সংক্রান্ত কথোপকথনের ক্ষেত্রে, আমরা ইতিপূর্বেই এই ধরনের পরিস্থিতি সম্পর্কে বহুবার বিশদে আলোচনা করেছি। আপনাদের মনে হওয়া খুব স্বাভাবিক যে, এই ঘটনাটির ক্ষেত্রে আকর্ষণের কেন্দ্রবিন্দুতে রয়েছে একটি বিশেষ বাড়ি। কিন্তু আপনারা ভুল ভাবছেন। যে সত্য আমি আবিষ্কার করতে চেয়েছিলাম, তার শিকড় মাটির অনেক গভীরে ছড়িয়ে ছিল। প্রিয় বান্ধবীর সঙ্গে নিজেকে তুলনা করার ফলে, আমার অন্তরে যে অবদমিত ক্ষোভ এবং আক্রোশের উদ্ভব ঘটেছিল, তার ভিত্তিতে আমি এমন শিক্ষালাভ করি, যা পরবর্তীকালে আমার জীবন সম্পূর্ণভাবে বদলে দিয়েছিল।

নিজের বান্ধবীর প্রতি আমি কখনোই অসন্তুষ্ট ছিলাম না। একইভাবে, নিজের স্বামীর প্রতি আমার কোনো অভিযোগ ছিল না। আমার যাবতীয় ক্ষোভ এবং অসন্তোষ নির্দিষ্ট ছিল নিজের উপরে, কারণ আমি নিজের অভীষ্ট লক্ষ্য থেকে ক্রমশ দূরে সরে যাচ্ছিলাম। নিজের জীবনে যাবতীয় আকাঙ্খা পূরণ করার জন্য, নিজের স্বামীর সাফল্যের উপর আমি সম্পূর্ণভাবে নির্ভর করেছিলাম। কিন্তু বাস্তবে, আপনার জীবন হল সম্পূর্ণভাবে, আপনার দায়িত্ব। আপনি অর্থনৈতিক স্বচ্ছলতা চাইলে, সেই পরিস্থিতি সৃষ্টির দায়িত্ব আপনার উপরেই বর্তায়। যদি আপনি এমন একটি বাড়ির মালিক হতে চান, যেখানে প্রতিটি ঘরে বিশাল চেহারার সুদৃশ্য পালঙ্ক সাজানো থাকবে, এবং একটি অত্যাধুনিক এবং নয়নাভিরাম রান্নাঘর থাকবে, তাহলে সেই স্বপ্নের বাড়িটি নিজের পছন্দমতো তৈরি করার দায়িত্ব সম্পূর্ণভাবেই আপনার।

বিগত এক দশক ধরে আমি নিজের সেই দায়িত্ব সযত্নে এড়িয়ে চলেছি। কিন্তু এই বিশেষ ঘটনার পরে নিজের চোখে চোখ রেখে আয়নার সামনে দাঁড়াবার সিদ্ধান্ত আমি নিয়েছিলাম, যাতে জীবনে নিজের যাবতীয় স্বপ্ন এবং আকাঙ্খা সম্পর্কে আমি নিজের কাছে সৎ থাকতে পারি। এই ঈর্ষাপরায়ণতা আসলে আমার ভবিষ্যৎ সত্তার পক্ষ থেকে একটি বিশেষ সাবধানবাণী ছিল। চোখের সামনে নিজের প্রিয় বান্ধবীকে জীবনে জয়লাভ করতে দেখার ফলে, আমার সামনেও সম্ভাবনার নতুন দিগন্ত খুলে গিয়েছিল।

স্বভাবতই, সেই প্রবেশদ্বার ব্যবহার করে নতুন উদ্যমে আমি নিজের কাজে ঝাঁপিয়ে পড়ি। আমার বিশেষ কোনো ক্ষমতা ছিল না। অতীতে যে সমস্ত কাজ করতে আমি অনিচ্ছুক ছিলাম, বর্তমানে সেই কাজগুলি সুষ্ঠভাবে সম্পন্ন করার চেষ্টা করতে শুরু করেছিলাম। ক্রমশ যাবতীয় কাজের ক্ষেত্রে আমার ধারাবাহিকতা ফিরে আসতে শুরু করে, আমার আত্মবিশ্বাস বৃদ্ধি পায়, এবং নিজের চাহিদা পরিপূরণ করার লক্ষ্যে কাজ করার অদম্য আগ্রহ উত্তরোত্তর বাড়তে থাকে। তীব্র অনুশীলনে আমি নিজেকে ডুবিয়ে দিই। নিজের বাড়ির প্রতিটি ঘরে বিশাল চেহারার সুদৃশ্য পালঙ্ক দিয়ে সাজাবার অবস্থায় আসতে, আমায় সুদীর্ঘ পনেরো বছর হাড়ভাঙ্গা পরিশ্রম করতে হয়েছিল। কিন্তু, শেষ পর্যন্ত আমি সেই লক্ষ্যে সফল হয়েছিলাম, এবং আমার দৃঢ় বিশ্বাস যে আপনাদের পক্ষেও তা অবশ্যই সম্ভব।

দ্য লেট দেম থিওরি অর্থাৎ ওদের করতে দিন এর পদ্ধতির সঠিক প্রয়োগে আপনার পক্ষে গভীরভাবে উপলব্ধি করা সম্ভব যে, এই ঈর্ষাপরায়ণতা আপনাকে কী শিক্ষা দেওয়ার চেষ্টা করছে, এবং জীবনের কোন বিশেষ পরিস্থিতিতে আপনাকে সমস্ত কিছু মেনে নেওয়ার জন্য

সম্পূর্ণভাবে প্রস্তুত থাকতে হবে। যদি আপনি প্রতিনিয়ত বিভিন্ন পরিস্থিতির বহিরাবরণে বিচরণ করে, পারিপার্শ্বিকের মানুষজনের যাবতীয় সমস্যার মোকাবিলায় নিজের সময় এবং ক্ষমতার অপচয় করেন, অথবা এমন কোনো পরিস্থিতির নিয়ন্ত্রণ করতে উদ্যত হন যা আপনার ক্ষমতা বহির্ভূত, আপনার পক্ষে নিজের জীবনের অন্তর্নিহিত অর্থ এবং অনন্ত সম্ভাবনার আবিষ্কার করা নিতান্তই অসম্ভব হিসেবে প্রতিপন্ন হবে।

আপনার কাছে উপভোগ করার মতো একটি অসাধারণ জীবন বর্তমান। নিজের অন্তর্নিহিত শক্তি অথবা ক্ষমতার ব্যাপ্তি সম্পর্কে আপনার বিশেষ কোনো ধারণাই নেই। আপনি কোথায় বসবাস করেন, অথবা যে ধরনের পরিস্থিতির সম্মুখীন আপনাকে প্রতিনিয়ত হতে হয়, কিংবা নিজের জীবনের বিভিন্ন ক্ষেত্রে আপনার বদ্ধমূল ধ্যানধারণা আপনার সর্বময় উপস্থিতিকে কখনোই সীমাবদ্ধ করে রাখে না।

জীবনে নিজের বিভিন্ন আকাঙ্খা অথবা অভিলাষ সম্পর্কে যদি আপনি নিজস্ব সত্তার প্রতি সৎ থাকতে পারেন, এবং নিজের সামগ্রিক চাহিদা চরিতার্থ করার সম্পূর্ণ দায়িত্ব যদি নিজের কাঁধে তুলে নিতে পারেন, তাহলে সাফল্য পাওয়া শুধুমাত্র সময়ের অপেক্ষা। বিশেষ কোনো ক্ষমতার অধিকারী হয়ে ওঠার প্রয়োজন আপনার নেই। আপনাকে প্রতিদিন সময়মতো ঘুম থেকে উঠে বিছানা ছাড়তে হবে, একটি পায়ের সামনে আর একটি পা ফেলতে হবে, জীবনে উন্নতি করার তাগিদে আরো একটু পরিশ্রম করতে হবে, এবং গতকালের তুলনায় আরো একটু ভালো মানুষ হয়ে ওঠার চেষ্টা করতে হবে। এই অনুশীলনে অভ্যস্ত হয়ে যাওয়ার মধ্যেই একদিন সকালে ঘুম থেকে উঠে আপনি হঠাৎ উপলব্ধি করতে পারবেন যে শুধুমাত্র আপনার জীবনেই আমূল পরিবর্তন সংঘটিত হয়েছে তাই নয়, কোন জাদুমন্ত্রবলে আপনি সেই স্বপ্নময় জীবনযাপনে উপনীত হয়েছেন—যার অদম্য আকাঙ্খা অতীতে আপনাকে অন্যদের প্রতি প্রবলভাবে ঈর্ষাকাতর করে তুলেছিল।

চলুন, এতক্ষণ পর্যন্ত মাত্রাতিরিক্ত পারস্পরিক তুলনা সামলাবার ক্ষেত্রে আপনারা যা যা শিখলেন, তার একটি সারসংক্ষেপ তৈরি করা যাক। এত দিন পর্যন্ত, পারিপার্শ্বিকের মানুষজনের সাফল্য আপনাকে জড়ভরতে পরিণত করেছিল। দ্য লেট দেম থিওরি অর্থাৎ ওদের করতে দিন এর পদ্ধতি আপনাকে শেখাবে, অন্যান্য মানুষকে নিজেদের সাফল্য পুরোদমে উপভোগ করতে দেওয়ার পাশাপাশি, তাঁদের সামগ্রিক সাফল্যের বিশেষ অভিজ্ঞতাকে নিজের ক্ষেত্রে অনুপ্রেরণায় রূপান্তরিত করে কীভাবে সর্বান্তঃকরণে অভীষ্ট লক্ষ্যপূরণের উদ্যোগ নিতে হবে।

১. **সমস্যা:** পারস্পরিক তুলনার ভিত্তিতে আপনি যখন উপলব্ধি করেন যে অন্যান্যদের তুলনায় আপনার নিজের জীবন কতটা সমস্যা বিজড়িত, তখন আপনি সেই পরিস্থিতি নিয়ন্ত্রণের বৃথা চেষ্টা করেন যা আপনার ক্ষমতা বহির্ভূত, এবং অহেতুক নিজের অমূল্য সময় এবং অন্তর্নিহিত ক্ষমতার অপব্যবহার করেন। অন্যান্য মানুষের সামগ্রিক সাফল্য আপনাকে হতবুদ্ধি করে দেয়, আপনি একটি নির্দিষ্ট পরিসরেই আবদ্ধ হয়ে থাকেন,

কাজেই অতলান্ত হতাশায় জর্জরিত হয়ে আপনি নিজের জীবনের ক্ষেত্রে ক্রমাগত পিছিয়ে পড়তে থাকেন। এর থেকে জন্ম নেয় গড়িমসির মনোভাব এবং প্রতিটি কাজ যথার্থভাবে সম্পন্ন করার অদম্য স্পৃহা, এবং নিজের অভীষ্ট লক্ষ্যপূরণ করার ক্ষেত্রে আপনি যথাযথ পদক্ষেপ গ্রহণের সিদ্ধান্ত নিতে অপারগ থাকেন।

২. **উপলব্ধি:** আপনার জীবনে এমন অনেক ব্যক্তি উপস্থিত যাঁরা আপনার তুলনায় অপেক্ষাকৃত সৌভাগ্যবান, আপনার আকাঙ্খিত জিনিসটি ইতিমধ্যেই তাঁদের মালিকানায় রয়েছে, অথবা প্রতিটি ক্ষেত্রে তাঁরা আপনার তুলনায় বহুগুণে এগিয়ে রয়েছেন, কিংবা আপনার তুলনায় অপেক্ষাকৃত দ্রুতবেগে সাফল্যের সিঁড়ি চড়তে অভ্যস্ত। নিজেকে অন্যান্য মানুষজনের সঙ্গে তুলনা করা আমাদের স্বাভাবিক প্রবৃত্তি; কিন্তু সেই পারস্পরিক তুলনা যখন আপনার ধ্যানধারণাকে বহুলভাবে প্রভাবিত করে, তখন যাবতীয় আত্মবিশ্বাস এবং উদ্দীপনা তলানীতে গিয়ে ঠেকে। আপনার পক্ষে পারিপার্শ্বিকের মানুষজনের সাফল্যের নিয়ন্ত্রণ সম্ভব নয়, কিন্তু সেই পরিস্থিতিতে নিজের আবেগতাড়িত প্রতিক্রিয়ার নিয়ন্ত্রণ আপনার পক্ষে সম্ভব।

৩. **সমাধান:** দ্য লেট দেম থিওরি অর্থাৎ ওদের করতে দিন এর পদ্ধতির সফল প্রয়োগে, নিজের উপরে অযথা মানসিক নির্যাতন বন্ধ করে, পারস্পরিক তুলনার এই অনন্য প্রক্রিয়া নিজের সার্বিক উন্নতিসাধনের ক্ষেত্রে কাজে লাগান। অন্যান্যদের নিজস্ব সাফল্য নিজেদের মতো করে উপভোগ করতে দিন এবং সেই পরিস্থিতিকে ইন্ধন হিসেবে ব্যবহার করে নিজের জীবনে অগ্রসর হওয়ার চেষ্টা করুন। পারিপার্শ্বিকের মানুষের সাফল্যই বলে দেয়, আপনার পক্ষে সেই লক্ষ্য অতিক্রম করা স্রেফ সময়ের অপেক্ষা। তাঁদের জীবনের অনুপ্রেরণাকে নিজের কর্মকাণ্ডের মাধ্যমে বাস্তবে রূপান্তরিত করতে পারলেই, আপনি নিজের অভীষ্ট জীবন যাপনের অধিকার অর্জন করবেন।

যে মুহূর্তে আপনি লেট দেম অথবা ওদের করতে দিন শব্দগুলি উচ্চারণ করেন, আপনি পারিপার্শ্বিকের মানুষজনের সামগ্রিক সাফল্য থেকে শিখতে পারেন এবং পথপ্রদর্শক হিসেবে ওদের কাজ করতে দেন। যখন আপনি লেট মি অর্থাৎ আমাকে করতে দিন এর শরণাপন্ন হন, তখন নিজের হাতে থাকা তাসগুলি সঠিকভাবে ব্যবহার করার দিকে মনঃসংযোগ করেন, যাবতীয় অনুপ্রেরণাকে নিজের কর্তব্যে রূপান্তরিত করতে সক্ষম হন, এবং অন্যান্যদের সঙ্গে খেলায় অংশগ্রহণ করে জয়লাভ করেন, কখনোই তাঁদের নিজের প্রতিপক্ষ হিসেবে প্রতিপন্ন না করে।

নিজের হাতে ধরা তাসের সদ্ব্যবহার করে জীবনের খেলায় জয়লাভ করার সময় আগত।

এই মুহূর্তে আপনারা সবেমাত্র এই বইয়ের প্রথম অর্ধ্যাংশ পড়ে শেষ করেছেন, এবং আশা করা যায় ইতিমধ্যেই, দ্য লেট দেম থিওরি অথবা ওদের করতে দিন এর পদ্ধতির সামগ্রিক প্রভাব নিজেদের জীবনে অনুভব করতে শুরু করেছেন। যে সমস্ত পরিস্থিতি আপনাদের নিয়ন্ত্রণের ক্ষমতা বহির্ভূত, সেক্ষেত্রে নিজেদের অমূল্য সময় এবং অন্তর্নিহিত ক্ষমতার অপচয় করা, যেমন—অন্যান্য মানুষজনের ব্যবহারিক বৈশিষ্ট্য, তাঁদের মতবাদ, এবং আপনার প্রতি তাঁদের

প্রত্যাশা পরিবর্তন করার বৃথা চেষ্টার পরিবর্তে, নিজেদের জীবনের প্রতি মনঃসংযোগ করার পন্থাই আপনাদের সেই অযাচিত দায়িত্বের গুরুভার থেকে সম্পূর্ণভাবে নিষ্কৃতি দিতে সক্ষম।

যত বেশী করে আপনারা লেট দেম অথবা ওদের করতে দিন এবং লেট মি অথবা আমাকে করতে দিন এর শরণাপন্ন হবেন, আপনাদের পক্ষে তত বেশী পরিমাণে মানসিক স্থান সংকুলান, আবেগতাড়িত শক্তির যোগান এবং অমূল্য সময়ের সংরক্ষণ সম্ভব, যা আজ পর্যন্ত আপনার কাছে অজানা ছিল। এই নবাঙ্কুরিত স্বাধীনতার বলে বলীয়ান হয়ে, আপনার পক্ষে নিজের জীবনে পারস্পরিক সম্পর্কের ক্ষেত্রে এক সম্পূর্ণ নতুন ভাবমূর্তিতে আত্মপ্রকাশ করা সম্ভব—যে নির্দিষ্ট পরিসরে লেট দেম অর্থাৎ ওদের করতে দিন এর পদ্ধতির প্রভাব সবচেয়ে বেশী বলে ইতিমধ্যেই প্রমাণিত।

এই বইয়ের পরবর্তী অংশে, প্রাপ্তবয়স্ক জীবনের পারস্পরিক সম্পর্কগুলির অতি সূক্ষ্ম ভারসাম্য বজায় রাখার ক্ষেত্রে এই বিশেষ পদ্ধতি কীভাবে কার্যকরী হতে পারে, তা নিয়ে আমরা বিশদে আলোচনা করব। এই পারস্পরিক সম্পর্কগুলি বন্ধুবান্ধব সংক্রান্ত হতে পারে, পরিবার সংক্রান্ত, প্রণয় সংক্রান্ত, কিংবা সহকর্মীদের পারস্পরিক সম্পর্ক সম্বন্ধীয় হতে পারে—এখানে আপনারা শিখতে চলেছেন কীভাবে নিজেদের মধ্যে একটি প্রাসঙ্গিক গণ্ডি টানা সম্ভব, আত্মীয়তার সম্পর্ক প্রতিষ্ঠা করা সম্ভব, এবং শেষ পর্যন্ত অন্যান্য মানুষকে সামলানোর দায়িত্ব নিজের কাঁধ ঝেড়ে ফেলে কীভাবে যাবতীয় ক্লান্তির অবসান ঘটানো সম্ভব।

এই মুহূর্তে, আপনি হয়ত প্রবল হতাশার সম্মুখীন হচ্ছেন, কিংবা অসহনীয় একাকিত্বে ভুগছেন, অথবা চরম মানসিক দোটানায় উদ্বেল হচ্ছেন যে, পারিপার্শ্বিকের মানুষজনের সঙ্গে আপনার পারস্পরিক যোগসূত্রটি বরাবরের জন্য অক্ষুণ্ণ থাকবে কী না।

কিন্তু মোদ্দা কথাটি হল: জীবনের সর্বোৎকৃষ্ট সম্পর্কগুলির উৎকর্ষ এই মুহূর্তে আপনার কাছে অধরা। বন্ধুত্বের আদর্শ সম্পর্ক, পৃথিবীর সবচেয়ে সুন্দর প্রণয়ঘটিত সম্পর্ক, পরিবারের প্রতিটি সদস্যের সঙ্গে আপনার পারস্পরিক সম্পর্কের জাদুময় আবেশ রয়েছে আপনার অপেক্ষায়—যদি প্রতিটি মানুষকে তাঁদের ভাবমূর্তির সঙ্গে সাযুজ্য রেখে আপনি মেনে নিতে পারেন, অথবা একটি নির্দিষ্ট সম্পর্ককে অন্যায়ভাবে প্রতিষ্ঠিত করার বদলে, সেটিকে যথাযথভাবে স্বীকৃতি দিতে পারেন।

যত বেশী করে আপনি অন্যান্যদের প্রতি নিজের যাবতীয় প্রত্যাশা, নিয়ন্ত্রণ, এবং শিক্ষা দেওয়ার অযাচিত মনোভাব পরিবর্তন করতে পারবেন, আপনার জীবনে পারস্পরিক সম্পর্কের সার্বিক উন্নতিসাধন সম্ভব হবে। জীবনে প্রকৃত বন্ধুবান্ধব খুঁজে নেওয়ার ক্ষেত্রে, পারস্পরিক মনোমালিন্য মিটিয়ে নেওয়ার ক্ষেত্রে, পারিবারিক সম্পর্কের শিকড় মজবুত করার ক্ষেত্রে, কিংবা নিজের স্বপ্ন অনুযায়ী সেই ভালোবাসার মানুষটিকে খুঁজে বার করার ক্ষেত্রে কোনোরেকম সীমাবদ্ধতা নেই।

জীবনের সবচেয়ে গুরুত্বপূর্ণ মুহূর্তগুলি উপভোগ করার ক্ষেত্রে, এবং পারিপার্শ্বিকের মানুষজনের সঙ্গে স্থায়ীভাবে পারস্পরিক যোগসূত্র স্থাপনের ক্ষেত্রে আর বিশেষ দেরী নেই—এর চাইতে ভালো আপনাদের জীবনে আর কিই বা হতে পারে?

যদি আপনারা সঠিকভাবে দ্য লেট দেম থিওরি অর্থাৎ ওদের করতে দিন এর পদ্ধতির প্রয়োগ করতে সক্ষম হন, এই মুহূর্তগুলি আপনার জীবনে অবশ্যম্ভাবী। আসুন, শুরু হোক পথ চলা।

দ্য লেট দেম থিওরি এবং আপনার জীবনের পারস্পরিক সম্পর্ক

প্রাপ্তবয়স্ক জীবনে বন্ধুত্ব কায়েমের দক্ষতা অর্জন করা

কীভাবে অন্যান্যদের পরিবর্তনের জন্য প্রভাবিত করবেন

তাঁদের পাশে দাঁড়ান যাঁরা জীবনে সংগ্রাম করে চলেছেন

আপনার প্রাপ্য ভালোবাসা কীভাবে অর্জন করবেন

পারিপার্শ্বিকের মানুষজনকে নিজেদের ভাবমূর্তি অনুসারে জীবনযাপন করতে দিলে, আপনার জীবনে পারস্পরিক সম্পর্কের উন্নতিসাধন সম্ভব।

—মেল রবিন্স

জীবনে বন্ধুত্ব কায়েমের দক্ষতা অর্জন করা

অধ্যায় ১১

জীবনে বন্ধুত্বের যথার্থতা যা আপনাকে কেউ বলেনি

সত্যি কথাটি সরাসরি স্বীকার করে নেওয়াই শ্রেয়: প্রাপ্তবয়স্ক জীবনে নতুন মানুষের সঙ্গে বন্ধুত্ব স্থাপন করা অত্যন্ত কঠিন। আমার পরিচিত প্রতিটি ব্যক্তিকে প্রাপ্তবয়স্ক অবস্থায় বন্ধুত্ব বজায় রাখতে রীতিমতো সংগ্রাম চালাতে হয়: নতুন সম্পর্ক সৃষ্টি করা, পরমুহূর্তেই সেই সম্পর্ক থেকে নিজেকে বিচ্ছিন্ন করে নেওয়া অথবা সেই সেটি টিকিয়ে রাখার জন্য নিজেদের ব্যস্ত জীবন থেকে কিছুটা সময় বার করার জন্য।

নিজের জীবনে এমন একটি পরিস্থিতিতে যদি আপনি পৌঁছন যেখানে আপনার মনে চিন্তার উদ্রেক হয় যে, *সমস্ত বন্ধুবান্ধব আমাকে একা রেখে কোথায় গেলেন?* তাহলে জানবেন এক্ষেত্রে আপনি কখনোই একা নন। সেই মুহূর্তে মনে হতে পারে, আপনার জীবনে কোনো বন্ধুবান্ধব নেই। কিংবা, যে সমস্ত মানুষের সঙ্গে আপনি অতীতে অন্তরঙ্গ ছিলেন, সেই সম্পর্ক আর বজায় নেই। সেই মুহূর্তে হয়ত হাজার মানুষের ভিড়ে থেকেও আপনি একাকিত্বে ভুগতে শুরু করেন, কিংবা নিজের সামাজিক অবস্থান সম্পর্কে রীতিমত সন্দিহান হয়ে পড়েন। আপনার মনে হতে পারে, পারিপার্শ্বিকের মানুষজনের ব্যক্তিগত জীবনে অনন্ত উৎসবের বাতাবরণে আপনি নেহাতই ব্রাত্য। প্রকৃত বন্ধুবান্ধবের খোঁজে আপনি রয়েছেন; কিন্তু সেই বন্ধুদের কোথায় খুঁজে পাওয়া সম্ভব তার সম্পর্কে আপনার নির্দিষ্ট ধারণা নেই।

আমার নিজের জীবনেও অনুরূপ পরিস্থিতির উদ্ভব ঘটেছিল।

বইয়ের এই অংশে, প্রাপ্তবয়স্ক জীবনের বন্ধুত্বের সম্পর্ক সামলানোর সঠিক পদ্ধতি সম্বন্ধে আমরা জানব। এখনো পর্যন্ত শৈশবের দৃষ্টিভঙ্গীর নিরিখে এই সম্পর্ক সামলানোর কথা আপনি ভেবে এসেছেন: আপনাদের প্রত্যাশা অনুযায়ী, নিজে থেকেই পারস্পরিক বন্ধুত্ব স্থাপন সম্ভব। এই কারণে, আপনাদের জীবনে বন্ধুত্বের পারস্পরিক সম্পর্কগুলি সঠিকভাবে বিকশিত হতে পারেনি।

বাস্তবে যখন শৈশব থেকে প্রাপ্তবয়স্ক হওয়ার পথে আপনি পা বাড়ান, তখন আপনার জীবনে বন্ধুত্বের সম্পর্কগুলি নাটকীয়ভাবে পরিবর্তিত হতে থাকে—এবং সেই আমূল পরিবর্তন সহজে অন্যদের চোখে পড়ে না। জীবনের এই বিশেষ পরিসরের সম্পূর্ণ নিয়ন্ত্রণ নিজের হাতে তুলে নেওয়ার জন্যই আপনাকে দ্য লেট দেম থিওরি অর্থাৎ ওদের করতে দিন এর পদ্ধতির শরণাপন্ন হতে হবে।

মানুষের জীবনে অভিজ্ঞতার অন্তর্গত অন্যতম শ্রেষ্ঠ এবং অর্থপূর্ণ পরিসর হল বন্ধুত্বের সম্পর্ক। আপনাদের প্রত্যেকের জীবনেই বন্ধুত্বের সম্পর্ক একান্ত অপরিহার্য। জীবনে বন্ধুদের কোনো বিকল্প হতে পারে না—তাঁরা একাধারে আপনার জীবনকে অনাবিল আনন্দ এবং পরিপূর্ণতায় ভরিয়ে তোলেন, এবং তাঁরা অনায়াসেই আপনার বৃহত্তর পরিবারের অবিচ্ছেদ্য অংশ হিসেবে নিজেদের প্রতিপন্ন করেন।

জীবনে বিচ্ছিন্ন হওয়ার অঘটন

জীবনে বন্ধুত্বের সম্পর্ক সঠিকভাবে সামলে চলার কাজটি অত্যন্ত কঠিন, কারণ যে মুহূর্তে আমরা কুড়ি বছর বয়সে পদার্পণ করি, বন্ধুত্বের সংজ্ঞাটি সম্পূর্ণভাবে বদলে যায়—একটি ঐক্যবদ্ধ অবস্থা থেকে, একটি বিশেষ ব্যক্তিগত সম্পর্কে সেটি উন্নীত হয়। এবং সেই বিশেষ পরিবর্তন ঘটতে থাকে স্বয়ংক্রিয়ভাবে, আমাদের সম্পূর্ণ অজান্তে।

এই পরিবর্তন উপলব্ধি করা আপনার পক্ষে সম্ভব হয় না (এবং এই বিশেষ পরিস্থিতি সকলের ক্ষেত্রে সম্পূর্ণভাবে প্রযোজ্য)। প্রাপ্তবয়স্ক বন্ধুত্বের সম্পর্কের ক্ষেত্রে স্বভাবতই নিজের দৃষ্টিভঙ্গী বদলাবার প্রয়োজন আপনি বোধ করেন না, ফলে, ক্রমশ আপনি একাকিত্বে ডুবে যেতে থাকেন। আজকের পৃথিবীতে, মানুষের জীবনে ক্রমবর্ধমান ব্যস্ততা এবং অন্যমনস্কতার নিরিখে, আপনার পক্ষে অত্যন্ত প্রিয় এবং ভালোবাসার মানুষজনের সঙ্গেও প্রতিনিয়ত যোগাযোগ অক্ষুণ্ন রাখা কষ্টসাধ্য হয়ে ওঠে।

শৈশব পার করে একজন প্রাপ্তবয়স্ক মানুষ হিসেবে বড় হয়ে ওঠার সময়ে, ক্রমাগত নিজের কর্মক্ষেত্র বদল, এক শহর থেকে অন্য শহরে স্থানান্তরিত হওয়া, জীবনে মুহুর্মুহ ঘটতে থাকা বিভিন্ন প্রণয়ঘটিত সম্পর্কের উত্থান পতন, জীবনের প্রতিটি নতুন অধ্যায় এবং নতুন পরিস্থিতিতে, প্রতিনিয়তভাবে আপনি "নিজের মনের মতো মানুষ" খোঁজার ক্ষেত্রে কঠিন পরীক্ষার সম্মুখীন হতে থাকেন।

দ্য লেট দেম থিওরি অর্থাৎ ওদের করতে দিন এর পদ্ধতির সঠিক প্রয়োগের ফলে, জীবনে প্রাপ্তবয়স্ক বন্ধুত্বের সম্পর্কের তাৎপর্য আপনি গভীরভাবে উপলব্ধি করতে সক্ষম হবেন, যার ভিত্তিতে আপনি নিজের বন্ধুত্বের বর্তমান সম্পর্কগুলিকে আরো মজবুত এবং সুদৃঢ় করে তুলতে পারবেন। এক্ষেত্রে নিজের আদর্শ এবং ভালোবাসার মানুষজনের সাহচর্য পাওয়ার জন্য নিজেকে প্রস্তুত রাখা সম্ভব, যাঁদের অধিকাংশের সঙ্গেই এখনো পর্যন্ত সশরীরে আপনার সাক্ষাৎ ঘটেনি।

বন্ধুত্বের ক্ষেত্রে এই আমূল পরিবর্তন আসলে কী?

আসুন, এই মুহূর্তে আলোচনা করা যাক বন্ধুত্বের সম্পর্কের পরিবর্তনের সম্বন্ধে, যা আপনার শৈশবে একরকম ছিল, কিন্তু প্রাপ্তবয়স্ক হওয়ার সঙ্গে সঙ্গে যে সম্পর্কের আমূল পরিবর্তন ঘটেছে বা আরও পরিবর্তন ঘটবে।

শৈশবকালে আপনার সহপাঠীরা ও আপনি, এবং আপনার অন্যান্য বন্ধুবান্ধবরা সকলে নিজেদের একটি স্বতন্ত্র দলের সদস্য হিসেবে দেখতে অভ্যস্ত হয়ে উঠেছিলেন—যারা একই গতিতে, পায়ে পা মিলিয়ে, জীবনের পথে পা বাড়াবার স্বপ্ন দেখত, এবং সারাজীবন একই অঞ্চলে শান্তিপূর্ণ সহাবস্থান করবে বলে বিশ্বাস করত। কিন্ডারগার্টেন থেকে হাই স্কুল পর্যন্ত, আপনার এবং আপনার প্রতিটি বন্ধুবান্ধবের দৈনন্দিনের রোজনামচা ছিল হুবহু একরকম—আপনারা একই বাসে চেপে যাতায়াত করতেন, প্রত্যেকে একই বইপত্র পড়তেন, এবং স্কুলে প্রতিনিয়ত একই বিষয় নিয়ে পড়াশোনা করতেন।

সেই সময়ে জীবনের প্রতিটি মুহূর্তেই, নিজেদের সমবয়সী মানুষজনের সান্নিধ্যে থাকতে আপনারা অভ্যস্ত ছিলেন: ক্লাসের ভিতরে, স্কুলের হলঘরে, স্কুলের খেলার মাঠে, এবং স্কুলের শেষে নিজেদের পাড়ায়। প্রত্যেকের জীবনের লক্ষ্যও মোটামুটিভাবে মিলে যেত। জন্মদিনের বিভিন্ন অনুষ্ঠান থেকে শুরু করে সমাবর্তনের অনুষ্ঠান পর্যন্ত, প্রত্যেকেই একই রকমভাবে ছুটি কাটাতে অভ্যস্ত ছিলেন, একই ক্লাবের সদস্য ছিলেন, আপনাদের যাবতীয় কর্মকাণ্ড ছিল একই পরিধিতে সীমাবদ্ধ, খেলাধুলো, পড়াশোনা, ক্লাস—যার ফলে আপনার অবচেতনে একটি স্থির বিশ্বাস এবং বদ্ধমূল ধারণা তৈরি হয়েছিল যে জীবনে আপনি কখনোই একা নন, বরং একটি বিশেষ দল অথবা গোষ্ঠীর অন্তর্ভুক্ত—যেখানে সমষ্টিগত সিদ্ধান্তই অগ্রগণ্য, এবং আপনি সেই গোষ্ঠীর এক অবিচ্ছেদ্য অংশ বিশেষ।

এই কারণেই আপনার অন্তরে এই ধারণা বদ্ধমূল হয়েছিল, বন্ধুত্ব আসলে একটি বিশেষ গোষ্ঠীর অন্তর্ভুক্ত। কেন? কারণ, আপনার দলবদ্ধভাবে চলাফেরা করতে অভ্যস্ত ছিলেন, এবং আমি জানি যে আপনাদের প্রত্যেকেই নিজেদের শৈশবে এই বিশেষ ধারণার বশবর্তী ছিলেন।

জীবনের প্রথম কুড়িটি বছরের ক্ষেত্রে, বন্ধুত্বের এই বিশেষ পরিকাঠামো সুনির্দিষ্টভাবে নিয়ন্ত্রণ করতেন আপনাদের অভিভাবকেরা, আপনার শিক্ষকরা, খেলাধুলোর ক্ষেত্রে আপনার দলের প্রশিক্ষকরা, কলেজে আপনার ডরমিটরির ভারপ্রাপ্ত ওয়ার্ডেনরা, আপনার বন্ধুবান্ধব, আত্মীয়স্বজন, পরিবার, পরিজন এবং বান্ধবীরা; অথবা যাবতীয় পাঠ্যক্রম বহির্ভূত কার্যক্রম, যার ফলে প্রতিটি মুহূর্তে আপনি এমন ধরনের মানুষজনের সান্নিধ্যে থাকতে অভ্যস্ত হয়ে উঠেছিলেন যাঁরা আপনার সমসাময়িক—যাঁরা একই সময়ে, একই অভিজ্ঞতার সম্মুখীন হওয়ার অভ্যাস রপ্ত করেছিলেন।

স্বাভাবিক কারণে, আপনাদের মধ্যে বন্ধুত্বের অবিচ্ছেদ্য সম্পর্ক শুধুমাত্র অনায়াসেই গড়ে ওঠেনি, প্রতিনিয়তভাবে শান্তিপূর্ণ সহাবস্থানে আপনারা অভ্যস্ত হয়ে উঠেছিলেন, এমনভাবে নিজেদের জীবনের প্রতিটি অভিজ্ঞতা নিজেদের মধ্যে ভাগাভাগি করে নেওয়ার সুযোগ আপনারা পেয়েছিলেন যে, নিজেদের মধ্যে একটি অত্যন্ত নিবিড়, অন্তরঙ্গ এবং অবিচ্ছেদ্য বন্ধুত্বের পারস্পরিক সম্পর্ক গড়ে ওঠার ক্ষেত্রে কোনোরকম প্রতিবন্ধতার সম্মুখীন হতে হয়নি।

আপনার কাছে এই নিবিড়, অন্তরঙ্গ এবং পারস্পরিক বন্ধুত্বের সম্পর্ক একটি সামগ্রিক এবং দলবদ্ধ প্রচেষ্টা হিসেবে প্রতিপন্ন হওয়ার মূল কারণ হল, বন্ধুবান্ধবের দলে আপনি ছিলেন এক অবিচ্ছেদ্য অংশ; এবং সেই দল অথবা গোষ্ঠীর যে কোনো পরিকল্পনার ক্ষেত্রে, আপনাকে আলাদা করে আমন্ত্রণ করার ব্যাপারটি ছিল স্বভাবতই, প্রশ্নাতীত।

নিজের শৈশব আপনার অন্তরে এক বদ্ধমূল বিশ্বাসের জন্ম দিয়েছে যে, জীবনের প্রতিটি ক্ষেত্রেই আপনার প্রবেশাধিকারের ছাড়পত্র রয়েছে, বন্ধুবান্ধবের দুনিয়ায় অবাধ বিচরণ আপনার সহজাত অধিকার, এবং জীবনের যে কোনো মুহূর্তেই, নিজের বন্ধুবান্ধবের সঙ্গে দেখাসাক্ষাৎ করার ক্ষেত্রে কোনো প্রতিবন্ধকতার প্রশ্নই ওঠে না; এবং আপনাদের জীবন বরাবরই এক খাতেই বইবে।

এবং তারপরে, একটি বিধ্বংসী বিস্ফোরণে আপনার এই বদ্ধমূল ধারণাগুলি ছিন্নভিন্ন হয়ে যায়! কুড়ি বছর বয়সে পৌঁছে, বন্ধুত্বের এমন একটি অভূতপূর্ব পরিসরে আপনি উপনীত হন, যেটিকে আমি জীবনে বিচ্ছিন্ন হওয়ার অঘটন হিসেবে নামাঙ্কিত করতে বাধ্য হয়েছি।

জীবনে বিচ্ছিন্ন হওয়ার অঘটন এর পরিস্থিতি কিছুটা এইরকম: হাইস্কুল কিংবা কলেজে পড়াশোনার শেষে, বন্ধুবান্ধবরা নিজেদের মতো করে চারদিকে ছিটকে যায়। দেখা যায়, হঠাৎ করে তারা বিভিন্ন জায়গায় থিতু হতে শুরু করেছে, এবং তার অব্যবহিত পরেই, আপনার বন্ধুবান্ধবরা বিভিন্ন সময়ে ও পরিসরে নিজেদের কর্মক্ষেত্রে ব্যস্ত হয়ে পড়ে, তাদের জীবনে নতুন মানুষজনের সঙ্গে আলাপ এবং পরিচিতির সূচনা ঘটে, তৈরি হয় সম্পূর্ণভাবে একটি নতুন ও স্বতন্ত্র বন্ধুবৃত্ত। প্রত্যেকেই নিজের গতিতে, নিজের মতো করে নিজেদের জীবনের অভীষ্ট পূরণের পথে এগিয়ে যেতে ব্যস্ত হয়ে পড়ে। শৈশবের সেই পরিকাঠামো, যা আপনাদের একটি সূত্রে বেঁধে রাখার দায়িত্ব নিয়েছিল, ক্রমেই আপনাদের জীবন থেকে বিলীন হতে থাকে।

স্বভাবতই, নিজের জীবনের প্রতিটি পরিসরকে স্বতন্ত্রভাবে নিয়ন্ত্রণ করার ক্ষমতা, তাৎক্ষণিকভাবে আপনি হারিয়ে ফেলেন। সেই মুহূর্তে আপনার সামনে নির্দিষ্ট কোনো পথ, কোনো পরিকল্পনা, সময়সারণী, কিংবা অভীষ্ট কোনো লক্ষ্য থাকে না। ভবিষ্যৎ জীবনে আপনি কী করতে চলেছেন, তার বিষয়ে কোনো নির্দিষ্ট ধারণা থাকাও সম্ভব নয়। আপনার ভবিষ্যৎ জীবন হয়ে ওঠে সম্পূর্ণভাবে অনিশ্চিত।

অন্যভাবে বলতে গেলে, সময়ের এই বিশেষ সন্ধিক্ষণে, আপনার প্রাপ্তবয়স্ক জীবনের সূচনা ঘটে। এই প্রথমবার, ভবিষ্যত জীবনের সম্পূর্ণ দায়িত্বভার, আক্ষরিক অর্থে আপনার উপরেই বর্তায়। কীভাবে নিজের অমূল্য সময়কে সঠিকভাবে ব্যবহার করবেন, অথবা কর্মক্ষেত্র হিসেবে কোন পেশাকে বেছে নেবেন, কিংবা কোন শহরে বরাবরের জন্য থিতু হওয়ার পরিকল্পনা করেছেন, বা কোন বন্ধুবৃত্তে নিজেকে সামিল করার সিদ্ধান্ত নেবেন—তার সামগ্রিক দায়িত্বভার আপনার উপরেই ন্যস্ত।

সময়ের কালচক্রে, আপনার শৈশবের সেই অন্তরঙ্গ বন্ধুবান্ধব—যাঁরা ইতিমধ্যে অন্যান্য শহরে স্থায়ীভাবে বসবাস শুরু করেছেন, তাঁদের সঙ্গে স্বভাবতই সম্পর্কের সূত্র ক্ষীণ থেকে ক্ষীণতর হতে থাকবে। প্রত্যেকেই নিজের জীবনে অত্যন্ত ব্যস্ত হয়ে পড়েছেন। এই বিশেষ পরিস্থিতিতে, বন্ধুবান্ধবের সঙ্গে একত্রিত হওয়ার জন্য নির্দিষ্ট সময় এবং সুযোগ পাওয়া, কার্যত

অসম্ভব হয়ে ওঠে। বন্ধুদের মধ্যে একমাত্র যোগসূত্র হিসেবে দায়িত্ব পালন করতে থাকা গ্রুপ মেসেজের ব্যবস্থাটিও ক্রমশ নীরব এবং নিষ্প্রভ হয়ে উঠতে বাধ্য। স্বভাবতই, প্রত্যেকে নিজেদের জীবনের প্রতি মনঃসংযোগ করতে ক্রমশ ব্যস্ত হয়ে পড়েন, এবং পারিপার্শ্বিকের মানুষজনের দিকেই তখন তাঁদের যাবতীয় মনোযোগ কেন্দ্রীভূত হতে থাকে।

জীবনের এই বিশেষ পরিস্থিতিতে, স্বাভাবিকভাবেই আপনি চূড়ান্ত একাকিত্বের বশবর্তী হয়ে পড়েন। প্রাপ্তবয়স্ক জীবনে উপনীত হয়ে, আপনার পক্ষে নতুন করে বন্ধুবৃত্ত তৈরি করা অসম্ভব বলে মনে হতে বাধ্য। শৈশবের যে পরিকাঠামোর ভিত্তিতে এতদিন পর্যন্ত আপনি দিনের প্রতিটি ঘণ্টায় যে বন্ধুবান্ধবের সংস্পর্শে ছিলেন, এবং তাঁদের কাছ থেকে যে ধরনের প্রত্যাশায় অভ্যস্ত ছিলেন, সেটি আপনার জীবন থেকে বরাবরের মতো অন্তর্হিত হয়েছে। তখন আপনার অন্তরে নতুন করে একটি দুশ্চিন্তার উদ্ভব হয়, আমার সমস্ত বন্ধুবান্ধব কোথায় চলে গেল? সেই মুহূর্তে, আপনি নিয়ন্ত্রণহীন একটি মানুষে পরিণত হন। খড়কুটোকে অবলম্বন করে দৈনন্দিন জীবনযাপনে আপনি উদ্যত হন। অতলান্ত নিরাপত্তাহীনতায় আপনি ভুগতে শুরু করেন। এবং, যে কোনো অবলম্বনকে প্রাণপণে আঁকড়ে ধরে বাঁচবার চেষ্টা করেন।

বাস্তবে, প্রাপ্তবয়স্ক জীবনে বন্ধুত্বের পারস্পরিক সম্পর্কের কোনো স্থায়িত্ব নেই। সেই সম্পর্কের মাধ্যমে যদি নিখাদ এবং অভিন্নহৃদয় বন্ধুত্বের প্রত্যাশা আপনি করেন, তা কখনোই সম্ভব নয়। আপনাকে একটি স্থিতিস্থাপক দৃষ্টিভঙ্গী এবং বিশেষ ধরনের ব্যবহারিক পদ্ধতির শরণাপন্ন হতে হবে। এবং সেই কারণেই, নিজের জীবনে প্রতিনিয়ত লেট দেম অর্থাৎ ওদের করতে দিন এর সাহায্য নিতে আপনি বাধ্য হবেন।

ওদের অন্য শহরে থিতু হতে দিন। ওদের নিজেদের নতুন বন্ধুবান্ধবদের অগ্রাধিকার দিতে দিন। আমার জন্য আলাদা করে সময় বার করতে না পারার সুযোগ ওদের নিতে দিন। মেসেজের মাধ্যমে আমার সঙ্গে যোগসূত্র বজায় রাখার দায়িত্ব ওদের ভুলতে দিন। বন্ধুবান্ধবের দলে আমাকে অন্তর্ভুক্ত না করার সিদ্ধান্ত ওদের নিতে দিন। আমাকে ছাড়াই প্রাতঃরাশের অনুষ্ঠানে ওদের যেতে দিন।

আমাদের প্রত্যেকের জীবনে এই ঘটনা একান্তভাবে অনিবার্য হলেও, এই বিশেষ পরিস্থিতি আমাদের কাছে অত্যন্ত বিভ্রান্তিকর এবং বেদনাদায়ক হিসেবে প্রতিপন্ন হয়। কিন্তু এই মুহূর্ত থেকে শুরু করে আপনার ভবিষ্যৎ জীবনের ক্ষেত্রে, নিজের সামগ্রিক ধারণায় আপনাকে আমূল পরিবর্তন নিয়ে আসতে হবে এবং একজন দায়িত্ববান প্রাপ্তবয়স্ক মানুষ হিসেবে নিজের বন্ধুবৃত্ত নির্বাচন করতে হবে—কারণ আপনার ক্ষেত্রে ইতিমধ্যেই জীবনে বিচ্ছিন্ন হওয়ার অঘটনটি ঘটে গিয়েছে, এবং বয়োঃবৃদ্ধির পাশাপাশি এর নবতম সংস্করণগুলি আপনার জীবনে সংযোজিত হতে থাকবে।

অবিবাহিত বন্ধুরা যখন বিবাহসূত্রে আবদ্ধ হন, তাঁরা আপনাদের বন্ধুবৃত্ত থেকে অচিরেই ছিটকে যান। যখন আপনার বন্ধুরা সন্তানলাভ করেন, একইভাবে তাঁরাও বন্ধুবান্ধবের দল থেকে ক্রমশ বিচ্ছিন্ন হয়ে পড়েন। মানুষ যখন শহর থেকে তল্পিতল্পা গুটিয়ে, অদূরেই কোনো মফস্বল কিংবা শহরতলিতে বরাবরের জন্য থিতু হওয়ার সিদ্ধান্ত নেন, তাঁরাও অচিরেই নিজেদের বন্ধুবৃত্ত থেকে বিচ্ছিন্ন হয়ে পড়েন। পারিবারিক কোনো সম্পর্ক বিচ্ছেদের কারণেও, সময়ের সঙ্গে সঙ্গে মানুষ স্বভাবতই বন্ধুবান্ধবের সংস্পর্শ থেকে ছিটকে যান। মানুষ যখন বার্ধক্যের কবলে

পড়েন, অথবা কোনো কারণে কর্মক্ষেত্র থেকে বহিষ্কৃত হন, কিংবা অবসরপ্রাপ্ত হন, বা ব্যবসায় ক্ষতিগ্রস্ত হন, তখনও কিন্তু নিজেদের বন্ধুবৃত্তে তাঁরা অনিয়মিত হয়ে পড়তে বাধ্য।

নিজের জীবনে, আপনার নিজস্ব বন্ধুবৃত্তে এই ঘটনার পুনরাবৃত্তি একটি অত্যন্ত স্বাভাবিক ঘটনা। মানুষের জীবনে এই ঘটনা অহরহ ঘটতে থাকে। এবং এই কারণে, আপনার জীবনে দ্য লেট দেম থিওরি অর্থাৎ ওদের করতে দিন এর পদ্ধতি অত্যন্ত গুরুত্বপূর্ণ হিসেবে প্রতিপন্ন হতে থাকে। এই পদ্ধতি শেখায়, নতুন কোনো বন্ধুবৃত্তে প্রবেশ করার জন্য কীভাবে আপনি নিজের মানসিকতাকে স্থিতিশীল এবং নমনীয় রাখবেন, এবং নিজের জীবনে চিরস্থায়ী বন্ধুত্বের পারস্পরিক সম্পর্ক সৃষ্টি এবং কায়েম করার ক্ষেত্রে, কীভাবে আপনি নিজের অমূল্য সময়ের যথার্থ বিনিয়োগ করতে পারেন।

বন্ধুত্বের প্রধান তিনটি স্তম্ভ

আমার বিশ্বাস, তিনটি প্রধান কারণের ভিত্তিতে মানুষের জীবনে আদর্শ বন্ধুত্বের সম্ভাবনা তৈরি হতে পারে: নৈকট্য, সময়ানুবর্তিতা এবং স্পৃহা। মানবজীবনে প্রতিটি আদর্শ বন্ধুত্ব, এই তিনটি প্রধান স্তম্ভের অদৃশ্য ভিত্তিপ্রস্তরের উপরে গড়ে উঠেছে।

বন্ধুবান্ধবরা যখন আপনার জীবন থেকে ছিটকে যান, কোনোভাবে বিচ্ছিন্ন হয়ে পড়েন অথবা অথবা আপনাদের মধ্যে পারস্পরিক যোগসূত্র ছিঁড়ে যায়, সেই নির্দিষ্ট বন্ধুত্বের ক্ষেত্রে উপরোক্ত তিনটি স্তম্ভের যে কোনো এক অথবা একাধিকের অনুপস্থিতি পরিলক্ষিত হয়। অধিকাংশ ক্ষেত্রে, প্রাপ্তবয়স্ক জীবনে বন্ধুত্বের পারস্পরিক সম্পর্কগুলি ব্যক্তিগত কোনো কারণে বিনষ্ট হয় না, সেই ধ্বংসের কারণ তিনটি প্রধান স্তম্ভ: নৈকট্য, সময়ানুবর্তিতা এবং স্পৃহা—এর কোনো একটির অনুপস্থিতি অথবা অকৃতকার্য হওয়া।

বন্ধুত্বের ক্ষেত্রে উপরোক্ত তিনটি স্তম্ভের মূল ভূমিকা সম্পর্কে সঠিকভাবে উপলব্ধি করতে পারলে, আপনার পক্ষে দ্য লেট দেম থিওরি অথবা ওদের করতে দিন এর পদ্ধতির সঠিক প্রয়োগ করা সম্ভব, যার ফলে প্রাপ্তবয়স্ক জীবনের বন্ধুত্বের পারস্পরিক সম্পর্কের ক্ষেত্রে, আপনি আরো স্থিতিস্থাপক এবং নমনীয় মনোভাবাপন্ন, আরো সহনশীল এবং কার্যকরী হয়ে উঠতে পারেন।

বন্ধুত্বের প্রথম স্তম্ভ হল নৈকট্য।

নৈকট্যের অর্থ হল, জীবনের বিভিন্ন ক্ষেত্রে নিজের বন্ধুবান্ধবের পাশে আপনি শারীরিকভাবে কত বেশি পরিমাণে উপস্থিত থাকতে পারেন। কারণ, যখন কোনো মানুষের সান্নিধ্যে আপনি শারীরিকভাবে উপস্থিত থাকেন, স্বভাবতই বেশ কিছুটা সময় আপনারা একসঙ্গে অতিবাহিত করতে সক্ষম হন। কিন্তু নিজেদের মধ্যে পারস্পরিক দূরত্বের পরিমাণ অত্যন্ত বেশি হলে, স্বাভাবিকভাবেই আপনাদের মধ্যে দেখাসাক্ষাতের সুযোগ কমতে বাধ্য। সেক্ষেত্রে, নিজেদের মধ্যে সম্পর্কের যোগসূত্র বজায় রাখা নিতান্তই কঠিন হয়ে উঠবে।

অবশ্যই আপনাদের মধ্যে সম্পর্কের যোগসূত্র বজায় থাকতেই পারে, কিন্তু এই কাজ অপেক্ষাকৃত কঠিন হয়ে দাঁড়ানো স্বাভাবিক। নিজের চারপাশে আপনি যে সমস্ত মানুষজনকে দিনের অধিকাংশ সময় জুড়ে দেখতে অভ্যস্ত, স্বাভাবিকভাবেই তাঁদের সঙ্গে আপনাদের অন্তরঙ্গতা গড়ে উঠতে বাধ্য। এটি কোনো সাধারণ জ্ঞানের বাণী নয়। এটি অত্যন্ত বাস্তবোচিত ঘটনা।

নৈকট্যের এই নির্দিষ্ট বিষয় নিয়ে বহু গবেষণার পরে মনোবিজ্ঞানীদের হাতে অকাট্য প্রমাণ এসেছে যে, বন্ধুত্বের পরিসরে এর প্রভাব অপরিসীম—কোন ব্যক্তির সঙ্গে বন্ধুত্ব স্থাপন করা সম্ভব, এবং কার ক্ষেত্রে তা নিতান্তই অসম্ভব, তা নির্ধারণে এর অস্তিত্ব অপরিহার্য। যতবার কোনো নির্দিষ্ট ব্যক্তির সান্নিধ্যে আপনি শারীরিকভাবে উপস্থিত থাকেন, আপনার পক্ষে সেই মানুষটিকে তত বেশি করে চিনে নেওয়া সম্ভব, তাঁর সঙ্গে একত্রে সময় কাটানো সম্ভব, নিজেদের জীবনের বিভিন্ন অভিজ্ঞতা বিনিময় করা সম্ভব, এবং প্রগাঢ়, দীর্ঘস্থায়ী বন্ধুত্বের সম্পর্ক কায়েম করা অবশ্যই সম্ভব।

ক্যানসাস বিশ্ববিদ্যালয়ে সংঘটিত একটি সমীক্ষার ভিত্তিতে, কোনো ব্যক্তির "সাধারণ" বন্ধু হতে গেলে, আপনাকে তাঁর সঙ্গে অন্তত্পক্ষে ৭৪ ঘণ্টা সময় কাটাতে হবে। সেই ব্যক্তির "অন্তরঙ্গ" বন্ধু হয়ে উঠতে গেলে, তাঁর সঙ্গে আপনাকে খুব কম করে হলেও, ২০০ ঘণ্টা সময় অতিবাহিত করতে হবে। আসুন, এই গবেষণার ভিত্তিতে আমরা বন্ধুত্বের দুটি আলাদা পরিসর নিয়ে বিশদে আলোচনা করব; প্রথমত, আপনার শৈশবের পরিপ্রেক্ষিতে, এবং দ্বিতীয়ত, যখন আপনি প্রাপ্তবয়স্ক হয়ে ওঠেন, তখন কীভাবে সেই পরিস্থিতির আমূল পরিবর্তন হয়ে যায়—সেই বিষয়ে।

হাইস্কুলে পড়ার সময়ে প্রতি পাঁচ থেকে ছয় সপ্তাহে, নিজের বন্ধুবান্ধবের সঙ্গে আপনি অন্তত্পক্ষে ২০০ ঘণ্টা সময় কাটাতে অভ্যস্ত ছিলেন। কলেজ জীবনে, নিজের বন্ধুবান্ধবদের সঙ্গে আপনি আরো অনেক বেশি সময় কাটাতে পারতেন, কারণ পড়াশোনা ছাড়াও আপনি তাঁদের সঙ্গে সময় কাটাতে অভ্যস্ত ছিলেন। তাঁদের সঙ্গেই দিনের প্রতিটি খাবার খেতে আপনি অভ্যস্ত হয়ে উঠেছিলেন। প্রতিটি সপ্তাহান্ত তাঁদের সান্নিধ্যে কাটাতে আপনি স্বচ্ছন্দ ছিলেন। এই নিবিড় নৈকট্য আপনাদের পারস্পরিক সম্পর্ককে আরো সুদৃঢ় করে তুলেছিল এবং নিজেদের মধ্যে জীবনের যাবতীয় অভিজ্ঞতা ও স্মৃতির বিনিময়ের মাধ্যমে, আপনাদের বন্ধুত্বের পারস্পরিক সম্পর্কে গড়ে উঠেছিল এক অটুট ভরসা ও বিশ্বাসের মেলবন্ধন।

যখন অন্য কোনো ব্যক্তির সান্নিধ্যে আপনি শারীরিকভাবে উপস্থিত থাকেন, তা সেটি তাঁর বাড়ির উল্টোদিকে বসবাস করা, ডরমিটরির অপর প্রান্তে থাকা, হলঘরের উল্টোদিকে থাকা, কর্মস্থলে তাঁর পাশের চেয়ারে অথবা পাশের কিউবিকলে বসা, অথবা প্রতি সপ্তাহান্তে আপনাদের সন্তানের ফুটবল খেলার মাঠে যাওয়া, যাই হোক না কেন, নিজেদের মধ্যে এই নৈকট্যের ভিত্তিতেই আপনারা আরো বেশি করে সময় একত্রে অতিবাহিত করতে সমর্থ হন।

জীবনের ক্ষেত্রে এই বিশেষ পরিস্থিতি অত্যন্ত গুরুত্বপূর্ণ। ফলে, নিজেদের শৈশবে নিত্যনতুন বন্ধুবান্ধব তৈরি হওয়ার অনায়াস প্রক্রিয়ার নেপথ্যের আসল কারণটি আপনাদের কাছে সহজেই অনুমেয়। শৈশবের অধিকাংশ সময় জুড়ে, নিজের সমবয়সী মানুষের সংস্পর্শে

উপস্থিত থাকতে আপনি অভ্যস্ত ছিলেন—সেই উপস্থিতি ছিল অবশ্যই শারীরিক। এর ফলে যখন শৈশবের বন্ধুবান্ধব আপনার কাছ থেকে দূরে সরে যেতে বাধ্য হন এবং আপনি হঠাৎ করে এক নতুন দুনিয়ায় পদার্পণ করেন, আপনার পক্ষে নতুন করে নিজের বন্ধু বেছে নেওয়ার কাজটি অসম্ভব বলে মনে হয়—কারণ সম্পূর্ণভাবে অপরিচিত কোনো ব্যক্তির সঙ্গে ২০০ ঘণ্টা সময় কাটানোর সুযোগ আপনি কখনোই পান না।

এর পাশাপাশি আরও একটি কথা মনে রাখা অত্যন্ত জরুরী: একজন প্রাপ্তবয়স্ক মানুষ হিসেবে, আপনার কাছে শৈশবের অখণ্ড অবসরের মতো, পর্যাপ্ত সময়ের যোগান থাকা কখনোই সম্ভবপর নয়; কারণ বর্তমানে আপনি নিজের যাবতীয় কর্মকাণ্ডে অত্যন্ত ব্যস্ত থাকেন। আমেরিকান টাইম স্টাডি অনুসারে, বিজ্ঞানীরা আবিষ্কার করেছেন যে ২১ বছর বয়স থেকে ৬০ বছর বয়স পর্যন্ত, নিজেদের পরিবারের সদস্য এবং বন্ধু বান্ধবদের জন্য নিয়োজিত সম্মিলিত সময়ের তুলনায়, কর্মক্ষেত্রে নিজের সহকর্মীদের সঙ্গে আপনি অনেক বেশি সময় কাটান।

এর অর্থ হল, বন্ধুবান্ধবের সঙ্গে সময় কাটানোর জন্য আপনার একমাত্র সুযোগ হল কর্মক্ষেত্র থেকে ফিরে আসার পরবর্তী অবসর সময়টুকু, অথবা সপ্তাহান্তের মাত্র দুটি দিন। একবার চিন্তা করে দেখুন, নিজের জীবনে নবাগত প্রাপ্তবয়স্ক বন্ধুটির সঙ্গে ২০০ ঘণ্টা সময় অতিবাহিত করার জন্য আপনাকে কতগুলি কফি ডেটস, প্রাতঃভ্রমণ, এবং বার্বেকিউ অনুষ্ঠানের সাহায্য নিতে হতে পারে! এবং এর পাশাপাশি, আপনার মনে একটি চিন্তা বারবারই ঘুরে ফিরে আসবে—বন্ধুত্ব স্থাপনের ক্ষেত্রে পারস্পরিক নৈকট্য যদি এতটাই গুরুত্বপূর্ণ হয়, তাহলে আপনার সহকর্মীরা, যাঁদের সঙ্গে আপনি নিজের বর্তমান জীবনের সিংহভাগ সময় কাটাতে অভ্যস্ত, আজ পর্যন্ত কেন তাঁরা আপনার অভিন্নহৃদয় বন্ধুবান্ধব হয়ে ওঠেননি?

বন্ধুত্বের দ্বিতীয় স্তম্ভ হল সময়ানুবর্তিতা।

এই মুহূর্তে নিজের জীবনের যে নির্দিষ্ট পর্যায়ে আপনি অবস্থান করছেন, সেই অধ্যায়ের সঙ্গে সময়ানুবর্তিতা সরাসরি সম্পর্কিত। অন্য কোনো ব্যক্তির সঙ্গে, জীবনের সেই নির্দিষ্ট অধ্যায়ে যদি আপনি সহাবস্থান না করেন, তাহলে আপনার পক্ষে দুজনের পারস্পরিক সম্পর্কের সাযুজ্য লক্ষ করা অসম্ভব, কারণ চারিত্রিকভাবে আপনাদের মধ্যে সেভাবে কোনো মিল নেই।

সময়ানুবর্তিতার ক্ষেত্রটি যেভাবে নিজের সহকর্মীদের সঙ্গে আপনার পারস্পরিক সম্পর্কের উপরে প্রভাব বিস্তার করে, তার চাইতে প্রকৃষ্টতর উদাহরণ আপনার জীবনে আর নেই। যেমন একটু আগেই আপনি জেনেছেন, ২১ বছর বয়স থেকে ৬০ বছর বয়সের ক্ষেত্রে, নিজের পরিবার এবং বন্ধুবান্ধবের জন্য নিয়োজিত সম্মিলিত সময়ের তুলনায়, কর্মক্ষেত্রে নিজের সহকর্মীদের সঙ্গে আপনি অনেক বেশি সময় কাটাতে অভ্যস্ত হয়ে উঠেছেন, কিন্তু আপনাকে একটি অত্যন্ত গুরুত্বপূর্ণ কথা সবসময় মনে রাখতে হবে: কর্মক্ষেত্রে উপস্থিত আপনার প্রতিটি সহকর্মী নিজস্ব জীবনের বিভিন্ন অধ্যায়ে অবস্থান করছেন। এর অর্থ হল, আপনার জীবনের প্রায় চার দশকের বেশি সময় ধরে, যে সমস্ত মানুষজনের সান্নিধ্যে নিজের অধিকাংশ সময় শারীরিকভাবে উপস্থিত থেকে আপনি কাটাচ্ছেন, তাঁরা প্রত্যেকেই নিজের নিজের জীবনের ক্ষেত্রে আপনার জীবনের সেই নির্দিষ্ট অধ্যায়টিতে অবস্থান করেন না, যেখানে এই মুহূর্তে আপনি অবস্থান করছেন।

উদাহরণ হিসেবে ধরা যাক, এই মুহূর্তে আপনার প্রতিটি সহকর্মী যদি আপনার থেকে অন্ততপক্ষে চল্লিশ বছরের বড় হয়ে থাকেন, তাহলে আপনাদের পারস্পরিক সম্পর্কের সামঞ্জস্য বজায় রাখা অত্যন্ত কঠিন হিসেবে প্রতিপন্ন হবে। আমাদের মেয়ে আমার কাছে অনুযোগ করেন, প্রতিনিয়ত নিজের কর্মক্ষেত্রে বিভিন্ন মিটিং এবং সমাবেশে নবাগত সহকর্মীদের সঙ্গে আলাপচারিতার সময়ে প্রথম যে প্রশ্নটি প্রায়ই তাঁর দিকে নিক্ষিপ্ত হয় তা হল, "আপনার বিবাহের অনুষ্ঠান কোথায় হয়েছিল?" অথবা "অবসর গ্রহণ করার পরে কী করবেন, সেই সম্পর্কে আপনার বিশেষ কোনো পরিকল্পনা রয়েছে কি?"

আমার মেয়ে অনুভব করতেন, প্রতি সোমবার যখন তাঁর সহকর্মীরা নিজেদের সন্তানের সঙ্গে কীভাবে সপ্তাহান্ত কাটিয়েছেন, তার পুঙ্খানুপুঙ্খ বিবরণ বিনিময় করতে মশগুল থাকতেন, তখন তাঁকে নিজের জীবনের প্রসঙ্গে প্রতিনিয়ত মিথ্যার আশ্রয় নিতে হত। কারণ, গত সপ্তাহান্তে তিনি নিজের বান্ধবীদের সঙ্গে মাত্রাতিরিক্ত সুরাপানের ফলে গার্বেজ ক্যানের মধ্যে বমি করেন এবং পরে রীতিমতো বেসামাল হয়ে বাড়ি ফেরেন।

এই কারণে, জীবনের ক্ষেত্রে সময়ানুবর্তিতার মূল্য একান্তভাবে অপরিসীম। কর্মক্ষেত্রে নিজের সহকর্মীদের সঙ্গে দিনের অধিকাংশ সময় অতিবাহিত করার পরেও, এবং তাঁদের সঙ্গে যথেষ্ট অন্তরঙ্গ সম্পর্ক বজায় রাখা সত্ত্বেও, তাঁদের প্রত্যেকেই তাঁর ভালোবাসার মানুষ হওয়া সত্ত্বেও, তাঁরা নিজেদের জীবনে সম্পূর্ণ আলাদা অধ্যায়ে অবস্থান করতেন। একই কারণে, আমার মেয়ের সহকর্মীরা সপ্তাহান্তে কখনোই কোনো রেস্তোরাঁ অথবা পানশালায় সময় কাটাতে অভ্যস্ত ছিলেন না, কিংবা কাজের শেষে কখনোই তাঁরা বাইরে ডিনার করার কথা ভাবতে পারতেন না—কাজের পরিবেশ ছাড়া তাঁদের জীবনে আর কোনোরকম সাদৃশ্যই ছিল না।

সময়ানুবর্তিতা কীভাবে পারস্পরিক বন্ধুত্বের ক্ষেত্রে প্রভাব বিস্তার করে, তার সম্পর্কে আরো একটি উদাহরণ আপনাদের সামনে আমি উপস্থাপনা করতে চলেছি। পরিবারসূত্রে, ক্রিস এবং আমার জীবনে এমন অনেক বন্ধুবান্ধব রয়েছেন, যাঁরা আমাদের দুজনের কাছেই অত্যন্ত প্রিয় মানুষ। তাঁদের প্রতিটি চালচলন এবং কথাবার্তা আমার কাছে ভীষণ পছন্দের। তাঁদের সঙ্গে সময় কাটাতে আমার ভীষণ ভালো লাগে। কিন্তু তাঁদের থেকে বয়সে আমরা প্রায় পনেরো বছরের ছোট, এবং পারিবারিক সম্পর্কের নিরিখে ইতিমধ্যেই নাতি-নাতনি নিয়ে তাঁদের সংসার ভরভরন্ত। স্বাভাবিকভাবেই তাঁদের সঙ্গে আমার কথোপকথনের যাবতীয় প্রসঙ্গ একটি অত্যন্ত ছোট পরিধির মধ্যেই সীমাবদ্ধ, কারণ আমরা একই সময়ে জীবনের দুটি আলাদা অধ্যায়ে অবস্থান করছি।

তা সত্ত্বেও কি আমরা বন্ধু নই? অবশ্যই! আমি তাঁদের আমৃত্যু ভালোবেসে যাবো! কিন্তু সেই অসম বন্ধুত্বের শিকড়টি আমাদের মনের গভীরে ছড়িয়ে পড়া সম্ভব নয়, কারণ তাঁদের বসতবাড়ি থেকে অনেক দূরে আমাদের বসবাস, আমাদের মধ্যে খুব বেশি দেখাসাক্ষাৎ হওয়ার কোনো সুযোগ না থাকা, এবং সময়ানুবর্তিতার নিরিখে তাঁদের তুলনায় আমরা সম্পূর্ণ আলাদা গোলার্ধে অবস্থান করছি। বন্ধুত্বের প্রধান তিনটি স্তম্ভ সম্পর্কে প্রশিক্ষণের ক্ষেত্রে যে ব্যাপারটি আমার অত্যন্ত পছন্দের, তা হল, পারস্পরিক সম্পর্কের মানসিক দৃষ্টিভঙ্গীর এই তারতম্যে নিজেদের ব্যক্তিগত সম্পর্কে কোনোরকম প্রভাব পড়ে না।

বন্ধুত্বের সম্পর্কের নিয়মিত উত্থান পতন অত্যন্ত স্বাভাবিক ঘটনা। এক মুহূর্তে কোনো মানুষকে আপনার অত্যন্ত ঘনিষ্ঠ বলে মনে হবে, পরমুহূর্তেই আপনাদের মধ্যে তৈরি হতে পারে এক অনতিক্রম্য দূরত্ব। এক্ষেত্রে ব্যক্তিগত বৈরীতার কোনো প্রশ্নই ওঠে না। এর একমাত্র কারণ হল পারস্পরিক সম্পর্কের নৈকট্য এবং সময়ানুবর্তিতা।

দ্য লেট দেম থিওরি অর্থাৎ ওদের করতে দিন এর পদ্ধতির সাহায্যে, নিজের জীবনে প্রাপ্তবয়স্ক বন্ধুত্বের সম্পর্কগুলি সম্পূর্ণভাবে নিজের আয়ত্বে নিয়ে আসতে আমি সমর্থ হয়েছি। এই পদ্ধতি একইভাবে আপনাদের সাহায্য করতে চলেছে, কারণ জীবনে আপনারা যত উন্নতি করবেন, একদিকে তত বেশি করে অসংখ্য মানুষের সঙ্গে আপনাদের আলাপ ও পরিচয় বৃদ্ধি পাবে, অন্যদিকে অনেক মানুষের সঙ্গে আপনাদের সম্পর্ক বিচ্ছিন্ন হতে থাকবে। ওদের করতে দিন।

প্রত্যেকটি মানুষকে নিজের শ্রেষ্ঠতম বন্ধু হয়ে ওঠার ক্ষেত্রে উপযুক্ত ভাবার ভ্রান্ত ধারণা থেকে যখন আপনি বেরিয়ে আসতে পারবেন, অথবা প্রতি ক্ষেত্রে আমন্ত্রিত হওয়ার মিথ্যা প্রত্যাশা ত্যাগ করতে পারবেন, বা প্রতিটি অনুষ্ঠানে নিজের অন্তর্ভুক্তির প্রত্যাশা ছাড়তে পারবেন, কিংবা পারিপার্শ্বিকের প্রতিটি মানুষের সঙ্গেই আপনার যাবতীয় ধ্যানধারণা মিলে যাওয়ার অলীক আশা ছাড়তে পারবেন, বন্ধুত্বের সম্পর্কগুলির সামগ্রিক উন্নতিসাধন, তখনই সম্ভব। দ্য লেট দেম থিওরি অথবা ওদের করতে দিন এর পদ্ধতির সাহায্যে, আপনার পক্ষে প্রাপ্তবয়স্ক বন্ধুত্বের পারস্পরিক সম্পর্কগুলিকে একটি সম্পূর্ণ নতুন দৃষ্টিকোণ থেকে দেখা সম্ভব; যার ফলে আপনার জীবন হয়ে উঠবে স্বয়ংসম্পূর্ণ, স্বাস্থ্যকর এবং অনাবিল আনন্দে ভরপুর।

বন্ধুত্বের তৃতীয় স্তম্ভ হল অদম্য স্পৃহা।

কিছু মানুষের সঙ্গে নিজের মতবাদ ও মানসিকতা সম্পূর্ণভাবে মিলে গেলেও, অন্যান্যদের সঙ্গে আপনার মতের মিল হয় না। এর নির্দিষ্ট কারণ যেমন আপনার বোধগম্য হয় না, সেরকম অন্যান্যদের ক্ষেত্রে একইভাবে এর কারণ বোঝা সম্ভব নয়, কিন্তু একে অপরের প্রতি আস্থা ও বিশ্বাস রেখে জীবনের পথে আপনাদের পা বাড়াতে হয়। নিজেদের মধ্যে হয় একটি পারস্পরিক বোঝাপড়ার স্পৃহা তৈরি হওয়া সম্ভব, নয়ত মতান্তরের ভিত্তিতে অতলান্ত নিস্পৃহতা। এই বিশেষ পরিস্থিতির নেপথ্যে বিজ্ঞানসম্মত কোনো কারণ নেই। চোখ বন্ধ করে পারিপার্শ্বিকের মানুষজনের উপর আপনাকে আস্থা রাখতে হয়।

জীবনের ক্ষেত্রে একটি কঠিন বাস্তবের সম্মুখীন হওয়া আমাদের পক্ষে একান্ত জরুরী: সময়ের তালে তালে, আমাদের অন্তর্নিহিত স্পৃহার তারতম্য ঘটতে থাকে। কিছু ক্ষেত্রে, এই অদম্য স্পৃহা আমাদের জীবনে সাফল্য নিয়ে আসে, আবার কোনো কোন সময়ে তা আমাদের বিফলতার অন্যতম কারণ হিসেবে প্রতিপন্ন হয়। মানুষের জীবনে এই নির্দিষ্ট পরিস্থিতি অত্যন্ত লাভদায়ক, কারণ এর অর্থ হল—নিজেদের মধ্যে সযত্নে লালিত এই অদম্য স্পৃহার ফলে আপনি এবং আপনার পারিপার্শ্বিকের প্রিয় মানুষজন ক্রমাগতভাবে নিজেদের নবতম সংস্করণে উন্নীত হতে থাকেন।

উদাহরণ হিসেবে ধরা যাক, নিজের কলেজ জীবনে আপনি পাঁচজন বন্ধুর সঙ্গে বসবাস করতে অভ্যস্ত ছিলেন, এবং তাঁদের প্রত্যেকেই ছিলেন আপনার প্রিয়জন। আপনাদের মনের মিল এবং অসাধারণ বোঝাপড়া ছিল অন্যান্য আবাসিকদের কাছে আদর্শ; কাজেই, সেটি ছিল আপনার জীবনের সর্বোৎকৃষ্ট অভিজ্ঞতাগুলির অন্যতম। কিন্তু স্নাতক হওয়ার পরে মাত্র চার মাসের ভিতরে, আপনাদের মধ্যে দুজন আলাদাভাবে থিতু হওয়ার সিদ্ধান্ত গ্রহণ করে ফলে, বন্ধুত্বের সেই নিশ্ছিদ্র বাতাবরণে কিছুটা পরিবর্তন পরিলক্ষিত হয়। অবশ্যই, এটি একটি অত্যন্ত স্বাভাবিক ঘটনা। এর অর্থ, জীবনে অগ্রসর হওয়ার ক্ষেত্রে, নিশ্চিতভাবে আপনাদের সার্বিক উন্নতিসাধন এবং পরিবর্তনের প্রক্রিয়া শুরু হয়েছিল, এবং এর ফলে কখনোই আপনাদের প্রগাঢ় বন্ধুত্বের পারস্পরিক সম্পর্কে পূর্ণচ্ছেদ পড়েনি।

নিজেদের জীবনে যে ভুলটি আমরা প্রায়শই করে থাকি তা হল, জীবনের প্রতিটি ক্ষেত্রে অন্যান্যদের সঙ্গে নিজেকে মানিয়ে গুছিয়ে নেওয়া, তাঁদের প্রতি সহানুভূতিশীল হওয়া, তাঁদের প্রশংসা করায় মনোনিবেশ করার পরিবর্তে, তাঁদের যাবতীয় ভুলভ্রান্তির চুলচেরা বিশ্লেষণ করতে আমরা ব্যস্ত হয়ে পড়ি। জীবনের একটি বিশেষ অধ্যায়ে আপনারা অভিন্নহৃদয় বন্ধু ছিলেন তা অনস্বীকার্য হলেও, তার অর্থ এই নয় যে জীবনের প্রতিটি অধ্যায়ে সেভাবেই নিজেদের বন্ধুত্বের পারস্পরিক সম্পর্কটি আগলে নিয়ে চলতে আপনারা বাধ্য।

ঘটনাচক্রে, এই নির্দিষ্ট প্রসঙ্গে আলোচনায় ব্যস্ত থাকাকালীন আমি বলতে চাই যে, প্রিয়তম বন্ধুর এই বিশেষ তকমাটি আমার কাছে রীতিমত ঘৃণার কারণ। একটি বিশেষ সম্পর্কের উপরে এই নির্দিষ্ট শব্দগুলি প্রবল মানসিক চাপ এবং অবদমিত প্রত্যাশার গুরুভার চাপিয়ে দিতে থাকে, ফলে সেই সম্পর্কের প্রকৃত বিকাশ এবং বিবর্তন সম্ভব হয় না। আপনার জীবনে প্রতিনিয়ত অসংখ্য মানুষের গমনাগমন চলতেই থাকবে, ওদের করতে দিন। আপনাকে শুধুমাত্র এই প্রক্রিয়ার সময়ানুবর্তিতার উপরে বিশ্বাসভাজন হয়ে পথ চলতে হবে।

আপনার জীবনে এমন বহু মানুষ বর্তমান, যাঁরা শুধুমাত্র বিশেষভাবে কিছু সময়ে অথবা বছরের একটি নির্দিষ্ট মরশুমে আপনাকে সান্নিধ্য প্রদান করবেন। একইভাবে, আপনার জীবনে এমন অনেক মানুষের অস্তিত্ব রয়েছে, যাঁরা বিশেষ কোনো উদ্দেশ্য নিয়ে এই মুহূর্তে আপনাকে সঙ্গদান করছেন। এছাড়াও, আপনার নিজের জীবনে এমন অনেক মানুষ রয়েছেন, যাঁরা সারাজীবন ধরে আপনার সঙ্গে থেকে যাবেন।

মানুষের জীবনে এটি অত্যন্ত স্বাভাবিক ঘটনা। যখন কোনো ব্যক্তি আপনার জীবন থেকে আস্তে আস্তে দূরে সরে যান, কিংবা পারস্পরিক সম্পর্কের ভিত্তিতে নিজেদের মধ্যে অদম্য স্পৃহার অভাববোধ দেখা দেয়, দয়া করে তাঁকে আপনার শত্রু হিসেবে প্রতিপন্ন করার চেষ্টা করবেন না। বন্ধুত্বের পারস্পরিক সম্পর্কে কখন মানসিক টানাপোড়েনের পরিস্থিতির উদ্ভব হয়, এবং কোনো মুহূর্তে নিজেদের মধ্যে অদম্য স্পৃহার ঘাটতি দেখা দেয়, আপনার পক্ষে তা আবিষ্কার করা সহজেই সম্ভব, কারণ সেই বিশেষ পরিস্থিতির উদ্ভবে আপনার পক্ষে মানসিক বিপর্যয়ের সম্মুখীন হয়ে পড়া অবশ্যম্ভাবী। সেই মুহূর্তে পারস্পরিক কথোপকথনের ক্ষেত্রটি অত্যন্ত অস্বস্তিকর হয়ে দাঁড়ায়। আপনার পক্ষে অতি সহজেই অনুভব করা সম্ভব, পারস্পরিক সম্পর্কের নিটোল আবহে কোথায় যেন চিড় ধরেছে, কিংবা বার্তালাপের ক্ষেত্রে এক অস্বস্তিকর

পরিস্থিতি তৈরি হয়েছে। আপনার অনুভূতির উপরে বিশ্বাস রাখুন। নিজের জীবনে বিভিন্ন ক্ষেত্রে আমি উপলব্ধি করেছি, এই বিশেষ ধরনের পরিস্থিতিতে কোনো অবলম্বনকে আঁকড়ে ধরলে অথবা সেটিকে জোর করে নিজের আয়ত্বে নিয়ে আসার চেষ্টা করলে, ফলাফল কখনোই ভালো হতে পারে না।

আমরা সজোরে আঁকড়ে ধরতে চাই, কারণ আমাদের অটুট বিশ্বাস—যে মুহূর্তে সেই প্রাণপণ প্রচেষ্টায় ক্ষান্ত দেবো, প্রগাঢ় বন্ধুত্বের সেই সম্পর্কে পূর্ণচ্ছেদ অনিবার্য। আমার জীবনেও অবিকল একই ঘটনা ঘটেছিল। একদিন সকালে হঠাৎ করে আবিষ্কার করি যে, নিজের অত্যন্ত প্রিয় এবং অন্তরঙ্গ বন্ধুবান্ধবের দল আমাকে কার্যত বহিষ্কার করেছে। সেই মুহূর্তে আমার কী করণীয়, তা স্বভাবতই আমার বোধগম্য হয়নি; এবং সেই বিশেষ পরিস্থিতি নিজের নিয়ন্ত্রণে আনার ক্ষেত্রেও, আমি সম্পূর্ণভাবে অকৃতকার্য হয়েছিলাম।

অধ্যায় ১২

স্বাভাবিক কারণে কেন কিছু বন্ধুত্বের অকালমৃত্যু ঘটে

ঘটনাটি এরকম ঘটেছিল।

যৌবনে তিন সন্তানের গর্বিত মা হিসেবে যখন আমি নতুন করে নিজের সংসার পাতি, আমার জীবন অনাবিল আনন্দে পরিপূর্ণ হয়ে উঠেছিল। শহরের এমন একটি অঞ্চলে আমরা বসবাস করতাম যেখানে পরিবারের সদস্যরা, প্রতিবেশি এবং অজস্র বন্ধুবান্ধব নিয়ে একটি বিরাট দল সংগঠিত হয়েছিল। সেখানে একাধারে নিজের সন্তানদের প্রতিপালনের পাশাপাশি, আমরা প্রতিনিয়ত আড্ডা এবং হৈহুল্লোড়ে ব্যস্ত থাকতাম, এবং স্বভাবতই, আমাদের মধ্যে একটি অসামান্য সামাজিক সম্পর্ক গড়ে উঠেছিল।

আমাদের মধ্যে অধিকাংশের সন্তান প্রায় সমবয়সী হওয়ার দরুণ, তারা প্রত্যেকেই স্থানীয় একটি সরকারী এলিমেন্টারি স্কুলে পড়াশোনা শুরু করেছিল। আমার জীবনে সেই নির্দিষ্ট সময়টি ছিল অত্যন্ত আনন্দময় এবং আমরা একটি অত্যন্ত স্বাস্থ্যকর সামাজিক ব্যবস্থার অন্তর্ভুক্ত হয়ে সেখানে বসবাস করতাম, কারণ নিজেদের সন্তানদের ক্ষেত্রে, তাদের স্কুলে দেওয়া নেওয়ার ক্ষেত্রে আমাদের প্রত্যেকের দৈনন্দিন রোজনামচা মিলেমিশে যাওয়ার ফলে, প্রতিনিয়ত সেই অঞ্চলের বিভিন্ন বন্ধুবান্ধব, প্রতিবেশী এবং আত্মীয় পরিজনদের সঙ্গে আমাদের দেখাসাক্ষাৎ হতেই থাকত। সত্যি কথা বলতে, মাঝেমধ্যে মনে হত আমি যেন নিজের শৈশবে, হাইস্কুলে পড়ার দিনগুলিতে ফিরে গিয়েছিলাম, যখন নিজের বন্ধুদের সঙ্গে নিরন্তরভাবে বিভিন্ন অনুষ্ঠানের পরিকল্পনা, অসংখ্য আমন্ত্রণপত্র তৈরি করা এবং বন্ধুবান্ধবের বিভিন্ন দলের সঙ্গে ওঠাবসা করতে আমি অভ্যস্ত ছিলাম।

প্রতিবেশীদের মধ্যে এমন দুটি দম্পতি ছিলেন, যাঁদের সঙ্গে আমরা বিশেষভাবে ঘনিষ্ঠ হয়ে উঠেছিলাম এবং নিজের সন্তানদের নিয়ে তাঁদের সঙ্গে অসংখ্য পরিকল্পনা সাজাতে আমরা সর্বদাই ব্যস্ত হয়ে থাকতাম—প্রতি সপ্তাহান্তে নিয়মিতভাবে ছুটি কাটাতে যাওয়া, হ্যালোউইনের সময়ে পাড়ার সবাইকে আমন্ত্রণ জানিয়ে তাঁদের জন্য চোখ ধাঁধানো ট্রিক-ও-ট্রিটের ব্যবস্থা

করা, প্রতি শনিবার সকালে নিকটবর্তী শহরে ফুটবল কোচিং নিতে যাওয়া, রবিবারের সকালে জিভে জল আনা প্রাতঃরাশ উপভোগ করা, ফুটবল সংক্রান্ত পার্টিতে নিয়মিত উপস্থিত থাকা, ইচ্ছামতো বার্বিকিউ পার্টির আয়োজন করা, এমন আরো অনেক কিছু—যার সম্পূর্ণ তালিকা তৈরি করা নিতান্তই অসম্ভব।

ক্রিস এবং আমি এই অসামান্য ব্যবস্থাপনায় স্বভাবতই, অত্যন্ত আনন্দিত হয়েছিলাম। এমন একটি মফঃস্বল অঞ্চলে থিতু হওয়া, যেখানে আমাদের পরিচিত একটি মানুষও আশেপাশে নেই,—এই বিশেষ পরিস্থিতি যেন হাতে স্বর্গ পাওয়ার সমার্থক হয়ে উঠেছিল। এই অঞ্চলে বসবাস করতে শুরু করার মুহূর্ত থেকেই, আমাদের পাশে ছিলেন অসাধারণ কিছু মানুষ, কিছু হৃদয়বান দম্পতির পরিবার, যাঁদের না ভালোবেসে থাকা কখনোই সম্ভব নয়—এবং আমাদের সন্তানরা অবিলম্বেই তাঁদের সন্তানদের অভিন্নহৃদয় বন্ধু হয়ে উঠেছিল! আমাদের কাছে এই পরিস্থিতি, রীতিমত অভাবনীয় এবং আশাতীত ছিল!

সেই সময়ে, আমাদের এক অন্তরঙ্গ বান্ধবী দেশের একটি অন্য অঞ্চলে স্থায়ীভাবে বসবাস করতেন। প্রতিনিয়ত তিনি অনুযোগ করতেন; আমাদের পরিবার, প্রতিবেশী এবং অজস্র বন্ধুবান্ধব সম্বলিত অত্যন্ত মজাদার এই বিশাল দলের প্রতি তাঁদের পরিবারের সদস্যরা কী পরিমাণে ঈর্ষাকাতর হয়ে পড়েছেন। এই আনন্দঘন পরিবেশে তাঁদের অন্তর্ভুক্তির ক্ষেত্রে আমাদের কাছে একটিই সমাধান ছিল—নিজের পরিবার সহ আমাদের এই মফঃস্বল শহরতলীতে বরাবরের জন্য থিতু হওয়ার জন্য তাঁকে অনুরোধ করা।

স্বভাবতই, ক্রিস এবং আমি তাঁদের উৎসাহ দিতে শুরু করি: "যত তাড়াতাড়ি সম্ভব, তল্পিতল্পা গুটিয়ে এখানে বরাবরের জন্য থিতু হওয়ার ব্যবস্থা করো!"

সৌভাগ্যবশত তাঁরা আমাদের পরামর্শ অনুযায়ী কাজ করার সিদ্ধান্ত নিতে পেরেছিলেন। আমাদের পাড়াতে, রাস্তার ঠিক পাশেই তাঁরা একটি নতুন বাড়ি কিনেছিলেন, আমাদের অত্যন্ত ঘনিষ্ঠ দুই দম্পতির সামগ্রিক ব্যবস্থাপনার মাধ্যমে। এই সুখবর পাওয়ার পরে, সর্বপ্রথমেই আমি যারপরনাই উচ্ছ্বসিত হয়ে পড়েছিলাম। একবার কল্পনা করে দেখুন—নিজের অন্তরঙ্গ বন্ধু, যে শুধুমাত্র আপনার শহরে বরাবরের জন্য থিতু হচ্ছেন তাই নয়, নিজের পরিবারের সঙ্গে তিনি আপনার পাড়াতেই বসবাস করবেন, আপনার প্রতিবেশী হিসেবে! এবং আপনাদের সঙ্গে রয়েছেন সেই দুই দম্পতির পরিবার—যাঁরা সেই মুহূর্তে আপনাদের পারিবারিক বন্ধু হিসেবে বিশেষভাবে পরিচিত! আমাদের প্রত্যেকের বাড়ির মধ্যে দূরত্ব অতিক্রম করার জন্য মাত্র পাঁচ মিনিটের জন্য গাড়ির স্টিয়ারিং হুইলে বসার প্রয়োজন ছিল—এর চাইতে ভালো আর কী-ই বা হতে পারত?

স্বাভাবিকভাবেই, আমি ভেবেছিলাম নিজেদের জীবনকে একটি অন্তহীন পার্টির মতো করে আমরা উপভোগ করতে পারব: যেখানে চারটি পরিবারের প্রতিটি সদস্য সবসময় উপস্থিত থাকবেন। বাস্তবে, প্রথম প্রথম আমার প্রত্যাশা অনুযায়ী সমস্ত কিছু হতে শুরু করেছিল। সপ্তাহের প্রায় প্রতি রাতেই ডিনারের আয়োজন সেরে ফেলার পরে, বন্ধুবান্ধবরা হঠাৎ ফোন করে আমাদের আমন্ত্রণ জানাতে অভ্যস্ত হয়ে উঠেছিলেন। কিন্তু সময়ের সঙ্গে সঙ্গে, এমন কিছু ঘটনা ঘটে, যা আমাদের কাছে আশাতীত ছিল। প্রথমে আমাদের বন্ধুবান্ধবের তরফ থেকে নৈশভোজের

আমন্ত্রণের সংখ্যা কমতে শুরু করল। বেশ কিছু দিন পরে পরিস্থিতি এমন জায়গায় গিয়ে দাঁড়াল—যে দেখা গেল আমাদের পরিবার বাদে, বাকি তিনটি পরিবারের সদস্যরা প্রতিনিয়ত, নিজেদের মধ্যে সময় কাটাতে ব্যস্ত হয়ে পড়েছেন!

বর্তমানে সেই স্মৃতি রোমন্থনের ফলে আমি উপলব্ধি করতে পারি, এই নির্দিষ্ট পরিবর্তন একান্তভাবেই অনিবার্য ছিল। মানুষের জীবনের পারস্পরিক নৈকট্যের গুরুত্ব সকলের চাইতে বেশি। সেই নির্দিষ্ট পরিবারগুলি রাস্তার এপার ওপারে অবস্থিত বাড়িগুলিতে বসবাস করত। বাড়ির সদর দরজা থেকে তাঁরা একে অপরকে হাতছানি দিয়ে ডাকতে পারতেন। তাঁদের সন্তানরা ছিল একেবারেই সমবয়সী, যারা প্রতিদিন একসঙ্গে স্কুলের বাসে চেপে স্কুলে যাতায়াত করত, এবং কারপুল ব্যবহার করে খেলার মাঠে যেতে অভ্যস্ত হয়ে উঠেছিল।

এই বিষয়ে গভীরভাবে চিন্তাভাবনা করার ফলে, আমার পক্ষে আসল রহস্যের সমাধান সম্ভব হয়েছে। আমাদের মধ্যে পারস্পরিক ব্যবহারের এই অনভিপ্রেত উত্থান পতনের নেপথ্যে ব্যক্তিগত কোনো আক্রোশের ভূমিকা কখনোই ছিল না। স্কুলের বাস থেকে নিজের সন্তানকে নামাবার জন্য যখন রাস্তার পাশে আপনি অপেক্ষা করেন, স্বভাবতই পাশে দাঁড়ানো অন্য শিশুটির মায়ের দিকে ঘুরে গিয়ে, আপনি ভদ্রতার খাতিরে প্রশ্ন করেন, "আপনার ছেলেমেয়েরা আজ রাতে কী করছে? আসুন না, আজকের ডিনার একসঙ্গে সারার ব্যবস্থা করে ফেলি?"

খুব স্বাভাবিকভাবে, তাঁদের পক্ষে নিজেদের অত্যন্ত অন্তরঙ্গ হয়ে ওঠার ক্ষেত্রে বিন্দুমাত্র সন্দেহ থাকার কথা নয়! এবং সেক্ষেত্রে তাঁদের জীবনে কোনো প্রতিবন্ধকতা থাকার কথা নয়। কিন্তু এক্ষেত্রে আমার অভিজ্ঞতা কী হয়েছিল? নিজের চোখে দেখেছিলাম, সুদূর আটলান্টা থেকে সদ্য আসা আমার সেই প্রিয় বান্ধবী এবং তাঁর পরিবার, অম্লানবদনে এবং নির্লজ্জভাবে, বন্ধুদের দলে আমাদের উপস্থিতির কথা কত সহজে সবাইকে ভুলিয়ে দিতে পেরেছিলেন! এবং আমার পক্ষে এই বিশেষ পরিস্থিতি সহ্য করা সহজে সম্ভব হয়নি।

আমার অবস্থা ছিল মারাত্মক

নিজের জীবনে সেই মুহূর্তে প্রাপ্তবয়স্ক জীবনে বন্ধুত্বের সম্পর্ক সম্বন্ধে সঠিক ধারণা না থাকার কারণে, বিশেষ কোনো দল অথবা কর্মক্ষেত্র থেকে বহিষ্কৃত হলে, বা অত্যন্ত প্রতিকূল পরিস্থিতির সম্মুখীন হলে সাধারণ মানুষের প্রতিক্রিয়া যেরকম হয়, আমিও ঠিক একইভাবে প্রতিক্রিয়াশীল হয়েছিলাম। প্রবল ঈর্ষাপরায়ণতা এবং অদম্য ক্ষোভে আমি নিজেকে শান্ত করার কোনো উপায় খুঁজে পাচ্ছিলাম না। ওদের জায়গায় আমাদের থাকার কথা ছিল, বারবার আমার অন্তরে এই চিন্তাভাবনা ঘুরেফিরে আসছিল। আমাদের প্রিয় বন্ধুবান্ধবের দলটি ওরা আমাদের কাছ থেকে কার্যত চুরি করে নিল। এবং যে মুহূর্তে আমার যাবতীয় মনোযোগ তাঁদের প্রতি কেন্দ্রীভূত হতে থাকল, আমাদের বন্ধুত্বের সম্পর্কের খোলনলচে সম্পূর্ণভাবে বদলে যেতে শুরু করল।

প্রথমে, বন্ধুদের এই আকস্মিক পরিবর্তন আমি খেলার ছলে নেওয়ার চেষ্টা করি, আগের মতোই তাঁদের সঙ্গে বন্ধুবৎসল ব্যবহার অক্ষুণ্ন রাখার চেষ্টা করি, এই কঠিন পরিস্থিতিতেও

সম্পূর্ণভাবে প্রতিক্রিয়াহীন হওয়ার প্রাণপণ প্রচেষ্টা চালাই, যাতে পরিস্থিতি পূর্বাবস্থায় ফিরে আসতে পারে। কিন্তু যতবার বর্তমান পরিস্থিতির কথা আমি মনে করতাম, অথবা বন্ধুদের সঙ্গে দেখা হত, আমার উপরে যেন শয়তান ভর করত—যা আমার শরীর, মন এবং আত্মাকে নিজের আয়ত্বাধীন করে রাখত।

নিজের যাবতীয় অনুভুতি কিছুতেই আমি নিজের নিয়ন্ত্রণে রাখতে পারতাম না। ক্রমে আমার সামগ্রিক ব্যবহার হয়ে উঠল অত্যন্ত শীতল এবং তিরিক্ষে। জীবনের প্রায় প্রতিটি ক্ষেত্রেই আমি যতদূর সম্ভব নিস্পৃহ হয়ে থাকতাম, এবং আমার এই মানসিকতা সম্পর্কে সকলেই অবগত ছিল। ক্রিস আমার মানসিক পরিস্থিতি অনুভব করতে পারতেন। সেই নির্দিষ্ট তিন দম্পতির পক্ষেও আমার মনোভাব অনুমান করা কঠিন ছিল না। পাড়ায় বসবাসকারী অন্যান্য প্রতিবেশী এবং আমাদের বৃহত্তর পরিবারের প্রতিটি সদস্যের কাছে আমার এই আমূল ব্যবহারিক পরিবর্তনের কারণটি অজানা ছিল না। সেই মুহূর্তে আমি হয়ে উঠেছিলাম চলমান বিভীষিকার প্রতিরূপ বিশেষ, কিন্তু আমার পক্ষে এর প্রতিকার সম্ভব ছিল না। আমি পারতপক্ষে সেই অনভিপ্রেত ঘটনাটির কথা ভুলে থাকার চেষ্টা করতাম, কিন্তু সপ্তাহের কোনো দিনে, যখন আমাদের পরিবার ডাইনিং রুমের টেবিলে বসে স্প্যাগেটি সহযোগে ডিনার করছি, আমাদের তথাকথিত বন্ধুবান্ধবরা নিজেদের বাড়ির পিছনের উঠোনে বার্বিকিউয়ের পার্টিতে মজে রয়েছেন, সেই হৈহুল্লোড়ের আওয়াজে আমার বুক ফেটে যেত।

সেই সময়ে আমার যাবতীয় অনুভূতি, আমার বিভিন্ন প্রতিক্রিয়া এবং অতি তুচ্ছ একটি ঘটনার পরিপ্রেক্ষিতে নিজের ঠুনকো নিরাপত্তাহীনতা সংক্রান্ত প্রতিক্রিয়ার বহিঃপ্রকাশে, অন্যান্যদের সামনে আমি অত্যন্ত অপ্রস্তুত বোধ করতাম। জীবনের সেই সময়ে, নিজের প্রতিক্রিয়া এবং সেগুলির নিয়ন্ত্রণ সম্পর্কে আমি নিতান্তই অনবগত ছিলাম। সেই সময়ে আমার কাছে দ্য লেট দেম থিওরি অথবা ওদের করতে দিন এর পদ্ধতি ছিল না। ক্রমেই, নিজের এলাকায় আমি একটি মূর্তিমান বিপদসংকেতে পরিণত হয়েছিলাম—এমন এক বিভীষিকা বিশেষ, যার সঙ্গে বন্ধুত্ব করা কোনোভাবেই সম্ভব নয়।

শনিবারের সকালে বিশেষ কোনো ফুটবল ম্যাচের ক্ষেত্রে, অথবা স্কুলের বিশেষ কোনো মিটিং এ, কিংবা কোনো ককটেল পার্টিতে, বা নিজের পাড়ার নিত্যপ্রয়োজনীয় সামগ্রীর বিপনীতে, সেই নির্দিষ্ট ছজনের সঙ্গে কোনোভাবে দেখা হলে, অবধারিতভাবে আমি মানসিকভাবে বিপর্যস্ত হয়ে পড়তাম। কিন্তু, তাঁদের সঙ্গে স্বাভাবিক ব্যবহার করতে আমি রীতিমত উৎসুক ছিলাম। কারণ, এই মানুষগুলিকে আমি ভালোবাসতাম এবং নিজেদের পারস্পরিক সম্পর্কের উন্নতিসাধন করার জন্য অত্যন্ত আগ্রহী ছিলাম। কিন্তু সেই বিশেষ মুহূর্তে, নিজের যাবতীয় প্রতিক্রিয়ার নিয়ন্ত্রণ আমার পক্ষে কোনোভাবেই সম্ভব হয়নি।

নিজেকে নিয়ন্ত্রণ করার পরিস্থিতিতে আমি কখনোই ছিলাম না। প্রতিটি ক্ষেত্রেই আমার কণ্ঠস্বরে পরিবর্তন লক্ষ্য করা সম্ভব হত। স্বয়ংক্রিয়ভাবেই, আমার হাতদুটি বুকের কাছে এসে ভাঁজ হয়ে যেত। এইভাবে নিজের যাবতীয় প্রতিক্রিয়ার বহিঃপ্রকাশ করার ক্ষেত্রে আমি মানসিকভাবে প্রস্তুত না থাকলেও, কীভাবে নিজের অভিব্যক্তি পরিবর্তন করতে হবে—তা আমার ধ্যানধারণা এবং নিয়ন্ত্রণের ক্ষমতা বহির্ভূত ছিল। আজও আমি সম্পূর্ণভাবে নিশ্চিত,

আমাদের বন্ধুবান্ধব এবং প্রতিবেশিদের মধ্যে কেউই ইচ্ছাকৃতভাবে আমাকে এবং ক্রিসকে সামাজিক ব্রাত্য হিসেবে প্রতিপন্ন করতে রাজি ছিলেন না।

আজ যখন আমি স্মৃতি হাতড়াই, তখন এক সম্পূর্ণ আলাদা দৃষ্টিভঙ্গীর মাধ্যমে সেই নির্দিষ্ট পরিস্থিতিকে বিচার করার চেষ্টা করি, এবং উপলব্ধি করতে পারি সেটি আদতে কিরকম ছিল। উপলব্ধি করতে পারি, সেই মুহূর্তে আমি কতটা রাগান্বিত এবং ঈর্ষাপরায়ণ ছিলাম। আমার মানসিক স্থিতি এমন পর্যায়ে পৌঁছেছিল যে, নিজেকে কোনো বার্বেকিউ সংক্রান্ত অনুষ্ঠানে অন্তর্ভুক্ত করতেও আমি রাজি ছিলাম না। আমাদের জীবনের সেই নির্দিষ্ট পর্যায়ে, কোনো অনুষ্ঠানে উপস্থিত থাকার জন্য আমন্ত্রিত হওয়াটা আমাদের কাছে এক অত্যাশ্চর্য বিস্ময় হিসেবে মনে হত!

এই পরিস্থিতিতে নিজের স্বামীর অবস্থা দেখে আমার রীতিমতো করুণা হত। বন্ধুবান্ধবের পারস্পরিক সম্পর্কের সূক্ষ্ম ভারসাম্যটি বিনষ্ট হয়ে যাওয়ার পরিপ্রেক্ষিতে তাঁর বিশেষ কোনো ভাবান্তর লক্ষ করা যায়নি। তিনি কখনোই এই নির্দিষ্ট সমস্যাকে ব্যক্তিগত আক্রমণ হিসেবে দেখেননি। কিন্তু আমার পক্ষে নিজের যাবতীয় অনুভূতির সঠিক নিয়ন্ত্রণ কখনোই সম্ভব হয়ে ওঠেনি। সেই ঘটনাটি সম্পর্কে আলোচনা করলে আজও ব্যক্তিগতভাবে আমাদের মানসিক বিপর্যয় এবং অব্যক্ত মানসিক যন্ত্রণার সম্মুখীন হতে হয়। নিজের অপরিপক্কতা ও অপ্রকৃতিস্থ ব্যবহারের জন্য আমি ক্ষমাপ্রার্থী, এবং তার সম্পূর্ণ দায়িত্ব নেওয়ার জন্য প্রস্তুত। সেই সময়ে, আমার ব্যবহার অত্যন্ত শিশুসুলভ ছিল। মুখে যা আসত তা নির্দ্বিধায় উগরে দিতে আমি পিছপা হতাম না, আবার পরমুহূর্তেই, এমন হাবভাব করতাম যেন সেই ঘটনায় আমার জীবনে কিছুই যায় আসে না; এবং যখন আমরা একা থাকতাম, আমার যাবতীয় প্রতিক্রিয়ার বহিঃপ্রকাশ ঘটত বেচারা ক্রিসের সামনেই।

সেই সময়ে আমার কাছে যদি দ্য লেট দেম থিওরি অর্থাৎ ওদের করতে দিন এর পদ্ধতি উপলব্ধ থাকত, তাহলে আমি অনায়াসেই তাঁদের উদ্দেশ্যে বলতে পারতাম, ওদের বন্ধুত্ব পালন করতে দিন। সেক্ষেত্রে আমার পক্ষে সেই দমবন্ধ করা পরিস্থিতি থেকে নিষ্কৃতি পাওয়া অপেক্ষাকৃত সহজ হত। একজন পরিণতমনস্ক এবং দায়িত্বশীল প্রাপ্তবয়স্ক মানুষের মতো, নিজের যাবতীয় আবেগতাড়িত প্রতিক্রিয়ার সঠিক উপলব্ধি করে সেগুলিকে স্বাস্থ্যকর প্রক্রিয়ার মাধ্যমে নিয়ন্ত্রণ করার প্রচেষ্টায় আমি ব্যস্ত হতাম। কিন্তু সেই সময়ে, আমার কাছে নিজের যাবতীয় অনুভূতি এবং প্রতিক্রিয়া নিয়ন্ত্রণের প্রক্রিয়ার সম্পর্কে কোনো ধারণা ছিল না। পারিপার্শ্বিকের মানুষজনের সামগ্রিক ব্যবহার আমার কাছে ব্যক্তিগত আক্রমণ হিসেবে মনে হত। আমার জীবনে তাঁরা ইতিমধ্যেই খলনায়কের ভূমিকায় অবতীর্ণ হয়েছিলেন।

কেন? আমি আপনাদের বলব: পরিস্থিতির দায়িত্বভার নিজের কাঁধে তুলে নেওয়ার পরিবর্তে, অবদমিত রাগ ও ক্ষোভে ফুটতে থাকা, অথবা অন্যদের ঘাড়ে দোষ চাপিয়ে দেওয়াটা অপেক্ষাকৃত সহজ বলে মনে হয়। প্রাপ্তবয়স্ক জীবনের বন্ধুত্বের পারস্পরিক সম্পর্কের ক্ষেত্রে আপনারা প্রায়শই যে ভুলটি করতে অভ্যস্ত, সেই সময় সেই একই ভুল আমিও করেছিলাম: সারাজীবনের জন্য আদর্শ বন্ধু হিসেবে নিজেকে প্রতিষ্ঠা করার অলীক প্রত্যাশা। আমি প্রতিটি

অনুষ্ঠানে আমন্ত্রিত থাকতে চেয়েছিলাম, এবং আশা করেছিলাম এই কাজ সুষ্ঠভাবে সম্পন্ন করা আমার পক্ষে অত্যন্ত সহজ হবে।

প্রাপ্তবয়স্ক জীবনের বন্ধুত্বের পারস্পরিক সম্পর্ক সৃষ্টি এবং সেই বন্ধুত্বকে বজায় রাখার ক্ষেত্রে, পারস্পরিক নৈকট্যের ভূমিকা যে একান্তভাবেই অনস্বীকার্য, তা আমার জীবনের এই কাহিনী থেকে সহজেই উপলব্ধি করা সম্ভব। পরিস্থিতি যে সবসময়েই আপনার নিয়ন্ত্রণে থাকবে, সে কথা জোর দিয়ে বলা যায় না। এই কাহিনী আরো একটি সত্যের প্রকৃষ্টতম উদাহরণ, যে নৈকট্যের সর্বাত্মক প্রভাব কীভাবে একটি পারস্পরিক বন্ধুত্বের সম্পর্ককে সম্পূর্ণভাবে ধ্বংস করে দিতে পারে, এবং সেই পরিস্থিতি সবসময় আপনার নিয়ন্ত্রণে থাকবে। আমার জীবনে যখন এই ঘটনাটি ঘটেছিল, তখন আমার বয়স ৩০ এর কোঠার শেষ এবং ৪০ এর কোঠার প্রথম দিকে, কিন্তু এই ধরনের পরিস্থিতি আপনার ক্ষেত্রে যে কোনো বয়সেই ঘটার সম্ভাবনা রয়েছে। যে কোনো মুহূর্তে, প্রগাঢ় বন্ধুত্বের একটি পারস্পরিক সম্পর্কে অন্তর্ভুক্ত থাকাকালীন, আপনার ক্ষেত্রে সেই সম্পর্কের নিরিখে হঠাৎ করে একজনকে বহিরাগত হিসেবে প্রতিপন্ন করার ঘটনা ঘটতেই পারে। মানুষের জীবনে এটি অত্যন্ত স্বাভাবিক একটি ঘটনা।

কারণ আমাদের জীবনে নিত্যনতুন পারস্পরিক সম্পর্কের গমনাগমন, বিভিন্ন পরিসরে মানুষের ছড়িয়ে যাওয়া, তাঁদের জীবনে সামগ্রিক পরিবর্তন, নিজের অভীষ্ট লক্ষ্যপূরণ করা, ইত্যাদি বিবিধ ক্ষেত্রে বন্ধুত্বের প্রতিটি প্রধান স্তম্ভ মুহুর্মুহ বদলে যেতে থাকে: নৈকট্য, সময়ানুবর্তিতা এবং স্পৃহা। এই কারণেই প্রাপ্তবয়স্ক জীবনের ক্ষেত্রে মানসিক নমনীয়তা একান্ত অপরিহার্য। কাজেই, আপনার জীবনে মানুষের নিত্যনৈমিত্তিক আসা যাওয়া কখনোই সম্পূর্ণভাবে ব্যক্তিগত বিষয় নয়।

ওদের করতে দিন।

"আমি ওদের করতে দিয়েছি। কিন্তু এই মুহূর্তে আমার কোনো বন্ধু নেই।"

এই বই নিয়ে গবেষণা করার সময়ে, এবং সারা পৃথিবী জুড়ে যাঁরা এই পদ্ধতির সঠিক প্রয়োগে ইতিমধ্যেই বিশেষভাবে উপকৃত হয়েছেন, তাঁদের বিভিন্ন ধরনের অভিজ্ঞতার বিশ্লেষণের সময় দেখা গিয়েছে যে—তাঁদের তিক্ততম অভিজ্ঞতা হল, যে সমস্ত মানুষকে তাঁরা নিজেদের অত্যন্ত অন্তরঙ্গ বন্ধু বলে ভাবতে অভ্যস্ত, তাঁরা আসলে কখনোই তাঁদের বন্ধু ছিলেন না অথবা প্রকৃত বন্ধু হয়ে উঠতে পারেননি, এই স্থির বিশ্বাসে উপনীত হওয়া।

যে মুহূর্তে আপনি লেট দেম অর্থাৎ ওদের করতে দিন পদ্ধতির শরণাপন্ন হবেন, পারিপার্শ্বিকের মানুষজনের আসল পরিচয় এবং ভাবমূর্তি আপনার সামনে উন্মোচিত হতে বাধ্য। তাঁরাই আপনাকে অবহিত করাবেন যে তাঁদের জীবনে আপনার অবস্থান কোথায়। অচিরেই আপনি আবিষ্কার করবেন, বন্ধুবান্ধবের ক্ষেত্রে আপনাকে প্রায়শই দ্য লেট দেম থিওরি অথবা ওদের করতে দিন এর পদ্ধতির প্রয়োগ করতে হচ্ছে। এর ফলে আপনি রীতিমতো হতবাক

হয়ে যাবেন, কারণ সেক্ষেত্রে এমন অনেক বন্ধুত্বের সম্পর্কের রহস্যের উন্মোচন হবে—যেখানে আপনার অবদান একান্তই একপেশে!

আপনিই সেই ব্যক্তি যিনি প্রতি ক্ষেত্রে ফোন করেন, এবং ফোন করা বন্ধ করলে, উল্টোদিক থেকে আর কোনো ফোন আসে না। আপনিই সেই ব্যক্তি যিনি উপযাচক হয়ে প্রত্যেকের কাছে পৌঁছে, সমস্ত পরিকল্পনার দায়িত্বভার নিজের কাঁধে তুলে নেন, কিন্তু যখন সেই কাজ আপনি বন্ধ করেন, অন্যরা আপনার খোঁজখবর নেওয়ার প্রয়োজনবোধ করেন না বরং, যে কোনো অনুষ্ঠানে আপনাকে আমন্ত্রণ জানাতেও ভুলে যান। সেই নির্মম সত্যের সম্মুখীন হওয়া আপনার পক্ষে অত্যন্ত যন্ত্রণাদায়ক, যখন দেখা যায় একমাত্র আপনিই প্রাণপণে চেষ্টা করে চলেছেন। আপনার জীবনে যখন এই পরিস্থিতির উদ্ভব একান্তভাবেই অনিবার্য। বন্ধুত্বের সেই তিনটি প্রধান স্তম্ভের প্রসঙ্গে আমি আবার আপনাদের দৃষ্টি আকর্ষণ করতে চাই: নৈকট্য, সময়ানুবর্তিতা এবং স্পৃহা।

যখন বন্ধুত্বের সম্পর্ক ক্রমশ ক্ষীণ হয়ে আসে, কিংবা অন্যান্যরা নিজেদের আসল চেহারা অথবা ভাবমূর্তিতে আপনার সামনে আত্মপ্রকাশ করেন, জানবেন বন্ধুত্বের তিনটি মূল স্তম্ভের মধ্যে কোনো একটি নিশ্চিতভাবে নিজের কাজ করা বন্ধ করে করে দিয়েছে। পরিস্থিতি এর চাইতেও খারাপ হতে পারে। নিজের বর্তমান পরিস্থিতির কথা চিন্তা করে অসন্তুষ্ট হওয়ার আগে, পারিপার্শ্বিকের মানুষজনের সংশ্রব থেকে নিজেকে বিচ্ছিন্ন করার আগে, অথবা অবদমিত ক্ষোভে ফেটে পড়ার আগে, দৈনন্দিনের ঘটনাপ্রবাহের উপরে নজর রাখুন।

আপনি বা আপনার বন্ধুবান্ধবরা কি সম্প্রতি বদলে গিয়েছেন অথবা উন্নতিসাধনের নতুন কোনো পথে অগ্রসর হওয়ার সিদ্ধান্ত নিয়েছেন? আপনাদের জীবনযাপনের নিয়মকানুন কিংবা রোজনামচার ক্ষেত্রে বিশেষ কোনো পরিবর্তন ঘটেছে? অতীতে নিজের বন্ধুবান্ধবের সঙ্গে আপনার সরাসরি দেখাসাক্ষাত এর ঘটনাগুলি, কি বর্তমানে উল্লেখযোগ্যভাবে কমে এসেছে? আপনি কি মনে করেন, তাঁরা এবং আপনি জীবনযাপনের ক্ষেত্রে একই অধ্যায়ে অবস্থান করছেন, নাকি সময়ের সঙ্গে সঙ্গে আপনারা আলাদা অধ্যায়ে এসে উপনীত হয়েছেন? দুই বন্ধুর মধ্যে একজনের জীবনধারায় বিশেষ কোনো পরিবর্তনের ফলে, আপনাদের মধ্যে বন্ধুত্বের সেই অদম্য স্পৃহার তারতম্য ঘটেছে কি?

উপরোক্ত প্রশ্নগুলির মুখোমুখি নিজেদের দাঁড় করানোর কাজটি অত্যন্ত গুরুত্বপূর্ণ, কারণ বিভিন্ন প্রতিকূল পরিস্থিতিতে তীব্র মানসিক চাপের বশবর্তী হয়ে আমরা ভুল পদক্ষেপ নিতে বাধ্য হই, অথবা সমস্ত দোষ অন্যান্যদের উপরে চাপিয়ে দেওয়ার চেষ্টা করি, এবং শেষ পর্যন্ত এই সিদ্ধান্তে আসি যে, আমাদের মধ্যে বন্ধুত্বের সম্পর্কটি বরাবরের জন্য বিনষ্ট হয়েছে।

বন্ধুত্বের সম্পর্কে পূর্ণচ্ছেদ টানার আগে, অন্য মানুষটির যাবতীয় কর্মকাণ্ড বিস্তারিতভাবে খতিয়ে দেখা উচিত। জীবনের কোন কোন ক্ষেত্রে, আপনি এমন একজন ব্যক্তির সঙ্গে বন্ধুত্বের সম্পর্ক বজায় রাখতে বাধ্য হন, যিনি কখনোই কোনো পরিকল্পনার ধার ধারেন না, কিংবা তিনি মারাত্মক অন্তর্মুখী একজন মানুষ, অথবা তাঁর জীবনে অন্যান্যদের চাহিদা পূরণ করার জন্য প্রতিনিয়ত, প্রবল মানসিক চাপের সম্মুখীন হতে তিনি বাধ্য হন। তাঁদের সান্নিধ্য আপনাকে কখনোই ব্যতিব্যস্ত করে না; বরং সেই মুহূর্তে জীবনের যে নির্দিষ্ট অধ্যায়ে তাঁরা অবস্থান

করছেন, তার ফলে তাঁরা নিজেরাই মানসিক বিপর্যয়ের সম্মুখীন হতে থাকেন। আপনাদের মধ্যে ক্রমবর্ধমান মানসিক দূরত্বের জন্য ব্যক্তিগত কোনো কারণ দায়ী নয়। তাই, জীবনের এই কঠিন পরিস্থিতিতে আপনি যে তাঁদের কাছে পৌঁছোবার প্রাণপণ চেষ্টা করে চলেছেন, সেটাই তাঁদের জীবনে অত্যন্ত প্রয়োজনীয় সমর্থন হিসেবে প্রতিপন্ন হয়।

এই বই নিয়ে গবেষণার সময়, বহু মানুষের কাছ থেকে আমি অসংখ্য লিখিত অভিযোগ পেয়েছিলাম, যে তাঁদের বন্ধুবান্ধবরা তাঁদের মেসেজের জবাব দেওয়ার প্রয়োজন বোধ করেন না। এই পদ্ধতির প্রয়োগে, আপনার জীবন থেকে সমস্ত বন্ধুবান্ধব বরাবরের মতো বিদায় নেন, এ আমার অভিপ্রায় নয়; কারণ অন্য দৃষ্টিকোণ থেকে দেখলে এমন হতে পারে, যত তাড়াতাড়ি বন্ধুবান্ধবের কাছ থেকে মেসেজের জবাব আপনি আশা করেন, তাঁদের পক্ষে হয়তো ততটা দ্রুত জবাব দেওয়া সম্ভব হয় না।

বন্ধুত্বের পারস্পরিক সম্পর্ক কখনোই শোধবোধের নয়। সুতরাং, সেক্ষেত্রে পুঙ্খানুপুঙ্খ হিসেব রাখা অপ্রয়োজনীয়। সামগ্রিকভাবে সমর্থন জানাতে হলে স্বেচ্ছায় তাঁদের পাশে গিয়ে দাঁড়ান। নির্দিষ্ট কোনো প্রত্যাশা নিয়ে নয়। কোনো ব্যক্তি আপনার ডাকে বা মেসেজের ক্ষেত্রে কত তাড়াতাড়ি সাড়া দিচ্ছেন কিংবা কত ঘন ঘন সাড়া দিচ্ছেন, তার উপরে আপনার প্রতি তাঁর ভালোবাসা অথবা স্নেহের পরিমাণ নির্ভর করে না। জবাব দেওয়ার ক্ষেত্রে তাঁদের এই আপেক্ষিক নীরবতার কারণ, হয়তো তাঁদের অসীম ব্যস্ততা। প্রত্যেকের জীবনে দায়িত্ব পালনের ব্যস্ততা রয়েছে, এবং একশোর মধ্যে নিরানব্বইটি ক্ষেত্রে, তাঁদের ব্যস্ততার সম্পর্কে কোনো ধারণা আপনার কাছে না থাকাই স্বাভাবিক। সেই কারণে, নিজেদের বন্ধুবান্ধবের কাছ থেকে সাড়া না পেলে কোনো হঠকারী সিদ্ধান্ত নেওয়ার আগে, তাঁদের জীবনে যাবতীয় ব্যস্ততাকে মূল্যায়নের চেষ্টা করা প্রয়োজন।

লিখিত জবাব দেওয়ার প্রয়োজন ওদের নেই

এই চরম সত্যটি ব্যক্তিগতভাবে আপনাদের সঙ্গে আমি ভাগ করে নিতে চাই যে, বিগত চার বছর ধরে যে পরিমাণ কর্মব্যস্ততা এবং নিজস্ব কর্মকাণ্ড সংক্রান্ত মানসিক চাপের সম্মুখীন আমাকে হতে হয়েছে, তার ফলে আমার জীবনে বন্ধুত্বের যাবতীয় সম্পর্কগুলি ভীষণভাবে প্রভাবিত হয়েছে। দীর্ঘ ২৬ বছর ধরে বোস্টন শহরের বহির্ভাগে বসবাসের পরে, অন্য রাজ্যে অবস্থিত একটি ছোট, মফস্বল শহরতলীতে আমরা বরাবরের জন্য থিতু হয়েছিলাম, যেখানে আমার সমবয়স্ক কোনো মানুষজন বসবাস করতেন না।

সেই মুহূর্তে আমার নিজস্ব প্রতিষ্ঠান নিরবিচ্ছিন্ন সাফল্যের মুখ দেখেছিল, এবং সেই সংক্রান্ত কাজকর্ম উত্তরোত্তর বৃদ্ধি পাচ্ছিল, নিজের ব্যবসার ক্ষেত্রে আমি অনুরূপ পরিস্থিতির সম্মুখীন আগে কখনো হইনি। নিজের পরিবারের সদস্যদের সঙ্গে সময় কাটানো এবং নতুন প্রতিবেশিদের সঙ্গে আলাপ পরিচয় করার দায়িত্বকে আমি বরাবরই অগ্রাধিকার দিতে অভ্যস্ত। তাই, যে মুহূর্তে আমার হাতে কোনো কাজ থাকত না, আমি নিজের পরিবারের প্রত্যেক সদস্যের প্রতিটি আবদার আমি মেটাবার চেষ্টা করতাম এবং ছবির মতো সুন্দর সেই ছোট শহরতলীর বাসিন্দাদের সঙ্গে নতুন করে বন্ধুত্ব স্থাপন করার চেষ্টায় ব্যস্ত থাকতাম।

এই ক্ষেত্রে আমি একেবারেই সুনিশ্চিত, আমার অনেক পুরোনো বন্ধুবান্ধব এখনো বিশ্বাস করেন যে আমি বরাবরের জন্য তাঁদের পরিত্যাগ করেছি, কিংবা আমাদের বন্ধুত্বের পারস্পরিক সম্পর্ককে তুচ্ছ তাচ্ছিল্য করেছি, এবং বর্তমানে বিশ্বাস করতে বাধ্য হয়েছেন যে তাঁদের জীবনে আমি একজন অত্যন্ত খারাপ বন্ধু। তাঁদের দৃষ্টিকোণ থেকে দেখতে গেলে, তাদের এই নির্দিষ্ট সিদ্ধান্তে কোনো গলদ নেই।

তাঁদের প্রতি আমার যে কোনো অনুভূতি নেই, এ কথা আদপেই সত্যি নয়। আসলে, বিগত তিন বছরে নিজের একাগ্রতা, চিন্তাভাবনা এবং অমূল্য সময় নিজের জীবনে বিভিন্ন গুরুত্বপূর্ণ ক্ষেত্রে বিনিয়োগ করেছিলাম। সেই কারণেই, নিয়মিতভাবে নিজের পুরোনো বন্ধুবান্ধবের খোঁজখবর নেওয়া আমার কাছে গৌণ হয়ে দাঁড়িয়েছিল। এবং সেই পরিস্থিতি মেনে নিতে আমি বাধ্য হয়েছিলাম।

যখন আপনি অন্যান্যদের "সংস্পর্শে" থাকতে ব্যর্থ হন, তার অর্থ এই নয় যে আপনি সেই বন্ধুকে বরাবরের জন্য হারালেন। অধিকাংশ মানুষ মনে করেন যে শারীরিক অবস্থানের ফলে মানুষের ভিতর মানসিক দূরত্ব তৈরি হতে পারে, এমনকি তাঁরা একে অপরের শত্রু হিসেবে প্রতিপন্ন হতে পারেন—এই বিশেষ চিন্তাধারাকে আমি ঘৃণা করি। ওদের দূরে থাকতে দিন। শুধুমাত্র আপনার সমক্ষে সশরীরে উপস্থিত না থাকার কারণে, আপনি কখনোই মানসিকভাবে তাঁদের বিরুদ্ধে চলে যেতে পারেন না। আপনার পারিপার্শ্বিকের প্রতিটি মানুষের জন্য উন্মুক্ত মনে নিজের শুভেচ্ছাবার্তা ছড়িয়ে দিন এবং তাঁদের জন্য আন্তরিক শুভকামনা করতে থাকুন।

নিজের জীবনে পারস্পরিক সম্পর্কের ক্ষেত্রে দেখেছি, কিছু বন্ধুবান্ধব বছরের পর বছর "অদৃশ্য" থাকেন। পরবর্তীকালে জানা যায় তিনি বৃদ্ধ ও অসুস্থ অভিভাবকদের দেখাশোনার কাজে ব্যস্ত ছিলেন, অথবা একটি অসুস্থ শিশুকে সাহায্য করছিলেন, কিংবা একটি অপরিণত সম্পর্কের টানাপোড়েনে দ্বিখণ্ডিত হচ্ছিলেন, বা নিজের পেশাগত কারণে অত্যন্ত ব্যস্ত ছিলেন। এই প্রক্রিয়ায় আপনার কোনো ভূমিকা ছিল না। তাঁরা এখনো পর্যন্ত আপনার অভিন্নহৃদয় বন্ধুই রয়েছেন।

এই কথা বলার প্রধান উদ্দেশ্য হল—এই পদ্ধতির প্রয়োগের সময়ে যথেচ্ছভাবে আন্দাজের বশে নিজেদের জীবনে প্রগাঢ় বন্ধুত্বের পারস্পরিক সম্পর্কগুলিকে আপনারা সমূলে বিনষ্ট করতে উদ্যত হওয়ার অনুমতি আমি আপনাদের দিচ্ছি না। এর কারণ, আপনি কখনোই নমনীয় মনোভাব পোষণ করতে অভ্যস্ত নন এবং শুধুমাত্র নিজের এবং তাঁদের জীবনের ঘটনাপ্রবাহের ভিত্তিতে বিভিন্ন মানুষকে যথেচ্ছভাবে নিজের জীবনে প্রবেশাধিকার দিতে প্রস্তুত। অধিকাংশ সময়ে শুধুমাত্র একটি ফোন অথবা একটি মেসেজ সামগ্রিক পরিস্থিতি স্বাভাবিক অবস্থায় ফিরিয়ে আনতে পারে।

অত্যন্ত কর্মব্যস্তভাবে চার বছর কাটিয়ে দেওয়ার পরে, এই মুহূর্তে নিজেদের বোস্টনের নতুন বসতবাড়িতে আমি শেষ পর্যন্ত থিতু হতে পেরেছি, আমাদের প্রতিষ্ঠান বোস্টন ষ্টুডিওস আজ সুপ্রতিষ্ঠিত এবং সুচারুভাবে কর্মক্ষম, এই মুহূর্তে নিজের অভিভাবকদের সঙ্গে আমি আরো বেশি করে সময় কাটাতে সক্ষম, এবং বর্তমানে সঙ্গত কারণে আমাদের বসতবাড়িতে শুধুমাত্র ক্রিস এবং আমিই থাকি; আমাদের জীবনে একটি সম্পূর্ণ নতুন অধ্যায়ের সূচনা হয়েছে। এবং আমাদের জীবনের এই বিশেষ অধ্যায়ে, বন্ধুত্বের সম্পর্কের অগ্রাধিকার আমাদের অবশ্যকরণীয় কর্তব্যের তালিকার প্রথম স্থানটি অধিকার করে রয়েছে।

আপনার সংস্পর্শে না থাকা বিশেষ কোনো ব্যক্তির কাছ থেকে কখনো যদি একটি ফোন অথবা একটি মেসেজ আপনি পেয়ে থাকেন, আপনার কাছে সেটি পৃথিবীর অন্যতম সেরা বিস্ময় হিসেবে প্রতিপন্ন হয়। আমার জীবনে এমন অসংখ্য মানুষের অস্তিত্ব রয়েছে, যাঁদের সঙ্গে বহু বছর ধরে আমার একটি বাক্যও বিনিময়ের সুযোগ ঘটেনি। তা সত্ত্বেও, তাঁদের সান্নিধ্যে এক পেয়ালা কফি পান করার সঙ্গে সঙ্গে, আমাদের আন্তরিক ভালোবাসা, সৌহার্দ্য এবং বন্ধুত্বের পারস্পরিক সম্পর্কের বন্ধন আগের মতোই সুদৃঢ় হবে বলে আমি একান্তভাবেই মনে করি। নিজের জীবনে এই পরিস্থিতির পুনঃনির্মাণ করার ক্ষেত্রে আমি রীতিমত মুখিয়ে রয়েছি। আমাকে করতে দিন।

অন্য একটি মানুষের সঙ্গে আপনার আত্মিক টান এবং পারস্পরিক সম্পর্কে পূর্ণচ্ছেদ টানা কখনোই সম্ভব নয়। পারস্পরিক নৈকট্য এবং সময়ানুবর্তিতার অভাবেই আপনাদের মধ্যে বন্ধুত্বের সম্পর্ক, সময়ের সঙ্গে সঙ্গে ক্ষীণ থেকে ক্ষীণতর হয়ে আসে। সেই কারণেই, নিজের পুরোনো বন্ধুবান্ধবের সঙ্গে পারস্পরিক সম্পর্ক পুনরুদ্ধারের প্রক্রিয়া শুরু করার ক্ষেত্রে সময়ের কোনো প্রতিবন্ধকতা থাকতে পারে না, এবং এই সম্পূর্ণ প্রক্রিয়াটি আপনার পক্ষে নিয়ন্ত্রণ করা সম্ভব।

লেট দেম অর্থাৎ ওদের করতে দিন এর পদ্ধতির সঠিক প্রয়োগে আপনার সামগ্রিক মানসিকতা হয়ে উঠবে নমনীয়, অন্যান্যদের প্রতি আপনি হয়ে উঠবেন সহানুভূতিশীল, এবং আপনার জীবনে থাকবে মানুষের অবাধ প্রবেশাধিকারের ছাড়পত্র। লেট মি অর্থাৎ আমাকে করতে দিন এর প্রক্রিয়া আপনাকে মনে করাবে যে, অন্যদের কাছ থেকে আমন্ত্রণ পাওয়ার অলীক প্রত্যাশা আপনার জন্য সঙ্গত নয়, অথবা অন্যান্যদের প্রতি নেতিবাচক ধ্যানধারণা পোষণ করা উচিত নয়। এই পদ্ধতি আপনাকে উদ্বুদ্ধ করবে নিজের পুরোনো বন্ধুবান্ধবের কাছে নিজের চেষ্টায় পৌঁছোতে, এবং তাঁদের সান্নিধ্যে থাকাকালীন নিত্যনতুন পারস্পরিক সম্পর্ক স্থাপন করার ক্ষেত্রে আপনাকে প্রতিনিয়ত উৎসাহ প্রদান করতে থাকবে।

দ্য লেট দেম থিওরি অর্থাৎ ওদের করতে দিন এর পদ্ধতি, নিজের অত্যন্ত প্রিয় মানুষজনকে খুঁজে বার করার ক্ষেত্রে আপনাকে সাহায্য করবে। পদ্ধতির সঠিক প্রয়োগে, নিজের জীবনে আদর্শ বন্ধুত্বের সম্পর্কের সূচনা করতে আপনি সমর্থ হবেন। খুব কম সময়ের মধ্যে আবিষ্কার করা সম্ভব হবে, জীবনে অধিকাংশ প্রিয়জনের সঙ্গে আজ পর্যন্ত আপনি ভালোভাবে পরিচয় করে উঠতে পারেননি। কী অদ্ভুত পরিস্থিতি না? এক নতুন আশায় ভর করে জীবনযাপন করতে আপনি প্রস্তুত হবেন—আপনার পক্ষে যখন জানা সম্ভব হবে যে পারিপার্শ্বিকের মানুষ তাঁদের বন্ধুত্বের সম্পর্ক এবং বর্ণময় অভিজ্ঞতার ঝুলি সহযোগে আপনার পথ চেয়ে অপেক্ষারত—কখন আপনি প্রথমবারের জন্য তাঁদের অভিবাদন জানাবেন?

আসুন, এই পদ্ধতির সঠিক প্রয়োগে আমরা সেই সমস্ত মানুষজনকে খুঁজে বার করার চেষ্টা করি। যখন আমরা একটি নতুন সম্প্রদায়ের মানুষজনের সঙ্গে একত্রে বসবাস করার সিদ্ধান্ত নিয়েছিলাম, তখন আমার বয়স ৫৪ বছর। নিজের জীবনের এই বিশেষ কাহিনী আমি আপনাদের সামনে উপস্থাপনা করতে চলেছি, এবং পাশাপাশি, আপনারা এবং আমি বন্ধুত্বের পারস্পরিক সম্পর্কের এই লেট মি অর্থাৎ আমাকে করতে দিন এর অংশটির উপরে একযোগে মনোনিবেশ করতে চলেছি।

অধ্যায় ১৩

কীভাবে জীবনের শ্রেষ্ঠ বন্ধুত্বের সম্পর্কগুলি গড়ে তোলা সম্ভব

সম্পূর্ণ অপরিচিত একটি নতুন শহরে থিতু হওয়ার গোড়ার দিকে, আমি স্বভাবতই প্রবল একাকিত্বের শিকার হয়েছিলাম। সেই নির্দিষ্ট অঞ্চল সম্পর্কে আমার বিন্দুমাত্র ধারণা ছিল না। নিজের সমবয়স্ক কোনো মানুষের সঙ্গে আমার পরিচয় ছিল না। স্বভাবতই আমি মানসিকভাবে বিপর্যস্ত হয়ে পড়েছিলাম।

নিজেদের জীবনে নির্দিষ্ট কোনো মুহূর্তে, আপনাদের পক্ষেও অনুরূপ পরিস্থিতির সম্মুখীন হওয়া অবশ্যই সম্ভব। জীবনে যে কোনো পরিবর্তনের ফলে, আপনাদের বন্ধুত্বের পারস্পরিক সম্পর্কে চাপানউতোর দেখা দিতে পারে। যখন নিজের ক্ষেত্রে বিবাহবিচ্ছেদ বা বন্ধুত্বের পারস্পরিক সম্পর্কে পূর্ণচ্ছেদ পড়ার সম্ভাবনা দেখা দেয়, তখন পারিপার্শ্বিকের মানুষজন কীভাবে দলবদল করতে ব্যস্ত হয়ে পড়েন, আপনার পক্ষে তা সহজেই অনুমেয়। আপনি কিংবা আপনার বিশেষ প্রিয়জন যখন কোনো কঠিন সমস্যার সম্মুখীন হন, যেক্ষেত্রে চারপাশের মানুষজন সঠিকভাবে বুঝে উঠতে পারেন না, কীভাবে তাঁরা আপনাকে সমর্থন জানাবেন অথবা সেই অস্বস্তিকর বাতাবরণে তাঁদের কী করণীয়; স্বভাবতই, নিজেদের নিরাপদ দূরত্বে সরিয়ে নিতে তাঁরা বাধ্য হন। নিজের পড়াশোনার জগতে অথবা পেশাগত জীবনে উন্নীত হওয়ার সময় আপনি এই পরিস্থিতির সঠিক উপলব্ধি করতে সমর্থ হবেন।

সেই স্বপ্নাতীত পরিবর্তনের জন্য অত্যন্ত উত্তেজিত হওয়া সত্ত্বেও—যেমন, নিজের পছন্দের স্কুলে পড়াশোনার সুযোগ পাওয়া অথবা নিজের স্বপ্নের শহরে থিতু হওয়ার ক্ষেত্রে—বাস্তব পরিস্থিতি এমন দাঁড়ায়, সেখানে পৌঁছোবার পরে দেখা যায় সেই শহর অথবা স্কুলে আপনার পূর্বপরিচিত একজন মানুষেরও অস্তিত্ব নেই। প্রথম যেদিন আপনি নিজের কলেজে গিয়েছিলেন, সেদিন আপনার অনুরূপ অভিজ্ঞতা হয়েছিল। প্রথমবার কলেজে যাওয়ার সময়ে আপনি নিশ্চিত থাকেন যে সেখানে নিজের প্রিয় বন্ধুবান্ধবের সান্নিধ্য পেতে চলেছেন, কিন্তু বাস্তবে তা সম্ভব নয়। স্বাভাবিকভাবেই, সেই সময়ে প্রত্যেকে নিরাপত্তাহীনতায় ভুগতে থাকেন

এবং প্রথম যে ব্যক্তির সঙ্গে আপনার দেখা হয়, তাঁকে আঁকড়ে ধরে একটি দল অথবা গোষ্ঠী গঠন করার প্রাণপণ চেষ্টায় ব্যস্ত হয়ে পড়েন।

এক সপ্তাহের মধ্যে দেখা যায়, নবাগত বন্ধুবান্ধব সম্বলিত একটি দল ইতিমধ্যেই তৈরি হয়ে গিয়েছে। কিন্তু, নিজের কলেজ কিংবা হাইস্কুলের বন্ধুবান্ধবের দলের সম্পর্কে চিন্তা করলে দেখা যাবে, আপনি স্নাতকোত্তর হওয়ার সময় পর্যন্ত সেই দলের প্রভূত পরিবর্তন হয়েছে। এর কারণ হল, নিজেদের জন্য সঠিক বন্ধুবান্ধব খুঁজে নেওয়ার ক্ষেত্রটি অত্যন্ত সময়সাপেক্ষ।

এক বছর সময় অপরিহার্য

আমার মেয়ে যখন কলেজে ভর্তি হয়েছিল, প্রতিনিয়ত আমাকে ফোন করে সে রীতিমত কান্নাকাটি করত। তার মূল বক্তব্য ছিল, “আমি ভুল জায়গায় ভর্তি হয়েছি। আমার যত বন্ধুবান্ধব আছে, তাদের একজনও এখানে পড়ে না। এই স্কুল আমাকে অবিলম্বে বদলাতে হবে।” আমি প্রাণপণে তাকে বোঝাবার চেষ্টা করতাম, নিয়মিতভাবে ফোন করা বন্ধ করে কলেজের ক্যাফেটোরিয়ায় গিয়ে এমন কোনো মানুষের সঙ্গে এক টেবিলে বসার চেষ্টা করতে, যাকে দেখে তার মনে কিছুটা ভরসার সঞ্চার হয়। “যেমন করেই হোক, ওখানে তোমাকে টিকে থাকতে হবে, এবং সবচেয়ে গুরুত্বপূর্ণ বিষয়, তোমাকে এক বছর সময় নিতে হবে।”

স্বভাবতই, আমার পরামর্শ মেয়ের মনে ধরত না। সারা বছর ধরে, প্রতিদিন সে একই বিষয় নিয়ে আমাকে ফোন করে যেত। চরম একাকিত্বের বশবর্তী হয়ে সে রীতিমত মরিয়া হয়ে উঠেছিল। কলেজের প্রথম দিন তার সঙ্গে যে দুটি মেয়ের আলাপ হয়েছিল, তাদের মানসিক পরিস্থিতিও ছিল হুবহু একইরকম। (হ্যালো, লেক্সি এবং মাইকেলা!) এই তিনটি মেয়ে যে রীতিমত দাঁতে দাঁত চেপে, অসহনীয় মানসিক যন্ত্রণার মোকাবিলা করেও যে কলেজের প্রথম বছরটি পার করতে পেরেছিল, তার জন্য অবশ্যই তাদের সাধুবাদ জানানো উচিত।

আমি জানি, দীর্ঘ এক বছর আমার মেয়ে সয়্যার নিয়ম করে অপরিচিত মানুষের সঙ্গে একসঙ্গে খেতে বসার অনুমতি চাইতে অভ্যস্ত হয়ে উঠেছিল, সরাসরি মেসেজ করে অনলাইনে খাবার কিনে বন্ধুবান্ধব জোটাবার চেষ্টা করেছিল, লক্ষ লক্ষ ক্লাবের সদস্য হওয়ার ব্যবস্থা করেছিল, শারীরিক ক্ষমতার বাইরে গিয়েও ক্লাব ল্যাক্রোসে দলে অন্তর্ভুক্ত হওয়ার প্রাণপণ চেষ্টা করেছিল (সুযোগ মেলেনি), ক্যাম্পাসে বিভিন্ন অনুষ্ঠানে অংশগ্রহণ করেছিল—কিছুতেই কিছু হয়নি। তার ক্ষেত্রে পরিস্থিতি স্বাভাবিক হতে কাঁটায় কাঁটায় এক বছর সময় লেগেছিল। ঘটনাচক্রে, যখন স্কুলের শেষ কিছু সপ্তাহ আর অবশিষ্ট, তার সঙ্গে দেখা হয়েছিল মেরী মার্গারেটের, এই মুহূর্তে যে মেয়েটি তার অত্যন্ত প্রিয় এবং অন্তরঙ্গ বান্ধবী। এই মেয়েটি সয়্যার (এবং আরো দুটি মেয়েকে) আলাপ করিয়েছিল আর সাতটি মেয়ের সঙ্গে—যারা এই মুহূর্তে অত্যন্ত ঘনিষ্ঠ বন্ধুবান্ধবের একটি স্বতন্ত্র দল হিসেবে একসঙ্গে রয়েছে। এই পরিস্থিতিতে পৌঁছোতে, সত্যি করেই আমার মেয়ের এক বছর সময় লেগেছিল।

কিন্তু যখন একটি নতুন শহরে আমরা থিতু হয়েছিলাম, কীভাবে যেন নিজের পরামর্শ সম্বন্ধে আমি সম্পূর্ণভাবে বিস্মৃত হয়েছিলাম। আমাকে মনে করিয়ে দেওয়ার প্রয়োজন দেখা দেয়

যে, এই পরিস্থিতি স্বাভাবিক হতে অন্ততপক্ষে এক বছর সময় দিতে হবে। নতুন শহরে বসবাস শুরু করার এক সপ্তাহের মধ্যেই, আমি নিশ্চিত হয়েছিলাম এটা আমাদের জীবনের সবচেয়ে বড় ভুল সিদ্ধান্ত । পরবর্তী একটি বছরে, নিজের সিদ্ধান্তের পরিপ্রেক্ষিতে আমি অত্যন্ত মনমরা হয়ে থাকতাম। সারাক্ষণ কান্নাকাটি করতে আমি অভ্যস্ত হয়ে উঠেছিলাম। নিশ্চিত ছিলাম, এই শহরে নিজের পছন্দমত এমন একজন মানুষও আমার পক্ষে খুঁজে বার করা অসম্ভব, যাঁর সঙ্গে নির্বিঘ্নে নিজস্ব ধ্যানধারণা এবং চিন্তাভাবনার স্বাস্থ্যকর বিনিময় সম্ভব। কিন্তু সেই প্রথম বছরে আমি কীভাবে নিজের সময় কাটাবার ব্যবস্থা করেছিলাম?

কিছুই করিনি আমি, স্রেফ অলসভাবে নিজের বাড়িতে বসে থেকে, অসহায়ভাবে একাকিত্বের বশবর্তী হওয়া ছাড়া।

এই পরিস্থিতিতে আমি তখনও পর্যন্ত দাঁতে দাঁত চেপে লড়াই করার ক্ষেত্রে সচেষ্ট হইনি। পারিপার্শ্বিকের মানুষজনের সঙ্গে যোগসূত্র স্থাপন করার লক্ষ্যে, আমি সুযোগের সদ্ব্যবহার করতে প্রস্তুত ছিলাম না। প্রতিনিয়ত করুণরস সংক্রান্ত সংগীতের সাহচর্যে থেকে নিজেকে অভিসম্পাত করা ছাড়া, আমার কোনো উপায় ছিল না। কান্নাকাটি এবং চিৎকার করে নিজের স্বামীর কাছে অনুযোগ জানানো আমার দৈনন্দিনের অভ্যাসে পরিণত হয়েছিল। বহির্জগতের সঙ্গে আমার কোনো সম্পর্ক ছিল না। একটি অলীক প্রত্যাশার বশবর্তী হয়ে আমি দিনযাপনে অভ্যস্ত হয়েছিলাম—ভাবতাম হঠাৎ করে আদর্শ মানুষটি আমার সামনে এসে উপস্থিত হবেন, এবং আমাদের চিরন্তন বন্ধুত্বের শুভসূচনা ঘটবে। কিন্তু বাস্তবে তা কখনো সম্ভব নয়।

আমি নিশ্চিত যে, আপনাদের জীবনেও এই ধরনের অভিজ্ঞতা ইতিমধ্যেই ঘটেছে। কোনো ক্ষেত্রে হয়তো আপনারা নতুন ঠিকানায় থিতু হয়েছেন, কর্মস্থল পরিবর্তন করেছেন, পারস্পরিক কোনো সম্পর্কের বিচ্ছেদ ঘটেছে, অথবা পরিবারের কোনো সদস্যের পাশে গিয়ে দাঁড়িয়েছেন যিনি সেই মুহূর্তে অত্যন্ত কঠিন পরিস্থিতির সম্মুখীন হয়েছিলেন, কিংবা আপনার বসতবাড়ি ক্রমশ খালি হয়ে গিয়েছে এবং প্রতিটি ক্ষেত্রেই মনে হয়েছে যে, আপনাকে আবার নতুন করে শুরু করতে হবে। আমি নিশ্চিত, সেই বিশেষ মুহূর্তে আপনি প্রভূতভাবে একাকিত্বের শিকার হয়েছিলেন। মানুষের জীবনে এটি অত্যন্ত স্বাভাবিক।

যদিও আপনার জীবনে এমন অনেক অন্তরঙ্গ বন্ধুবান্ধব রয়েছেন যাঁরা দূরদূরান্তে বসবাস করেন, আপনার পক্ষে চরম একাকিত্বের শিকার হওয়া অনিবার্য—কারণ নিজের বন্ধুবান্ধবরা সেই সময়ে আপনাকে ঘিরে থাকতে অপারগ। আমার ক্ষেত্রে এই পরিস্থিতি এতটাই খারাপ জায়গায় পৌঁছেছিল যে, দুই মেয়ের সান্নিধ্যে প্রাতঃভ্রমণ করার সময়ে একদিন, তাদের সামনেই প্রকাশ্য দিবালোকে, উচ্চগ্রামে বিলাপ এবং কান্নাকাটি করতে আমি বাধ্য হয়েছিলাম যে, আমার জীবনে বন্ধুবান্ধবের কোনো অস্তিত্ব নেই এবং আমাদের বসবাসের জায়গাটি আমার ঘৃণার অন্যতম কারণ!

সেই সময় আমরা এমন একজন মহিলার বাড়ির সামনে দিয়ে যাচ্ছিলাম, যাঁর সঙ্গে অন্ততপক্ষে ছয় মাস আগে আমার একবার সাক্ষাৎ হয়েছিল; মেয়েদের আমি বলছিলাম সেই বাড়ির মালকিনের সঙ্গে আমার আগেই আলাপ হয়েছিল, এবং ব্যক্তি হিসেবে তিনি ছিলেন আমার বিশেষ পছন্দের। তৎক্ষণাৎ মেয়েরা আমাকে জোর করে সেই বাড়ির ড্রাইভওয়ে দিয়ে হেঁটে, তাঁর সদর দরজায় টোকা দিয়ে ভদ্রমহিলাকে অভিবাদন জানাতে বাধ্য করেছিল।

তাদের কথামতো কাজ করতে আমি একেবারেই রাজি ছিলাম না। সেই বাড়ির ড্রাইভওয়েতে পা রাখার সময়ে আমি অত্যন্ত আতঙ্কিত হয়ে পড়েছিলাম। সেই মুহূর্তে নিজেকে আদ্যোপান্তভাবে হেরে যাওয়া এক মানুষ বলে মনে হচ্ছিল। কী করে আমার মতো একজন মানুষের এই মানসিক পরিণতি হতে পারে?!

অবশ্যই, সেই মুহূর্তে আমার মানসিক পরিস্থিতি সেরকম ছিল। আজ যখন সেই অদ্ভুত পরিস্থিতির কথা আমি স্মরণ করি, মনে পড়ে, সয়্যারকেও এইভাবে উৎসাহ দেওয়ার প্রাণপণ চেষ্টা আমি করেছিলাম, যখন সে নিজের কলেজ জীবনের প্রথম বছরে প্রতিনিয়ত কান্নাকাটি করতে করতে আমাকে ফোন করত।

ভদ্রমহিলার বাড়ির সদর দরজায় টোকা দিতে নিজেকে প্রচণ্ডভাবে অপ্রস্তুত লাগছিল। দরজার ওপার থেকে ক্রমশ এগিয়ে আসা পোষ্যদের চিৎকার এবং মানুষের পদধ্বনি আমার হৃদস্পন্দনের মাত্রা অস্বাভাবিক বাড়িয়ে তুলেছিল। যে মুহূর্তে সেই দরজা খুলে যায়, আবিষ্কার করেছিলাম সেই ব্যক্তি আমার পূর্বপরিচিত মহিলা নন; দরজাটি খুলেছিলেন তাঁর স্বামী!

তাঁকে প্রশ্ন করেছিলাম, "মিয়া কি বাড়িতে রয়েছেন?" এবং, এক নিঃশ্বাসে বলে গিয়েছিলাম, "কিছুদিন আগে তাঁর সঙ্গে আমার পরিচয় হয়েছিল, এই অঞ্চলে আমি একান্তভাবেই নবাগত, এখানে আমার কোনো বন্ধুবান্ধব নেই, তাই ভাবলাম বাড়ির সামনে দিয়ে যাওয়ার সময় আপনাদের অভিবাদন..." সেই মুহূর্তে আমার মেয়েরা আমাকে থামিয়ে দিয়ে বলতে শুরু করেছিল, "আমার মায়ের একজন প্রকৃত বন্ধুর প্রয়োজন। ওনার মনে হয়েছে আপনার স্ত্রী অত্যন্ত ভালোমানুষ, এবং সেই কারণেই, আমরা ওনাকে নিয়ে আপনাদের হ্যালো বলতে এসেছি।"

ভদ্রলোক ছিলেন অত্যন্ত অতিথিবৎসল, তৎক্ষণাৎ তিনি আমাদের অন্দরমহলে আমন্ত্রণ জানিয়েছিলেন, এবং বাড়ির প্রতিটি অংশ ঘুরিয়ে দেখাবার ব্যবস্থা করেছিলেন। তাঁদের পোষ্য কুকুরের সঙ্গে অচিরেই আমাদের আলাপ হয়েছিল, মিয়া আমাদের পেয়ে অত্যন্ত খুশি হয়েছিলেন, আমাদের মধ্যে ফোন নম্বরের আদানপ্রদান হয়েছিল, এবং মাত্র এক সপ্তাহ পরেই, তাঁর সঙ্গে আমি নিয়মিতভাবে সেই পথেই প্রাতঃভ্রমণে অভ্যস্ত হয়ে উঠেছিলাম। সেটিই ছিল নিজের জীবনে ঘুরে দাঁড়ানোর ক্ষেত্রে সূত্রপাত, যে ঘটনা থেকে আমি শিখেছিলাম যে প্রাপ্তবয়স্ক জীবনে বন্ধুত্বের পারস্পরিক সম্পর্ক স্বয়ংক্রিয়ভাবে শুরু হওয়া সম্ভব নয়। কিন্তু নিজের তাগিদে সেই সম্পর্কের গোড়াপত্তন করা অবশ্যই সম্ভব।

অত্যন্ত খুশি মনে আমি আপনাদের জানাতে চাই যে, মিয়ার বাড়ির সদর দরজায় সেই নিদারুণ অস্বস্তিকর টোকা দেওয়ার মুহূর্তটি থেকে শুরু করে, এবং পাশাপাশি অসংখ্য অস্বস্তিকর মুহূর্তকে মানসিক দৃঢ়তার প্রয়োগে অতিক্রম করার পরে, যেমন—কোনো একটি কফিশপে অপরিচিত কোনো ব্যক্তির সঙ্গে আলাপ করা, স্থানীয় ফুলের খামারবাড়িতে জোর করে ঢুকে খামারের মালিক এবং তাঁর পরিবারের সদস্যদের বাগানের প্রতিটি ফুলের প্রশংসা করা, শরীরচর্চার ক্লাসে নিজের পাশে দাঁড়ানো অপরিচিত ব্যক্তিটিকে উপযাচক হয়ে অভিবাদন জানানো—এভাবেই অত্যন্ত ধীরগতিতে, কিন্তু নিশ্চিতভাবে নিজের পরিচিত মানুষের পরিধির বিকাশে আমি বিশেষ উদ্যোগ নিয়েছিলাম।

মাত্র এক বছরের মধ্যেই, আমার পক্ষে শুধুমাত্র যে নিজের ক্ষুদ্র গোষ্ঠীর প্রতিটি সদস্যের মুখ চেনা সম্ভব হয়েছিল তাই নয়, তাঁদের সঙ্গে প্রতিনিয়ত ওঠাবসা করার ফলে আমার পক্ষে মানুষ হিসেবে তাঁদের অন্তরাত্মার সঙ্গে পরিচিত হওয়ার সুযোগ ঘটেছিল—শেষ পর্যন্ত নিজের আপনজনদের আবিষ্কার করতে আমি সমর্থ হয়েছিলাম। এই কারণেই, লেট মি অর্থাৎ আমাকে করতে দিন এর পদ্ধতির উপরে মনঃসংযোগ করার ক্ষেত্রে, আপনাদের উপরে জোর খাটাবার নিরন্তর চেষ্টা আমি করে চলেছি।

“প্রথমে এগিয়ে যাওয়ার” অভ্যাস

নিজের পরিচয় দেওয়ার ক্ষেত্রে আমাকে প্রথম হতে দিন। প্রথম ব্যক্তি হিসেবে আমাকে বলতে দিন, “আমি এখানে নতুন এসেছি। আপনারা এখানে কত বছর আছেন?” প্রথম ব্যক্তি হিসেবে আমাকে বলতে দিন, “আপনি যদি কখনো প্রাতঃভ্রমণ করার পরিকল্পনা করেন, দয়া করে আমাকে একবার জানাবেন। এই হল আমার ফোন নম্বর।”

অত্যন্ত ধীরগতিতে কিন্তু নিশ্চিতভাবে, একের পর এক অস্বস্তিকর বার্তালাপ দিয়ে শুরু করে, আমি যে শুধুমাত্র নিজের নিকট বন্ধুবান্ধবের আবিষ্কার করতে পেরেছিলাম তাই নয়—এই ছোট মফঃস্বল শহরতলীতে নিজের জীবনে অত্যন্ত প্রিয় এবং অন্তরঙ্গ মানুষগুলিকে খুঁজে বার করা আমার পক্ষে সম্ভব হয়েছিল। যদি ৫০ বছর বয়সে এসে আমার পক্ষে নতুন করে বন্ধুবান্ধব জোগাড় করা সম্ভব হয়ে থাকে, আপনার পক্ষেও তা অবশ্যই সম্ভব—তা আপনি যেখানেই বসবাস করুন না কেন, এবং আপনার বয়স যাই হোক না কেন।

বন্ধুত্ব স্থাপনের ক্ষেত্রে সময়ের কোনো সীমাবদ্ধতা নেই, কারণ পৃথিবীর প্রতিটি মানুষের জীবনেই বন্ধুত্বের পারস্পরিক সম্পর্কের চাহিদা ও প্রয়োজন অপরিহার্য। অধিকাংশ মানুষের ক্ষেত্রেই, নিজেদের ব্যক্তিগত “বন্ধুবান্ধবের দল” থাকা সত্ত্বেও, সেখানে এমন মানুষের অবাধ প্রবেশাধিকার সম্ভব, যাঁর সঙ্গে আপনার সামগ্রিক মতবাদ, চিন্তাধারা এবং মনের মিল রয়েছে।

আপনাকে শুধু প্রথম পদক্ষেপ নেওয়ার কাজটি সুষ্ঠভাবে সম্পন্ন করতে হবে।

নিজের পারিপার্শ্বিকের মানুষজনের ক্ষেত্রে, উপযাচক হয়ে তাঁদের অভিবাদন জানাবার প্রথম পদক্ষেপটি আপনাকেই নিতে হবে। আপনার এই ব্যবহারই যে কোনো সম্পর্ক স্থাপনের ক্ষেত্রে সমস্ত পার্থক্য গড়ে দেয়। বহু বছর ধরে, এই নির্দিষ্ট কাজটি সম্পর্কে আমি একেবারেই বিস্মৃত হয়েছিলাম। সেই শহরতলীতে থিতু হওয়ার প্রথম বছরে, যখন স্রেফ বাড়িতে বসে কান্নাকাটি করে অহেতুক যখন নিজের অমূল্য সময়ের অপচয় করতে আমি ব্যস্ত ছিলাম, তখন বাড়ির বাইরে গেলেও আমি স্বভাবতই অভিব্যক্তিহীন থাকতাম। সেই অঞ্চলের কোনো কফিশপে যখন আমি ঢুকতাম, নিয়মিতভাবে সেই অপরিচিত মুখগুলি দেখে আমি ভাবতাম—এঁদের একজনের নামও আমার জানা নেই। কারণ, আমি কখনোই তাঁদের নাম জিজ্ঞেস করিনি। সেই কারণেই কারো সঙ্গে আমার আলাপ ও পরিচয় হয়নি। আমি নিজের মতোই একা থাকতে অভ্যস্ত হয়ে উঠেছিলাম। অন্য কারো সঙ্গে কথাবার্তা বলার ব্যাপারে আমি আগ্রহী ছিলাম না।

কিন্তু যে মুহূর্তে "প্রথমে এগিয়ে যাওয়ার" অভ্যাস আমি শুরু করি, সারাবছর ধরে যে নির্দিষ্ট কফিশপে যেতে অভ্যস্ত ছিলাম, সেখানে ঢুকতে না ঢুকতেই ক্যাশিয়ার আমার টেবিলের সামনে এসে দাঁড়িয়েছিলেন। সঙ্গে সঙ্গে আমি বলেছিলাম, "আমার নাম মেল। আপনার নাম কী?"

"আমার নাম কেভিন।"

পেয়ালাভর্তি গরম কফি পরিবেশন আমার টেবিলে পৌঁছোনো মাত্রই, আমি বলেছিলাম, "অসংখ্য ধন্যবাদ, কেভিন।"

টেবিলে বসে ধোঁয়া ওঠা কফির পেয়ালায় চুমুক দিতে দিতে, নিজের ফোনটি বার করে কফিশপের জন্য আলাদা করে যোগাযোগ সংক্রান্ত একটি ফাইল আমি তৎক্ষণাৎ তৈরি করে ফেলি। কন্ট্যাক্টসের নোটস সেকশনে আমি লিখেছিলাম, "কেভিন, দাড়ি বিশিষ্ট দীর্ঘকায় ব্যারিস্টা।" এই কাজের ক্ষেত্রে দেরী করার ঝুঁকি আমি নিইনি, কারণ আমার মনে হয়েছিল কফিপানের শেষে গাড়িতে ওঠার সময় কাজটি করলে, আমার পক্ষে তাঁর নাম ভুলে যাওয়ার প্রবল সম্ভাবনা রয়েছে।

এর পরে, চারপাশে তাকিয়ে আমি সেই অল্পবয়সী দম্পতিকে আবিষ্কার করেছিলাম, যাঁদের সঙ্গে আগে বহুবার সকালে সেই কফিশপে দেখা হওয়া সত্ত্বেও, সরাসরিভাবে কথাবার্তা হয়নি। "হ্যালো বন্ধুরা, আপনাদের সঙ্গে আগেও বহুবার এই কফিশপেই আমার দেখা হয়েছে; আমি এখানে নতুন এসেছি। আসুন, আপনাদের সঙ্গে আলাপ পরিচয়ের পর্বটি সেরে ফেলা যাক। আমার নাম মেল, আপনাদের নাম জানতে পারি কি?"

গ্রেগরি এবং জর্ডান। তাঁদের সঙ্গে পরিচিত হওয়ার চাইতে ভালো আর কিছুই হতে পারত না। তৎক্ষণাৎ এই দুজনের নাম কফিশপের জন্য সদ্য বানানো ফাইলে আমি অন্তর্ভুক্ত করে ফেলি, কেভিনের নামের ঠিক নীচে; নোটস সেকশনে তাঁদের সম্পর্কে দু-একটি শব্দে একটি ক্ষুদ্র বর্ণনাও নথিভুক্ত করি: "মিষ্টি সদ্যবিবাহিত দম্পতি। এঁরা লস এঞ্জেলেস থেকে এসেছেন। সন্তানটিও অত্যন্ত মিষ্টি।" এর পর তাঁদের জিজ্ঞাসা করেছিলাম, এই অঞ্চলে তাঁরা কতদিন ধরে বসবাস করছিলেন। জানতে পারি, তাঁরাও মাত্র এক বছর আগেই এখানে এসে থিতু হয়েছিলেন।

তারপরে তাঁদের জিজ্ঞাসা করেছিলাম, পেশাগতভাবে তাঁরা কী করেন। জানতে পারলে আপনারাও যারপরনাই হতবাক হয়ে যাবেন! গ্রেগরি পডকাস্ট সংক্রান্ত পেশায় রয়েছেন। জর্ডান একজন পেশাদার মনোরোগ বিশেষজ্ঞ। কী অভূতপূর্ব ঘটনা, তাই নয় কি? বিগত এক বছর ধরে একই ছাদের নীচে, আমি এমন দুজন মানুষের থেকে ঢিল ছোঁড়া দূরত্বে একাধিকবার সময় কাটিয়েছি, যাঁদের সঙ্গে পেশাগতভাবে আমার গভীর সম্পর্ক রয়েছে! সেই মুহূর্তে কফিশপে বসে অন্যান্যদের সঙ্গে সাধারণ কুশল বিনিময়ের মাধ্যমে আলাপচারিতার পরিবর্তে, আমি আসলে কী করছিলাম আপনারা জানতে ইচ্ছুক? নিজের সমমনস্ক একটি সম্প্রদায় গড়ে তোলার ভিত্তিপ্রস্তর স্থাপনের কাজ।

পারিপার্শ্বিকের মানুষজনের প্রতি আপনার সামগ্রিক ব্যবহারের উষ্ণতা, অধিকাংশ ক্ষেত্রে নিজের কাছেই বারবার ফিরে আসে। আপনার চারপাশের পরিচিত মুখগুলির নাম আলাদাভাবে জানার মাধ্যমে, নিজের এলাকায় সকলের সঙ্গে মানসিকভাবে সংযুক্ত থাকার অনুভূতি আপনার

পক্ষে পাওয়া একান্তভাবেই সম্ভব। এছাড়াও, যত বেশি সংখ্যক মানুষের সঙ্গে আপনি পরিচিত হবেন, আপনার পক্ষে ততই দ্রুত সেই সমস্ত মানুষকে খুঁজে বার করা সম্ভব হবে, যাঁদের সঙ্গে আপনার মতবাদ, মূল্যবোধ এবং মানসিকতা খাপে খাপে মিলে যায়।

এই পদ্ধতির প্রয়োগ আপনার ক্ষেত্রে অত্যন্ত ফলপ্রসূ হওয়া সম্ভব। প্রথম পদক্ষেপটি আপনার তরফ থেকে শুরু হওয়ার কারণবশতঃ, আপনার পক্ষে একটি বৃহত্তর যোগাযোগ ব্যবস্থা প্রতিষ্ঠা করা সম্ভব, যা আপনার স্বচ্ছল জীবনযাপন এবং অনাবিল আনন্দের ক্ষেত্রে বিপুলভাবে প্রভাব বিস্তার করতে সক্ষম। কিন্তু অধিকাংশ ক্ষেত্রেই, এই বিশেষ পরিস্থিতি আমাদের নজর এড়িয়ে যায়। বিশেষজ্ঞ গবেষকদের বক্তব্য অনুসারে, একটি কফিশপে যে ধরনের মানুষজন আপনার চারপাশে বসে থাকেন, অথবা নিজের বাড়ির এলিভেটরে ওঠানামা করার সময়ে যাঁরা আপনার পাশে দাঁড়িয়ে থাকেন, তাঁরা কোনোভাবেই আপনার অপরিচিত নন—তাঁরা সেই মানুষ যাঁদের সঙ্গে আপনার "ক্ষীণ সম্পর্ক" বিদ্যমান।

আপনার দৈনন্দিন রোজনামচার ক্ষেত্রে এই ধরনের মানুষজন রীতিমত অমিতশক্তিধর, এবং আপনার জীবনের এক অবিচ্ছেদ্য অংশ বিশেষ। আপনার জীবনকে সঠিকভাবে গঠন করার ক্ষেত্রে তাঁদের দৈনিক অবদান ভিত্তিপ্রস্তর হিসেবে প্রতিপন্ন হতে পারে, যাঁদের সাহায্যে নিজের দৈনন্দিনের জীবনে আপনি সামগ্রিক উন্নতিসাধন করতে পারেন। তাঁদের নাম মনে রাখার চেষ্টা করুন। নিয়মিতভাবে তাঁদের অভিবাদন জানাবার কথা মাথায় রাখুন। তাঁদের পোষ্যদের আদর করতে ভুলবেন না। নিজের যোগাযোগ ব্যবস্থায় আলাদাভাবে তাঁদের সংক্ষিপ্ত বর্ণনা লিপিবদ্ধ করার চেষ্টা করুন, যাতে পরের দিন কফিশপে যাওয়ার আগে আপনি নিজের স্মরণশক্তি বারবার করে ঝালিয়ে নিতে পারেন।

এঁদের সঙ্গে প্রাথমিক কথোপকথন সেরে ফেলার পরে, নিজের সামাজিক অস্তিত্বকে প্রতিষ্ঠা করার লক্ষ্যে আমি একটি সামাজিক যোগসূত্র স্থাপনের চেষ্টা করেছিলাম, দৈনন্দিন জীবনে আমাকে ঘিরে থাকা এই সমস্ত মানুষজনের সাহায্যে, যাঁদের আমি নামের প্রথমাংশের পরিচয়ে চিনতাম: "হ্যালো কেভিন," "হাই গ্রেগরি," "হাই জর্ডান," যার ফলে আমি একাকিত্বের করাল আবর্ত থেকে ধীরে ধীরে নিষ্কৃতি পাওয়ার পথে পা বাড়াচ্ছিলাম।

এই একইভাবে বর্তমানে আমার অন্যতম ঘনিষ্ঠ বন্ধু, ডেভিডের সঙ্গে আমার পরিচয় হয়েছিলাম। বিগত এক বছরে, একে অপরের থেকে মাত্র এক মাইল দূরত্বে আমরা অবস্থান করছিলাম, এবং আমাদের মধ্যে কখনোই দেখাসাক্ষাৎ হয়নি। কারণ, সেই সময়ে আমরা দুজনেই বাড়িতে বসে একাকিত্বের বিরুদ্ধে সংগ্রাম চালাচ্ছিলাম এবং নিজেদের অতীত সম্পর্কে শোকপ্রকাশ এবং বিলাপে ব্যস্ত ছিলাম। কোনো একটি কফিশপে শুধুমাত্র একটি অভিবাদনের মাধ্যমে আমাদের পরিচয় হয়, এবং এই মুহূর্তে সারা পৃথিবীতে তিনি আমার অন্যতম প্রিয়জন, তিনি ও তাঁর স্বামী বর্তমানে আমাদের বৃহত্তর পরিবারের অবিচ্ছেদ্য অংশ বিশেষ।

এই অসাধ্য সাধন যদি আমার ক্ষেত্রে সম্ভব হতে পারে, আপনার পক্ষেও তা অবশ্যই সম্ভব। দ্য লেট দেম থিওরি অথবা ওদের করতে দিন এর পদ্ধতি আপনাকে এই বিশেষ পরিস্থিতির মোকাবিলা সর্বতোভাবে সাহায্য করবে।

কিছু মানুষ কি আপনার ব্যবহারে বিব্রত হতে পারেন? অবশ্যই। ওদের হতে দিন। অধিকাংশ মানুষ কি আপনাকে পরম সমাদরে স্বাগত জানাতে পারেন? অবশ্যই। ওদের করতে দিন।

বন্ধুত্বের পারস্পরিক সম্পর্ক স্থাপন করার কাজটি মূল সমীকরণের লেট মি অর্থাৎ আমাকে করতে দিন এর অংশের অন্তর্ভুক্ত। নিজের জীবনে আমি যে সমস্ত অত্যন্ত সাধারণ পদক্ষেপ সর্বপ্রথমে গ্রহণ করেছিলাম, সেগুলি আপনাদের সুবিধার্থে নীচে সাজিয়ে দেওয়া হল:

১. যেখানেই যান, চারপাশের মানুষকে প্রশংসা জানাতে ভুলবেন না।

তাঁদের নখের রং আপনার ভালো লাগলে, সরাসরি তাঁদের বলুন। তাঁদের পোশাক পরিচ্ছদ আপনাকে আকৃষ্ট করলে, সে কথা সরাসরি তাঁদের জানাতে ভুলবেন না। এমনকি, তাঁদের মোজার রং যদি আপনার মনের মতো হয়, তাঁদের জানাতে দ্বিধা করবেন না! মানুষ প্রশংসা পেতে স্বভাবতই ভালোবাসেন, কারণ তাঁরা অন্যান্যদের দৃষ্টি আকর্ষণ করতে এবং আকর্ষণের কেন্দ্রবিন্দু হয়ে থাকতে পছন্দ করেন। অপ্রস্তুত না হয়ে, অপরিচিত মানুষজনের সঙ্গে আলাপ পরিচয় করার এটি এক অব্যর্থ পন্থা বিশেষ।

২. সকলের সম্পর্কে কৌতূহলী থাকতে হবে।

এই মুহূর্তে তাঁরা কোন বই পড়ছেন, সে সম্পর্কে তাঁদের প্রশ্ন করতে পিছপা হবেন না। বর্তমানে তাঁরা কোন জিনিসের অর্ডার দিয়েছেন, নির্দ্বিধায় তাঁদের জিজ্ঞাসা করুন। মানুষজন নিজেদের সম্পর্কে কথা বলতে খুব পছন্দ করেন। পরিস্থিতি যদি এমনই দাঁড়ায়, যখন তাঁরা সাধারণভাবে ধন্যবাদ দেওয়া ছাড়া একটিও বাড়তি শব্দের ব্যবহার করতে গররাজি থাকেন, সেক্ষেত্রেও সর্বপ্রথম এগিয়ে যাওয়ার পদক্ষেপটি গ্রহণ করার জন্য, আপনাকে সবসময় তাঁদের তুলনায় এগিয়ে রাখা হবে।

৩. চলার পথে যাঁদের সঙ্গেই দেখা হোক না কেন, তাঁদের প্রত্যেককে একগাল হেসে অভিবাদন জানাবেন।

একজন সদাশয় এবং মনোমুগ্ধকর ব্যক্তিত্বের মানুষ হয়ে উঠতে চাইলে বিশেষ দক্ষতার প্রয়োজন। প্রতিনিয়ত যদি এই ব্যবহারিক বৈশিষ্ট্যের অনুশীলন আপনি করতে পারেন, সময়ে সেটি আপনার ব্যক্তিত্বের অবিচ্ছেদ্য অংশ হয়ে দাঁড়াবে। পারিপার্শ্বিকের পরিমণ্ডলের ক্ষেত্রে যদি একটি সদাহাস্যোজ্জ্বল এবং বন্ধুবৎসল মনোভাব বজায় রেখে চলতে পারেন, আপনার জীবন হয়ে উঠবে অনাবিল আনন্দে পরিপূর্ণ।

৪. কোনো প্রত্যাশার বিনিময়ে এই কাজগুলি করবেন না।

অপরিচিত মানুষজনের সঙ্গে সামগ্রিকভাবে বন্ধুবৎসল ব্যবহার বজায় রাখার পিছনে নির্দিষ্ট একটি কারণ রয়েছে—চারপাশের মানুষের সঙ্গে সরাসরিভাবে মানসিক যোগসূত্র গড়ে তুলতে পারলে,

আপনার জীবনে উন্নতিসাধন অবশ্যই সম্ভব। ব্যবহারের মাধ্যমে যে উষ্ণতা আপনি চারপাশের মানুষের মধ্যে ছড়িয়ে দেবেন, সেই উষ্ণতা আপনার কাছে ফিরে আসা অবশ্যম্ভাবী।

কেউ আপনাকে নৈশভোজে আমন্ত্রণ জানাতে পারেন—যত বেশি এই ধরনের প্রত্যাশার বশবর্তী না হয়ে, উপরোক্ত কাজে আপনি অভ্যস্ত হয়ে উঠবেন, কিংবা চটজলদি নিজের পছন্দসই মানুষকে আবিষ্কার করার উগ্র বাসনা থেকে নিজেকে প্রতিহত করতে পারবেন, ততটা দ্রুতগতিতে সমমনস্ক মানুষজন নিজেদের তাগিদেই আপনাকে খুঁজে নেবেন। এই নির্দিষ্ট চিন্তাধারাকে মানুষের অন্তর্নিহিত স্পৃহার দৃষ্টিকোণ থেকে দেখতে পারেন। পারিপার্শ্বিকের মানুষজনের সামনে, ব্যবহারিক বৈশিষ্ট্যের মাধ্যমে নিজেকে আপনি উন্মুক্ত করে দিয়েছেন, কারণ আপনি জানেন সেই সমস্ত মানুষ, যাঁরা আপনার সঙ্গে পারস্পরিক যোগসূত্র স্থাপন করতে প্রস্তুত, তাঁরা আপনার আন্তরিক স্পৃহার তুল্যমূল্য বিচার করার পরেই, স্বাভাবিক প্রক্রিয়ার মাধ্যমেই আপনাকে খুঁজে বার করবেন।

একাকিত্ব আমাদের জীবনে ঘোর বাস্তব। কিন্তু, আপনি সেই কঠিন পরিস্থিতিতে কখনোই সীমাবদ্ধ নন। আপনার পক্ষে যেমন বহির্জগতে বিচরণ করা অত্যন্ত দুরূহ, সেভাবেই নিজের বাড়িতে অন্তরীণ থেকে একাকিত্বের প্রভাবে জর্জরিত হওয়া অপেক্ষাকৃত কঠিন। একাকিত্বের শিকার হওয়ার পরিবর্তে, আমি একটি আপেক্ষিক অস্বস্তিকর পরিস্থিতির মোকাবিলা করার পরিস্থিতিকে অগ্রাধিকার দিতে সর্বদাই প্রস্তুত। এবং আমি জানি, আপনারাও এক্ষেত্রে আমার সঙ্গে সর্বান্তঃকরণে সহমত হবেন।

এবং, সবচেয়ে গুরুত্বপূর্ণভাবে, অন্ততপক্ষে এক বছর সময় আপনাকে দিতেই হবে।

নিবিড় এবং প্রগাঢ় পারস্পরিক সম্পর্কের একটি যোগসূত্র নির্মাণের ক্ষেত্রে, যেটি প্রতিনিয়ত আপনাকে একটি নির্দিষ্ট সম্প্রদায়ের অবিচ্ছেদ্য অংশ হিসেবে প্রতিপন্ন করে, প্রাপ্তবয়স্ক জীবনে বন্ধুত্বের পারস্পরিক সম্পর্কের ক্ষেত্রে তা একটি অত্যন্ত গুরুত্বপূর্ণ স্তর বিশেষ। নিজের পারিপার্শ্বিকে থাকা সাধারণ মানুষজনের সঙ্গে, কত সহজে আমার পক্ষে একটি অত্যন্ত স্বাস্থ্যকর, পারস্পরিক যোগাযোগের সূত্র স্থাপন করা সম্ভব, তা দেখে আমি রীতিমত স্তম্ভিত হয়ে গিয়েছিলাম। সেই মুহূর্তে আমি উপলব্ধি করতে পেরেছিলাম যে আমিই সেই ব্যক্তি, যে বন্ধুত্বের সীমাহীন সম্ভাবনা থেকে সম্পূর্ণভাবে বিচ্ছিন্ন হয়ে গিয়েছিল।

যে কোনো পরিস্থিতিতে একটি সম্প্রদায়ের সূচনা

নিজের পারিপার্শ্বিকে সাধারণ মানুষের যে সম্প্রদায় আমাকে চারদিক থেকে ঘিরে রেখেছিল, তার সঙ্গে যোগাযোগের পারস্পরিক সূত্র স্থাপন করার ক্ষেত্রে, আমিই হয়ে উঠেছিলাম প্রধান প্রতিবন্ধতার কারণ। নিজেকে সম্পূর্ণভাবে বিচ্ছিন্ন করে রাখার মাধ্যমে, আমি মানুষের সেই বিশেষ সম্প্রদায়কে আপন করে নেওয়ার বদলে দূরে সরিয়ে দিয়েছিলাম, যখন সবাই আমার জন্য সাগ্রহে অপেক্ষা করেছিলেন। আপনার জীবনে বিশেষ মানুষটি অথবা প্রিয়তম বন্ধুটি সম্ভবত কোনো কফিশপে, আপনার থেকে দুটি টেবিলের ব্যবধানে বসে আপনার জন্যই অপেক্ষারত।

আপনাকে খুঁজে নেওয়ার জন্য তাঁদের এগিয়ে আসার প্রত্যাশায় থাকবেন না। প্রথম পদক্ষেপটি আপনার তরফ থেকে শুরু হলে, আপনার পক্ষে তাঁদের খুঁজে নেওয়া সহজ হওয়ার সম্ভাবনা প্রবল। আপনি যদি নিজের মননের মানুষজন খুঁজে পাওয়ার জন্য নিজের দক্ষতার উন্নতিসাধনে উৎসাহিত হন, নিম্নোক্ত কাজগুলি করার চেষ্টা করুন যেগুলি আমার স্বামী এবং আমি নিজেদের ক্ষেত্রে করেছিলাম:

১. নিজের পছন্দসই অনুষ্ঠান এবং দলভিত্তিক ক্লাসের খোঁজখবর রাখুন।

এগুলি যে কোনো ধরনের অনুষ্ঠান অথবা ক্লাস হতে পারে: ক্রসফিট, যোগাসন, দৌড়োনো, প্রাতঃভ্রমণ, রান্নাবান্না, ছবি আঁকা, ইমপ্রুভ অথবা পুরোনো আসবাবপত্র নতুন করে সাজানো। এই ধরনের ক্লাসগুলি সেই সমস্ত মানুষের সঙ্গে আপনার পারস্পরিক নৈকট্য স্থাপনের সুযোগ করে দেবে, সেই নির্দিষ্ট ক্ষেত্রে যাঁদের বিশেষ আগ্রহ রয়েছে। এর ফলে, আপনার পক্ষে সেই সমস্ত মানুষকে খুঁজে বার করার কাজ অপেক্ষাকৃত সহজ হয়ে যাবে, যাঁদের আগ্রহের বিষয়টি আপনার সঙ্গে একেবারেই খাপ খেয়ে যায়।

২. যে মুহূর্তে আপনার সঙ্গে অন্য কারো মতের মিল হবে, তাঁকে সঙ্গে নিয়ে ক্লাসের বাইরে চলে যান।

এগিয়ে যাওয়ার ক্ষেত্রে প্রথম পদক্ষেপটি আপনার তরফ থেকেই আসা উচিত, তাঁদের সঙ্গে নিয়ে একটি কফিশপে গিয়ে বসুন, অথবা নিয়মিতভাবে প্রাতঃভ্রমণে বেরিয়ে পড়ুন। যত বেশি সংখ্যক মানুষের সঙ্গে আপনি এই নির্দিষ্ট কাজে অভ্যস্ত হয়ে উঠবেন, সেই সদ্য পরিচিত ব্যক্তিদের, নিজের সান্নিধ্যে আরো বেশি সময় কাটাবার জন্য আমন্ত্রণ জানাতে আপনি রীতিমত স্বস্তিবোধ করবেন। দেখা যাবে, সেক্ষেত্রে অপেক্ষাকৃত দ্রুতবেগে আপনার পক্ষে নিজের সমমনস্ক মানুষজনকে খুঁজে বার করার কাজটি অত্যন্ত সহজ হয়ে উঠেছে।

৩. আরো মানুষের সঙ্গে পরিচিত হওয়ার পাশাপাশি, সেই সমস্ত অনুষ্ঠানের খোঁজখবর রাখুন যেগুলি আপনাকে এবং সেই সমস্ত মানুষজনকে আকৃষ্ট করে, যাঁদের সঙ্গে আপনার মানসিক যোগসূত্রের পারস্পরিক সম্পর্কের সূচনা হয়েছে, এবং দেখুন সেই অনুষ্ঠানে দলবদ্ধভাবে উপস্থিত হওয়ার কোনো সম্ভাবনা রয়েছে কি না।

এটি কোনো জলসা, অথবা কোনো বক্তৃতা, কিংবা স্বেচ্ছাসেবকের ক্ষেত্রে কোনো বিশেষ অনুষ্ঠান হতে পারে। কোনো এক দিন চুল কাটার সেলুনে এক ভদ্রমহিলার সঙ্গে আমার পরিচয় হয়েছিল, যাঁর সঙ্গে যোগাযোগের পারস্পরিক সম্পর্কের ভিত্তিতে আমরা একটি প্রাতঃভ্রমণের দল গঠন করতে সমর্থ হয়েছিলাম। কিছু দিন পরে, তিনি নিজের পরিচিত অন্য এক ভদ্রমহিলাকে আমার কাছে নিয়ে আসেন। আস্তে আস্তে, কিন্তু নিশ্চিতভাবে নিজেদের পূর্বপরিচিত মানুষজনকে এই দলে যোগ দেওয়ার আমন্ত্রণ আমরা জানাতে থাকি। তার পর থেকে শুরু করে আজ পর্যন্ত,

প্রতি বুধবার সকাল ৬:৩০ য় আমরা নিজেদের পাড়ায় একটি নির্দিষ্ট পথে প্রাতঃভ্রমণে রীতিমত অভ্যস্ত হয়ে উঠেছি।

ইতিমধ্যে তিন বছর অতিবাহিত হয়েছে, কিন্তু আমাদের দলটি এখনো সমানভাবে কার্যকরী। দল সংক্রান্ত মেসেজ বক্সে এই মুহূর্তে এত সদস্য রয়েছেন, যে আমাদের পক্ষে নতুন সদস্যের অন্তর্ভুক্তি রীতিমত দুষ্কর। তা সত্ত্বেও, বিভিন্ন মানুষ প্রতিদিন আমাদের এই নির্দিষ্ট দলে যুক্ত হওয়ার জন্য বিশেষভাবে আগ্রহ প্রকাশ করেন। এই সম্পূর্ণ প্রক্রিয়াটি সুষ্ঠভাবে সম্পন্ন হওয়ার ক্ষেত্রে অন্ততপক্ষে এক বছর সময় কেন লাগতে পারে, এই ঘটনা তার প্রকৃষ্টতম উদাহরণ।

এক্ষেত্রে প্রাতঃভ্রমণের বিষয়টি একটি বিচ্ছিন্ন উদাহরণ মাত্র। একটি স্থানীয় রেস্তোরাঁয় একত্রিত হয়ে, জ্যাজ সংগীত উপভোগ করার জন্য আমি নিজের পূর্বপরিচিত মানুষজনকে দলে দলে এগিয়ে আসার আমন্ত্রণ জানিয়েছি। একই কথা সুদৃশ্য ফুলের স্তবক তৈরি করতে শেখার ক্লাসে, কোনো ড্র্যাগ কুইন বিংগো সংক্রান্ত অনুষ্ঠানে, বা স্থানীয় কোনো চাষীকে তাঁর বাগানে মাটি থেকে ডালিয়া ফুলের মূল খুঁড়ে বার করে আনার ক্ষেত্রে প্রযোজ্য।

আমার স্বামী ক্রিস নিজের ক্ষেত্রেও এই প্রক্রিয়ার প্রয়োগ করে বিশেষভাবে উপকার পেয়েছিলেন। তিনি একটি জিমের সদস্যপদ গ্রহণ করেছিলেন, একটি নির্দিষ্ট গল্ফ লীগে অংশগ্রহণ করেছিলেন, এবং একগুচ্ছ প্যাডেল টেনিস সংক্রান্ত প্রশিক্ষণ কেন্দ্রের সদস্য হয়েছিলেন। স্থানীয় স্কি মাউন্টেনের যাবতীয় কর্মকাণ্ডে একটি বিশেষ ভূমিকা পালন করার দায়িত্বভার তিনি গ্রহণ করেছিলেন। একটি নির্দিষ্ট ধর্মশালার ক্ষেত্রে, তিনি একজন বিশেষ স্বেচ্ছাসেবক হিসেবে কাজ করেছিলেন। এবং এই সমস্ত কাজকর্মের মাধ্যমে, তিনি এমন বহু মানুষজনের সঙ্গে পারস্পরিক যোগাযোগ স্থাপনে সক্ষম হয়েছিলেন, যাঁদের সঙ্গে তাঁর আগ্রহের বিষয়গুলি সম্পূর্ণভাবে মিলেমিশে যায়।

এরপর ক্রিস আমাদের ছোট শহরতলীতে কিংবা আশপাশের এলাকায় আয়োজিত বিভিন্ন মজাদার অনুষ্ঠান খুঁজে বার করে, নিজের সদ্যপরিচিত বন্ধুদের সঙ্গে, সেগুলিতে অংশগ্রহণ করার চেষ্টা করেন। পুরুষদের স্কি প্রতিযোগিতায় অংশগ্রহণ করার জন্য তিনি একটি নির্দিষ্ট দলে অন্তর্ভুক্ত হয়েছিলেন। প্রতি সপ্তাহে মঙ্গলবারে বিশেষভাবে আয়োজিত, "পাহাড়চূড়ায় উঠে স্কি করে নীচে নেমে আসা" সংক্রান্ত দলের গোড়াপত্তন করেছিলেন ক্রিস। ক্রমে এই বিশেষ দলটির খবর চারদিকে ছড়িয়ে পড়ায়, বর্তমানে যে কোনো সপ্তাহের মঙ্গলবারে দেখতে পাবেন, সেখানে নিজেদের শহরতলী এবং পার্শ্ববর্তী শহরাঞ্চল থেকে অন্ততপক্ষে ১৫ থেকে ২০ জন বিভিন্ন বয়সের মানুষ একসঙ্গে পর্বতারোহণ করতে ব্যস্ত!

এই নির্দিষ্ট ঘটনা থেকে আপনাদের উপলব্ধি কী?

যে—শ্লথগতিতে হলেও, আপনার পক্ষে সুনিশ্চিতভাবে আরো বেশি সংখ্যক মানুষের সঙ্গে বন্ধুত্বের পারস্পরিক সম্পর্ক গড়ে তোলা অবশ্যই সম্ভব—এবং আমাদের মধ্যে প্রত্যেকেই পারিপার্শ্বিকের মানুষের সঙ্গে যোগাযোগের ভিত্তিতে একটি প্রগাঢ় পারস্পরিক সম্পর্ক গড়ে তুলতে উৎসুক, এবং তার মাধ্যমে নিত্যনতুন বন্ধুবান্ধব খুঁজে বার করতে।

অন্যান্য মানুষ ব্যক্তিগত উদ্যোগে কখন একটি পর্বতারোহণ সংক্রান্ত দলের গোড়াপত্তন করতে চলেছেন, অথবা একটি প্রাতঃভ্রমণ সংক্রান্ত দল, বা একটি বই পড়ার ক্লাব—তার অপেক্ষায় অলসভাবে বসে না থেকে, প্রথম পদক্ষেপটি নেওয়ার ক্ষেত্রে আপনাকেই এগিয়ে আসতে হবে।

দ্য লেট দেম থিওরি অথবা ওদের করতে দিন এর পদ্ধতির প্রয়োগে, আপনি যে শুধুমাত্র বন্ধুত্বের আদর্শ পারস্পরিক সম্পর্ক গড়ে তুলতে পারবেন তাই নয়—একজন আদর্শ বন্ধু হিসেবেও নিজেকে প্রতিপন্ন করতে আপনি সক্ষম। আপনার জীবনের ক্ষেত্রে এর গুরুত্ব অপরিসীম। আপনার জীবনের যাবতীয় পারস্পরিক সম্পর্কগুলির ভিত্তিতে একটি আদর্শ জীবন গড়ে তোলা সম্ভব। অন্তরঙ্গ বন্ধুবান্ধবদের সান্নিধ্য আপনাকে আনন্দ প্রদান করে, আপনাকে মানসিক এবং শারীরিকভাবে স্বাস্থ্যবান করে তোলে, এবং আপনার জন্য সুনির্দিষ্ট একটি লক্ষ্য নির্ধারণ করে; এবং জীবনের পথে সঠিকভাবে অগ্রসর হওয়ার ক্ষেত্রে, বন্ধুত্বের পারস্পরিক সম্পর্কগুলি আপনার ব্যক্তিগত গৌরবের কারণ হিসেবে প্রতিপন্ন হতে থাকে।

দ্য লেট দেম থিওরি অর্থাৎ ওদের করতে দিন এর পদ্ধতি আপনার জীবনে উপযুক্ত বন্ধুত্বের পারস্পরিক সম্পর্কগুলি গড়ে তুলতে সাহায্য করবে, যার জন্য আপনাকে মানসিকভাবে নমনীয় হয়ে ওঠার প্রয়োজন। মনে রাখবেন, প্রতিনিয়ত আপনার জীবনে বন্ধুবান্ধবদের আসা যাওয়ার প্রক্রিয়া লেগেই থাকবে। অন্যান্যদের কাছ থেকে আমন্ত্রণ পাওয়ার প্রত্যাশায় অলসভাবে অপেক্ষা করা কখনোই সমীচীন নয়। যখন আপনার জীবনে কোনো পরিবর্তন হতে থাকে, তখন বিশেষ কোনো পরিস্থিতিকে আঁকড়ে ধরে রাখার চেষ্টা থেকে বিরত থাকতে হবে। নিজের পরিচয় অথবা ভাবমূর্তি সঠিকভাবে পারিপার্শ্বিকের মানুষজনের সামনে উপস্থাপনার ক্ষেত্রে, সম্পূর্ণভাবে দায়িত্ব নিতে হবে। লেট দেম অথবা ওদের করতে দিন এর প্রক্রিয়া নমনীয় হওয়ার ক্ষেত্রে আপনাকে সাহায্য করবে, মানুষের সামগ্রিক ব্যবহারকে নিজের প্রতি ব্যক্তিগত আক্রমণ হিসেবে না দেখতে সাহায্য করবে, উপযুক্ত এবং সমমনস্ক মানুষজনকে জীবনে প্রবেশাধিকার দিতে সাহায্য করবে, এবং অনুপযুক্ত মানুষজনকে আপনার জীবন থেকে বর্জন করার ক্ষেত্রে সাহায্য করবে।

নিজের পছন্দ অনুযায়ী মানুষ বেছে নিয়ে, যখন আপনি তাঁদের সঙ্গে নতুনভাবে বন্ধুত্বের সম্পর্ক স্থাপন করেন, সেই মুহূর্তে যে অস্বস্তিকর পরিস্থিতির উদ্ভব হয়, তা থেকে এই পদ্ধতি আপনাকে নিরাপত্তা দেবে। কফিশপে উপস্থিত মানুষজনকে যখন আপনি অভিবাদন জানান, এবং তাঁরা স্বতঃস্ফূর্তভাবে সাড়া দেন না, ওদের করতে দিন। দৈনন্দিন জীবনের অসম্ভব ব্যস্ততার মাঝে, তাঁদের পক্ষে নিয়মিতভাবে প্রাতঃভ্রমণে যাওয়া সম্ভব না হলে, ওদের করতে দিন। আগামী সপ্তাহে কর্মক্ষেত্রে অসম্ভব কাজের চাপে তিতিবিরক্ত হয়ে, তাঁরা যদি এই উইকএন্ড অথবা সপ্তাহান্তের পূর্বনির্ধারিত অনুষ্ঠানটি বাতিল করার সিদ্ধান্ত নিয়ে থাকেন, ওদের করতে দিন। প্রণয়ঘটিত সম্পর্কের সাফল্যের ক্ষেত্রে অথবা একটি শিশুর জন্মের শুভ মুহূর্তে, আপনাকে অগ্রাধিকার দেওয়া যদি তাঁদের কাছে গুরুত্বপূর্ণ না মনে হয়, ওদের করতে দিন। অন্য শহরে থিতু হয়ে, তাঁদের জীবনে একটি নতুন অধ্যায়ে পদার্পণ করার সিদ্ধান্ত নেওয়ার ক্ষেত্রে, ওদের করতে দিন। আপনার ফোনের প্রত্যুত্তর দেওয়ার ক্ষেত্রে তাঁরা প্রয়োজন

বোধ না করলে, ওদের করতে দিন। কর্মস্থলে অন্যান্যদের সঙ্গে তাঁদের বন্ধুত্বপূর্ণ পারস্পরিক সম্পর্ক গড়ে উঠলে, ওদের করতে দিন। আপনাদের বন্ধুত্বের সম্পর্কে যদি পারস্পরিক নৈকট্য, সময়ানুবর্তিতা অথবা স্পৃহার অভাব দেখা দেয়, ওদের করতে দিন।

আপনার জীবনে মানুষের আসা যাওয়ার প্রক্রিয়া একটি অত্যন্ত নিত্যনৈমিত্তিক ঘটনা। সেক্ষেত্রে মানসিকভাবে আপনি যত নমনীয় হবেন, তাঁদের সংখ্যা ক্রমশ বৃদ্ধি পেতে থাকবে। পারিপার্শ্বিকের মানুষজনকে নিজেদের শর্তে জীবনযাপন করতে দেওয়ার মতো সৌন্দর্য আর কিছুতেই নেই, তাই লেট দেম অথবা ওদের করতে দিন। লেট মি অর্থাৎ আমাকে করতে দিন এর প্রক্রিয়ায় মনঃসংযোগ করুন, কারণ সেটি সম্পূর্ণভাবে আপনার নিয়ন্ত্রণে রয়েছে।

অন্যান্যদের প্রতি আমাকে সহনশীল এবং সহানুভূতিশীল থাকতে দিন। আমাকে প্রাণপণে চেষ্টা করতে দিন। কোনো নির্দিষ্ট প্রত্যাশা ছাড়াই আমাকে উপস্থিত থাকতে দিন কারণ আমি আপনার সমব্যথী। যাবতীয় পরিকল্পনা আমাকে করতে দিন। মানসিক স্পৃহার ঘাটতি দেখা দিলে, আমাকে আস্থা রাখতে দিন। বিশেষ পরিস্থিতিতে আমাকে ফোন অথবা লিখিত মেসেজ পাঠাতে দিন। আমাকে বিশ্বাস রাখতে দিন যে এখনো পর্যন্ত নিজের অসংখ্য প্রকৃত বন্ধুবান্ধবদের সঙ্গে এখনো পর্যন্ত আমার সরাসরি দেখা হয়নি।

প্রথম পদক্ষেপটি নেওয়ার ক্ষেত্রে আমাকে এগিয়ে যেতে দিন।

চলুন, প্রাপ্তবয়স্ক জীবনে বন্ধুত্বের পারস্পরিক সম্পর্ক স্থাপন করার ক্ষেত্রে এখনো পর্যন্ত আপনারা যা শিখেছেন, তার ভিত্তিতে একটি সারসংক্ষেপ তৈরি করা যাক। শৈশবে যেভাবে বন্ধুত্বের সম্পর্ক বজায় রাখতে আপনি অভ্যস্ত ছিলেন, আজ পর্যন্ত সেই দৃষ্টিভঙ্গী নিয়েই প্রাপ্তবয়স্ক জীবনে বন্ধুত্বের পারস্পরিক সম্পর্ককে আপনারা দেখে এসেছেন—সেগুলি স্বয়ংক্রিয়ভাবে গড়ে ওঠার প্রত্যাশায় অপেক্ষা করতে আপনারা অভ্যস্ত। দ্য লেট দেম থিওরি অথবা ওদের করতে দিন এর পদ্ধতি বন্ধুত্বের পারস্পরিক সম্পর্ক স্বয়ংক্রিয়ভাবে গড়ে ওঠার প্রত্যাশায় থাকার ক্ষেত্রে আপনাকে বিরত করে, এবং নিজের ব্যবস্থাপনায় সেটিকে গড়ে তোলার ক্ষেত্রে আপনাকে অনুপ্রাণিত করে।

১. **সমস্যা:** জীবনে বিচ্ছিন্ন হওয়ার অঘটনটি ইতিমধ্যেই আপনার ক্ষেত্রে ঘটে গিয়েছে, এবং সেই পরিস্থিতির উপলব্ধি করা আপনার পক্ষে সম্ভব হয়নি। শৈশবকাল থেকে, বন্ধুত্বের সম্পর্কের ক্ষেত্রে আপনার সামগ্রিক দৃষ্টিভঙ্গী একেবারেই সঠিক ছিল না। জীবনের প্রতিটি ক্ষেত্রে আপনি আমন্ত্রণের প্রত্যাশী ছিলেন। প্রতিনিয়তভাবে নিজের বন্ধুবান্ধবের দ্বারা পরিবৃত হয়ে থাকার স্বপ্নে আপনি বিভোর হয়ে ছিলেন। প্রতি মুহূর্তে তাঁদের কাছ থেকে লিখিত জবাবের অপেক্ষায় আপনি থাকতেন। এই অহেতুক প্রত্যাশার ফলে, আপনার অন্তরে পারস্পরিক সম্পর্কের জীর্ণতার অনুভূতি, একাকিত্বের অসহনীয় যন্ত্রণা, এবং নতুন করে বন্ধুত্বের পারস্পরিক সম্পর্ক স্থাপনের সদিচ্ছার ক্ষেত্রে অনিশ্চয়তার বাতাবরণ তৈরি হয়েছিল।

২. **উপলব্ধি:** প্রাপ্তবয়স্ক জীবনে পারস্পরিক বন্ধুত্বের সম্পর্কের ক্ষেত্রে প্রধান তিনটি স্তম্ভ যথাক্রমে: নৈকট্য, সময়ানুবর্তিতা এবং স্পৃহা। এই তিনটি স্তম্ভের কার্যকারিতা সম্পর্কে ওয়াকিবহাল হওয়ার সম্পূর্ণ দায়িত্ব আপনার উপরেই বর্তায়, এবং নিজের জীবনে বন্ধুত্বের পারস্পরিক সম্পর্ক বজায় রাখার ক্ষেত্রে আপনার নমনীয় মনোভাব এবং দায়িত্বশীল দৃষ্টিভঙ্গী একান্তভাবেই অপরিহার্য। নিজের জীবনে যাবতীয় পারস্পরিক সম্পর্ক সঠিকভাবে বজায় রাখার ক্ষেত্রে আপনার অন্তর্নিহিত ক্ষমতার ব্যাপ্তি অপরিসীম, এবং নিজের পছন্দের মানুষজন আপনার পক্ষ থেকে এগিয়ে যাওয়ার প্রথম পদক্ষেপটির জন্য অধীর অপেক্ষায় রয়েছেন।

৩. **সমাধান:** দ্য লেট দেম থিওরি অথবা ওদের করতে দিন এর পদ্ধতির সাহায্যে, কোনোরকম প্রত্যাশা ছাড়াই, নতুনভাবে যোগাযোগ ভিত্তিক পারস্পরিক সম্পর্ক স্থাপন করতে হবে। প্রথম পদক্ষেপ নেওয়ার ব্যাপারে আপনাকেই এগিয়ে যেতে হবে। পারিপার্শ্বিকের মানুষকে অযাচিতভাবে অভিবাদন জানাবার মাধ্যমে, নতুন সম্প্রদায়ের ভিত্তিপ্রস্তর স্থাপন করতে হবে। নির্দিষ্ট ক্লাসে যোগদান করার ব্যবস্থা নিতে হবে। বই পড়ার ক্লাবটি অবিলম্বে শুরু করতে হবে। সময়মত নির্দিষ্ট মেসেজ পাঠাতে হবে। অস্বস্তিকর বার্তালাপের মাধ্যমে, আপনজনদের খুঁজে বার করতে হবে। এই প্রক্রিয়ার সাহায্যে, নিজেকে ঘিরে সেই আদর্শ সম্প্রদায় গড়ে তোলা সম্ভব, যেখানে অর্থপূর্ণ বন্ধুত্বের পারস্পরিক সম্পর্কগুলি সযত্নে লালিত হবে, থাকবে সামগ্রিক সমর্থনের শক্তি, এবং আপনার ভাবমূর্তি থাকবে অক্ষুণ্ন।

যে মুহূর্তে আপনি লেট দেম অথবা ওদের করতে দিন শব্দগুলি উচ্চারণ করেন, বন্ধুত্বের সেই নির্দিষ্ট পারস্পরিক সম্পর্কগুলি বর্জন করার প্রয়োজন উপলব্ধি করা আপনার পক্ষে সম্ভব, নিজের জীবনে যেগুলির প্রয়োজন ইতিমধ্যেই ফুরিয়েছে; এবং জীবনের ক্ষেত্রে গুরুত্বপূর্ণ সম্পর্কগুলির জন্য স্থান সংকুলান করা সম্ভব হয়। যখন আপনি লেট মি অর্থাৎ আমাকে করতে দিন এর শরণাপন্ন হন, নিজের সামাজিক জীবনের সম্পূর্ণ দায়িত্বভার আপনার উপরে বর্তায়, মানুষজনের কাছে পৌঁছে, পারস্পরিক যোগাযোগের সূত্র স্থাপন করে, এবং সেই বন্ধুত্বের নির্দিষ্ট সম্পর্কগুলিকে অগ্রাধিকার দিয়ে জীবনকে আনন্দে পরিপূর্ণ করে তুলতে পারে।

অলসভাবে অপেক্ষা করার সময় ফুরিয়েছে এবং সৃষ্টির সময় আসন্ন—নিজের জীবনে বন্ধুত্বের সর্বোৎকৃষ্ট পারস্পরিক সম্পর্ক এবং আদর্শ সম্প্রদায় গড়ে তোলার ক্ষেত্রে, যা আপনার সামগ্রিক উন্নতিসাধনের কাণ্ডারী হয়ে উঠবে এবং যথাযত সমর্থন জোগাবে। ভবিষ্যৎ জীবনে আপনার জন্য অপেক্ষা করছে অসংখ্য আনন্দের মুহূর্ত, অবিস্মরণীয় স্মৃতি এবং অবিশ্বাস্য অনেক অভিযানের অফুরন্ত মজা।

সেই পরিস্থিতিতে পৌঁছে, সেটি নিখুঁতভাবে গড়ে তোলার জন্য জীবন আপনার জন্য অধীর অপেক্ষায় রয়েছে।

এগিয়ে যাওয়ার জন্য আপনাকে শুধু প্রথম পদক্ষেপটি ফেলতে হবে।

কীভাবে অন্যান্যদের পরিবর্তনের জন্য প্রভাবিত করবেন

অধ্যায় ১৪

মানুষের পরিবর্তন তখনই সম্ভব যখন তাঁরা মানসিকভাবে তার প্রয়োজন অনুভব করবেন

বছরের পর বছর আমাকে যে বিশেষ প্রশ্নটির সম্মুখীন বারবার হতে হয়, তা হল: "কীভাবে আপনি অন্যান্যদের পরিবর্তনের জন্য প্রভাবিত করবেন?"

আপনার পক্ষে তা করা কখনোই সম্ভব নয়।

জীবনের বাস্তব পরিস্থিতি হল, মানুষের পরিবর্তন তখনই সম্ভব যখন তাঁরা মানসিকভাবে তার প্রয়োজন অনুভব করবেন। আপনি অন্যান্য মানুষজনের পরিবর্তনের ক্ষেত্রে কতটা উৎসুক হয়ে রয়েছেন, জীবনে তার কোনো তাৎপর্য নেই। এই পরিবর্তনের সমর্থনে আপনার যাবতীয় যুক্তি কতটা অকাট্য, বাস্তব জীবনে তার কোনো গুরুত্ব নেই। কিংবা জীবনে পারিপার্শ্বিকের মানুষজনের আমূল পরিবর্তনের ক্ষেত্রে আপনার চিন্তাধারা কতটা যুক্তিসঙ্গত, বাস্তবে তার কোনো গ্রহণযোগ্যতা নেই। নিজেদের জীবনে তাঁরা যদি অবিলম্বে আমূল পরিবর্তন আনার ব্যবস্থা না করেন, তার ফল কতটা বিপজ্জনক হতে পারে, সে সম্পর্কে কারো মনে কোনো দুশ্চিন্তার উদ্ভব ঘটে না। নিজের জীবনে প্রয়োজনীয় পরিবর্তন নিয়ে আসার ক্ষেত্রে যদি কেউ মানসিকভাবে প্রস্তুত না থাকেন, তাঁরা সেই প্রয়োজনের কথা কখনোই চিন্তা করবেন না। সবচেয়ে খারাপ হল, যখন এক্ষেত্রে নিজের পারিপার্শ্বিকের মানুষজনের উপরে আপনি মানসিক চাপ সৃষ্টি করেন, আপনাদের পারস্পরিক সম্পর্কের আবহে শুরু হয় টানাপোড়েন, আপনি হয়ে ওঠেন তাঁদের বিরাগভাজন এবং নিজেদের মানসিক দূরত্ব ক্রমেই বৃদ্ধি পেতে থাকে। এর সত্যতার প্রমাণ আপনাদের সামনে আমি দিতে চলেছি।

আমি চাই, এই মুহূর্তে নিজেদের জীবনে এমন একজন মানুষের কথা চিন্তা আপনারা করুন যাঁকে আপনি অত্যন্ত ভালোবাসেন, এবং প্রতিনিয়ত মনে করেন তাঁর জীবনযাত্রায় নির্দিষ্ট কিছু পরিবর্তনের প্রয়োজন অনিবার্য। তিনি যে কেউ হতে পারেন: আপনার মা, আপনার

ভাইঝি, আপনার সহপাঠী, আপনার ভাই, আপনার স্বামী, আপনার প্রাক্তন প্রেমিক, আপনার সন্তানেরা, আপনার বৌদি, আপনার প্রিয়তম বন্ধু অথবা বান্ধবী, কিংবা আপনার সহকর্মী। যে কেউ।

আপনি আশা করেন তাঁদের একটি ভালো জায়গায় কর্মসংস্থান হোক, শারীরিক ওজন হ্রাস পাক, তাঁরা যেন প্রতিনিয়ত অনুপ্রাণিত হন, সময়মতো বিছানা ছেড়ে ওঠেন, একটি হিসেবের বশবর্তী হয়ে জীবনযাপন করেন, নিজেদের উৎসাহ প্রদান করেন, হেরে যাওয়া মানুষজনের সংশ্রব ত্যাগ করেন, কর্মজীবনে অত্যন্ত কর্মক্ষম থাকেন, সুরাপানের পরিমাণ কমিয়ে ফেলেন, পোষ্য কুকুরটির যথাযত যত্ন নেন, নেতিবাচক মনোভাব থেকে বিরত থাকেন, রাজনৈতিক মতবাদ বদলে ফেলেন, উন্মুক্ত মনে মানুষের প্রশংসা করতে পারেন, ধূমপানের বদ অভ্যাস বর্জন করেন, পরিবারের শিশুদের সঙ্গে আরো বেশি সময় কাটান, কিংবা নিজেদের এঁটো বাসন রান্নাঘরের সিঙ্কে ফেলে না রাখেন ইত্যাদি বিবিধ কিছু।

তাঁদের সম্পর্কে আপনার যাবতীয় দুশ্চিন্তা একেবারেই যথাযথ। তাঁদের এই ব্যবহার যে অন্যান্যদের কাছে অত্যন্ত অসুবিধাজনক মনে হতে পারে, অথবা এই নিত্যনৈমিত্তিক কাজগুলি সঠিকভাবে সম্পন্ন করার ক্ষেত্রে কেন তাঁরা উদাসীন, তার নির্দিষ্ট কারণ আপনার বোধগম্য নাও হতে পারে। আপনি হয়ত ভাবেন, সামান্য কর্তব্যগুলি সম্পন্ন করতে আমি ওঁদের নিয়মিত অনুরোধ করি, তা সত্ত্বেও কেন ওঁরা আমার একটা কথার আমল দেন না?! আমি জানি, সেই মুহূর্তে আপনার সামগ্রিক মনোভাব কী হতে পারে।

মোদ্দা কথা হল: নির্দিষ্ট কোনো কাজে যখন আপনি কাউকে প্রতিনিয়ত উদ্বুদ্ধ করেন, সেই মানুষটি আরো বেশি করে গড়িমসি শুরু করেন। কারণ, এক্ষেত্রে আপনি মানুষের সহজাত এবং প্রকৃতিগত স্বভাবের বিরুদ্ধাচারণ করছেন। নিজেদের যাবতীয় সিদ্ধান্ত গ্রহণের ক্ষেত্রে, প্রতিটি মানুষ সামগ্রিক পরিস্থিতির নিয়ন্ত্রণ নিজের হাতে রাখতে অভ্যস্ত। পারিপার্শ্বিকের মানুষজনের স্বাভাবিক জীবনযাত্রায় আপনি নির্দিষ্ট পরিবর্তনের প্রয়োজন বোধ করতেই পারেন, এবং সেক্ষেত্রে তাঁদের উপরে মানসিক চাপ সৃষ্টি করলে, স্বভাবতই তাঁরা সেই পরিস্থিতির বিরুদ্ধে প্রতিবন্ধকতা তৈরি করেন।

সেক্ষেত্রে, আপনার উদ্দেশ্য যতই সৎ এবং মনোভাব যতই পরহিতকর হোক না কেন, পরিস্থিতির সামগ্রিক ফলাফল দাঁড়ায় সম্পূর্ণ বিপরীত। কারণ, যতবার মানুষের সহজাত প্রকৃতিগত স্বভাবের বিরুদ্ধে সংগ্রাম করতে উদ্যত হবেন, আপনি অবধারিতভাবে পরাজিত হতে বাধ্য।

দ্য লেট দেম থিওরি অর্থাৎ ওদের করতে দিন এর পদ্ধতির সঠিক প্রয়োগে, অন্যান্যদের ব্যবহারিক বৈশিষ্ট্যের ক্ষেত্রে নির্দিষ্ট কোনো পরিবর্তন নিয়ে আসার পরিস্থিতির মোকাবিলা করার ক্ষেত্রে, আপনি একটি সম্পূর্ণ নতুন দৃষ্টিভঙ্গীর সঙ্গে পরিচিত হতে পারবেন। বাস্তবে যা ঘটে: কারো জীবনে পরিবর্তন নিয়ে আসার কাজটি, সম্পূর্ণভাবেই আপনার ক্ষমতা বহির্ভূত। কিন্তু আমি কি কখনো বলেছি, আপনার পক্ষে তাঁদের জীবনে সামগ্রিকভাবে প্রভাব বিস্তার করা সম্ভব নয়?

নিজের জীবনে ঘটে যাওয়া অজস্র ঘটনাকে উদাহরণ হিসেবে সাজিয়ে, এবং দ্য লেট দেম থিওরি অথবা ওদের করতে দিন এর পদ্ধতির সঠিক প্রয়োগের মাধ্যমে, আমি দেখাতে চলেছি,

কীভাবে পারিপার্শ্বিকের মানুষজনের জীবনে প্রভাব বিস্তার করা সম্ভব। এবং এক্ষেত্রে, আমি চাই আপনারা প্রত্যেকে নিজেদের জীবনে সেই নির্দিষ্ট পারস্পরিক সম্পর্কগুলির কথা মাথায় রাখুন, যাঁরা প্রতিনিয়ত আপনার মানসিক বিপর্যয়ের কারণ হিসেবে প্রতিপন্ন হতে থাকেন।

অন্যান্যদের পরিবর্তন করার জন্য আপনার চিন্তাধারা

"ইশ, তুমি যদি নিজের প্রতি আরো যত্নবান হতে পারতে...।"

আমার এক অত্যন্ত প্রিয় এবং ঘনিষ্ঠ বান্ধবীর সঙ্গে এমন একজন মানুষ বিবাহসূত্রে আবদ্ধ হয়েছেন (এবং তাঁরা একে অপরকে ভালোবেসে ফেলেছেন), অবিলম্বেই যাঁর সার্বিক স্বাস্থ্যোন্নতির প্রয়োজন অনিবার্য। নিজেদের জীবনে কোনো অন্তরঙ্গ এবং প্রিয় মানুষের ক্ষেত্রেও সম্ভবত আপনি ইতিমধ্যেই অনুরূপ পরিস্থিতির সম্মুখীন হয়েছেন। বহু বছর ধরে, আমার বান্ধবী নিজের স্বামীর শারীরিক উন্নতিসাধনের প্রাণপণ চেষ্টা চালিয়ে গিয়েছেন।

নিজের স্বামীর সামনে তিনি কাকুতি মিনতি করতে বাধ্য হয়েছেন, বিভিন্ন অর্থপূর্ণ ইশারার মাধ্যমে তাঁকে বোঝাবার চেষ্টা করেছেন, এমনকি অশ্রু সংবরণ করতে অকৃতকার্য হয়েছেন। স্বামীর শারীরিক পরিস্থিতি তাঁর জীবনের প্রধান সমস্যা...তাঁর দুশ্চিন্তার প্রধান কারণ।

বহু পরিস্থিতিতে, স্বামীর উপরে ইতিমধ্যেই তিনি ক্ষোভে ফেটে পড়তে বাধ্য হয়েছেন, আপাত শীতল ব্যবহার অথবা আক্রমণাত্মক মন্তব্যে তাঁকে জর্জরিত করেছেন। জিমের সদস্যপদ গ্রহণ করতে নিজের স্বামীকে তিনি রীতিমত বাধ্য করেছেন। তাঁর জন্য স্বতঃপ্রণোদিত হয়ে কিনে এনেছেন নতুন স্নিকারস। তাঁর জন্য নিয়মিতভাবে স্বাস্থ্যসম্মত খাবারদাবার রান্নাবান্না করেছেন। এমনকি নিজের বাড়িতে শরীরচর্চা করার জন্যে, তাঁর জন্য একটি অত্যাধুনিক পেলোটন নির্মিত এক্সারসাইকেল কিনে এনেছেন।

কিন্তু এর কোনোটাই কাজে আসেনি। স্বভাবতই, স্বামীর যে কোনো সিদ্ধান্তেই আমার বান্ধবী রীতিমত তিতিবিরক্ত হয়ে ওঠেন। নির্ধারিত খাদ্যতালিকার বাইরে অর্ডার দিয়ে আনানো বাড়তি খাবারের ক্ষেত্রে হোক, শরীরচর্চার ক্ষেত্রে প্রবল গড়িমসির ক্ষেত্রে হোক, খাওয়াদাওয়ার পরে নিয়মিতভাবে মিষ্টি খাওয়ার ক্ষেত্রে হোক, বা নৈশভোজের পরে অনেক রাত পর্যন্ত জেগে টেলিভিশন দেখার ক্ষেত্রে হোক, সেই ভদ্রলোক বেচারা যাই করুন না কেন—আমার বান্ধবী রীতিমত অপ্রকৃতিস্থের মতো আচরণ করতে থাকেন।

নিজের পক্ষ থেকে আমার বান্ধবীর স্বামী কিন্তু অত্যন্ত সৎভাবে চেষ্টা করেছিলেন। পূর্বনির্ধারিত খাদ্যতালিকা অনুযায়ী খাওয়াদাওয়া শুরু করেছিলেন, প্রতিনিয়ত না হলেও, প্রায়শই জিমে যাওয়া অভ্যাস করেছিলেন, এমনকি, এক্সারসাইকেল সংক্রান্ত বেশ কিছু ক্লাসে তিনি উপস্থিত হয়েছিলেন—কিন্তু উপরোক্ত অভ্যাসের কোনোটাই তাঁর ক্ষেত্রে দীর্ঘস্থায়ী হয়নি। কাজেই, তাঁর স্বাস্থ্য সংক্রান্ত সমস্যা নিয়ে আজ পর্যন্ত স্বামী ও স্ত্রীর মধ্যে নিয়মিত মনোমালিন্য লেগেই থাকে।

তাঁর স্বামী নিজেকে কেন পরিবর্তন করবেন না, তা নিয়ে আমার বান্ধবী যেমন অত্যন্ত মনোক্ষুণ্ণ; একইভাবে, তাঁর স্বামী অত্যন্ত বিরক্ত যে—তাঁর স্ত্রী কেন জীবনের প্রতিটি ক্ষেত্রে

তাঁর কানের পাশে ঘ্যানঘ্যান করতে থাকবেন। এই পরিস্থিতি কি আপনাদের কাছে কিছুটা চেনা চেনা ঠেকছে? আমি এই পরিস্থিতির সঙ্গে কিন্তু অত্যন্ত পরিচিত।

আমি নিশ্চিত যে, আপনার জীবনেও এই ঘটনার পুনরাবৃত্তি বারবারই হতে থাকে, একইভাবে আপনি আশা করতে থাকেন যে নিজের জীবনের প্রিয়তম মানুষটি এমনভাবে নিজের জীবনযাত্রা পরিবর্তন করতে সক্ষম হবেন, যার ফলে তাঁর সামগ্রিক উন্নতিসাধন হওয়া স্রেফ সময়ের অপেক্ষা।

আমি জানি, আপনারা প্রত্যেকে তাঁদের ভালোর জন্যেই এই মরিয়া চেষ্টা করতে থাকেন। একমাত্র সেই কারণেই, তাঁদের জীবনযাত্রায় আপনি পরিবর্তন নিয়ে আসতে বদ্ধপরিকর। আপনি তাঁদের প্রত্যেককে অত্যন্ত ভালোবাসেন। সেই জন্যই, এই পরিস্থিতিতে আপনারা মানসিকভাবে অত্যন্ত উদ্বিগ্ন হয়ে থাকেন।

এই কারণেই আপনারা তাঁদের স্বাস্থ্যসম্মতভাবে জীবনযাপন করতে, অথবা কর্মক্ষেত্রে একটি অত্যন্ত দায়িত্বপূর্ণ পদে প্রতিষ্ঠিত হতে, কিংবা পড়াশোনার ক্ষেত্রে সামগ্রিকভাবে উন্নতি করতে দেখতে ইচ্ছুক। আপনারা চান, প্রতিনিয়তভাবে তাঁরা থেরাপিতে যান। অথবা বিবাহবিচ্ছিন্ন হওয়ার অব্যবহিত পরে, আবার নতুন করে নিজেদের পছন্দসই মানুষের সঙ্গে তাঁরা ডেটিং-এ যাওয়া শুরু করেন। কিংবা, বাড়ির চার দেওয়ালের অবগুণ্ঠন অতিক্রম করে, নিজের বন্ধুবান্ধবের সঙ্গে আরো বেশি করে সময় কাটাতে অভ্যস্ত হন।

নিজের জীবনে ভালোবাসার মানুষজনের ক্ষেত্রে, তাঁদের সামগ্রিক উন্নতিসাধন, নীরোগ এবং স্বাস্থ্যকর জীবন, আনন্দে পরিপূর্ণ জীবনযাত্রার উদ্দেশ্যে আপনার এই অন্তর্নিহিত আকুতি অত্যন্ত স্বাভাবিক। অন্যান্য মানুষ যাতে অনাবিল আনন্দে, সুস্থভাবে জীবনযাপন করতে পারেন, আপনার মনোগত সেই আকাঙ্খার সমতুল্য আর কিছুই নয়। যাঁরা আপনার প্রিয়জন, তাঁদের জীবনে শ্রেষ্ঠ সম্ভাবনাগুলিকে সার্থক হয়ে উঠতে দেখার মতো আনন্দ আর কিছুতে নেই। নিজেদের জীবনে সার্বিক উন্নতিসাধন, যাবতীয় সম্ভাবনাকে সার্থক রূপ দেওয়া অথবা অভীষ্ট লক্ষ্যপূরণ করার ক্ষেত্রে তাঁদের অন্তর্নিহিত ক্ষমতা অথবা শক্তির উপরে পূর্ণ বিশ্বাস রাখা, হল মানুষের জীবনে গুরুত্বপূর্ণ দায়িত্বগুলির অন্যতম।

অন্যান্যদের জন্য আপনার এই আকুল আর্তি এখানে মূল বিষয় নয়। নতুন যে দৃষ্টিভঙ্গী নিয়ে এই মুহূর্তে আপনি এই বিষয়ের বিশ্লেষণে উদ্যত হয়েছেন, এবং সেটি কীভাবে আপনার নিজস্ব সত্তা এবং আপনার প্রিয়জনের পারস্পরিক সম্পর্কের ভারসাম্যের ক্ষেত্রে প্রভাব বিস্তার করতে সক্ষম, এখানে সেটিই আলোচনার মূল বিষয়।

এমনও হতে পারে, এই মুহূর্তে বইয়ের এই নির্দিষ্ট অংশটি পড়ার সময় আপনি উপলব্ধি করতে পারছেন যে আপনার জীবনেও এমন কোনো ব্যক্তি রয়েছেন, যিনি প্রতিনিয়ত আপনার উপরে মানসিক চাপ সৃষ্টি করে চলেছেন—আপনার সামগ্রিক উন্নতিসাধনের অভিপ্রায়ে। আপনার কর্মক্ষেত্র, অথবা আপনার ব্যবহারিক বৈশিষ্ট্য, অথবা এই মুহূর্তে আপনি কার সঙ্গে ডেটিং করতে অভ্যস্ত, সেই সম্পর্কে তাঁদের মুখ থেকে আপনার উদ্দেশ্যে একটি শব্দও খরচ করার প্রয়োজন পড়ে না, কারণ আপনার প্রতি তাঁদের সার্বিক আচরণ এবং ব্যবহারের মাধ্যমেই পরিষ্কারভাবে বোঝা সম্ভব, বর্তমানে আপনার জীবনযাপনের ধরনটি তাঁদের কাছে কোনোভাবেই গ্রাহ্য নয়।

তাঁদের একমাত্র অভিপ্রায় হল, আপনি যাতে নিজের জীবনশৈলীর ক্ষেত্রে আমূল পরিবর্তন নিয়ে আসেন। এটি অত্যন্ত বিরক্তিকর এক পরিস্থিতি। আমি এই নির্দিষ্ট পরিস্থিতি সম্পর্কে সম্পূর্ণভাবে অবহিত। এবং এক্ষেত্রে আপনার স্বাভাবিক প্রবণতা হল, তাঁদের এই অভিপ্রায়ে উপর্যুপরি প্রতিবন্ধকতা সৃষ্টি করা।

দ্য লেট দেম থিওরি অথবা ওদের করতে দিন এর পদ্ধতি আমাকে একটি অত্যন্ত গুরুত্বপূর্ণ প্রশ্নের সামনে দাঁড় করিয়ে, নতুনভাবে চিন্তাভাবনা করতে বাধ্য করেছে—মানুষের সামগ্রিক উন্নতিসাধনের জন্য তাঁদের উপরে নিরন্তর মানসিক চাপ সৃষ্টি করার ক্ষেত্রে তাঁদের প্রতিক্রিয়ার সম্পর্কে (এবং প্রতিবন্ধকতা সৃষ্টি করার ক্ষেত্রে তাঁদের সহজাত অভ্যাসের সম্পর্কে), এবং কী কারণে তাঁদের জীবনযাপনে সামান্যতম পরিবর্তন নিয়ে আসার কাজটি অত্যন্ত দুরূহ হিসেবে প্রতিপন্ন হতে থাকে সে সম্পর্কে।

পরিবর্তনের ক্ষেত্রটি কেন এতটাই কঠিন

আমার প্রশ্ন হল, যখন আপনি কারো জীবনে পরিবর্তন নিয়ে আসতে চান, আপনি কি কখনো চিন্তাভাবনা করে দেখেন যে সেই পরিবর্তিত পরিমণ্ডলে তাঁদের পক্ষে নতুনভাবে জীবনযাপনে অভ্যস্ত হয়ে ওঠা কতটা সহজ হবে...এতটাই, যা অনায়াসে সংঘটিত হওয়া সম্ভব?

নিজের জীবনে ইতিমধ্যে আমিও অনুরূপ পরিস্থিতির সম্মুখীন হয়েছি। এই ধরনের পরিস্থিতিতে আপনাকে শুধুমাত্র একটা কাজ করতে হবে, সত্যি কথাগুলি তাঁদের মুখের উপর সরাসরি বলতে হবে, তাই না? নিয়মিতভাবে শরীরচর্চা করলে তাঁরা কতটা সুস্থ অনুভব করতে পারেন, সেটি সরাসরিভাবে তাঁদের জানিয়ে দেওয়া প্রয়োজন। অথবা বারবার স্মরণ করিয়ে দেওয়া, যে একটি আদর্শ কর্মসংস্থানের পরিপ্রেক্ষিতে তাঁরা কতটা উপযুক্ত বা একটি যথাযথ মাসোহারা বর্তমানে কীভাবে তাঁদের যাবতীয় অর্থনৈতিক সংকটের স্থায়ী সমাধান হিসেবে প্রতিপন্ন হতে পারে। কিংবা সরাসরি তাঁদের মুখের উপর জানিয়ে দেওয়া, সপ্তাহান্ত জুড়ে আরামকেদারায় শরীর ডুবিয়ে ভিডিও গেমে মশগুল হয়ে থাকলে, তাঁদের পক্ষে মনের মতো জীবনসঙ্গী খুঁজে বার করা কখনোই সম্ভব নয়।

আমার বক্তব্যের মূল অর্থ হল, তাঁরা নিজের জীবনেযাপনের ক্ষেত্রে কখনোই এই কথাগুলি আলাদা করে ভেবে দেখার কথা চিন্তাভাবনা করে উঠতে পারেননি। তাই না?

এবার, সম্পূর্ণ পরিস্থিতিটি উল্টোদিকে ঘুরিয়ে নতুন করে দেখা যাক। নিজের ক্ষেত্রে কতবার আপনার প্রিয়জনেরা মুখের উপরে সরাসরি এই কথাগুলি বলার চেষ্টা করেছেন? প্রতিনিয়ত শরীরচর্চা করলে আপনার দৈহিক ওজন কমানো সম্ভব, এই কথাটি কি আপনার আগে থেকে জানা ছিল না? শোবার ঘরের চার দেওয়ালের অন্তরালে নিজের প্রাক্তন জীবনসঙ্গীর জন্য কেঁদে ভাসলেও, আপনার জীবনে তাঁর প্রত্যাবর্তনের সম্ভাবনা দেখা দেয় কি? কিংবা একটি নার্সিং স্কুলে অন্তর্ভুক্তির উদ্দেশ্যে, সেই নির্দিষ্ট স্কুলে লিখিত আবেদনপত্র জমা দেওয়ার কাজটি বাধ্যতামূলক কি না?

অন্য কেউ আপনার ক্ষেত্রে এই নির্দিষ্ট কাজগুলি করতে চাইলে, তিনি স্বাভাবিকভাবেই আপনার বিরক্তিভাজন হয়ে উঠতে বাধ্য। সেই পরিস্থিতিতে মনে হয়, অন্যরা যেন চারদিক থেকে আপনাকে আক্রমণ করতে উদ্যত। সেই পরিস্থিতি আপনার কাছে রীতিমত অসহনীয় হয়ে দাঁড়ায়, যখন কেউ নিজের সাজানো বাগানের আরামকেদারায় বসে অম্লানবদনে এমন পরামর্শ দিতে থাকেন, যেন আনমনে নিজের হাতের আঙ্গুল মটকাতে মটকাতে নিজের জীবনে প্রয়োজনীয় পরিবর্তন নিয়ে আসা সম্ভব। জীবনে কোন পরিস্থিতি আপনার জন্য আদর্শ হিসেবে প্রতিপন্ন হবে, তা সুনির্দিষ্ট করে দেওয়ার দুঃসাহস তাঁরা কোথা থেকে সঞ্চয় করেন!

মোদ্দা কথা হল, পরিবর্তনের পরিস্থিতি প্রত্যেকের ক্ষেত্রেই অত্যন্ত কঠিন, এমনকি আপনার জন্যও। কেন কোনো ব্যক্তি আপনার তরফ থেকে আলাদা করে মানসিক চাপের সম্মুখীন হতে ইচ্ছুক নন? কারণ ইতিমধ্যেই তাঁরা নিজেদের অন্তর্নিহিত সত্তার পক্ষ থেকে সেই চাপের বিরুদ্ধে মোকাবিলা করতে নাস্তানাবুদ হচ্ছেন।

এক্ষেত্রে আমার বান্ধবী এবং তাঁর স্বামীর কথাই ধরা যাক। এ কথা অবশ্যই অনস্বীকার্য যে ভদ্রলোক একটি অভুতপূর্ব দেহসৌষ্ঠবের অধিকারী হতে ব্যগ্র! নিজের দেহের ওজন কমাবার জন্য তিনি মানসিকভাবে প্রস্তুত। নিজের শরীরে আলাদা করে ৫০ পাউন্ড ওজন বয়ে বেড়ানোর কাজটি কখনোই সহজসাধ্য হতে পারে না। বন্ধুবান্ধবের দলে তাঁর শারীরিক পরিধি যে অন্যান্যদের তুলনায় বহুগুণে বেশি, তা অবশ্যই তাঁর মনোকষ্টের অন্যতম কারণ। সর্বোপরি, তাঁর এই শারীরিক পরিস্থিতি নিজের হৃদযন্ত্রের পক্ষে অত্যন্ত ক্ষতিকারক, সে সম্পর্কে তিনি অবগত। তিনি যথেষ্ট বুদ্ধিমান। একটি যথার্থ দেহসৌষ্ঠবের অধিকারী হতে গেলে, তাঁকে কি পরিমাণে পরিশ্রম করতে হবে এবং সেই পরিস্থিতি তাঁর কাছে কতটা কঠিন, তার পরিষ্কার ধারণা তাঁর রয়েছে।

সঠিক সময়ে ঘুম থেকে ওঠা, সুরাপানের পরিমাণ কমিয়ে ফেলা, জিমে গিয়ে শরীরচর্চা করার ক্ষেত্রে নিয়মিতভাবে অপ্রস্তুত বোধ করা, নতুন খাদ্যতালিকা অনুযায়ী নতুনভাবে খাদ্যাভ্যাস গঠন করা—যে কোনো মানুষের কাছে অবশ্যই, অত্যন্ত কঠিন। এই সম্পর্কে কোনো সন্দেহ থাকতে পারে না। একজন কট্টর ধূমপায়ীর পক্ষে যেমন ধূমপানের অভ্যাস সম্পূর্ণভাবে বর্জন করা অত্যন্ত কঠিন, ঠিক সেভাবেই! একজন খরুচে মানুষের পক্ষে যেভাবে একটি নির্দিষ্ট পরিধির মধ্যে থেকে খরচ করার কাজটি অত্যন্ত কঠিন হিসেবে প্রতিপন্ন হয়, ঠিক সেভাবেই! মানুষের জীবনে একাকিত্ব একটি গুরুতর অভিশাপ হওয়ার কারণেই, মানুষ দীর্ঘকাল ধরে নিজের জীবনসঙ্গীর সঙ্গে বসবাসে বাধ্য থাকেন, নিজেদের মধ্যে যাবতীয় মতবিরোধকে উপেক্ষা করেও। কর্মক্ষেত্র থেকে বহিষ্কৃত হওয়ার অব্যবহিত পরেই, আপনার পক্ষে পর্যাপ্ত আত্মবিশ্বাসের ভিত্তিতে আর একটি উৎকৃষ্ট কর্মসংস্থানের ব্যবস্থা করা অত্যন্ত কঠিন মনে হয়।

সুতরাং, পরিবর্তন কখনোই অনায়াস নয়। বাস্তবে এই কাজ যদি অত্যন্ত আয়াসহীন এবং সহজ বা সাধারণ হত, আপনার প্রিয়জন ইতিমধ্যেই সেটি সুষ্ঠভাবে সম্পন্ন করে ফেলতে দেরী করতেন না।

তাঁদের জন্য আপনি ভালোবেসে যতটুকু করতে পারেন তা হল, অযথা তাঁদের উপরে মানসিক চাপ সৃষ্টি না করে লেট দেম অর্থাৎ ওদের করতে দিন এর শরণাপন্ন হওয়া। এই

মুহূর্তে, আপনি একটি সম্পূর্ণ অবাস্তব প্রত্যাশার বশবর্তী হয়ে, এমন একটি দৃষ্টিভঙ্গী অনুযায়ী অবস্থান করছেন, যা তাঁদের ক্ষেত্রে কখনোই ফলপ্রসূ হতে পারছে না। আপনার কাছে লেট দেম অর্থাৎ ওদের করতে দিন এর প্রক্রিয়ার প্রয়োগ ছাড়া আর কোনো উপায় নেই। প্রাপ্তবয়স্কদের, প্রাপ্তবয়স্কের মতোই থাকতে দিন।

দ্য লেট দেম থিওরি অর্থাৎ ওদের করতে দিন এর পদ্ধতি আপনাকে বাস্তবে ফিরিয়ে আনার স্বতঃপ্রণোদিত উদ্যোগ নিতে চলেছে, এবং আপনার জীবনে যাবতীয় পারস্পরিক সম্পর্কের ক্ষেত্রে এক অত্যন্ত সহানুভূতিপূর্ণ ও সহনশীলতা বিশিষ্ট দৃষ্টিভঙ্গী নিয়ে দেখতে সাহায্য করতে চলেছে, যা আপনার ক্ষেত্রে ফলদায়ক হিসেবে প্রতিপন্ন হবে। সেক্ষেত্রে, প্রথমত আপনাকে উৎসাহ ও অনুপ্রেরণার নেপথ্যে থাকা বিজ্ঞানসম্মত কারণগুলি হৃদয়ঙ্গম করতে হবে এবং নিজেকে এমনভাবে পরিবর্তন করতে হবে, যাতে আপনার সামগ্রিক দৃষ্টিভঙ্গী জীবনের ক্ষেত্রে কার্যকরী হয়ে উঠতে পারে।

উপলব্ধি #১: প্রাপ্তবয়স্করা তখনই পরিবর্তনের কথা ভাবেন, যখন তাঁদের অন্তরে তার প্রয়োজনবোধ হয়।

মানুষকে অনুপ্রেরণা দেওয়ার নিরন্তর চেষ্টা থেকে বিরত থাকুন। এটি তাঁদের জীবনের ক্ষেত্রে কোনো কাজেই আসে না। গবেষণার ভিত্তিতে ইতিমধ্যেই জানা সম্ভব হয়েছে, পরিবর্তনের অনুপ্রেরণা অন্য মানুষটির অন্তর থেকে আসা উচিত।

'অনুপ্রেরণা' শব্দটি সারা পৃথিবীর মানুষের কাছে অত্যন্ত প্রিয়—এবং আপনিও সম্ভবত এর ব্যতিক্রম নন। আমার সেই বান্ধবী প্রতিনিয়ত অভিযোগ জানাতে থাকেন যে, তাঁর স্বামী নিজের প্রতি আরো বেশি যত্নবান হওয়ার ক্ষেত্রে কখনোই যথার্থভাবে 'অনুপ্রাণিত' নন। সেক্ষেত্রে, আপনিও স্বভাবতই নিরন্তর হতাশার সম্মুখীন হতে থাকেন, যে মানুষটির জীবনযাত্রায় আপনি পরিবর্তন আনতে অত্যন্ত আগ্রহী, তিনি নিজেই তার প্রয়োজনবোধ করেন না।

যদিও, এই সামগ্রিক প্রক্রিয়াটি কখনোই সাধারণ অথবা সহজলব্ধ নয়। আসুন, শুরু করা যাক 'অনুপ্রেরণা' শব্দটির মর্মার্থ দিয়ে: এর আসল অর্থ হল, "নির্দিষ্ট কোনো কাজ সুষ্ঠভাবে সম্পন্ন করার তাগিদ অনুভব করা।" এবং, এই পর্যন্ত আপনারা যতটুকু জানতে পেরেছেন, প্রাপ্তবয়স্করা শুধুমাত্র সেই কাজগুলি করতেই উদ্যোগী হন, যেগুলি সুষ্ঠভাবে সম্পন্ন করার প্রয়োজন তাঁরা অনুভব করেন।

আপনার জীবনসঙ্গী নিয়মিত শরীরচর্চা করার পক্ষপাতী নন। সেই কারণেই, এই নির্দিষ্ট কাজের ক্ষেত্রে তাঁরা কোনো তাগিদ অনুভব করেন না! সেই নির্দিষ্ট কাজটি করতে তাঁদের কখনোই ভালো লাগে না। এক্ষেত্রে আপনার পক্ষে তাঁদের অনুপ্রাণিত করা কখনোই সম্ভব নয়, কারণ নির্দিষ্ট কাজটি সুষ্ঠভাবে সম্পন্ন করার অদম্য 'তাগিদ' তাঁদের অন্তর থেকে আসা প্রয়োজন।

অনুপ্রেরণার ক্ষেত্রে মূল সমস্যা হল, আপনার প্রয়োজনে সেটির কোনো অস্তিত্ব খুঁজে পাওয়া দুষ্কর। প্রত্যেকের জীবনে অনুপ্রেরণার বিশেষ ক্ষেত্রটি স্বয়ংক্রিয়ভাবে কর্মক্ষম হলে,

প্রত্যেকের শরীরের প্রতিটি পেশী আলাদা করে খুঁজে পাওয়া সম্ভব হত, প্রত্যেকের ব্যাঙ্কে লক্ষ লক্ষ ডলার সংরক্ষিত থাকত, প্রত্যেকের জীবনে সুনির্দিষ্টভাবে অর্থোপার্জনের একটি বিকল্প ব্যবস্থা থাকত। এছাড়াও, পারিপার্শ্বিকের মানুষজনকে দিয়ে নিজের ইচ্ছানুসারে "যা খুশি করানোর" জাদুমন্ত্রটি যদি আপনার কাছে মজুত থাকত, তাহলে বশীকরণ বিদ্যায় আপনি সুপ্রতিষ্ঠিত হতে পারতেন...অনুপ্রেরণা সংক্রান্ত আলোচনায় অমূল্য সময় অপব্যয় করবার প্রয়োজন আপনার পড়ত না।

নিজের জীবনেও আমি এই দুটি পরিস্থিতিকে অহরহ গুলিয়ে ফেলতে অভ্যস্ত ছিলাম।

উদাহরণ হিসেবে, বছরের পর বছর ধরে আমি মানুষকে নিজেদের জীবনে সেই একই উপায়ে পরিবর্তন নিয়ে আসতে "অনুপ্রাণিত" করার প্রাণপণ চেষ্টা চালিয়ে যাচ্ছি, যাতে তাঁরাও আমার পথ অনুসরণ করে সামগ্রিক উন্নতিসাধনে সক্ষম হতে পারেন: ক্রমাগতভাবে উৎসাহ প্রদানের মাধ্যমে। আমার প্রিয়তম বান্ধবীকে আবার নতুন করে সম্পর্ক স্থাপনের ক্ষেত্রে উৎসাহ দেওয়া, সহোদরের জন্য আলাদা করে ব্যক্তিগত প্রশিক্ষকের ব্যবস্থা করা, জোর করে নিজের মাকে থেরাপির জন্য পাঠানো ইত্যাদি। প্রতি ক্ষেত্রেই আমি অকৃতকার্য হয়েছি আমি। সম্পূর্ণভাবে।

এই পরাজয়ের একমাত্র কারণ হল, কাউকে উপর্যুপরি উৎসাহ প্রদানের ফলে তাঁরা স্বভাবতই আমাদের যাবতীয় প্রচেষ্টার বিরুদ্ধে নিরন্তর প্রতিবন্ধকতা সৃষ্টি করতে থাকেন।

উপলব্ধি #২: যে পরিস্থিতি তাঁদের মনের মতো হয়, মানুষ সেদিকেই আকর্ষিত হতে থাকেন।

মানসিক চাপ সৃষ্টির প্রক্রিয়া কেন এক্ষেত্রে কাজ করে না বলতে পারেন? এই মুহূর্তে যে পরিস্থিতি তাঁদের মনের মতো হয়, মানুষ সেদিকেই আকর্ষিত হতে অভ্যস্ত, এবং সেই সমস্ত পরিস্থিতি থেকে তাঁরা নিরাপদ দূরত্ব বজায় রাখতে অভ্যস্ত, যেগুলি তাঁদের মনের মতো নয়।

এই বিষয়টি স্বাভাবিকভাবেই, মনোবিজ্ঞানের অন্তর্গত। এই বই নিয়ে গবেষণার সময়, হার্ভার্ড বিশ্ববিদ্যালয়ে প্রশিক্ষিত বিশেষজ্ঞ মনোবিজ্ঞানী ড. অলোক কানোজিয়া, এম ডির সঙ্গে আমি বিশদে আলোচনা করেছিলাম—যিনি লক্ষ লক্ষ মানুষের কাছে "ড. কে" নামে পরিচিত, যাঁরা হেলদি গেমার অনুষ্ঠানে প্রতিনিয়তভাবে তাঁকে অনলাইনে ফলো করতে অভ্যস্ত।

অনুপ্রেরণা এবং ব্যবহারভিত্তিক পরিবর্তনের পরিসরে, ড. কে হলেন পৃথিবীর অগ্রগণ্য পথিকৃৎদের মধ্যে অন্যতম শ্রেষ্ঠ বিশেষজ্ঞ। তিনি আমাকে সরাসরি বলেছিলেন, অহেতুক অন্যান্যদের উপরে মানসিক চাপ সৃষ্টি করার প্রক্রিয়াটি এক্ষেত্রে কখনোই কার্যকরী হওয়া সম্ভব নয়, কারণ "আপনার পক্ষে মানুষের সামগ্রিক পছন্দ ও অপছন্দের বিষয়গুলি গভীরভাবে অনুধাবন করা কখনোই সম্ভব নয়।"

ড. কের বক্তব্য অনুসারে, এই মুহূর্তে একজন মানুষের কাছে যে নির্দিষ্ট পরিস্থিতি আদর্শ বলে মনে হচ্ছে, সেটির প্রতি আকর্ষণ অনুভব করাই অত্যন্ত স্বাভাবিক; এবং সেই সমস্ত পরিস্থিতিকে সযত্নে এড়িয়ে চলা স্বাভাবিক, যেগুলি তাঁর কাছে যন্ত্রণাদায়ক হিসেবে প্রতিপন্ন হচ্ছে—এটুকু সম্পর্কে আমাদের অবগতি থাকা অত্যন্ত প্রয়োজনীয়। এই মুহূর্তে, সেই

পরিস্থিতির আমূল পরিবর্তন করার কাজটি অত্যন্ত কঠিন এবং দুঃসাধ্য। সেই কারণেই, কেউ নিজের জীবনে পরিবর্তন নিয়ে আসার ক্ষেত্রে প্রয়োজনীয় তাগিদ অনুভব করেন না—যদিও তাঁরা প্রত্যেকেই জানেন যে, নিজেদের ভবিষ্যৎ জীবনে এই পরিবর্তনের মূল্য অপরিসীম।

আমার বান্ধবীর স্বামী ভালো করেই জানেন যে, নিজের স্বাস্থ্যের সামগ্রিক উন্নতিসাধনের ক্ষেত্রে তাঁকে নিয়মিতভাবে জিমে যাতায়াত করতে হবে (এবং তার পাশাপাশি নিজের জীবনযাত্রায় প্রভূতভাবে পরিবর্তন আনতে হবে)। কিন্তু যে আরামকেদারায় শরীর ডুবিয়ে বসে থাকতে তিনি অভ্যস্ত! এই মুহূর্তে তার চাইতে আরামদায়ক আর কিই বা হতে পারে? যে ব্যাগ থেকে তিনি একের পর এক চিপস খেতে ব্যস্ত, এই মুহূর্তে তার চাইতে বেশি মুখোরোচক আর কিছুই হতে পারে না। টেলিভিশনে যে খেলার সম্প্রচারণটি তিনি উপভোগ করছেন, এই মুহূর্তে তার চাইতে বেশি মনোরঞ্জক আর কী হতে পারে?

একদিকে তিনি খুব ভালো করে জানেন, প্রতিনিয়তভাবে ট্রেডমিল এবং বেঞ্চপ্রেসের কসরত ঘটনাচক্রে তাঁর বর্তমান শারীরিক পরিস্থিতির উল্লেখযোগ্য পরিবর্তনের নিরিখে একেবারেই যথাযথ, কিন্তু এই মুহূর্তে সেই তাগিদ অনুভব করা তাঁর পক্ষে সম্ভব নয়। বাস্তবে, যে মুহূর্তে আরামকেদারা থেকে উঠে তিনি ট্রেডমিলে পা রাখবেন, তৎক্ষণাৎ অসহনীয় যন্ত্রণার সামগ্রিক অনুভূতি তাঁর শরীরকে গ্রাস করবে।

নিয়মিতভাবে ট্রেডমিল এবং বেঞ্চপ্রেসের কসরতের ফলে তিনি অত্যন্ত ক্লান্ত, অবসন্ন এবং পরিশ্রান্ত হয়ে পড়তে বাধ্য। শরীরচর্চার এই প্রাণান্তকর প্রক্রিয়াগুলি তাঁর সর্বাঙ্গে অসহ্য ব্যথা বেদনার উদ্রেক করবে। দৈহিক ওজন কমাবার ক্ষেত্রে তাঁকে প্রচুর পরিশ্রম করতে হবে... কিন্তু তাঁর পক্ষে এই নির্দিষ্ট অভ্যাসকে যদি টিকিয়ে রাখা সম্ভব না হয়? এই নির্দিষ্ট কাজে যদি তিনি উপযুক্ত না হয়ে উঠতে পারেন? এই অক্লান্ত পরিশ্রমের বিনিময়েও যদি তাঁর শরীরের ওজন না কমে? তাঁর পক্ষে যদি এই কাজ নিরন্তরভাবে সম্ভব না হয়? এই মুহূর্তে ধীরেসুস্থে আরামকেদারায় শরীর ডুবিয়ে বসে চিপসের ব্যাগটি খালি করে, এই বিষয়ে আগামীকাল আবার নতুন করে ভাবা তার চাইতে ভালো নয় কি?

অবশ্যই, এটি অবশ্যই অপেক্ষাকৃত সহজ উপায়। সেই কারণেই, বর্তমান পরিস্থিতিতে পরিবর্তনের ক্ষেত্রে তিনি কোনো অনুপ্রেরণা অনুভব করেন না! এই কাজটি সুষ্ঠভাবে সম্পন্ন করার ক্ষেত্রে তিনি কোনো তাগিদ অনুভব করেন না, তাই তিনি এই কাজটি সযত্নে এড়িয়ে যাওয়ার পরিপন্থী।

ড. কে আমাকে বলেছিলেন, যখন আমরা পারিপার্শ্বিকের মানুষজনের জীবনে পরিবর্তন আনার জন্য তাঁদের উপরে মানসিক চাপ সৃষ্টি করে থাকি, তখন "নিজেদের জীবনের ক্ষেত্রে, আমরা সবসময়েই স্রোতের বিপক্ষে সাঁতার কাটতে অভ্যস্ত। মানুষের জীবনে অনুপ্রেরণা সংক্রান্ত তন্ত্রটি সম্পূর্ণভাবে জানার পরিবর্তে, আমরা সেটিকে অনায়াসেই লঙ্ঘন করার চেষ্টায় ব্যস্ত থাকি। সেই তন্ত্রের সঠিক ব্যবহারের পরিবর্তে, আমরা তার বিরুদ্ধে সংগ্রাম করে সেই তন্ত্রকে অতিক্রম করে যাওয়ার মরিয়া চেষ্টা চালিয়ে যেতে থাকি।"

অন্যান্য মানুষের উপরে মানসিক চাপ সৃষ্টি করার সময়, আপনি মানুষের মস্তিষ্কের সামগ্রিক কর্মশৈলীর বিরুদ্ধাচরণ করেন। এই মুহূর্তে মানুষের কাছে যা আকর্ষণের বিষয়বস্তু

হয়ে ওঠে, মানুষ সহজেই সেটির দিকে আকৃষ্ট হয়। ড. কের বক্তব্য অনুসারে একটি নির্দিষ্ট পরিবর্তনের ক্ষেত্রে, সেই মুহূর্তে মানুষকে সেই নির্দিষ্ট পরিস্থিতিতে অনুভূত যাবতীয় জ্বালা যন্ত্রণা এবং পরিস্থিতির প্রতিক্রিয়া সংক্রান্ত কর্তব্য থেকে নিজেকে সম্পূর্ণভাবে বিচ্ছিন্ন করার ক্ষমতার অধিকারী হয়ে উঠতে হবে।

তার অর্থ হল, যখন সেই ব্যক্তি আরামকেদারায় বসে থাকবেন, সেই মুহূর্তে তাঁর নিজের সত্তার উদ্দেশ্যে এই কথাগুলি বলতে হবে, "নিয়মিত শরীরচর্চার কাজটি আমার পক্ষে নিতান্ত অসম্ভব মনে হলেও, যে কোনো প্রকারে কাজটি আমাকে সুসম্পন্ন করতেই হবে।"

যেভাবেই হোক, নির্দিষ্ট কাজটি তাঁকে সুষ্ঠভাবে সম্পন্ন করতেই হবে। অসম্ভব শারীরিক যন্ত্রণার প্রকোপ থেকে নিজের সত্তাকে সম্পূর্ণভাবে বিচ্ছিন্ন করে ফেলতে হবে। যাবতীয় অনুভূতিকে দাঁতে দাঁত চেপে সহ্য করেও, প্রতিটি মুহূর্তে নিজেকে সেই কাজের ক্ষেত্রে অনুপ্রাণিত করে যেতে হবে। এই নির্দিষ্ট কাজটি আপনার পক্ষে, অন্য কোনো মানুষের জন্য করা নিতান্তই অসম্ভব। তাই, আরামকেদারায় শরীর ডুবিয়ে ওদের বসে থাকতে দিন।

এখানেই শেষ নয়। মানসিক চাপের প্রক্রিয়াটি ফলপ্রসূ না হওয়ার নেপথ্যে, আরো অনেক মনোবিজ্ঞান সংক্রান্ত বিষয়ের অস্তিত্ব বর্তমান।

উপলব্ধি #৩: এই পৃথিবীর প্রতিটি মানুষ ভাবেন, তাঁরা অন্যান্যদের থেকে সম্পূর্ণভাবেই আলাদা।

এই বইয়ের সম্পর্কে গবেষণা করার সময়, আমি ড. টালি শ্যারোটের সঙ্গেও বিস্তারিত আলোচনা করেছিলাম। ড. শ্যারোট ব্যবহারভিত্তিক স্নায়ুবিজ্ঞানের একজন প্রথিতযশা বিশেষজ্ঞ হওয়ার পাশাপাশি, ইউনিভার্সিটি কলেজ লন্ডনের অন্তর্গত এফেক্টিভ ব্রেন ল্যাব এবং এম আই টির মুখ্য পরিচালক হিসেবে কর্মরত। তাঁর বিভিন্ন গবেষণার মূল বিষয়বস্তুর পরিধি স্নায়ুবিজ্ঞান থেকে শুরু করে, ব্যবহারভিত্তিক অর্থনীতি, এবং মনোবিজ্ঞান পর্যন্ত প্রসারিত—যার সাহায্যে মানুষের ভাবাবেগ এবং ব্যবহার কীভাবে তাঁদের যাবতীয় বিশ্বাস এবং সিদ্ধান্তকে প্রভাবিত করে, সেই বিষয়ে তিনি পড়াশোনা চালিয়ে যাচ্ছেন।

ইতিমধ্যেই তিনি একটি যুগান্তকারী আবিষ্কার করতে সমর্থ হয়েছেন: মানুষ বিশ্বাস করে যে যাবতীয় সাবধানবাণী, হুমকি, এবং পূর্বপরিচিত ঝুঁকি সংক্রান্ত সমস্যা অথবা বিপদ তাঁদের জীবনের ক্ষেত্রে কখনোই প্রযোজ্য নয়।

এই কারণেই আমার বান্ধবীর স্বামী ইতিমধ্যেই ভাবতে শুরু করেছেন, এই জগতে তিনিই একমাত্র ব্যক্তি যাঁর শারীরিক ওজন মাত্রাতিরিক্ত হওয়া এবং দিনের অধিকাংশ সময় জুড়ে আরামকেদারায় বসে বিশ্রাম নেওয়া সত্ত্বেও, হৃদয়ঘটিত কারণে তিনি কখনোই অসুস্থ হতে পারেন না। ইতিমধ্যেই নিজের অন্তর্নিহিত সত্তাকে তিনি বোঝাতে পেরেছেন, তাঁর পক্ষে বর্তমানের স্বাভাবিক দিনপঞ্জী অনুযায়ী জীবনযাপন করা সম্ভব, এবং তার জন্য কোনো বিপদের সম্মুখীন হওয়ার সম্ভাবনা নেই।

এই একই কারণে আপনার অন্য এক বান্ধবী রীতিমত আত্মবিশ্বাসী যে, এই জগতে তিনিই একমাত্র ব্যক্তি যিনি দিনের মধ্যে বেশ কয়েকবার জলীয় বাষ্পের ভাপ নেওয়ার ফলে,

এই জীবনে কখনোই ফুসফুস সংক্রান্ত সংক্রমণের কবলে পড়বেন না। এই জন্যই আপনি রীতিমত দৃঢ়প্রতিজ্ঞ যে, প্রতিনিয়ত কর্মক্ষেত্রে দেরীতে পৌঁছোনো এবং কাজ শেষ হওয়ার আগে বাড়ি ফেরার অভ্যাস, এবং সশরীরে অনুপস্থিত থেকেও ফোনের মাধ্যমে কাজ চালানোর মাধ্যমে উর্ধ্বতন সহকর্মীদের নজর এড়িয়ে চলতে আপনি সক্ষম—কর্মস্থলে "নিঃশব্দে ফাঁকি" দিতে আপনার জুড়ি মেলা ভার। এই কারণেই কর্মক্ষেত্রে সবচেয়ে গুরুত্বপূর্ণ মানুষটি আপনাকে একবারের জন্যেও বিশ্বাস করেন না, যখন আপনি তাঁকে বলেন, "এই পরিস্থিতির পরিবর্তন না হলে, আমি কর্মস্থলে ইস্তফা দিতে প্রস্তুত।"

প্রতিটি মানুষ মনে করেন, জীবনে প্রতিনয়ত ঘটতে থাকা অসংখ্য কঠিন পরিস্থিতি ও সমস্যার ক্ষেত্রে তাঁরাই একমাত্র ব্যতিক্রম। এই নির্দিষ্ট ব্যবহারিক বৈশিষ্ট্যের ফলেই উপলব্ধি করা সম্ভব, আপনার চোখের জল, যাবতীয় অনুনয় বিনয় এবং চরম সিদ্ধান্তগুলি কেন এই পরিস্থিতিতে একেবারেই প্রযোজ্য নয়।

আক্ষরিক অর্থে, আমাদের মস্তিষ্ক যাবতীয় কঠিন পরিস্থিতির সর্বশেষ পরিণতি সম্পর্কে একেবারেই উদাসীন—সেই কারণেই, বিভিন্ন প্রতিকূল পরিস্থিতিতে আপনার বুক চিরে বেরিয়ে আসা অসহায় দীর্ঘশ্বাসগুলি, আপনার সামগ্রিক উন্নতিসাধনে একান্তভাবেই অসমর্থ।

তাঁরা নিজেদের ব্যতিক্রম হিসেবে ভাবতে পছন্দ করেন। (নিজের জীবনে পরিবর্তন নিয়ে আসার পরিস্থিতির বিরুদ্ধে যখন আপনি প্রতিবন্ধকতার সৃষ্টি করেন, তখন আপনিও একই মনোভাব পোষণ করে সেভাবেই চিন্তাভাবনা করতে শুরু করেন।) উদাসীন অথবা আক্রমণাত্মক ব্যবহারে, বারবার একই ঘটনার পুনরাবৃত্তির মাধ্যমে, কিংবা অন্যান্যদের জীবনে পরিবর্তন নিয়ে আসার উদ্দেশ্যে তাঁদের প্রতিনয়ত শাসানোর প্রক্রিয়ার মাধ্যমে, আপনি সফল হতে পারবেন না—এই প্রক্রিয়াগুলি প্রতিবারই অকৃতকার্য হতে বাধ্য।

একটি কথা বিশেষভাবে মনে রাখতে হবে: ড. শ্যারোট আমাকে বুঝিয়েছিলেন, মস্তিষ্কের স্ক্যানের মাধ্যমে বোঝা সম্ভব হয়েছে, যখন কোনো মানুষ আপনার প্রতি কোনো নেতিবাচক মন্তব্য করেন ("তুমি সুরাপান বন্ধ না করলে আমি বরাবরের জন্য তোমাকে ছেড়ে চলে যাব") কিংবা এমন কিছু বলেন যা শুনতে আপনি রাজি নন ("যাঁর সঙ্গে তুমি ডেটিং এ যাচ্ছ, তিনি অত্যন্ত আত্মকেন্দ্রিক"), আপনার মস্তিষ্ক আক্ষরিক অর্থে, সেই স্মৃতিগুলি বরাবরের জন্য মুছে ফেলে।

বিভিন্ন মস্তিষ্কের স্ক্যানে আপনি দেখতে পাবেন, মানুষের মস্তিষ্কের যে নির্দিষ্ট অংশটি নেতিবাচক মন্তব্য নির্ধারণ করার দায়িত্বে রয়েছে, সেটি মাঝে মধ্যেই কাজ করা বন্ধ রাখে। সুতরাং, এর অর্থ সহজেই অনুমেয়, তাই নয় কি?

এর অর্থ হল, বিভিন্ন চরম সিদ্ধান্ত, নিদারুণ পরিণতি, যাবতীয় উদাসীন ও আক্রমণাত্মক মন্তব্য, চোখরাঙানি, এবং ভয় পাওয়ানোর যাবতীয় পদ্ধতিগুলি অপরদিকের মানুষটির মস্তিষ্কে এবং স্মৃতিতে সামান্য আঁচড় পর্যন্ত কাটতে পারে না। এক্ষেত্রে আপনি নিজের অমূল্য সময়, মুখ থেকে নিঃসৃত শব্দ এবং নিজের শ্বাসপ্রশ্বাসের অপব্যবহার করছেন। স্বভাবতই, এই পরিস্থিতিতে আপনি শারীরিক ও মানসিকভাবে বিপর্যস্ত হয়ে পড়তে বাধ্য!

এই কারণে, একটি সম্পূর্ণ নতুন দৃষ্টিভঙ্গীর সাহায্য নিয়ে আপনাকে চলতে হবে, এবং দ্য লেট দেম থিওরি অথবা ওদের করতে দিন এর পদ্ধতি সম্পূর্ণ বিজ্ঞানসম্মত প্রক্রিয়ার মাধ্যমে

আপনাকে, এমনভাবে নিজের অমূল্য সময় এবং অন্তর্নিহিত ক্ষমতার প্রয়োগ করার ক্ষেত্রে প্রশিক্ষণ দেবে, যার প্রয়োগে অত্যন্ত সহানুভূতিশীল এবং সহমর্মীতার মাধ্যমে আপনার পক্ষে সঠিকভাবে জীবনযাপন করা সম্ভব হবে।

এই পদ্ধতির সঠিক প্রয়োগে, আপনার জীবনে অন্তরঙ্গ এবং ভালোবাসার মানুষজন যথার্থভাবে অনুপ্রাণিত হবেন, এবং নিজেদের জীবনে অপরিহার্য পরিবর্তনগুলি নিয়ে আসার ক্ষেত্রে উৎসাহিত হবেন।

চলুন, এই মুহূর্তে আমরা ফিরে যাই আমার বান্ধবী এবং তাঁর স্বামীর উদাহরণে। আমি চাই, তাঁদের জায়গায় নিজেদের বসিয়ে, একটি নতুন দৃষ্টিকোণ থেকে, সম্পূর্ণ পরিস্থিতির উপরে আবার চোখ রাখতে।

ধরা যাক, কর্মক্ষেত্রে একটি অত্যন্ত দীর্ঘ ও ক্লান্তিকর দিনের শেষে, নিজের বাড়ির মধ্যে হেঁটে বেড়াতে আপনি অভ্যস্ত, পাশাপাশি আপনার জীবনসঙ্গী আরামকেদারায় শরীর ডুবিয়ে তাঁর প্রিয় বাস্কেটবলের ম্যাচ দেখতে এবং মুঠো মুঠো চিপস গোগ্রাসে গিলতে অত্যন্ত ব্যস্ত।

সেই মুহূর্তে ওখানে বসে থাকার ক্ষেত্রে তিনি অত্যন্ত সন্তুষ্ট। সত্যি কথা বলতে, সেই মুহূর্তে ওই আরামকেদারায় বসার চাইতে প্রিয় তাঁর কাছে আর কিছুই হতে পারে না। তিনি একগাল হাসি নিয়ে, গদগদ স্বরে আপনার উদ্দেশ্যে অভিবাদন জানান, "কেমন আছো প্রিয়তমা!"

আপনি, সেই মুহূর্তে...রোষকষায়িত দৃষ্টিতে তাঁর দিকে একবার তাকিয়ে নেন আপনি, মানসিক চাপের পারদ ক্রমশ উপরদিকে ঠেলে ওঠে, এবং আপনার এমিগডালা তৎক্ষণাৎ সক্রিয় হয়। তৎক্ষণাৎ আপনি রাগে দিগ্বিদিগজ্ঞানশূন্য হয়ে পড়েন। আপনার অন্তরে ফুটতে থাকে অবদমিত ক্ষোভ ও রাগের লাভাস্রোত। কিন্তু আপনার মুখ থেকে নির্গত হয় একটি অত্যন্ত হতাশাব্যঞ্জক দীর্ঘশ্বাস, "ও, আচ্ছা, ভালোই!"

সেই বিশেষ মুহূর্তে, মানুষের মস্তিষ্ক কিংবা যাবতীয় অনুপ্রেরণার নেপথ্যে থাকা অসংখ্য বিজ্ঞানভিত্তিক কারণ এবং ইতিমধ্যেই আলোচিত অন্যান্য বিষয় সম্পর্কে আপনি এখনো পর্যন্ত যা যা শিখেছেন তা আপনার মাথায় থাকে না। সেই মুহূর্তে আপনার একমাত্র চিন্তা হল এমন কোনো ব্যবস্থা করা, যার ফলে আরামকেদারায় বসে থাকার পরিবর্তে আপনার স্বামী উঠে দাঁড়িয়ে বাড়ির যে কোনো কাজে হাত লাগাতে পারেন।

যেহেতু আপনি এই বিশেষ পরিস্থিতির সঙ্গে নিজেকে মানিয়ে নেওয়ার পরিবর্তে, বিশ্লেষণভিত্তিক ও বিচারমূলক দৃষ্টিকোণ থেকে সেটিকে দেখছেন, আপনার চোখে সেই সমস্ত ক্ষুদ্রাতিক্ষুদ্র কারণগুলি ধরা পড়ছে না—নিয়মিতভাবে জিমে যেতে হলে আপনার স্বামীকে কতটা কষ্টভোগ করতে হবে, এবং সেই অভিজ্ঞতা তাঁর পক্ষে কতটা যন্ত্রণাদায়ক হিসেবে প্রতিপন্ন হতে পারে।

আপনি সেই ছোট ছোট জিনিসের প্রতি নজর দিচ্ছেন না—জিমে যেতে হলে তাঁকে সর্বপ্রথম আপনাদের শোবার ঘরে ঢুকতে হবে, জিমের জন্য নির্ধারিত পোশাক গায়ে চাপাতে হবে, একটি বোতলে পানীয় জল ভরতে হবে, বাড়ি এবং গাড়ির চাবির গোছাটি খুঁজে বার করতে হবে, গাড়ি চালিয়ে জিম পর্যন্ত পৌঁছোতে হবে, জিমের গেট খুলে হাঁটতে হাঁটতে জিমের

অন্দরমহলে ঢুকতে হবে, শরীরচর্চার জন্য নির্ধারিত একটি যন্ত্র খুঁজে বার করতে হবে এবং শেষ পর্যন্ত, শারীরিক কসরতে ডুবে যেতে হবে।

কিন্তু তার পরিবর্তে, জীবনের বিভিন্ন বাস্তব পরিস্থিতি, মানুষের ব্যবহারভিত্তিক বৈশিষ্ট্যের নেপথ্যে বিজ্ঞানসম্মত কারণ এবং পরিবর্তনের ক্ষেত্রে অত্যন্ত কঠিন পরিস্থিতির মোকাবিলার যাবতীয় বিষয়গুলিকে উপেক্ষা করে, আপনি সরাসরি নিজের অবদমিত রাগ ও ক্ষোভের বহিঃপ্রকাশে ব্যস্ত হয়ে পড়েন। আপনার অসন্তুষ্টির একমাত্র কারণ হল, অন্যান্যরা কেন আপনার ইচ্ছানুযায়ী এবং তৎক্ষণাৎ সেই সমস্ত কাজ করতে রাজি নন, যখন সেই কাজগুলি তাঁদের জীবনের উন্নতিসাধনের জন্য অপরিহার্য বলে আপনি মনে করেন?

বাস্তবে, এই বিশেষ পরিস্থিতিতে তাঁর একমাত্র প্রয়োজন হল আপনার পক্ষ থেকে পর্যাপ্ত সহানুভূতি এবং সহমর্মিতার, দোষারোপ নয়...সেই কারণেই, আপনার বদমেজাজের বহিঃপ্রকাশ এবং হতাশাব্যঞ্জক দীর্ঘশ্বাস আরামকেদারা ছেড়ে উঠে দাঁড়াবার ক্ষেত্রে তাঁকে কখনোই অনুপ্রাণিত করবে না। ঘটনাচক্রে, সেই দীর্ঘশ্বাসের শব্দ আপনার জীবনসঙ্গীকে আরামকেদারায় শুয়ে থাকার ক্ষেত্রে প্ররোচিত করতে বাধ্য, যতক্ষণ না পর্যন্ত টেলিভিশনের রিমোটটি কুশনের নীচে তিনি হারিয়ে ফেলছেন।

সেই সশব্দ দীর্ঘশ্বাসের নেপথ্যে আপনার যত শুভেচ্ছা ও ভালোবাসাই লুকিয়ে থাকুক না কেন, আপনার জীবনসঙ্গীর মনে হওয়া স্বাভাবিক যে তিনি বিকল হয়ে যাওয়া একটি যন্ত্র বিশেষ, এবং এক্ষেত্রে আপনি প্রাণপণে তাঁকে শুধরোবার চেষ্টা করছেন—যে নির্দিষ্ট অনুভূতি তাঁর কাছে অত্যন্ত যন্ত্রণাদায়ক হিসেবে প্রতিপন্ন হতে থাকে; যার একমাত্র অর্থ হল, এই মুহূর্ত থেকে আপনাদের মধ্যে মানসিক দূরত্ব ক্রমশ বৃদ্ধি পেতে থাকবে। সেই মুহূর্তে তিনি রক্ষণাত্মক মনোভাব পোষণ করতে বাধ্য হবেন, কাজেই, তাঁর অন্তরে পরিবর্তনের স্পৃহা জেগে ওঠার পরিবর্তে, মনের গভীর আবর্তে তা আস্তে আস্তে তলিয়ে যেতে থাকবে।

প্রারম্ভ: মনোমালিন্যের সূত্রপাত

মানসিক চাপের ফলে পরিবর্তন কখনোই সম্ভব নয়—এটি তার ক্ষেত্রে অবধারিতভাবে প্রতিবন্ধকতার সৃষ্টি করে। পারিপার্শ্বিকের মানুষজনের ব্যবহারিক বৈশিষ্ট্যের সম্পূর্ণ নিয়ন্ত্রণ যখন আপনি নিজের হাতে তুলে নেওয়ার চেষ্টা করেন, সহজাত প্রকৃতির বশবর্তী হয়ে তাঁদের জীবনকে নিয়ন্ত্রণ করার ক্ষেত্রে, আপনার এই অপপ্রচেষ্টাকে তাঁরা সর্বতোভাবে বিরত করার চেষ্টা করেন।

পরিবর্তনের অনুপ্রেরণা জোগানোর পরিবর্তে, আপনার পক্ষ থেকে সৃষ্টি হওয়া মানসিক চাপ রীতিমত পারস্পরিক ক্ষমতার নিয়ন্ত্রণের সংগ্রামের ইন্ধন জোগাতে থাকে।

ড. শ্যারোটের সঙ্গে আলোচনার সময়, তিনি আমাকে বারবার জানিয়েছিলেন যে মানুষের সহজাত প্রবৃত্তির অন্যতম হল, সামগ্রিক পরিস্থিতির নিয়ন্ত্রণের দায়িত্বে থাকার অদম্য প্রবণতা। জীবনধারণের নিরিখে এটি মানুষের সহজাত প্রবৃত্তির অন্যতম। নিজের জীবনকে নিয়ন্ত্রণ করার ক্ষমতা যে আপনার হাতেই রয়েছে, এই নির্দিষ্ট ধারণা আপনাদের নিশ্ছিদ্র নিরাপত্তার অনুভূতি

প্রদান করে। স্বভাবতই, জীবনে নিয়ন্ত্রণের ভার নিজের হাতে থাকলে আপনার পক্ষে নিজের জীবন সংক্রান্ত প্রত্যেককে সুরক্ষিত রাখা অবশ্যই সম্ভব।

এর অর্থ হল আপনার জীবনসঙ্গী, আপনার প্রতিটি সহপাঠী, আপনার মা, আপনার ঊর্ধ্বতন সহকর্মী এবং আপনার বন্ধুবান্ধবদের প্রত্যেকের জীবনধারণের ক্ষেত্রেই সেই সহজাত প্রবৃত্তিটি বিদ্যমান। নিজেদের জীবনকে সম্পূর্ণভাবে নিয়ন্ত্রণ করার অমোঘ আকর্ষণ আপনার মতোই, তাঁদের প্রত্যেকের ক্ষেত্রেই রয়েছে।

আপনার যাবতীয় প্রিয়জন এবং ভালোবাসার পাত্রপাত্রীদের ক্ষেত্রেও এই নিয়ম একইভাবে প্রযোজ্য—যখন জীবনের নিয়ন্ত্রণের সম্পূর্ণ দায়িত্বভার নিজেদের হাতে তুলে নেওয়া তাঁদের পক্ষে সম্ভব হয়, তখনই তাঁরা সম্পূর্ণভাবে নিরাপত্তা অনুভব করতে সমর্থ হন।

তাই, যখন পারিপার্শ্বিকের মানুষজনের উপরে আপনি গায়ের জোর ফলাতে থাকেন, তাঁদের উপরে অহেতুক মানসিক চাপ সৃষ্টি করেন, প্রতি পদক্ষেপে তাঁদের কি করা উচিত তা বলতে থাকেন, তখন আপনি তাঁদের ক্ষেত্রে নিজেদের জীবন, যাবতীয় সিদ্ধান্ত এবং কর্মকাণ্ডকে নিয়ন্ত্রণ করার সহজাত প্রবৃত্তির বিরুদ্ধাচরণ করতে থাকেন। তাঁদের প্রথাগত চিন্তাধারার পথে আপনি প্রতিবন্ধকতা সৃষ্টি করেন; নিজেদের সত্তা, জীবনধারণ, নিজস্ব চিন্তাধারা এবং ব্যবহারিক বৈশিষ্ট্যের সম্পূর্ণ নিয়ন্ত্রণ যে তাঁদের হাতেই রয়েছে, সেই ব্যাপারে তাঁদের সন্দিহান করে তোলেন।

বাইরে দৌড়োতে যাওয়ার ক্ষেত্রে নির্দিষ্ট কোনো মানুষ নিতান্তই অনিচ্ছুক হলে, ইশারার মাধ্যমে আপনি যদি তাঁকে বারবার বলেন, "দৌড়োতে যাওয়ার জন্য আজকের দিনটি একেবারেই আদর্শ," তাহলে আপনি তাঁর উপরে অনর্থক মানসিক চাপ সৃষ্টি করছেন। আপনার এই পরামর্শ—তাঁর ক্ষেত্রে যতটাই উপযুক্ত হিসেবে প্রতিপন্ন হোক না কেন—সেই ব্যক্তির মনে হয় যে আপনি তাঁর কাছ থেকে নিজের শর্তে, নিজের মতো করে জীবনযাপন করার মৌলিক অধিকারটুকু ছিনিয়ে নেওয়ার চেষ্টা করছেন।

এই কারণেই প্রাপ্তবয়স্ক মানুষজনকে নিজেদের মতো করে জীবনযাপন করতে দেওয়া উচিত। ওদের করতে দিন।

যে কোনো পরিস্থিতিতে, অপরদিকের মানুষটির মানিয়ে নেওয়ার ক্ষমতাই হল স্বাস্থ্যকর এবং ভালোবাসা সম্বলিত একটি পারস্পরিক সম্পর্কের মূল ভিত্তিপ্রস্তর। পারিপার্শ্বিকের মানুষজন যখন অনুভব করেন, যে ধরনের ভাবমূর্তি নিয়েই তাঁরা থাকুন না কেন, প্রতি ক্ষেত্রে আপনি তাঁদের সেভাবেই আপন করে নেবেন, সুতরাং আপনার সান্নিধ্যে তাঁরা কখনোই নিরাপত্তার অভাববোধ করেন না।

কিন্তু যখন তাঁদের উপর আপনি অহেতুক মানসিক চাপ সৃষ্টি করেন, তাঁদের জীবনে আমূল পরিবর্তন চান, তাঁদের কঠোর সমালোচনা করেন, নিজের জোর খাটান, কিংবা আশা করেন তাঁরা এমনভাবে ব্যবহার করবেন যাতে তাঁরা এই মুহূর্তে অভ্যস্ত নন—তখন পরিস্থিতি সম্পূর্ণভাবে বিপরীতধর্মী হয়ে দাঁড়ায়। এই মানসিক টানাপোড়েন নিজেদের সম্পূর্ণ অজান্তেই আপনাকে এবং আপনার প্রিয়জনদের, নিয়ন্ত্রণের ক্ষমতা দখলের যুদ্ধে একে অপরের বিরুদ্ধে দাঁড় করিয়ে দেয়।

ড. কের সেই নির্দিষ্ট গবেষণার কথা নিশ্চয় মনে আছে, যেখানে তিনি বলেছিলেন মস্তিষ্ক আমাদের আনন্দঘন পরিমণ্ডলের দিকে আকৃষ্ট করে, এবং যন্ত্রণাদায়ক পরিস্থিতি থেকে নিরাপদ দূরত্ব বজায় রাখতে সাহায্য করে? আপনার সৃষ্টি করা মানসিক চাপ আপনার প্রিয়জনদের পক্ষে অত্যন্ত পীড়াদায়ক, সেই কারণেই তাঁরা ক্রমশ আপনার কাছ থেকে দূরে সরে যেতে বাধ্য হন। তার ফলে, মরিয়া হয়ে আপনি মানসিক চাপের পরিমাণ বাড়িয়ে তুলতে বাধ্য হন, এবং তাঁরাও সেই পরিস্থিতির সঙ্গে সামঞ্জস্য রেখে, সেই চাপের বিরুদ্ধে প্রতিবন্ধকতা সৃষ্টি করতে থাকেন।

এভাবেই আপনাদের দুপক্ষের মধ্যে এক অনন্ত মনোমালিন্যের সূত্রপাত ঘটে। কিন্তু এই মনোমালিন্যের স্থায়ী সমাধানের চাবিকাঠি রয়েছে একমাত্র আপনার কাছে।

আরামকেদারায় শরীর ডুবিয়ে ওদের বসে থাকতে দিন, কারণ নিজেদের মধ্যে এই সীমাহীন মনোমালিন্যের স্থায়ী সমাধান যদি আপনি চান, আপনাকে এই কাজ করতেই হবে।

আমার বান্ধবী ও তাঁর স্বামীর ক্ষেত্রে, পরিস্থিতির সামগ্রিক নিয়ন্ত্রণের ক্ষমতার রাশ কার হাতে আছে বলে আপনাদের মনে হয়? স্বামীর হাতে। যতদিন পর্যন্ত তিনি নিজের স্ত্রীর যাবতীয় অনুযোগ এবং অভিযোগকে তুচ্ছতাচ্ছিল্য করে চলতে পারবেন, নিজের জীবন, নিজের যাবতীয় সিদ্ধান্ত এবং নিজের ব্যবহারিক বৈশিষ্ট্যকে নিয়ন্ত্রণ করার ক্ষমতা তাঁর হাতেই থাকবে।

যে মুহূর্তে তিনি স্ত্রীর কথা অনুযায়ী কাজ করতে শুরু করবেন, নিজের এই সর্বময় প্রতিষ্ঠার অবস্থানটি তিনি বরাবরের জন্য হারাবেন, এবং বলা বাহুল্য, তাঁর স্ত্রী "জয়লাভ করবেন।" এই মুহূর্তে, তাঁর শরীরচর্চা সংক্রান্ত সমস্যাটি আর কোনো দৃষ্টিভঙ্গিতেই আলোচনার বিষয়বস্তু নয়, এখানে মুখ্য বিষয় হয়ে দাঁড়িয়েছে—এই সম্পর্কে কার ক্ষমতা কতটা?

এই ঘটনার পরিপ্রেক্ষিতে সহজেই অনুমেয়, কি কারণে আমার বান্ধবী নিজের স্বামীর শারীরিক পরিস্থিতির বিষয়ে এতটা উদ্বিগ্ন। ভদ্রলোকের বর্তমান স্বাস্থ্য আমার বান্ধবীর কাছে রীতিমত আতঙ্কের কারণ হয়ে দাঁড়িয়েছে, এবং প্রতি মুহূর্তে তিনি অনুভব করেন, নিজের জীবনে একটি অবিচ্ছেদ্য অংশের ক্ষেত্রে নিয়ন্ত্রণের সামগ্রিক ক্ষমতা তিনি ইতিমধ্যেই হারিয়ে ফেলেছেন...সেই কারণে, স্বামীকে এভাবে নিয়ন্ত্রণের মরিয়া প্রচেষ্টা চালাতে তিনি বাধ্য হচ্ছেন, যাতে জীবনের অবশিষ্টাংশে নিজের সর্বময় কর্তৃত্ব কায়েম করা তাঁর পক্ষে সম্ভব হয়।

অন্যদিকে, স্ত্রীর এই রূঢ় ব্যবহারে ভদ্রলোক রীতিমত সন্ত্রস্ত অবস্থায় জীবনযাপন করছেন, এবং নিজের অস্তিত্ব রক্ষার লড়াই জারি রাখতে গিয়ে জীবনসঙ্গীর সঙ্গে তাঁর মানসিক দূরত্ব ক্রমশ বৃদ্ধি পাচ্ছে। কাজেই, দৈনন্দিনের জীবনে তিনি একদিকে যত বেশি একগুঁয়ে হয়ে উঠছেন, তাঁর স্ত্রী মরিয়া হয়ে তাঁকে শোধরাবার মাত্রাতিরিক্ত প্রচেষ্টা চালিয়ে যেতে বাধ্য হচ্ছেন।

আপনারা নিশ্চয় লক্ষ্য করছেন, এই নির্দিষ্ট পরিস্থিতিতে পারস্পরিক সম্পর্কের ক্ষেত্রে সূক্ষ্ম মানসিক ভারসাম্যের নিরিখে একটি অচলাবস্থা তৈরি হচ্ছে, যার সীমাবদ্ধতা ক্রমান্বয়ে বৃদ্ধি পেতে থাকছে?

আপনার এবং নিজের প্রিয় সন্তানের ক্ষেত্রে, কিংবা কোনো বর্ষীয়ান অভিভাবকের ক্ষেত্রে, অথবা আপনি এবং আপনার জীবনসঙ্গীর মধ্যে পারস্পরিক সম্পর্কের সূক্ষ্ম মানসিক টানাপোড়েনের ক্ষেত্রে, আপনিও নিশ্চয় ইতিমধ্যে অনুরূপ অচলাবস্থার অস্তিত্ব অনুভব করে

থাকবেন। কিংবা পরিবারের নির্দিষ্ট কোনো প্রিয়জনের পক্ষ থেকে সৃষ্ট মানসিক চাপের পরিস্থিতির মাধ্যমে, এই অচলাবস্থার অভিজ্ঞতা আপনার ইতিমধ্যেই হয়েছে।

মোদ্দা কথা হল: কোনো ব্যক্তি নিজের বন্ধুবান্ধব, পরিবারের সদস্য কিংবা নিজের ভালোবাসার মানুষজনের পক্ষ থেকে আসা এই অযাচিত মানসিক চাপের মোকাবিলা করবার জন্য প্রস্তুত নন। জীবনে তাঁদের কাছ থেকে আপনি নিঃস্বার্থ ভালোবাসা, মানিয়ে নেওয়ার মানসিকতা, করুণা, সহানুভূতি এবং সহমর্মিতার প্রত্যাশী। কখনোই আপনি অন্যান্যদের দ্বারা নিয়ন্ত্রিত হতে চান না; শুধুমাত্র নিজের পরিচয় অথবা ভাবমূর্তির নিরিখে, অথবা জীবনে আপনার অবস্থানের ভিত্তিতে তাঁদের কাছে সঠিকভাবে বিচারপ্রাপ্ত ও সমাদৃত হতে চান।

একমাত্র এর ভিত্তিতেই আপনি নিজের অন্তর্নিহিত সত্তার কাছে স্বচ্ছ ভাবমূর্তি বজায় রাখতে এবং নিজের জীবনে যাবতীয় সম্পর্ক অত্যন্ত সুরক্ষিত রাখতে সক্ষম।

আপনি নিশ্চয় কখনোই চাইবেন না যে নিজের প্রিয় বান্ধবী আপনাকে বলেন, আপনার বর্তমানের পুরুষ বন্ধুকে তাঁর একেবারেই পছন্দ নয়। অথবা আপনার জীবনসঙ্গী প্রতিনিয়তভাবে জিমের সদস্যপদ গ্রহণ করার বিষয় নিয়ে, অথবা পেলোটন এক্সারসাইকেলে নিয়মিত শরীরচর্চার ব্যাপারে, কিংবা অর্গ্যানিক শাকসব্জী নিয়মিতভাবে খাওয়ার প্রসঙ্গে আপনার কানের কাছে অযথা ঘ্যানঘ্যান করতে থাকুন।

এই পরিস্থিতিতে আমি জীবনের ক্ষেত্রে আরো একটি গুরুত্বপূর্ণ সত্যে এসে উপনীত হয়েছি।

অধিকাংশ ক্ষেত্রেই, প্রতিটি মানুষের একনিষ্ঠ আকাঙ্খা সম্ভবত নিজের জীবনে প্রয়োজনীয় পরিবর্তনগুলি বাস্তবায়িত করা। ড. কে আমার সঙ্গে বিস্তারিত আলোচনা করেছিলেন, মানুষ যখন উপলব্ধি করতে পারেন যে তাঁদের সামগ্রিক ব্যবহারিক বৈশিষ্ট্য ভবিষ্যত জীবনের ক্ষেত্রে কোনভাবেই উপযুক্ত নয়, তখন তাঁরা নিয়মিতভাবে এই ধরনের মানসিক টানাপোড়েনের সম্মুখীন হতে থাকেন।

আমার বান্ধবীর স্বামীও অনুরূপ পরিস্থিতির সম্মুখীন হয়েছিলেন। সেই কারণেই, নতুনভাবে শুরু করার সার্বিক প্রচেষ্টা সত্ত্বেও, তিনি বারবার থেমে যেতে বাধ্য হন। তাই জন্যই, তাঁকে বারবার চেষ্টা করতে হচ্ছে। এবং এই নির্দিষ্ট কারণেই, নিজের জীবনে তাঁকে নিরন্তর সংগ্রাম চালিয়ে যেতে হচ্ছে।

পরিবর্তনের ক্ষেত্রটি প্রত্যেকের কাছেই অত্যন্ত কঠিন এক পরীক্ষা। এবং সেই নির্দিষ্ট পরিস্থিতিতে যদি আপনার কোনো প্রিয়জন, প্রতিনিয়ত ঘাড়ের কাছে নিঃশ্বাস ফেলতে থাকেন, একদিকে যে শুধুমাত্র তাঁদের সৃষ্টি করা মানসিক চাপের মোকাবিলা করতে হয় তাই নয়, অন্যদিকে কাজটি নিজস্ব দক্ষতায় সুষ্ঠভাবে সম্পন্ন করার পরেও আপনাকে মুক্তকণ্ঠে স্বীকার করতে হয় যে, সেই নির্দিষ্ট বিষয়ে আপনার প্রিয়জনদের প্রত্যেকের যাবতীয় যুক্তি ও চিন্তাভাবনা একেবারেই অকাট্য ও অব্যর্থ ছিল!

ড. কে এই বিষয়ে আমাকে নিশ্চিতভাবে জোর দিয়ে বলতে পারেননি যে, পরিবর্তনের ক্ষেত্রে আসল তাগিদ আপনার পক্ষ থেকে নয়, তাঁদের পক্ষ থেকে আসা উচিত। শরীরের বাড়তি ওজন কমাবার ক্ষেত্রে নিজেকে অক্লান্ত পরিশ্রমে ডুবিয়ে রাখতে হবে, এবং আমার বান্ধবীর

স্বামীকেই সেক্ষেত্রে সম্পূর্ণভাবে উদ্যোগ নিতে হবে—স্ত্রীকে যেনতেন প্রকারে চুপ করিয়ে রাখার পরিবর্তে। এই কাজ সুষ্ঠভাবে সম্পন্ন করতে না পারলে, জীবনের ক্ষেত্রে এই পরিবর্তন কখনোই দীর্ঘস্থায়ী হবে না, এবং দুজনের মধ্যে মনোমালিন্য ক্রমশ একটি ভয়ঙ্কর আকার নিতে থাকবে।

মানুষ নিজের ইচ্ছানুযায়ী কাজ করতে অভ্যস্ত

মানুষের জীবনে পরিবর্তন তখনই আসে, যখন তাঁরা নিজেদের ইচ্ছানুযায়ী সেই পরিবর্তনের জন্য মানসিকভাবে প্রস্তুত থাকেন। আপনার টাইমলাইনে নিজেদের বর্তমান ভাবমূর্তি বদলাতে না পারার জন্য তাঁদের অহেতুক শাস্তি দেওয়া থেকে নিজেকে বিরত রাখুন। যে কাজ করতে তাঁরা প্রকাশ্যে অনীহা বোধ করেন অথবা নিতান্ত অনিচ্ছুক থাকেন, সেই কাজের জন্য তাঁদের অনর্থক "অনুপ্রেরণা" দেওয়ার চেষ্টা করবেন না।

এ কাজ আপনার অমূল্য সময়ের অপচয় মাত্র। এই কাজের ফলে আপনার মানসিক চাপ ক্রমশ বৃদ্ধি পেতে থাকে। এটি আপনার জীবনের যাবতীয় পারস্পরিক সম্পর্ককে ধ্বংসের পথে ঠেলে দেয়। এই কাজের ভিত্তিতে সাফল্য লাভ কখনোই সম্ভব নয়। এবং সবচেয়ে গুরুত্বপূর্ণ বিষয় হল, এটি আপনাদের দুজনের মাঝখানে এক অদৃশ্য, কিন্তু দুর্ভেদ্য দেওয়াল তৈরি করে দেয়।

পারিপার্শ্বিকের মানুষজনকে ভালোবাসার অর্থ হল, তাঁরা যে পরিচয় অথবা ভাবমূর্তিতে অবস্থান করছেন, সেভাবেই তাঁদেরকে গ্রহণ করা। প্রাপ্তবয়স্ক মানুষজনকে প্রাপ্তবয়স্ক মানুষ হিসেবে নিজেদের শর্তে জীবনযাপন করতে দিতে আপনাকে শিখতে হবে। একমাত্র এই কারণেই, দ্য লেট দেম থিওরি অর্থাৎ ওদের করতে দিন এর পদ্ধতি এতটাই অপরিহার্য।

যখন আপনি নিজেদের মতো করে ওদের থাকতে দিচ্ছেন, আপনি সেভাবেই তাঁদের গ্রহণ করছেন। নিজেদের সময় অনুযায়ী ওদের থাকতে দিন। নিজেদের পেশা সংক্রান্ত কর্মস্থলে ওদের অকৃতকার্য হতে দিন। নিজেদের ইচ্ছানুসারে জলীয় বাষ্পের ভাপ ওদের নিতে দিন। চরম মানসিক অবসাদে ওদের হতাশ হতে দিন। সেই চূড়ান্ত বিফল পারস্পরিক সম্পর্কের ভিত্তিতে ওদের থাকতে দিন। এমন সমস্ত প্রতিশ্রুতি ওদের দিতে দিন, যেগুলি ওরা কস্মিনকালেও রাখতে পারবে না। ওদের অগোছালো থাকতে দিন। নৈশভোজের অনুষ্ঠানে জিমের পোশাক পরে ওদের যেতে দিন। সারা উইকএন্ড অথবা সপ্তাহান্ত জুড়ে ভিডিও গেমসের দুনিয়ায় ওদের ডুবে থাকতে দিন। সামগ্রিক অকর্মণ্যতার ফলাফল ওদের ভোগ করতে দিন। আরামকেদারায় শরীর এলিয়ে দিয়ে ওদের বসে থাকতে দিন, জিমে যাওয়ার জন্য ওদের কখনোই জোর করবেন না। নিজেদের মতো করে ওদের জীবনযাপন করতে দিন।

এই কর্মকাণ্ড অতি সাধারণ হলেও, আমি কখনোই বলিনি এই কাজ একেবারেই অনায়াসলব্ধ। আমি জানি, এই মুহূর্তে বইয়ের এই নির্দিষ্ট অংশটি পড়তে পড়তে আপনি নিশ্চয় ভাবছেন, আচ্ছা! তাহলে আমার পক্ষে কি কিছুই করা সম্ভব নয়? নিশ্চয়, আপনার পক্ষে প্রতিটি মুহূর্তেই কিছু না কিছু করা অবশ্যই সম্ভব!

কারণ একটি জিনিস প্রতিটি মুহূর্তে সম্পূর্ণভাবে আপনার নিয়ন্ত্রণে রয়েছে: আপনার অন্তর্নিহিত সত্তা অর্থাৎ আপনি। একমাত্র একজনের ক্ষেত্রেই আপনার পক্ষে ব্যবহারিক বৈশিষ্ট্যের পরিবর্তন করা সম্ভব—আপনার নিজের। এবং এটিই আপনার অন্তর্নিহিত শক্তি অথবা ক্ষমতার আধার।

আপনার জীবনে, নিজের ব্যবহারিক বৈশিষ্ট্যের ক্ষেত্রে প্রথম পরিবর্তনটি হল, পারিপার্শ্বিকের মানুষজনের উপরে অযথা মানসিক চাপ সৃষ্টি করার পরিবর্তে, সকল পরিস্থিতিতে অন্যান্যদের সঙ্গে মানিয়ে নেওয়ার অভ্যাস তৈরি করা। অন্যান্য মানুষজনকে ওদের মতো করে থাকতে দিন। সামাজিক পরিচয় অথবা ভাবমূর্তির নিরিখে, যখন আপনি নিজের জীবনে তাঁদের অবাধ প্রবেশাধিকার দেন, নিয়ন্ত্রণের ক্ষমতার দখল নেওয়ার ক্ষেত্রে সেই ক্লান্তিকর এবং অহেতুক পারস্পরিক সংগ্রাম অচিরেই থেমে যেতে বাধ্য, এবং নিজের জীবনে একটি ইতিবাচক পরিণতির দিকে অগ্রসর হওয়ার লক্ষ্য নিয়ে, সেই নতুন জীবনসংগ্রামে আপনি মনোনিবেশ করেন।

এই পরিস্থিতি সম্পূর্ণভাবেই বিজ্ঞানসম্মত।

কিন্তু আমি হলফ করে বলতে পারি, এই মুহূর্তে আপনি ভাবছেন...সামগ্রিক পরিবর্তনের ক্ষেত্রে যদি মানসিক চাপের নির্দিষ্ট প্রক্রিয়াটি কাজ না করে, তাহলে কোনপ্রক্রিয়া সঠিক? আমি বারবার বলেছি যে আপনার পক্ষে পারিপার্শ্বিকের মানুষজনের ব্যবহারিক বৈশিষ্ট্যে পরিবর্তন নিয়ে আসা সম্ভব নয়...কিন্তু আমি কখনোই বলিনি যে, তাঁদের উপর নিজের প্রভাব বিস্তার করতে আপনি পারবেন না। এখানেই আত্মপ্রকাশ ঘটে সমীকরণের দ্বিতীয় অংশটির—লেট মি অর্থাৎ আমাকে করতে দিন এর প্রক্রিয়ার, যার সাহায্যে অন্তর্নিহিত শক্তি অথবা ক্ষমতার যথার্থ প্রয়োগ আপনার পক্ষে করা অবশ্যই সম্ভব।

যুগের পর যুগ ধরে, প্রথিতযশা স্নায়ুবিজ্ঞানী এবং মনোবিজ্ঞানীদের ধারাবাহিক গবেষণার ভিত্তিতে ইতিমধ্যেই জানা সম্ভব হয়েছে যে, আপনার পক্ষে অন্যান্য মানুষজনকে নিজেদের জীবনে পরিবর্তন আনার ক্ষেত্রে উৎসাহ প্রদান করা সম্ভব নয়, কিন্তু আপনার পক্ষে সেই পরিবর্তন আনার ক্ষেত্রে তাঁদের "অনুপ্রাণিত" করা অবশ্যই সম্ভব—এবং তাঁদের অন্তরে এই বিশ্বাস সুপ্রতিষ্ঠিত করা সম্ভব যে তাঁদের ঐকান্তিক প্রচেষ্টার ফলেই এই পরিবর্তন বাস্তবায়িত হতে পেরেছে।

এই বইয়ের পরবর্তী অধ্যায়ে আমি দেখাবো, কীভাবে আপনার পক্ষে অন্যান্য মানুষজনের অন্তরে লালিত সহজাত আকাঙ্খার মূলে প্রবেশ করে, মানসিক চাপ সৃষ্টির পরিস্থিতি তৈরি না করে, তাঁদের জীবনে প্রয়োজনীয় পরিবর্তন করা সম্ভব: লেট দেম অর্থাৎ ওদের করতে দিন। পরিবর্তে, বিভিন্ন গবেষণার মাধ্যমে প্রাপ্ত তথ্যের উপর নির্ভর করে, সঠিক সময়ে সঠিক কথা বলা এবং সঠিক কাজের মাধ্যমে, নিজের অন্তর্নিহিত ক্ষমতার প্রয়োগে আপনার পক্ষে চারপাশের মানুষজনকে প্রভাবিত করা সম্ভব হতে পারে।

অধ্যায় ১৫

অন্যদের প্রভাবিত করার ক্ষেত্রে আপনার ক্ষমতার প্রয়োগ করুন

পারিপার্শ্বিকের মানুষজনের জীবনযাত্রায় পরিবর্তন আনার লক্ষ্যে, তাঁদের উপরে মানসিক চাপ সৃষ্টি করার চেষ্টা যখন আপনি বন্ধ করেন, এবং তাঁদের উদ্দেশ্যে বলেন লেট দেম অর্থাৎ ওদের করতে দিন, তখন যেন জাদুমন্ত্রবলে সামগ্রিক পরিস্থিতি বদলে যায়। সেই মুহূর্তে, নিজের হাতে থাকা অফুরন্ত সময় এবং অন্তর্নিহিত ক্ষমতার ব্যবহারে, আপনার পক্ষে অন্যান্যদের ইতিবাচকভাবে প্রভাবিত করা সম্ভব হয়ে ওঠে।

মানুষ একটি সামাজিক প্রাণী এবং প্রত্যেকেই পারিপার্শ্বিকের মানুষজন দ্বারা সহজে অনুপ্রাণিত এবং প্রভাবিত হওয়ার সহজাত প্রবৃত্তি নিয়ে জন্মেছেন। যুগের পর যুগ ধরে মানুষের ব্যবহারিক বৈশিষ্ট্য সংক্রান্ত বিভিন্ন গবেষণার ফলাফলের মাধ্যমে, এই পরম সত্য ইতিমধ্যেই বহুবার প্রমাণিত হয়েছে। সেই একই কারণে, যখন আপনি দেখেন অনলাইনের মাধ্যমে কোনো বিশিষ্ট ব্যক্তি নির্দিষ্ট একটি প্রোটিন পাউডার সম্পর্কে প্রশংসায় পঞ্চমুখ হচ্ছেন, অথবা জিন্সের একটি বিশেষ অভিনব ধরন সম্পর্কে কেউ অত্যন্ত উচ্ছ্বসিত, কিংবা কোনো বিশেষজ্ঞ গল্ফ খেলোয়াড় এমন একটি গল্ফ স্টিক উঁচিয়ে ধরে রয়েছেন, যেটি “গল্ফের জগতে তাঁকে তারকায় পরিণত করেছে,” এক অদম্য স্পৃহার উদ্ভব হয়— সেই নির্দিষ্ট সামগ্রী কেনার জন্য হঠাৎ আপনার মনে এক উদগ্র বাসনার জন্ম হয়।

অন্যান্য মানুষজনের ক্ষেত্রে কোনো নির্দিষ্ট সামগ্রী অথবা বিশেষ কোনো পরিস্থিতি ইতিবাচকভাবে ফলপ্রসূ হলে, স্বভাবতই সেটির প্রতি আপনি অদম্য আকর্ষণ অনুভব করেন। সেই নির্দিষ্ট সামগ্রী বা পরিস্থিতি আপনার ক্ষেত্রে ফলদায়ক প্রমাণিত হবে কি না— তা সেই মুহূর্তে যদিও আপনার পক্ষে সঠিকভাবে উপলব্ধি করা অসম্ভব। শুধুমাত্র পারিপার্শ্বিকের মানুষ সেগুলির মাধ্যমে অনাবিল আনন্দ উপভোগ করছেন, অথবা বহু ইপ্সিত সাফল্য অর্জন করতে পারছেন, কিংবা সেগুলির ব্যবহার যে কোনো পরিস্থিতিকে অনায়াস এবং সহজসাধ্য করে তুলছে বলে—আপনি তৎক্ষণাৎ সেই নির্দিষ্ট সামগ্রী অথবা পরিস্থিতির দিকে আকৃষ্ট হন। সেই

কারণে, যখন আপনি শোনেন নিজের বন্ধুবান্ধবরা একটি নির্দিষ্ট বইয়ের প্রশংসায় পঞ্চমুখ, স্বাভাবিকভাবেই আপনার ক্ষেত্রে সেটি পড়ার জন্য এক অদম্য স্পৃহার অবতারণা হয়।

ট্রেনে যাত্রাকালীন, কোনো ব্যক্তি একটি লাল টুকটুকে, তরতাজা এবং রসালো আপেলে কামড় বসালে, তাঁর চারপাশে থাকা অন্যান্য সহযাত্রীদের অন্তরে সেরকমই একটি আপেল খাওয়ার উদগ্র বাসনা জন্ম নেয়—এই বিশেষ পরিস্থিতিটি বিভিন্ন গবেষণা দ্বারা ইতিমধ্যেই প্রমাণিত। মধ্যাহ্নভোজের পরে নির্দিষ্ট কোনো সহকর্মী, কর্মস্থলের বাইরে একপাক হেঁটে আসার অভ্যাস শুরু করলে—আপনিও ভাবতে শুরু করেন, মধ্যাহ্নভোজের পরে প্রতিনিয়ত একপাক হাঁটার অভ্যাস প্রত্যেকের শরীরের জন্য অত্যন্ত উপকারী।

বহু যুগ ধরে, মানুষের সহজাত প্রবৃত্তি সংক্রান্ত বিভিন্ন গবেষণার ফলাফলের ভিত্তিতে ইতিমধ্যে জানা সম্ভব হয়েছে, মানুষের জীবনে অন্যান্যদের দ্বারা প্রভাবিত হওয়ার আসল রহস্য কোথায়। আমরা আদ্যোপান্তভাবে সামাজিক প্রাণী, এবং পারিপার্শ্বিকের মানুষজন দ্বারা সহজে অনুপ্রাণিত এবং প্রভাবিত হওয়ার সহজাত প্রবৃত্তি নিয়ে জন্মেছি। ডঃ শ্যারোট এই নির্দিষ্ট পরিস্থিতিকে "সামাজিক সংক্রমণ" হিসেবে অভিহিত করেছেন, যার অন্তর্নিহিত অর্থ হল—মানুষের সামগ্রিক ব্যবহারিক বৈশিষ্ট্য অত্যন্ত সংক্রামক।

নিজের জীবনে, নিজের ভালোবাসার মানুষজনের উপর এই নির্দিষ্ট প্রক্রিয়ার প্রয়োগ অত্যন্ত সহজ: নিজের ক্ষেত্রে যে নির্দিষ্ট ব্যবহারিক পরিবর্তনকে আপনি আদর্শ হিসেবে স্থির করেছেন, সেই অনুযায়ী নিজেকেই কাজ শুরু করতে হবে। অন্যান্যদের জীবনে যে নির্দিষ্ট ব্যবহারিক বৈশিষ্ট্যের পরিবর্তন আপনি আনতে চেয়েছিলেন, সেটির প্রতি তাঁদের আকৃষ্ট করার একমাত্র উপায় হল, নিজের হাতে কাজটি সুসম্পন্ন করে তাঁদের দেখিয়ে দিতে হবে সেটি বাস্তবে কতটা সহজ—এবং এভাবেই তাঁদের প্রভাবিত করা সম্ভব। একটি অত্যন্ত সুস্বাদু ক্রোসাঁ উদরসাৎ করার পরে সেটির উচ্ছ্বসিত প্রশংসা করার পাশাপাশি, আপনার পক্ষে অন্যান্যদের স্বাস্থ্যসম্মত খাবার খাওয়ার উপদেশ দেওয়া কখনোই সমীচীন নয়। কিন্তু নিজে প্রতিনিয়ত স্বাস্থ্যসম্মত খাদ্যাভ্যাসে অভ্যস্ত থাকলে, এবং সেই খাবারের স্বাদ নিয়ে প্রশংসায় পঞ্চমুখ হলে, আপনার পক্ষে পারিপার্শ্বিকের মানুষজনকে প্রভাবিত করা নিতান্তই সময়ের অপেক্ষা।

নিজের ফোন হাতে নিয়ে, ফোনের মাত্রাতিরিক্ত ব্যবহারের কুফল সম্পর্কে অন্যান্যদের অবগত করা কখনোই কাজের কথা নয়। সেক্ষেত্রে, নিজের হাতে ধরা ফোনটি অন্য কোনো ঘরে রেখে আসার পরে আপনার পক্ষে পারিপার্শ্বিকের মানুষজনকে বোঝানো অবশ্যই সম্ভব, যে যাবতীয় বৈদ্যুতিন যন্ত্রানুষঙ্গ থেকে আমাদের নিরাপদ দূরত্ব বজায় রাখার অভ্যাস, ভবিষ্যতে স্বাস্থ্যকর হিসেবে প্রতিপন্ন হতে পারে।

যে নির্দিষ্ট ব্যবহারিক বৈশিষ্ট্যের পরিবর্তন করতে আপনি আগ্রহী, তাকে আদর্শ হিসেবে ধরে নিতে হবে। এই গবেষণার ক্ষেত্রে যে প্রক্রিয়াটি আমার অত্যন্ত পছন্দের, তা হল—অতি সংগোপনে অন্যান্য মানুষজনের জীবনযাত্রায় পরিবর্তন নিয়ে আসার চেষ্টা করা, এবং পাশাপাশি তাঁদের বোঝানো যে এই পরিবর্তনের আসল কাণ্ডারী হলেন তাঁরা নিজেরাই।

আসুন, এই মুহূর্তে সেই বিশেষ সহকর্মীর কথা আলোচনা করা যাক, যিনি মধ্যাহ্নভোজের পরে নিয়মিতভাবে এক পাক হেঁটে আসতে অভ্যস্ত। বেশ কয়েক সপ্তাহ ধরে, অন্য কোনো

ব্যক্তিকে নিয়মিতভাবে একই কাজ করতে দেখলে, সেটি আপনার অবচেতনকে প্রভাবিত করার প্রক্রিয়া শুরু করে। প্রতিদিন মধ্যাহ্নভোজের অব্যবহিত পরে আপনার চোখের সামনে দিয়ে হাঁটার উদ্দেশ্যে তিনি বেরিয়ে পড়েন, এবং আপনার সামনে দিয়েই হাঁটার পরে তিনি ফিরে আসেন। কোনো এক জাদুমন্ত্রবলে, তাঁর মেজাজ হয়ে ওঠে ফুরফুরে, কাজের ক্ষেত্রে আসে উদ্যমের জোয়ার এবং তিনি হয়ে ওঠেন সদাহাস্যোজ্জ্বল। পরের দিন আপনার চোখের সামনে একই ঘটনার পুনরাবৃত্তি ঘটতে থাকে, যখন তিনি দরজা দিয়ে বেরিয়ে যাচ্ছেন—সেই মুহূর্তে দেখা যায় আপনি নিজের টেবিলে বসে নিজের মুখগহ্বরে একটি স্যান্ডউইচ গুঁজে দিতে দিতে, ঘাড় গুঁজে মধ্যাহ্নভোজের বিরতিতে কাজের চাপে রীতিমত নাস্তানাবুদ হচ্ছেন।

আধ ঘণ্টা পরে যখন নিজের কর্মস্থলে তিনি আবার প্রবেশ করেন, তাঁর মুখে খেলা করছে সন্তুষ্টি, আত্মবিশ্বাস এবং তরতাজা মনোভাবের যাবতীয় অভিব্যক্তি। এই বিষয়ে আপনি সচেতনভাবে চিন্তাভাবনা না করলেও, এই উদাহরণটি আপনাকে প্রভাবিত করতে বাধ্য। একবার ভাবুন, নিজের চোখের সামনে যখন নিয়মিতভাবে এই ঘটনার পুনরাবৃত্তি ঘটতে থাকে, এবং আপনি উপলব্ধি করেন যে, এই অভ্যাসের ফলে কীভাবে সেই ব্যক্তি জীবনকে রীতিমত উপভোগ করতে সক্ষম? দেখা যায়, একদিন হঠাৎ জানলার বাইরে তাকিয়ে আপনি আবিষ্কার করলেন যে দিনটি অত্যন্ত সুন্দর ও রৌদ্রজ্জ্বল—হঠাৎ করে আপনি সিদ্ধান্ত নেন, অন্যান্য দিনের মতো মধ্যাহ্নভোজের সময় কাজে ব্যস্ত থাকার পরিবর্তে, বিরতির সময় আপনিও একপাক হেঁটে আসার জন্য বদ্ধপরিকর।

অন্যান্য মানুষের উপরে প্রভাব বিস্তার করার ক্ষমতার ক্ষেত্রে আমার প্রিয় বিষয়টি হল: এক্ষেত্রে হাঁটার জন্য দরজার দিকে পা বাড়ানোর সময়ে আপনি ভাবতে শুরু করেন যে এই সিদ্ধান্তটি সম্পূর্ণভাবে আপনার মস্তিষ্কপ্রসূত। কখনোই না। বাস্তবে, আপনার সহকর্মী নিজের অভ্যাসের সাহায্যে আপনাকে প্রভাবিত করেছেন, এবং সেটি আপনার মস্তিষ্কে জাদুমন্ত্রের মতো কাজ করেছে। আপনার সেই সহকর্মী কিন্তু আপনার উপরে প্রভাব বিস্তার করার কথা কখনোই ভাবেননি! তিনি অভ্যাসবশে নিয়মিতভাবে হাঁটতে যান এবং আনন্দ উপভোগ করেন। কারণটি অত্যন্ত সঙ্গত, তাই না?

এটি হল প্রভাব বিস্তারের ক্ষেত্রে আপনার অন্তর্নিহিত ক্ষমতার সামগ্রিক ব্যাপ্তি, এবং গবেষণায় প্রমাণিত এই ক্ষমতার প্রয়োগে, নিজের প্রিয়জনের জীবনে পরিবর্তন নিয়ে আসার ক্ষেত্রে তাঁদের অনুপ্রাণিত করা অবশ্যই সম্ভব। এইভাবে :

প্রথমত, লেট দেম অর্থাৎ ওদের করতে দিন।

পরিবর্তনের উদ্দেশ্যে তাঁদের উপরে অহেতুক মানসিক চাপ সৃষ্টি করার প্রক্রিয়া বন্ধ করতে হবে। সর্বান্তঃকরণে মেনে নিতে হবে যে, তাঁদের ব্যবহারিক বৈশিষ্ট্য অথবা যাবতীয় কর্মকাণ্ডের নিয়ন্ত্রণ আপনার ক্ষমতা বহির্ভূত। প্রাপ্তবয়স্ক মানুষজন সবসময় নিজেদের ইচ্ছানুসারে কাজ করতে অভ্যস্ত। আপনার একমাত্র কাজ হল, পরিচয় অথবা ভাবমূর্তি অনুযায়ী তাঁদের প্রত্যেককে নিজের জীবনে সাদরে গ্রহণ করা।

লেট দেম অথবা ওদের করতে দিন। তার পরে, লেট মি অর্থাৎ আমাকে করতে দিন।

আপনার প্রভাব বিস্তার করার ক্ষমতার প্রয়োগ

সবসময় মনে রাখতে হবে, প্রভাব বিস্তার করার ক্ষমতাই হল আপনার অন্তর্নিহিত ক্ষমতার আধার। এর আসল অর্থ হল, সেই নির্দিষ্ট ক্ষেত্রে সম্পূর্ণভাবে মনঃসংযোগ করতে হবে যা নিয়ন্ত্রণের ক্ষমতা আপনার আছে: আপনার সামগ্রিক ব্যবহারিক বৈশিষ্ট্য। এই কাজটিকে চিত্তাকর্ষক এবং মজাদার করে তোলার জন্য আপনাকে, কাজের প্রক্রিয়ার ক্ষেত্রে নির্দিষ্ট কিছু পরিবর্তন করতে হবে।

ডঃ শ্যারোটের গবেষণার ভিত্তিতে জানা সম্ভব, প্রভাব বিস্তার করার ক্ষেত্রে আপনার ক্ষমতা অত্যন্ত কার্যকরী, কিন্তু এই কাজ সুসম্পন্ন করার ক্ষেত্রে আপনাকে অত্যন্ত ধৈর্য্যশীল হতে হবে। কারণ, অন্যান্য মানুষজনের মস্তিষ্কে আপনার ব্যবহারিক বৈশিষ্ট্যের ইতিবাচক প্রভাব কার্যকরী হতে বেশ কিছুটা সময়ের প্রয়োজন।

নিজের ব্যবহারিক বৈশিষ্ট্য এবং সেই সম্পর্কে আপনার সামগ্রিক চালচলনের উপরে সম্যকভাবে মনঃসংযোগ করার ক্ষেত্রে, আপনাকে অজস্রবার লেট দেম অর্থাৎ ওদের করতে দিন এর প্রক্রিয়ার শরণাপন্ন হতে হবে। কাজটি সুসম্পন্ন করার ক্ষেত্রে মনে রাখা অত্যন্ত গুরুত্বপূর্ণ যে, বিশেষ কোনো প্রত্যাশার বিনিময়ে এই কাজ আপনি করছেন না। কী কারণে নিজের এই নির্দিষ্ট প্রত্যাশাকে বিসর্জন দিতে হবে? কারণ, এর ফলে অন্যান্যদের পরিবর্তনের ক্ষেত্রে যদি আপনি সুনিশ্চিত থাকেন, সেই পরিবর্তন না আসলে আপনি স্বভাবতই হতাশ হয়ে মানসিক বিপর্যয়ের সম্মুখীন হতে পারেন।

নিজের অন্তর্নিহিত ক্ষমতার প্রতি মনঃসংযোগ করুন, নিজের ব্যবহারিক বৈশিষ্ট্য এবং ইতিবাচক মনোভাবকে আদর্শ হিসেবে প্রতিষ্ঠা করার ক্ষেত্রটি একান্তভাবেই অপরিহার্য, কারণ এগুলি আপনার নিজস্ব ভাবমূর্তির ক্ষেত্রে অত্যন্ত কার্যকরী, এবং সর্বোপরি, সর্বান্তঃকরণে আশা করতে থাকুন যে পারিপার্শ্বিকের মানুষকে সামগ্রিকভাবে প্রভাবিত করতে আপনি পারবেন। এই কাজের ক্ষেত্রে অন্ততপক্ষে ছয় মাস অথবা তার চাইতেও বেশী সময় বরাদ্দ করে রাখুন। আমি জানি, এই মুহূর্তে আপনারা কি নিয়ে চিন্তাভাবনা করছেন।

ছয় মাস সময়?!

অবশ্যই। ছয় মাস সময়। আপনার পক্ষে নিয়মিতভাবে শরীরচর্চার অভ্যাস শুরু করতে অন্ততপক্ষে ছয় মাস কিংবা তার থেকে একটু বেশী সময়ের প্রয়োজন, যতদিনে সেই নির্দিষ্ট কাজটি আপনার কাছে রীতিমত আয়াসহীন হয়ে উঠবে, এবং নিজের জীবনে ভালোবাসার মানুষটি আপনার এই নবাঙ্কুরিত অভ্যাসের ফলে যথার্থভাবে প্রভাবিত ও অনুপ্রাণিত হয়ে, নিজের ক্ষেত্রে শরীরচর্চার প্রয়োজনীয়তা সম্পর্কে সঠিক উপলব্ধি করতে সমর্থ হবেন। এক্ষেত্রে দীর্ঘ সময় বিনিয়োগ করতে রাজি না থাকলে, অথবা প্রিয়জনের সঙ্গে এই বিষয়ে মনোমালিন্য তুঙ্গে ওঠার ফলে ইতিমধ্যেই আপনি তিতিবিরক্ত হয়ে থাকলে, সামগ্রিকভাবে প্রভাব বিস্তারের ক্ষেত্রে আমাদের অত্যাধুনিক বিজ্ঞানসম্মত প্রযুক্তির শরণাপন্ন হতে হবে।

দ্য এ বি সি লুপ

বিভিন্ন অগ্রগণ্য বিশেষজ্ঞের সম্মিলিত মতামত সম্বলিত, একটি বিশেষ মতবাদের ভিত্তিতে বিশেষভাবে নির্মিত, দ্য এ বি সি লুপ হল আমার আবিষ্কৃত একটি বিশেষ অনুষঙ্গ, যা একটি অত্যন্ত সহজ ও সাধারণ সমীকরণে আমি রূপান্তরিত করেছি—যেটি অনায়াসেই নিজের জীবনে প্রয়োগ করে আপনি দেখতে পারেন।

দ্য এ বি সি লুপের অনুষঙ্গ তিনটি সাধারণ স্তর বিশিষ্ট :

এ : এপোলোজাইজ অর্থাৎ ক্ষমাভিক্ষা চাওয়া, তারপর অর্থপূর্ণ প্রশ্ন করা।

বি : ব্যাক অফ অর্থাৎ পিছিয়ে এসে, অন্যান্যদের বিহেভিয়র অর্থাৎ সামগ্রিক ব্যবহারিক বৈশিষ্ট্য পর্যবেক্ষণ করা।

সি : চেঞ্জ অর্থাৎ পরিবর্তনকে নিজের আদর্শ হিসেবে প্রতিপন্ন করার পাশাপাশি, নিজের জীবনে উন্নতি উদযাপন অর্থাৎ সেলিব্রেট করা।

আসুন, এই মুহূর্তে একের পর এক, এই তিনটি স্তরকে আমরা বিশ্লেষণ করতে চলেছি, এখানে আমি বোঝাবার চেষ্টা করব আপনাদের কী করতে হবে, এক্ষেত্রে দ্য লেট দেম থিওরি অথবা ওদের করতে দিন এর পদ্ধতির সঠিক প্রয়োগ কীভাবে করা সম্ভব, এবং এই নির্দিষ্ট অনুষঙ্গের নেপথ্যে বিজ্ঞানসম্মত বিভিন্ন কারণ।

১. মৌলিক নিয়মকানুন : দ্য এ বি সি লুপের প্রয়োগ

এক্ষেত্রে অত্যাধুনিক বিজ্ঞানসম্মত প্রযুক্তির শরণাপন্ন হতে হলে, আপনাদের তরফ থেকে আলাদা করে কিছু প্রস্তুতি নেওয়া অবশ্যই প্রয়োজন।

দ্য এ বি সি লুপের নির্দিষ্ট প্রক্রিয়াটি শুরু হয় একটি বিশেষ আলোচনার মাধ্যমে, যা একটি প্রমাণিত বিজ্ঞানসম্মত প্রযুক্তির ভিত্তিতে প্রস্তুত করা হয়েছে। এই বিষয় সম্পর্কে অতীতে যতবার আলোচনার অভিজ্ঞতা আপনি ইতিমধ্যেই সঞ্চয় করেছেন, সেগুলির থেকে এই বিশেষ আলোচনাটি সম্পূর্ণভাবে আলাদা। এক্ষেত্রে আপনারা এমন একটি পদ্ধতি অনুসারে কাজ করবেন, যেটি বিভিন্ন গবেষণার ভিত্তিতে তৈরী করা হয়েছে এবং সেই প্রক্রিয়া মেনেই প্রথিতযশা চিকিৎসকেরা নিখুঁতভাবে কাজ করতে অভ্যস্ত। এই আলোচনার সামগ্রিক সাফল্যের জন্য, অত্যন্ত মনোযোগ সহকারে আপনাকে এতে অংশগ্রহণ করতে হবে, এবং আলোচনায় বসার আগে বিশেষভাবে প্রস্তুতি নিতে হবে।

নির্দিষ্ট কোনো সমস্যা নিয়ে যদি দীর্ঘকাল ধরে অশান্তি ভোগ করায় আপনি একান্তভাবে অভ্যস্ত হয়ে ওঠেন, সেই সমস্যা সম্পর্কে আপনার অন্তরে অবদমিত ক্ষোভ এবং আবেগতাড়িত প্রতিক্রিয়া ইতিমধ্যেই পুঞ্জীভূত হয়েছে। এটি হল সমস্যার মূল অংশ, এবং এই কারণেই আপনার সঙ্গে নিজের প্রিয়জনদের মনোমালিন্য লেগে রয়েছে। এই আলোচনার জন্য যদি সঠিক পরিকল্পনা এবং প্রস্তুতি নেওয়া সম্ভব হয়, তাহলে আপনার অন্তরে অবদমিত আবেগ অচিরেই বিলীন হবে, এবং আপনাকে সঠিক পথে অগ্রসর হতে তা অবশ্যই সাহায্য করবে।

এই আলোচনা প্রত্যক্ষভাবে, একাধিক ব্যক্তির উপস্থিতিতে সংঘটিত হবে, সুরাপানের প্রক্রিয়া এখানে নিষিদ্ধ এবং এটি তাড়াতাড়ি শেষ করার ক্ষেত্রে সময়ের কোনো সীমাবদ্ধতা থাকবে না। যে কোনো জায়গা থেকে এই আলোচনায় অংশগ্রহণ করা সম্ভব নয়; কিংবা সেই সময়ে অংশগ্রহণ করা সম্ভব নয়, যখন আপনার ফোনে মাত্র ২০ মিনিট কথা বলার মতো রসদ অবশিষ্ট রয়েছে। এই বিশেষ প্রক্রিয়াটি এভাবে কাজ করে না। এই আলোচনার মূল উদ্দেশ্য হল, একজন মানুষের সঙ্গে মানসিকভাবে এমন একটি গভীরতায় আত্মিকভাবে মিলিত হওয়া, যাঁর জীবনযাপন সম্পর্কে আপনি অত্যন্ত উদ্বিগ্ন অথবা এমন একটি সমস্যা, যা আপনার জীবনের সবচেয়ে বড় প্রতিবন্ধকতা হয়ে দাঁড়িয়েছে।

জীবনের সার্বিক উন্নতিকল্পে, নিজের ভাবমূর্তি অনুসারে জনসমক্ষে আত্মপ্রকাশ করা, অন্যদের প্রতি সহানুভূতিশীল এবং কৌতূহলী হয়ে ওঠার সঠিক সময় আসন্ন। এই মুহূর্তে কী পরিমাণ হতাশ এবং দুশ্চিন্তাগ্রস্ত অবস্থায় জীবনযাপন করতে আপনি বাধ্য হচ্ছেন, সে অভিযোগ জানাবার জন্য অথবা ক্ষোভে ফেটে পড়ার জন্য এটি কোনো বিশেষ আমন্ত্রণ নয়। এখানে "সঠিক" প্রমাণিত হওয়ার বিশেষ কোনো তাৎপর্য নেই। এক্ষেত্রে মূল উদ্দেশ্য হল, এমনভাবে একটি যোগাযোগের সূত্র তৈরী করা, যার মাধ্যমে নিজেদের মধ্যে যাবতীয় মানসিক টানাপোড়েনের স্থায়ী সমাধান হতে পারে, এবং আপনার অন্তরে ততটাই স্থান সংকুলান হয়, যাতে জীবনের প্রতিটি ক্ষেত্রে ইতিবাচক পরিবর্তন সম্ভব হতে পারে।

এই বিশেষ আলোচনায় অংশগ্রহণ করার ক্ষেত্রে সেরা প্রস্তুতি হল, অপরদিকের মানুষটি কি বলছেন তা ধৈর্য্য সহকারে শোনার সহনশীলতা সৃষ্টি করা এবং তাঁকে নির্বিঘ্নে নিজের বক্তব্য পেশ করতে দেওয়ার মানসিকতা তৈরী করা।

যদি এই সমীকরণ আপনি অনুসরণ করতে ইচ্ছুক থাকেন, দুশ্চিন্তাগ্রস্ত হয়ে পড়ার কোনো কারণ নেই, কারণ এমন একটি আধার থেকে আপনার উদ্ভব ঘটছে, যেখানে আন্তরিক প্রীতি এবং ভালোবাসাই সব (এবং অবশ্যই বিজ্ঞান)। আপনার পক্ষে এই কাজে সফল হওয়া স্রেফ সময়ের অপেক্ষা মাত্র।

২. প্রস্তুতিপর্ব : "৫ টি কেন"র পদ্ধতি

এই বিশেষ আলোচনায় অংশগ্রহণ করার আগে, কী কারণে নিজের প্রিয়জনদের উপরে আপনি রাগান্বিত ও বীতশ্রদ্ধ হয়ে রয়েছেন, এবং তাঁদের জীবনে কোনো নির্দিষ্ট ক্ষেত্রে পরিবর্তন নিয়ে আসার অপেক্ষায় আপনি অত্যন্ত উদগ্রীব হয়ে রয়েছেন—সে সম্পর্কে একটি পরিষ্কার ধারণা থাকা উচিত। এই প্রস্তুতি আপনার ক্ষেত্রে অত্যন্ত গুরুত্বপূর্ণ, কারণ অন্যান্যদের প্রতি সম্পূর্ণ সততার সঙ্গে আলোচনায় বসার আগে, নিজের অন্তর্নিহিত সত্তার কাছে আপনার সম্পূর্ণভাবে সৎ থাকা প্রয়োজন।

নিম্নোক্ত প্রক্রিয়ার প্রয়োগে, আপনি নিজের সত্তার কাছে সম্পূর্ণভাবে সৎ থাকতে পারবেন। লেখার জন্য পরিষ্কার কাগজের একটি টুকরো জোগাড় করুন, অথবা একটি জার্নালের পৃষ্ঠা খুলে ফেলুন কিংবা নিজের ফোনে 'নোটস' খুলে প্রস্তুত থাকুন।

এক্ষেত্রে মূল উদ্দেশ্য হল, নিজের যাবতীয় আবেগতাড়িত প্রতিক্রিয়াকে লঙ্ঘন করে, সেই সত্য উন্মোচনের চেষ্টা করা—কী কারণে এই নির্দিষ্ট পরিস্থিতি আপনার বিরক্তির প্রধান কারণ হয়ে উঠেছে। এ জন্য আমরা একটি অভূতপূর্ব এবং প্রমাণিত প্রযুক্তির সাহায্য নিতে চলেছি, যার নাম হল '৫ টি কেন' র পদ্ধতি। এই '৫ টি কেন' র পদ্ধতির আবিষ্কারক হলেন শাকিচি টয়োডা; যিনি বিশ্ববিখ্যাত টয়োটা পরিবারের অন্তর্গত এক অন্যতম আবিষ্কারক এবং প্রবর্তক। ইঞ্জিনিয়ারদের কর্মকাণ্ডের ক্ষেত্রে একটি বিশেষ সমস্যার সমাধানের জন্য তিনি এই বিশেষ পদ্ধতির প্রবর্তন করেন, কিন্তু এই মুহূর্তে সারা পৃথিবীর প্রতিটি বাণিজ্য স্কুলের পাঠ্যক্রমে, এবং প্রতিটি ইঞ্জিনিয়ারিং সংক্রান্ত অনুষ্ঠানে এই পদ্ধতি বাধ্যতামূলক বিষয় হিসেবে পড়ানো হয়ে থাকে।

'৫ টি কেন' র এই বিশেষ পদ্ধতি নিজের জীবনের ক্ষেত্রে, ব্যবসার ক্ষেত্রে, এমনকি দাম্পত্য জীবনের ক্ষেত্রেও আমি ইতিমধ্যেই ব্যবহার করেছি; এই পদ্ধতির প্রয়োগে, যখনই আমি বিশেষ কোনো সমস্যার সম্মুখীন হয়েছি—যার সমাধান আমার পক্ষে সম্ভব ছিল না। প্রতিবারই আমি সেই বিশেষ পরিস্থিতির মোকাবিলা করতে সমর্থ হয়েছি এবং বেশ কিছু অসামান্য দৃষ্টিকোণের আবিষ্কারে নিজেকে সমৃদ্ধ করতে পেরেছি।

এই পদ্ধতির ক্ষেত্রে, পর পর পাঁচবার আপনি নিজেকে প্রশ্ন করবেন "কেন?", যতক্ষণ না পর্যন্ত নিজের অবচেতনের গভীরে ডুব দিয়ে আপনি সেই সঠিক উত্তরটিকে খুঁজে বার করতে পারছেন যে, কী কারণে নিজের জীবনে এই বিশেষ পরিস্থিতিতে আপনি তিতিবিরক্ত অবস্থায় থাকতে বাধ্য হন।

এভাবে আপনারা '৫ টি কেন' র পদ্ধতিটি ব্যবহার করতে চলেছেন :

নিজেকে প্রশ্ন করুন : কী কারণে এই মানুষটির সামগ্রিক ব্যবহার (অথবা এই নির্দিষ্ট পরিস্থিতি) আমার বিরক্তির কারণ হিসেবে প্রতিপন্ন হয়েছে? ভালো করে প্রশ্নটির বিষয়ে ভেবেচিন্তে, নিজের উত্তরটি মুখে বলুন অথবা লিখে ফেলুন।

তারপরে, নিজেকে আবার সেই একই প্রশ্ন করুন :

কী কারণে এই পরিস্থিতি আপনার বিরক্তির কারণ হয়ে দাঁড়িয়েছে?

এবং তারপরে, আরো একবার : কী কারণে এই পরিস্থিতি আপনার বিরক্তির কারণ হয়ে দাঁড়িয়েছে? এবং আরো একবার : কী কারণে এই পরিস্থিতি আপনার বিরক্তির কারণ হয়ে দাঁড়িয়েছে? শেষবারের মতো আবার নিজেকে প্রশ্ন করুন : কী কারণে এই পরিস্থিতি আপনার বিরক্তির কারণ হয়ে দাঁড়িয়েছে?

আমার যে বান্ধবী নিজের স্বামীর মাত্রাতিরিক্ত শারীরিক ওজন নিয়ে অত্যন্ত উদ্বিগ্ন অবস্থায় জীবনযাপন করতে বাধ্য হচ্ছেন, তাঁর ক্ষেত্রে এই প্রশ্নোত্তরের পরিস্থিতি কেমন দাঁড়াতে পারে, তার একটি উদাহরণ দেওয়ার চেষ্টা আমি করছি। আসুন, তাঁকে প্রশ্ন করা যাক :

কী কারণে এই ব্যবহার / পরিস্থিতি আপনার বিরক্তির কারণ হয়ে দাঁড়িয়েছে? আমার বিরক্তির প্রধান কারণ হল, আমার স্বামী নিজের শরীরের প্রতি একেবারেই যত্নবান নন।

কী কারণে এই পরিস্থিতি আপনার বিরক্তির কারণ হয়ে দাঁড়িয়েছে? নিজস্ব যাবতীয় বদ অভ্যাসের ফলে, আমার স্বামী নিজেদের সন্তানের সামনে অস্বাস্থ্যকর অভ্যাসের আদর্শ উদাহরণ সৃষ্টি করছেন।

কী কারণে এই পরিস্থিতি আপনার বিরক্তির কারণ হয়ে দাঁড়িয়েছে? একটি বাড়তি বিয়ারের বোতলের জন্য, অথবা টেলিভিশন দেখার জন্য বাড়তি ১৫ মিনিট সময় অপচয় করে, এবং সামান্য একটা আইসক্রিমের জন্য তিনি যাবতীয় গুরুত্বপূর্ণ দায়দায়িত্বকে উপেক্ষা করতে শুরু করেছেন...এবং এর সম্মিলিত ফলাফলে, দিনের পর দিন তিনি অত্যন্ত কুৎসিত হয়ে পড়ছেন।

কী কারণে এই পরিস্থিতি আপনার বিরক্তির কারণ হয়ে দাঁড়িয়েছে? তিনি আমাদের জীবনে প্রিয়তম মানুষ হওয়া সত্ত্বেও আমার মনে হচ্ছে, এই মুহূর্তে তিনি অত্যন্ত স্বার্থপর হয়ে উঠেছেন। আমি চাই না যে তিনি অচিরেই হৃদরোগে আক্রান্ত হয়ে পড়েন, যখন সামান্য প্রচেষ্টার মাধ্যমে আরামকেদারায় আশ্রয় ছেড়ে উঠে দাঁড়িয়ে তাঁর পক্ষে শরীরচর্চায় মনোনিবেশ করা সম্ভব।

কী কারণে এই পরিস্থিতি আপনার বিরক্তির কারণ হয়ে দাঁড়িয়েছে? এই মুহূর্তে আমি অত্যন্ত আতঙ্কিত যে, সঠিক সময় আসার আগেই না তাঁকে আমি চিরদিনের জন্য নিজের জীবন থেকে হারিয়ে ফেলি।

আপনারা বুঝতে পারলেন, এই পদ্ধতি কীভাবে কাজ করে? '৫ টি কেন' র পরে, আমাদের পক্ষে সহজেই উপলব্ধি করা সহজ, নিজের স্বামীর প্রতি তিতিবিরক্ত হওয়ার চাইতেও, এই সঙ্গীন পরিস্থিতিতে তাঁদের জীবনে কতটা গভীর সমস্যার অবতারণা ঘটেছে। একমাত্র সেই কারণে, আমার বান্ধবী প্রায়ই মানসিকভাবে বিপর্যস্ত হয়ে পড়েন। এই পদ্ধতি সম্পর্কে একটি গুরুত্বপূর্ণ তথ্য আপনাকে মাথায় রাখতে হবে : আপনার প্রদেয় উত্তরগুলি প্রতিটি ক্ষেত্রেই, ব্যক্তিগত পরিসরে সীমাবদ্ধ থাকবে।

নিজের সম্বন্ধে অত্যন্ত কদর্য কোনো সত্য আবিষ্কার করা সত্ত্বেও, সেই সমস্যার মূল পর্যন্ত আপনি পৌঁছোবেন, এই অনুমতি নিজের অন্তর্নিহিত সত্তার কাছ থেকে নিয়ে রাখুন। ইতিমধ্যেই হাজার হাজার মানুষের উপরে এই পদ্ধতির সফল প্রয়োগ করার ফলে লক্ষ্য করা গিয়েছে, বারবার একটি বিশেষ সমস্যার উদ্ভব হতে থাকে—অপরদিকের মানুষটির ব্যবহারিক বৈশিষ্ট্যের বিচারের পুঙ্খানুপুঙ্খ বিশ্লেষণ নিজস্ব সত্তার মাধ্যমে উপলব্ধি করার কাজটি অত্যন্ত কঠিন হিসেবে প্রতিপন্ন হয়, এবং তাঁদের যাবতীয় ব্যবহারিক বৈশিষ্ট্যের প্রতিফলন আপনার সামগ্রিক ব্যবহারে পরিলক্ষিত হতে থাকে (অথবা যেভাবে আপনি চিন্তাভাবনা করতে অভ্যস্ত)।

উদাহরণ হিসেবে, '৫ টি কেন' র পদ্ধতি অনুসারে উত্তর দেওয়ার পরে আপনি সম্ভবত উপলব্ধি করলেন, বিশেষ কোনো প্রিয়জনের মাত্রাতিরিক্ত পানাসক্তি আপনার বিরক্তি ও ক্ষোভের আসল কারণ নয়, মূল সমস্যা হল এমন একটি পুত্রের মা হিসেবে লোকসমাজে অপ্রস্তুত হওয়া যে শৈশব থেকেই সুরাপানে আসক্ত। কিংবা, এমন কোনো মানুষের সঙ্গে পরিণয় সূত্রে আবদ্ধ হতে আপনি একেবারেই অনিচ্ছুক, সামাজিকভাবে যিনি সুপ্রতিষ্ঠিত নন।

'৫ টি কেন' পদ্ধতির প্রয়োগে যে শিক্ষাই লাভ করুন না কেন, সেটি সম্পূর্ণভাবে আপনার ব্যক্তিগত বিষয়, এবং এই পদ্ধতির প্রয়োগে আপনি কী উপলব্ধি করতে পারলেন, তা অপরদিকে মানুষটির সঙ্গে ভাগ করে নেওয়া বাধ্যতামূলক নয়। নিজের প্রিয়জনদের উপরে অহেতুক মানসিক চাপ সৃষ্টি করার জন্য, তাঁদের কাছে মার্জনা চেয়ে নেওয়ার কথা আপনি ভাবতেই পারেন, কিন্তু এই পদ্ধতির সাহায্যে নিজের যাবতীয় বিরক্তি এবং হতাশার মূলে

আপনি পৌঁছোতে পেরেছেন। ব্যক্তিগত জীবনে, তাঁদের যাবতীয় ব্যবহার সহ্য করেই আপনাকে জীবনযাপন করতে হবে, এবং প্রতি মুহূর্তে নিয়ন্ত্রণহীনতার অনুভূতি আপনাকে বিচলিত করতে থাকবে।

নিজেকে সৎভাবে বাঁচার অনুমতি দিন। যে মুহূর্তে আপনি উপলব্ধি করতে পারবেন, শুরুর দিন থেকে আপনি ছিলেন সমস্ত সমস্যার কেন্দ্রবিন্দু, এবং তাতে তাল দিয়েছিল পারিপার্শ্বিকের মানুষজনকে নিয়ন্ত্রণ করার অদম্য স্পৃহা, তখন আপনার পক্ষে সমস্ত দায়ভার লাঘব করে বলতে হবে, লেট দেম অর্থাৎ ওদের করতে দিন। এবং এভাবেই, নিজের পায়ের নিচের জমি শক্ত করার পরে, দ্য এ বি সি লুপের সাহায্যে আপনি সেই বিশেষ আলোচনায় নির্দ্বিধায় অংশগ্রহণ করতে পারেন।

যার শুরু হয় এভাবে :

দ্য এ বি সি লুপ

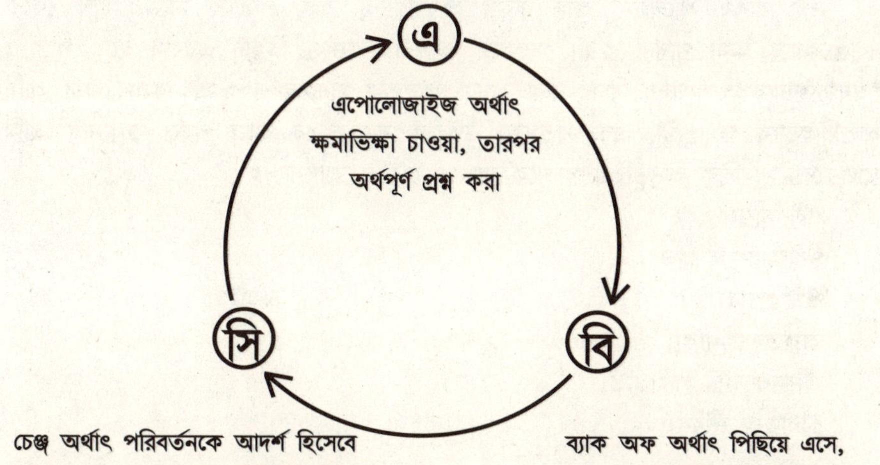

এ : এপোলোজাইজ অর্থাৎ ক্ষমাভিক্ষা চাওয়া, তারপর অর্থপূর্ণ প্রশ্ন করা।

এই প্রথম স্তরটি একটি প্রমাণভিত্তিক প্রযুক্তির ব্যবহারের মাধ্যমে, একটি নির্দিষ্ট পরিবর্তনের ক্ষেত্রকে অনুসন্ধান করতে থাকে, যেটিকে অনুপ্রেরণামূলক সাক্ষাৎকার হিসেবে অভিহিত করা হয়, এবং এই বিশেষ পদ্ধতির কথা আমি জানতে পেরেছিলাম ডঃ কের কাছ থেকে।

ডঃ কের অভিমত অনুসারে এটিই একমাত্র কার্যকরী প্রক্রিয়া, যার প্রয়োগে আপনার পক্ষে পারিপার্শ্বিকের মানুষজনের জীবনে পরিবর্তন আনার ক্ষেত্রে মূল অনুপ্রেরণার ক্ষেত্রে সামগ্রিক প্রভাব বিস্তার করা সম্ভব, এবং এই পদ্ধতিটি নিজের রোগীদের ক্ষেত্রে প্রয়োগ করতে

তিনি রীতিমত অভ্যস্ত, যাঁরা নিজেদের জীবনে পরিবর্তন নিয়ে আসার ক্ষেত্রে সঠিক অনুপ্রেরণার অন্বেষণ আজ পর্যন্ত করে চলেছেন।

এই পদ্ধতির বিশেষ যে অংশটি আমার সবচেয়ে পছন্দের তা হল, এক্ষেত্রে অর্থপূর্ণ প্রশ্নোত্তরের পর্বটিকে অগ্রাধিকার দেওয়া হয়। এই বিশেষ প্রযুক্তির নেপথ্যে মূল চিন্তাধারা হল, একটি বিশেষ পরিস্থিতির ক্ষেত্রে অংশগ্রহণকারীর নিজস্ব প্রতিক্রিয়া সম্পর্কে জানতে চাওয়া হয় এবং সেই বিষয়ে তাঁদের যাবতীয় বক্তব্য নির্বিঘ্নে পেশ করার সুযোগ দেওয়া হয়, ফলে জীবনের ক্ষেত্রে তাঁদের যাবতীয় আকাঙ্খা এবং বর্তমানে তাঁদের ব্যবহারিক বৈশিষ্ট্যের মধ্যে যোগসূত্রের ঘাটতি সম্পর্কে চিন্তাভাবনা করার ক্ষেত্রে, তাঁদের সঠিকভাবে অনুপ্রাণিত করা সম্ভব হয়।

এই পদ্ধতির সঠিক প্রয়োগ কখনোই মানসিক চাপের সৃষ্টি করে না। অন্যান্যদের পক্ষে ভবিষ্যতে কোন পদক্ষেপ নেওয়া উচিত, তার সম্পর্কে অবগতির কথা চিন্তাভাবনার পরিবর্তে, বেশ কিছু অর্থপূর্ণ প্রশ্নের সামনে তাঁদের দাঁড় করানো হয়, কারণ ব্যবহারিক বৈশিষ্ট্যের ভিত্তিতে তাঁদের সামগ্রিক পরিচয় অথবা ভাবমূর্তির সঠিক অবস্থান কোথায়, সেই সম্পর্কে আপনি কৌতূহলী।

এই বিশেষ আলোচনা শুরু করার আদর্শ পন্থা হল, প্রথমেই নিজের পক্ষ থেকে সর্বান্তঃকরণে ক্ষমা প্রার্থনা করা। সেক্ষেত্রে আপনার বক্তব্য কিছুটা এরকম হতে পারে : "অযাচিতভাবে আপনাদের বিচার করা অথবা অহেতুক মানসিক চাপ সৃষ্টি করার জন্য আমি আন্তরিকভাবে ক্ষমাপ্রার্থী, এবং বর্তমানে উপলব্ধি করেছি যে আজ পর্যন্ত কখনোই আমি আপনাদের সামগ্রিক অনুভূতির সম্পর্কে জানতে চাইনি, আপনাদের..."

শরীরস্বাস্থ্য।

পরীক্ষার ফলাফল।

কর্মসংস্থান।

অকৃতদার থাকা।

জীবনধারণের পরিস্থিতি।

বৈবাহিক জীবন।

সুরাসক্তি।

অর্থনৈতিক পরিস্থিতি।

নিঃশর্ত ক্ষমা প্রার্থনা দিয়ে আরম্ভ করার ফলে, আলোচনার ক্ষেত্রে বিশেষভাবে একটি সহানুভূতিপূর্ণ এবং সামগ্রিক সমর্থনের আবহ সৃষ্টি হওয়া সম্ভব। তাঁর দিকে একটু ঝুঁকে বসে, এই বিশেষ পরিস্থিতিতে সেই নির্দিষ্ট ব্যক্তির অনুভূতির কথা মনোযোগ সহকারে শোনার চেষ্টা করতে হবে।

তাঁদের বক্তব্য যাই হোক না কেন, একের পর এক অর্থপূর্ণ প্রশ্নের সামনে তাঁদের দাঁড় করানো এক্ষেত্রে অত্যন্ত গুরুত্বপূর্ণ, এবং প্রদেয় উত্তরগুলিই তাঁদের মানসিক অবস্থানের যথার্থ প্রতিফলন আপনাদের কাছে ফিরিয়ে দেবে।

আমার বান্ধবীর ক্ষেত্রে, তাঁর জন্য উপযুক্ত প্রশ্নটি এইরকম হতে পারে : "নিজের স্বাস্থ্য সম্পর্কে, এই মুহূর্তে আপনার অভিমত কী?"

ডঃ কের বক্তব্য অনুযায়ী, আপনার পক্ষ থেকে করা প্রশ্নটি যে কোনো ব্যক্তির ক্ষেত্রে এক আমন্ত্রণ বিশেষ, যার উত্তরের প্রক্রিয়ার মাধ্যমে নিজের বর্তমান মানসিক অবস্থান সম্পর্কে যাবতীয় উৎকণ্ঠা এবং দুশ্চিন্তা সংক্রান্ত অনুভূতির প্রকাশ, এবং সেই নির্দিষ্ট পরিসরে প্রয়োজনীয় পরিবর্তন নিয়ে আসার ক্ষেত্রে তিনি যে কোনো উপযুক্ত পদক্ষেপ নিতে অসমর্থ, তার অকপট বহিঃপ্রকাশ একান্তভাবে অনিবার্য।

"জীবনের ক্ষেত্রে প্রতিটি পদক্ষেপ, একান্তভাবেই আপনাদের ব্যক্তিগত সিদ্ধান্তের উপরে নির্ভরশীল," তিনি বলেন। "অনুপ্রেরণামূলক সাক্ষাৎকারের মাধ্যমে, প্রতিটি মানুষকে সেই কথাটি নির্দিষ্টভাবে বোঝাবার চেষ্টা আমরা করি। নিজেদের জীবনের ক্ষেত্রে, তাঁদের নিজস্ব অবস্থান সম্পর্কে সঠিকভাবে চিন্তাভাবনা করার ক্ষেত্রে আমরা প্রতিটি মানুষকে উৎসাহ দেওয়ার চেষ্টা করে থাকি।"

সুতরাং, প্রথম প্রশ্নের ক্ষেত্রে তাঁদের উত্তর যাই হোক না কেন, কখনোই নিজের অভিমত তাঁদের সঙ্গে বিনিময় করার পথে আপনি হাঁটবেন না। আপনার একমাত্র কাজ হল তাঁদের প্রদেয় উত্তরের প্রতিধ্বনি করা : "তাহলে, এক্ষেত্রে কি বোঝা সম্ভব..."

তাহলে, এক্ষেত্রে কি বোঝা সম্ভব যে আপনি নিজের শরীর স্বাস্থ্যের সম্পর্কে সন্তুষ্ট?

তাঁদের তরফ থেকে যদি একটি শব্দে উত্তর আসে—"অবশ্যই"—সেক্ষেত্রে কোনো সমস্যা নেই। প্রদেয় উত্তরকেই বুদ্ধি করে আরেকটি অর্থপূর্ণ প্রশ্নে রূপান্তরিত করতে হবে।

কী কারণে নিজের শরীর স্বাস্থ্য সম্পর্কে আপনি সন্তুষ্ট?

এরপর, অত্যন্ত কৌতূহল এবং মনোযোগ সহকারে তাঁদের সম্পূর্ণ বক্তব্য আপনাকে শুনে যেতে হবে, এবং আগের উত্তরের উপর ভিত্তি করেই পরবর্তী অর্থপূর্ণ প্রশ্নটি নির্মাণ করে, তাঁদের দিকে এগিয়ে দিতে হবে।

এক্ষেত্রে বোঝা সম্ভব যে আপনি নিজের শরীর স্বাস্থ্যের সম্পর্কে সন্তুষ্ট, কারণ বহু বছর ধরে আপনি নিজের শরীরকে একই জায়গায় ধরে রাখতে পেরেছেন।

নির্দিষ্ট কিছু প্রশ্নের উদাহরণ এখানে সাজিয়ে দেওয়া হল, যেগুলি ডঃ কে যে কোনো পরিস্থিতির ক্ষেত্রেই সাধারণভাবে সুপারিশ করে থাকেন :

এই পরিস্থিতিতে আপনার অনুভূতি কী?

তাহলে, এক্ষেত্রে বোঝা সম্ভব যে আপনি এই ধরনের পরিস্থিতিতে অভ্যস্ত হয়ে উঠেছেন।

আমি বুঝতে পারছি, আপনি নিজের মুখে বলছেন যে এই পরিস্থিতিতে আপনি নিজেকে মানিয়ে নিতে পেরেছেন। কিন্তু, আমার দৃষ্টিভঙ্গী অনুযায়ী, কোথাও যেন মনে হয় আপনি হাল ছেড়ে দিতে বাধ্য হয়েছেন। আপনার কি মনে হয়, এই পরিস্থিতির পরিবর্তন করার ক্ষেত্রে আপনাকে কি অনেকটা কাঠখড় পোড়াতে হবে?

এই পরিস্থিতিতে আপনার কাছে সবচেয়ে বড় সমস্যা কোনটি?

আপনার কানের কাছে আমার এই নিরন্তর ঘ্যানঘ্যানানি নিশ্চয় অত্যন্ত বিরক্তিকর হিসেবে প্রতিপন্ন হয়, আপনার প্রতি আমার প্রত্যাশার পারদ যেন প্রতিটি মুহূর্তেই ঊর্ধ্বমুখী।

সেই পরিস্থিতিতে আপনার সামগ্রিক অনুভূতির সম্পর্কে যদি আমাকে আরো একটু বলতে পারেন?

আপনার মুখ থেকেই শুনতে পাচ্ছি যে, এই পরিস্থিতিতে আপনার জন্য আমাকে আর কিছুই করতে হবে না?

আপনাদের আরো একবার মনে করিয়ে দেওয়া আমি নিজের কর্তব্য বলে মনে করি: এক্ষেত্রে আপনি শুধু প্রশ্নকর্তার ভূমিকা পালন করছেন। এক্ষেত্রে আপনার ব্যক্তিগত পরামর্শ একান্তভাবেই অপ্রাসঙ্গিক এবং এই আলোচনার পরিধির বাইরে। যে মুহূর্তে উপযাচক হয়ে একটি পরামর্শ দেওয়ার চেষ্টা আপনি করবেন, নিজের অজান্তেই আপনি সেই ব্যক্তির উপরে মানসিক চাপ সৃষ্টি করবেন এবং এই পদ্ধতি নিজের কার্যকারিতা হারিয়ে ফেলতে বাধ্য।

অগণিত বিজ্ঞানসম্মত গবেষণা দ্বারা ইতিমধ্যেই প্রমাণিত, এবং চিকিৎসা বিজ্ঞানের ক্ষেত্রে বহু ব্যবহৃত এই বিশেষ পদ্ধতির সফল প্রয়োগে, সাধারণ মানুষের পক্ষে সহজেই উপলব্ধি এবং স্বীকার করা সম্ভব হয়েছে যে, বর্তমানে তাঁদের ব্যবহারিক বৈশিষ্ট্য এবং নিজেদের জীবনের অভীষ্ট লক্ষ্যের মধ্যে যোগাযোগের ক্ষেত্রটি অত্যন্ত দুর্বল।

এবং এক্ষেত্রে এটিই আপনার একমাত্র লক্ষ্য: তাঁদের অন্তর্নিহিত এই দুটি বিপরীত শক্তির পারস্পরিক টানাপোড়েনের পরিস্থিতিকে সঠিকভাবে উপলব্ধি করতে সাহায্য করা।

এই বিষয়ের উপরে নির্দিষ্টভাবে গুরুত্ব আরোপ করা প্রয়োজন : আপনার প্রশ্নগুলির জবাব হিসেবে, তাঁদের পক্ষ থেকে একটি শব্দ বিশিষ্ট উত্তর পেলে, অথবা যে কোনোপ্রকারে তাঁরা মূল প্রসঙ্গকে এড়িয়ে যাওয়ার চেষ্টা করলে, আপনার হতাশ হওয়ার কোনো প্রশ্ন নেই। এই বিশেষ পদ্ধতির মূল উদ্দেশ্য এই নয় যে, মানুষ আপনার সামনে নিজেদের জীবনের পরিপ্রেক্ষিতে সত্যি কথাগুলি উগরে দেবেন। এই অত্যাধুনিক প্রক্রিয়ার আসল উদ্দেশ্য হল একটি অনুরূপ অস্বস্তিকর পরিস্থিতির পুনঃনির্মাণ, যেটি এতদিন পর্যন্ত নিজেদের অন্তরের গভীরে অনুভব করতে তাঁরা অভ্যস্ত। অবশ্য সেই প্রতিক্রিয়া আপনার সামনে প্রকাশ করা বা না করা, স্বভাবতই তাঁদের ইচ্ছার উপরে নির্ভর করে।

এই মানসিক টানাপোড়েনের বাতাবরণ মানুষের জীবনের ক্ষেত্রে অত্যন্ত গুরুত্বপূর্ণ, কারণ ঘটনাচক্রে এটি নিজেদের জীবনে পরিবর্তন নিয়ে আসার ক্ষেত্রে, তাঁদের সামগ্রিক অনুপ্রেরণার আধার হিসেবে প্রতিপন্ন হয়। বর্তমানে তাঁদের দৈনন্দিনের কর্মকাণ্ড এবং নিজেদের জীবনে তাঁদের অভীষ্ট লক্ষ্যের মধ্যে যোগাযোগের অসঙ্গতি পর্যবেক্ষণ করার ফলে, শেষ পর্যন্ত তাঁদের অন্তরে পরিবর্তনের তাগিদ সৃষ্টি হয়।

এই কারণেই, আলোচনার ক্ষেত্রে অযথা মাথা গলানো আপনার পক্ষে সম্ভব নয়। উপরোক্ত যোগাযোগের অসঙ্গতির পরিস্থিতিটি যথাযথভাবে তাঁদের অনুভব করাবার ক্ষেত্রে আপনি একজন সূত্রধর বিশেষ—এবং এই কাজটি এমনভাবে সুসম্পন্ন করতে আপনি বদ্ধপরিকর, যাতে সহমর্মিতা, সহানুভূতি এবং কৌতূহলের রেশ অনুভব করা সম্ভব। আপনার একমাত্র উদ্দেশ্য হল, এই নির্দিষ্ট বিষয়ের ক্ষেত্রে তাঁদের সামগ্রিক অনুভূতি ও অভিমত আসলে কী।

নিজেদের জীবনে পরিবর্তন নিয়ে আসার জন্য, এই আলোচনা তাঁদের সামগ্রিক অনুপ্রেরণাকে জাগ্রত করার ক্ষেত্রে অত্যন্ত গুরুত্বপূর্ণ হিসেবে প্রতিপন্ন হতে পারে। তাই, ওদের কথা বলতে দিন। এবং আমাকে শুনতে দিন।

বি : ব্যাক অফ অর্থাৎ পিছিয়ে এসে, অন্যান্যদের বিহেভিয়র অর্থাৎ সামগ্রিক ব্যবহারিক বৈশিষ্ট্য পর্যবেক্ষণ করা।

এখনও পর্যন্ত যখন নিজের ব্যবহারের জন্য আপনি তাঁদের কাছে ক্ষমা প্রার্থনা করেছেন এবং বিভিন্ন অর্থপূর্ণ প্রশ্ন তাঁদের জিজ্ঞাসা করেছেন, এই মুহূর্তে আপনাকে ব্যাক অফ অর্থাৎ পিছিয়ে আসতে হবে, এবং অবিলম্বে তাঁদের উপরে মানসিক চাপ সৃষ্টি করার কাজ বন্ধ করতে হবে।

কখনোই এই প্রত্যাশায় থাকা উচিত নয় যে, সম্পূর্ণভাবে নিজেদের উদ্যোগে তাঁরা প্রয়োজনীয় কাজে হাত লাগাবেন। সক্রিয়ভাবে কাজে নামার আগে, যথাযোগ্য প্রস্তুতির ক্ষেত্রে তাঁদের বেশ কিছুটা সময়ের প্রয়োজন হবে। নিজেদের জীবনে প্রয়োজনীয় পরিবর্তন নিয়ে আসার ক্ষেত্রে সঠিক পরিকল্পনা, কাজটিকে অত্যন্ত অনায়াস এবং সহজসাধ্য হিসেবে রূপদান করা অত্যন্ত জরুরী; অন্যদিকে নিজেদের জীবনে এই বিশেষ পরিস্থিতি কেন তাঁদের কাছে এতটা গুরুত্বপূর্ণ, সেই উপলব্ধির মাধ্যমে আপনি তাঁদের অবাধ স্বাধীনতা দিতে সক্ষম।

সেই নির্দিষ্ট পরিস্থিতির কথা আবার স্মরণ করা যাক, যেখানে আপনার এক সহকর্মী মধ্যাহ্নভোজের পরে হাঁটতে যেতে অভ্যস্ত ছিলেন। অন্য কারো পক্ষে তাঁকে নিয়মিতভাবে এই কাজ করতে দেখার বেশ কয়েক মাস পরে, তাঁর উদাহরণে অনুপ্রাণিত হওয়ার যথাযথ কারণ দেখা দিয়েছিল—মধ্যাহ্নভোজের বিরতির সময় হাঁটতে যাওয়ার প্রলোভন সামলানো আপনার পক্ষে সম্ভব হয়নি। এই নির্দিষ্ট পরিস্থিতি সম্পর্কে তলিয়ে ভেবে দেখলে বোঝা সম্ভব, প্রতিদিন যখন আপনার সহকর্মীকে মধ্যাহ্নভোজের বিরতিতে হাঁটতে যেতে দেখতেন, এবং এর পাশাপাশি দেখতেন সেই সময়ে নিজের কাজের চাপ সামলাতে আপনি রীতিমত নাস্তানাবুদ হচ্ছেন, সেই মুহূর্তে টেবিলে বসে মধ্যাহ্নভোজের বিরতি চলাকালীন কাজ করতে আপনার শরীরে মানসিক টানাপোড়েনের উদ্ভব ঘটত। ঘটনাচক্রে সেই টানাপোড়েন, শেষ পর্যন্ত রূপান্তরিত হয়েছিল অনুপ্রেরণায়, এবং আপনি বাইরে হাঁটতে যাওয়ার সিদ্ধান্ত নিতে পেরেছিলেন।

সেই কারণেই, অনুরূপ পরিস্থিতিতে আপনাকে পর্যাপ্ত সময় বিনিয়োগ একান্তভাবে অপরিহার্য। মানসিক টানাপোড়েন, নিশ্ছিদ্র অনুপ্রেরণায় রূপান্তরিত হওয়ার ক্ষেত্রে পর্যাপ্ত সময়ের প্রয়োজন। ওদের করতে দিন।

পারিপার্শ্বিকের মানুষজনকে বিভিন্ন অর্থপূর্ণ প্রশ্নের সামনে দাঁড় করাবার পরে, আপনার একমাত্র কাজ হল তাঁদের সামগ্রিক ব্যবহারিক বৈশিষ্ট্যের পর্যবেক্ষণ, এবং অত্যন্ত গুরুত্বপূর্ণভাবে, সেগুলিকে পরিবর্তনের চেষ্টা থেকে সর্বতোভাবে বিরত থাকা। সেক্ষেত্রে তাঁদের জীবনে পরিবর্তন শুরু হলে, অত্যাশ্চর্য ঘটনা! আর যদি তা না হয়, ওদের করতে দিন।

এই প্রক্রিয়ার ক্ষেত্রে সময়ের প্রয়োজন অনিবার্য, বিশেষ করে তা যদি আপনার প্রিয়জনদের ক্ষেত্রে ঘটে। তাই, পিছিয়ে আসার চেষ্টা করুন। আপনার সঙ্গে সেই বিশেষ আলোচনায় অংশগ্রহণ করার অব্যবহিত পরে, তাঁদের প্রত্যেকের প্রয়োজন কিছু সময়, একান্তে বসে ভাবনাচিন্তা করার সুযোগ এবং কিছুটা মানসিক দূরত্বের, যাতে তাঁদের কখনোই মনে না হতে পারে, “এমন যে হবে, তা আমি আগেই বলেছিলাম।” মানসিক দূরত্ব নিজেদের চিন্তাভাবনার ভিত্তিতে তাঁদের সেই নির্দিষ্ট ধ্যানধারণায় উপনীত হতে সাহায্য করে। এবং পর্যাপ্ত সময় তাঁদের মানসিক টানাপোড়েনকে নিরবিচ্ছিন্ন অনুপ্রেরণায় রূপান্তরিত করে।

সি : চেঞ্জ অর্থাৎ পরিবর্তনকে নিজের আদর্শ হিসেবে প্রতিপন্ন করার পাশাপাশি, নিজের জীবনে উন্নতি উদযাপন অর্থাৎ সেলিব্রেট করা।

ব্যবহারিক পরিবর্তনকে নিজের আদর্শ অনুযায়ী গড়ে তোলার ক্ষেত্রে, যখন পারিপার্শ্বিকের মানুষজনকে অর্থপূর্ণ প্রশ্নের মুখে দাঁড় করাবার দায়িত্ব আপনি সেরে ফেলেছেন, এবং তাঁদের দৈনন্দিন কর্মকাণ্ডের পরিধি থেকে পিছিয়ে আসতে পেরেছেন, সামান্যতম উন্নতিও উদযাপন করা অত্যন্ত জরুরী। যে মুহূর্তে তাঁরা উন্নতিসাধনের পথে এক পা অগ্রসর হবেন, সেই মুহূর্তকে একযোগে উদযাপন করুন।

ডঃ শ্যারোটের গবেষণামূলক ফলাফল অনুসারে, তাৎক্ষণিক ইতিবাচক প্রশংসা হল ব্যবহারিক পরিবর্তনের ক্ষেত্রে এক অত্যন্ত প্রভাবশালী অনুপ্রেরণার ক্ষেত্র বিশেষ। উদাহরণ হিসেবে, যদি দেখেন হঠাৎ করে একদিন আপনার জীবনসঙ্গী সরাসরি বাড়ির বেসমেন্টে পৌঁছে গিয়ে সেই পেলোটন এক্সারসাইকেলে চড়ে বসেছেন, সেই অভিনব দৃশ্যটি অবশ্যই আপনার কাছে অবিশ্বাস্য হিসেবে প্রতিপন্ন হবে। শরীরচর্চার শেষে, তিনি যখন হাঁফাতে হাঁফাতে উপরে উঠে আসবেন, তৎক্ষণাৎ তাঁকে বুকে জড়িয়ে ধরুন। সরাসরিভাবে তাঁকে বলুন, তিনি আপনার গর্বের অন্যতম কারণ!

ডঃ শ্যারোটের বক্তব্য অনুযায়ী, প্রিয়জনের ক্ষেত্রে প্রশংসার সর্বোৎকৃষ্ট এবং কার্যকরী বহিঃপ্রকাশ হল তাঁদের সরাসরি জানানো—সেই মুহূর্তে তাঁদের কত সুন্দর দেখাচ্ছে অথবা তাঁদের গালে সস্নেহে চুম্বন করা—যে মুহূর্তে তাঁরা শরীরচর্চা অথবা সেই সমস্ত কাজ সুষ্ঠভাবে সম্পন্ন করেন, যেগুলি প্রতিনিয়তভাবে তাঁদের কাছ থেকে আপনি চেয়ে এসেছেন।

এই প্রক্রিয়াটি অপেক্ষাকৃত সস্তা মনোভাবাপন্ন শোনালেও, এটি আদতে অত্যন্ত কার্যকরী।

অত্যন্ত সহজ। মানুষ প্রতিটি মুহূর্ত উপভোগ করতে ইচ্ছুক

বিভিন্ন গবেষণার ভিত্তিতে জানা সম্ভব হয়েছে, যে মুহূর্তে মানুষ কঠিন পরিশ্রমের বিনিয়োগে নির্দিষ্ট কোনো কঠিন কাজ সুসম্পন্ন করেন, সেক্ষেত্রে প্রিয়জনদের কাছ থেকে তাৎক্ষণিক ইতিবাচক প্রশংসার প্রাপ্তি তাঁদের স্বকীয় উদ্দীপনাকে বহুগুণে বর্ধিত করে এবং সেই কাজের পুনরাবৃত্তির ক্ষেত্রে তাঁদের যথাযথভাবে অনুপ্রাণিত করে। তাঁদের ঐকান্তিক প্রচেষ্টাকে যখন আপনি উপযুক্ত স্বীকৃতি প্রদান করেন, সেটি তাঁদের অগ্রগতির ক্ষেত্রে বহুমূল্য এবং অপরিহার্য ইন্ধন হিসেবে প্রতিপন্ন হতে থাকে।

এক্ষেত্রে, সেই নির্দিষ্ট কঠিন কাজের সঙ্গে একটি অত্যন্ত আনন্দদায়ক ও মানসিক পরিতৃপ্তির সাধন ওতপ্রোতভাবে জড়িয়ে যায় : আপনার পক্ষ থেকে অপত্য স্নেহ এবং প্রশ্রয়ের পুরস্কারটি। এক্ষেত্রে সবসময় মনে রাখতে হবে, মানুষের মস্তিষ্কের বিষয়ে ডঃ কে আপনাদের কি শিখিয়েছিলেন : যে সমস্ত পরিস্থিতির মাধ্যমে অনাবিল আনন্দ, ফুর্তি ও মনোরঞ্জনের উপকরণ খুঁজে পাওয়া সম্ভব, সেই নির্দিষ্ট পরিস্থিতির দিকে আমরা স্বাভাবিকভাবেই আকর্ষণ অনুভব করি।

নিয়মিতভাবে শরীরচর্চার শৃঙ্খলা শেষ করার পরে, আমার বান্ধবী যত বেশী করে নিজের স্বামীর প্রশংসা করবেন, তাঁকে সজোরে আলিঙ্গন করবেন এবং মুক্তকণ্ঠে তাঁর প্রশংসায় পঞ্চমুখ হবেন, তাঁর স্বামীর পক্ষে ততই দ্রুতগতিতে শরীরচর্চার ক্ষেত্রটি ও সামগ্রিক প্রশংসার মধ্যে একটি যোগসূত্র স্থাপন করা সম্ভব হবে, এবং সর্বোপরি, তাঁর অন্তর্নিহিত আকাঙ্খা চরিতার্থ হবে—যখন নিজের স্ত্রী সরাসরি জানাবেন যে, তাঁকে ইতিমধ্যেই অসম্ভব সুন্দর দেখাচ্ছে। স্ত্রীর এই ইতিবাচক মনোভাব তাঁর মানসিক পরিতৃপ্তির পরিপূরক হিসেবে প্রতিপন্ন হতে থাকবে, অতীতে যে অনুপ্রেরণা তাঁর কাছে একান্তভাবেই অধরা ছিল।

এই বিষয়টি নিছক সাধারণ জ্ঞানের উপর নির্ভরশীল নয়। এর নেপথ্যে মনোবিজ্ঞানের অবদান অপরিসীম। আপনারা ইতিমধ্যেই অবহিত রয়েছেন, মানুষের প্রকৃতিগত স্বভাব প্রতিনিয়ত তাৎক্ষণিক ইতিবাচক ফলাফলের দিকে তাঁদের আকৃষ্ট করে। জীবনের সর্বোৎকৃষ্ট পরিস্থিতির দিকে। সেই পরিস্থিতির যোগ্য উদযাপনের দিকে। অধিকাংশ ক্ষেত্রে, নিজেদের জীবনে পরিবর্তন নিয়ে আসার ক্ষেত্রে আমরা যাবতীয় নেতিবাচক ধ্যানধারণা, আসন্ন অমঙ্গলের সম্ভাবনা, অনর্থক মানসিক চাপ, আশঙ্কা ও আতঙ্কের বশবর্তী হয়ে থাকি, যখন বিভিন্ন পরিস্থিতির সঙ্গে নিজেকে মানিয়ে নেওয়া, পারিপার্শ্বিকের মানুষজনের ক্ষেত্রে সহানুভূতিশীল হওয়া এবং স্বতন্ত্রভাবে ও সততার আশ্রয়ে থেকে সামগ্রিক সমর্থন জানানোর মাধ্যমে সাফল্যের শিখরে পৌঁছোনো অবশ্যই সম্ভব।

বিষয়টি অত্যন্ত অর্থপূর্ণ, তাই নয় কি? অবশ্যই, সে সম্পর্কে কোনো সন্দেহ থাকতে পারে না।

প্রাপ্তবয়স্ক মানুষজন সেই সমস্ত কাজ করতেই অভ্যস্ত, যেগুলি তাঁদের ইচ্ছাকে সম্পূর্ণভাবে অগ্রাধিকার দেয়। আপনার আসল ক্ষমতার উৎস হল ইতিবাচকভাবে নিজের প্রভাব বিস্তারের শক্তি। ওদের করতে দিন। এবং বিজ্ঞানসম্মতভাবে আমাকে পরিবর্তনের জন্য অনুপ্রেরণা দিতে দিন। লেট দেম অর্থাৎ ওদের করতে দিন এর প্রক্রিয়া যাবতীয় আবেগের পরিধিকে অতিক্রম করতে সাহায্য করার পাশাপাশি, আপনার পারস্পরিক সম্পর্কের সূক্ষ্মতম ভারসাম্যকে ব্যবহার করে মানসিক যোগসূত্রের শক্তিবৃদ্ধি করতে সাহায্য করে, অন্যদিকে লেট মি অর্থাৎ আমাকে করতে দিন এর প্রক্রিয়া নিজের প্রিয়জনদের জীবনে, ইতিবাচক ব্যবহারিক পরিবর্তনের ক্ষেত্রে প্রভাব বিস্তারে সহায় হয়।

তাঁদের জীবনে পরিবর্তন তাৎক্ষণিক হতে পারে। অথবা এক সপ্তাহের মধ্যে তাঁদের জীবনে পরিবর্তন আসতে পারে। কিংবা তাঁদের জীবনে পরিবর্তন আসতে কয়েক মাস সময় লাগতে পারে। অথবা সেই পরিবর্তন আসতে কয়েক বছর সময় লাগা সম্ভব। বা, তাঁদের ক্ষেত্রে কোনো পরিবর্তন সম্ভব নাও হতে পারে।

সেই পরিস্থিতিকেও আমাদের মেনে নিতে হবে।

বইয়ের পরবর্তী অংশে, আমরা বিস্তারিতভাবে আলোচনা করতে চলেছি, এ বি সি লুপের অনুষঙ্গ অনুযায়ী চেষ্টা করা সত্ত্বেও, অথবা বিগত ছয় মাস ধরে অন্যান্য মানুষজনের ব্যক্তিগত জীবন থেকে পিছিয়ে আসা সত্ত্বেও, যখন ইতিবাচক কোনো পরিবর্তন পরিলক্ষিত হয় না, সেক্ষেত্রে আমাদের কী করণীয়। এই ধরনের পরিস্থিতির উদ্ভবে, আপনাকে সুনিশ্চিত হতে হবে

সেই সম্পর্কে বরাবরের মতো পূর্ণচ্ছেদ টানার সিদ্ধান্ত নেওয়া উচিত কি না। সেই পারস্পরিক সম্পর্ক বজায় রাখা কখনোই সম্ভব নয়, যেখানে প্রতিনিয়ত অপরদিকের মানুষটির বিরুদ্ধে তিতিবিরক্ত হয়ে আপনি অভিযোগ জানাতে বাধ্য হন। আপনার কাছে সবসময় সেই বিশেষ ক্ষমতা রয়েছে, যার প্রয়োগে যে কোনো পরিস্থিতির সামগ্রিক উন্নতিসাধন সম্ভব, কিংবা বিভিন্ন পরিস্থিতিতে নিজেকে মানিয়ে নিতে শেখা অবশ্যই সম্ভব।

যে কোনো পারস্পরিক সম্পর্কের ক্ষেত্রে সবচেয়ে গুরুত্বপূর্ণ পরিবর্তন হল সেটি, যা আপনার পক্ষে সম্পূর্ণভাবে নিয়ন্ত্রণ করা সম্ভব: নিজেকে। নিজের পরিচয় অথবা ভাবমূর্তিতে পরিবর্তন নিয়ে আসা সম্ভব। নিজের প্রিয়জনের ক্ষেত্রে, আজ পর্যন্ত আপনি যে অনর্থক মানসিক চাপ সৃষ্টি করে এসেছেন, সেই প্রক্রিয়া বরাবরের মতো বন্ধ করে তাঁকে সহানুভূতি এবং সহমর্মিতার বন্ধনে নতুন করে ভালোবাসা অবশ্যই সম্ভব।

এর ফলে নিজের জীবনের ক্ষেত্রে আপনার সামগ্রিক প্রতিপত্তির শ্রীবৃদ্ধি ঘটে।

এবং এই প্রক্রিয়ার ক্ষেত্রে সঠিকভাবে অগ্রসর হলে, শুধুমাত্র নিজের এবং আপনার অত্যন্ত ভালোবাসার প্রিয়জনের পারস্পরিক সম্পর্কের ক্ষেত্রেই যাবতীয় মনোমালিন্যের অবসান হয় না। সময়ের তালে তালে, এই প্রক্রিয়ার সঠিক প্রয়োগে আপনাদের পারস্পরিক সম্পর্কের বন্ধন উত্তরোত্তর দৃঢ় হতে থাকে।

কিন্তু সেই সমস্ত অপেক্ষাকৃত গুরুত্বপূর্ণ পরিস্থিতির ক্ষেত্রে কী হয়, যখন পরিবর্তনের পরিসরটি শুধুমাত্র নির্দিষ্ট কোনো ব্যক্তির শরীরচর্চার ক্ষেত্রে, বা কর্মস্থলে আরো বেশীমাত্রায় উদ্যমী হওয়ার ক্ষেত্রে, কিংবা অত্যন্ত উৎসাহিত হয়ে স্বতঃপ্রণোদিতভাবে ঘরোয়া কাজকর্মে পরিবারের সদস্যদের সাহায্য করার ক্ষুদ্র পরিধিতে সীমাবদ্ধ থাকে না?

আপনার ভালোবাসার মানুষটি নিজের জীবনে ক্রমশ যখন নেতিবাচক মানসিকতার আবর্তে তলিয়ে যেতে থাকেন, তখন আপনার কী করণীয়? আপনি কি অসহায়ভাবে নিজেদের ইচ্ছানুসারে ওদের সুরাপান করতে দেবেন? কিংবা আপনি কি ওদের মানসিকভাবে অবসাদগ্রস্ত হয়ে বিছানায় শুয়ে সময় কাটাতে দেবেন? আপনি কি ওদের জীবন এভাবে ধ্বংস হয়ে যেতে দেখবেন?

এই বই নিয়ে গবেষণা করার সময়, উপরোক্ত এই নির্দিষ্ট প্রশ্নগুলি বারবার আমার নজরে এসেছিল। বইয়ের পরবর্তী অধ্যায়ে, জীবনধারণের জন্য প্রাণপণে সংগ্রাম করতে থাকা কোনো মানুষকে, কীভাবে সঠিক পদ্ধতি অনুসারে সমর্থন করা সম্ভব, তার একটি সম্পূর্ণ নতুন দৃষ্টিভঙ্গী সম্পর্কে আপনারা অবহিত হতে চলেছেন, যেক্ষেত্রে আমরা দ্য লেট দেম থিওরি অথবা ওদের করতে দিন এর পদ্ধতি এবং অত্যাধুনিক প্রযুক্তিগত গবেষণার সাহায্য নিতে চলেছি।

কিন্তু সবার প্রথমে, পারিপার্শ্বিকের মানুষজনকে জীবনে পরিবর্তন নিয়ে আসার ক্ষেত্রে কীভাবে প্রভাবিত করা সম্ভব, তার একটি সারসংক্ষেপ তৈরী করা যাক। অবশ্যই, নিজেদের প্রিয়জনদের জীবনে পরিবর্তন নিয়ে আসার ক্ষেত্রে আপনারা অত্যন্ত উদ্বিগ্ন, কিন্তু সেই লক্ষ্যপূরণের প্রক্রিয়ার

মাধ্যমে তাঁদের উপরে যদি অহেতুক মানসিক চাপ সৃষ্টি করা হয়, স্বভাবতই সেই প্রচেষ্টার বিরুদ্ধে প্রতিবন্ধকতা তৈরী করতে তাঁরা উদ্যত হবেন।

দ্য লেট দেম থিওরি অথবা ওদের করতে দিন এর পদ্ধতির সঠিক প্রয়োগ পারিপার্শ্বিকের মানুষজনকে, তাঁদের নিজস্ব পরিচয় অথবা ভাবমূর্তি অনুযায়ী গ্রহণ করতে, নিজের সামগ্রিক উন্নতির প্রতি মনঃসংযোগ করতে, এবং অন্যান্যদের উপরে মানসিক চাপ সৃষ্টি করার পরিবর্তে, ইতিবাচক মনোভাবের মাধ্যমে তাঁদের উপরে সার্বিক প্রভাব বিস্তার করতে আপনাকে সাহায্য করে।

১. **সমস্যা :** মানসিক চাপের ফলে পরিবর্তন সৃষ্টি করা সম্ভব নয়; সেটির বিরুদ্ধে প্রতিবন্ধকতা তৈরী হয়। আপনার সামগ্রিক উদ্দেশ্য অত্যন্ত শুভ হওয়া সত্ত্বেও, ফলাফলের ক্ষেত্রে সাফল্যের প্রতিফলন ধরা পড়ে না। প্রতিবার অন্যান্যদের উপরে অহেতুক মানসিক চাপ সৃষ্টির ফলে, আপনাদের মানসিক দূরত্ব বাড়তে থাকে। শুধুমাত্র নিজের জীবনে পারস্পরিক সম্পর্কের ক্ষেত্রেই যে সমস্যার সৃষ্টি হয় তাই নয়, অন্যান্যদের মস্তিষ্ক এবং শরীরের পারস্পরিক বোঝাপড়ার বিরুদ্ধেও আপনি নিরন্তর যুদ্ধ চালাতে থাকেন। আপনি একটি অমূলক ধারণার বশবর্তী হন, যে অপরদিকে থাকা মানুষটি আপনার ইচ্ছানুযায়ী কাজ না করার জন্যই অনর্থক মনোমালিন্য এবং হতাশার সৃষ্টি হচ্ছে। এক্ষেত্রে আপনি সর্বৈব ভুল। আপনার সৃষ্টি করা মানসিক চাপের ফলে সেই মানসিক টানাপোড়েন এবং যোগাযোগের বিচ্ছিন্নতা তৈরী হচ্ছে।

২. **উপলব্ধি :** প্রাপ্তবয়স্ক মানুষজন তখনই নিজেদের জীবনে পরিবর্তন নিয়ে আসার কথা ভাবেন, যখন সেই পরিবর্তনের প্রয়োজন তাঁরা বোধ করেন। মানুষের ক্ষেত্রে, নিজেদের জীবনকে সম্পূর্ণভাবে নিয়ন্ত্রণ করার উদ্দেশ্যে সুনির্দিষ্ট একটি সহজাত প্রবৃত্তি কাজ করে। যে মুহূর্তে কারো মনে হয় যে, নির্দিষ্ট কোনো কাজ সুসম্পন্ন করার উদ্দেশ্যে অন্যরা তাঁদের উপরে মানসিক চাপ সৃষ্টি করছেন, তৎক্ষণাৎ তাঁদের বিরুদ্ধে তাঁরা প্রতিবন্ধকতা তৈরী করবেন—এবং সামগ্রিক নিয়ন্ত্রণের ক্ষমতা দখলের যুদ্ধে আবদ্ধ হয়ে পড়তে আপনি বাধ্য হবেন। নিজেদের জীবনে মানুষ সমাদর এবং ভালোবাসার প্রত্যাশী। নিজেদের ভাবনাচিন্তা, কর্মকাণ্ড এবং যাবতীয় সিদ্ধান্তের ক্ষেত্রে তাঁরা সম্পূর্ণ নিয়ন্ত্রণের রাশ নিজেদের হাতে রাখতে পছন্দ করেন। আপনার আসল শক্তির উৎস হল অন্যান্যদের প্রভাবিত করার ক্ষেত্রে আপনার সামগ্রিক ক্ষমতা।

৩. **সমাধান :** দ্য লেট দেম থিওরি অর্থাৎ ওদের করতে দিন এর পদ্ধতির সঠিক প্রয়োগের মাধ্যমে, প্রভাব বিস্তারের নিয়মানুসারে অন্যান্যদের অন্তর্নিহিত অনুপ্রেরণার উন্মেষ ঘটিয়ে, তাঁদের জীবনে পরিবর্তন নিয়ে আসার উৎসাহ জাগিয়ে তুলতে আপনি সক্ষম। দ্য এ বি সি লুপের অনুষঙ্গের প্রয়োগে, প্রিয়জনদের অর্থপূর্ণ প্রশ্নের সামনে দাঁড় করানো, ব্যবহারিক বৈশিষ্ট্যের পরিবর্তন এবং উন্নতিসাধনের উদযাপন, প্রভাব বিস্তার করার নিজস্ব ক্ষমতাকে কাজে লাগিয়ে, অন্যান্যদের জীবনে পরিবর্তন নিয়ে আসতে আপনি সমর্থ। এই প্রক্রিয়ার সবচেয়ে গুরুত্বপূর্ণ অংশ হল অন্যান্যদের

ক্ষেত্রে একটি বিশেষ স্থানের সংকুলান করা, যাতে তাঁদের পক্ষে উপলব্ধি করা সম্ভব হয় যে, এই পরিবর্তনের পরিকল্পনা একান্তভাবেই তাঁদের মস্তিষ্কপ্রসূত। আপনার নয়।

যে মুহূর্তে আপনি লেট দেম অর্থাৎ ওদের করতে দিন এর শরণাপন্ন হবেন, অন্যান্য মানুষজনকে নিজের পরিচয় অথবা ভাবমূর্তির ভিত্তিতে নিজের মতো করে গ্রহণ করতে, নিজেদের পারস্পরিক সম্পর্কের ক্ষেত্রে যাবতীয় টানাপোড়েন এবং মানসিক চাপের কবল থেকে নিষ্কৃতি পেতে, এবং অন্যান্যদের নিজের শর্তে জীবনযাপন করার অবাধ ছাড়পত্র প্রদান করতে আপনি সক্ষম। যে মুহূর্তে আপনি লেট মি অর্থাৎ আমাকে করতে দিন এর শরণাগত হবেন, মনোবিজ্ঞানের অত্যাধুনিক প্রযুক্তিকে নিজের উন্নতিকল্পে ব্যবহার করতে পারবেন, এবং মানুষকে প্রভাবিত করার ক্ষেত্রে নিজের অন্তর্নিহিত ক্ষমতার প্রয়োগে, অন্যান্যদের জীবনে পরিবর্তন আনার উদ্দেশ্যে অনুপ্রাণিত করতে সক্ষম হবেন।

প্রাপ্তবয়স্কদের নিজেদের শর্তে জীবনযাপন করতে দিন, এবং নিজের প্রভাব খাটিয়ে নিজেদের জীবনে প্রয়োজনীয় পরিবর্তন নিয়ে আসার ক্ষেত্রে তাঁদের অনুপ্রাণিত করুন।

তাঁদের পাশে দাঁড়ান যাঁরা জীবনে
সংগ্রাম করে চলেছেন

অধ্যায় ১৬

যতই আপনি তাঁদের উদ্ধার করতে চাইবেন, ততই তাঁরা তলিয়ে যেতে থাকবেন

আমি জানি এই মুহূর্তে আপনারা কী ভাবছেন: প্রাপ্তবয়স্কদের নিজস্ব শর্তে জীবনযাপন করতে দেওয়া? কিন্তু যে ব্যক্তির জীবনে আমি পরিবর্তন নিয়ে আসতে চাই, সেই মুহূর্তে তিনি যদি অত্যন্ত কঠিন পরিস্থিতির সম্মুখীন হয়ে থাকেন? সেক্ষেত্রে আমার কী করণীয়, নিজের মতো করে তাঁকে নেতিবাচক চিন্তাভাবনার বশবর্তী অবস্থায়, জীবনের পঙ্কিল আবর্তে ডুবে যেতে দেওয়া? আকণ্ঠ সুরাপান করার পরে গাড়ি চালাতে দেওয়া?

তা অবশ্যই সম্ভব নয়।

যদি কোনো ব্যক্তি অত্যন্ত বিপজ্জনক কোনো কাজে লিপ্ত থাকেন অথবা আত্মহননের পথ বেছে নিয়ে থাকেন, আপনার পক্ষে সেই কাজ ওদের করতে দেওয়া কার্যত অসম্ভব। তৎক্ষণাৎ তাঁর জীবনের ক্ষেত্রে প্রয়োজনীয় হস্তক্ষেপ করে, তাঁর হাত থেকে নিয়ন্ত্রণের রাশ ছিনিয়ে নেওয়া অথবা সেই পরিস্থিতি থেকে তাঁকে উদ্ধার করার ক্ষেত্রে প্রয়োজনীয় পদক্ষেপ নেওয়া অত্যন্ত জরুরী, কারণ আপনার তাৎক্ষণিক প্রতিক্রিয়া তাঁর জীবন বাঁচাতে পারে—তা সেটি প্রতিবেশীদের সাহায্য চাওয়া, অথবা পুলিশের শরণাপন্ন হওয়া, বা তাঁদের পুনর্বাসনে পাঠাবার ব্যবস্থা করা কিংবা যতক্ষণ পর্যন্ত সেই বিপজ্জনক পরিস্থিতি থেকে তাঁরা মুক্তিলাভ করছেন, ততক্ষণ তাঁদের পাশে দাঁড়ানো, যে কোনো ক্ষেত্রেই হোক।

এক্ষেত্রে মূল সমস্যা হল, অধিকাংশ মানুষ যাঁরা নিজেদের জীবনে অত্যন্ত কঠিন পরিস্থিতির বিরুদ্ধে সংগ্রামে ব্যস্ত, নিজেদের সমস্যা আপনাদের কাছে গোপন রাখতেই তাঁরা অভ্যস্ত। কোনো অবস্থাতেই আপনার সামনে মাদক সেবন তাঁরা করেন না; এবং এক্ষেত্রে আপনাকে মিথ্যা বলতেই তাঁরা অভ্যস্ত। কর্মক্ষেত্রে, অত্যন্ত আত্মবিশ্বাসী মনোভাব সহকারে নিজেদের কর্মকাণ্ড বহাল রাখলেও, বাস্তবে তাঁরা মানসিক বিপর্যয়ের বিরুদ্ধে নিরন্তর যুদ্ধ করে চলেছেন।

এক্ষেত্রে যে বিশেষ সমস্যার উদ্ভব হওয়ার সম্ভাবনা দেখা দেয়, তা হল—যে সমস্ত মানুষ নীরবে বিভিন্ন কঠিন পরিস্থিতির বিরুদ্ধে সংগ্রাম করে চলেছেন, তাঁদের পক্ষে জানা সম্ভব নয় যে সেই নির্দিষ্ট পরিস্থিতি ভবিষ্যতে তাঁদের কী পরিমাণে ক্ষতিসাধন করতে সক্ষম, যতক্ষণ না সেটি আরো সঙ্গীন হয়ে ওঠে, অথবা নিয়ন্ত্রণের বাইরে চলে যায়। এক্ষেত্রে আমি হলফ করে বলতে পারি, আপনাদের প্রত্যেকের জীবনে অন্ততপক্ষে এমন একজন মানুষের অস্তিত্ব রয়েছে, যিনি এই মুহূর্তে অত্যন্ত কঠিন সমস্যার মোকাবিলায় জর্জরিত এবং তাঁর জীবনে এই ঘোরতর সমস্যা সম্পর্কে আপনি কোনোভাবেই অবহিত নন।

জীবনে বিভিন্ন সংগ্রামের ক্ষেত্রে, মানুষজন নিজেদের প্রকৃতিগত স্বভাবের বশবর্তী হয়ে গোপনীয়তা রক্ষা করার মরিয়া চেষ্টা করেন অথবা বর্তমান পরিস্থিতি সরাসরি অস্বীকার করার সিদ্ধান্ত নেন। তাঁদের মনে হয়, এক্ষেত্রে পারিপার্শ্বিকের মানুষজনের উপরে ইতিমধ্যেই তাঁরা অত্যন্ত নির্ভরশীল হয়ে পড়েছেন, এবং প্রায়শই নিজেদের বলেন যে তাঁদের জন্য অন্যান্যরা সামগ্রিক হতাশার সম্মুখীন হচ্ছেন। এই মানসিকতার ফলে, মানুষ সহজে অন্যান্যদের কাছে সাহায্য চাইতে দ্বিধাবোধ করেন অথবা নিজের জীবনে তাঁরা কী ধরনের সমস্যার সম্মুখীন হচ্ছেন, তা পারিপার্শ্বিকের মানুষজনের সামনে খুলে বলতে অত্যন্ত কুণ্ঠাবোধ করেন।

কোনো প্রিয়জনকে নিজেদের মানসিক সমস্যার বিরুদ্ধে সংগ্রাম করতে দেখা, শোকের অসহনীয় আবহে পাথর হয়ে যাওয়ার পরিস্থিতি থেকে স্বাভাবিক জীবনে ফিরে আসার সংগ্রাম করতে দেখা, কিংবা মাদকাসক্তির বিরুদ্ধে দাঁতে দাঁত চেপে লড়াই করতে দেখার ঘটনাগুলি, আপনার জীবনের ক্ষেত্রে কঠিনতম অভিজ্ঞতার অন্তর্ভুক্ত। আরো একটি রূঢ় সত্য হল: অধিকাংশ মানুষ জীবনে উন্নতি করার ক্ষেত্রে, সম্ভ্রান্ত জীবনযাপনের ক্ষেত্রে, যাবতীয় দায়িত্বভার সামলাবার ক্ষেত্রে, যন্ত্রপাতির অব্যর্থ ব্যবহারের ক্ষেত্রে কিংবা নিজের জীবনে উদ্ভূত বিভিন্ন পরিস্থিতির মোকাবিলা করার ক্ষেত্রে সঠিকভাবে প্রস্তুত নন। এই দায়িত্ব সামলানোর কাজটি প্রত্যেকের কাছে অনায়াস নয়।

কোন প্রিয়জনকে আপনি যতই ভালোবাসুন না কেন, তাঁদের উপরে যতই আপনার অখন্ড বিশ্বাস ও আস্থা থাকুক না কেন, তাঁদের জন্য যে কোনো মূল্যের বিনিময়ে আপনি যে কোনো অসম্ভবকে সম্ভব করুন না কেন, আপনার পক্ষে তাঁদের মানসিক যন্ত্রণার উপশম সম্ভব নয়; আপনার পক্ষে অন্যদের সংযম, সুস্থতার সম্ভাবনা অথবা সামগ্রিক স্বাস্থ্যকর জীবনের যাবতীয় উপকরণ, সেই প্রিয়জনের জীবনে অন্তর্ভুক্ত করা কখনোই সম্ভব নয়।

বইয়ের এই নির্দিষ্ট অংশে, আপনাদের সামনে একটি গুরুত্বপূর্ণ রহস্যের উন্মোচন হতে চলেছে—অন্যান্যদের সাহায্য করার সামগ্রিক প্রচেষ্টার মাধ্যমে, নিজের অজান্তেই পারিপার্শ্বিকের প্রাপ্তবয়স্কদের জীবনে উদ্ভব হওয়া বিভিন্ন প্রতিকূল পরিস্থিতির মোকাবিলায়, তাঁদের নিজস্ব ক্ষমতার আবিষ্কারের প্রক্রিয়ায় আপনি একটি প্রতিবন্ধকতার সৃষ্টি করছেন। যাবতীয় সমস্যার কবল থেকে তাঁদের উদ্ধার করার যে উদ্যোগই আপনি নিন, জীবনের আবর্তে তলিয়ে যাওয়ার সম্ভাবনা তাঁদের ক্ষেত্রে ক্রমশ প্রবল হতে থাকবে। সামগ্রিক কর্মকাণ্ডের ভিত্তিতে, অন্যান্যদের সেই কাজের স্বাভাবিক ফলাফলের সম্মুখীন হতে দেওয়ার প্রক্রিয়া—তাঁদের সমস্যার সঠিক সমাধানে একান্তভাবে অপরিহার্য। মোদ্দা কথা হল, প্রাপ্তবয়স্ক মানুষজন যখন নির্দিষ্ট কোনো

দায়িত্ব পালনের জন্য প্রস্তুত থাকেন, তখন তাঁদের সহজাত দক্ষতার বিকাশ হয়; কাজেই, তাঁদের তুলনায় অপেক্ষাকৃত দ্রুতগতিতে নিজেকে আপনি প্রস্তুত করতে সক্ষম। এই সত্য অত্যন্ত নির্মম শোনালেও, এটি ঘোর বাস্তব।

এতক্ষণ পর্যন্ত পারস্পরিক সম্পর্ক, বন্ধুত্বের প্রগাঢ় সম্পর্ক এবং মানুষের প্রকৃতিগত স্বভাব সম্পর্কে আপনারা যা যা শিখেছেন, সেই সমস্ত উপকরণ একত্রিত করে আপনি ও আমি একযোগে এমন একটি উদাহরণ গড়ে তোলার চেষ্টা করব, যার ফলে আপনি উপলব্ধি করবেন—যাবতীয় কঠিন পরিস্থিতিতে, উপরোক্ত সত্যটি কতটা অকাট্য ও অব্যর্থ হিসেবে প্রতিপন্ন হতে পারে।

জীবনের বিভিন্ন পরিস্থিতির বিরুদ্ধে সংগ্রাম চলাকালীন অন্যান্যদের সাহায্যার্থে তাঁদের পাশে দাঁড়াবার ক্ষেত্রে, সম্পূর্ণ নতুন একটি অত্যাধুনিক প্রক্রিয়া সম্পর্কে আপনারা অবগত হতে চলেছেন, যা একটি নির্দিষ্ট ধারণার ভিত্তিতে গড়ে উঠেছে—জীবনে উন্নতি করার উদ্দেশ্যে, নির্দিষ্ট কোনো ব্যক্তির ক্ষেত্রে যে কোনো দায়িত্বের সঠিক পালনের প্রক্রিয়াটি একান্তভাবেই অনিবার্য।

কিন্তু এই কাজ শুরু করার আগে, আপনাদের জন্য একটি গুরুগম্ভীর সাবধানবার্তা: জীবনযুদ্ধে সংগ্রামরত একজন প্রাপ্তবয়স্ক মানুষের সমর্থনে তাঁর পাশে দাঁড়ানো এবং জীবনের যাবতীয় প্রতিকূলতাকে জয় করার লক্ষ্যে লড়াই করতে থাকা একজন শিশুকে সর্বতোভাবে সমর্থন জানানোর মধ্যে বিশেষ পার্থক্য রয়েছে। যখন আপনি একটি শিশুকে সমর্থন করবেন, তাদের যাবতীয় ভাবাবেগ, অর্থনৈতিক অবস্থান এবং শারীরিক পরিস্থিতির জন্য আপনি সর্বতোভাবে দায়ী থাকবেন।

একজন প্রাপ্তবয়স্ক মানুষের ক্ষেত্রে, আপনি এগুলির জন্য কখনোই দায়বদ্ধ থাকবেন না।

নিরাময়ের নেপথ্যে থাকা নির্মম সত্য

ইতিমধ্যেই আপনি জেনেছেন, অন্যান্যদের উপরে অনর্থক মানসিক চাপ সৃষ্টি করার ফলে একটি নির্দিষ্ট পরিবর্তনের ক্ষেত্রে প্রতিবন্ধকতা তৈরী হয়; এবং সেক্ষেত্রে আপনার হতাশা এবং মনন সামগ্রিক পরিস্থিতিকে উত্তরোত্তর কঠিন করে তুলবে—বিশেষ করে এমন কোনো মানুষের ক্ষেত্রে, যিনি নিজের জীবনে অত্যন্ত কঠিন পরিস্থিতির বিরুদ্ধে সংগ্রাম করছেন। সেই পরিস্থিতি তাঁর জীবনে যতই গুরুত্বপূর্ণ হবে, নির্দিষ্ট মানুষটি সেক্ষেত্রে ততই লজ্জিত এবং অপদস্থ হবেন।

মানুষের সামগ্রিক নিরাময় তখনই সম্ভব, যখন নিজেদের জীবনের ক্ষেত্রে তাঁরা প্রস্তুত থাকেন। এবং এক্ষেত্রে তাঁরা সফল না হলে, বুঝতে হবে তাঁরা কোনো অবস্থাতেই প্রস্তুত ছিলেন না। আপনার কোনো প্রিয়জন যখন নির্দিষ্ট কোনো মানসিক সমস্যার বিরুদ্ধে সংগ্রাম করেন, তিনি কখনোই আপনার, তাঁর সন্তানদের কিংবা তাঁর পরিবারের সদস্যদের ক্ষেত্রে সুবিচার করতে পারবেন না। নিজেদের কারণেই তাঁদের, নিজের উপরে সুবিচার করা প্রয়োজন।

আপনার পক্ষে সম্ভবত এই নির্দিষ্ট পরিস্থিতির সঠিক উপলব্ধি সম্ভব নয়। আপনি চিন্তা করবেন, নিজের ক্ষেত্রে অনুরূপ পরিস্থিতির উদ্ভব হলে, সম্পূর্ণ আলাদা দৃষ্টিভঙ্গী অনুসারে

আপনি সেটির সমাধান করতে সক্ষম হতেন। এক্ষেত্রে কোনো প্রচেষ্টাই প্রযোজ্য নয়। আপনার দৃষ্টিভঙ্গী আসলে আপনার অন্তর্বর্তী বিবেচনার ফলাফল। অন্যান্যদের ক্ষেত্রে আপনার বিচার ও বিশ্লেষণ, এবং সেই নির্দিষ্ট পরিস্থিতিতে তাঁদের কী করণীয়, সেই সম্পর্কে যাবতীয় চিন্তাভাবনা হল এই সমস্যার এক অবিচ্ছেদ্য অংশ, কারণ আপনার এই মনোভাব থেকেই জন্ম নেয় মানসিক চাপ সৃষ্টির পরিকল্পনা।

আপনার বিচার ও বিশ্লেষণের বহিঃপ্রকাশের জন্য একটি নির্গমন পথের প্রয়োজন—একজন থেরাপিস্ট অথবা একজন অন্তরঙ্গ বন্ধু—কারণ এক্ষেত্রে আপনার পক্ষে অন্য কারো সাহায্য নেওয়া কার্যত অসম্ভব। জীবনের বিভিন্ন পরিস্থিতির বিরুদ্ধে সংগ্রামের ক্ষেত্রে, অপরদিকের মানুষটির একমাত্র প্রয়োজন হল নিজের গ্রহণযোগ্যতা। ওদের সংগ্রাম করতে দিন।

নিজেদের জন্য, নিজের হাতে নির্দিষ্ট কোনো কাজ সুসম্পন্ন করার মাধ্যমেই মানুষ সব সমস্যার সঠিক সমাধান খুঁজে বার করতে সমর্থ। জীবনের ক্ষেত্রে এগুলি হল একান্ত ব্যক্তিগত এবং কঠিনতম লড়াই...এবং সেই নির্দিষ্ট মানুষের পক্ষে এই লড়াই তখনই সম্ভব, যখন তিনি সংগ্রামের জন্য সম্পূর্ণভাবে প্রস্তুত। আপনার পক্ষে তাঁকে সেই সংগ্রামে অংশগ্রহণ করতে বাধ্য করা সম্ভব নয়। আপনি তাঁদের জোর করে ভদ্রোচিত আচরণে বাধ্য করতে পারবেন না। আপনি অন্যান্যদের অর্থনৈতিকভাবে দায়িত্বশীল করে তুলতে পারবেন না। আপনার পক্ষে তাঁদের নিজস্ব সমস্যার সমাধান সম্ভব নয়।

আপনার পক্ষ থেকে অন্তহীন ভালোবাসা এবং সমর্থন, অবশ্যই অপরিহার্য। কিন্তু এই প্রক্রিয়ার ক্ষেত্রে রূঢ়তম সত্য হল: কঠিন পরিস্থিতি থেকে তাঁদের "উদ্ধার" করার কোনো প্রয়োজন নেই। একটি কথা আপনাদের উদ্দেশ্যে আমি আরো একবার বলতে চাই: যাবতীয় সমস্যার কবল থেকে কোনো ব্যক্তিকে উদ্ধার করার ক্ষেত্রে আপনি যতই চেষ্টা করুন না কেন, সেই সমস্যার আবর্তে তলিয়ে যাওয়ার সম্ভাবনা তাঁদের ক্ষেত্রে ক্রমশ প্রবল হতে থাকবে। অন্যান্যদের ক্ষেত্রে, যতই তাঁদের সামগ্রিক ব্যবহারিক বৈশিষ্ট্যের বিচার বিশ্লেষণ আপনি করবেন, তাঁরা আপনাকে ততই বেশী মিথ্যা বলতে অভ্যস্ত হয়ে উঠবেন।

আপনার পক্ষে এই বিশেষ উপলব্ধি একান্তভাবেই অপরিহার্য, কাউকে কোনো কঠিন পরিস্থিতি থেকে উদ্ধার করা তাঁদের সমর্থন করার সমার্থক নয়, এবং কাউকে আত্মহনন অথবা ধ্বংসের ক্ষেত্রে প্ররোচনা দেওয়া তাঁদের ভালোবাসার সমার্থক নয়। পারিপার্শ্বিকের মানুষজনকে সামগ্রিকভাবে সমর্থন করার পরিকল্পনা, এবং অন্যান্য মানুষকে অনর্থক প্ররোচিত করার মধ্যে বিভাজনের একটি সূক্ষ্ম অস্তিত্ব বর্তমান।

অন্যান্যদের প্ররোচিত করার অর্থ হল, তাঁদের অপ্রকৃতিস্থ ব্যবহারকে আপনি যুক্তিসঙ্গত মনে করেন অথবা সেই ব্যবহারিক বৈশিষ্ট্যকে বিশেষভাবে সমর্থন করেন, কারণ আপনার মনে হয় এক্ষেত্রে আপনি তাঁদের সাহায্য করছেন। উদাহরণ হিসেবে, আপনার এই যুক্তিসঙ্গত সমর্থন একটি অল্পবয়সী কিশোরের হাতে কিছু টাকাপয়সা তুলে দেওয়ার মাধ্যমে পরিলক্ষিত হওয়া সম্ভব, যে ছেলেটি সেই অর্থের প্রতি দায়িত্বশীল নয় এবং যথাযথ কর্মসংস্থানের জন্য চিন্তিত নয়। গত রাতে যাঁরা সুরাপানের উদ্দেশ্যে পানশালায় গিয়েছিলেন, তাঁদের আড়াল করার প্রবণতার মাধ্যমে আপনার এই সমর্থন, অথবা জীবনসঙ্গীর বদমেজাজের জন্য অযাচিতভাবে

অজুহাত দেওয়া, কিংবা মনোমালিন্য এড়াবার উদ্দেশ্যে একটি সমস্যাকে সযত্নে এড়িয়ে চলার ক্ষেত্রে এই সমর্থন লক্ষ করা যায়।

প্রিয়জনদের ক্ষেত্রে প্রায়শই, বাস্তব জীবনের কঠিনতম পরিস্থিতির সঙ্গে সুপরিচিত হওয়ার পর্যাপ্ত সুযোগ তাঁদের দিতে হবে। কিছু ক্ষেত্রে, নিজের অন্তর্নিহিত ক্ষমতাকে পুঞ্জীভূত করার অর্থ অন্যান্যদের জীবনে যাবতীয় সমস্যার সমাধান করা নয়, অথবা তাঁদের অপ্রকৃতিস্থ আচরণের জন্য অযাচিতভাবে অজুহাত দেওয়া নয়।

যখন অন্যান্য মানুষজনকে নিজের অর্থ ও বৈভব, বক্তব্য এবং সামগ্রিক কর্মকাণ্ডের মাধ্যমে আপনি প্ররোচিত করার চেষ্টা করেন, তখন তাঁদের স্বনির্ভর হওয়ার শিক্ষা আপনি দিচ্ছেন না—পরোক্ষে তাঁদের নিরাময়ের পথে আপনি অন্তরায় হয়ে দাঁড়াচ্ছেন। তাঁদের যাবতীয় কষ্ট, তাঁদের ঋণ, তাঁদের সামগ্রিক হতাশাকে, এবং পরোক্ষভাবে নিজের দুর্ভোগকে আপনি অহেতুক দীর্ঘায়িত করছেন। আপনার মনে হতে পারে, আপনি তাঁদের সমস্যার দূরীকরণ করছেন, কিন্তু বাস্তবে তাঁদের মানসিক নিরাময় অথবা উন্নতিসাধনের পথটি অত্যন্ত দুর্গম ও কষ্টসাধ্য করে তুলছেন।

মানসিক নিরাময়ের ক্ষেত্রে অন্যতম গুরুত্বপূর্ণ পদক্ষেপ হল, প্রাপ্তবয়স্ক মানুষজনকে নিজের কর্মকাণ্ডের স্বাভাবিক ফলাফলের সম্মুখীন হতে দিয়ে, সামগ্রিক উন্নতির উদযাপন অথবা পরিস্থিতির মোকাবিলা করার সম্পূর্ণ স্বাধীনতা প্রদান করা।

দ্য লেট দেম থিওরি অথবা ওদের করতে দিন এর পদ্ধতি আপনাকে শেখায় যে, অন্যান্যদের সাহায্য করার অর্থ কখনোই তাঁদের জীবনে বিভিন্ন কঠিন পরিস্থিতির সমাধান করা নয়—এর আসল অর্থ হল, তাঁদের জন্য সেই পর্যাপ্ত স্থান সংকুলান করা, তাঁদের সর্বান্তঃকরণে সমর্থন করা এবং সেই সমস্ত পদ্ধতি এবং অনুষঙ্গ সরবরাহ করা, যেগুলির সঠিক প্রয়োগে প্রতিটি কাজ তাঁরা সুষ্ঠভাবে সম্পন্ন করতে পারেন।

মানসিক নিরাময়ের প্রক্রিয়াকে একটি নির্দিষ্ট প্রতিযোগিতা হিসেবে কল্পনা করুন, যাতে অংশগ্রহণ করার ক্ষেত্রে আপনার প্রিয়জনরা রীতিমত মুখিয়ে থাকবেন। সমর্থন জানানোর প্রক্রিয়াকে অন্যান্যদের উদ্দেশ্যে একটি বল ছুড়ে দেওয়ার সঙ্গে তুলনা করা সম্ভব। তাঁদের উদ্দেশ্যে সেই বল বারবার ছুড়ে দেওয়া আপনার পক্ষে অত্যন্ত অনায়াস হলেও, তাঁদেরকে বলের দিশা অনুযায়ী দৌড়ে আসতে হবে, তাহলেই সেই বলটি তাঁদের হাতে ধরা পড়তে পারে। কাউকে অনর্থক প্ররোচনা দেওয়ার প্রক্রিয়াটি হল সেই নির্দিষ্ট পরিস্থিতির সমতুল্য, যখন বলটি এমনভাবে ছুড়ে দেওয়া, যাতে হাজার চেষ্টা করেও তাঁরা সেই বলের নাগাল না পান।

ওদের বলটি মাটিতে ফেলতে দিন। আমাকে বলটি ছুড়ে দেওয়ার কাজটি বন্ধ করতে দিন। মাটিতে থেকে বলটি তুলে হাতে নিয়ে, সারা মাঠ দৌড়ে আসার প্রবল ইচ্ছা আমাকে দমন করতে দিন। আমার জীবনে কী কী ঘটছে, তার সম্পর্কে মিথ্যা বলা আমাকে বন্ধ করতে দিন। অন্যান্যরা নিজেদের জীবনের ক্ষেত্রে পরিবর্তন নিয়ে আসার ক্ষেত্রে যে প্রস্তুত নন, সেই কথা আমাকে মেনে নিতে দিন।

আমি উপলব্ধি করতে পেরেছি : যে কোনো প্রিয়জনকে জীবনধারণের ক্ষেত্রে সংগ্রাম চালাতে দেখার অভিজ্ঞতা হল পৃথিবীর কঠিনতম কাজগুলির অন্যতম। মানুষ হিসেবে আমি

হৃদয়হীন নই। চূড়ান্ত মানসিক অবসাদগ্রস্ত হয়ে, এবং মাদকাসক্তির চরম অভিশাপে, নিজের জীবনে আমি এমন বহু মানুষকে চিরদিনের মতো হারিয়েছি, যাঁদের আমি অত্যন্ত ভালোবাসতাম। এই কথা ভেবে অত্যন্ত কষ্ট হয়—আমার ছুড়ে দেওয়া বল কেন তাঁরা একবারের জন্যেও তালুবন্দী করতে পারেননি। এক্ষেত্রে আমার অন্তহীন আফশোস এবং অসংখ্য দীর্ঘশ্বাস সত্ত্বেও, তাঁদের ফিরিয়ে আনা কখনোই সম্ভব নয়, অথবা জীবনযুদ্ধে সংগ্রামরত কোনো মানুষকে জোর করে নিজের উন্নতিসাধনে বাধ্য করা সম্ভব নয়।

এই মুহূর্তে যে পরিস্থিতিতে আপনি রয়েছেন, সেটি পুঙ্খানুপুঙ্খভাবে চিনে নেওয়া অত্যন্ত গুরুত্বপূর্ণ। ছুড়ে দেওয়া বলটি তালুবন্দী করার ক্ষেত্রে তাঁরা যদি অনিচ্ছুক থাকেন, তাহলে তাঁদের উদ্দেশ্যে বল ছুড়ে দেওয়ার প্রক্রিয়া অবিলম্বেই আপনাকে বন্ধ করতে হবে। আমরা ভালো করে জানি যে নিজের অন্তরের গভীরে, যে মুহূর্তে তাঁরা বলটিকে লুফে নেওয়ার জন্য প্রস্তুত থাকবেন, সেটি তাঁদের উদ্দেশ্যে ছুড়ে দিতে আপনি এক মুহূর্তও দেরী করবেন না।

কষ্টসাধ্য কাজ সুসম্পন্ন করার জন্য তাঁরা প্রস্তুত থাকলে, প্রাপ্তবয়স্ক মানুষজনের মানসিক নিরাময় সম্ভব

আপনার ক্ষেত্রে তাঁদের জীবনের সংযম, মানসিক নিরাময় অথবা অর্থনৈতিক স্বাধীনতা কিংবা উচ্চাকাঙ্খা বা সামগ্রিক আনন্দ, তাঁদের নিজেদের আকাঙ্খার চাইতে কখনোই বেশী হতে পারে না। প্রিয়জনের ক্ষেত্রে, তাঁদের সামগ্রিক উন্নতির যাবতীয় দুশ্চিন্তা তাঁদের চিন্তাভাবনার গতির নিরিখে, অনেক আগেই আপনার জীবনের একমাত্র ধ্যানজ্ঞান হিসেবে প্রতিপন্ন হতে থাকে। সেই কারণে, যে কোনো পরিস্থিতিতেই নিজের যাবতীয় প্রতিক্রিয়ার নিয়ন্ত্রণের বিষয়ে আপনাকে অত্যন্ত সজাগ হতে হবে। প্রতি মুহূর্তে আপনি এমন সমস্ত মানুষজনের সম্পর্কে চিন্তাভাবনা করছেন, যাঁরা সুস্থভাবে চিন্তাভাবনা করার ক্ষেত্রে উপযুক্ত নন কিংবা সঠিক সিদ্ধান্তগ্রহণের ক্ষেত্রেও তাঁদের সহজাত ব্যুৎপত্তির অভাব রয়েছে।

কোন শিশুর সম্পর্কে যখন আপনি এই ধরনের চিন্তাভাবনা করেন, তখন আপনার ক্ষেত্রে অনুরূপ পরিস্থিতির সম্মুখীন হওয়ার সম্ভাবনা অত্যন্ত প্রবল, কারণ শিশুদের মস্তিষ্ক সেই বয়সে সম্পূর্ণভাবে সক্রিয় হয়ে ওঠে না। সেই কারণেই, একটি শিশুর হাতে কখনোই নিজের মানসিক নিরাময়ের দায়িত্বভার সঁপে দেওয়ার কথা আপনি মনেও আনবেন না। বিদগ্ধ বিশেষজ্ঞদের মতামত অনুযায়ী, বিবর্তনশীলতা সংক্রান্ত দৃষ্টিকোণ থেকে দেখতে গেলে, ২৫ বছর বয়স পর্যন্ত মানুষের মস্তিষ্ক সম্পূর্ণভাবে ক্রিয়াশীল হয় না। আইনানুসারে, ১৮ বছর অতিক্রম করার সঙ্গে সঙ্গে আপনাকে সামাজিকভাবে প্রাপ্তবয়স্ক হিসাবে ঘোষণা করা হয়, কিন্তু স্নায়ুবিজ্ঞানের দৃষ্টিকোণ থেকে দেখতে হলে, ১৮ থেকে ২৫ বছরের মধ্যবর্তী বয়সের যে কোনো মানুষের ক্ষেত্রে প্রতিটি পদক্ষেপে পর্যাপ্ত প্রশিক্ষণ অনিবার্য।

সেই কারণে, একজন প্রাপ্তবয়স্ক মানুষ হিসেবে আনুষ্ঠানিকভাবে পরিগণিত হওয়ার পরেও, আপনাকে পেশাদারী ক্ষেত্রে প্রশিক্ষণ এবং পর্যাপ্ত নির্দেশের সাহায্যে নিজের পারিপার্শ্বিকে

চলতে থাকা ঘটনাপ্রবাহের উপলব্ধি করতে হয়। ২৫ বছর বয়স অতিক্রম করে যাওয়া প্রাপ্তবয়স্কদের ক্ষেত্রে, পরিস্থিতি সম্পূর্ণভাবেই আলাদা। প্রাপ্তবয়স্ক মানুষজন নিজেদের মানসিক নিরাময়ের জন্য সম্পূর্ণ দায়িত্বশীল। এবং সেই কাজে তাঁরা রীতিমত পারদর্শী।

কিন্তু যে সমস্ত মানুষজন নিজেদের জীবনের কঠিনতম পরিস্থিতির বিরুদ্ধে সংগ্রাম করছেন, তাঁদের বয়স যাই হোক না কেন, মনোবিজ্ঞানের দৃষ্টিকোণ থেকে দেখলে, শুধুমাত্র বাঁচার তাগিদে এই লড়াই চালিয়ে যেতে তাঁরা বাধ্য হচ্ছেন। বিশেষ করে কোনো ব্যক্তি যদি চূড়ান্ত মানসিক অবসাদের প্রকোপে নেতিবাচক মনোভাবের বশবর্তী হয়ে পড়েন, অথবা নেশাগ্রস্ত হয়ে থাকেন, কিংবা কোনো দুর্ঘটনার সম্মুখীন হয়ে থাকেন, তাঁদের মানসিক পরিস্থিতি শুধুমাত্র তিনটি বিশেষ অবস্থার উপরে একান্তভাবে নির্ভরশীল—যুদ্ধ, পলায়ন অথবা আত্মসমর্পণ।

এই কারণেই, মানুষের জীবনে একাধিক পরিস্থিতি অত্যন্ত বিভ্রান্তিকর এবং যন্ত্রণাদায়ক হিসেবে প্রতিপন্ন হয়। সেই সমস্ত মানুষকে, আপনার পক্ষে বাঁচার তাগিদের এই অসম লড়াইয়ের মানসিকতা থেকে বিচ্ছিন্ন করা কখনোই সম্ভব হবে না। কয়েক মুহূর্তের জন্য আলিঙ্গন করে, কিংবা কান্নাকাটির সময় পাশে বসে, অথবা শান্তভাবে তাঁদের কথা ততক্ষণ পর্যন্ত শুনে, যতক্ষণ না তাঁরা মানসিকভাবে স্থিতিশীল হতে পারছেন—আপনার পক্ষে তাঁদের সাময়িকভাবে হলেও সান্ত্বনা দেওয়া সম্ভব, কিন্তু মানসিকভাবে বিপর্যস্ত মানুষগুলিকে স্থায়ীভাবে সেই পরিস্থিতি থেকে নিষ্কৃতি দেওয়া আপনার ক্ষমতা বহির্ভূত। সম্পূর্ণ নিজেদের চেষ্টা ও ইচ্ছাশক্তির প্রয়োগে, সেই প্রতিবন্ধকতার পাহাড় তাঁদের লঙ্ঘন করতেই হবে।

এই বইয়ের আগের অধ্যায়গুলিতে মানসিক চাপের মোকাবিলার ক্ষেত্রে, জীবনে প্রয়োজনীয় পরিবর্তন নিয়ে আসার উদ্দেশ্যে অন্যান্যদের প্রভাবিত করার ক্ষেত্রে, এবং মস্তিষ্কের সহজাত প্রবণতা সম্পর্কে এখনো পর্যন্ত আপনারা যা যা শিখেছেন, সেই প্রতিটি পদ্ধতি, প্রক্রিয়া ও অনুষঙ্গ এক্ষেত্রে একান্তভাবে প্রযোজ্য। ডঃ কে ইতিমধ্যেই আপনাদের শিখিয়েছেন, যে পরিস্থিতি মানুষের কাছে অপেক্ষাকৃত সহজ এবং আনন্দদায়ক হিসেবে প্রতিপন্ন হয়, তাঁরা সেদিকেই আকৃষ্ট হন, এবং অন্যদিকে, যন্ত্রণাদায়ক ও কঠিন পরিস্থিতি তাঁরা সযত্নে এড়িয়ে যাওয়ার চেষ্টা করেন।

মানসিকভাবে বিপর্যস্ত থাকাকালীন, সারাদিন ধরে বিছানায় শুয়ে থাকতে আপনি সুরক্ষিত বোধ করেন। শোকপালনের সময়, আপনি সহজেই ভেবে নিতে পারেন যে, নির্দিষ্ট পরিস্থিতি থেকে আপনি কখনোই নিষ্কৃতিলাভ করতে পারবেন না। অত্যন্ত কঠিন পরিস্থিতির মোকাবিলার সময়, একটি পরিপূর্ণ সুরাপাত্র আপনাকে ক্ষণিকের প্রশান্তি প্রদান করে।

এই কারণেই আপনার প্রিয়জনেরা বছরের পর বছর, অনুরূপ পরিস্থিতি এবং সমস্যার বিরুদ্ধে নিরন্তর সংগ্রাম চালিয়ে যেতে অভ্যস্ত হয়ে উঠেছেন। প্রতি মুহূর্তেই, নিজেদের সার্বিক উন্নতিসাধনে তাঁরা অত্যন্ত ব্যগ্র। কিন্তু নিজেদের অন্তর্নিহিত ক্ষমতার উপরে তাঁদের কোনো আস্থাই নেই।

নিজের জীবনে বিশেষ কিছু ক্ষেত্রে, যখন প্রসব-পরবর্তী মানসিক অবসাদ অথবা আমাকে সম্পূর্ণভাবে চলৎশক্তিহীন করে দিয়েছিল অসহ্য মানসিক উদ্বেগের বিরুদ্ধে প্রাণপণ লড়াই চালিয়ে যেতে আমি বাধ্য হয়েছিলাম, আমার অন্তরে উদ্ভব হয়েছিল সেই নির্দিষ্ট আশঙ্কার: এই

পরিস্থিতি থেকে আমি কখনোই নিষ্কৃতি লাভ করতে পারব না। এই কারণে, শারীরিক অথবা মানসিক নিরাময়ের প্রাথমিক ধাপগুলি আমাদের কাছে অসহনীয় বোধ হয়। সুতরাং, অধিকাংশ মানুষ এই পরিস্থিতি এড়িয়ে যাওয়ার ক্ষেত্রে এমন কিছু হাস্যকর পরিস্থিতির অবতারণা করেন, যার কোনো তাৎপর্য নেই।

মাদকাসক্তি সম্পর্কিত এক বিশেষজ্ঞকে একবার বলতে শুনেছিলাম যে নির্দিষ্ট পরিস্থিতি এড়িয়ে আপনি পালাবার চেষ্টা করছেন, মাদকাসক্তি যখন সেই পরিস্থিতির থেকেও যন্ত্রণাদায়ক হয়ে ওঠে, একমাত্র তখনই মানুষ মাদক সেবনের অভ্যাস থেকে বিরত থাকার কথা ভাবেন। এই বিশেষ বাক্যটি আমার অন্তরে ভীষণভাবে প্রভাব বিস্তার করেছিল, এবং এই সত্যের সঠিক উপলব্ধির মাধ্যমে আপনি অনায়াসেই বিচার ও বিশ্লেষণের দৃষ্টিভঙ্গী থেকে সহানুভূতি ও সহমর্মিতার দৃষ্টিভঙ্গীতে উপনীত হতে পারেন।

পরিবর্তনের ক্ষেত্রে নিজেকে মানসিকভাবে সম্পূর্ণ প্রস্তুত করার জন্য, মানুষের জীবনে মানসিক যন্ত্রণা একান্তভাবেই অপরিহার্য।

আমার জীবন সংগ্রামের ক্ষেত্রেও এই পরিস্থিতি সর্বৈব সত্যি। মানুষ যে নির্দিষ্ট পরিস্থিতি এড়িয়ে যেতে চাইছেন, সেক্ষেত্রে তাঁদের খাদ্যাভ্যাস যখন সেই পরিস্থিতির থেকেও যন্ত্রণাদায়ক হয়ে ওঠে, তখনই তাঁরা নিজেদের বিশৃঙ্খল খাদ্যাভ্যাস থেকে বিরত থাকার কথা ভাবেন। যৌন আসক্তিতে লিপ্ত হওয়ার পরিস্থিতি সম্পর্কে মানুষ ততক্ষণ পর্যন্ত চিন্তাভাবনা করেন না, যতক্ষণ না পর্যন্ত সেই অভ্যাস গোপন রাখা, বাস্তবের সম্মুখীন হওয়ার তুলনায় অপেক্ষাকৃত বেশী যন্ত্রণাদায়ক হয়ে ওঠে।

এই বই সম্পর্কে গবেষণার সময় যে অগ্রগণ্য বিশেষজ্ঞদের সঙ্গে আমার বিস্তারিত আলোচনা হয়েছিল, তাঁদের বক্তব্য অনুসারে—জীবনধারণের ক্ষেত্রে নিরন্তর সংগ্রাম হল মানুষের সামগ্রিক অভিজ্ঞতার এক অবিচ্ছেদ্য অংশ, এবং নির্দিষ্ট কোনো ব্যক্তির জীবনে, নিজের সার্বিক উন্নতিসাধনের সিদ্ধান্ত গ্রহণ করার ক্ষেত্রে এই সামগ্রিক অভিজ্ঞতার অবদান ও গুরুত্ব একান্তভাবেই অনস্বীকার্য।

এখানে আমাদের সিদ্ধান্ত শব্দটির উপরে বিশেষভাবে নজর রাখতে হবে।

যে সমস্ত মানুষ নিজেদের জীবনে প্রতিনিয়ত সংগ্রাম করতে বাধ্য থাকেন, তাঁরা যাবতীয় সমস্যা সযত্নে এড়িয়ে চলার ক্ষেত্রে মানসিক যন্ত্রণার দুর্বিষহ আবহ থেকে সাময়িকভাবে হলেও, মুক্তিলাভ করতে সক্ষম। এক্ষেত্রে, নিরাময়ের সামগ্রিক প্রক্রিয়াটি আমাদের কাছে একটি উপায় মাত্র। এই ঘটনার পরিপ্রেক্ষিতে আমাদের পারস্পরিক সম্পর্কে একটি সমস্যার উদ্ভব অবশ্যম্ভাবী, কারণ এক্ষেত্রে দুটি বিপরীতাত্মক চিন্তার টানাপোড়েনে আপনি দিশাহারা হয়ে পড়েন—অসহায়ভাবে প্রিয়জনদের জীবনযুদ্ধে নিরন্তর সংগ্রাম চালাতে দেখা, এবং একই সময়ে, সর্বান্তঃকরণে তাঁদের মানসিক যন্ত্রণার উপশমের জন্য প্রার্থনা করা।

নিজের জীবনে আমিও এই ভুল করেছিলাম। আমি ভেবেছিলাম, আমার পক্ষে যদি তাঁদের জীবন কিছুটা সহজ করে তোলা সম্ভব হয়, তাহলে আমি অনায়াসেই তাঁদের জীবনে ইঙ্গিত পরিবর্তনগুলি অন্তর্ভুক্ত করতে পারব, ঠিক কি না? কিন্তু আমার এই ধারণা একেবারেই ভুল ছিল।

অন্যান্যদের জীবন থেকে স্থায়ীভাবে মানসিক যন্ত্রণা দূরীকরণের চেষ্টা করা, এবং তাঁরা নিজেদের প্রতিটি কাজ যাতে সুষ্ঠভাবে সম্পন্ন করতে পারেন, সেক্ষেত্রে সর্বান্তঃকরণে তাঁদের সমর্থন করা—দুটি পরিস্থিতির মধ্যে আকাশ পাতালের পার্থক্য। এই কাজটি অত্যন্ত কঠিন হিসেবে প্রতিপন্ন হয়, কারণ প্রতিটি পরিস্থিতি একে অপরের থেকে সম্পূর্ণভাবে আলাদা, এবং এক্ষেত্রে আপনাকেই সিদ্ধান্ত নিতে হবে, কী উপায়ে আপনি অন্যান্যদের সমর্থন করতে চলেছেন।

ডঃ কে যে অনুপ্রেরণামূলক তন্ত্রের কথা বলেছিলেন, মানুষের জীবনের এই অত্যন্ত যন্ত্রণাদায়ক পরিস্থিতিগুলি সেই তন্ত্রের অবিচ্ছেদ্য অংশ বিশেষ। অন্যভাবে বলতে গেলে, সমস্যা এড়িয়ে যাওয়ার প্রক্রিয়া যদি অপেক্ষাকৃত সহজ বলে মনে হয়, মানুষ কখনোই সেই সমস্যার মোকাবিলার জন্য প্রস্তুত থাকবেন না।

“মানুষকে নিজেদের জীবন থেকে শিক্ষাগ্রহণ করতে দিতে হবে।”

ডঃ রবার্ট ওয়াল্ডিংগার হলেন একাধারে একজন বিশেষজ্ঞ মনোবিজ্ঞানী এবং মনোরোগ বিশ্লেষক, এবং দ্য হার্ভার্ড মেডিক্যাল স্কুলের অন্তর্গত মনোবিদ্যা সংক্রান্ত বিভাগে কর্মরত একজন বিশেষজ্ঞ চিকিৎসক এবং অধ্যাপক। এর পাশাপাশি, তিনি হার্ভার্ড স্টাডি অফ অ্যাডাল্ট ডেভেপমেন্ট নামক সংস্থার কর্ণধার, যে সংস্থাটি হল মানুষের প্রাপ্তবয়স্ক জীবনের বিষয়ে গবেষণার ক্ষেত্রে, বিশেষভাবে দীর্ঘায়িত এবং বিস্তারিত প্রোজেক্টগুলির অন্যতম।

ডঃ ওয়াল্ডিংগারের সঙ্গে যখন আমি কথা বলার সুযোগ পেয়েছিলাম, তখন এই বিষয়ে তিনি নিজের সামগ্রিক বক্তব্য আমাকে বিশদে জানিয়েছিলেন :

> মানুষকে নিজেদের জীবন থেকে শিক্ষাগ্রহণ করতে দিতে হবে। জীবনে যে কাজ স্বতন্ত্রভাবে তাঁরা বেছে নিয়েছেন, তার সামগ্রিক ফলাফল থেকে তাঁদের আড়াল করার কোনো প্রয়োজন নেই। কেউ যদি বলেন, “কর্মসংস্থানের প্রয়োজন আমার নেই।” “আচ্ছা, তাহলে, তাহলে আপনি কীভাবে বাড়ি ভাড়া জোগাড় করবেন?” বিভিন্ন পরিস্থিতির মোকাবিলা করার ক্ষেত্রে, পারিপার্শ্বিকের মানুষজনকে আমরা অনায়াসেই, বিভিন্নভাবে সাহায্য করতে পারি; বিভিন্ন প্রতিকূল পরিস্থিতিতে তাঁদের আড়াল করার চেষ্টা থেকে বিরত রাখার মাধ্যমে। প্রিয়জনদের ক্ষেত্রে, মাদকাসক্তির পরিসরে এই নির্দিষ্ট পরিস্থিতি বিশেষভাবে পরিলক্ষিত হয়। কর্মক্ষেত্র থেকে বহিষ্কৃত হওয়ার যন্ত্রণা অথবা অতিরিক্ত মাদকাসক্তির কারণে জীবনসঙ্গীর সঙ্গে সম্পর্ক বিচ্ছেদের ক্ষেত্রে, মানুষকে আড়াল করা অথবা প্রবোধ দেওয়া থেকে নিজেদের বিরত রাখতে হবে। যে কোনো পরিস্থিতিতে, ঝাঁপিয়ে পড়ে সমস্যার সমাধান করার চেষ্টা থেকে বিরত থাকতে হবে। এই সমস্ত মানুষকে যখন আমরা, নিজেদের বেছে নেওয়া কর্মকাণ্ডের পরিপ্রেক্ষিতে জীবনের কঠিন বাস্তবের সম্মুখীন হওয়ার

সুযোগ করে দেব, তাঁদের পক্ষে সেই পরিস্থিতি থেকে শিক্ষাগ্রহণ করার সম্পূর্ণ সম্ভাবনা বর্তমান।

সম্ভবত, কোনো সংশোধনাগারে একটি রাত তাঁদের কাটাতে হতে পারে।

সম্ভবত, নির্দিষ্ট পরিস্থিতিতে কর্মক্ষেত্র, অথবা নিজেদের পরিবারের সঙ্গে তাঁদের বিচ্ছেদ ঘটতে পারে।

সম্ভবত, আপনাকে কলেজ থেকে তাঁদের ছাড়িয়ে নিতে হতে পারে।

সম্ভবত, আপনার সঙ্গে এক বাড়িতে তাঁদেরকে বসবাস করতে হতে পারে, কারণ তাঁদের জীবনে একটি নির্দিষ্ট পরিবারের প্রয়োজন অনিবার্য।

সম্ভবত, নিজেদের পরিবার থেকে এতটাই দূরত্ব বজায় রাখতে তাঁরা অভ্যস্ত, অচিরেই যাযাবরের জীবনে তাঁরা অভ্যস্ত হয়ে উঠবেন।

শুধুমাত্র মাত্রাতিরিক্ত মাদকাসক্তি এবং চূড়ান্ত মানসিক অবসাদের ক্ষেত্রেই এই নির্দিষ্ট পরিস্থিতির উদ্ভব ঘটে না। কোনো মানুষ যখন নিজের বাড়িতে ফিরে আসার ক্ষেত্রে মনমরা হয়ে থাকেন, অথবা অত্যন্ত উদ্বিগ্ন অবস্থায় থাকেন, কিংবা আত্মবিশ্বাসের অভাবে ভোগেন, তখনও এই বিশেষ পরিস্থিতির উদ্ভব হতে পারে।

ডঃ লুয়ানা মার্ক্যুইস, যিনি হার্ভার্ড মেডিক্যাল স্কুলে একজন মনোরোগ বিশেষজ্ঞ এবং লেকচারার হিসেবে কর্মরত, আমাকে বলেছিলেন—জীবনের অধিকাংশ পরিস্থিতিকে সযত্নে এড়িয়ে যাওয়া, এবং প্রতিটি ক্ষেত্রে মানিয়ে নেওয়ার প্রক্রিয়া একটি বিশেষ ধরনের অভ্যাসের অন্তর্গত, এবং বহু মানুষের ক্ষেত্রে এই অভ্যাসের প্রয়োগ পরিলক্ষিত হয়েছে, যখন তাঁরা প্রতিবন্ধকতার সম্মুখীন হয়েছেন।

যে ধরনের পরিস্থিতি, বা কথোপকথন, কিংবা ব্যবহারিক বৈশিষ্ট্য আপনার প্রিয়জনের কাছে অস্বস্তিকর হিসেবে প্রতিপন্ন হয়, সেগুলি স্বভাবতই তিনি সযত্নে এড়িয়ে চলার চেষ্টা করবেন। যে পরিস্থিতি অপেক্ষাকৃত সহজ এবং আনন্দদায়ক, সেদিকে আকৃষ্ট হওয়া এবং যে কোনো কঠিন পরিস্থিতিকে এড়িয়ে চলার প্রবণতা মানুষের সহজাত প্রকৃতিগত স্বভাবের অন্তর্ভুক্ত। এই মুহূর্তে সামগ্রিক পরিস্থিতির সঠিক উপলব্ধি একান্তভাবেই গুরুত্বপূর্ণ, যার সাহায্যে একটি যুক্তিসঙ্গত এবং বিজ্ঞানসম্মত, অত্যাধুনিক দৃষ্টিভঙ্গী সহকারে আপনার পক্ষে এই নির্দিষ্ট পরিসরে পদার্পণ করা সম্ভব।

সমস্যাকে এড়িয়ে যাওয়া থেকে বিরত থাকুন

নিজের জীবনে একটি বিশেষ ঘটনার পরিপ্রেক্ষিতে আমি একটি উদাহরণ দিতে চাই, যখন আমার এক সন্তান জীবনযুদ্ধে সংগ্রামরত ছিলেন। সেই নির্দিষ্ট পরিস্থিতি সামলানোর ক্ষেত্রে আমি একান্তভাবে অকৃতকার্য হই। নিজের মেয়ের উদ্বেগের স্থায়ী উপশমের প্রাণপণ প্রচেষ্টায়, আমার বাড়ির সামগ্রিক পরিমণ্ডল আমি বিশৃঙ্খলায় পরিপূর্ণ করে তুলেছিলাম।

এই বই মূলত প্রাপ্তবয়স্ক মানুষজনের জীবনের অন্তর্গত যাবতীয় পারস্পরিক সম্পর্কের উপরে আধারিত হওয়ার কারণে, মানুষের সহজাত প্রকৃতিগত ব্যবহারিক বৈশিষ্ট্যের যাবতীয় নিয়মকানুন, ক্রমশ বয়োঃপ্রাপ্তি হতে থাকা কিশোর অথবা যুবকদের অভিভাবকত্বের ক্ষেত্রেও সমানভাবে প্রযোজ্য। অভিভাবকের ভূমিকা পালন করার সময়, একটি কথা সবসময় আপনাদের মনে রাখতে হবে, নিজের সন্তানের শারীরিক, মানসিক এবং আবেগজনিত প্রয়োজন মেটাবার জন্য আপনি সম্পূর্ণভাবে দায়িত্বশীল।

মিডল স্কুলে পড়াশোনা করার সময় আমাদের মেয়ে একটি অত্যন্ত মারাত্মক, উদ্বেগজনিত মানসিক রোগে আক্রান্ত হয়ে পড়েছিল। সেই উদ্বেগ সারাদিন ধরে তিলে তিলে তার অন্তরে পুঞ্জীভূত হতে থাকত, এবং রাতের অন্ধকারে সবাই যখন নিশ্চিন্তে ঘুমোত, সেই অবদমিত উদ্বেগের বহিঃপ্রকাশ ঘটার ফলে, স্বভাবতই সে নিজের ঘরে একা ঘুমোতে রীতিমতো আতঙ্কিত বোধ করত। সেই মুহূর্তে মেয়ে আমাদের শোওয়ার ঘরে চলে আসার ফলে, প্রথম ভুলটি নিজের অজান্তেই আমি করে ফেলেছিলাম—এই বিশেষ পরিস্থিতির প্রারম্ভিক দুই থেকে তিন রাতে, নিজেদের বিছানায় এসে শোওয়ার জন্য আমি তাকে স্বাগত জানিয়েছিলাম।

এক্ষেত্রে যতবার আমাদের শোওয়ার ঘরে ঘুমোবার জন্য আমি তাকে ডেকেছিলাম, ততবার নিজের উদ্বেগজনিত চিন্তাধারাকে সযত্নে এড়িয়ে যাওয়ার ক্ষেত্রে আমি তাকে প্ররোচিত করেছিলাম, এবং এই ভেবে রীতিমত সন্তুষ্ট হয়েছিলাম যে, এই পরিস্থিতিতে আমি তাকে যথাযথভাবে সাহায্য করছি। কিন্তু আমি কখনোই উপলব্ধি করতে পারিনি, তার সেই অস্বস্তিকর উদ্বেগের নেপথ্যে থাকা আসল কারণের সম্মুখীন হওয়ার ক্ষেত্রে, আমি তার পথে অনর্থক প্রতিবন্ধকতা সৃষ্টি করছি।

প্রতি রাতে, ঘড়িতে বারোটা বাজার আগেই সে ঘুম থেকে উঠে পড়ত, এবং বাড়িময় পায়চারী করে বেড়াত। যতবারই আমি তাকে আশ্বস্ত করার চেষ্টা করতাম, কখনোই সে দোতলায় নিজের শোওয়ার ঘরে একা শুতে রাজি ছিল না। এর ফলে সারারাত আমার ঘুম হত না, এবং আমাদের বিছানায় এসে শোওয়ার এই বিশেষ পরিস্থিতি বেশ কিছুদিন ধরে চলার পরে, নিজেদের শোওয়ার ঘরের মেঝেতে তার জন্য আলাদা করে একটি ছোট বিছানার ব্যবস্থা নিতে আমি বাধ্য হয়েছিলাম।

পরবর্তী ছয় মাস ধরে এই ঘটনার পুনরাবৃত্তি ঘটতে থাকে, প্রতিনিয়তভাবে।

ডঃ মার্ক্যুইস যখন আমাকে বুঝিয়েছিলেন যে "এড়িয়ে যাওয়ার অভ্যাস হল মানিয়ে নেওয়ার একটি বিশেষ প্রক্রিয়া, বিশেষ করে যখন কেউ কোনো প্রতিকূল পরিস্থিতির বিরুদ্ধে সংগ্রাম করছেন," তখন তাঁর বক্তব্যের অন্তর্নিহিত অর্থ এই পরিস্থিতির সঙ্গে একান্তভাবেই সামঞ্জস্যপূর্ণ। যেহেতু আমাদের মেয়ে নিজের শোওয়ার ঘরে একলা ঘুমোতে ভয় পাচ্ছিল, স্বভাবতই সেই পরিস্থিতিকে সে এড়িয়ে যাওয়ার চেষ্টা করছিল। নিজেদের শোওয়ার ঘরের মেঝেতে তার ঘুমোবার ব্যবস্থা করার মাধ্যমে, তার উদ্বেগজনিত সমস্যাকে পরোক্ষভাবে ইন্ধন জোগাবার ব্যবস্থা আমি করেছিলাম। প্রতি রাতে, যখন বলতাম, "তুমি আমাদের শোওয়ার ঘরের মেঝেতে ঘুমোতে পারো," নিজের অভিব্যক্তির মাধ্যমে তাকে আমি বোঝাবার চেষ্টা করছিলাম, "এই নির্দিষ্ট সমস্যার মোকাবিলা করার ক্ষেত্রে তুমি এখনো মানসিকভাবে যথেষ্ট দুর্বল।"

উপরোক্ত ঘটনাটি নিতান্ত সাধারণ হিসেবে প্রতিপন্ন হলেও, বাস্তব জীবনে এর গুরুত্ব অপরিসীম। পরবর্তী কয়েক বছরে, আমার মেয়ের উদ্বেগজনিত মানসিক পরিস্থিতির ক্রমশ অবনতি হয়েছিল, কারণ গোড়াতেই এই পরিস্থিতির সম্মুখীন হওয়ার পরিবর্তে, এটি সযত্নে এড়িয়ে যাওয়ার কৌশল আমি তাকে শিখিয়েছিলাম, অবশ্যই নিজের অজান্তে। আমি তাকে শিখতে বাধ্য করেছিলাম যে, মানসিক উদ্বেগজনিত সমস্যার একমাত্র সমাধান হল সেটিকে সযত্নে এড়িয়ে যাওয়া। এর ফলে, তার মানসিক পরিস্থিতির সামগ্রিক অবনতি হয়, এবং তার অন্তর্নিহিত আবেগতাড়িত প্রতিক্রিয়ার ক্রমশ শক্তিবৃদ্ধি হতে থাকে।

জীবনের প্রতিটি ক্ষেত্রে সে মানসিক উদ্বেগের সম্মুখীন হতে থাকে: নিয়মিত স্কুলে যাওয়ার ক্ষেত্রে, গাড়িতে একা বসে থাকার ক্ষেত্রে, কোনো বান্ধবীর বাড়িতে রাত কাটাবার পরিস্থিতিতে, এমনকি গিটার শিখতে যাওয়ার ক্ষেত্রেও। যে কোনো সাধারণ, ক্ষুদ্রাতিক্ষুদ্র স্নায়বিক টানাপোড়েনের সামান্য ঘটনার ক্ষেত্রেও সে মানসিকভাবে বিপর্যস্ত হয়ে পড়ত, এবং সেই মুহূর্তে আমার সান্নিধ্য তার কাছে "অপরিহার্য" হয়ে উঠেছিল।

স্বামীর সঙ্গে একান্তে ছুটি কাটাবার সময়, একবার মাঝপথেই বিমানযাত্রার মাধ্যমে আমাকে বাড়িতে ফিরে আসতে হয়েছিল, কারণ আমাদের মেয়েকে সামলানো কিছুতেই সম্ভব হচ্ছিল না, এবং মেয়ের তত্ত্বাবধানের দায়িত্বে নিযুক্ত ব্যক্তির সেক্ষেত্রে কিছুই করার ছিল না—এবং অবশ্যই, সেই ধারণা আমারও ছিল না। এই নির্দিষ্ট পরিস্থিতির জন্য সবসময় আমি নিজেকেই দায়ী করি। আমি একজন অভিভাবক। তা সত্ত্বেও, এই পরিস্থিতির সরাসরি মোকাবিলার পরিবর্তে, আমরা দুজনেই এটিকে সযত্নে এড়িয়ে যাওয়ার প্রক্রিয়াকে বিশেষ প্রশ্রয় দেওয়াকে সঙ্গত মনে করেছিলাম। বাস্তবিকভাবে যখন আমার মেয়ের পক্ষে এই পরিস্থিতির সম্মুখীন হওয়ার ক্ষেত্রে পর্যাপ্ত মানসিক কাঠিন্য, অন্তর্নিহিত শক্তি, সামগ্রিক ক্ষমতা এবং নিজের যাবতীয় উদ্বেগ এবং আতঙ্কের মোকাবিলা করার সাহস ছিল, উপযাচক হয়ে আমি তাকে উদ্ধার করার চেষ্টা করেছিলাম, এবং শিখিয়েছিলাম যে—যখনই বিশেষ কোনো পরিস্থিতিতে সে উদ্বিগ্ন অথবা অস্বস্তিবোধ করবে, সেদিকে মন না দিয়ে এড়িয়ে যাওয়াই হল সমস্যার আসল সমাধান।

শেষ পর্যন্ত, পরিস্থিতি যখন আমাদের সহ্যের বাইরে চলে যাওয়ার উপক্রম করছিল, তখন ক্রিসের একক তৎপরতায় মেয়েকে একজন থেরাপিস্টের কাছে নিয়ে যেতে আমরা বাধ্য হয়েছিলাম, এবং পরবর্তীকালে উপলব্ধি করেছিলাম, মানসিক শক্তিবৃদ্ধি করার একমাত্র সাধন হল, সেই সমস্ত পরিস্থিতির সরাসরি মোকাবিলা করার চেষ্টা করা, যার সম্মুখীন হওয়ার ক্ষেত্রে মানুষ অহেতুক আতঙ্কিত এবং নিরাপত্তাহীনতা অনুভব করেন। এবং আমি নিশ্চিত, দ্য লেট দেম থিওরি অর্থাৎ ওদের করতে দিন এর পদ্ধতি এই কাজের ক্ষেত্রে, সর্বতোভাবে আপনাদের সাহায্য করতে সক্ষম।

গভীর রাতে ঘুম ভেঙে উঠে মানসিক উদ্বেগের সম্মুখীন হওয়া, একটি অত্যন্ত সাধারণ এবং স্বতন্ত্র ঘটনা বিশেষ। এই সামান্য ঘটনা স্বাভাবিকভাবেই, ছয় মাসব্যাপী একটি নিদারুণ সমস্যা হিসেবে প্রতিপন্ন হওয়ার প্রশ্নই ওঠে না। পরবর্তী দশক ধরে, প্রবল মানসিক উদ্বেগ ও উৎকণ্ঠা আমাদের মেয়ের জীবনের অবিচ্ছেদ্য অঙ্গ হিসেবে প্রতিপন্ন হোক, এই পরিস্থিতি আমাদের পক্ষে মেনে নেওয়া অসম্ভব ছিল।

যে অন্তর্নিহিত ক্ষমতার ভিত্তিতে চরম আত্মশ্লাঘা অনুভব করতে আপনি অভ্যস্ত, তার তুলনায় নিজের ক্ষমতার ব্যাপ্তি অনেকাংশে বেশী, এবং সেই নিয়ম আপনার প্রিয়জনদের ক্ষেত্রেও একান্তভাবে প্রযোজ্য। কোন পরিস্থিতিতে অন্যান্যরা মানসিক উদ্বেগের সম্মুখীন হবেন, তার নিয়ন্ত্রণের ক্ষমতার রাশ আপনার হাতে নেই। গভীর রাতে ঘুম ভেঙে উঠে, নিজের ঘর থেকে তাঁরা নিয়মিতভাবে আপনার শোওয়ার ঘরে চলে এলে, আপনার পক্ষে তা নিয়ন্ত্রণ করা কখনোই সম্ভব নয়। কিন্তু আপনার পক্ষে নিজের যাবতীয় চিন্তাভাবনা, কর্তব্য এবং বিভিন্ন পরিস্থিতির প্রতিক্রিয়ায় নিজের বক্তব্য সম্পূর্ণভাবে নিয়ন্ত্রণ করা অবশ্যই সম্ভব।

যখন আপনার কোনো প্রিয়জন জীবনযুদ্ধে সংগ্রামরত অবস্থায় থাকবেন, আমি চাই আপনি কল্পনা করুন যে সেই মুহূর্তে, তাঁদের পাশে বসে একটি হাত দিয়ে তাঁদের কাঁধ জড়িয়ে ধরে আপনি তাঁদের সমর্থন জানাচ্ছেন, এবং তাঁদের অনুপ্রাণিত করার চেষ্টা করছেন, যে নির্দিষ্ট পরিস্থিতি তাঁরা এড়িয়ে যাওয়ার সিদ্ধান্ত নিয়েছেন—সেগুলির মোকাবিলা তাঁদের সরাসরিভাবে করতে হবে।

আপনার পক্ষে তাঁদের মানসিক উদ্বেগ জনিত প্রতিক্রিয়ার নিয়ন্ত্রণ কখনোই সম্ভব নয়। আপনার সামগ্রিক ক্ষমতার উৎস, আপনার প্রতিক্রিয়ার মাধ্যমে পরিস্ফূট হয়। লেট মি অর্থাৎ আমাকে করতে দিন এর পদ্ধতির সঠিক প্রয়োগে, আপনার পক্ষে সেই সমর্থন জানানো অবশ্যই সম্ভব :

তাঁদের সামগ্রিক অনুভূতি সম্পর্কে আমাকে যাচাই করতে দিন : "আহারে সোনা, এই মুহূর্তে তোমাকে এই ভীত ও সন্ত্রস্ত অবস্থায় দেখে আমার অত্যন্ত খারাপ লাগছে।"

আমার যাবতীয় ভাবাবেগ তাঁদের সামগ্রিক আবেগের থেকে আমাকে বিচ্ছিন্ন করতে দিন : "তোমাকে এই অবস্থায় দেখতে, আমার অত্যন্ত কষ্ট হচ্ছে।"

যে মানুষটি এই মুহূর্তে জীবনযুদ্ধে সংগ্রাম করছেন, তাঁকে সান্ত্বনা আমাকে দিতে দিন : একটি সস্নেহ আলিঙ্গন অধিকাংশ ক্ষেত্রেই জাদুমন্ত্রবলে কাজ করে।

এবং তারপর, আমাকে বুঝিয়ে বলতে দিন—যে সমস্ত পরিস্থিতি তাঁদের অন্তরে ভীতি সঞ্চার করে অথবা আতঙ্কের বাতাবরণ সৃষ্টি করে, সেই পরিস্থিতির মোকাবিলা করার জন্য পর্যাপ্ত শক্তি, সাহস ও ক্ষমতা তাঁদের কাছে রয়েছে। তাঁদের জন্য এটিই আমার পক্ষ থেকে পূর্ণ সমর্থনের বহিঃপ্রকাশ।

এর পর, তাঁরা যখন সেই কঠিন পরিস্থিতির মোকাবিলায় নামবেন, তাঁদের পাশে দাঁড়ানো অত্যন্ত প্রয়োজন—আমার ক্ষেত্রে যেটি ছিল, প্রতি রাতে নিয়মিতভাবে, মাঝরাতে ঘুম থেকে উঠে মেয়েকে সঙ্গে নিয়ে তার নিজের ঘরে পৌঁছে, তাকে নিজের বিছানায় শুইয়ে দেওয়ার ব্যবস্থা করা।

মিথ্যা বলব না, প্রথম প্রথম, নিজেকে অতিমানবিক এক পিশাচ বলে মনে হত আমার—মেয়ের হৃদয়বিদারক কান্না ও কাতর অনুনয় বিনয় আমার বুকে তীরের মতো এসে বিঁধত। সেই মুহূর্তে মেয়ের থেরাপিস্টকে খুন করে ফেলতে ইচ্ছা করত, তাঁর যাবতীয় পরিকল্পনার জলাঞ্জলি দিতে ইচ্ছা করত—বারবার মনে হত, মেয়েকে নিয়ে নিজের শোওয়ার ঘরে আবার ফিরে গিয়ে, তাকে মেঝের ছোট বিছানায় শুইয়ে দিতে। নিজের বিছানায় শুতে যাওয়ার সম্পূর্ণ অধিকার তার রয়েছে, তাই না?

কিন্তু সেই কাজে আমি বিরত থাকতে পেরেছিলাম। সেই পরিস্থিতিতে অবিচল থাকার মানসিকতা আয়ত্ব করতে পাঁচ দিন সময় অবশ্যই লেগেছিল, এবং স্বভাবতই নিজের মেয়েকে ওভাবে কান্নাকাটি এবং অনুনয় বিনয় করতে দেখা, আমার কাছে অত্যন্ত কষ্টকর ছিল। নিজের বিছানায় তাকে শোয়াবার পরে, চাদর গুঁজে দিয়ে ঘরের দরজার বাইরে বেরিয়ে আসা ও নীরবে অপেক্ষা করতে থাকার পরিস্থিতি আমার কাছে অত্যন্ত হৃদয়বিদারক হওয়া সত্ত্বেও, আমি অপেক্ষা করতাম—যতক্ষণ না পর্যন্ত সে ঘুমে ঢলে পড়তে বাধ্য হত। কিছু কিছু রাতে, শুইয়ে দিয়ে আসার পরেও তার ঘুম ভেঙে গেলে, দোতলা থেকে নেমে সে আবার আমাদের শোওয়ার ঘরে ফিরে আসত, একবার দুবার নয়—বেশ কয়েকবার। প্রতিবার সময় নিয়ে তাকে বোঝানো, এক হাত দিয়ে তার কাঁধ জড়িয়ে ধরে, আবার তাকে দোতলায় নিজের ঘরে পৌঁছে, বিছানায় শুইয়ে দিয়ে আসার ব্যবস্থার মাধ্যমে, তাকে সেই নির্দিষ্ট পরিস্থিতির সম্মুখীন হতে দিতাম, সেটি সে সযত্নে এড়িয়ে যেতে স্বচ্ছন্দ ছিল।

নিজেদের অন্তর্নিহিত ক্ষমতার সঠিক আবিষ্কার করার ক্ষেত্রে পারিপার্শ্বিকের মানুষজনকে, তাঁদের জীবনের বিভিন্ন প্রতিকূল পরিস্থিতিতে সর্বান্তঃকরণে সমর্থন করার চেষ্টা করুন। কোনো ব্যক্তি যদি এই নির্দিষ্ট ধ্যানধারণার বশবর্তী হয়ে থাকেন—জীবনযুদ্ধে সংগ্রামের জন্য তাঁদের কাছে পর্যাপ্ত শক্তি অথবা ক্ষমতার অভাব রয়েছে, তাঁদের পক্ষে বাস্তবে কী হওয়া সম্ভব, সেই অভিজ্ঞতা সঞ্চয় করা একান্তভাবেই অসম্ভব হয়ে দাঁড়াবে।

যে কোনো কঠিন পরিস্থিতিতে যেমনভাবে তাঁদের উদ্ধার করার জন্য আপনি ঝাঁপিয়ে পড়েন, সেক্ষেত্রে তাঁরাও ক্রমেই বদ্ধপরিকর থাকেন, যে কোনো সমস্যায় আপনি তাঁদের সহায়। কিন্তু প্রতি মুহূর্তের হিসেবে, অথবা দিনের হিসেবে তাঁরা যদি নিজেদের সামগ্রিক ব্যবহারিক বৈশিষ্ট্যের বিশ্লেষণ করেন, আপনার সাহচর্যে জীবনের বিভিন্ন কঠিন এবং ভয় উদ্রেককারী পরিস্থিতির সম্মুখীন হতে থাকেন, তাঁদের অন্তরে এই আত্মবিশ্বাস জাগিয়ে তুলতে আপনি সমর্থ হবেন যে, এই মুহূর্তে তাঁরা নিজেদের যেভাবে দেখতে অভ্যস্ত, তাঁদের অন্তর্নিহিত ক্ষমতা তার চাইতে বহুগুণে বেশী, এবং আজ তাঁদের কাছে যে পরিস্থিতি অত্যন্ত দুর্গম বলে মনে হচ্ছে, ভবিষ্যতে সেটিকে অতিক্রম করা তাঁদের কাছে নিছক একটি খেলা হিসেবে প্রতিপন্ন হতে চলেছে।

পারিপার্শ্বিকের মানুষজনকে নিজেদের জীবনের যাবতীয় সমস্যা থেকে উদ্ধার করার প্রচেষ্টা থেকে বিরত থাকুন, এবং এমনভাবে আচরণ করুন যেন সেই সমস্যার মোকাবিলা করার ক্ষেত্রে তাঁদের সামগ্রিক ক্ষমতার উপরে আপনার অখন্ড আস্থা রয়েছে। আপনার সামগ্রিক আচরণ এক্ষেত্রে হল আসল ও একমাত্র যোগসূত্র। সুতরাং, যখন আপনার সামগ্রিক আচরণ অন্যান্যদের সেই কাজ সম্পন্ন করার ক্ষেত্রে পর্যাপ্ত সাহস যোগায়, যে কাজের ক্ষেত্রে সাধারণত তাঁরা পিছিয়ে আসতে অভ্যস্ত, তখন আপনার শরীরী ভাষা বলে, "আপনাদের উপরে আমার বিশ্বাস আছে। এই কাজ আপনাদের পক্ষেই সম্ভব। জানবেন, এই কাজ করার সময় আমি প্রতি মুহূর্তে আপনাদের পাশে রয়েছি।"

জীবনযুদ্ধে সংগ্রামরত মানুষের পাশে দাঁড়াবার কাজ অত্যন্ত কঠিন। এই নির্দিষ্ট কাজটি অত্যন্ত ক্লান্তিকর। এই কাজে অপরিমিত সময় ও ধৈর্য্যের প্রয়োজন। এই কাজের ক্ষেত্রে হতাশা

অবশ্যম্ভাবী। একমাত্র সেই কারণেই, আমাদের মধ্যে অধিকাংশ মানুষ অন্যান্যদের প্ররোচিত করা অথবা উদ্ধারের কাজটি অপেক্ষাকৃতভাবে বেশীমাত্রায় পছন্দ করেন। আমাদের পক্ষে তাঁদের মেঝেতে বিছানা করে শুতে দেওয়া, একটি স্কুল থেকে ছাড়িয়ে নিয়ে অন্য স্কুলে ভর্তি করানো, কর্মস্থলে ইস্তফা দেওয়া, একটি সমস্যাকে এড়াতে এড়াতে সেটির পরিসমাপ্তির অপেক্ষা করা, অথবা, সেই কাজটি করা অত্যন্ত সহজ বলে মনে হয়, যেভাবে মানুষ অন্যান্যদের স্বাভাবিকভাবে প্ররোচিত করতে অভ্যস্ত: সমস্যার সমাধানে অর্থের বিনিয়োগ।

এক্ষেত্রে মূল প্রশ্নটির ক্ষেত্রে আমূল পরিবর্তন ঘটে: সুনির্দিষ্টভাবে আপনি কীভাবে অন্যান্যদের সমর্থন করবেন?

অধ্যায় ১৭

সঠিকভাবে কী করে মানুষের পাশে দাঁড়ানো সম্ভব

পারিপার্শ্বিকের মানুষজনকে কোনো কঠিন পরিস্থিতির ক্ষেত্রে উদ্ধার করার পরিবর্তে, আমাদের পক্ষে কীভাবে তাঁদের সম্পূর্ণ সমর্থন প্রদান করা সম্ভব—এই বিষয়ে যেহেতু বিভিন্ন প্রশ্নোত্তরের মাধ্যমে ইতিমধ্যেই আমরা আলোচনা করেছি, এই মুহূর্তে এমন একটি পরামর্শের কথা আমি জানাতে চলেছি, যে নির্দিষ্ট বিষয়টি প্রত্যেকজন বিশেষজ্ঞ আমার সঙ্গে তাঁদের আলোচনার ক্ষেত্রে উত্থাপন করেছেন।

জীবনযুদ্ধে সংগ্রামরত একজন প্রাপ্তবয়স্ক মানুষকে যখন আপনি সমর্থন করেন, প্রথমেই আপনাকে একটি নির্দিষ্ট বিষয়ে বিশেষভাবে চিন্তাভাবনা করে নিতে হয়—সেই বিশেষ পরিস্থিতির সমাধানের ক্ষেত্রে আপনি অর্থ বিনিয়োগের পথে হাঁটবেন, না পিছিয়ে আসবেন।

নির্দিষ্ট কঠিন পরিস্থিতির মোকাবিলায় সমর্থনের উদ্দেশ্যে, নির্দিষ্ট কোনো ব্যক্তিকে যদি অর্থনৈতিক সাহায্য প্রদানের কথা আপনি ভেবে থাকেন, সেই পরিসরে নিজের কাছে আপনাকে সম্পূর্ণভাবে পরিষ্কার থাকতে হবে যে, কোন পরিস্থিতির উপরে ভিত্তি করে সেই ধরনের সাহায্য করার জন্য আপনি মানসিকভাবে প্রস্তুত হয়েছেন।

কোন শর্ত ছাড়াই অর্থসাহায্য করার মনস্থ যদি আপনি করে থাকেন, সেটি অচিরেই আপনার জীবনে অত্যন্ত বিরক্তির কারণ হয়ে উঠতে বাধ্য। অর্থ কোনো অবস্থাতেই উপহার হতে পারে না। এবং নিঃস্বার্থভাবে অর্থনৈতিক সমর্থন কখনোই নিঃস্বার্থ ভালোবাসার সমতুল্য হওয়া সম্ভব নয়।

অধিকাংশ ক্ষেত্রেই, নিঃস্বার্থ ভালোবাসার আসল অর্থ হল, যাবতীয় অর্থনৈতিক সমর্থন প্রত্যাহার করে নেওয়া। এটি এক অত্যন্ত কঠিন পরিস্থিতি, বিশেষ করে সেই সমস্ত অভিভাবকদের ক্ষেত্রে, যাঁদের বয়োঃপ্রাপ্ত সন্তানরা জীবনের আবর্তে অসম লড়াই চালাতে ব্যস্ত, এবং তাঁদের কাছে এটিই সর্বশেষ উপায়।

নিরাময়ের পরিসরে একটি বহু প্রচলিত শব্দের অস্তিত্ব বর্তমান—সর্বনিম্ন পর্যায়। যে সমস্ত মানুষ জীবনধারণের ক্ষেত্রে নিরন্তর যুদ্ধ করে চলেছেন, তাঁদের বিষয়ে আলোচনা করার ক্ষেত্রে আমরা এই সর্বনিম্ন পর্যায়ের উল্লেখ করে থাকি। কিন্তু যে বিষয়টি উল্লেখ করতে আমরা বিস্মৃত হই, তা হল—আপনিও, অন্যান্য মানুষজনের প্রিয়জন হিসেবে, নিজের জীবনের ক্ষেত্রে সেই সর্বনিম্ন পর্যায়ে অবস্থান করতে পারেন।

নিজের জীবনের ক্ষেত্রে "সমস্তভাবে চেষ্টা" করার পরেও যখন সামগ্রিক পরিস্থিতির কোনো সুরাহা হয় না, তখন আমরা এই পর্যায়ে অবস্থান করতে বাধ্য হই। সেক্ষেত্রে সবরকমের প্রচেষ্টা বিফলে যায়। আপনার পরিস্থিতি অত্যন্ত কষ্টকর হয়ে ওঠে। সেই মুহূর্তে আপনি উপলব্ধি করেন: এখনো পর্যন্ত একটি বিশেষ প্রচেষ্টা আমি সুসম্পন্ন করে উঠতে পারিনি: পারিপার্শ্বিকের মানুষজনের ক্ষেত্রে পরিপূরকের ভুমিকা পালনের দায়িত্ব থেকে নিজেকে অব্যাহতি দেওয়া। নিজের জীবনে একটি নির্দিষ্ট মুহূর্তে, আপনি নিশ্চিত করে উপলব্ধি করবেন যে অন্যান্যদের বাড়িভাড়া, যাবতীয় বিল, পড়াশোনার খরচ, অথবা তাঁদের বসবাসের জন্য বিনামূল্যে একটি আশ্রয়ের ব্যবস্থা করার মাধ্যমে, আপনি তাঁদের মধ্যে আত্মনির্ভরতার উদ্যমকে অঙ্কুরে বিনাশ করার উদ্যোগ ইতিমধ্যেই নিয়েছেন।

ডঃ ওয়াল্ডিংগার কী বলেছিলেন, তা সম্পর্কে আপনারা নিশ্চয় বিস্মৃত হননি? "নিজেদের বেছে নেওয়া কর্মকাণ্ডের ফলে উদ্ভুত ফলাফল থেকে অন্যান্যদের কখনোই আড়াল করা উচিত নয়।" জীবনের বিশেষ কোনো মুহূর্তে, অন্যান্যদের জীবনে পরিপূরকের ভুমিকা পালন করার দায়িত্ব লাঘব করার সিদ্ধান্ত আপনাকে নিতেই হবে, বিশেষ করে সেই সমস্ত মানুষের ক্ষেত্রে, যাঁরা কর্মসংস্থানের ক্ষেত্রে উদ্যোগী নন অথবা নিজেদের সামগ্রিক উন্নতিসাধনের উদ্দেশ্যে পেশাদার প্রশিক্ষণ নেওয়ার ক্ষেত্রে আগ্রহী নন।

ডঃ ওয়াল্ডিংগার সহ অন্যান্য যে সমস্ত বিশেষজ্ঞের সঙ্গে আমার আলোচনা হয়েছিল, তাঁদের প্রত্যেকেই এই বিশেষ ক্ষেত্রে নিজেদের মতবাদে অবিচল ছিলেন: পারিপার্শ্বিকের মানুষজনের কাছে অকৃত্রিম ভালোবাসা, মানিয়ে নেওয়ার ক্ষমতা, এবং সামগ্রিক সহানুভুতির ক্ষেত্রে আপনি সবসময় ঋণী। কিন্তু, আর্থিক লেনদেনের ক্ষেত্রে কখনোই আপনি তাঁদের কাছে ঋণী নন। কারণ, অন্যান্যদের জীবনে কোনো প্রতিকূল পরিস্থিতির মোকাবিলার ক্ষেত্রে, অর্থ সাহায্যের মাধ্যমে যদি আপনি তাঁদের সমর্থন করেন—বিশেষ করে যখন নিজেদের চিকিৎসা করাবার ক্ষেত্রে, কর্মসংস্থানে, নিয়মিতভাবে ক্লাসে হাজিরা দেওয়ায় তাঁরা গররাজি থাকেন, বা মিথ্যার আশ্রয় নেওয়া অথবা সন্দেহজনক ব্যবহার কিংবা পরিস্থিতি এড়িয়ে যাওয়ার প্রবণতা থাকে—জানবেন সেই সমস্যার মূল কারণ আপনি। বিনা শর্তে আর্থিক সাহায্য হল প্ররোচনার সমার্থক।

কিন্তু শর্তসাপেক্ষ আর্থিক সাহায্য হল আদর্শ সমর্থনের সমার্থক, এবং এই বিশেষ পরিস্থিতি কিছুটা এরকম হওয়া সম্ভব: ভদ্র জীবনযাপনে অভ্যস্ত থাকলে, আপনি এখানে বসবাস করতে পারেন। আপনার চিকিৎসার খরচ বহন করতে আমি তখনই রাজি থাকব, যখন আপনার থেরাপিস্ট এবং আপনি আমার সঙ্গে মাসে অন্তত একবার চিকিৎসা সংক্রান্ত যাবতীয় বিষয়ে আলোচনায় প্রস্তুত থাকবেন। যতদিন পর্যন্ত আপনি ৩.০ এর উপরে গ্রেড আনতে সক্ষম,

ততদিন পর্যন্ত আপনার পড়াশোনার যাবতীয় খরচ আমি বহন করব। আপনার বাড়ি ভাড়া, ফোনের বিল, এবং গাড়ি সংক্রান্ত খরচখরচার সমস্ত দায়িত্ব আমার, যদি নিজের অস্বাস্থ্যকর খাদ্যাভ্যাসের সঠিক চিকিৎসা নিয়মিতভাবে করতে আপনি রাজি থাকেন।

কিন্তু আসল সমস্যার সূত্রপাত তখনই হয়, যখন অন্যান্যরা এই সমস্ত শর্তে রাজি থাকেন না। কারণ, এক্ষেত্রে তাঁরা যদি নিয়মিতভাবে চিকিৎসা করাতে রাজি না থাকেন অথবা কর্মসংস্থানে অরাজি হন, শর্ত অনুযায়ী তৎক্ষণাৎ আপনি সমস্ত আর্থিক সাহায্য প্রত্যাহার করতে বাধ্য থাকবেন, যার অর্থ হল, তাঁদের বাড়িভাড়া দেওয়া বন্ধ হয়ে যাবে অথবা নিজের বাড়ি থেকে তাঁদের বহিষ্কার করা হবে।

এক্ষেত্রে আমি সবরকমের আর্থিক সাহায্যের কথাই বলার চেষ্টা করছি। তাঁদের ফোনের প্রদেয় বিল আপনি দিতে বাধ্য থাকবেন না। তাঁদের বাড়িভাড়া সময়ে জমা দেওয়ার ক্ষেত্রে আপনার কোনো দায়িত্ব থাকবে না। নিজেদের পছন্দের অনুষ্ঠান উপভোগ করার ক্ষেত্রে, আপনার একাউন্টে লগইন করার সুব্যবস্থা তাঁদের ক্ষেত্রে অচিরেই বন্ধ হয়ে যাবে। তাঁদের জন্য আপনি নিত্যপ্রয়োজনীয় সামগ্রী কেনা অথবা উবেরের বিল মেটানো স্বভাবতই বন্ধ করে দেবেন। তাঁদের জন্য বাড়ি ভাড়া নেওয়ার সময়ে আপনি সেলামি হিসেবে যে অর্থ বিনিয়োগ করেছিলেন, সেই অর্থ নিজের ব্যাঙ্কে আপনি অবশ্যই ফেরত পেতে চাইবেন।

এক্ষেত্রে, স্বভাবতই তাঁরা আপনাকে ঘৃণা করবেন। প্রথম প্রথম, তাঁরা আপনার উদ্দেশ্যে গালিগালাজ, শাপশাপান্ত এবং নেতিবাচক মন্তব্য করবেন। কিন্তু আপনার পক্ষ থেকে সামগ্রিক সাহায্য এবং আর্থিক সমর্থনের ক্ষেত্রে যে শর্তাবলী প্রযোজ্য ছিল, সেই শর্ত অনুযায়ী জীবনযাপন করতে যখন তাঁরা অস্বীকার করেছেন, সেই প্রাপ্তবয়স্ক অভিভাবকের ভূমিকায় আপনাকে অবতীর্ণ হতে হবে। সেই ধরনের অভিভাবকের সংখ্যাগরিষ্ঠতা দেখে আমি যারপরনাই হতবাক হয়ে যাই, যাঁরা জীবনযুদ্ধে সংগ্রামরত নিজেদের বয়োঃপ্রাপ্ত সন্তানকে মুক্তহস্তে আর্থিক সাহায্য প্রদান করা সত্ত্বেও, তাঁদের সামগ্রিক পরিস্থিতি সম্পর্কে একান্তভাবেই উদাসীন!

ওদের লড়াই করতে দিন। আপনার সামগ্রিক সমর্থনের শর্তাবলীকে ওদের অমান্য করতে দিন। এবং তার পরে, আমাকে তাঁদের প্রতি যাবতীয় আর্থিক সাহায্য বন্ধ করতে দিন।

অধিকাংশ মানুষ এই কাজ করতে মানসিকভাবে প্রস্তুত নন, কারণ এই ব্যবহার অবধারিতভাবে নির্মমতার পরিচয়। সেই কারণেই, মানুষের জীবনে যে কোনো কঠিন পরিস্থিতির মোকাবিলায় আর্থিক লেনদেনের ঘটনা বহুলভাবে প্রচলিত। কিন্তু, অর্থ সাহায্যের মাধ্যমে আপনার সার্বিক সমর্থনের প্রত্যাহার এক্ষেত্রে সম্যকভাবে কার্যকরী। কারণ, অন্যান্য সমস্ত প্রক্রিয়া বিফলে যাওয়ার পরে একমাত্র এই প্রক্রিয়াই একান্তভাবে ফলপ্রসূ হিসেবে প্রমাণিত হয়েছে। আপনার কাছে এই বিশেষ ক্ষমতা রয়েছে। আপনার প্রিয়জনদের ক্ষেত্রে সম্ভবত এই বিশেষ প্রক্রিয়াটি অত্যন্ত ফলদায়ক হিসেবে প্রতিপন্ন হতে পারে।

আপনারা যখন বইয়ের এই অংশটি পড়ছেন, এবং নিজের জীবনের ক্ষেত্রে এই মুহূর্তে যদি নিজেদের অভিভাবকরা আপনার চিকিৎসার উদ্দেশ্যে অর্থব্যয় করেন, অথবা বাড়িভাড়ার ক্ষেত্রে, কিংবা পড়াশোনার খরচাখরচ, বা ফোনের প্রদেয় বিল, অথবা আপনার জীবনের যে কোনো ক্ষেত্রে অর্থভার বহন করছেন, আপনার উদ্দেশ্যে একটি কথা আমার বলার আছে :

আপনি কীভাবে জীবনযাপন করবেন, সেই বিষয়ে বলার সম্পূর্ণ অধিকার তাঁদের সবসময়েই আছে।

আপনার সামগ্রিক অর্থভার বহন করার জন্য নিজের জীবনে আর কোনো ব্যক্তির অস্তিত্ব না থাকা সত্ত্বেও, অভিভাবকরা যখন আপনার তরফ থেকে অনর্থক অর্থব্যয়ের পরিপ্রেক্ষিতে কোনো মন্তব্য করেন, তাঁদের প্রতি রূঢ় ব্যবহার ও তির্যক মন্তব্য করার ক্ষেত্রে আপনি পিছপা হন না। আপনার চিকিৎসার যাবতীয় খরচ তাঁরা বহন করা সত্ত্বেও, থেরাপিস্টের সঙ্গে আপনার অভিভাবকদের আলোচনায় বসতে না দেওয়া, রীতিমতো অপরাধ।

নিজের জীবনে, অভিভাবকদের সামগ্রিক মতামত সম্পর্কে যদি আপনি ইতিমধ্যেই বীতশ্রদ্ধ হয়ে থাকেন, তাহলে আজ থেকেই নিজের যাবতীয় খরচ বহন করার দায়িত্ব আপনাকে নিতে হবে। যতদিন পর্যন্ত অর্থনৈতিকভাবে অন্যান্যদের উপরে আপনি নির্ভরশীল, নিজের যাবতীয় চাহিদাকে ওদের করতে দিন বলে চরিতার্থ আপনি করতেই পারেন, কিন্তু যেহেতু তাঁদের আর্থিক সাহায্যের ভিত্তিতে আপনি জীবনযাপন করছেন, তাঁদের প্রতিটি অভিমত আপনাকে মেনে চলতে হবে। নিজের জীবনে নিশ্ছিদ্র স্বাধীনতার প্রয়োজন দেখা দিলে, নিজেকে তার উপযুক্ত করে তুলতে হবে এবং বাস্তবিকভাবেই, অর্থনৈতিকভাবে স্বাধীন হয়ে উঠতে হবে।

সততার সঙ্গে স্বীকার করে নেওয়া যাক : অভিভাবকদের সামগ্রিক মতামত আপনাদের জীবন চূড়ান্ত হতাশা হিসেবে প্রতিপন্ন হওয়ার আসল কারণ হল, তাঁদের কাছ থেকে অর্থ সাহায্য একান্তভাবেই অপরিহার্য, এবং এই পরিস্থিতি সম্পর্কে আপনি সম্পূর্ণভাবে অবহিত। আপনার এই হতাশা এবং বিরক্তির মূল লক্ষ্য তাঁরা নন; নিজের অর্থনৈতিক পরাধীনতার ক্ষেত্রে আপনি চূড়ান্তভাবে হতাশ এবং তিতিবিরক্ত।

অন্যান্য প্রাপ্তবয়স্ক মানুষকে উদ্ধার করার চেষ্টা থেকে বিরত থাকুন

ব্যক্তিগত অভিজ্ঞতা থেকে আপনাদের এমন একটি উদাহরণ আমি দিতে সক্ষম, যার ফলে সহজে বোঝা যাবে, কী কারণে অন্যান্যদের নিঃশর্তে উদ্ধারের প্রচেষ্টা থেকে বিরত থাকা অত্যন্ত গুরুত্বপূর্ণ। বইয়ের শুরুতে বলেছিলাম, আমার বয়স যখন চল্লিশের কোঠায়, ক্রিস এবং আমার উপরে তখন পাহাড়প্রমাণ ঋণের গুরুভার ছিল।

নিজেদের বসতবাড়ি বন্ধক রাখতে আমরা বাধ্য হয়েছিলাম, এবং আমাদের মাথার উপরে ৮০০,০০০ ডলারের ঋণের বোঝা খাঁড়ার মতো ঝুলছিল। সে সময় ক্রিসের রেস্তোরাঁর ব্যবসা চোখে সামনে, তাসের ঘরের মতোই ভেঙে পড়ার উপক্রম করছিল। এই ব্যবসা টিকিয়ে রাখতে গিয়ে, আমাদের ঋণের পরিমাণে উত্তরোত্তর বৃদ্ধি পাচ্ছিল। বহু মাস ধরে ক্রিসের কোনো রোজগার ছিল না, এবং একই সময়ে আমি নিজের চাকরিটি হারিয়েছিলাম। আমাদের অর্থনৈতিক পরিস্থিতি সেই মুহূর্তে এতটাই খারাপ জায়গায় পৌঁছেছিল যে, নিত্যপ্রয়োজনীয় রসদ

কেনার সঙ্গতি আমাদের ছিল না, এমনকি গাড়ির জ্বালানী কেনার প্রয়োজনীয় অর্থের জোগান দেওয়া দুষ্কর হয়ে উঠেছিল!

সেই সময়ে স্বভাবতই আমরা অত্যন্ত আতঙ্কগ্রস্ত হয়ে পড়েছিলাম। ক্রিস এবং তাঁর ব্যবসার অংশীদার মরিয়া হয়ে অর্থ সমাগমের চেষ্টায় প্রাণপাত করতে বাধ্য হয়েছিলেন, যাতে সেটিকে কোনক্রমে ভাসিয়ে রাখা সম্ভব হয়। আজও আমার মনে আছে, ব্যবসার প্রয়োজনে ক্রিস নিজের ভাইয়ের কাছে ঋণ হিসেবে কিছু অর্থ সাহায্য চেয়েছিলেন।

তাঁর ভাই, মুখের উপরে তাঁর আর্জি নস্যাৎ করে দিয়ে বলেছিলেন, "এই অর্থ সাহায্য না করার ফলে যদি তোমার ব্যবসাটি বন্ধ হয়ে যায় বা অচিরেই যদি তুমি দেউলিয়া হয়ে যাও, তার জন্য আমি অত্যন্ত দুঃখিত এবং অবশ্যই তোমার সমব্যথী, কিন্তু তোমাকে এই পরিস্থিতি থেকে উদ্ধার করতে আমি একদম রাজি নই। এই সমস্যার সমাধান, নিজের চেষ্টায় তোমাকেই খুঁজে বার করতে হবে।"

এই বক্তব্য কি নিছক নির্মমতার উদাহরণ? অবশ্যই না। এই কথাগুলি তিনি অত্যন্ত সততার সঙ্গে বলতে পেরেছিলেন। বাণিজ্যিক ক্ষেত্রে ক্রিসের এই নির্দিষ্ট সমস্যার জন্য তিনি কোনোভাবেই দায়ী ছিলেন না। একমাত্র ক্রিস এর জন্য দায়ী। এবং একটি মুখ থুবড়ে পড়া ব্যবসাকে সুপ্রতিষ্ঠিত করার ক্ষেত্রে, অথবা ক্রিসকে নিজের প্রভূত অর্থনৈতিক সংকট থেকে উদ্ধার করার ক্ষেত্রে, তাঁর উপরে কোনো দায়িত্ব বর্তায় না। মুখের উপরে, সরাসরিভাবে ভাইয়ের কাছ থেকে এই কথা শুনতে ক্রিসের অত্যন্ত খারাপ লাগলেও, সেটিই কঠিন বাস্তব। এই ঘটনার মাত্র কয়েক সপ্তাহ পরেই, ক্রিস নিজের জীবনের ক্ষেত্রে সর্বনিম্ন পর্যায়ে এসে উপনীত হয়েছিলেন।

বিগত ছয় মাস যাবৎ, নিজের ব্যবসা থেকে তাঁর একটি ডলারও উপার্জন হয়নি এবং ব্যবসার সামগ্রিক পরিস্থিতি একদম তলানীতে গিয়ে ঠেকেছিল। ব্যবসাটিকে প্রতিষ্ঠিত করাবার জন্য বিগত কয়েক বছর ধরে, ক্রিস এবং তাঁর ব্যবসার অংশীদার অবিশ্রান্তভাবে, মুখে রক্ত তুলে খেটেছিলেন। কিন্তু নিজের ভাইয়ের সঙ্গে এই কথোপকথনের ভিত্তিতে, শেষ পর্যন্ত তিনি উপলব্ধি করতে পেরেছিলেন যে এই নিদারুণ পরিস্থিতি থেকে তাঁকে কোনোভাবে নিষ্কৃতি পেতেই হবে।

এই ছোট ব্যবসার পক্ষে, একযোগে দুজন কর্ণধারকে পরিতৃপ্ত করা সম্ভব ছিল না। তা ছাড়াও, ক্রিস এই সময়ে নিয়মিত সুরাপানে আসক্ত হয়ে পড়েছিলেন। মানসিক বিপর্যয়ের কবল থেকে নিষ্কৃতি পাওয়ার উদ্দেশ্যে, এবং বিভিন্ন স্ব-ধ্বংসাত্মক আচরণে লিপ্ত হওয়া থেকে নিজেকে বিরত রাখতে, সুরাপানের কু-অভ্যাসের শরণাপন্ন হতে তিনি বাধ্য হয়েছিলেন। সেই মুহূর্তে, মানসিকভাবে তিনি অত্যন্ত বিপর্যস্ত এবং উদ্বিগ্ন হয়ে পড়েছিলেন, এবং উপলব্ধি করতে পেরেছিলেন, এভাবে তাঁর পক্ষে জীবনযাপন করা সম্ভব নয়। এই সময়টি ছিল তাঁর জীবনে সর্বনিম্ন পর্যায়।

এই পরিস্থিতিতে তাঁর ভাই যদি ক্রিসকে অর্থ সাহায্য করতেন, তাতে এই ভয়ঙ্কর পরিস্থিতি অকারণেই দীর্ঘায়িত হত। কিন্তু যে মুহূর্তে নিজের ভাই তাঁর আর্জি সরাসরিভাবে নাকচ করলেন, নিজেকে এই পরিস্থিতি থেকে উদ্ধার করা ছাড়া তাঁর হাতে আর কোনো উপায়

থাকল না। জীবনের ক্ষেত্রে এই বিশেষ পরিস্থিতিকেই "সর্বনিম্ন পর্যায়" হিসেবে অভিহিত করা হয় এবং এক্ষেত্রেই, আপনার পক্ষে ঘুরে দাঁড়ানো সম্ভব। কারণ, যে মুহূর্তে আপনি সেই বিশেষ পরিস্থিতিতে এসে উপনীত হচ্ছেন, আপনার সঙ্গে সাক্ষাৎ ঘটছে নিজের অন্তর্নিহিত একটি উপলব্ধির—পরিবর্তনের অদম্য জেদের!

এই পরিস্থিতিতে একটি বিশেষ ক্ষেত্রে আলোকপাত করা অত্যন্ত গুরুত্বপূর্ণ, অর্থ সাহায্যের ক্ষেত্রে ক্রিসের ভাই রাজি না থাকা সত্ত্বেও, তাঁকে সমর্থনের ক্ষেত্রে তিনি যে গররাজি ছিলেন, তা বলা যায় না। ক্রিসের কথা তিনি শান্তভাবে শুনেছিলেন, প্রতি মুহূর্তে ক্রিসের যাবতীয় অনুভূতির ক্ষেত্রে সহমর্মী ছিলেন, ভাইয়ের জন্য তিনি অত্যন্ত সহানুভূতিশীল ছিলেন। তা সত্ত্বেও, ক্রিসকে অর্থ সাহায্য করার ক্ষেত্রে নিজের অক্ষমতা প্রকাশ করে বলেছিলেন, "এই পরিস্থিতি থেকে নিষ্কৃতিলাভ করার ক্ষমতা যে তোমার মধ্যে রয়েছে, সে বিষয়ে আমার মনে কোনো সন্দেহ নেই।"

এবং তাঁর এই ধারণা সর্বৈবভাবে সত্য প্রমাণিত হয়। নিজের চেষ্টাতে ক্রিস এই মারাত্মক পরিস্থিতি থেকে মুক্তিলাভ করতে সক্ষম হয়েছিলেন। তাঁর কাছে রেস্তোরাঁটিকে সুপ্রতিষ্ঠিত করার প্রক্রিয়া, সমস্যার সঠিক সমাধান ছিল না। সেই পরিস্থিতিকে এড়িয়ে গেলে পরিস্থিতির কোনো সুরাহা সম্ভব ছিল না। এক্ষেত্রে সঠিক সমাধান ছিল সরাসরি স্বীকার করা, "আমি আর এই ব্যবসা চালাবার চেষ্টা করব না। এটিকে আমি বরাবরের মতো বিদায় জানাচ্ছি।"

নিজের জীবনে নির্দিষ্ট পরিবর্তন নিয়ে আসার ক্ষেত্রে প্রথম পদক্ষেপ হল সর্বান্তঃকরণে মেনে নেওয়া, যে আপনার জীবন সঠিক পথে অগ্রসর হচ্ছে না এবং এর জন্য আপনিই সম্পূর্ণভাবে দায়ী। এই কারণে, ভালোবাসার মানুষজনকে কঠিন বাস্তব এড়িয়ে যাওয়ার ক্ষেত্রে উৎসাহিত করার পরিবর্তে, পরিস্থিতির সম্মুখীন হওয়ার ক্ষেত্রে প্রতিনিয়তভাবে আপনাকে জোর দিতে হবে। তাঁদের ভালোবেসে আগলে রাখা, নির্দিষ্ট কোনো কাজ সুসম্পন্ন করার ক্ষেত্রে তাঁদের ক্ষমতার উপর সম্পূর্ণ আস্থা রাখা, নিরাপদ দূরত্ব থেকে সর্বান্তঃকরণে তাঁদের সমর্থন জানানো হল আপনার সামগ্রিক দায়িত্ব—যে কাজটি ক্রিসের ভাই সঠিকভাবে করতে পেরেছিলেন। একটি নির্দিষ্ট সমস্যার ক্ষেত্রে যেমন লক্ষাধিক সমাধান সম্ভব, সেরকম সমর্থন জানানোর ক্ষেত্রেও লক্ষাধিক উপায় বর্তমান।

নিরাময়ের জন্য কীভাবে একটি আদর্শ পরিমণ্ডল সৃষ্টি করা সম্ভব

সমর্থন জানাবার ক্ষেত্রে আমার অন্যতম পছন্দের প্রক্রিয়া হল, আদর্শ পরিমণ্ডল সৃষ্টি করার বিষয়ে চিন্তাভাবনা করা, যার সাহায্যে পারিপার্শ্বিকের মানুষজনের উন্নতিসাধন সম্ভব হতে পারে। এই নির্দিষ্ট চিন্তাধারার আসল অর্থ কী? পারিপার্শ্বিকের পরিমণ্ডল আপনার মানসিক, আধ্যাত্মিক এবং শারীরিক স্বাস্থ্যকে কীভাবে প্রভাবিত করে, তা নিয়ে ইতিমধ্যেই অজস্র গবেষণা আয়োজিত হয়েছে। আপনার বসবাসের অঞ্চল, যত্রতত্র পড়ে থাকা স্তূপীকৃত আবর্জনা, ফ্রিজের মধ্যে

রাখা বিভিন্ন খাবারদাবার, সেই সমস্ত মানুষ যাঁদের সঙ্গে আপনি নিয়মিতভাবে সময় কাটাতে অভ্যস্ত, এবং ক্যালেন্ডারে সযত্নে লিখে রাখা বিভিন্ন পরিকল্পনার অন্তর্ভুক্তির মাধ্যমে আপনার পারিপার্শ্বিকে এই পরিমণ্ডল গড়ে উঠেছে।

নিজেকে একবার প্রশ্ন করুন, আমার পক্ষে কীভাবে এমন একটি পরিমণ্ডল সৃষ্টি করা সম্ভব যেখানে জীবনের ক্ষেত্রে প্রয়োজনীয় পরিবর্তন এবং সামগ্রিক উন্নতিসাধনের প্রক্রিয়া অত্যন্ত অনায়াস হতে পারে? এটি এই নির্দিষ্ট করার জন্য আপনার কাছে লক্ষাধিক প্রক্রিয়া বর্তমান, কিন্তু এক্ষেত্রে নিজের জীবন থেকে নেওয়া একটি বিশেষ উদাহরণ দিয়ে শুরু করতে চাই।

আমাদের প্রথম সন্তান অর্থাৎ মেয়ে জন্মাবার সময়, আমাকে একটি অত্যন্ত কঠিন শারীরিক পরিস্থিতির সম্মুখীন হতে হয়, যার ফলে আমার শরীর থেকে প্রচুর রক্তক্ষরণ হয়েছিল। শেষ পর্যন্ত, যখন হাসপাতাল থেকে ছুটি দিয়ে আমাকে বাড়িতে পাঠানো হয়, ততদিনে যে শুধুমাত্র আমার স্বাস্থ্য সম্পূর্ণভাবে ভেঙে গিয়েছিল তাই নয়, প্রসব-পরবর্তী মানসিক অবসাদের বিরুদ্ধে সংগ্রাম করতে করতে আমি মানসিকভাবে বিপর্যস্ত হয়ে পড়েছিলাম।

আমার শারীরিক ও মানসিক পরিস্থিতি এতটাই খারাপ জায়গায় ছিল যে, আমাদের সন্তানের জন্মের প্রথম চার মাসের মধ্যে তার সঙ্গে আমাকে একা রেখে যাওয়া, কোনোমতেই সম্ভব ছিল না। প্রতিনিয়ত, অত্যন্ত কড়া ডোজের ওষুধপত্র খাওয়ার কারণে শিশুকে স্তন্যপান করাবার কোনো উপায় আমার ছিল না। আমার শরীর ও মন এতটাই ক্ষয়প্রাপ্ত হয়েছিল যে, দিনের অধিকাংশ সময়েই আমি ঘুমিয়ে কাটাতাম অথবা আরামকেদারায় শরীর ডুবিয়ে জড়ভরতের মতো বসে থাকতাম।

যে কথাটি আমার বারবার মনে পড়ে তা হল, সেই নির্দিষ্ট পরিস্থিতিতে আমার কাছে এসে কেউ একবার জিজ্ঞেস পর্যন্ত করেননি, কোনোরকম সাহায্যের প্রয়োজন আমার আছে কি না। তাঁরা নিজেদের সময়মতো ও ইচ্ছেমতো আসতেন এবং আমার চারপাশে এমন একটি পরিমণ্ডল গড়ে তোলার চেষ্টায় ব্যস্ত হয়ে পড়তেন, যাতে আমার পক্ষে তাড়াতাড়ি সেরে ওঠা অনায়াসেই সম্ভব হতে পারে।

আমার ঘর পরিষ্কার রাখার উদ্দেশ্যে, আমার মাসতুতো বোন নিয়মিতভাবে বাড়িতে আসতেন। দেশের অন্য প্রান্ত থেকে গাড়ি চালিয়ে এসে আমার অভিভাবকরা, সপ্তাহের পর সপ্তাহ আমাকে সঙ্গদান করতেন। আমার এক নবাগত বান্ধবী জোয়ানি, যিনি নিজেও সেই সময় অন্তঃসত্ত্বা ছিলেন, নিয়মিতভাবে আমাকে সান্নিধ্যপ্রদান করতেন, যাতে ক্রিসের পক্ষে কাজে যাওয়া সম্ভব হয়। যখন আমি ওষুধের প্রভাবে ঘুমিয়ে পড়তাম, তিনি নীরবে পাহাড়প্রমাণ লন্ড্রি সামলাতেন অথবা দুপুরের জন্য একটি ছিমছাম লাঞ্চের ব্যবস্থা করে ফেলতেন।

আমার শ্বশুরবাড়ির মানুষজন এক সপ্তাহের জন্য আমাদের বাড়িতে এসে থেকেছিলেন, এবং প্রতিদিন তাঁদের বিভিন্ন ধরনের পরিকল্পনা থাকত। কারো কাছ থেকে কোনো অনুমতি নেওয়ার অপেক্ষা না করে, তাঁরা বলতেন, "ঠিক আছে, চলো আজ আমরা বোস্টনের বিখ্যাত ফুলের প্রদর্শনী দেখতে যাব।" এবং, তারপরে আমাকে আর মেয়েকে গাড়িতে বসিয়ে দিতেন। সেই সময়ে যদিও আমি জড়ভরতে পরিণত হয়েছিলাম এবং মানসিক অবসাদে ভুগছিলাম, আমার জন্য তাঁরা এমন একটি পরিমণ্ডল সৃষ্টি করতেন যার ফলে আমি বাড়ির চার দেওয়ালের

ঘেরাটোপ থেকে বাইরে বেরোবার সুযোগ পেতাম, এবং আস্তে আস্তে স্বাভাবিক জীবনযাত্রায় ফিরে আসার জন্য মানসিকভাবে প্রস্তুত হতে পেরেছিলাম।

কেউ আমাকে জিজ্ঞাসা করেননি, "তোমার কি কোনো সাহায্যের প্রয়োজন?" কেউ আমাকে জিজ্ঞাসা করেননি, "তুমি কি চাও, আমি লন্ড্রির কাজটি সামলে দেব?" কেউ আমাকে কখনো জিজ্ঞাসা করেননি, "আজকের ডিনার কি আমি করে পাঠিয়ে দেব?" নিজেদের মতো করে কাজ করতে তাঁরা অভ্যস্ত হয়ে উঠেছিলেন। যে সমস্ত মানুষ জীবনে বিভিন্ন কঠিন পরিস্থিতির বিরুদ্ধে সংগ্রাম করছেন, এই বিষয়টি তাঁদের কাছে অত্যন্ত গুরুত্বপূর্ণ হিসেবে প্রতিপন্ন হতে পারে।

লেট দেম অর্থাৎ ওদের করতে দিন এর অর্থ কখনোই পারিপার্শ্বিকের মানুষজনকে পরিত্যক্ত অবস্থায় ফেলে রাখা নয়।

যখন নির্দিষ্ট কোনো কঠিন পরিস্থিতির বিরুদ্ধে আপনি লড়াই করতে ব্যস্ত থাকেন, সেই মুহূর্তে আপনি কী চাইছেন অথবা আপনার কী প্রয়োজন, সেই সম্পর্কে কোনো অবগতি আপনার থাকে না। বিশেষ বিশেষ দিনে, সেটি মাসের কত তারিখ, সেটিও আপনাদের ধারণার বাইরে থাকে। কখনো কি লক্ষ্য করেছেন, যখন নিজের কোনো প্রিয়জন হয় শোকসন্তপ্ত অবস্থায় রয়েছেন, অথবা সম্পর্ক বিচ্ছেদের যন্ত্রণায় কাতর, কিংবা দীর্ঘ রোগভোগের পরে সদ্য হাসপাতাল থেকে ছাড়া পেয়েছেন, তাঁকে যদি প্রশ্ন করেন যে কীভাবে আপনি তাঁদের সাহায্য করতে পারেন, প্রতিটি ক্ষেত্রেই তাঁরা আপনাকে জবাব দেবেন, "না, আমি ঠিক আছি," "কিছু না," অথবা "না, কোনো প্রয়োজন নেই।"

জীবনের কঠিনতম পরিস্থিতির বিরুদ্ধে যুদ্ধ করার সময়ে, অন্যদের উপরে আলাদা করে কোনো দায়িত্ব চাপিয়ে দেওয়ার ক্ষেত্রে আপনি রাজি থাকেন না, কারণ ইতিমধ্যেই নিজেকে তাঁদের উপরে চাপিয়ে দেওয়া একটি বোঝা হিসেবে দেখতে আপনি অভ্যস্ত হয়ে উঠেছেন। তাঁদের সামগ্রিক উন্নতিসাধনে, একটি আদর্শ পরিমণ্ডল আমাকে গড়ে তুলতে দিন।

এখানে আপনাদের সুবিধার্থে কিছু উদাহরণ সাজিয়ে দেওয়া হল, যেগুলি আপনারা চেষ্টা করে দেখতে পারেন : তাঁদের সদর দরজায় পৌঁছে যাওয়া, তাঁদের জন্য ডিনার পাঠিয়ে দেওয়া, তাঁদের ঘরদোর পরিষ্কার করতে সাহায্য করা, তাঁদের ফ্রিজ স্বাস্থ্যকর খাবারদাবারে বোঝাই করে রাখা, তাঁদের শোওয়ার ঘরের পর্দা সরিয়ে জানালা খুলে দেওয়া, যাতে তরতাজা বাতাসে ঘরটি ভরে উঠতে পারে, তাঁদের লন্ড্রির দায়িত্ব নেওয়া, পছন্দের গানগুলি নিয়ে একটি অসাধারণ প্লে-লিস্ট তৈরী করা, এমন কিছু পডকাস্টের পর্ব পাঠানো, যেগুলির সাহায্যে তাঁদের ইতিবাচক মানসিকতা বৃদ্ধি পেতে পারে, এমন কিছু 'কেয়ার প্যাকেজেস' পাঠানো, যার সাহায্যে নিজেদের যত্ন তাঁরা নিতে পারেন, কিংবা তাঁদের জন্য একটি সুদৃশ্য ডিজিটাল ফটো ফ্রেম কেনা এবং সেটিতে তাঁদের জীবনের সুন্দর মুহূর্তগুলি সংকলিত করা, যাতে নিজস্ব পরিমন্ডলে, নিজেদের জীবনের সুখকর স্মৃতি এবং তাঁদের ঘিরে থাকা পরিবার পরিজন এবং বন্ধুবান্ধবদের সান্নিধ্য তাঁরা সবসময় পেতে পারেন।

বিশেষ করে সদ্য মাতৃত্বের স্বাদ পাওয়া কোনো মহিলার জন্য যে কাজটি করতে আমার অত্যন্ত ভালো লাগে, তা স্বনামধন্য থেরাপিস্ট ডঃ কে. সি. ডেভিসের ধারণায় অনুপ্রাণিত:

তাঁদের বাড়িটি থরে থরে কাগজের কাপ এবং প্লেট বোঝাই করে রাখুন, যাতে অতিরিক্ত বাসনপত্র ধোয়ার কারণে নবজাতকের যত্নের খামতি না হতে পারে।

যতক্ষণ আমরা এই নির্দিষ্ট বিষয় নিয়ে আলোচনা করছি, তার মধ্যেই একজন বন্ধুকে ফোন অথবা লিখিত মেসেজ করে বলুন, "আগামী শনিবার আমি তোমার বাড়িতে আসছি, এবং বাচ্চাদের অথবা তোমাদের পোষ্যকে পার্কে ঘোরাতে নিয়ে যাওয়ার সম্পূর্ণ দায়িত্ব সেদিন আমার, যাতে তুমি কিছু সময়ের জন্য একটু আরাম করতে পারো।"

সহপাঠীর জীবনে বিশেষ কোনো পারস্পরিক সম্পর্ক বিচ্ছেদ হওয়ার পরে, তাঁকে নিয়মিতভাবে ম্যানিকিওর করাবার জন্য, অথবা জাদুঘরে নতুন কোনো প্রদর্শনীতে নিয়ে যান। বন্ধুবান্ধবদের সপ্তাহে অন্তত একবার লিখিত মেসেজ করে জানান, "এই মুহূর্তে আমি তোমার কথাই ভাবছিলাম, চিন্তার কোনো কারণ নেই—পৃথিবীতে একা তুমিই এই পরিস্থিতির মধ্যে দিয়ে যাচ্ছ না, এবং এই মেসেজের বদলে পাল্টা মেসেজের প্রয়োজন নেই; আমি বলার চেষ্টা করছি যে তোমার পাশে আমি সবসময় আছি।" নিয়মিতভাবে প্রতি বুধবার সকালে, আপনার সঙ্গে যোগাসনের ক্লাসে যাওয়ার জন্য বন্ধুকে আমন্ত্রণ জানান, শারীরিক অসুস্থতার জন্য যাঁকে কিছু দিন আগেই হাসপাতালে ভর্তি হতে হয়েছিল—এবং, পারলে তাঁর বাড়ি থেকে নিজের গাড়িতে করে তুলে নেওয়া ও পৌঁছে দেওয়ার ব্যবস্থাও আপনি করতে পারেন।

পারিপার্শ্বিকের মানুষজনের জীবনে ইতিবাচক পরিবর্তন নিয়ে আসার ক্ষেত্রে, একটি আদর্শ পরিমণ্ডল আপনি সৃষ্টি করতে পারেন, যেখানে অন্যান্যদের জন্য বিভিন্ন থেরাপি, রকমারি স্বাস্থ্যকর খাবারদাবার তৈরী করা, অথবা বিভিন্ন গুরুত্বপূর্ণ বিষয়ে আলোচনা, কিংবা অর্থপূর্ণ প্রশ্নোত্তর পর্বের ব্যবস্থা করতে পারেন। আপনারা নিশ্চয় বুঝতে পারছেন, কঠিন পরিস্থিতির মোকাবিলার ক্ষেত্রে আর্থিক লেনদেন, অথবা অন্যান্যদের প্ররোচিত করা বা নিজেদের সমস্যা থেকে উদ্ধার করার বিভিন্ন সাধারণ প্রক্রিয়ার তুলনায়, উপরোক্ত উদাহরণগুলি কতটা আলাদা? এই উদাহরণ অনুযায়ী কাজ করার মাধ্যমে, আপনি অন্যান্যদের স্বাভাবিক জীবনে ফিরে আসার ক্ষেত্রে সাহায্য করতে পারেন।

পারিপার্শ্বিকের মানুষজনের জীবনে এই মুহূর্তে কী ঘটে চলেছে, তা সম্পর্কে আপনার অবগতি নেই। আপনার পক্ষে স্বাধীনভাবে নিজের বন্ধুবান্ধব, প্রিয়জন অথবা পরিবারের নির্দিষ্ট কোনো সদস্যকে পছন্দমত সাহায্য করা অবশ্যই সম্ভব। সামগ্রিক পরিচয় অথবা ভাবমূর্তির ভিত্তিতে এমনভাবে নিজেকে জনসমক্ষে উপস্থাপনা করা উচিত, যার ফলে আপনি নিজের ক্ষেত্রে গর্ববোধ করতে পারেন—নির্দিষ্ট বিষয়ে এই বইতে আমরা ইতিমধ্যেই আলোচনা করেছি।

কোনোরকম প্রত্যাশার বিনিময়ে পারিপার্শ্বিকের মানুষজনকে সাহায্য করার চেষ্টা করবেন না। হাসপাতালে চিকিৎসাধীন প্রিয় বন্ধুর পাশে দাঁড়াতে আপনার ভালো লাগে, সেই কারণে এই কাজটি আপনি করবেন। একটি বিশেষ পরিস্থিতিতে কী কী ঘটছে, তার বিস্তারিত বিবরণ সম্বলিত একটি সুদীর্ঘ মেসেজের প্রত্যাশায় অযথা বসে থাকবেন না। তাঁদের পক্ষ থেকে শুধুমাত্র কৃতজ্ঞতামূলক প্রশংসা পাওয়ার কারণে, একটি নির্দিষ্ট বাড়িতে রাতের খাবার পৌঁছে দেওয়ার ব্যবস্থা করবেন না যেখানে সম্প্রতি একটি শিশুর জন্ম হয়েছে; অন্যান্য মানুষের জন্য আপনি

কতটা দায়বদ্ধ, এবং নিজেদের মধ্যে পারস্পরিক সম্পর্ক কতটা সুদৃঢ়, সেই পরম সত্য উপলব্ধি করার জন্য এই কাজটি আপনি করবেন।

সবসময় মনে রাখবেন, যখন কোনো মানুষ জীবনযুদ্ধে সংগ্রামরত অবস্থায় থাকেন, মানসিকভাবে তাঁরা এতটাই উদ্বিগ্ন থাকেন যে প্রতি মুহূর্তে বর্তমান পরিস্থিতির খবরাখবর জানানো অথবা আপনাকে ধন্যবাদ দেওয়া তাঁদের পক্ষে সম্ভব হয়ে ওঠে না—কিন্তু নিজের এই সহমর্মিতা এবং সহানুভূতিশীল মনোভাবের উপরে সম্পূর্ণভাবে আস্থা রাখবেন, কারণ আপনার এই ব্যবহারিক বৈশিষ্ট্যই আসল পার্থক্য গড়ে দিতে পারে, এবং সেক্ষেত্রে আপনাকে ধন্যবাদ জ্ঞাপন করা না হলেও, কিছুই এসে যায় না।

আপনার কাজ হল অসময়ে তাঁদের পাশে দাঁড়িয়ে, তাঁদের আলোকপ্রাপ্ত করে তোলা। পারিপার্শ্বিকের মানুষজনের জীবনে, আপনাকে একটি আশার আলো হয়ে জ্বলে উঠতে হবে। জীবনে উন্নতি করার ক্ষেত্রে, তাঁদের সামগ্রিক ক্ষমতার প্রতি আপনাকে আস্থাভাজন হয়ে থাকতে হবে।

নিরাময়ের প্রক্রিয়াকে মানুষ সাধারণত এড়িয়ে যাওয়ার চেষ্টা করেন, কারণ যে পরিস্থিতিকে নিরাপদে এড়িয়ে যেতে তাঁরা ইতিমধ্যেই অভ্যস্ত হয়ে উঠেছেন, সেটির সম্মুখীন হওয়ার ক্ষমতা যে তাঁদের অন্তর্গত, এই বিশেষ উপলব্ধি তাঁদের কাছে নিতান্ত কঠিন। সেই বিশ্বাস আপনার কাছ থেকে অর্জন করতে ওদের অনুমতি দিন। কারণ যে মুহূর্তে কেউ জনসমক্ষে সমাদৃত, গৃহীত এবং সমর্থনযোগ্য হয়ে উঠতে পারেন, তাঁদের পক্ষে নিজেদের হারিয়ে ফেলা আত্মবিশ্বাসকে পুঞ্জীভূত করে আবার স্বাভাবিক জীবনে ফিরে আসার সামগ্রিক প্রক্রিয়াটি একান্তভাবেই অনায়াসসাধ্য।

আসুন, এই মুহূর্তে জীবনযুদ্ধে সংগ্রামরত মানুষকে কীভাবে সাহায্য করা সম্ভব, তার একটি সারসংক্ষেপ তৈরী করে ফেলা যাক। বইয়ের এই নির্দিষ্ট অংশে, আপনারা ইতিমধ্যেই জানতে পেরেছেন কীভাবে পারিপার্শ্বিকের প্রাপ্তবয়স্ক মানুষজনকে নিজেদের জীবনে উদ্ভূত বিভিন্ন সমস্যার ক্ষেত্রে আপনারা, নিজেদের অজান্তেই আড়ালে করতে অভ্যস্ত হয়ে উঠেছেন। দ্য লেট দেম থিওরি অথবা ওদের করতে দিন এর পদ্ধতি আপনাকে শেখায় যে, অন্যান্যদের জীবনে যাবতীয় সমস্যার সমাধান করার চেষ্টার মাধ্যমে, আপনার পক্ষে তাঁদের সামগ্রিকভাবে সাহায্য করা সম্ভব নয়—এর আসল অর্থ তাঁদের পর্যাপ্ত সুযোগ এবং অনুষঙ্গের জোগান দেওয়া, যার সাহায্যে তাঁদের পক্ষে নিজেদের সমস্যার সমাধান করা সম্ভব।

১. **সমস্যা :** নিজেদের যাবতীয় সমস্যার ক্ষেত্রে অন্যান্য মানুষকে উদ্ধারের চেষ্টার ফলে, তাঁরা জীবনের পঙ্কিল আবর্তে আরো বেশী করে ডুবতে থাকেন। যখন আপনি নিজের অর্থ, বক্তব্য এবং কর্মকাণ্ডের সাহায্যে অন্যান্যদের প্রভাবিত করার চেষ্টা করেন, আপনি তাঁদের স্বাধীনভাবে জীবনযাপনের ক্ষেত্রে সুযোগ দেন না—বরং অযাচিতভাবে তাঁদের সামগ্রিক নিরাময়ের পথে প্রতিবন্ধকতা সৃষ্টি করেন। জীবনে তাঁদের কষ্টকর

অভিজ্ঞতা, ঋণের বোঝা, মানসিক বিপর্যয়কে আপনি অকারণে প্রলম্বিত করেন, এবং তার ফলে, নিজের দুর্দশাও বাড়িয়ে তোলেন।

২. **উপলব্ধি :** প্রতিটি কাজ সুষ্ঠভাবে সম্পন্ন করার ক্ষেত্রে মানসিকভাবে প্রস্তুত হতে পারলে, মানুষের জীবনে সামগ্রিক নিরাময় সম্ভব। তাঁদের শারীরিক ও মানসিক নিরাময় হওয়ার আগেই, তাঁদের জন্য আপনাকে প্রস্তুত থাকতে হবে। আপনার উদ্দেশ্য যতই পরহিতকর অথবা মঙ্গলময় হোক না কেন, মানুষের সমস্যার সমাধানের উদ্দেশ্যে তাঁদের জীবনে আপনার যথেচ্ছ পদার্পণের ফলে, তাঁদের জীবনে পরনির্ভরতা এবং হতাশার উদ্ভব ঘটে এবং নিজেদের দায়িত্ব নেওয়ার ক্ষমতা বৃদ্ধির ক্ষেত্রে প্রতিবন্ধকতা তৈরী হয়। নিরাময়ের ক্ষেত্রে তাঁদের আগ্রহ সবসময়, আপনার চাইতে বহুগুণে বেশী হওয়াই স্বাভাবিক।

৩. **সমাধান :** দ্য লেট দেম থিওরি অর্থাৎ ওদের করতে দিন এর পদ্ধতির প্রয়োগে, আপনাকে তাঁদের জীবনের প্রতিটি ক্ষেত্র থেকে পিছিয়ে আসতে হবে এবং তাঁদের যাবতীয় কর্মকাণ্ডের ভিত্তিতে উদ্ভুত বিভিন্ন পরিস্থিতির সম্মুখীন হতে দিতে হবে। বিভিন্ন প্রতিকূল পরিস্থিতি থেকে তাঁদের উদ্ধারের পরিবর্তে, অন্যান্য মানুষজনের উদ্দেশ্যে শর্তসাপেক্ষ সমর্থনের হাত বাড়িয়ে দিন। আপনার এই অভূতপূর্ব দৃষ্টিভঙ্গীর ফলস্বরূপ, নিজেদের সামগ্রিক নিরাময় এবং উন্নতির দায়িত্ব গ্রহণ করতে তাঁরা সমর্থ হবেন, এবং তাঁদের অন্তর্নিহিত ক্ষমতার উপরে আপনার অটুট আস্থার ভিত্তিতে, নিজেদের জীবনে তাঁরা ক্রমশ উন্নতি করতে সমর্থ হবেন।

যে মুহূর্তে আপনি লেট দেম অর্থাৎ ওদের করতে দিন এর শরণাপন্ন হবেন, নিজেদের জীবনে যাবতীয় সমস্যা এবং প্রতিকূল পরিস্থিতির বিরুদ্ধে রুখে দাঁড়ানোর ক্ষেত্রে আপনি অন্যান্যদের হাতে ক্ষমতার রাশ তুলে দিতে পারবেন, এবং এর ভিত্তিতে তাঁদের পক্ষে এই উপলব্ধি সম্ভব যে, প্রতিকূলতা উন্নতির একটি অবিচ্ছেদ্য অঙ্গ বিশেষ। যে মুহূর্তে আপনি লেট মি অর্থাৎ আমাকে করতে দিন এর শরণাগত হবেন, সামগ্রিক পরিস্থিতির নিয়ন্ত্রণ নিজের হাতে তুলে নেওয়ার পরিবর্তে, আপনি অন্যান্যদের সমর্থন প্রদান করতে সক্ষম হবেন, এবং তাঁদের উন্নতিকল্পে এমন একটি আদর্শ পরিমণ্ডল এবং অনুষঙ্গ সৃষ্টি করতে সক্ষম হবেন, যেগুলি তাঁদের উন্নতির ক্ষেত্রে একান্ত অপরিহার্য।

সামগ্রিক নিরাময়ের ক্ষেত্রে অন্যান্যদের অন্তর্নিহিত ক্ষমতার উপরে আস্থা রাখুন, এবং একটি আদর্শ পরিমণ্ডল সৃষ্টি করুন যেখানে জীবনের ক্ষেত্রে পরিবর্তন নিয়ে আসার কাজটি অনায়াস হয়।

আপনার প্রাপ্য ভালোবাসা কীভাবে অর্জন করবেন

অধ্যায় ১৮

ওদের আসল পরিচয় কী তা ওদেরকেই আপনার সামনে প্রমাণ করতে হবে

নিজের জীবনের অন্তিম পর্যায়ে, পারিপার্শ্বিকের মানুষজনের মুখ থেকে আপনার সম্পর্কে সর্বশেষ কোনো শব্দগুলি শোনার প্রত্যাশা আপনি করে থাকেন?

"আমি আপনাকে অত্যন্ত ভালোবাসি।"

ভালোবাসা পৃথিবীর সবচেয়ে শক্তিশালী ক্ষমতা। ভালোবাসা অনুভবের ক্ষেত্রে আপনি অত্যন্ত উদগ্রীব, ভালোবাসার অনন্ত প্রত্যাশী, পারিপার্শ্বিকের মানুষজনকে ভালোবাসতে অত্যন্ত আগ্রহী, ভালোবাসার প্রতিক্রিয়া প্রকাশে একান্তভাবে ব্যগ্র, এবং নিজের জীবনে সর্বোৎকৃষ্ট আনন্দ উপভোগ করার জন্য আপনি সবসময় প্রস্তুত: ভালোবাসার সম্পর্কে থেকে, অনাবিল আনন্দে নিজের জীবনকে উপভোগ করার জন্য।

আপনি অকৃতদার হন কিংবা বিবাহ বিচ্ছিন্ন, ডেটিং করতে ব্যস্ত থাকুন অথবা কারো সঙ্গে আপনার বাগদান হয়ে থাকুক, অথবা একটি নির্দিষ্ট পরিস্থিতির সঙ্গে ওতপ্রোতভাবে বিজড়িত, বা বহুকাল ধরে একটি বৈবাহিক সম্পর্কে রয়েছেন—তা সত্ত্বেও, এক্ষেত্রে আমার স্থির বিশ্বাস যে, ভালোবাসার চূড়ান্ত পর্বটি আপনাদের জীবনে এখনো অনাগত। আপনাদের জীবনের সর্বশ্রেষ্ঠ পারস্পরিক সম্পর্কগুলি উত্তরোত্তর অর্থপূর্ণ হয়ে ওঠা অবশ্যই সম্ভব এবং অন্যান্যদের প্রতি আপনার মানসিক যোগসূত্রের শিকড় অনায়াসেই আরো গভীরে ছড়িয়ে পড়ার সম্ভাবনা অত্যন্ত প্রবল।

এই মুহূর্তে যদি অকৃতদার অবস্থায় জীবনযাপন করতে আপনি অভ্যস্ত থাকেন, আপনার জীবনে প্রেমপর্ব শেষ হয়ে গিয়েছে, এই ভ্রান্ত ধারণার বশবর্তী হওয়ার প্রয়োজন নেই। নিজের ভালোবাসার বিশেষ পর্বটি এখনো আপনার জীবনে অতীত হয়ে যায়নি। আপনার ভবিষ্যতের জন্য ভালোবাসার সেই মুহূর্তগুলি অপেক্ষারত। এখনো পর্যন্ত আপনার জীবনে যা যা ঘটেছে এবং যে বিভিন্ন সম্পর্কে আপনি ইতিমধ্যে আবদ্ধ হয়েছেন, সেগুলি নিজের ভবিষ্যৎ জীবনের জন্য আপনাকে মানসিকভাবে প্রস্তুত থাকতে সাহায্য করেছে।

এই বই সম্পর্কে গবেষণা করার সময়, আমি সারা পৃথিবীর মানুষের থেকে ভালোবাসার ক্ষেত্রে, দ্য লেট দেম থিওরি অর্থাৎ ওদের করতে দিন এর পদ্ধতির কার্যকারিতা সংক্রান্ত অসংখ্য প্রশ্নের সম্মুখীন হয়েছিলাম। কাজেই, বইয়ের পরবর্তী তিনটি অধ্যায়ে, আপনি এবং আমি একযোগে ডেটিং প্রক্রিয়ার খুঁটিনাটি, ভালোবাসার ক্ষেত্রে দায়বদ্ধতা, সম্পর্কের যথার্থতা সম্পর্কে সম্পূর্ণ অবগতির জন্য, ভালোবাসার ভিত্তিতে একটি দীর্ঘস্থায়ী সম্পর্ক বজায় রাখা এবং সম্পর্ক বিচ্ছেদের ক্ষেত্রে সেটির পুনঃনির্মাণের সম্পূর্ণ প্রক্রিয়া সম্পর্কে বিস্তারিতভাবে আলোচনা করতে চলেছি।

শেষ পর্যন্ত, আমরা আলোচনা করতে চলেছি কীভাবে নিজের প্রাপ্য ভালোবাসার পরিবর্তে, অপেক্ষাকৃত কম ভালোবাসার প্রাপ্তিতেই সন্তুষ্ট থাকতে আপনি অভ্যস্ত হয়ে উঠেছেন।

বাস্তবে, প্রাপ্তবয়স্ক মানুষজন নিজেদের ইচ্ছানুসারে সিদ্ধান্ত গ্রহণ করেন, যেমন—নির্দিষ্ট কোন ব্যক্তিকে তাঁরা অন্তর থেকে ভালোবাসবেন এবং কতটা ভালোবাসবেন। অধিকাংশ ক্ষেত্রেই তাঁদের জীবনে সেই নির্দিষ্ট পছন্দের মানুষ হয়ে উঠতে আপনি অসমর্থ হন। পারিপার্শ্বিকের মানুষজনের ব্যবহারের মাধ্যমে, আপনার সম্পর্কে তাঁদের ধ্যানধারণার যথার্থ প্রতিফলন ঘটে। অধিকাংশ ক্ষেত্রে, প্রকৃত ভালোবাসার অনুসন্ধানে আপনি অত্যন্ত ব্যস্ত হয়ে থাকেন—কিংবা সেই ক্ষমতাকে আপনি যে নামেই ডাকুন না কেন, শেষ পর্যন্ত নিজের সামগ্রিক মূল্যবোধের সঙ্গে আপোস করতে আপনি বাধ্য থাকেন। ভালোবাসার পিছনে দৌড়োতে গিয়ে, সেই গভীর এবং অর্থপূর্ণ পারস্পরিক সম্পর্কের সঙ্গে আপনার এক অনতিক্রম্য মানসিক দূরত্বের সৃষ্টি হয়, যে সম্পর্কের ক্ষেত্রে আপনিই শ্রেষ্ঠতম ব্যক্তি।

ভালোবাসা যেমন অত্যাশ্চর্য একটি অনুভূতি, অন্যদিকে সেটি আমাদের মানসিক যন্ত্রণার অন্যতম কারণ। আপনার অন্তরে ভালোবাসার চাহিদা এতটাই বেশি, যে প্রায়শই আপনার পক্ষে উপলব্ধি করা সম্ভব হয় যে, নিজের অন্তর্নিহিত ক্ষমতার রাশ অন্যজনের হাতে তুলে দিতে আপনি রীতিমত বাধ্য হচ্ছেন।

উদাহরণ হিসেবে, অনলাইনের মাধ্যমে আপনার সঙ্গে স্বল্প পরিচিত কোনো আগন্তুক, এই মুহূর্তে আপনার সামগ্রিক চিন্তাধারা এবং মানসিকতার উপরে আধিপত্য বিস্তার করতে সক্ষম। যে মানুষটি আপনার সর্বক্ষণের ছায়াসঙ্গী হয়ে থাকতেন, এই মুহূর্তে তিনি সম্ভবত আপনার আত্মমর্যাদাকে ক্ষুণ্ন করছেন। অথবা নিজের জীবনসঙ্গী আপনার সার্বিক মতামতকে আমল না দিয়ে, নিছক একজন সহপাঠীর মতো আপনার সঙ্গে ব্যবহার করেন, এবং বাধ্য হয়েই এই নিদারুণ পরিস্থিতির সঙ্গে আপনাকে মানিয়ে নিতে হয়েছে।

জীবনে নিজের ভালোবাসার ক্ষেত্রে, প্রতি মুহূর্তেই আপনার পক্ষে অন্যান্য মানুষজনের পাতা ফাঁদে পড়ে যাওয়া সম্ভব—যেখানে তাঁদের জীবন, তাঁদের জীবনের বিভিন্ন অভিঘাত এবং যাবতীয় সমস্যাকে অগ্রাধিকার দিতে গিয়ে—নিজের সামগ্রিক মূল্যবোধের প্রতি সুবিচার করতে আপনি পারেন না, এবং জীবনে নিজের প্রাপ্য সম্মান এবং যাবতীয় প্রয়োজন থেকে অন্যায়ভাবে বঞ্চিত হতে বাধ্য থাকেন।

পারস্পরিক সম্পর্ক যখন হৃদয়ঘটিত হয়, তখন কোনো মানুষই যুক্তিতর্কের প্রয়োজনবোধ করেন না। বাস্তব পরিস্থিতিকে সর্বান্তঃকরণে মেনে নেওয়ার পরিবর্তে, মানবজাতির অসঙ্গত ব্যবহারিক বৈশিষ্ট্য সম্পর্কে অন্যান্যদের অজুহাত দেওয়ার অথবা নিজেকে ঘিরে একটি কাল্পনিক

রঙিন জগৎ গড়ে তোলার জন্য আপনি ব্যস্ত থাকেন। একটি বিফল পারস্পরিক সম্পর্কের ক্ষেত্রে, নিজের অবস্থানে অনড় থাকার বিষয়ে আপনি সম্ভবত অত্যন্ত আত্মবিশ্বাসী থাকেন, কারণ সেই নির্দিষ্ট সম্পর্কে পূর্ণচ্ছেদ টেনে, একটি আনকোরা নতুন সম্পর্ক গড়ে তোলার জন্য মানসিকভাবে আপনি প্রস্তুত নন।

নিজের জীবনে ভালোবাসা বিজড়িত একটি আদর্শ পারস্পরিক সম্পর্ক আপনার প্রাপ্য, এবং এই নিঃস্বার্থ ভালোবাসা পাওয়ার জন্য আপনার পক্ষে কোনোরকম আপোস সম্ভব নয়।

দ্য লেট দেম থিওরি অর্থাৎ ওদের করতে দিন এর পদ্ধতির সঠিক প্রয়োগে, ভালোবাসার পিছনে নিরর্থক দৌড়োনো এবং নিজের ইচ্ছানুসারে জীবনের ভালোবাসাকে খুঁজে পাওয়ার মধ্যে আসল পার্থক্য আবিষ্কার করা আপনার পক্ষে অপেক্ষাকৃতভাবে সহজ হয়ে দাঁড়াবে। আপনার পক্ষে উপলব্ধি করা সম্ভব হবে, কাদের প্রতি ভালোবাসার অঙ্গীকার করা সম্ভব, এবং কাদের ক্ষেত্রে নয়। এই পদ্ধতির প্রয়োগে, আপনি ক্রমেই উপলব্ধি করবেন কীভাবে নিজের জীবনের সর্বোৎকৃষ্ট, ভালোবাসায় পরিপূর্ণ, সামগ্রিক সমর্থন পুষ্ট এবং অঙ্গীকারের ভিত্তিতে গড়ে ওঠা অভূতপূর্ব সম্পর্ক সৃষ্টি করা সম্ভব।

আসল ঘটনা হল, আমাদের জীবনে শ্রেষ্ঠতর পারস্পরিক সম্পর্কগুলি সময়ের তালে তালে সুদৃঢ় হওয়ার পাশাপাশি, স্বতন্ত্রভাবে পরিবর্তনশীল—এবং নিজের সামগ্রিক পরিচয় বা ভাবমূর্তির যথার্থ উপস্থাপনার ভিত্তিতে এই পারস্পরিক যোগসূত্র স্থাপন সম্ভব, এবং অচিরেই গড়ে উঠবে ভালোবাসার সেই আদর্শ সম্পর্ক, জীবনে আপনার যা একান্তভাবেই প্রাপ্য ছিল।

আসুন, শুরু করা যাক...কীভাবে ভালোবাসাকে খুঁজে পাওয়া সম্ভব

আজকের পৃথিবীতে ডেটিং অত্যন্ত কষ্টসাধ্য হয়ে উঠেছে। এমন একজন মানুষের সঙ্গে আমার এখনো পরিচয় হয়নি, যিনি জোর দিয়ে বলতে পেরেছেন যে ডেটিং তাঁর অত্যন্ত পছন্দের বিষয়, এবং তাঁর কাছে সেটি খুব মজার এবং অনায়াসসাধ্য বলে মনে হয়।

পৃথিবীর অধিকাংশ মানুষ "জনসমক্ষে আত্মপ্রকাশের ক্ষেত্র" নিয়ে রীতিমতো ভীত-সন্ত্রস্ত হয়ে থাকেন, নির্দিষ্ট অ্যাপ্লিকেশনের ব্যবহারে নিতান্ত অনিচ্ছুক হন, এবং এমন একটি সম্পর্কে অন্তর্ভুক্ত হওয়ার ক্ষেত্রে অত্যন্ত উদাসীন থাকেন, যেটি তাঁদের কাছে অত্যন্ত জটিল এবং সস্তা অভিসারের একটি ঘটনা হিসেবে মনে হয়। তাই, অকৃতদার হিসেবে জীবনযাপন করার সময় নিজেকে যদি প্রবল হতাশা, চরম একাকিত্ব অথবা নিরাপত্তাহীনতার শিকার বলে আপনার মনে হয়, জানবেন পৃথিবীতে আপনি একা নন। মানুষের জীবনে এই পরিস্থিতি অত্যন্ত স্বাভাবিক, এবং বর্তমান সমাজে বিভিন্ন ডেটিং অ্যাপ্লিকেশন এবং সোশ্যাল মিডিয়া অথবা সামাজিক মাধ্যমের মাত্রাতিরিক্ত ব্যবহারের ফলে ভালোবাসা এবং পারস্পরিক সম্পর্ক যে নিতান্ত একটি খেলা, একটি শিল্প অথবা একটি প্রতিযোগিতায় পর্যুবসিত হয়েছে, সে সম্বন্ধে সন্দেহের কোনো অবকাশ নেই।

এই নির্দিষ্ট প্রক্রিয়াটি অত্যন্ত হতাশাব্যঞ্জক হিসেবে প্রতিপন্ন হতে থাকে, কারণ এই ধরনের অ্যাপ্লিকেশনের প্রয়োগের মাধ্যমে কারো মন জয় করার উদ্দেশ্যে, আপামর মানুষের কাছে প্রতিনিয়ত যে পরিমাণে কৌশল, নির্দেশাবলী, এবং নিয়মকানুন, অথবা সাক্ষাৎকারের পরবর্তী তারিখ সুনির্দিষ্ট করা, অথবা যতদূর সম্ভব লাইক আকর্ষণ করার উপরে জোর দেওয়া হয়, তা স্বভাবতই আমাদের বিরক্তির কারণ হয়ে ওঠে। সুতরাং, যখন আমি বলি আজকের পৃথিবীতে ডেটিং আসলে প্রতিযোগিতায় পরিণত হয়েছে, তখন উপরোক্ত দৃষ্টিভঙ্গী অনুসারেই এই মন্তব্য করতে আমি বাধ্য থাকি। ভালোবাসা এবং পারস্পরিক সম্পর্কের অন্তর্গত অঙ্গীকারের ভিত্তিতে এই বিশেষ দৃষ্টিভঙ্গী নিয়ে অগ্রসর হওয়া, অবশ্যই একটি ন্যক্কারজনক ঘটনা। এটি নিছক কোনো খেলা নয়। নিজের প্রতি অন্যান্যদের আকৃষ্ট করার জন্য কাউকে প্রতারিত করা উচিত নয়। আপনার কাছে যখন সরাসরি মেসেজ করা অথবা লিখিতভাবে নিজের মতামত জানাবার স্বতন্ত্র সাধন রয়েছে, সেক্ষেত্রে এই জোর করে চাপিয়ে দেওয়া নিয়মকানুনের বশবর্তী হয়ে থাকা কখনোই উচিত নয়।

আপনার নিজস্ব ভাবমূর্তি অনুযায়ী জীবনযাপন করার প্রক্রিয়া একেবারেই যথাযথ, এবং সেই বিশ্বাস নিয়ে চলা উচিত যে, নিজের সামগ্রিক পরিচয় অথবা ভাবমূর্তি অনুযায়ী যখন আপনি তাঁর সামনে আত্মপ্রকাশ করবেন, তখন যেন উল্টোদিকের মানুষটি একজন সর্বাঙ্গসুন্দর মানুষের সঙ্গে পরিচিত হতে পারেন, নিজের স্বপ্নের জীবনসঙ্গী হিসেবে তিনি যাকে খুঁজে বার করতে চাইছেন। যে সমস্ত প্রক্রিয়া সম্ভাব্য জীবনসঙ্গীর "মন জয় করা"-র ক্ষেত্রে বিভিন্ন কৌশল ও কারসাজির সাহায্য নেওয়ার কথা বলে, সেগুলি নিজস্ব সত্তা থেকে আপনার মানসিক দূরত্ব বৃদ্ধি করার মাধ্যমে, এমন একটি অন্ধকারাচ্ছন্ন আবর্তের দিকে আপনাকে আকৃষ্ট করে, যেখানে সম্পূর্ণ ভিন্ন মানসিকতার মানুষজনের সঙ্গে পরিচিত হতে আপনি বাধ্য। জীবনযাপনের ক্ষেত্রে নিজের জীবনে প্রভূত পরিবর্তন নিয়ে আসার ক্ষেত্রে বা নতুনভাবে কাজ শুরু করার ক্ষেত্রে আপনার ভ্রান্ত ধারণার দূরীকরণের মাধ্যমে আমি শেখাব, জীবনে নির্দিষ্ট কোন ক্ষেত্র থেকে নিজেদের সম্পূর্ণভাবে বিরত রাখা উচিত।

উপযুক্ত ভালোবাসার অন্বেষণের প্রক্রিয়ায়, ইতিবাচক মনোভাবের তুলনায় নেতিবাচক মনোভাব প্রাধান্য পেতে অভ্যস্ত। নিজের সম্পর্কে অত্যন্ত উচ্চ ধারণা পোষণ করে এবং নিজের মতবাদ অনুসারে আদর্শ পারস্পরিক সম্পর্কের অন্বেষণে যখন আপনি দৃঢ়প্রতিজ্ঞ, ডেটিং এর সমগ্র প্রক্রিয়া নিতান্ত একটি নেতিবাচক তন্ত্র হিসেবে প্রতিপন্ন হতে থাকে। দ্য লেট দেম থিওরি অর্থাৎ ওদের করতে দিন এর পদ্ধতির সঠিক প্রয়োগ নিজের অন্তর্নিহিত সত্তার কাছে আপনার সততার সাক্ষর রাখবে, এবং সেই পর্যাপ্ত সাহসের উদ্ভব ঘটাবে যার ফলে, অন্তর্নিহিত সত্তার কাছে সৎ থেকে, পারিপার্শ্বিকের মানুষজনের আসল পরিচয় উপলব্ধি করতে পারবেন।

অন্তর্নিহিত সত্তার সামগ্রিক ধ্যানধারণা অনুসারে নিজের ভাবমূর্তি সুপ্রতিষ্ঠিত করার ক্ষেত্রে যখন আপনি সম্পূর্ণভাবে নির্ভীক হয়ে উঠতে পারবেন, জীবনের সামগ্রিক নিয়ন্ত্রণ থাকবে আপনার হাতে—কারণ, এক্ষেত্রে কোন ব্যক্তি আপনার অমূল্য সময় এবং মূল্যবান সান্নিধ্য কতটা পরিমাণে পেতে পারেন, ও কারা পারেন না—তা নির্ধারণ করার অধিকার একমাত্র আপনার হাতেই থাকতে বাধ্য।

আপনার প্রতি অন্যান্যদের অনাগ্রহ দেখা ও সহ্য করার জন্য অসম্ভব মানসিক দৃঢ়তার প্রয়োজন। আপনার উদ্দেশ্যে তাঁদের মেসেজ পাঠানোর কাজটি যে অপেক্ষাকৃত সহজ, তা নিজেকে বোঝাতে পর্যাপ্ত আত্মবিশ্বাসের প্রয়োজন—কারণ, বাস্তবে আপনাকে সশরীরে দেখতে চাইলে অথবা মিলিত হওয়ার সৎ অভিপ্রায় থাকলে, তাঁদের পক্ষ থেকে উপযুক্ত পরিকল্পনার প্রয়োজন ছিল।

যে মুহূর্তে মস্তিষ্কে বিভিন্ন অজুহাত এবং নাটকীয় পরিস্থিতির উদ্ভাবনের প্রক্রিয়া শুরু হবে, নিজের অজান্তেই আপনি অন্তর্নিহিত ক্ষমতার রাশ পারিপার্শ্বিকের মানুষজনের হাতে তুলে দেওয়ার ব্যবস্থা করবেন। অন্যান্য মানুষজনের ব্যবহারিক বৈশিষ্ট্যের নিরিখে, ডেটিং এর পরিসরে আপনাকে অত্যন্ত নির্মম মানসিকতার আশ্রয় নিতে হবে। এই নির্দিষ্ট পরিস্থিতি আপনাদের জীবনে ইতিমধ্যেই অতীতে পরিণত হয়েছে। দ্য লেট দেম থিওরি অথবা ওদের করতে দিন এর পদ্ধতির প্রয়োগে, অযথা ভুল সম্পর্কগুলি তাড়া করে বেড়াবার পরিবর্তে, আদর্শ সম্পর্ক খুঁজে বার করা সম্ভব—সেই বিষয়ে আপনারা সঠিক প্রশিক্ষণ পেতে চলেছেন।

"আদর্শ মানুষ"কে খুঁজে বার করা, ডেটিং এর মূল উদ্দেশ্য নয়

ডেটিং আপনাদের কাছে অত্যন্ত কঠিন মনে হওয়ার অন্যতম কারণ হল, এটির মূল উদ্দেশ্য সম্পর্কে আপনারা অবহিত নন। এই প্রক্রিয়ার আসল উদ্দেশ্য সেই "আদর্শ মানুষ" কে আবিষ্কার করা নয়। ডেটিং নিজের সম্পর্কে একটি সামগ্রিক ধারণা গঠনে এবং আপনার যাবতীয় পছন্দ এবং অপছন্দ সম্পর্কে ওয়াকিবহাল হওয়ার ক্ষেত্রে আপনাকে সাহায্য করে। প্রতিটি মানুষের সঙ্গে একক সাক্ষাৎকারের ভিত্তিতে, নিজের পছন্দের ও অপছন্দের বিষয় সম্পর্কে আপনি বিশদে জানতে পারেন। একমাত্র এই কারণে, আপনার জীবনে প্রতিটি অভিজ্ঞতা—এমনকি সবচেয়ে খারাপ অভিজ্ঞতাটিও—আপনাকে অত্যন্ত গুরুত্বপূর্ণ প্রশিক্ষণ দিতে সক্ষম।

অন্যান্যদের পক্ষ থেকে কী ধরনের ব্যবহার আপনি কোনোভাবেই সহ্য করবেন না, এবং কোন বিশেষ মনোভাবাপন্ন মানুষের সঙ্গে সম্পর্কে জড়িয়ে পড়তে আপনি একান্তভাবে আগ্রহী, এক্ষেত্রে সঠিক শিক্ষালাভ আপনার কাছে খুবই গুরুত্বপূর্ণ। নিজের জীবনে আদর্শ মানুষকে খুঁজে বার করার ক্ষেত্রে যদি আপনি তন্ময় হয়ে থাকেন, তাহলে ডেটিং এর প্রক্রিয়া ভালোবাসার সঠিক মূল্য সম্পর্কে আপনাকে যে গুরুত্বপূর্ণ প্রশিক্ষণ দেয়—আপনার পক্ষে তা আয়ত্ব করা কখনোই সম্ভব হবে না।

শুধুমাত্র কারো স্ত্রী অথবা স্বামীর ভূমিকা পালন করার জন্য, এই পৃথিবীতে আপনার জন্ম হয়নি। নিজের যাবতীয় স্বপ্নপূরণ; নিজের জীবনের কাহিনী সগর্বে অন্যান্য মানুষজনের সামনে উপস্থাপনা করা; এবং একটি আদর্শ, অনিন্দ্য সুন্দর এবং অনাবিল আনন্দে পরিপূর্ণ জীবন উপভোগ করার উদ্দেশ্যে আপনি এই পৃথিবীতে এসেছেন।

আপনার জন্য সেই আদর্শ জীবন, আলাদা করে সৃষ্টি করার সামগ্রিক দায়িত্ব অন্য কারোর উপরে বর্তায় না। যে মানুষটিকে নিজের জীবনসঙ্গী হিসেবে আপনি মনোনীত করেন,

আপনার সান্নিধ্যে থেকে তিনিও সেই জীবন উপভোগ করার সুযোগ পেতে পারেন। সেই কারণেই, সঠিক ব্যক্তি নির্বাচনের ক্ষেত্রে আপনাদের খুঁতখুঁতে হওয়ার পরামর্শ আমি দিচ্ছি।

ডেটিং-এর মাধ্যমে নিত্যনতুন মানুষের সঙ্গে সাক্ষাৎ করে তাঁদের সঙ্গে পরিচিত হওয়ার আনন্দ উপভোগ করুন, কিন্তু পাশাপাশি বাস্তব পরিস্থিতিকে ভোলা চলবে না: আপনি এমন একজন মানুষের খোঁজে রয়েছেন, প্রতি মুহূর্তে যিনি আপনাকে সর্বান্তঃকরণে সাহায্য করার জন্য প্রস্তুত থাকবেন, আপনার দ্বিতীয় সত্তা হিসেবে নিজেকে গড়ে তুলতে পারবেন এবং আপনার সান্নিধ্যে একটি আদর্শ জীবনের সূচনা করতে সমর্থ হবেন।

তাই, অবশ্যই না। ডেটিং এর পদ্ধতির মূল উদ্দেশ্য শুধুমাত্র সেই "আদর্শ মানুষ"কে আবিষ্কার করা নয়।

সেই কারণেই, ডেটিং-কে একটি বিশেষ সুযোগ হিসেবে আপনাকে কল্পনা করতে হবে, যার মাধ্যমে জীবনের বিভিন্ন অভিজ্ঞতার ক্ষেত্রে নিজেকে উন্মুক্ত করে রাখার উদ্দেশ্যে নিজের সম্পর্কে আপনি সম্পূর্ণভাবে অবহিত হতে সমর্থ হবেন, যার ফলে আপনার পক্ষে এমন একজন মানুষকে জীবনসঙ্গী হিসেবে খুঁজে বার করা অবশ্যই সম্ভব, যিনি একইভাবে আপনাকে পছন্দ করবেন।

এই প্রক্রিয়ার দুরূহতম অংশটি হল, অন্যান্য মানুষ আপনাকে পছন্দ করবেন কি না, সেই পরিস্থিতির নিয়ন্ত্রণ কখনোই আপনার হাতে থাকবে না। নিজের জীবনের সময়ানুবর্তিতা অন্যান্যদের জীবনের সময়ানুবর্তিতার সঙ্গে সামঞ্জস্যপূর্ণ হয়ে উঠবে কি না, সেই পরিস্থিতির নিয়ন্ত্রণ একেবারেই আপনার ক্ষমতা বহির্ভূত।

প্রতিটি মানুষের ক্ষেত্রে পছন্দমতো নিজের ভালোবাসার মানুষকে খুঁজে নেওয়ার সম্পূর্ণ অধিকার আছে, এবং প্রতিটি ক্ষেত্রে সেই পছন্দের মানুষ হয়ে ওঠা আপনার পক্ষে সম্ভব নয়। একটি কথা কখনো ভোলা চলবে না: নিজের পছন্দ অনুযায়ী ভালোবাসার মানুষটিকে খোঁজার সুযোগ আপনারও আছে। নিজের অমূল্য সময় এবং অন্তর্নিহিত ক্ষমতার ক্ষেত্রে সামঞ্জস্যপূর্ণ মানুষটিকে খুঁজে বার করার অধিকার যেমন আপনার আছে, পাশাপাশি রয়েছে তাঁর তরফ থেকে কী ধরনের ব্যবহার আপনি পেতে পারেন, তা পছন্দ করার সুযোগ। ডেটিং এর ক্ষেত্রে প্রায়শই, উল্টোদিকের মানুষটির ব্যবহারিক বৈশিষ্ট্য পছন্দ না হলে, যেভাবে সটান টেবিল থেকে উঠে আসতে পারেন, সেই দৃষ্টিকোণ থেকেই আপনাকে এই বিশেষ পরিস্থিতির বিচার করতে হবে।

এক্ষেত্রে আমার একটি বিশেষ উপলব্ধি: আপনার প্রতি অন্যান্য মানুষজনের ব্যবহারই বলে দিতে পারে, আপনার সম্পর্কে তাঁদের সামগ্রিক ধ্যানধারণা কী।

এই পরিস্থিতির ব্যাখ্যা অথবা আন্দাজ করা আপনার দায়িত্বের মধ্যে পড়ে না। আপনার কাজ হল অন্যান্য মানুষকে নিজেদের আসল পরিচয় অথবা ভাবমূর্তি স্বাধীনভাবে প্রকাশ করতে দেওয়া, এবং আপনার সম্পর্কে তাঁদের ধারণা সম্বন্ধে জানা এবং সেই সত্যকে সর্বান্তঃকরণে মেনে নেওয়া। মনে রাখতে হবে, একটি পারস্পরিক সম্পর্কের প্রতিটি পদক্ষেপে এই পরিস্থিতি সর্বৈব সত্যি।

শুরুর সেই দিনগুলি

জনসমক্ষে আত্মপ্রকাশ করে নিত্যনতুন মানুষজনের সঙ্গে পরিচিত হওয়ার প্রক্রিয়ার মাধ্যমে আপনি উপলব্ধি করতে পারবেন, পারিপার্শ্বিকে এমন বহু মানুষের আছেন, যাঁরা আপনার "পছন্দসই" এবং তাঁদের সম্পর্কে আপনি "আগ্রহী,"—কারণ জগতে অসংখ্য আকর্ষণীয়, জমকালো এবং মজাদার মানুষজনের অস্তিত্ব রয়েছে।

শুরুর দিনগুলি আপনার কাছে অত্যন্ত প্রাণচঞ্চল এবং মজাদার লাগতে পারে... এবং সেই মানসিক পরিস্থিতির ভিত্তিতে বহু মানুষকে নিজের পক্ষ থেকে আপনি ইতিবাচক সম্মতি দিতে পারেন, যাঁরা আপনার জীবনে কখনোই যোগ্য নন। শারীরিকভাবে কোনো মানুষ যখন অত্যন্ত চিত্তাকর্ষক হন, অথবা প্রবল ভাবাবেগের তাড়নায় আপনি ভেসে যেতে থাকেন, কিংবা সেই নির্দিষ্ট সপ্তাহান্তে আপনার হাতে বিশেষ কোনো কাজকর্ম থাকে না, বা একাকিত্বের যন্ত্রণা আপনার কাছে অসহনীয় হয়ে ওঠে, অথবা আপনি আতঙ্কিত থাকেন যে কখনোই নিজের ভালোবাসার মানুষটিকে খুঁজে পাবেন না—তখনই আপনার পক্ষে ইতিবাচক সম্মতি প্রদানের প্রক্রিয়া অনায়াসসাধ্য হয়ে ওঠে।

ডেটিং মানুষের কাছে অত্যন্ত কঠিন বলে মনে হওয়ার অন্যতম কারণ হল, প্রত্যেকেই একাকিত্বকে ভয় পান, তাই নিজের ভালোবাসার মানুষটিকে খুঁজে বার করে তাঁর সঙ্গে একযোগে নিজেদের জীবনকে রূপকথায় পরিণত করার লক্ষ্যে মরিয়া হয়ে থাকেন। সেই মুহূর্তে আপনারা একবারও ভ্রূক্ষেপ করেন না, নিজের বেছে নেওয়া মানুষটির সাহচর্যে জীবনযাপন করার অভিজ্ঞতা বাস্তবে কেমন হতে পারে, সে বিষয়ে।

জীবনে নিজেকে কি একবারও বোঝাবার চেষ্টা করেছেন যে আপাতদৃষ্টিতে এই সুখকর অভিজ্ঞতা, বাস্তবে কতটা সঙ্গীন পরিস্থিতির উদ্ভব ঘটাতে সক্ষম, কিংবা সেটি কোন বিশেষ পরিণতির দিকে যেতে পারে, অথবা তাঁদের সঙ্গে সুরাসক্ত অবস্থায়, অগভীর মানসিকতার ভিত্তিতে সম্পর্ক স্থাপনের প্রচেষ্টার মাধ্যমে পরস্পরকে সঠিকভাবে চিনে নেওয়া সম্ভব কি না, বা ভবিষ্যতে একসঙ্গে জীবনযাপন কীভাবে সম্ভব হতে পারে?

এক্ষেত্রে একটি বহু ব্যবহৃত উক্তি উদ্ধৃত করতে চাই, "আপনাকে কারো পছন্দ হলে, আপনার পক্ষে তা উপলব্ধি করা সম্ভব, এবং তা হলে, আপনি বিভ্রান্তিকর অবস্থায় থাকবেন।" ডেটিং-এ এই বিভ্রান্তিমূলক পরিস্থিতি অত্যন্ত বিপজ্জনক কারণ, আপনার যদি কোনো মানুষকে ভালো লাগে, নিজের মনকে যে কোনোভাবেই বোঝাতে আপনি বাধ্য হবেন যে, তিনিও আপনাকে ভালোবেসে ফেলেছেন। এই কাজ কখনো করবেন না। ওদের আপনাকে বিভ্রান্ত করতে দিন।

নিজের জীবনের কোনো ক্ষেত্রে আপনারা কি কখনো লক্ষ্য করেননি, যে সমস্ত মানুষের ব্যবহার আপনাদের মানসিক বিভ্রান্তির কারণ হয়ে ওঠে, তাঁদের কাছে কখনোই আপনি পছন্দের মানুষ হয়ে উঠতে পারেন না? আপনার এই বিভ্রান্তির আসল কারণ খুঁজে বার করা অত্যন্ত জরুরী। এর অর্থ হল, আপনি যেভাবে তাঁদের দেখতে চাইছেন, সেই দৃষ্টিভঙ্গী তাঁদের পছন্দ নয়। যে মুহূর্তে আপনি নিজেকে এমন কোনো বিষয় সম্পর্কে জোর করে বোঝাতে উদ্যত হন

যেটি বাস্তবে ঘটছে না, জানবেন আপনি ভালোবাসার পিছনে অযথাই দৌড়োচ্ছেন। ভালোবাসার পিছনে দৌড়োবার চেষ্টা করলে, সেই ভালোবাসা আরো দূরে সরে যেতে বাধ্য। ভুল মানুষকে অনুসরণ করলে জানবেন, আপনি ভুল গন্তব্যের উদ্দেশ্যে চলেছেন। একটি সম্ভাবনার পিছনে দৌড়োবার অর্থ হল, আপনি অবহিত যে সঠিক কাজ আপনি করছেন না, এবং আপনি বাস্তবকে অগ্রাহ্য করছেন।

আপনি যে একটি সম্ভাবনার পিছনে দৌড়োচ্ছেন, তা এইভাবে বোঝা সম্ভব :

দুজনের মধ্যে আপনিই একমাত্র ব্যক্তি, যিনি নিরন্তরভাবে মেসেজ পাঠাচ্ছেন, ফোন করছেন, এবং তাঁদের সঙ্গে উপযাচক হয়ে দেখা করার ব্যবস্থা করছেন। আপনার স্থির বিশ্বাস, তাঁদের সঙ্গে সুরাসক্ত অবস্থায় এই দেখাসাক্ষাতের মাধ্যমেই আপনাদের ভবিষ্যৎ জীবন রূপকথায় পরিণত হতে বাধ্য। সেই কারণেই, প্রতি মুহূর্তে আপনি তাঁদের সান্নিধ্যে থাকার প্রাণপণ চেষ্টা করেন, এবং আশা করেন একদিন আপনাদের এই নবাঙ্কুরিত পারস্পরিক সম্পর্ক পরিণতি লাভ করবে।

এই নির্দিষ্ট মানুষজনের ব্যবহার অন্য কথা বললেও, তাঁদের যাবতীয় বক্তব্য আপনার কাছে ধ্রুবতারার মতোই সত্যি। আপনার ধারণা, পরবর্তীকালে, পরিস্থিতির উন্নতি ঘটতে বাধ্য। আপনি মনে করেন, তাঁদের জন্য কী সর্বোৎকৃষ্ট তা জানা একমাত্র আপনার পক্ষেই সম্ভব, এবং আপনিই তাঁদের জীবনে সেই ভালোবাসার মানুষ। যখনই আপনি পানশালায় গিয়ে পৌঁছোন, তাঁদের সঙ্গে অবধারিতভাবে আপনার দেখা হয়। আপনার স্থির বিশ্বাস, তাঁদের স্বাভাবিক জীবনে ফিরিয়ে আনার যোগ্যতা আপনারই রয়েছে। আপনি বিশ্বাস করেন, আপনার পক্ষে তাঁদের উদ্দেশ্যে এমন মেসেজ লেখা সম্ভব, যেটির উত্তর না দেওয়া পর্যন্ত তাঁরা কিছুতেই স্বস্তি পেতে পারেন না।

উপরোক্ত প্রতিটি উদাহরণ জীবনের যাবতীয় বাস্তব পরিস্থিতিকে নস্যাৎ করে দিয়ে, একটি নির্দিষ্ট সম্ভাবনার পিছনে দৌড়োবার কথা বলে। একটি সম্ভাবনাকে "বাস্তবায়িত" করার ক্ষেত্রে আপনার একাগ্রতা কখনোই সেই স্তরে পৌঁছোনো উচিত নয়, যেখানে সেই সম্ভাবনাটি নিজের ক্ষেত্রে অনুপযুক্ত জানা সত্ত্বেও, সেটিকে অন্ধের মতো অনুসরণ করতে আপনি বাধ্য হন। এই পরিস্থিতির তুলনা করা চলে দৈনন্দিন জীবন থেকে নেওয়া একটি বিশেষ উপমার সঙ্গে—অত্যন্ত পছন্দসই জুতোজোড়া আপনার পায়ের নির্দিষ্ট মাপের তুলনায় অনেকাংশে ছোট হওয়া সত্ত্বেও, আপনি মরিয়া হয়ে তাতে পা গলাবার ব্যর্থ প্রচেষ্টা করে চলেছেন! ঠিক যেভাবে আপনার পায়ের পরিমাপ জাদুমন্ত্রবলে ছোট হওয়ার সম্ভাবনা নেই, একইভাবে জুতোজোড়াও ভোজবাজির মাধ্যমে বড় হয়ে আপনার পা দুটিকে আশ্রয় দিতে পারবে না; সেভাবেই এই মানুষজনের পক্ষে নিজেদের আচার ব্যবহারে আমূল পরিবর্তন ঘটিয়ে, আপনার মনের মানুষ হয়ে ওঠা কখনোই সম্ভব নয়। সেই কারণেই, সেই অলীক সম্ভাবনার পিছনে দৌড়োনো থেকে নিজেকে বিরত রাখতে হবে।

ভুল মানুষজনকে অনুসরণ করার ক্ষেত্রে যত বেশী সময় আপনি অপচয় করবেন, আপনার পক্ষে নিজের ভালোবাসার মানুষটিকে খুঁজে বার করতে ততই দেরী হতে বাধ্য। ওদের আপনার ছায়াসঙ্গী হয়ে থাকতে দিন। আমাকে অভীষ্ট লক্ষ্যে এগিয়ে যেতে দিন।

তিনি যতই আপনার পছন্দের মানুষ হন না কেন, সম্ভাবনার পিছনে দৌড়োনো থেকে নিজেকে বিরত রাখুন। যে সমস্ত মানুষ আপনার অমূল্য সময় এবং উদ্যমের মূল্যায়ন করতে অপারগ, তাঁদের জন্য সেগুলির বিনিয়োগ থেকে নিজেকে নিরস্ত করুন। তাঁদের যাবতীয় অশ্রদ্ধামূলক ব্যবহার আড়াল করার অহেতুক প্রচেষ্টা বন্ধ করুন। সেই সমস্ত মানুষকে ভালোবাসা থেকে বিরত থাকুন, যাঁরা আপনার ভালোবাসার প্রতিদান দিতে একান্তভাবেই অসমর্থ। যাঁরা আপনাকে পছন্দ করেন না, তাঁদের জন্য অযাচিতভাবে অজুহাত দেওয়া বন্ধ করুন। তাঁদের অনুসরণ করা থেকে নিজেকে বিরত রাখুন, যাঁরা আপনার ভালোবাসার যথাযোগ্য মর্যাদা দিতে অক্ষম। এই ভয়ঙ্কর প্রতিযোগিতায় পূর্ণচ্ছেদ টানা অত্যন্ত প্রয়োজনীয়।

অবশ্যই, ডেটিং অত্যন্ত কঠিন। অবশ্যই, আপনার আবেগপ্রবণ মানসিকতার সামগ্রিক উপস্থিতি প্রতিটি ক্ষেত্রে প্রতীয়মান। প্রত্যাখ্যান অবশ্যই যন্ত্রণাদায়ক।

অবশ্যই, সম্মতিমূলক শারীরিক সম্পর্কের ক্ষেত্রটি অত্যন্ত তৃপ্তিদায়ক। অবশ্যই, এই প্রক্রিয়া মানসিক সন্তুষ্টি প্রদানে সক্ষম। অবশ্যই, বন্ধুবান্ধবের দলে এক্ষেত্রে আপনার একক সম্মতি কখনোই কাম্য নয়। অবশ্যই, এক্ষেত্রে অন্যান্যদের সদিচ্ছা আপনার কাছে এক সুবিধাজনক পরিস্থিতি হিসেবে প্রতিপন্ন হয়। অবশ্যই, এই বিষয়ে আগামী সপ্তাহান্তে বিশেষ কোনো পরিকল্পনা, আপনার কাছে আকর্ষণের একটি নির্দিষ্ট কারণ হয়ে দাঁড়াতে বাধ্য। অবশ্যই, কিছু কিছু ক্ষেত্রে এমনও হতে পারে, যখন উল্টোদিকের ব্যক্তির নির্বাচন সঠিক হলেও, সময়ের ক্ষেত্রে একটি অমিল থেকেই যায়।

মনে রাখতে হবে: অনুপযুক্ত সম্পর্কের ক্ষেত্রে সরাসরি "না" বলতে পারলে, আপনার পক্ষে যথার্থ পারস্পরিক সম্পর্ক খুঁজে বার করা সহজ হতে পারে। এক্ষেত্রে যত দ্রুত "না" বলা সম্ভব, আপনার পক্ষে ততই দ্রুত ভালোবাসা খুঁজে পাওয়া সম্ভব হতে পারে। যে মুহূর্তে আদর্শ ভালোবাসার সম্পর্কটি খুঁজে পেতে আপনি সমর্থ হবেন, দ্য লেট দেম থিওরি অর্থাৎ ওদের করতে দিন এর পদ্ধতি এক যুগান্তকারী আবিষ্কার হিসেবে প্রতিষ্ঠালাভ করবে; কারণ বর্তমানে আপনি কোন পরিস্থিতিতে রয়েছেন, কার সংশ্রবে রয়েছেন, এবং আপনার সম্পর্কে তাঁর ধ্যানধারণা কী—সেগুলির ক্ষেত্রে যথাসম্ভব সৎ থাকতে বাধ্য করবে।

আপনি তাঁদের পছন্দের মানুষ নন।
নিজেকে জাগিয়ে তুলুন।

মানুষের ব্যবহারিক বৈশিষ্ট্য ভালোভাবে নিরীক্ষণ করার মাধ্যমে জানা সম্ভব, তাঁদের পরিচয় অথবা ভাবমূর্তি আসলে কী এবং তাঁদের জীবনে আপনার সঠিক অবস্থান কোথায়। প্রতি মুহূর্তে তাঁদের বক্তব্য সম্পর্কে চিন্তাভাবনা না করলেও চলবে। তাঁদের প্রতিটি গতিবিধির উপরে নজর রাখতে হবে। প্রথমদিকে, এই নির্দিষ্ট কাজটি আপনার কাছে অত্যন্ত কঠিন মনে হতে পারে, কারণ সেই মুহূর্তে আবেগের বশবর্তী হয়ে জীবনযাপনে আপনি অভ্যস্ত। সেই অন্তর্নিহিত

আবেগ—সত্যের উন্মোচন এবং আপনার প্রতি তাঁদের ব্যবহারের সঠিক উপলব্ধির ক্ষেত্রে—আপনার পথে অন্তরায় হয়ে দাঁড়াতে পারে।

ডেটিং এর প্রক্রিয়ার অন্তর্গত এই রহস্যময় বাতাবরণ থেকে নিষ্কৃতি পাওয়ার উদ্দেশ্যে, নিজেকে একটি বিশেষ প্রশ্নের সামনে আপনি দাঁড় করাতেই পারেন: আপনার প্রিয়তম বন্ধুদের সঙ্গে যদি এই ধরনের ব্যবহার করা হত, সেক্ষেত্রে তাঁদের আপনি কী বলতেন?

দ্য লেট দেম থিওরি অর্থাৎ ওদের করতে দিন এর পদ্ধতির অন্যতম এক মৌলিক নিয়ম অনুসারে, পারিপার্শ্বিকের মানুষজনের সামগ্রিক ব্যবহারের মাধ্যমে সহজেই উপলব্ধি করা সম্ভব, তাঁদের জীবনে আপনার অবস্থান ঠিক কোথায়। একটি কথা আপনাদের মাথায় রাখতে হবে: এর উত্তর সম্পূর্ণভাবে ইতিবাচক, নয়ত একেবারেই নেতিবাচক। তাঁদের জীবনের ক্ষেত্রে আপনি নিশ্চিত অগ্রাধিকার পাবেন, অথবা পাবেন না। এর মধ্যবর্তী অবস্থানে থাকা অসম্ভব।

ওদের আসল পরিচয় আপনাকে দেখাতে দিন।

নির্দিষ্ট কোনো ব্যক্তির অনুসরণে যখন আপনি ব্যস্ত থাকেন, আপনার পক্ষে সেই বাস্তবের সম্মুখীন হওয়া কখনোই সম্ভব নয় যে—অন্যান্যদের আপনাকে অপছন্দ করার মূল কারণ, আপনি যেভাবে তাঁদের দেখতে চান সেই বিশেষ দৃষ্টিভঙ্গী তাঁদের পছন্দসই নয়। অন্যান্যরা যখন আপনার ক্ষেত্রে মিশ্র প্রতিক্রিয়া প্রকাশ করেন, তখন বুঝতে হবে যে আপনাকে তাঁদের পছন্দ নয়। এই ধরনের মিশ্র প্রতিক্রিয়া কখনোই "মিশ্র" শব্দটির উপরে সুবিচার করতে পারে না। এই প্রতিক্রিয়ার মাধ্যমে পরিষ্কারভাবে বোঝা সম্ভব, তাঁদের জীবনের ক্ষেত্রে আপনি অগ্রাধিকার নন; কেবল সুবিধাজনক পরিস্থিতি বিশেষ।

উদাহরণ হিসেবে, আপনাকে প্রতিনিয়ত মেসেজ করা সত্ত্বেও, বন্ধুবান্ধবরা মিলে একত্রিত হওয়ার সময় তাঁরা কখনোই বিশেষ কোনো পরিকল্পনা করেন না, সুতরাং বাস্তব ক্ষেত্রে ইতিবাচক পরিকল্পনা করার ক্ষেত্রে তাঁদের কোনো চিন্তাভাবনাই নেই। ওদের প্রতিনিয়ত মেসেজ পাঠাতে দিন। প্রতিবার শহরে থাকাকালীন, তাঁরা যদি আপনার সঙ্গে দেখাসাক্ষাৎ করার বিষয়ে আগ্রহী থাকেন, কিন্তু শহর ছাড়ার পর থেকে আপনার কোনো খবরাখবর নেওয়ার প্রয়োজন মনে না করেন, তাহলে বুঝতে হবে শারীরিক সম্পর্ক ছাড়া তাঁদের মাথায় আর কোনো পরিকল্পনা নেই। ওদের করতে দিন। ওঁরা আপনার জীবনে কোনো সমস্যা নন। আসল সমস্যা আপনি নিজে। নিজের অমূল্য সময়কে প্রাধান্য না দিলে, আপনার পক্ষে উপলব্ধি করা সম্ভব নয় যে এই সম্পর্কের কোনো ভবিষ্যৎ নেই।

এবার পদ্ধতির অন্তর্ভুক্ত লেট মি অর্থাৎ আমাকে করতে দিন এর অংশে আপনাদের মনোযোগ দিতে হবে: রোজ ঘুম থেকে ওঠার পরে, নিজের প্রতি আমাকে সততা বজায় রাখতে দিন। এই নির্দিষ্ট ব্যক্তিকে আমি যত বেশী অনুসরণ করব, তাঁকে মেসেজ করার ক্ষেত্রে যত বেশী সময় আমি অপচয় করব, এবং যত বেশী করে নিজের মস্তিষ্কে সেই কাল্পনিক জগৎ তৈরী করব যে অবিলম্বেই হঠাৎ একদিন তিনি আমার সঙ্গে দেখা করতে আসবেন, এবং তার ফলে প্রমাণিত হবে যে আমরা নিজেদের প্রতি অত্যন্ত ঘনিষ্ঠ, ততই আমার ক্ষেত্রে এমন কোনো মানুষের সঙ্গে দেখা হওয়ার সম্ভাবনা ক্ষীণ থেকে ক্ষীণতর হতে থাকবে, যিনি সত্যিই একটি আদর্শ সম্পর্ক গড়ে তুলতে ইচ্ছুক।

এই নির্দিষ্ট সম্পর্কের যে কোনো ভবিষ্যৎ নেই, সেই সত্য সর্বান্তঃকরণে মেনে নেওয়ার সিদ্ধান্তকে আমাকে সম্মান জানাতে দিন। অন্যান্যরা যখন আপনাকে সঙ্গে নিয়ে ঘোরার সিদ্ধান্ত নেন, ওদের করতে দিন। সেই সম্পর্কের যোগসূত্র ছিন্ন করার সাধন আপনার হাতে রয়েছে। একসঙ্গে ঘুরে বেড়াবার বিষয়ে আপনিও সক্রিয় অংশগ্রহণকারী, কারণ এই কাজের অনুমতি তাঁদের আপনিই দিয়েছেন। এই মুহূর্তে আপনি যদি একটি ইতিবাচক, স্বাস্থ্যকর এবং আনন্দময় পারস্পরিক সম্পর্কের অন্তর্গত থাকতেন, শারীরিক সম্পর্ক স্থাপনের প্রস্তাব সম্বলিত তাঁদের মেসেজটি পড়ার সঙ্গে সঙ্গে, অপার বিস্ময়ে আপনার চোখগুলি অচিরেই গোল হয়ে উঠত! তাই, এই মুহূর্তে নিজের সামগ্রিক ক্ষতিসাধনের ক্ষেত্রে নিজের ভুল সর্বান্তঃকরণে স্বীকার করে, অন্তর্নিহিত ক্ষমতার রাশ নিজের হাতে ফিরিয়ে নেওয়ার বিষয়ে যত্নবান হয়ে উঠুন।

নিজের ক্ষেত্রে আমাকে মনে করাতে দিন যে, আমি এমন কোনো মানুষের সঙ্গে ডেটিং এ যেতে ইচ্ছুক নই, যিনি সর্বান্তঃকরণে আমাকে গ্রহণ করতে রাজি নন। একটি স্বাস্থ্যকর সম্পর্কের সবচেয়ে গুরুত্বপূর্ণ বিষয় হল, সেই সম্পর্কটি পারস্পরিক সম্মতিমূলক হতে হবে।

সম্মতিমূলক প্রচেষ্টা। সম্মতিমূলক পারস্পরিক শ্রদ্ধা। সম্মতিমূলক অনুভূতি। সম্মতিমূলক আকর্ষণ। সম্মতিমূলক আগ্রহ।

অন্যান্যদের অশ্রদ্ধামূলক ব্যবহারকে আড়াল করার উদ্দেশ্যে, যদি আপনি বিভিন্ন অজুহাত খাড়া করতে অভ্যস্ত থাকেন...এখনই সেই কাজ থেকে নিজেকে বিরত রাখুন। নিজেদের আসল পরিচয় প্রকাশ ওদের করতে দিন। নিজেদের পক্ষ থেকে তাঁরা প্রয়োজনীয় প্রচেষ্টা করেছেন কি না, সেই স্বীকারোক্তি ওদের করতে দিন। নিজেদের পক্ষ থেকে তাঁরা আপনার যত্ন নেওয়ার কথা একবারও ভেবেছেন কি না, ওদের সেই দোষ স্বীকার করতে দিন।

ডেটিং অত্যন্ত বিভ্রান্তিমূলক হয়ে ওঠার নেপথ্যের মূল কারণ হল, যেভাবে আপনার প্রতি তাঁদের যত্নবান হওয়া উচিত বলে আপনি মনে করেন, তাঁরা সে বিষয়ে কোনো ভ্রূক্ষেপ করেন না—এবং তাঁদের এই উদাসীনতার সত্যতা মেনে নিতে আপনি কখনোই রাজি হন না। নিজেদের জীবনে আমরা প্রত্যেকে ইতিমধ্যেই এই পরিস্থিতির সম্মুখীন হয়েছি। যখন অন্য কারো প্রতি আপনি অত্যন্ত আগ্রহী থাকেন এবং তিনি, তাঁর প্রতি আপনার যাবতীয় মনোভাবের ক্ষেত্রে শ্রদ্ধাশীল থাকতে পারেন না, তখন সেই বিশেষ পরিস্থিতি আপনার কাছে অত্যন্ত যন্ত্রণাদায়ক হয়ে ওঠে। কিন্তু উল্টোদিকের মানুষটির পছন্দ অপছন্দের নিয়ন্ত্রণ সম্পূর্ণভাবে আপনার ক্ষমতা বহির্ভূত।

নির্দিষ্ট কোনো ব্যক্তি, যিনি আপনার সামগ্রিক মনোভাবের প্রতি শ্রদ্ধাশীল নন, তাঁর সঙ্গে শুধুমাত্র সম্পর্ক বজায় রাখার উদ্দেশ্যে নিজের শরীরকে সংকুচিত করে একটি ক্ষুদ্র বাক্সে নিজের স্থান সংকুলান করার ক্ষেত্রে, অথবা এক সম্পূর্ণ নতুন ভাবমূর্তিতে আত্মপ্রকাশ করার ক্ষেত্রে, কিংবা নিজের সত্তাকে আমূল পরিবর্তন করার ক্ষেত্রে, অযথা নিজের অমূল্য সময়ের অপচয় থেকে নিজেকে বিরত রাখুন। এই কাজ কখনো করবেন না।

একটি সম্পর্কের গোড়াপত্তনের সময়ে, এই ফাঁদে পড়ে যাওয়া অত্যন্ত স্বাভাবিক ঘটনা। বিশেষ কোনো ব্যক্তি যে আপনার জীবনের সেই আদর্শ ভালোবাসার মানুষ, সেই সিদ্ধান্তে উপনীত হওয়ার কাজটি অত্যন্ত সহজ হয় (যদিও সেই মুহূর্তে আপনার মস্তিষ্কে বারবার বিপদ সংকেত

বাজতে থাকে, যে এই ব্যক্তি "তিনি" নন)। আপনার পক্ষে অন্ধভাবে বিশ্বাস করা অত্যন্ত সহজ, যে আপনার ক্ষেত্রে অপরদিকের মানুষটিও অনুরূপ ধারণা পোষণ করছেন। নিজেকে একটু পরিবর্তন করতে পারলেই যে অপরদিকের মানুষটি আপনাকে ভালোবেসে ফেলবেন, এই ভাবনা আপনার মাথাতে আসা অত্যন্ত স্বাভাবিক। অন্য কারো জীবনে ভালোবাসার পাত্র হয়ে উঠতে পারার অমোঘ আকর্ষণ অনুভব করা অত্যন্ত সহজ, যদিও সেই ভালোবাসা আপনার জীবনের রূপকথার সঙ্গে সম্পূর্ণভাবে সামঞ্জস্যপূর্ণ নয়। তাঁদের পক্ষে আপনাকে সহজেই প্রভাবিত করা সম্ভব যে—যদিও এই বিষয়ে তাঁরা তখনই আপনাকে প্রতিশ্রুতি দিতে পারছেন না, তা সত্ত্বেও সেই মুহূর্তে তাঁরা অন্য কোনো ব্যক্তির সঙ্গে সম্পর্কে লিপ্ত নন, কিংবা সম্পর্কের নিরিখে তাঁরা নির্দিষ্ট কোনো "মার্কা অথবা ছাপে বিশ্বাসী" নন। আপনার পক্ষে একটি অসম্পূর্ণ সম্পর্কে অনায়াসে জড়িয়ে পড়া সম্ভব, কারণ আপনি "অকৃতদার বন্ধু" তকমাটি সারাজীবনের জন্য পরিত্যাগ করতে একান্ত ব্যগ্র। তাৎক্ষণিকভাবে সেই সম্পর্ক গড়ে তোলার কাজ অত্যন্ত সহজ হলেও, দীর্ঘকালীন স্থায়িত্বের পরিসরে, সেই সম্পর্ক আপনাকে মানসিকভাবে চূর্ণবিচূর্ণ করতে বাধ্য।

আবেগজনিত মানসিক যন্ত্রণা, নিজের সত্তাকে সাময়িকভাবে হারিয়ে ফেলা, নিজের সামগ্রিক অবস্থান সম্পর্কে নিরন্তর উৎকণ্ঠা, তাঁরা যে নিজেদের প্রতিশ্রুতি কখনোই রাখবেন না সেই ব্যাপারে অব্যক্ত মনোবেদনা...সেই সম্পর্ক আপনার সামগ্রিক পরিস্থিতির উপযুক্ত কখনোই নয়। এক্ষেত্রে, একটি কথা আমি আবার আপনাদের মনে করিয়ে দিতে চাই: তাঁদের যদি আপনাকে পছন্দ হয়, আপনার পক্ষে তা জানা অবশ্যই সম্ভব। তা না হলে, আপনি একটি বিভ্রান্তিমূলক পরিস্থিতিতে থাকবেন।

আপনাকে জবাবী মেসেজ পাঠানোর অভ্যাস ওদের বন্ধ করতে দিন। অপ্রকৃতিস্থ অবস্থায় আপনার প্রতি ওদের প্রতিশ্রুতি দিতে দিন। সকালে বিছানা ছেড়ে ওঠার পরে ওদের আচমকা চলে যেতে দিন, এবং তাঁদের "আপনার সঙ্গে আবার দেখা হলে অত্যন্ত আনন্দিত হবো," মেসেজের কোনো জবাব দেওয়া থেকে বিরত থাকুন। আপনাকে বিভ্রান্ত করার ক্ষেত্রে, আপনাকে অদম্য ক্রোধে ফেটে পড়তে অথবা মিশ্র প্রতিক্রিয়ামূলক মেসেজ পাঠাবার ক্ষেত্রে—ওদের করতে দিন।

তাঁদের সামগ্রিক ব্যবহারের ভিত্তিতে আপনাকে সিদ্ধান্ত গ্রহণ করতে হবে। নিজেদের মতো তাঁদের চলতে দেওয়ার অংশটি অপেক্ষাকৃত সহজ। এক্ষেত্রে, লেট মি অথবা আমাকে করতে দিন এর অংশটি অত্যন্ত কঠিন, কারণ এক্ষেত্রে বাস্তবের সম্মুখীন হতে কখনোই আপনি প্রস্তুত নন। তাঁদের আসল পরিচয় অথবা ভাবমূর্তি কী, তা আমাকে দেখতে দিন। তাঁদের ব্যবহারের ভিত্তিতে আমাকে বাস্তব পরিস্থিতির মূল্যায়ন করতে দিন—তাঁদের জীবনে আমার কোনো প্রাধান্য নেই। যে সমস্ত মানুষ আপনার সাহচর্যে জীবনযাপন করতে একান্ত অনিচ্ছুক, তাঁদের অনুসরণ করা থেকে বিরত থাকুন।

পারস্পরিক সম্পর্কের নিরিখে যদি সামান্যতম প্রচেষ্টা করতেও তাঁরা রাজি না থাকেন, তাঁদের পক্ষে আপনার যাবতীয় প্রচেষ্টার মূল্যায়ন করা কখনোই সম্ভব নয়।

অধ্যায় ১৯

কেমনভাবে আপনার জীবনের বিভিন্ন পারস্পরিক সম্পর্ক পরবর্তী স্তরে উন্নীত করা সম্ভব

"কিন্তু মেল...ওঁরা যে আমার প্রতি মনোযোগ দিতে অভ্যস্ত। আমি নিশ্চিত যে, আমাকে তাঁরা অত্যন্ত ভালোবাসেন, কারণ নিজের মুখে তাঁরা আমাকে বলেছেন...তাঁরা তো প্রতিটি কাজ সুষ্ঠভাবে সম্পন্ন করতে অভ্যস্ত...কিন্তু সবচেয়ে গুরুত্বপূর্ণ কাজটি এখনো পর্যন্ত তাঁরা করে উঠতে পারেননি। তাঁরা আমার কাছে দায়বদ্ধতার প্রতিশ্রুতি দিতে পারেননি।"

আমাদের দৈনন্দিনের জীবনে অনুরূপ পরিস্থিতি অত্যন্ত সাধারণ, এবং এই পরিস্থিতির ক্ষেত্রে বিভিন্ন অজুহাত দেওয়া হয়: সম্পর্কের নিরিখে তাঁরা সম্ভবত নির্দিষ্ট কোনো "মার্কা অথবা ছাপে বিশ্বাসী" নন, অথবা নিজেদের জীবনযাপনের ক্ষেত্রে তাঁরা সম্পূর্ণভাবে স্বতন্ত্র, কিংবা আনুষ্ঠানিকভাবে কোনো পারস্পরিক সম্পর্কে আবদ্ধ, বা পারস্পরিক সহাবস্থানে বিশ্বাসী, অথবা তাঁদের বাগদান পর্ব ইতিমধ্যেই অনুষ্ঠিত হয়েছে, কিংবা অবিলম্বেই বিবাহসূত্রে আবদ্ধ হতে চলেছেন।

প্রথমেই, নিজেকে যে প্রশ্নের সামনে নিজেকে দাঁড় করাতে হবে, তা হল, যে সমস্ত মানুষ দায়বদ্ধতার প্রতিশ্রুতির ক্ষেত্রে উদাসীন, আমার কি তাঁদের পিছনে দৌড়োনো উচিত? নাকি এই বিশেষ ব্যক্তির ক্ষেত্রেই এই পরিস্থিতির উদ্ভব ঘটেছে? প্রতিটি বিষয় নিয়ে আমি বিস্তারিত আলোচনায় বসতে চলেছি, কারণ এই দুটি ক্ষেত্র সম্পূর্ণভাবেই আলাদা।

আপনি কি ভুল মানুষের চয়নে অভ্যস্ত

যে মানুষটি অধিকাংশ ক্ষেত্রেই আপনার অধরা অথবা দায়বদ্ধতার প্রতিশ্রুতির ক্ষেত্রে উদাসীন, তাঁর সঙ্গে ডেটিং করার জন্য যদি আপনি উন্মুখ হয়ে থাকেন, তাহলে আপনার নিজস্ব ধারণা

অনুযায়ী এই নির্দিষ্ট বিষয় কখনোই কাকতালীয় হতে পারে না। সম্ভবত সেই সমস্ত মানুষের প্রতি আপনি দুর্বার আকর্ষণ অনুভব করেন, যাঁদের মন জয় করা অথবা জীবনে পরিবর্তন নিয়ে আসার বিষয়ে আপনি অত্যন্ত আত্মবিশ্বাসী, অথবা অন্যান্যদের সঙ্গে সহাবস্থানের কারণে তাঁরা আপনার কাছে অধরা, কিংবা আবেগজনিত কারণে নিজেদের একটি বিশেষ গণ্ডিতে আবদ্ধ করে রাখতে তাঁরা অভ্যস্ত।

নিজেকে প্রশ্ন করুন: আপনি কি সেই সমস্ত মানুষের সঙ্গে ডেটিং-এ বিশ্বাসী, দায়বদ্ধতার প্রতিশ্রুতি দিতে যাঁরা কখনোই রাজি থাকেন না? নিজের স্ত্রীর সঙ্গে দেখাসাক্ষাৎ হওয়ার আগে পর্যন্ত, আপনিই কি তাঁদের জীবনে সেই বিশেষ বান্ধবী? আপনি কি এমন মানুষের সঙ্গে ডেটিং-এ অভ্যস্ত, যাঁরা আপনার বিশ্বাসের প্রতি সম্পূর্ণভাবে শ্রদ্ধাশীল নন? সেই সমস্ত মানুষের সঙ্গে ভবিষ্যতে জীবনযাপন করার পরিকল্পনা কি আপনি করছেন, যাঁরা আপনার প্রতি ঈর্ষাকাতর অথবা আপনার উপর প্রভাব বিস্তারে বিশ্বাসী? একটি আদর্শ সম্পর্ক গড়ে তোলার প্রত্যাশায়, আপনি কি যথেচ্ছভাবে কারো শয্যাসঙ্গিনী হতে দ্বিধা করেন না? আপনি কি এমন কোনো মানুষের সঙ্গে ডেটিং করছেন, যিনি জীবনযুদ্ধের দুর্দশায় জর্জরিত এবং যাঁকে সেই পরিস্থিতি থেকে উদ্ধার করতে আপনি বদ্ধপরিকর? আপনি কি সেই মানুষের সঙ্গে সম্পর্ক গড়ে তুলতে ইচ্ছুক, যাঁর সঙ্গে কোনো গোপন অভিসারে আপনার আলাপ হয়েছে অথবা যিনি আপনাকে লুকিয়ে গোপন অভিসারে যেতে অভ্যস্ত? ঘটনাচক্রে, যখন আপনার সম্পর্কগুলি অঙ্কুরে বিনষ্ট হয়, আপনি কি জোর দিয়ে নিজের বন্ধুবান্ধবদের জানাতে পারেন, সম্পর্কের নিরিখে সেই মানুষটিই আপনার উপযুক্ত হয়ে উঠতে পারেননি?

উপরোক্ত একটি পরিস্থিতিও যদি আপনার জীবনের ক্ষেত্রে মিলে যায়, তাহলে আপনাকে অপকটে স্বীকার করতে হবে: এই বিশেষ অনুসরণের প্রক্রিয়া আপনার কাছে অত্যন্ত পছন্দের। এই নির্দিষ্ট স্বভাব আপনার সহজাত এবং এটি স্বভাবতই একটি মারাত্মক সমস্যা। পারস্পরিক সম্পর্কের এই স্বপ্নময় বাতাবরণ শুধুমাত্র আপনার উর্বর চিন্তাভাবনার ফসল, কারণ আপনি যাবতীয় সম্ভাবনার ভিত্তিতে জীবনযাপনে বিশ্বাসী, এবং এই নির্দিষ্ট পরিস্থিতির বাস্তবতা সম্পর্কে আপনি ওয়াকিবহাল নন।

আপনার জীবনে এই বিশেষ পরিস্থিতি ততক্ষণ পর্যন্ত চলতেই থাকবে, যতক্ষণ না আপনি এই আবহমান প্রক্রিয়াকে ভাঙার উদ্যোগ নিতে পারছেন। বিভিন্ন গবেষণার মাধ্যমে ইতিমধ্যেই প্রমাণিত হয়েছে, নিজেদের অতীত জীবনে ঘটে যাওয়া বিভিন্ন পারস্পরিক সম্পর্ক এবং শৈশবের বিভিন্ন অভিজ্ঞতার ভিত্তিতে, অধিকাংশ মানুষ বারবার একই মানসিকতার মানুষের পিছনে দৌড়ে বেড়াতে অভ্যস্ত।

আলবার্টা ইউনিভার্সিটি আয়োজিত একটি বিশেষ সমীক্ষার ভিত্তিতে জানা সম্ভব হয়েছে, একটি সম্পর্কের প্রারম্ভিক "মধুচন্দ্রিমার অধ্যায়" শেষ হওয়ার অব্যবহিত পরে, প্রাচীনকালের যাবতীয় সম্পর্কের সনাতনী রূপরেখার উপরে ভিত্তি করে, একটি নতুন ধরনের সম্পর্কের সূত্রপাত হয়। দীর্ঘ আট বছর চলতে থাকা এই সমীক্ষায় জানা যায়, সেই পুরোনো নিদর্শনকে অনুসরণ করার প্রবণতা মানুষের মধ্যে এখনো বর্তমান, প্রথাগত রূপরেখার ভিত্তিতে এই সম্পর্ককে মানুষ নতুনভাবে আবিষ্কার করতে সমর্থ হয়েছেন, এবং সম্পর্কের নিরিখে নিজেদের

খামতি জনসমক্ষে অস্বীকার করার প্রবণতা তাঁদের মধ্যে এখনো রয়েছে... যার ফলস্বরূপ, আজকের পৃথিবীতে সেই আপাতভঙ্গুর পারস্পরিক সম্পর্কের গতানুগতিক রূপরেখার পুনরাবৃত্তি হয়ে চলেছে।

আপনার ক্ষেত্রেও অনুরূপ পরিস্থিতির অবতারণা হয়ে থাকলে, নিজের অতীত সম্পর্কে বিস্তারিত আলোচনার জন্য একজন বিশেষজ্ঞ থেরাপিস্টের দ্বারস্থ আপনাকে হতে হবে, এবং সমস্যার মূলে পৌঁছোবার ব্যবস্থা নিতে হবে; কারণ অন্য কারো সঙ্গে সম্পর্কে লিপ্ত থাকার মাধ্যমে, এই সমস্যার সমাধান কখনোই সম্ভব নয়। মোদ্দা কথা, অন্য একটি সম্পর্কের পিছনে দৌড়োতে যদি আপনি ব্যস্ত হয়ে পড়েন, তাহলে সেই স্বাস্থ্যকর, পরিপূর্ণ ভালবাসার ক্ষেত্রটি আপনার কাছে চিরকালের জন্য অধরাই থেকে যাবে।

আরো একটি সম্পর্কের গোড়াপত্তন এই সমস্যার সমাধান হতে পারে না। বরং, এই বিশেষ মুহূর্তে আরো একটি সম্পর্কের অবতারণা এই সমস্যাকে আরো সঙ্গীন করে তুলতে পারে।

সেক্ষেত্রে আপনার পক্ষে একক জীবনযাপন করাই শ্রেয়।

এই কথাটি আমি আরো একবার বলতে চাই। সেক্ষেত্রে আপনার একক জীবনযাপন করাই শ্রেয়।

সত্যি করেই এই সমস্যার স্থায়ী সমাধান করতে যদি আপনি প্রস্তুত থাকেন, এবং নিজের জীবনের অন্যতম স্বপ্ন—সেই আদর্শ, স্বাস্থ্যকর এবং ভালোবাসায় পরিপূর্ণ সম্পর্ক গড়ে তুলতে ব্যগ্র থাকেন, আগামী একটি বছরে এককভাবে জীবনযাপন করার জন্যে আপনাকে রাজি থাকতে হবে, এবং নিজের জীবনকে অনাবিল আনন্দে ভরিয়ে তোলার জন্য এবং শারীরিক ও মানসিকভাবে নিজের সামগ্রিক নিরাময়ের ক্ষেত্রে সম্পূর্ণ মনোনিবেশ করার দিকে জোর দিতে হবে।

"কিন্তু মেল...আমি যে এককভাবে জীবনযাপন করতে প্রস্তুত নই, এবং আমার মনে হয় এটি আমার জীবনে কোনো সমস্যার উদ্ভব করতে পারে। এখনো পর্যন্ত, নিজের জীবনে আমি প্রতিবার ভুল মানুষ নির্বাচন করেছি। এক্ষেত্রে দোষ আমার নয়। এই বিশেষ পরিস্থিতির জন্য তাঁরাই একান্তভাবে দায়ী। ভবিষ্যতে, আমাকে সঠিকভাবে ভিন্ন মানসিকতার মানুষজনকে নির্বাচন করতে হবে।"

কখনোই নয়! এই পরিস্থিতির জন্য একমাত্র আপনিই দায়ী। আপনাদের যখন এই কথাটি বলছিলাম, তখনই আমি উপলব্ধি করতে পেরেছি...আপনি নিজেকে উপরোক্ত সমীক্ষার নিরিখে, একটি ব্যতিক্রম বলে মনে করতে পারেন।

আপনাদের নিশ্চয় মনে আছে, এই বইয়ের মাধ্যমে যখন এম আই টির অন্যতম কর্ণধার ডঃ শ্যারোটের সামগ্রিক কর্মকান্ডের সঙ্গে আপনাদের পরিচয় হয়েছিল, তখন তিনি আপনাদের বুঝিয়েছিলেন, কী কারণে আপনাদের পক্ষে পারিপার্শ্বিকের মানুষজনের জীবনে পরিবর্তন নিয়ে আসা সম্ভব নয়? কারণ, প্রত্যেকেই ভাবেন যে জীবনের ক্ষেত্রে তাঁরাই একমাত্র ব্যতিক্রম, এবং এই মুহূর্তে আপনারাও সেই ভ্রান্ত ধারণার বশবর্তী হয়ে জীবনযাপনে অভ্যস্ত হয়েছেন।

যে কোনো সম্পর্কের পিছনে উদ্ভ্রান্ত হয়ে দৌড়োনো এবং একটি আদর্শ পারস্পরিক সম্পর্ক গড়ে তুলতে আপনার ব্যর্থতার ক্ষেত্রগুলি যদি আপনার সহজাত প্রবৃত্তির অন্তর্গত হয়ে

থাকে, নিশ্চিতভাবে জানবেন এক্ষেত্রে আপনি কোনো ব্যতিক্রম নন। আপনি হলেন এই সমস্যার মূল কারণ। এক্ষেত্রে, যে প্রধান সমস্যার সম্মুখীন আপনি হতে চলেছেন তা হল, এটিকে নির্দিষ্ট এক সহজাত প্রবৃত্তি হিসেবে মেনে নেওয়ার ক্ষেত্রে আপনার আপত্তি—যার সমাধান একান্ত অনিবার্য। মনে রাখতে হবে, এক্ষেত্রে অন্য একটি পারস্পরিক সম্পর্কে লিপ্ত থাকার ফলে, আপনার পক্ষে এই সমস্যার সমাধান করা অসম্ভব।

ভালোবাসায় পরিপূর্ণ একটি আদর্শ জীবন আপনার অবশ্যই প্রাপ্য, কিন্তু সেই জীবনের গোড়াপত্তন করা ততক্ষণ পর্যন্ত সম্ভব নয়, যতক্ষণ না আপনি সেই মূল সমস্যার সমাধান করে উঠতে পারেন—কী কারণে এমন সমস্ত মানুষকে নিজের জন্য আপনি নির্বাচিত করেন, যাঁরা সম্পর্কের ক্ষেত্রে মানসিকভাবে অত্যন্ত দুর্বল অথবা আপনাকে দায়বদ্ধতার প্রতিশ্রুতি দেওয়ার জন্য একেবারেই প্রস্তুত নন।

এবং এই কথাগুলি আপনাদের বলার একমাত্র কারণ হল, আমি আপনাদের অত্যন্ত ভালোবাসি।

অন্যান্যদের সঙ্গে একটি সম্পর্ক গড়ে তোলার মানসিক পরিস্থিতিতে আপনি রয়েছেন, এবং সেটিকে জীবনের শ্রেষ্ঠতম সম্পর্কে রূপান্তরিত করার লক্ষ্যে অবিচল রয়েছেন, কিন্তু অন্য মানুষটির মানসিক অবস্থান সম্পর্কে আপনি সুনিশ্চিত নন। কিংবা অন্তর্নিহিত ক্ষমতার রাশ অন্যান্য মানুষজনের হাতে তুলে না দিয়েও কীভাবে সামগ্রিক অঙ্গীকারের ক্ষেত্রকে সফল করে তুলতে পারেন, এবং সেক্ষেত্রে আমরা কীভাবে দ্য লেট দেম থিওরি অর্থাৎ ওদের করতে দিন এর পদ্ধতির সঠিক প্রয়োগ করা সম্ভব, সেই বিষয়ে এখন আমরা আলোচনা করতে চলেছি।

অঙ্গীকার সম্পর্কিত আলোচনা

যে কোনো সম্পর্কের ক্ষেত্রে একটি বিশেষ পরিস্থিতির উদ্ভব হয়, যখন আপনি সেটির ভবিষ্যৎ সম্পর্কে, কিংবা নিজের অভীষ্ট লক্ষ্যপূরণের ক্ষেত্রে আপনি সঠিক পথে অগ্রসর হচ্ছেন কি না সে বিষয়ে সন্দিহান থাকেন। যে মুহূর্তে নিজের মনে এই চিন্তাভাবনার উদ্রেক হয়, একটি বিস্তারিত আলোচনা আপনার জন্য অপরিহার্য হয়ে দাঁড়ায়।

নিজের প্রাপ্য চেয়ে নেওয়ার বিষয়ে কখনোই হীনমন্যতায় ভুগবেন না। ভালোবাসার ক্ষেত্রে অঙ্গীকারের মতো একটি অত্যন্ত গুরুত্বপূর্ণ বিষয় সম্পর্কে কাউকে বিন্দুমাত্র আভাস দেওয়া থেকে নিজেকে বিরত রাখুন। সম্পূর্ণ সততা বজায় রেখে কোনো আলোচনায় অংশগ্রহণ করার ক্ষমতাই হল, ভালোবাসায় পরিপূর্ণ একটি স্বাস্থ্যকর পারস্পরিক সম্পর্ক গড়ে তোলার মূল ভিত্তিপ্রস্তর।

সুতরাং, এই বিশেষ পরিস্থিতিকে ভয় পাওয়ার পরিবর্তে, এটিকে নির্ভয়ে আলিঙ্গন করুন। নির্দিষ্ট সম্পর্ক গড়ে ওঠার সম্ভাবনার ক্ষেত্রটি সুনিশ্চিত থাকলে, এই বিশেষ আলোচনা এটিকে আরো সুদৃঢ় করবে। বাস্তব পরিস্থিতি নিয়ে বিস্তারিত আলোচনা সবসময়েই যে কোনো অন্যায্য পরিস্থিতিকে সমূলে উৎপাটিত করতে সক্ষম।

যে প্রক্রিয়া মেনে আপনারা এই এই বিশেষ আলোচনায় অংশগ্রহণ করতে চলেছেন, তার বিষয়বস্তু এবং প্রশ্নোত্তরের বিন্যাসের পরিকল্পনার নেপথ্যে রয়েছেন আমার ঘনিষ্ঠ বন্ধু

ম্যাথিউ হাসি, যিনি একাধারে নিউ ইয়র্ক টাইমসের অন্যতম একজন সর্ববিক্রিত লেখক হওয়ার পাশাপাশি, বিগত ১৭ বছর ধরে বিভিন্ন মানুষকে নিজেদের জীবনের ক্ষেত্রে আরো আত্মবিশ্বাসী এবং পারস্পরিক সম্পর্কের সম্পূর্ণ নিয়ন্ত্রণে থাকার ক্ষেত্রে সাহায্য করে চলেছেন। ভালোবাসা সম্পর্কিত সুপরামর্শের পরিসরে, তাঁর ইউটিউব চ্যানেলটি পৃথিবীর জনপ্রিয়তম চ্যানেলের বিশেষ তালিকের শীর্ষে রয়েছে, যার দর্শকসংখ্যা ইতিমধ্যেই পাঁচশো কোটির গণ্ডি পেরিয়েছে।

এই বই নিয়ে গবেষণা করার সময়—অধিকাংশ মানুষ নিজেদের পারস্পরিক সম্পর্কের উন্নতিসাধনের উদ্দেশ্যে প্রায়শই যে ধরনের ভুলভ্রান্তি করে থাকেন—সেই বিষয়ে ম্যাথিউয়ের সঙ্গে আমার একাধিকবার বিস্তারিত আলোচনা হয়েছিল।

সেই আলোচনায়, নিজের জীবনে ঘটে যাওয়া একটি অত্যন্ত মর্মস্পর্শী ঘটনার কথা তিনি আমাকে বলেছিলেন। তিনি আমাকে জানান, নিজের বর্তমান স্ত্রী অড্রের সঙ্গে যখন তাঁর প্রথমবার দেখা হয়েছিল, সেই সময়ে তিনি একাধিক মানুষের সঙ্গে ডেটিং-এ ব্যস্ত ছিলেন; এবং তাঁদের মধ্যে প্রতিটি মানুষ খুব স্বাভাবিকভাবেই, আলাদা শহরে বসবাস করতেন। ম্যাথিউ আমার কাছে অকপটে স্বীকার করেন (এবং অড্রে সেই সময়ে আমাদের সঙ্গেই বসেছিলেন) সেই সময় তিনি অড্রেকে মিথ্যা স্তোকবাক্যে ভুলিয়ে রেখে, তাঁকে সান্নিধ্য প্রদানে অভ্যস্ত হয়ে উঠেছিলেন। যতক্ষণ না পর্যন্ত...তিনি ম্যাথিউয়ের সঙ্গে একটি বিশেষ আলোচনার ব্যবস্থা করেন—এবং এই আলোচনার অন্তর্গত প্রশ্নোত্তরের বিন্যাস এতটাই অভিনব ছিল, যার ফলে তিনি নিজের হবু স্ত্রীর কাছে হাতেনাতে ধরা পড়েন।

এই পরিস্থিতিতে, অড্রে তাঁকে কোনোভাবে অপদস্থ করার চেষ্টা করেননি। তিনি ম্যাথিউকে কতটা ভালোবাসেন অথবা তাঁর সঙ্গে সম্পর্ক স্থাপনের ক্ষেত্রে তিনি কী পরিমাণে আগ্রহী, সেই বিষয়ে তাঁর সঙ্গে একটিও শব্দ বিনিময় করার প্রয়োজন বোধ করেননি। সত্যি কথা বলতে, তিনি ম্যাথিউয়ের সামগ্রিক প্রতিক্রিয়ার দিকে দৃকপাত করার বিন্দুমাত্র চেষ্টাও করেননি। তিনি শুধুমাত্র নিজের অমূল্য সময়ের সদ্ব্যবহারের ক্ষেত্রে এবং জীবনে নিজের অভীষ্ট লক্ষ্যের প্রতি সম্পূর্ণভাবে মনোনিবেশ করার সিদ্ধান্ত নিয়েছিলেন।

নিজের জীবনের এই ঘটনা সম্বন্ধে আমাকে জানানোর সময়, ম্যাথিউ বলেছিলেন বিশেষ কোনো পরিস্থিতিকে পরবর্তী স্তরে উন্নীত করার উদ্দেশ্যে, মানুষ যে প্রথম ও প্রধান ভুলটি করেন তা হল, নিজের অমূল্য সময়ের সদ্ব্যবহারের ক্ষেত্রে এবং নিজের অভীষ্ট লক্ষ্যের প্রতি মনোনিবেশ করার পরিবর্তে, অপরদিকের মানুষটির দিকে সম্পূর্ণভাবে মনঃসংযোগ করা। অড্রের এই পদক্ষেপটি সম্পূর্ণভাবে কার্যকরী হয়েছিল—কারণ এই ঘটনার অব্যবহিত পরেই, ম্যাথিউ অন্যান্যদের সঙ্গে ডেটিং সংক্রান্ত বদ অভ্যাস থেকে বরাবরের নিজেকে বিরত রেখে, অড্রের প্রতি সামগ্রিক দায়বদ্ধতার প্রতিশ্রুতি প্রদান করেছিলেন, এবং বর্তমানে একটি আদর্শ দাম্পত্য জীবন কাটাবার পাশাপাশি, নিজের ব্যবসায় অংশীদার হিসেবে তাঁরা একযোগে কাজ করছেন।

এই বিশেষ অভিজ্ঞতা থেকে নির্দিষ্টভাবে তিনি কী শিক্ষালাভ করেছিলেন, সেই বিষয়ে ম্যাথিউ আমাকে বিশদে জানান, বর্তমানে কোন প্রণালীর সাহায্যে তিনি এই অভূতপূর্ব প্রযুক্তির সদ্ব্যবহার করেন, এবং এই বিশেষ আলোচনার ক্ষেত্রে প্রশ্নোত্তরের বিন্যাসের সঠিক পরিকল্পনা কীভাবে করা সম্ভব, সেই বিষয়েও বিস্তারিতভাবে আলোকপাত করেছিলেন। এক্ষেত্রে আপনাকে যেভাবে অগ্রসর হতে হবে, তা হল:

পূর্বোক্ত এ বি সি লুপের প্রক্রিয়ার মতোই, এই আলোচনা জনসমক্ষে কোনো পানশালায় বসে করা একেবারেই নিষিদ্ধ, এবং ফোনের মাধ্যমে অথবা অতি অল্প সময়ের ক্ষেত্রে এই আলোচনা কখনোই সম্ভব নয়। লিখিত মেসেজের মাধ্যমে এই আলোচনা করার কথা মাথাতে আনাই উচিত নয়। বিশেষ কোনো প্রত্যাশা নিয়ে এই আলোচনায় অংশগ্রহণ করা উচিত নয় যে, উল্টোদিকের মানুষজনের সামগ্রিক আকাঙ্খা অথবা অভীষ্ট লক্ষ্যের সঙ্গে আপনার যাবতীয় মতবাদ সম্পূর্ণভাবে মিলে যাওয়া সম্ভব। নিজের জীবনে এমন একটি ধারণায় আপনি উপনীত হয়েছেন, যার ফলে ভবিষ্যতে নিজেদের পারস্পরিক সম্পর্কের পরিণাম কী হতে চলেছে তার সম্পর্কে আপনি সন্দিহান, এবং সেই সম্পর্কের ক্ষেত্রে নিজের অমূল্য সময়ের অপচয় করতে আপনি আর রাজি নন—সেই জন্যই, অপরপক্ষের কাছ থেকে আপনি সরাসরিভাবে একটি পরিষ্কার জবাবদিহি চাইছেন।

নিজের মনের মতো যে উত্তরটি আপনি প্রত্যাশা করেন, সেটি পাওয়ার জন্য এই আলোচনা নয়। পারস্পরিক সম্পর্কের পটভূমিকায় নিজের অবস্থান সম্পর্কে অবগতির উদ্দেশ্যেই এই আলোচনার ব্যবস্থা। এই বিশেষ আলোচনায় মানসিক আবেগের প্রাধান্য পাওয়ার কোনো সম্ভাবনা নেই। আপনার অমূল্যে সময়ের নিরিখে কোন বিষয় অত্যন্ত গুরুত্বপূর্ণ, এবং কোনগুলি নয়—এই হল আলোচনার বিষয়বস্তু। ম্যাথিউয়ের মূল বক্তব্য এখানে উদ্ধৃত করা হলেও, তাঁর বক্তব্যের মূল নির্যাস নিজেদের ইচ্ছানুযায়ী সাজিয়ে নিতে হবে :

> আপনার সান্নিধ্যে অনেকটা সময় কাটাতে আমার অত্যন্ত ভালো লেগেছে। নিজেকে আমি যতদূর চিনি, এই মুহূর্তে আমি একটি দায়বদ্ধতার প্রতিশ্রুতির অপেক্ষায় রয়েছি। আপনার সঙ্গে যে কারণে কথা বলার সিদ্ধান্ত নিয়েছি তা হল, আমি জানতে চাই এই সম্পর্কের পরিণাম সম্পর্কে আমাদের দুজনের অভিমত কি হুবহু একইরকম? আমার কাছে নিজের সময় এবং ক্ষমতার মূল্য অপরিসীম, এবং সেই অমূল্য সময় ও ক্ষমতাকে আমি এমন একজনের জন্য বিনিয়োগ করতে রাজি নই, যিনি এই সম্পর্ককে পরবর্তী স্তরে উন্নীত করার ক্ষেত্রে উদাসীন। আপনার ক্ষেত্রে আমি সেই পরিসীমার শেষ প্রান্তে পৌঁছে গিয়েছি। এই পর্যন্ত আমার সময় খুব ভালোভাবে কেটেছে। আপনার সঙ্গে সময় কাটাতে আমার খুব ভালো লেগেছে। কিন্তু এই সম্পর্ক পরবর্তী স্তরে নিয়ে যাওয়ার ক্ষেত্রে আমরা সুনিশ্চিত থাকলে, তবেই আমি এক্ষেত্রে নিজের সময় ও ক্ষমতার বিনিয়োগে রাজি। এক্ষেত্রে আপনার অভিমত এক না হলে, কোনো সমস্যা নেই। কিন্তু মানুষ হিসেবে আমি নিজেকে চিনি এবং আমার মূল্যবান সময় সেই সমমনস্ক মানুষজনের ক্ষেত্রে বিনিয়োগ করতে একান্তভাবে ইচ্ছুক, যাঁদের জীবনে অভীষ্ট লক্ষ্য ও আকাঙ্খা আমার সঙ্গে মিলে যায়।

কী অভূতপূর্ব প্রক্রিয়া! নিজের জীবনে ডেটিং করার সময়ে যদি এই পদ্ধতি আমার পক্ষে জানা সম্ভব হত! ম্যাথিউ এবং অড্রে প্রণীত এই বিশেষ পদ্ধতির ক্ষেত্রে যে বিষয়টি আমাকে চমৎকৃত করে তা হল, আসল ঘটনার সঙ্গে তাঁদের দৃষ্টিভঙ্গীর অপূর্ব সাযুজ্যময় মেলবন্ধন।

এই বিশেষ প্রক্রিয়ার বিষয়ে যখন আপনি পড়ছেন, আপনার অন্তরে কি সেই ব্যক্তির প্রতি এক শ্রদ্ধাবনত এবং সম্ভ্রমজনক প্রতিক্রিয়া তৈরী হয় না, বিশেষ করে যাঁর মুখ থেকে উপরোক্ত শব্দগুলি নিঃসৃত হয়েছে? তাঁদের সময় ও ক্ষমতাকে তাঁরা কতটা "মূল্য" দিতে অভ্যস্ত? এবং এক্ষেত্রে একটি বিষয় নিশ্চয় আপনাদের দৃষ্টিগোচর হয়েছে, যে মানুষটির সঙ্গে এতদিন পর্যন্ত তাঁরা সময় কাটাতে অভ্যস্ত থেকেছেন, তাঁদের প্রতি নিজেরা কতটা শ্রদ্ধাশীল এবং ভদ্রোচিত আচরণে সীমাবদ্ধ থাকতে পেরেছেন?

গোপন অভিসারের অপরাধবোধ নয়। পরস্পরকে দোষারোপ নয়। কান্নাকাটির নাটকীয়তা নয়। শুধুমাত্র দুজন দায়িত্বশীল প্রাপ্তবয়স্ক মানুষ বেশ কিছু দিন একত্রে সময় কাটাবার পরে, তাঁদের মধ্যে একজন পরিষ্কারভাবে জেনে নিতে চাইছেন ভবিষ্যত জীবনের ক্ষেত্রে উল্টোদিকের মানুষটির কী পরিকল্পনা রয়েছে।

তাঁদের এই মনোভাবকে কি আপনি শ্রদ্ধা করেন না? আমি অবশ্যই করি। আপনিও কি নিজের অমূল্য সময়কে অগ্রাধিকার দিতে মানসিকভাবে প্রস্তুত নন? অবশ্যই আপনি প্রস্তুত! সেক্ষেত্রে, আপনি কি এমন একজন মানুষের সঙ্গে পারস্পরিক সম্পর্কে জড়িয়ে পড়বার ক্ষেত্রে তৈরী থাকবেন না, যিনি আপনার মতোই নির্মমভাবে সময়ানুবর্তিতার বিষয়ে নিজের অভিমত ব্যক্ত করার পাশাপাশি, নিজের জীবনে সেইমতো কাজ করতে অভ্যস্ত?

এবং এক্ষেত্রে, কারো পক্ষ থেকে প্রত্যাশার বিন্দুমাত্র আকুতি কি আপনার চোখে পড়েছে? উল্টোদিকের মানুষটির পক্ষে "না" বলার ক্ষেত্রটি প্রতি মুহূর্তে উন্মুক্ত রাখা হয়েছিল।

এই প্রক্রিয়ার কঠিনতম অংশটি হল: অধিকাংশ ক্ষেত্রেই, যে মানুষটিকে আপনি নিজের জন্য নির্বাচন করবেন, তিনি একইভাবে আপনাকে নির্বাচিত করতে বাধ্য নন। আপনার পক্ষে এই বিশেষ পরিস্থিতি রীতিমত অসহনীয়। এক্ষেত্রে আপনি অত্যন্ত নিরুৎসাহী হয়ে পড়তে বাধ্য। এবং পরবর্তীকালে, সে কথা আপনি ভুলে যেতে বাধ্য।

দ্রষ্টব্য বিষয় হল, উল্টোদিকের মানুষটি এক্ষেত্রে "না" বলার পরেও, পরবর্তীকালে নিজের জীবনে আপনি কি করতে চলেছেন, সেই সিদ্ধান্ত গ্রহণের দায়ভার সম্পূর্ণভাবে আপনার উপরেই বর্তাবে।

তাঁরা যদি বলেন—আমি আপনার সঙ্গে একত্রে জীবনযাপন করার জন্য প্রস্তুত নই; আমি আপনার পুরুষবন্ধু অথবা বান্ধবী হওয়ার জন্য মানসিকভাবে প্রস্তুত নই; আমি নিজের শহর থেকে বহুদূরে গিয়ে থিতু হওয়ার কথা ভাবছি না; এই মুহূর্তে আমার মাথায় পরিণয়সূত্রে আবদ্ধ হওয়ার কোনো পরিকল্পনা নেই; আমি সন্তানধারণ করার জন্য প্রস্তুত নই; আমি আপনার সঙ্গে আপনার শহরে থিতু হতে চাই না—সেক্ষেত্রে বুঝতে হবে, তাঁদের পক্ষে আপনাকে যা যা দেওয়া সম্ভব ছিল, সেগুলি তাঁরা ইতিমধ্যেই আপনাকে দিয়ে দিয়েছেন। এবং তা হল নিজেদের মনোভাবের এই বহিঃপ্রকাশ।

ওদের বলতে দিন।

আমার অত্যন্ত ঘনিষ্ঠ বন্ধু এবং বহুবিক্রীত লেখক প্যাস্টর সারা জেকস রবার্টসের বক্তব্য অনুযায়ী, "খাবার টেবিলে পরিত্যক্ত খাবারের অবশিষ্টাংশ কি আপনি নিজের প্রাপ্য বলে মেনে নিতে মানসিকভাবে প্রস্তুত, না কি একটি অত্যন্ত সুস্বাদু ফাইভ ষ্টার মিলের প্রত্যাশী?"

তাঁদের আকাঙ্খার নিরিখে আপনার সঙ্গে মতানৈক্যের কথা সরাসরিভাবে আপনাকে জানিয়ে দেওয়ার পরেও, তাঁদের সঙ্গে পারস্পরিক সম্পর্ক বজায় রাখার ক্ষেত্রে আপনি আগ্রহী থাকলে, সেটি সম্পূর্ণভাবেই আপনার ব্যক্তিগত অভিমত। দায়বদ্ধতার ক্ষেত্রে কোনো প্রতিশ্রুতি না দেওয়া সত্ত্বেও, সেই নির্দিষ্ট সম্পর্ক চালিয়ে যাওয়ার ক্ষেত্রে যদি আপনি মানসিকভাবে প্রস্তুত থাকেন, তাহলে আপনার পক্ষ থেকে পরবর্তী ফোনটি যাবে আপনার থেরাপিস্টের অফিসে, কারণ সেই মুহূর্তে আপনার মনে অভ্যন্তরে একটি ঝড়ের তাণ্ডবলীলা চলছে।

একজন বন্ধু হিসেবে, আমি আপনাকে জিজ্ঞেস করতে চাই: কী কারণে এমন কোনো মানুষের সঙ্গে আপনি পারস্পরিক সম্পর্কে লিপ্ত থাকার কথা ভাবছেন, যিনি আপনার প্রতি দায়বদ্ধ নন? কেন আপনি এমন একজনের সঙ্গে একযোগে জীবনযাপন করার চিন্তাভাবনা করছেন, যাঁর অভীষ্ট লক্ষ্য এবং যাবতীয় আশা আকাঙ্খার সঙ্গে আপনার সামগ্রিক চাহিদার কোনো সামঞ্জস্যই নেই?

অবশ্যই, একাকিত্ব আমাদের জীবনের সবচেয়ে বড় অভিশাপ। অবশ্যই, জীবন থেকে আরো ছয় মাস সময় কমে গিয়েছে, এই চিন্তাভাবনা আমাদের কাছে আতঙ্কের কারণ হিসেবে প্রতিপন্ন হয়। ডেটিং এর রঙিন দুনিয়ায় ফিরে গিয়ে নতুনভাবে চেষ্টা শুরু করার তুলনায়, খাবার টেবিল থেকে উচ্ছিষ্ট খুঁটে খাওয়ার অপছন্দসই প্রক্রিয়াটি আমাদের কাছে অপেক্ষাকৃত সহজ মনে হতে বাধ্য।

মনে হতে পারে, আপনার জীবনে ভালোবাসার মানুষটি শেষ পর্যন্ত অধরাই থেকে যাবেন। আপনার মনে হতে পারে, এই নির্দিষ্ট ব্যক্তির সমতুল্য বিচক্ষণ, মজাদার, আকর্ষণীয়, শ্রদ্ধাশীল অথবা আদর্শ শয্যাসঙ্গী খুঁজে পাওয়া অত্যন্ত দুষ্কর হয়ে দাঁড়াবে। কিন্তু, এক্ষেত্রে আপনি সম্পূর্ণভাবেই ভুল ভাবছেন। এই চিন্তাধারা একেবারেই সঠিক নয়।

খাবার টেবিলে পরিত্যক্ত খাবারের অবশিষ্টাংশ কখনোই আপনি গ্রহণ করবেন না।

নির্ভয়ে থাকুন। অনুপযুক্ত পরিস্থিতির ক্ষেত্রে "না" বলার মাধ্যমেই, আপনার পক্ষে নিজের জীবনে আদর্শ ভালোবাসার মানুষকে খুঁজে পাওয়া সম্ভব। তাঁদের আসল পরিচয় অথবা ভাবমূর্তি এবং তাঁদের জীবনে আপনার অবস্থান ওদের প্রকাশ করতে দিন। এবং তারপরে, দ্য লেট দেম থিওরি অর্থাৎ ওদের করতে দিন এর পদ্ধতির অন্তর্গত দ্বিতীয় অংশে মনোনিবেশ করুন, লেট মি অর্থাৎ আমাকে করতে দিন।

যে সম্পর্কে উল্টোদিকের মানুষটি ভালোবাসার দায়বদ্ধতা নেওয়ার ক্ষেত্রে মানসিকভাবে প্রস্তুত নন, সেই পারস্পরিক সম্পর্কটি আমাকে শেষ করতে দিন।

আমার এই সিদ্ধান্তকে নিজের প্রাপ্য এবং আদর্শ ভালোবাসাকে খুঁজে বার করার ক্ষেত্রে, একটি পরবর্তী পদক্ষেপ হিসেবে বিশ্বাস করার কাজটি আমাকে করতে দিন।

এই সম্পর্কের সম্ভাবনার পিছনে অযথা দৌড়ে না বেড়িয়ে, বাস্তবকে উপলব্ধি করার কাজটি আমাকে করতে দিন।

এই মুহূর্তে আদর্শ ভালোবাসার মানুষকে খুঁজে পাওয়ার ক্ষেত্রে একটি স্তর পেরিয়ে যেতে আমি সক্ষম হয়েছি, সেটি বিশ্বাস করার সুযোগ আমাকে পেতে দিন।

নিজের অন্তর্নিহিত ক্ষমতার রাশ আমাকে ছিনিয়ে নিতে দিন, কারণ আমার জীবনে ভালোবাসার মাহেন্দ্রক্ষণটি জীবনের পরবর্তী বাঁকে আমার অপেক্ষাতেই রয়েছে।

অধ্যায় ২০

প্রতিটি পরিসমাপ্তি আসলে একটি অত্যাশ্চর্য সূচনা

এই বই নিয়ে গবেষণা করার সময় যে নির্দিষ্ট বিষয়টি আমার সামনে বারবার ঘুরে ফিরে আসছিল তা হল, একটি পারস্পরিক সম্পর্কের ক্ষেত্রে যে বিভিন্ন পরিস্থিতির সম্মুখীন সাধারণত আপনি হয়ে থাকেন, তার মধ্যে কয়েকটির সমাধান করা আপনার পক্ষে সম্ভব, কিন্তু অবশিষ্ট পরিস্থিতিকে সর্বান্তঃকরণে মেনে নেওয়া ছাড়া আপনার কাছে আর কোনো উপায় থাকে না।

কী ধরনের মানসিক পরিস্থিতিতে আপনার পক্ষে মাত্রাতিরিক্ত দুশ্চিন্তা, চূড়ান্ত হতাশা এবং অহেতুক বাদানুবাদে জড়িয়ে পড়া একান্ত স্বাভাবিক, এবং নির্দিষ্ট কোনো প্রতিক্রিয়ার বহিঃপ্রকাশে বোঝা সম্ভব যে বিশেষ কোন সম্পর্কে ভাঙন দেখা দিয়েছে? কোন পরিস্থিতিতে আপনার পক্ষে লেট দেম অথবা ওদের করতে দিন এর পদ্ধতির শরণাপন্ন হওয়া উচিত, সেই নির্মম সত্যকে নির্বিচারে মেনে নেওয়ার পরিবর্তে—যে একটি নির্দিষ্ট সম্পর্ককে অযথা দীর্ঘায়িত করা আপনার পক্ষে আর সম্ভব হয়?

বিবাহসূত্রে আবদ্ধ হওয়ার প্রায় ৩০ বছর অতিবাহিত হওয়ার পরে, আমি আপনাদের নিঃসন্দেহে বলতে পারি যে পারস্পরিক লেনদেন এবং আপোসের পরিমণ্ডল হল যে কোনো সফল সম্পর্কের মূল আধার। এর কারণ, পৃথিবীতে কোনো ব্যক্তি নিখুঁত হতে পারেন না, কোনো সম্পর্কই নিখুঁত নয়, এবং সময়ের সঙ্গে সঙ্গে প্রতিটি সম্পর্কই পরিবর্তনশীল।

একটি দীর্ঘস্থায়ী সম্পর্কের ক্ষেত্রে, এমন অনেক মুহূর্তের উদ্ভব হয় যখন আপনাদের পারস্পরিক সম্পর্কটি পৃথিবীর সর্বোৎকৃষ্ট হিসেবে প্রতিপন্ন হবে, এবং অনেক ক্ষেত্রে সেটি হয়ে দাঁড়াবে অত্যন্ত কঠিন এবং বর্তমান পরিস্থিতির প্রতিকূল। কিন্তু প্রতিটি দম্পতি, যাঁদের পক্ষে একটি সফল পারস্পরিক সম্পর্ক গড়ে তোলা সম্ভব হয়েছে, সেক্ষেত্রে সবচেয়ে গুরুত্বপূর্ণ দুটি বিষয় হল :

প্রথমত, এই পারস্পরিক সম্পর্ককে চূড়ান্ত সফল করে তোলার ক্ষেত্রে তাঁদের দুজনের প্রবল ইচ্ছা এবং আত্মবিশ্বাস। সেটিকে এক আদর্শ সম্পর্ক হিসেবে গড়ে তোলার নেপথ্যে তাঁদের দুজনের অদম্য ইচ্ছাশক্তি এবং কাজ করার স্পৃহা। দ্বিতীয়ত, যে সমস্ত পরিস্থিতি তাঁদের সামনে বাধাবিঘ্ন ও প্রতিকূলতার সৃষ্টি করেছিল, সেগুলির সম্মুখীন হওয়ার ক্ষেত্রে তাদের মধ্যে একজনও নিজের যাবতীয় স্বপ্ন এবং মূল্যবোধের সঙ্গে আপোস করতে রাজি ছিলেন না।

সুতরাং, এই মুহূর্তে যদি নিজের জীবনে পারস্পরিক সম্পর্কের যথার্থতা নিয়ে আপনি দুশ্চিন্তায় থেকে থাকেন, তাহলে আপনার পক্ষে তা ভালো, কারণ এমন একজন মানুষের সঙ্গে জীবনযাপন করবার জন্য আপনি মানসিকভাবে প্রস্তুত যিনি আপনার অন্তর্নিহিত প্রতিভা ও ক্ষমতার সম্পূর্ণ সদুপযোগ করার ক্ষেত্রে আপনাকে সাহায্য করতে পারবেন, এবং আপনার সঙ্গে তালে তাল মিলিয়ে দুজনের জন্য একটি আদর্শ ও সুরক্ষিত জীবন গড়ে তোলার অভীষ্ট লক্ষ্যে আপনার সহযাত্রী হয়ে উঠবেন।

নিজের জীবনে যে অন্যতম কঠিন অভিজ্ঞতার সম্মুখীন আমি ইতিমধ্যে হয়েছি তা হল, সেই মানুষটি আমার জন্য একেবারেই সঠিক নন জানা সত্ত্বেও, এমন কোনো মানুষের সঙ্গে একত্রে জীবনযাপন করা যিনি আদ্যোপান্তভাবে একজন ভালো মানুষ।

কিংবা কিছু ক্ষেত্রে, একজন সত্যিকারের ভালো মানুষের সঙ্গে পারস্পরিক সম্পর্ক গড়ে তোলার ক্ষেত্রে উপলব্ধি করা, সেই সম্পর্কে আমি মানসিকভাবে প্রস্তুত নই অথবা সেই মানুষটির জন্য আমি আদর্শ জীবনসঙ্গী নই—আসলে, সেই নির্দিষ্ট পারস্পরিক সম্পর্কের ক্ষেত্রে আমার কোনো মানসিক চাহিদাই নেই। (এক্ষেত্রে, আমার পক্ষ থেকে নিজের কলেজ এবং আইন স্কুলের সেই সমস্ত পুরুষবন্ধুদের কাছে ক্ষমাপ্রার্থী হওয়ার প্রতিটি ঘটনা আজও আমার স্মৃতিতে অমলিন। ২০ বছর বয়সে মানসিকভাবে এমন একটি মারাত্মক পরিস্থিতিতে আমি ছিলাম, এবং সেই সময় অন্যান্যদের প্রতি আমার ব্যবহার এতটাই উগ্র ও রূঢ় ছিল, যার জন্য আজও আমি আফশোস করতে বাধ্য হই।)

আন্তরিক প্রচেষ্টা সত্ত্বেও একটি নির্দিষ্ট সম্পর্ক কার্যকরী হচ্ছে না, তা জনসমক্ষে স্বীকার করার কাজটি পৃথিবীতে সবচেয়ে কঠিন, বিশেষ করে উল্টোদিকের মানুষটিকে যদি আপনি সত্যিই ভালোবেসে থাকেন। অধিকাংশ ক্ষেত্রে, সমস্যার মূলে আসল কারণটি উপলব্ধি করা সম্ভব হয়ে ওঠে না। শুধুমাত্র মনের অভ্যন্তরে, আপনার পক্ষে উপলব্ধি করা সম্ভব হয়, দৈনন্দিনের জীবনের অতি পরিচিত রোজনামচার ক্ষেত্রে, কোথাও এবং কোনোভাবে যেন স্বাভাবিক তাল কেটে গিয়েছে।

মানুষটিকে ভালোবাসুন, তাঁদের সম্ভাবনাকে নয়

নিজের সম্পর্ক আপনার জীবনের ক্ষেত্রে সঠিক না ভুল, এই সম্বন্ধে যখনই আপনি সন্দিহান থাকবেন, নিজেকে এই বিশেষ প্রশ্নটির সামনে দাঁড় করাবেন: এই মানুষটিকে কি তাঁর নিজের মতো করে গ্রহণ করতে পারবেন, তাঁর আসল পরিচয় অথবা ভাবমূর্তি এবং সামাজিক অবস্থানের ভিত্তিতে, এবং তারপরেও কি আপনার পক্ষে তাঁকে ভালোবাসা সম্ভব?

এর অর্থ হল, এই মুহূর্তে তাঁরা যে সামাজিক পরিচয় অথবা ভাবমূর্তি অনুযায়ী অবস্থান করছেন, তার ভিত্তিতে কি আপনার পক্ষে নিজের পুরুষবন্ধু, বান্ধবী, স্ত্রী, স্বামী কিংবা জীবনসঙ্গীকে সত্যি করে ভালোবাসা সম্ভব? নাকি আপনি তাঁদের অতীতের সত্তাকে ভালোবাসেন অথবা ভবিষ্যতে তাঁরা যে পরিচিতি বা ভাবমূর্তি অনুযায়ী জীবনযাপন করতে চলেছেন, সেই মানুষটির প্রেমে আপনি বিমোহিত?

এছাড়াও পারস্পরিক সম্পর্কের নিরিখে এমন পরিস্থিতির উদ্ভব হওয়া সম্ভব যা আপনার দুশ্চিন্তার কারণ হিসেবে প্রতিপন্ন হয়, কিন্তু শেষ পর্যন্ত সেগুলি আপনাদের সম্পর্কে বিচ্ছেদের কারণ হয়ে দাঁড়ায় না। সেগুলি এমন কোনো পরিস্থিতি হতে পারে, যা আপনাকে সর্বান্তঃকরণে মেনে নিতে হতে পারে, এবং এই কাজের ভিত্তিতে আপনার পক্ষে এই পারস্পরিক সম্পর্ককে বাঁচিয়ে রাখা অবশ্যই সম্ভব।

ওদের করতে দিন।

উদাহরণ হিসেবে, পারিপার্শ্বিকের মানুষ যে নিয়মিতভাবে জলীয় বাষ্প নেওয়ার অভ্যাস করেছেন তা আপনার পছন্দ নয়, অথবা যথার্থভাবে নিজেদের যত্ন নেওয়ার বিষয়ে তাঁরা অত্যন্ত উদাসীন, কিংবা নিজেদের জীবনের প্রতিটি ক্ষেত্রে তাঁরা এতটাই শ্লথ বা অলস যা আপনার পক্ষে মেনে নেওয়া রীতিমত কঠিন, বা কোনো ক্ষেত্রেই নির্দিষ্ট কোনো পরিকল্পনার ভিত্তিতে অগ্রসর হওয়ার ক্ষেত্রে তাঁরা ভাবলেশহীন, শারীরিক সম্পর্ক স্থাপনের সময়েও তাঁদের মধ্যে কোনো উত্তেজনা পরিলক্ষিত হয় না, যে কোনো কাজেই তাঁরা অত্যন্ত অনিচ্ছুক, অন্য কোনো শহরে থিতু হওয়ার ক্ষেত্রে অথবা ছুটি কাটাবার উদ্দেশ্যে নতুন কোনো দেশে যাওয়ার জন্যেও তাঁদের মধ্যে উৎসাহ ও উদ্দীপনার লেশমাত্র দেখা যায় না।

এই সমস্ত ব্যবহারিক বৈশিষ্ট্য সত্ত্বেও কি আপনার পক্ষে তাঁদের ভালোবাসা সম্ভব? কারণ, বাস্তব পরিস্থিতি হল...তাঁদের জীবনে কখনোই কোনো পরিবর্তন সম্ভব নয়। এবং সবচেয়ে গুরুত্বপূর্ণ বিষয় হল, সেই পরিবর্তন নিজেদের জীবনে নিয়ে আসার ক্ষেত্রে তাঁদের কোনো নির্দিষ্ট চিন্তাভাবনাই নেই।

মনে রাখতে হবে, এই বই থেকে আপনি যে বিশেষ মৌলিক শিক্ষা পেতে চলেছেন তা হল : প্রতিটি মুহূর্তে মানুষ নিজের ইচ্ছানুসারে কাজ করতে প্রস্তুত। আপনার পক্ষে তাঁদের প্রভাবিত করা অবশ্যই সম্ভব। কিন্তু প্রতিনিয়ত যদি তাঁদের জীবনে পরিবর্তন নিয়ে আসার জন্য আপনি জোর করতে থাকেন, এবং তার ফলে তাঁরা প্রভাবিত হন না, সেক্ষেত্রে আপনাদের পারস্পরিক সম্পর্কের ক্ষেত্রে অচিরেই ভালোবাসার ঘাটতি দেখা দিতে পারে। এর ফলে বিরক্তির উদ্ভব অনিবার্য।

অধিকাংশ দম্পতির পারস্পরিক সম্পর্কের ক্ষেত্রে যে নির্দিষ্ট পরিস্থিতির উদ্ভব আমি লক্ষ করেছি তা হল, সম্পর্ক যতই দীর্ঘায়িত হতে থাকে, ততই নিজের জীবনসঙ্গীকে ক্রমশ নিজের মতো করে গড়ে তুলতে আপনি বদ্ধপরিকর হয়ে ওঠেন। এই পরিস্থিতি কখনোই স্বাভাবিক নয়। সুতরাং, নিজের অন্তর্নিহিত সত্তার কাছে পরিষ্কার থাকুন। সত্যিই কি তাঁদেরকে নিজের মতো করে গড়ে তুলতে আপনি বদ্ধপরিকর, নাকি পারস্পরিক সম্পর্কের ক্ষেত্রে এটি একান্তভাবে অপরিহার্য, যার অভাবে আপনি নিরাপত্তাহীনতায় ভুগতে থাকেন? মানুষের সহজাত প্রবৃত্তির

নিয়মকানুনের পরিসরে এই পরিস্থিতি অত্যন্ত গুরুত্বপূর্ণ, কারণ প্রথম থেকেই আপনি ধরে নেন উল্টোদিকের মানুষটি নিজেকে পরিবর্তন করার ক্ষেত্রে একেবারেই অনিচ্ছুক।

ওদের থাকতে দিন। তাঁদের অনুপস্থিতিতে নীরবে তাঁদের উদ্দেশ্যে বিষোদ্গার করা অথবা কঠোর সমালোচনায় বিদ্ধ করার পরিবর্তে, নিজেদের পারস্পরিক সম্পর্কের পরিসরে সেই আদর্শ, পরিণতমনস্ক এবং ভালোবাসার মানুষ হিসেবে নিজেকে গড়ে তোলার চেষ্টা করুন। হয় তাঁদেরকে নিজের মতো করে গড়ে তোলার অবান্তর প্রচেষ্টা থেকে নিজেকে বিরত রাখুন এবং তাঁদেরকে নিজের মতো করে মেনে নেওয়ার সুস্থ মানসিকতা গড়ে তোলার চেষ্টা করুন, নয়ত তাঁদের সঙ্গে সরাসরি একটি ফলদায়ক এবং যত্নশীল আলোচনায় বসার ব্যবস্থা করুন, যাতে উল্টোদিকের মানুষটি আপনার যাবতীয় চাহিদা সম্পর্কে অবহিত হতে পারেন, এবং উপলব্ধি করতে পারেন যে তাঁদের বর্তমান চালচলন কেন আপনার মানসিক যন্ত্রণার অন্যতম কারণ হয়ে উঠেছে।

এই মুহূর্তে তাঁরা সম্ভবত আপনার অস্বস্তির আসল কারণ সম্পর্কে কোনোভাবেই অবগত নন, কিংবা তাঁরা হয়ত জানেন না একটি নির্দিষ্ট পরিস্থিতিতে আপনার সামগ্রিক অনুভূতির আসল কারণটি কী, অথবা সেটি আপনার জীবনের ক্ষেত্রে কতটা গুরুত্বপূর্ণ, কিংবা সেই বিষয়ে তাঁদের সম্পূর্ণ অবগতি থাকা সত্ত্বেও, এই মুহূর্তে নিজেদের মধ্যে অহেতুক মনোমালিন্যের কারণে আপনার সঙ্গে সরাসরি আলোচনায় বসতে তাঁরা দ্বিধাবোধ করছেন।

উল্টোদিকের মানুষটি আপনার উপযুক্ত এবং আদর্শ মনের মানুষ কিনা, সেই সম্পর্কে মাত্রাতিরিক্ত চিন্তাভাবনা এবং সন্দেহপ্রবণ থাকার ক্ষেত্রে আরো একটি বছর অপচয় করার পরিবর্তে, সরাসরিভাবে আলোচনায় বসুন, বিজ্ঞানসম্মত প্রযুক্তির সাহায্য নিন, এবং তারপর সঠিক সময় ও সুযোগের জন্য অপেক্ষা করতে থাকুন। দ্য এ বি সি লুপের অনুষঙ্গ এবং অন্যান্যদের প্রভাবিত করার অন্তর্নিহিত ক্ষমতার প্রয়োগে কীভাবে এই কাজ সুসম্পন্ন করা সম্ভব, সে সম্পর্কে আপনি এই মুহূর্তে যথেষ্টভাবে ওয়াকিবহাল :

এ : এপোলোজাইজ অর্থাৎ ক্ষমাভিক্ষা চাওয়া, তারপর অর্থপূর্ণ প্রশ্ন করা।

বি : ব্যাক অফ অর্থাৎ পিছিয়ে এসে, অন্যান্যদের বিহেভিয়র অর্থাৎ সামগ্রিক ব্যবহারিক বৈশিষ্ট্য পর্যবেক্ষণ করা।

সি : চেঞ্জ অর্থাৎ পরিবর্তনকে নিজের আদর্শ হিসেবে প্রতিপন্ন করার পাশাপাশি, নিজের জীবনে উন্নতি উদযাপন অর্থাৎ সেলিব্রেট করা।

যখন লেট মি অর্থাৎ আমাকে করতে দিন এর পদ্ধতির প্রয়োগে আপনি অন্যান্যদের প্রভাবিত করার চেষ্টা করবেন, নিজেদের অন্তরে সেই প্রত্যাশা রাখবেন যে তাঁদের জীবনে পরিবর্তন ঘটার সম্ভাবনা রয়েছে, কারণ আপনি তাঁদের অত্যন্ত ভালোবাসেন এবং তাঁদের সামগ্রিক উন্নতিসাধনে ব্যগ্র, কারণ নিজেদের পারস্পরিক সম্পর্ককে আপনি কার্যকরী করে তুলতে চান এবং এটি আপনার জীবনের অন্যতম গুরুত্বপূর্ণ লক্ষ্য বিশেষ। কিন্তু, কখনোই সেই প্রত্যাশা নিয়ে এই কাজ করবেন না যে, যে কোনো মূল্যে তাঁদের নিজেদের জীবনে এই পরিবর্তন আনা একান্তভাবে অনিবার্য।

কারণ, বিজ্ঞানসম্মত পদ্ধতির সঠিক প্রয়োগের মাধ্যমে যখন আপনি অন্যান্যদের প্রভাবিত করার চেষ্টা করেন, সেই মুহূর্তে তাঁরা প্রত্যেকেই স্বতন্ত্রভাবে নিজের অন্তর্নিহিত সত্তার প্রতি অনুগত এবং নিজেদের যাবতীয় চিন্তাভাবনা, বক্তব্য এবং কর্মকাণ্ডের সম্পূর্ণ নিয়ন্ত্রণে রয়েছেন। কোনোরকম নেতিবাচক চিন্তাধারার মাধ্যমে তাঁদের প্রভাবিত করার চেষ্টা না করে এবং মাস তিনেক সময় তাঁদের জন্য ধার্য করে, তাঁদের জীবনে ইতিবাচক পরিবর্তন ঘটার অপেক্ষা করুন এবং প্রতিটি ক্ষুদ্রাতিক্ষুদ্র উন্নতিকে উদযাপন করার চেষ্টা করুন।

ওদের থাকতে দিন।

এক্ষেত্রে নির্দিষ্টভাবে তিন মাস সময় কেন? আপনার অন্তর্নিহিত ক্ষমতার দ্বারা পারিপার্শ্বিকের মানুষজনকে প্রভাবিত করার ক্ষেত্রে এটি পর্যাপ্ত সময়, যার ফলে তাঁরা নিজেদের জীবনে সেই অত্যন্ত গুরুত্বপূর্ণ পরিবর্তন নিয়ে আসার ক্ষেত্রে হঠাৎ করে অনুপ্রাণিত হবেন এবং সেই আত্মবিশ্বাস নিয়ে কাজটি করবেন যে—এই নির্দিষ্ট কাজের সম্পূর্ণ পরিকল্পনাটি তাঁদের মস্তিষ্কপ্রসূত।

আমার সেই বান্ধবী এবং তাঁর স্বামীর উদাহরণ নিশ্চয় আপনাদের মনে আছে। বহু বছর ধরে, স্বামীর স্বাস্থ্য সম্পর্কিত চিন্তাভাবনা আমার বান্ধবীর মাথাব্যথার অন্যতম কারণ হয়ে উঠেছিল, এবং স্বামীকে অত্যন্ত ভালোবাসলেও, কিছু কিছু মুহূর্তে তাঁর অন্তরে এই সন্দেহের উদ্রেক হত যে, তিনি কি তাঁর জীবনে সেই আদর্শ মনের মানুষটি? তাঁর সঙ্গে কি এমন কোনো মানুষের বিবাহ হওয়া সম্ভব ছিল, যিনি নিজের প্রতি একেবারেই যত্নবান নন?

এই প্রশ্নের যথাযথ উত্তর পাওয়ার জন্য তিনি দ্য লেট দেম থিওরি অর্থাৎ ওদের করতে দিন এর পদ্ধতির শরণাপন্ন হতে বাধ্য হয়েছিলেন। এক্ষেত্রে আমার বান্ধবী নিজের স্বামীকে নিজের শর্তে জীবনযাপন করার সুযোগ দিয়েছিলেন এবং পরিবর্তে, নিজে নিয়মিতভাবে প্রাতঃভ্রমণে যাওয়ার অভ্যাসে লিপ্ত হয়েছিলেন—যার ফলে ক্রমশই তিনি মানসিকভাবে স্থিতিশীল এবং পরিতৃপ্ত হয়ে উঠেছিলেন, নিজের স্বামীকে প্রশংসায় ভরিয়ে তুলে তাঁকে আলিঙ্গন করতে অভ্যস্ত হয়ে উঠেছিলেন, এবং এরপর থেকে যতবারই তিনি শরীরচর্চা করতেন, আমার বান্ধবী তাঁকে নিজের ক্ষমতা অনুযায়ী উৎসাহিত এবং অনুপ্রাণিত করার চেষ্টা করতেন।

এরপর শুরু হয় তাঁর অপেক্ষা করার পালা। অপেক্ষা করার ক্ষেত্রে এবং কাউকে নিজের শর্তে জীবনযাপন করতে দেওয়ার ক্ষেত্রে অন্যতম কঠিন পরিস্থিতি হল সেই বিশেষ মুহূর্তটি, যখন আপনার প্রিয়জন তাঁদের ব্যবহারিক বৈশিষ্ট্যের পরিপ্রেক্ষিতে স্বাভাবিক পরিণতির বিরুদ্ধে প্রতিনিয়ত অভিযোগ জানাতে থাকেন।

যেমন, নাক দিয়ে জলীয় বাষ্প টেনে নেওয়ার ক্ষেত্রে তাঁদের কত অর্থের অপচয় হচ্ছে। (তা সত্ত্বেও, তাঁরা এই অভ্যাসের বশবর্তী হয়ে জীবনযাপন করছেন।) কিংবা, নিজেদের কর্মক্ষেত্রকে তাঁরা কি পরিমাণে ঘৃণা করেন। (তা সত্ত্বেও, আজ পর্যন্ত একটি নতুন কর্মসংস্থানের ব্যবস্থা তাঁরা করে উঠতে অপারগ।) অথবা, তাঁরা কি পরিমাণে মানসিকভাবে বিপর্যস্ত। (তা সত্ত্বেও, তাঁরা প্রয়োজনীয় থেরাপির জন্য প্রস্তুত নন।)

আমার বান্ধবী জানিয়েছিলেন, অতি সম্প্রতি তাঁর স্বামী তাঁর কাছে অভিযোগ করেছিলেন যে, নিজের বন্ধুবান্ধবের সঙ্গে পিকলবলের একটি গেম চলাকালীন তিনি একদিন

এতটাই পরিশ্রান্ত হয়ে পড়েন যে, তাঁকে তৎক্ষণাৎ মাঝপথে খেলা থামিয়ে বিশ্রাম নিতে হয়।

দৈনন্দিনের জীবনে এই ধরনের ঘটনা ঘটলে, স্বাভাবিকভাবে আপনার ভূমিকা হল তাঁদের সান্ত্বনা প্রদান করা। এই কাজ থেকে নিজেকে বিরত রাখুন। তাঁদের যাবতীয় অনুযোগ এবং অভিযোগ হাওয়ায় ভেসে যেতে দিন। এই পরিস্থিতিতে কখনোই তাঁদের কথায় দৃকপাত করবেন না।

সেই নির্দিষ্ট সমস্যা নিয়ে ওদের বসে থাকতে দিন। কোনো মন্তব্য করা থেকে বিরত থাকুন। নিজেদের যাবতীয় অনুভূতির অভিজ্ঞতা ওদের সঞ্চয় করতে দিন। আপনার নৈঃশব্দের মূল্য এক্ষেত্রে অপরিসীম। তাঁদের যাবতীয় কর্মকাণ্ডের ফলভোগ ওদের করতে দিন। ওদের করতে দিন।

এবং তার পরে, বিজ্ঞানসম্মতভাবে আমাকে এর সমাধান করতে দিন। তাঁদের একটি অর্থপূর্ণ প্রশ্নের সামনে দাঁড় করান। "মনে হচ্ছে, এক্ষেত্রে তোমার বিশেষ কোনো সমস্যা হচ্ছে?" "এই বিষয়ে কী করবে, তা কি তুমি একবারও ভেবে দেখেছ?"

ডঃ কের বক্তব্য অনুযায়ী আপনারা ইতিমধ্যেই অবহিত হয়েছেন যে, এই ধরনের অর্থপূর্ণ প্রশ্নগুলিকে মনোবিজ্ঞানীরা অনুপ্রেরণামূলক সাক্ষাৎকার হিসেবে অভিহিত করেছেন। এর সঠিক প্রয়োগের ফলে আপনার উল্টোদিকের মানুষটি তাঁদের নিজের জীবনে নির্দিষ্ট কোনো পরিবর্তন নিয়ে আসতে চান অথবা চান না, এবং বর্তমানে তাঁদের সামগ্রিক ব্যবহারিক বৈশিষ্ট্যের মধ্যে সংঘর্ষের মূল কারণের সঠিক বিচার বিশ্লেষণ করতে সক্ষম।

চুক্তি ভঙ্গকারী সিদ্ধান্ত

কিন্তু...সঠিকভাবে এ বি সি লুপের অনুষঙ্গ প্রয়োগ করা এবং ধৈর্য সহকারে তিন মাসের জন্য অপেক্ষা করা সত্ত্বেও যদি, আকাঙ্খিত পরিবর্তন সংঘটিত না হয়?

এর অর্থ হল, আপনার জীবনসঙ্গী নিজের জীবনের প্রয়োজনীয় পরিবর্তন নিয়ে আসার ক্ষেত্রে মানসিকভাবে প্রস্তুত নন। তাঁদের সামগ্রিক ব্যবহারিক বৈশিষ্ট্য আপনার কাছে তা পরিষ্কারভাবে বুঝিয়ে দেয়। কাজেই, আপনার কাছে একটি সুযোগ রয়েছে। কারণ, নিজের প্রতিক্রিয়ার উপরে মনঃসংযোগ করার ফলে, আপনার পক্ষে নিজের যাবতীয় ক্ষমতাকে নিয়ন্ত্রণ করা সম্ভব। এতক্ষণ পর্যন্ত আপনি এ বি সি লুপের অনুষঙ্গ অনুসরণ করে এসেছেন। এই মুহূর্তে, আপনাকে এই পদ্ধতির পরবর্তী দুটি স্তরের শরণাপন্ন হতে হবে : ডি এবং ই।

দ্য এ বি সি (ডি ই) লুপ

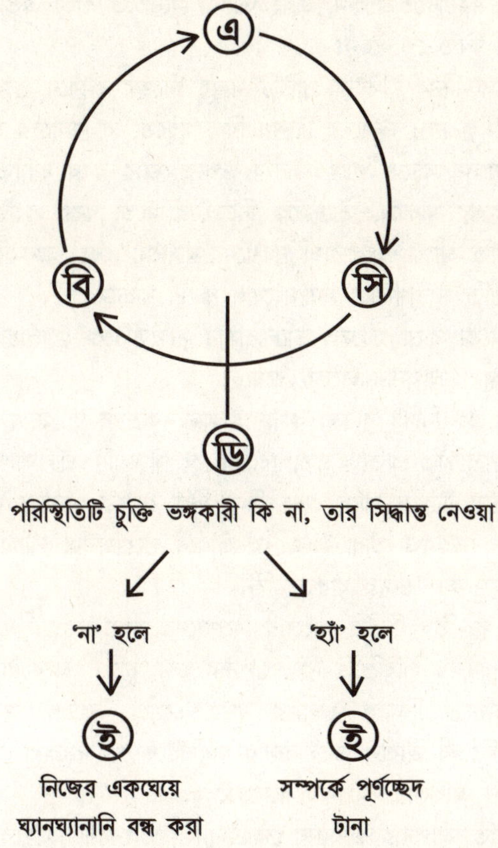

ডি : ডিসাইড করুন অথবা সিদ্ধান্ত নিন যে, এই পরিস্থিতি ডিল ব্রেকার অর্থাৎ চুক্তি ভঙ্গকারী কি না।

তিন মাস সময় কেটে যাওয়ার পরেও যদি নির্দিষ্ট ব্যক্তির জীবনে কোনো পরিবর্তন সংঘটিত না হয় অথবা তাঁর দিক থেকে সেই পরিবর্তনের উদ্দেশ্যে বিন্দুমাত্র প্রচেষ্টাও দেখা না যায়, তাহলে নিশ্চিতভাবে ধরে নিতে হবে তাঁর জীবনে পরিবর্তন কখনোই সম্ভব নয়। এক্ষেত্রে, আপনাদের এই কথাটি সরাসরিভাবে বলতে আমার অত্যন্ত খারাপ লাগছে যে, এক্ষেত্রে আপনার জন্য তাঁরা সামগ্রিকভাবে প্রস্তুত নন। তাঁরা নিজেদের জীবনে এই পরিবর্তন আনার ক্ষেত্রে নিতান্তই অনিচ্ছুক। আপনার জন্য এই কাজ করা সমস্যার আসল সমাধান কখনোই নয়। এই নির্দিষ্ট চিন্তাকে অগ্রাধিকার দিতে তাঁরা মানসিকভাবে প্রস্তুত নন, সম্ভবত এই বিষয়ে তাঁদের অভ্যন্তরে অন্যরকম চিন্তাভাবনা রয়েছে, অথবা নিজেদের জীবনে প্রয়োজনীয় পরিবর্তন নিয়ে আসার ক্ষেত্রটি একান্তভাবেই তাঁদের ক্ষমতা বহির্ভূত।

কিংবা বর্তমানে যেভাবে জীবনযাপন করতে তাঁরা অভ্যস্ত, সেটি সম্ভবত তাঁদের কাছে স্বয়ংসম্পূর্ণ হিসেবে প্রতিপন্ন হয়। নিজেদের সামগ্রিক ব্যবহারিক বৈশিষ্ট্যের মাধ্যমেই তাঁরা আপনার প্রশ্নের উত্তর দিতে সক্ষম, এবং তাঁদের মনোগত ইচ্ছা এভাবেই তাঁরা প্রাঞ্জল করে আপনাদের বুঝিয়ে দিতে পেরেছেন।

ওদের করতে দিন। পৃথিবীর প্রতিটি মানুষ নিজের জীবনে প্রয়োজনীয় পরিবর্তন নিয়ে আসার ক্ষেত্রে উৎসুক নন। জীবনের বিশেষ কিছু মুহূর্তে, অন্যান্যদের জন্য আপনার আন্তরিক ভালোবাসার প্রতিফলন ঘটতে পারে তাঁদের উপরে জোর করে দায়িত্ব চাপিয়ে দেওয়া থেকে নিজেকে নিরস্ত করার মাধ্যমে, তাঁদেরকে নিজেদের মতো করে সর্বান্তঃকরণে মেনে নেওয়ার মাধ্যমে, তাঁদের প্রতি আরো ভালোবাসা প্রদর্শনের মাধ্যমে, এবং আপনার পক্ষে যা নিয়ন্ত্রণ করা সম্ভব, সেগুলির প্রতি সম্পূর্ণভাবে মনঃসংযোগ করার মাধ্যমে।

নিজেদের মতো করে তাঁদের ভালোবাসার দায়িত্বটিকে স্বেচ্ছায় বেছে নেওয়ার ক্ষেত্রে, সম্পূর্ণ নিয়ন্ত্রণের রাশ আপনার হাতেই রয়েছে।

আমি জানি এই নির্দিষ্ট ব্যবস্থা কখনোই মানসিকভাবে তৃপ্তিদায়ক হতে পারে না। আমি জানি এই নির্দিষ্ট পরিস্থিতি অত্যন্ত হতাশাব্যঞ্জক। আমি জানি এটি আপনার মানসিক বিপর্যয়ের অন্যতম কারণ হয়ে উঠতে পারে এবং কিছু কিছু ক্ষেত্রে অত্যন্ত যন্ত্রণাদায়ক হয়ে উঠতে পারে যে, আপনার জন্যেও তাঁরা নিজেদের জীবনে প্রয়োজনীয় পরিবর্তন নিয়ে আসার জন্য মানসিকভাবে প্রস্তুত নন। ওদের থাকতে দিন।

এবার এই পদ্ধতির দ্বিতীয় অংশের বিশ্লেষণের সময় আগত, লেট মি অর্থাৎ আমাকে করতে দিন। এই নির্দিষ্ট পরিস্থিতি কি আপনার জন্য চুক্তি ভঙ্গকারী হিসেবে প্রতিপন্ন হতে চলেছে, তার ভিত্তিতে সিদ্ধান্ত গ্রহণের সময় এসেছে। কারণ, সবসময় আপনাকে মনে রাখতে হবে যে, নিজের জীবনে ভালোবাসার মানুষটিকে পছন্দ করা এবং তাঁকে নিজের শর্তে ভালোবাসার সম্পূর্ণ অধিকার আপনার রয়েছে।

এই পরিস্থিতি আপনার জীবনের ক্ষেত্রে চুক্তি ভঙ্গকারী হিসেবে প্রতিপন্ন হতে চলেছে, নাকি নয়—সে দায়িত্ব আপনার উপরে ন্যস্ত। চুক্তি ভঙ্গকারী পরিস্থিতি হল এমন একটি ক্ষেত্র, যার ভিত্তিতে আপনার পক্ষে নিজের অবশিষ্ট জীবন কাটিয়ে দেওয়া কখনোই সম্ভব নয়। সেই পরিস্থিতির সঠিক শনাক্তকরণ নিম্নলিখিত পদ্ধতি অনুসারে সহজেই করা সম্ভব।

নিজেকে প্রশ্ন করুন: এই নির্দিষ্ট মানুষজন যদি নিজেদের জীবনে প্রয়োজনীয় পরিবর্তন নিয়ে আসার ক্ষেত্রে কখনোই মানসিকভাবে প্রস্তুত না থাকেন, তা সত্ত্বেও কি আপনার পক্ষে তাঁদের সঙ্গে একত্রে জীবনযাপন করা সম্ভব?

আপনার উত্তর ইতিবাচক হোক অথবা নেতিবাচক, এই পদ্ধতির পরবর্তী পদক্ষেপ—"স্তর ই" তে পদার্পণ করা আপনার জন্য অনিবার্য, কারণ নিজেদের পারস্পরিক সম্পর্কের সামগ্রিক উন্নতিসাধনের উদ্দেশ্যে, পরিস্থিতির অপ্রয়োজনীয় অংশটিকে বরাবরের জন্য বাদ দেওয়া একান্তভাবে জরুরি।

ই : নিজের বিরক্তির পরিসমাপ্তি ঘটাবার ব্যবস্থা করুন অর্থাৎ এন্ড করুন, কিংবা সম্পর্কটি শেষ অর্থাৎ এন্ড করুন।

এই মুহূর্তে আপনি এমন একটি পরিস্থিতিতে রয়েছেন, যেখানে উল্টোদিকের মানুষটি নিজের জীবনে পরিবর্তন নিয়ে আসার ক্ষেত্রে সম্পূর্ণভাবে উদাসীন। একটি নির্দিষ্ট পরিস্থিতির ভিত্তিতে আপনাদের মানসিক টানাপোড়েন এই মুহূর্তে চরম পর্যায়ে রয়েছে, আপনার পক্ষে সেটির সঙ্গে নিজেকে মানিয়ে নিতে হবে অথবা সম্পর্কে পূর্ণচ্ছেদ টানতে হবে। এক্ষেত্রে, হয় নিজের যাবতীয় বিরক্তির পরিসমাপ্তি ঘটাতে হবে, অথবা পারস্পরিক সম্পর্কটিকে বরাবরের জন্য আপনাকে শেষ করে দিতে হবে।

বাস্তবে কি আপনার পক্ষে এই পরিস্থিতির ক্ষেত্রে প্রতিনিয়ত অভিযোগ করা থেকে, নিজেকে বিরত রাখা সম্ভব? এক্ষেত্রে কি আপনি নিজের মনে বিড়বিড় করা থেকে নিজেকে নিরস্ত করতে পারবেন, অথবা সমস্যাটিকে জনসমক্ষে তুলে ধরে রাখবেন, কিংবা আপাত উদাসীন এবং আক্রমণাত্মক প্রক্রিয়ার মাধ্যমে সেটির মোকাবিলা করতে চাইবেন, বা নিজের বন্ধুবান্ধবের কাছে প্রতিনিয়তভাবে অনুযোগ বা অভিযোগের আশ্রয় নিতে চাইবেন?

জীবনসঙ্গী হিসেবে তাঁদের বেছে নেওয়ার সিদ্ধান্ত যদি আপনারা ইতিমধ্যে নিয়ে থাকেন, তাঁদের সামগ্রিক পরিচয় ও ভাবমূর্তি অনুসারে বেছে নেওয়ার ক্ষেত্রে, তাঁদের এবং নিজের কাছে আপনি আজীবন ঋণী হয়ে থাকবেন। আমার বৈবাহিক সম্পর্কটিই এক্ষেত্রে এই পরিস্থিতির প্রকৃষ্টতম উদাহরণ। আমার এ ডি এইচ ডি, অর্থাৎ মনোযোগের অভাব এবং অতিসক্রিয়তার প্রবণতা ক্রিসের মানসিক বিপর্যয়ের অন্যতম কারণ হয়ে দাঁড়িয়েছে, এবং তার কারণ আমার অজানা নয়। অধিকাংশ ক্ষেত্রেই তাঁর জীবনে আমি মূর্তিমান আতঙ্ক হিসেবে প্রতিপন্ন হতে থাকি।

প্রায়শই নিজের ব্যবহার করা এঁটো বাসনপত্র রান্নাঘরের সিঙ্কে অথবা নিজের কাজের টেবিলে আমি স্তূপীকৃত করে রাখতে অভ্যস্ত, সারাদিনে বহুবার বাড়ির চাবির গোছাটি আমি হারিয়ে ফেলি, বাথরুমের সিঙ্কের একপাশে আমার ব্যবহার্য জিনিসপত্র অগোছালোভাবে রাখা থাকে, এবং বাড়ি থেকে বেরোবার সময় প্রতি বার আমি যথারীতি সকলের শেষে তৈরী হতে অভ্যস্ত।

যখন কোনো হারিয়ে ফেলা জিনিসের খোঁজে আমি অপ্রকৃতিস্থের মতো বাড়িময় ছুটে বেড়াই, সেই মুহূর্তে ক্রিস সাধারণত গাড়িতে বসে শান্তভাবে আমার জন্য অপেক্ষা করতে বাধ্য থাকেন...এবং এই নির্দিষ্ট ঘটনার মাধ্যমে মেল রবিন্সের বিশৃঙ্খল জীবনযাপনের সামান্যতম আভাসটুকু পাওয়া অবশ্যই সম্ভব।

বছরের পর বছর ধরে, অসংখ্যবার ক্রিস আমার সঙ্গে আলাদাভাবে আলোচনায় বসার উদ্যোগ নিয়েছেন। এই নির্দিষ্ট বিষয়ে আমাদের অগণিতবার আলোচনা হয়েছে। কীভাবে নোংরা এবং ব্যবহৃত টিস্যুর টুকরোগুলি ট্র্যাশবিনে ফেলার পরিবর্তে রান্নাঘরের কাউন্টারের উপরে ফেলে রাখতে আমি অভ্যস্ত। ("এ তোমার অত্যন্ত অন্যায়, মেল।") কিংবা যখন ইনস্টাগ্রামে ঘন্টার পর ঘন্টা স্ক্রল করার সময় আমি একান্তভাবে অন্যমনস্ক থাকি, তখন আমার শিশুসুলভ

ব্যবহারে তিনি রীতিমত হতাশ হয়ে পড়েন। ("এই মুহূর্তে কি তুমি আমার কথা শুনতে পাচ্ছ?")

আমি ভালো করেই জানি, আমার সামগ্রিক ব্যবহারের ফলে তিনি মনে করেন যে স্বভাবতই তাঁর প্রতি অথবা তাঁর মূল্যবান সময়ের প্রতি আমার বিন্দুমাত্র শ্রদ্ধা নেই এবং আমার বিশৃঙ্খলতা কীভাবে তাঁর মানসিক যন্ত্রণার মূল কারণ হয়ে দাঁড়িয়েছে।

নিজের ব্যবহারিক বৈশিষ্ট্যে পরিবর্তন নিয়ে আসার বহু চেষ্টা আমি করেছি। নিজের জীবনযাত্রায় পরিবর্তন আনার ক্ষেত্রে আমি অত্যন্ত ব্যগ্র। কিন্তু আজ পর্যন্ত আমার জীবনে সেই পরিবর্তন আসেনি। প্রতিটি কাজের ক্ষেত্রে আমি নিয়মিতভাবে দেরী করি। বাড়ির মধ্যে প্রতিটি জরুরী জিনিসপত্র হারিয়ে ফেলতে আমি অভ্যস্ত। সারা বাড়িতে আমার বিশৃঙ্খল স্বভাবের উদাহরণ ছড়িয়ে ছিটিয়ে থাকে এবং সেগুলি পরিষ্কার করার ক্ষেত্রে আমি একান্তভাবে উদাসীন। নিজের এই বদ অভ্যাসকে আমি অত্যন্ত ঘৃণা করি। প্রতি মুহূর্তে আশা করি, কোনো জাদুমন্ত্রবলে যদি নিজের এই বিশৃঙ্খল মনোভাবকে এক পলকে পরিবর্তন করা আমার পক্ষে সম্ভব হত, অচিরেই আমার সামগ্রিক পরিচয় অথবা ভাবমূর্তির উন্নতিসাধন সম্ভব হত।

ক্রিস হলেন সময়ানুবর্তিতার প্রতিমূর্তি। আদ্যোপান্তভাবে একজন গোছানো মানুষ। শান্ত এবং ধীরস্থির। তাঁর প্রতিটি পদক্ষেপ সহজেই অনুমেয়। গোড়া থেকেই তিনি এরকম। এবং ভবিষ্যতেও তিনি এইরকম থাকবেন। ক্রিস আমাকে নিজের মতো করে গড়ে নেওয়ার ক্ষেত্রে আমার উপরে মানসিক চাপ সৃষ্টি করতে পারতেন। সেক্ষেত্রে তাঁর জীবন অনেক বেশী সুখকর হতে পারত। তিনি আমার পক্ষ থেকে অনেক বেশি সমর্থন ও শ্রদ্ধা পেতে পারতেন।

কিন্তু একটি আদর্শ পারস্পরিক সম্পর্কের মূল ধারণা হল, কীভাবে উল্টোদিকের মানুষটিকে নিজের পছন্দ অনুযায়ী গড়ে নেওয়ার পরিবর্তে, তাঁর সঙ্গে তাঁর নিজের পরিচয় অথবা ভাবমূর্তি অনুসারে মানিয়ে নেওয়া সম্ভব। নিজের জীবনে যখন আপনি দ্য লেট দেম থিওরি অর্থাৎ ওদের করতে দিন এর পদ্ধতির প্রয়োগ করবেন, পারিপার্শ্বিকের মানুষজনকে আপনি তাঁদের নিজস্ব দৃষ্টিকোণ থেকে দেখতে শিখবেন, এবং সহজেই উপলব্ধি করতে সমর্থ হবেন যে তাঁদের নির্দিষ্ট কোন ব্যবহারিক বৈশিষ্ট্য আপনার পক্ষে সর্বান্তঃকরণে মেনে নেওয়া সম্ভব, আর কোনগুলি নয়। এভাবেই নিজের অন্তর্নিহিত ক্ষমতার রাশ আপনি নিজের হাতে রাখতে সমর্থ হবেন। সেই নিয়ন্ত্রণের মূলমন্ত্র লুকিয়ে আছে আপনার যাবতীয় প্রতিক্রিয়ার আড়ালে।

এর পাশাপাশি, অন্যান্যদের ব্যবহারিক বৈশিষ্ট্যের বহিরাবরণ যেমন আপনার পক্ষে পরিবর্তন করা কখনোই সম্ভব নয়, এই পদ্ধতির প্রয়োগে তাঁদের অন্তর্নিহিত চিন্তাভাবনার সঙ্গে আপনি পরিচিত হতে পারবেন, এতদিন পর্যন্ত যা আপনার কাছে পূর্বনির্ধারিত ছিল। উদাহরণ হিসেবে, ক্রিসের বিভিন্ন ব্যবহারিক বৈশিষ্ট্যের সঙ্গে বহুক্ষেত্রেই সহমত না হওয়া সত্ত্বেও, তাঁর মানবিকতা, নির্ভরযোগ্যতা, এবং শান্তিপ্রিয় মনোভাবের কারণে নিজের স্বামীর জন্য আমি রীতিমত গর্ববোধ করি। একটি আদর্শ পারস্পরিক সম্পর্কের ক্ষেত্রে এই নির্দিষ্ট বিষয়গুলি যে আমার পক্ষে কতটা "জরুরী," সে সম্পর্কে অতীতে আমার কোনো ধারণাই ছিল না। অন্যদিকে, তিনি আমার সহজাত উদ্যম, অপরিসীম আনুগত্য এবং অনন্ত রসিকতাবোধকে পর্যাপ্ত সম্মান ও শ্রদ্ধা জ্ঞাপনে কখনোই পিছপা হন না।

একমাত্র এই কারণেই, আমার ব্যবহারিক বৈশিষ্ট্য যতই তাঁর হতাশার কারণ হয়ে দাঁড়াক না কেন, সেটি কখনোই একটি চুক্তি ভঙ্গকারী পরিস্থিতির উদ্ভব ঘটায় না। ক্রিস ইতিমধ্যেই সেই বিশেষ সিদ্ধান্তে উপনীত হয়েছেন, তাঁর জীবনসঙ্গী হিসেবে আমি আজ পর্যন্ত তাঁকে যা দিতে পেরেছি, তার সম্মিলিত মূল্য আমার এ ডি এইচ ডি, অর্থাৎ মনোযোগের অভাব এবং অতিসক্রিয়তার প্রবণতার বহিঃপ্রকাশের চাইতে বহুগুণে বেশী।

আমি যে এইভাবেই, উল্লেখযোগ্য কোনো পরিবর্তন ছাড়া নিজের অবশিষ্ট জীবন অতিবাহিত করতে চলেছি, সেই চিরন্তন সত্যটি ক্রিস ইতিমধ্যে মুখ বুঁজে মেনে নিতে বাধ্য হয়েছেন। আমরা দুজনে এই পরিস্থিতিতে, হাসিমুখে জীবনযাপন করার জন্য প্রতিজ্ঞাবদ্ধ হয়েছি। মেলকে...মেলের মতোই থাকতে দিন।

দ্য লেট দেম থিওরি অর্থাৎ ওদের করতে দিন এর পদ্ধতি এভাবেই আমাদের বৈবাহিক সম্পর্ককে দৃঢ় থেকে দৃঢ়তর করে তুলতে সক্ষম হয়েছে। এর প্রয়োগে ক্রিসকে তাঁর নিজের মতো করে গ্রহণ করতে আমার বিন্দুমাত্র সমস্যা হয়নি, জীবনে তাঁকে যে আদর্শ মানুষ হিসেবে গড়ে তুলতে চেয়েছি এবং অকৃতকার্য হয়েছি, সেই বিষয়ে কোনো অনুযোগ অথবা অভিযোগ আমার নেই...এবং তাঁর ক্ষেত্রেও উল্টোটা সত্যি।

নিজেদের পারস্পরিক সম্পর্কের ক্ষেত্রে, আপনাদের পক্ষেও জীবনের এই চিরন্তন সত্য আবিষ্কার করা অবশ্যই সম্ভব। আমার বান্ধবী এবং তাঁর স্বামীর ক্ষেত্রে, প্রতিদিন ঘুম থেকে ওঠার পরে যখন তিনি বাড়ির বেসমেন্টে পৌঁছে পেলোটন এক্সারসাইকেলে শরীরচর্চা শুরু করেন, আমার বান্ধবী স্বতঃপ্রণোদিত হয়েই তাঁর স্বামীর ঘুমের ব্যাঘাত ঘটাবার কথা চিন্তা করেন না। এর অর্থ হল, অতীতে যেভাবে সশব্দে দরজায় ধাক্কা দিয়ে অন্তর্নিহিত ক্ষোভের বহিঃপ্রকাশে তিনি অভ্যস্ত ছিলেন, তার পরিবর্তে বর্তমানে শরীরচর্চার পোশাক পরে তৈরী হওয়ার সময় তিনি এই কাজ অতি সন্তর্পণে এবং নীরবতা বজায় রেখে করতে অভ্যস্ত হয়ে উঠেছেন।

এই নির্দিষ্ট উদাহরণ আপনাদের সঙ্গে ভাগ করে নেওয়ার ক্ষেত্রে আমার মূল উদ্দেশ্য হল, অন্যান্য মানুষজনকে তাঁদের নিজের মতো করে মেনে নেওয়ার ক্ষেত্রটি আপনার বিরক্তির পরিধিকে বহুগুণে ছাড়িয়ে যেতে বাধ্য। নিজের ব্যবহারিক বৈশিষ্ট্যের বহিঃপ্রকাশের মাধ্যমে আপনি বুঝিয়ে দিতে পারেন, তাঁদের পরিচয় অথবা ভাবমূর্তি অনুসারে আপনি তাঁদের ভালোবাসেন এবং তাঁদের মতো করেই ভালোবাসেন। এক্ষেত্রে, আপনার সহানুভূতিশীল মনোভাব এবং সহমর্মিতা পারিপার্শ্বিকের মানুষের কাছে একটি দৃষ্টান্ত হয়ে দাঁড়াতে সক্ষম।

আপনি কি নিজের জীবনসঙ্গীর উপযুক্ত হয়ে উঠতে পেরেছেন?

ইতিমধ্যেই আপনাদের একটি বিশেষ প্রশ্নের সামনে আমি দাঁড় করিয়েছিলাম: উল্টোদিকের মানুষটি যদি নিজের জীবনের ক্ষেত্রে প্রয়োজনীয় পরিবর্তন নিয়ে আসার জন্য কোনোমতেই

মানসিকভাবে প্রস্তুত না থাকেন, তা সত্ত্বেও কি তাঁকে নিজের জীবনসঙ্গী হিসেবে বেছে নিতে আপনি দ্বিধাবোধ করবেন না?

এক্ষেত্রে আপনার উত্তর যদি: "আমার জানা নেই" অথবা "না" হয়, তাহলে কী হবে?

তাঁদের প্রতি বিরক্ত হওয়া থেকে যদি নিজেকে আপনি বিরত না রাখতে পারেন, তাহলে উল্টোদিকের মানুষটিকে আপনি কখনোই তাঁর নিজের পরিচয় অথবা ভাবমূর্তি অনুসারে আদর্শ জীবনসঙ্গী হিসেবে গ্রহণ করতে পারবেন না।

আপনার এই সামগ্রিক ব্যবহার তাঁদের ক্ষেত্রে ভালোবাসা অথবা সহানুভূতির পরিচায়ক হতে পারে না। আপনার পক্ষে যদি রোজ সকালে সশব্দে দরজা বন্ধ অথবা খোলার প্রক্রিয়া থেকে নিজেকে বিরত রাখা সম্ভব না হয়, অথবা কোনো কাজে অহেতুক দেরী করার জন্য তাঁদের উদ্দেশ্যে আপনার শীতল ও আক্রমণাত্মক ব্যবহার, কখনোই সহানুভূতি অথবা সহমর্মিতার বহিঃপ্রকাশ হতে পারে না।

একটি নির্দিষ্ট পারস্পরিক সম্পর্ককে আপনি বজায় রাখবেন নাকি তাতে পূর্ণচ্ছেদ টানবেন, তা একান্তভাবেই আপনার ব্যক্তিগত সিদ্ধান্ত, যা একমাত্র আপনার পক্ষেই নেওয়া সম্ভব। আমার বান্ধবী এবং তাঁর স্বামীর ক্ষেত্রে, সেই সঙ্গীন পরিস্থিতির উদ্ভব কখনোই সম্ভব ছিল না। তাঁর যাবতীয় অস্বাস্থ্যকর অভ্যাস তাঁদের পারস্পরিক সম্পর্কের ক্ষেত্রে চুক্তি ভঙ্গকারী পরিস্থিতি হিসেবে প্রতিপন্ন হওয়া সম্ভব ছিল না। তাঁদের সম্পর্ক সেই বিশেষ পরিস্থিতির কাছাকাছি পৌঁছোতে পারেনি। আমার বান্ধবী নিজের স্বামীকে অসম্ভব ভালোবাসেন।

আমার বান্ধবী জানতেন যে নিজেদের সম্পর্ককে টিকিয়ে রাখার ক্ষেত্রে, নিজের স্বামীকে তাঁর মতো করে সর্বান্তঃকরণে মেনে নেওয়ার উদ্দেশ্যে তাঁকে প্রাণপণ চেষ্টা চালিয়ে যেতে হবে, এবং সম্পর্কের নিরিখে নিজের ভাবমূর্তি এবং সামগ্রিক ব্যবহারিক বৈশিষ্ট্যের ক্ষেত্রে আমূল পরিবর্তন নিয়ে আসতে হবে। তাঁদের পারস্পরিক সম্পর্কের সূক্ষ্ম ভারসাম্য বজায় রাখার উদ্দেশ্যে, তাঁর পক্ষ থেকে বহুগুণে সহানুভূতিশীলতা এবং সহমর্মিতার বহিঃপ্রকাশ একান্তভাবে অনিবার্য। স্বামীর উপরে প্রভাব বিস্তার করার প্রক্রিয়া চালু রাখার পাশাপাশি, আমার বান্ধবীকে কোনো অনুযোগ অথবা অভিযোগ ছাড়াই, নিজের যাবতীয় প্রত্যাশা চরিতার্থ করার জন্য নীরবে অপেক্ষা করতে হবে। এই বিশেষ সমস্যার সমাধানের চাবিকাঠি রয়েছে তাঁর হাতেই, তাঁর স্বামীর এক্ষেত্রে কোনো ভূমিকা নেই।

যেহেতু নিজের জীবনে প্রয়োজনীয় পরিবর্তন নিয়ে আসা অথবা নিজের সামগ্রিক ভাবমূর্তির পরিবর্তনের ক্ষেত্রে তিনি মানসিকভাবে প্রস্তুত নন, আমার বান্ধবীকে সেই পরিবর্তন নিয়ে আসার ক্ষেত্রে সামগ্রিক দায়িত্ব গ্রহণ করতে হবে, যাতে তাঁদের পারস্পরিক সম্পর্কের সর্বাঙ্গীন উন্নতিসাধন সম্ভব হতে পারে।

দ্য লেট দেম থিওরি অর্থাৎ ওদের করতে দিন এর পদ্ধতির প্রয়োগে তাঁদের পক্ষে কীভাবে উপলব্ধি করা সম্ভব হবে যে, নিজেদের জীবনে সঠিকভাবে উপযুক্ত জীবনসঙ্গী বেছে নিতে তাঁরা সক্ষম হয়েছেন কি না অথবা নিজেদের জীবনসঙ্গী তাঁদের সেই আদর্শ মনের মানুষ কি না—সেই বিষয়ে যখন সারা পৃথিবী থেকে বিভিন্ন মানুষ আমাকে অসংখ্য প্রশ্নে জর্জরিত করতে থাকেন, তখন বুঝি এই বিশেষ ক্ষেত্রে তাঁরা অত্যন্ত কঠিন পরিস্থিতির সম্মুখীন হতে বাধ্য

হয়েছেন। কারো ক্ষেত্রে প্রতিশ্রুতিবদ্ধ অথবা দায়বদ্ধ থাকা এবং তাঁদের স্বাভাবিক জীবনযাপনের সঙ্গে নিজেকে সর্বান্তঃকরণে মানিয়ে নেওয়ার মধ্যে বিস্তর পার্থক্য রয়েছে।

অন্যান্যদের সঙ্গে ভালোবাসার সম্পর্কে ওতপ্রোতভাবে জড়িয়ে পড়া এবং সেই নির্দিষ্ট সম্পর্ককে নিজের জীবনের সর্বোৎকৃষ্ট অভিজ্ঞতা হিসেবে উপভোগ করার সামগ্রিক প্রক্রিয়া আমাদের জীবনে এক অত্যন্ত স্বাভাবিক ঘটনা—এবং সময়ের তালে তালে আপনাদের অন্তর্নিহিত প্রত্যাশা এবং আকাঙ্খা আলাদাভাবে বিকশিত হতে থাকে, অভীষ্ট লক্ষ্যের ক্ষেত্রে তারতম্য পরিলক্ষিত হয়, কিংবা আপনারা উপলব্ধি করতে পারেন যে নিজেদের অন্তর্নিহিত সত্তা সম্পূর্ণভাবে আলাদা পথে অগ্রসর হতে শুরু করেছে।

এক্ষেত্রে আপনারা একটি অত্যন্ত কঠিন পরিস্থিতির সম্মুখীন হতে বাধ্য থাকেন, কারণ আপনাদের মধ্যে পারস্পরিক ভালোবাসার সম্পর্কটি তখনও পর্যন্ত অক্ষুন্ন থাকে। সম্পর্কের নিরিখে, আগের মতো নিজেদের মানিয়ে নিতে আপনারা কার্যত অসমর্থ থাকেন। আমি আগেই বলেছিলাম, একটি পারস্পরিক সম্পর্ককে দীর্ঘায়িত করার ক্ষেত্রে দুটি জিনিস একান্তভাবেই অপরিহার্য :

১. সম্পর্কের অন্তর্গত দুজন মানুষই চান যে তাঁদের পারস্পরিক সম্পর্কটি দীর্ঘায়িত হোক, এবং তার সামগ্রিক উন্নতিসাধনের ক্ষেত্রে দুজনেই প্রাণপণ প্রচেষ্টা করতে থাকেন।
২. যে সমস্ত পরিস্থিতিতে সমস্যার উদ্ভব হয়, তার জন্য সম্পর্কের অন্তর্গত দুজন মানুষের ক্ষেত্রে নিজেদের অভীষ্ট লক্ষ্য অথবা সামগ্রিক মূল্যবোধকে বিসর্জন দেওয়ার পিছনে কোনো যৌক্তিকতা নেই।

এমন একটি পরিস্থিতিতে সম্ভবত আপনারা সহাবস্থান করছেন, যেখানে দুজনেই নিজেদের পারস্পরিক সম্পর্ক বজায় রাখার জন্য অত্যন্ত ব্যগ্র, এবং তার জন্য প্রাণপণ চেষ্টা করতে পিছপা হতে রাজি নন। কিন্তু সমস্যার মূল কারণ যখন একে ওপরের পরিপূরক হয়ে ওঠা, তখন পারস্পরিক সম্পর্কটিকে দীর্ঘায়িত করার জন্য আপনারা যতই চেষ্টা করুন না কেন, সেটি সম্পূর্ণভাবে বাস্তবায়িত হওয়ার সম্ভাবনা অত্যন্ত ক্ষীণ।

এই পরিস্থিতি যে কারো জীবনে এক অত্যন্ত দুঃখজনক এবং কঠিনতম সময় এবং এই মানসিক যন্ত্রণা সহ্য করা বা মেনে নেওয়া যে কোনো ব্যক্তির পক্ষে অত্যন্ত দুষ্কর, কিন্তু এটি বাস্তবিকভাবে একটি অত্যন্ত ব্যক্তিগত সিদ্ধান্ত।

উদাহরণ হিসেবে, আপনি এমন একজন ব্যক্তির সঙ্গে ভালোবাসার পারস্পরিক সম্পর্কে আবদ্ধ হয়ে পড়েছেন যিনি জন্মসূত্রে ব্রিটিশ এবং স্বভাবতই তিনি লন্ডনে, নিজের পৈতৃক বাড়িতে বরাবরের জন্য থিতু হতে বদ্ধপরিকর, কিন্তু অন্যদিকে আপনি সারাজীবন ধরে আটলান্টায় নিজের পরিবারের কাছাকছি থিতু হওয়ার স্বপ্ন দেখে এসেছেন।

কিংবা অন্য একটি উদাহরণ, যেটি আমাদের জীবনে প্রায়শই ঘটতে থাকে : আপনাদের মধ্যে একজন সন্তানলাভের জন্য অত্যন্ত ব্যগ্র, কিন্তু অন্যজন এই পরিস্থিতির সম্মুখীন হওয়ার জন্য মানসিকভাবে প্রস্তুত নন।

এই বিষয়ে আপনারা সরাসরি আলোচনায় বসতে পারেন। এই পরিস্থিতিতে আপনারা তুমুল বাকবিতণ্ডায় জড়িয়ে পড়তে পারেন। আপনার হবু জীবনসঙ্গী কী কারণে ইউরোপে নিজের পৈতৃক বাড়িতে বরাবরের জন্য থিতু হতে চান, তার কারণ আপনার বোধগম্য হলেও, তাঁরা ভাবেন যে আপনি তাঁদের পরিস্থিতি সম্পর্কে একেবারেই ওয়াকিবহাল নন। সন্তানধারণের যাবতীয় সুবিধা এবং অসুবিধার কথা নিজেদের মধ্যে বিস্তারিতভাবে আলোচনা করা সত্ত্বেও, আপনারা নিজেদের ভবিষ্যৎ জীবনের ক্ষেত্রে নির্দিষ্টভাবে কোনো সিদ্ধান্তে উপনীত হওয়ার ক্ষেত্রে অকৃতকার্য হন। এই একই বিষয় নিয়ে আপনাদের আলোচনা এবং তর্কবিতর্ক চলতেই থাকে। যেমন অতীতে আপনি বলেছিলেন, "এই বিষয়ে সিদ্ধান্ত নেওয়ার সময় এখনো আমাদের আসেনি।"

কিন্তু, এই মুহূর্তে সেই সিদ্ধান্ত নেওয়ার সময় আগত, তা সত্ত্বেও নিজের মানসিক অচলাবস্থা কাটিয়ে উঠতে আপনি অপারগ।

তাঁরা নিজেদের পূর্বপুরুষের শহরে থিতু হতে অত্যন্ত ব্যগ্র। কিন্তু তাতে আপনার মত নেই।

আপনি সন্তানের অভিভাবক হতে ব্যগ্র। কিন্তু এক্ষেত্রে তাঁরা মানসিকভাবে প্রস্তুত নন।

আপনারা দুজনেই একে অপরের প্রতি সম্পূর্ণভাবে দায়বদ্ধ...কিন্তু এই মুহূর্তে আপনাদের মধ্যে বনিবনা হচ্ছে না।

নিজেদের মধ্যে এই মানসিক টানাপোড়েন যে চুক্তি ভঙ্গকারী পরিস্থিতির দিকে এগোচ্ছে, তা আপনার পক্ষে কীভাবে বোঝা সম্ভব?

এক্ষেত্রে আমরা একটি বিশেষ প্রক্রিয়ার সাহায্য নিতে চলেছি। আমরা সেই নির্দিষ্ট পরিস্থিতিকে উদাহরণ হিসেবে ধরব, যেখানে আপনি এমন একজন মানুষের সঙ্গে ভালোবাসার সম্পর্কে জড়িয়ে পড়েছেন, যিনি লন্ডনে নিজের পৈতৃক বাড়িতে থিতু হওয়ার জন্য বরাবরই বদ্ধপরিকর থেকেছেন। অন্যদিকে, আপনি জীবনভর মার্কিন যুক্তরাষ্ট্রে নিজের পরিবারের কাছাকাছি বসবাসের স্বপ্ন দেখে এসেছেন।

নিজেকে **প্রশ্ন করুন:** সেই ব্যক্তির সঙ্গে সম্পর্কে পূর্ণচ্ছেদ টানার পরিবর্তে আপনি কি তাঁদের সঙ্গে লন্ডনে থিতু হওয়ার পরিকল্পনাকে অগ্রাধিকার দিতে ইচ্ছুক? লন্ডনে বসবাস করার জন্য রাজি থাকলে, আপনার পরিবার, পরিজন ও বন্ধুবান্ধবদের ছেড়ে যাওয়ার সিদ্ধান্তে কি উল্টোদিকের মানুষটি মানসিক শান্তি লাভ করবেন?

উপরোক্ত দুটি সিদ্ধান্তই অত্যন্ত হৃদয়বিদারক।

একটি সিদ্ধান্তের ফলে, নিজের পরিবারের কাছাকাছি সারাজীবনের জন্য থিতু হওয়ার স্বপ্ন আপনাকে বরাবরের জন্য বিসর্জন দিতে হবে। আর অন্য সিদ্ধান্তকে অগ্রাধিকার দেওয়ার ফলে, আপনাকে নিজের ভালোবাসার মানুষটির কাছ থেকে সারাজীবনের জন্য নিজেকে সরিয়ে নিতে হবে, যাঁকে ছাড়া জীবনযাপন করা এই মুহূর্তে আপনার কাছে দুঃস্বপ্নের সমার্থক।

অন্যদিকে, আপনার ভালোবাসার মানুষটির মানসিক পরিস্থিতি একেবারেই আপনার মনের প্রতিচ্ছবি, কারণ নিজের জীবনের ক্ষেত্রে আপনার সঙ্গে আপস করতে মানসিকভাবে তিনিও প্রস্তুত নন। এক্ষেত্রে আপনার হবু জীবনসঙ্গী নিজের সিদ্ধান্তে অটল থাকতে বাধ্য হন।

বরাবরের জন্য লন্ডনে থিতু হওয়ার জন্য তিনি মানসিকভাবে প্রস্তুত। আপনাকে সঙ্গে নিয়ে অথবা আপনাকে ছাড়াই। ওদের যেতে দিন।

এবং এই মুহূর্তে, আমাকে নিজের পছন্দ অনুযায়ী কাজ করতে দিন। এই পারস্পরিক সম্পর্কের ক্ষেত্রে আমি কি তাঁর ইচ্ছার সঙ্গে আপস করার জন্য মানসিকভাবে প্রস্তুত?

বাস্তবে, আপনাদের পারস্পরিক সম্পর্কের ক্ষেত্রে ৬৯ শতাংশ সমস্যার সম্পূর্ণ সমাধান হওয়া কখনোই সম্ভব নয়। বিগত ৪০ বছর ধরে ডঃ জন এবং জুলি গটম্যানের দীর্ঘায়িত বিজ্ঞানসম্মত গবেষণার ভিত্তিতে এই বিশেষ পরিসংখ্যান সম্পর্কে জানা সম্ভব হয়েছে, যাঁরা পৃথিবীর সর্বোৎকৃষ্ট এবং স্বনামধন্য, সম্পর্কভিত্তিক গবেষক ও বিশেষজ্ঞদের মধ্যে শীর্ষস্থানীয় (ঘটনাচক্রে, নিজেদের জীবনে তাঁরা এক অত্যন্ত সুখী দম্পতি)।

এই গবেষণার ভিত্তিতে ইতিমধ্যে তাঁরা আবিষ্কার করতে সক্ষম হয়েছেন, যে সমস্ত বিষয়ে অধিকাংশ দম্পতি নিজেদের মধ্যে তীব্র বাদানুবাদে জড়িয়ে পড়েন, কোনো অবস্থাতেই সেই সমস্ত পরিস্থিতির পরিবর্তন সম্ভব নয় : যেমন, জীবনের প্রতি ক্ষেত্রেই একজন ঠিক সময়ে পৌঁছোতে পারেন না, কিংবা আপনার ইচ্ছানুযায়ী তিনি যথার্থভাবে উচ্চাকাঙ্ক্ষী হয়ে উঠতে অক্ষম, অথবা প্রতি সপ্তাহান্তে টেলিভিশনের সামনে থেকে তিনি এক ইঞ্চিও নড়েন না, বা তাঁর শখ আহ্লাদের উপকরণগুলি আপনার থেকে সম্পূর্ণভাবে আলাদা, কিংবা তাঁরা অত্যন্ত অগোছালো প্রকৃতির মানুষ, বা ঘরের চার দেওয়ালের বাইরে বেরোতে তাঁদের প্রবল অনীহা, কিংবা তাঁদের রাজনৈতিক মতবাদ সম্পূর্ণভাবে স্বতন্ত্র।

উপরোক্ত ঘটনার প্রত্যেকটি আপনাদের পারস্পরিক সম্পর্কের ক্ষেত্রে সেই ৬৯ শতাংশ সমস্যার অন্তর্গত, যেগুলির ক্ষেত্রে সম্পূর্ণ সমাধান কখনোই সম্ভব নয়। এই কারণেই, নিজের চিন্তাভাবনার গভীরে ডুব দিয়ে আপনাকে নিজস্ব মূল্যবোধের একটি নির্দিষ্ট পরিমাপ করতে হবে। এক্ষেত্রে আপনার জীবনসঙ্গীর পক্ষে যদি তা সম্ভব না হয়, তাহলে এই বিষয়ে কি আপনার পক্ষে তাঁর সামগ্রিক মতবাদের সঙ্গে আপোস করা আদৌ সম্ভব?

কিছু মানুষের অভিমত অনুযায়ী, বরাবরের জন্য একটি নতুন শহরে থিতু হওয়ার ক্ষেত্রটি বিশেষ কোনো সমস্যাই নয়। এই সুযোগ পেলে, তাঁরা নিশ্চিন্তভাবে নিজের মনের মানুষের সঙ্গে দেশ দেশান্তরে ঘুরে বেড়ানোর লোভনীয় প্রস্তাবটি পত্রপাঠ লুফে নিতে সর্বদাই প্রস্তুত।

ডঃ জন গটম্যানের গবেষণার ফলে ইতিমধ্যে জানা গিয়েছে, যদি একই বিষয় নিয়ে আপনারা অনবরত বাদানুবাদে ব্যস্ত থাকেন এবং সেই নির্দিষ্ট বিষয় ছাড়া আপনাদের মধ্যে আর কোনো কথোপকথনের সম্ভাবনা তৈরী না হয়, এর একমাত্র কারণ হল আপনার এবং আপনার জীবনসঙ্গীর সামগ্রিক ব্যক্তিত্বের নিরিখে অতলান্ত পার্থক্য, আপনাদের অভীষ্ট লক্ষ্য এবং যাবতীয় স্বপ্নের মধ্যে বিস্তর ফারাক।

অন্যভাবে বলতে গেলে, বিভিন্ন পরিস্থিতির ক্ষেত্রে আপনাদের সামগ্রিক মূল্যবোধ একেবারেই আলাদা, কীভাবে নিজের দৈনন্দিনের জীবন আপনারা অতিবাহিত করতে চান, এবং নিজেদের জীবনে কী ধরনের অভিজ্ঞতা সঞ্চয় করতে আপনারা ইচ্ছুক তার সম্পূর্ণ আলাদা দৃষ্টিভঙ্গী। ডঃ গটম্যানের বক্তব্য অনুসারে, আপনাদের পারস্পরিক সম্পর্কে অচলাবস্থার নেপথ্যে রয়েছে আপনাদের জীবনের যাবতীয় "অপূর্ণ ও অনাস্বাদিত স্বপ্ন।"

এখানে সেই দম্পতির উদাহরণ নেওয়া যাক, যাঁরা লন্ডনে বরাবরের জন্য থিতু হওয়ার বিষয় নিয়ে তুমুল বাদানুবাদে লিপ্ত, অথবা সেই দম্পতি যাঁদের মধ্যে সন্তানধারণের সিদ্ধান্ত নেওয়ার ক্ষেত্রে প্রবল মতান্তরের পরিস্থিতি সৃষ্টি হয়েছে। আমাদের জীবনে এগুলি অত্যন্ত গুরুত্বপূর্ণ পরিস্থিতি। এই কারণে, এক্ষেত্রে আপনার পক্ষে সহজে হাল ছেড়ে দেওয়া সম্ভব হয় না। এই পরিস্থিতি জীবনের ক্ষেত্রে আপনার সামগ্রিক মনন এবং চিন্তাভাবনার সঙ্গে ওতপ্রোতভাবে জড়িত। এক্ষেত্রে যে সিদ্ধান্তই নিতে আপনি বাধ্য হোন না কেন, সেটি আপনার ক্ষেত্রে একান্তভাবেই ব্যক্তিগত।

আপাতদৃষ্টিতে মনে হয়, লন্ডনে থিতু হওয়ার বিষয়ে আপোস করার সিদ্ধান্ত আপনার জীবনের ক্ষেত্রে গুরুত্বপূর্ণ হিসেবে প্রতিপন্ন হতে পারে। যেহেতু সন্তানধারণের ক্ষেত্রে আপনি অত্যন্ত আগ্রহী, আপনি নিশ্চয় সন্তানহীন অবস্থায় একজন মানুষের সঙ্গে এক দশকের বেশী সময় অতিবাহিত করতে রাজি হবেন না, এবং যখন আপনার বয়স চল্লিশের কোঠায় পৌঁছে যাবে—সেদিন হঠাৎ সম্বিৎ ফিরে পেয়ে আপনি ভাবতে বসবেন যে মাতৃত্ব আপনার জীবনে অন্যতম স্বপ্ন ছিল—কিন্তু সেই মুহূর্তে আপনার কাছে সন্তানধারণের কোনো সুযোগ আর থাকবে না।

নিজেকে প্রশ্ন করুন, এই নির্দিষ্ট পারস্পরিক সম্পর্ককে টিকিয়ে রাখার উদ্দেশ্যে আমার পক্ষে কি নিজের যাবতীয় স্বপ্নের জলাঞ্জলি দেওয়া উচিত? কারণ, গটম্যান দম্পতির গবেষণা অনুযায়ী, আপনাকে যদি এই কাজে বাধ্য হতে হয়, তাহলে সেটি অবশ্যই এক নিদারুণ সমস্যা বিশেষ।

এর চাইতেও ভালো কি আর কেউ আছেন?

নিজের বিভিন্ন গবেষণার ক্ষেত্রেও আমি লক্ষ করেছি যে, দীর্ঘায়িত পারস্পরিক সম্পর্কের পরিসরে আপনাদের মধ্যে অধিকাংশ মানুষ একটি বিশেষ চিন্তাভাবনার বশবর্তী হয়ে জীবনযাপনে অভ্যস্ত হয়ে উঠেছেন: এর চাইতেও ভালো কি আর কেউ আছেন?

এই প্রশ্নের উত্তর হল, তা কারো পক্ষেই জানা সম্ভব নয়।

ব্যক্তিগতভাবে আমি বিশ্বাস করি যে, বর্তমানের পৃথিবীতে ডেটিং সংক্রান্ত যাবতীয় কার্যকলাপ, সোশ্যাল মিডিয়ার মাত্রাতিরিক্ত ব্যবহার এবং রোমান্টিক কমেডি সংক্রান্ত ছবিগুলি আপনাদের মনে এই নির্দিষ্ট দুশ্চিন্তার জন্ম দিয়েছে। পৃথিবীতে কোনো মানুষই নিখুঁত নন। প্রত্যেকের অতীত জীবনে বিভিন্ন সমস্যা রয়েছে। প্রত্যেকের কাঁধে দায়িত্বের একটি পাহাড়প্রমাণ বোঝা চাপানো রয়েছে। এবং বয়োঃবৃদ্ধির সঙ্গে সঙ্গে, এই বোঝার ওজন ক্রমশ বৃদ্ধি পেতে থাকবে।

অধিকাংশ মানুষ এখনো পর্যন্ত এই বিশেষ পরিস্থিতির সম্মুখীন হননি। একমাত্র আপনার পক্ষেই জানা সম্ভব যে, চোখের সামনে ঘটে যাওয়া একটি নির্দিষ্ট পরিস্থিতির প্রশংসা আপনি করেন কি না, অথবা নিজের জীবনে প্রতিটি পরিস্থিতিকেই আপনি অসম্পূর্ণ হিসেবে দেখতে অভ্যস্ত। আপনার মনে হতেই পারে, এই বাগানের ঘাসের তুলনায় অন্য একটি বাগানের ঘাস অপেক্ষাকৃতভাবে তরতাজা এবং সবুজ!

মোদ্দা কথা হল, যে ঘাসে আপনি নিয়মিতভাবে জল দেবেন সেটিই অপেক্ষাকৃত সবুজ হয়ে উঠবে।

আবার ফিরে আসতে চাই সেই প্রসঙ্গে যেখানে আমি আলোচনা করেছিলাম, একটি পারস্পরিক সম্পর্ককে দীর্ঘায়িত করার ক্ষেত্রে দুটি জিনিস একান্তভাবে অপরিহার্য :

১. সম্পর্কের অন্তর্গত দুজন মানুষই চান যে তাঁদের পারস্পরিক সম্পর্কটি দীর্ঘায়িত হোক, এবং তার সামগ্রিক উন্নতিসাধনের ক্ষেত্রে দুজনেই প্রাণপণ প্রচেষ্টা করতে থাকেন।
২. যে সমস্ত পরিস্থিতিতে সমস্যার উদ্ভব হয়, তার জন্য সম্পর্কের অন্তর্গত দুজন মানুষের ক্ষেত্রে নিজেদের অভীষ্ট লক্ষ্য অথবা সামগ্রিক মূল্যবোধকে বিসর্জন দেওয়ার পিছনে কোনো যৌক্তিকতা নেই।

জীবনের একটি নির্দিষ্ট মুহূর্তে, আপনাকে সঠিক সিদ্ধান্ত গ্রহণ করতে হবে। এবং, সেক্ষেত্রে নিজের চোখের সামনে ঘটে যাওয়া পরিস্থিতি অনুযায়ী আপনাকে সেই সিদ্ধান্ত নিতে হবে।

প্রায় ৩০ বছর ধরে বিবাহসূত্রে আবদ্ধ থাকা একজন ব্যক্তি হিসেবে, আমি আপনাদের আশ্বস্ত করতে চাই যে পৃথিবীর প্রতিটি দম্পতি নিজেদের পারস্পরিক সম্পর্কের ক্ষেত্রে কোনো না কোনো সময়ে, অত্যন্ত অন্ধকারাচ্ছন্ন এবং আতঙ্কের পরিস্থিতির সম্মুখীন হতে বাধ্য হয়েছেন। তা সত্ত্বেও, যে সমস্ত দম্পতি শত সমস্যার মোকাবিলা করেও, কাঁধে কাঁধ মিলিয়ে যাবতীয় প্রতিকূল পরিস্থিতি, প্রবল জীবন সংগ্রাম এবং কঠিন পরীক্ষার সম্মুখীন হওয়ার সাহস দেখাতে পেরেছেন, তাঁদের মধ্যে একজনও নিজেদের এই ঐকান্তিক প্রয়াসের ক্ষেত্রে আফশোস করতে রাজি নন।

কিন্তু, এমন অনেক মানুষের সঙ্গে আমার পরিচয় আছে, যাঁদের জীবনে বিবাহবিচ্ছেদের ঘটনা ঘটেছে এবং তাঁদের ক্ষেত্রে একটি আফশোসের কারণ বারবার ফিরে আসতে থাকে—নিজেদের পারস্পরিক সম্পর্কের ক্ষেত্রে যদি তাঁরা আরো যত্নবান হয়ে উঠতে পারতেন এবং বিভিন্ন সমস্যার মোকাবিলা সঠিক সময়ে করতে পারতেন, তাহলে তাঁদের আজ এই দিন দেখতে হত না।

সময়মতো নিজেদের মধ্যে সরাসরিভাবে আলোচনায় বসার ব্যবস্থা করতে পারলে এবং এক্ষেত্রে অত্যন্ত আবশ্যকীয় থেরাপিতে যেতে পারলে, এই পরিস্থিতির সম্মুখীন তাঁদের হতে হত না। কারণ, এক ছাদের তলায় বসবাস করার স্পৃহা তাঁদের মধ্যে বর্তমানে না থাকলেও, পারস্পরিক সম্পর্কের আনুষ্ঠানিক বিচ্ছেদের প্রক্রিয়া—এবং সন্তানদের সঙ্গে স্থায়ীভাবে বিচ্ছিন্ন হওয়ার আনুষ্ঠানিক প্রক্রিয়াটি সহ্য করার নিদারুণ পরিস্থিতি থেকে তাঁরা অব্যাহতি পেতে পারতেন।

একটি পারস্পরিক সম্পর্কের ক্ষেত্রে পূর্ণচ্ছেদ টানার প্রক্রিয়া একাধারে অত্যন্ত কঠিন এবং একান্তভাবে ব্যক্তিগত এক বিশেষ প্রক্রিয়া, বিশেষ করে যখন আপনার মনে হয় যে এই ব্যবস্থা আপনার জীবনের ক্ষেত্রে সম্পূর্ণ কার্যকরী হতে চলেছে। এর অন্তর্নিহিত অর্থ হল, নিজের

গভীরতম অন্তর্দৃষ্টির ভিত্তিতে সেই নির্দিষ্ট ধারণায় উপনীত হওয়া—যে এই নির্দিষ্ট সম্পর্কের ক্ষেত্রে কোথাও যেন একটি গুরুত্বপূর্ণ গরমিল রয়ে গিয়েছে।

সেই নির্দিষ্ট গরমিলের বিষয়ে আপনি বিশেষভাবে অবগত, কিন্তু সেই সত্য স্বীকার করার পর্যাপ্ত সাহস আপনার মধ্যে অনুপস্থিত। কিছু ক্ষেত্রে, বিশেষ কোনো পরিস্থিতি আপনাকে শেষ করে দেওয়ার আগেই, সেই নির্দিষ্ট পরিস্থিতিকে সমূলে বিনাশ করা প্রয়োজন। নিজের যাবতীয় লক্ষ্য ও স্বপ্নের বিষয়ে যদি আপনি সম্পূর্ণ ওয়াকিবহাল থাকেন, আপনার ক্ষেত্রে সেই পারস্পরিক সম্পর্কের প্রয়োজন, যা আপনার উপযুক্ত এবং একান্তভাবে প্রাপ্য। এমন কোনো ব্যক্তির সঙ্গে আপনি যদি একত্রে জীবনযাপন করেন, যাঁর অভীষ্ট লক্ষ্য এবং যাবতীয় স্বপ্ন আপনার সঙ্গে সামঞ্জস্যপূর্ণ নয়, সেই সম্পর্কে আপনাদের দুজনের মধ্যে কেউ সুখে জীবনযাপন করতে পারবেন না।

দেখুন, এই নিদারুণ পরিস্থিতি সম্পর্কে কোনো বইয়ে কিছু কথা লিখে ফেলা আমার পক্ষে কতটা সহজ। আমার পক্ষে কত সহজে বলা সম্ভব, ওদের যেতে দিন। কিন্তু এমন কোনো মানুষের সঙ্গে পারস্পরিক সম্পর্কের বিচ্ছেদ আমাদের জীবনে সবচেয়ে হৃদয়বিদারক, বিশেষ করে যখন সেই মানুষটিকে আপনি এখনো পর্যন্ত ভালোবাসেন।

কোনোভাবে সেই পরিস্থিতির সম্মুখীন হলে, আপনি দ্য লেট দেম থিওরি অথবা ওদের করতে দিন এর পদ্ধতির কাছে কৃতজ্ঞ থাকবেন, যা আপনাকে এই পরিস্থিতির সঠিক মোকাবিলা করতে সাহায্য করতে পারে।

হৃদয়বিদারক পরিস্থিতি কাটিয়ে ওঠা

এক্ষেত্রে আপনার সঙ্গে অথবা এমন একজনের সঙ্গে আমি সরাসরিভাবে কথা বলতে ইচ্ছুক, যিনি আপনার অত্যন্ত প্রিয়জন এবং এই মুহূর্তে একটি হৃদয়বিদারক পরিস্থিতির সম্মুখীন হচ্ছেন।

এই নির্দিষ্ট পরিস্থিতি যে কোনো মানুষের জীবনে এক অত্যন্ত কঠিন অভিজ্ঞতা বিশেষ। এবং জানবেন, প্রতিবার এই পরিস্থিতি থেকে পরিত্রাণ পেতে আপনি বাধ্য।

একটি পারস্পরিক সম্পর্কে পূর্ণচ্ছেদ টানার অব্যবহিত পরে, যে কোনো ব্যক্তির পক্ষে নিজের তিক্ততম অভিজ্ঞতা সম্পর্কে আপনাকে যা বলা সম্ভব তা হল, প্রতিটি সম্পর্কের ক্ষেত্রেই "নিজেকে ভালোবাসার" প্রতি অগ্রাধিকার দেওয়াই হল শ্রেষ্ঠতম পন্থা। এই নির্দিষ্ট উপদেশ হল পৃথিবীর নিকৃষ্টতম পরামর্শ, কারণ যখন আপনি একটি হৃদয়বিদারক পরিস্থিতির মধ্যে দিয়ে যান, নিজের কাছে আপনিই ঘৃণ্যতম মানুষ হিসেবে প্রতিপন্ন হতে থাকেন।

সেই মুহূর্তে, প্রতিটি পরিস্থিতিতে আপনি অত্যন্ত সন্দেহপ্রবণ হয়ে ওঠেন। আপনার অন্তরে একটি প্রশ্ন বারবার ঘুরপাক খেতে থাকে যে, এই জীবনে আপনার পক্ষে নতুন করে ভালোবাসার সম্পর্ক স্থাপন করা সম্ভব কি না। প্রতি মুহূর্তে অতীত জীবনে ফিরে যেতে আপনি রীতিমত মরিয়া হয়ে ওঠেন এবং পুরোনো পরিস্থিতি অনুযায়ী আবার নতুন করে জীবনযাপন করার স্বপ্ন দেখতে শুরু করেন। অতীতে আপনি যে জীবনযাপনে অভ্যস্ত ছিলেন, অনুরূপ

পরিস্থিতি ফিরে পেতে আপনি মুখিয়ে থাকেন। প্রতি মুহূর্তে আপনি অসহ্য মানসিক যন্ত্রণার সম্মুখীন হতে থাকেন, কারণ সামগ্রিক পরিস্থিতি আপনাকে তাতে বাধ্য করে।

অসহনীয় শোকের আবহ থেকে আপনার এই অনুভূতির উদ্ভব ঘটে। যে আদর্শ জীবনের স্বপ্ন আপনি দেখেছিলেন, তার অকালমৃত্যু ইতিমধ্যেই ঘটে গিয়েছে। প্রিয়জনের অকালমৃত্যুর ক্ষেত্রে আমাদের মানসিক পরিস্থিতি ঠিক যেমন দাঁড়ায়, সেভাবেই একটি হৃদয়বিদারক পরিস্থিতিতে, অব্যক্ত শোকের প্রতিটি স্তরের নিদারুণ অভিজ্ঞতা পেরিয়ে যেতে আপনি বাধ্য থাকবেন। এবং সেই অভিজ্ঞতা আপনাকে মানসিকভাবে প্রভাবিত করতে বাধ্য। দিনের পর দিন, মাসের পর মাস, এমনকি বছরের পর বছর আপনি সেই মানুষটির সম্পর্কে অনবরত চিন্তাভাবনা করার প্রক্রিয়া থেকে নিজেকে কোনোভাবেই বিরত রাখতে পারবেন না।

প্রতিদিন, প্রতিটি মুহূর্তে তাঁকে অনবরত লিখিত মেসেজ পাঠানো, ফোন করা, অথবা তাঁর বিভিন্ন ভয়েস মেমো ঘুরিয়ে ফিরিয়ে শোনা, কিংবা বিভিন্ন ছবি দেখতে থাকা, বা সেই মুহূর্তে তিনি কোথায় রয়েছেন অথবা তাঁর অনলাইন স্টোরির উপরে নজর রাখার ক্ষেত্রে, আপনার অন্তরে অদম্য স্পৃহা ও এক উদগ্র বাসনার উদ্ভব হতে থাকবে—যা সর্বান্তঃকরণে দমন করার দায়িত্ব আপনাকে নিতে হবে।

এই বিষয়ে যখন আমার ব্যক্তিগত থেরাপিস্ট অ্যানার সঙ্গে আলোচনা করি, তিনি আমাকে বুঝিয়ে বলেছিলেন :

> এই অসহনীয় মানসিক যন্ত্রণার মূল কারণ হল, নির্দিষ্ট মানুষটির স্মৃতি বিজড়িত প্রতিটি ঘটনা পুঙ্খানুপুঙ্খভাবে আমাদের স্নায়বিক তন্ত্রের রন্ধ্রে রন্ধ্রে ছড়িয়ে রয়েছে। দীর্ঘকাল ধরে, যেভাবে তাঁর জীবনের প্রতিটি ক্ষেত্রে আপনি ওতপ্রোতভাবে জড়িয়ে গিয়েছিলেন, একইভাবে তিনিও আপনার জীবনের অবিচ্ছেদ্য অংশ হয়ে উঠেছিলেন। সুতরাং, এখনো পর্যন্ত প্রতিটি ক্ষেত্রে তাঁর সর্বময় উপস্থিতি অনুভূত হয়, এমনকি তাঁর কণ্ঠস্বর আপনার কানে বাজতে থাকে। দৈনন্দিনের প্রতিটি বিষয় সম্পর্কে তাঁর সঙ্গে কথোপকথনে আপনি এতটাই অভ্যস্ত হয়ে উঠেছিলেন যে, স্বভাবতই প্রতি মুহূর্তে আপনি অসহায়ভাবে তাঁর সান্নিধ্য খুঁজতে বাধ্য হন। নিজের জীবনের ক্ষেত্রে আপনি অবশ্যই তাঁর অভাববোধ করেন, কিন্তু আপনার স্নায়বিক তন্ত্র প্রতি মুহূর্তে তাঁর সর্বময় উপস্থিতির অভাববোধ করতে বাধ্য থাকে—যেভাবে তিনি আপনার জীবনের একটি অবিচ্ছেদ্য অঙ্গ হিসেবে ইতিমধ্যে প্রতিপন্ন হতে অভ্যস্ত থেকেছেন। মানুষের জীবনে এই পরিস্থিতি অত্যন্ত স্বাভাবিক।

একটি হৃদয়বিদারক পরিস্থিতির মোকাবিলা করার ক্ষেত্রে আমাদের যে অনুভূতির সম্মুখীন হতে হয়, সেগুলির নেপথ্যে থাকা স্নায়বিক, শারীরিক এবং স্নায়ু সংক্রান্ত রসায়নের যাবতীয় কারণ, অত্যন্ত প্রাঞ্জলভাবে আমাকে বোঝাবার চেষ্টা তিনি করেছিলেন। রাস্তাঘাটে হাঁটাচলার সময় অথবা গাড়ি চালাবার ক্ষেত্রে, আপনার পক্ষে কল্পনা করা একান্তভাবেই স্বাভাবিক যে আপনার ছায়াসঙ্গী হিসেবে তিনি পাশেই রয়েছেন। যখন আপনার মনে একটি বিশেষ চিন্তার উদ্রেক হয়,

সেই চিন্তার পরিপ্রেক্ষিতে তাঁর যাবতীয় মতামত যেন আপনার কানে ভেসে আসতে থাকে। নিজের ক্ষেত্রে কোনো সুখবর থাকলে, তাঁর সঙ্গে সেই অনুভূতি ভাগ করে নেওয়ার উদগ্র বাসনা আপনাকে নিরন্তরভাবে প্ররোচিত করতে থাকে। নিজের পরিবারের যাবতীয় উন্নতিসাধনের সুখবর তাঁর কাছে পৌঁছে দেওয়ার জন্য আপনি অত্যন্ত ব্যগ্র হয়ে থাকেন।

এই বিশেষ পরিস্থিতি যে শুধুমাত্র আপনার কাছে হৃদয়বিদারক হিসেবে প্রতিপন্ন হচ্ছে তাই নয়, এটি আপনার জীবনের পরিকল্পিত প্রতিটি সমীকরণকে চূর্ণবিচূর্ণ করে দিতে সক্ষম। আপনার শারীরিক তন্ত্রের ক্ষেত্রে তা প্রযোজ্য। আপনার স্নায়বিক তন্ত্রের ক্ষেত্রে তা প্রযোজ্য। আপনার যাবতীয় চিন্তাভাবনার ক্ষেত্রে তা প্রযোজ্য। আপনার স্মৃতির মনিকোঠায় সযত্নে সংরক্ষিত প্রতিটি স্মৃতির ক্ষেত্রে তা প্রযোজ্য। যে সংগীত উপভোগ করতে আপনারা অভ্যস্ত ছিলেন, সেগুলির ক্ষেত্রেও তা প্রযোজ্য। কর্মক্ষেত্রে যাওয়ার উদ্দেশ্যে তৈরী হওয়ার ক্ষেত্রে, দিনের শেষে পরিশ্রান্ত অবস্থায় বিছানায় শুতে যাওয়ার সময়ে, রোজ সকালে ঘুম ভেঙে উঠে নিরবিচ্ছিন্ন একাকিত্ব অনুভব করার প্রতিটি ক্ষেত্রে, তাঁর স্মৃতি আপনার মনে অমলিন থেকে যেতে বাধ্য।

প্রতি মুহূর্তে, একাধারে তাঁর সঙ্গে আবার দেখা হয়ে যাওয়ার ভীতি এবং অহেতুক প্রত্যাশা নিয়ে জীবনযাপন করতে আপনি অভ্যস্ত হয়ে উঠবেন। নিরাপদ দূরত্ব থেকে, তাঁর বর্তমান জীবনের যাবতীয় খবরাখবর এবং ছবির মাধ্যমে, প্রতিনিয়তভাবে তাঁর উপর লক্ষ্য রাখতে আপনি বাধ্য থাকবেন। সেদিনের কথা চিন্তা করে আপনি আতঙ্কিত থাকবেন, যেদিন আপনি জানবেন যে তাঁর জীবনে নতুন কোনো ব্যক্তির পদার্পণ ঘটেছে। পারস্পরিক সম্পর্ক বিচ্ছেদের কঠিনতম অংশটি হল সেই নিদারুণ পরিস্থিতি, যার সম্মুখীন হওয়া আপনার জীবনে একান্তভাবে অনিবার্য।

এই পরিস্থিতি এড়িয়ে যাওয়ার কোনো উপায় নেই। শরীরের প্রতিটি কোষে এই নিদারুণ যন্ত্রণা আপনাকে সহ্য করতেই হবে কারণ, তাঁর সান্নিধ্যে অতিবাহিত প্রতিটি মুহূর্তের স্মৃতি নিজের অন্তর থেকে সমূলে উৎপাটন করা আপনার ক্ষেত্রে অনিবার্য, এবং নতুন করে স্বাভাবিক জীবনে ফিরে আসার অতলান্ত প্রচেষ্টার দায়িত্বভার আপনার উপরেই বর্তায়। একমাত্র এই কারণেই, অধিকাংশ মানুষ দীর্ঘকাল ধরে এই নির্দিষ্ট মানসিক পরিস্থিতি প্রাণপণে আঁকড়ে ধরে পড়ে থাকতে বাধ্য থাকেন।

লেট দেম অর্থাৎ ওদের করতে দিন এর প্রক্রিয়া এই সমস্যার সমাধান করতে ব্যর্থ। লেট মি অর্থাৎ আমাকে করতে দিন এর প্রক্রিয়া আপনার মানসিক যন্ত্রণার উপশমে কার্যকরী নয়।

এই ধরনের যাবতীয় হৃদয়বিদারক পরিস্থিতির সঠিক মোকাবিলার ক্ষেত্রে, আমার ব্যক্তিগত থেরাপিস্ট অ্যানের কাছে একটি অব্যর্থ প্রতিষেধক রয়েছে। ৩০ দিনের জন্য উল্টোদিকের মানুষটির সঙ্গে যাবতীয় যোগাযোগ সূত্র সম্পূর্ণভাবে বিচ্ছিন্ন করে দেওয়া। এর কারণ হল, তাঁর সঙ্গে কোনোভাবে যোগাযোগ সক্রিয় রাখার ক্ষেত্রে—যেমন তাঁর কোনো ছবি দেখা অথবা তাঁর কণ্ঠস্বর শোনা—আপনার স্নায়বিক তন্ত্রে সযত্নে সংরক্ষিত অতীতের সমস্ত স্মৃতি আবার নতুন করে সক্রিয় করে তোলে, যার ফলে আপনার পক্ষে এই নির্দিষ্ট মানুষটির সঙ্গে বিজড়িত যাবতীয় স্মৃতিকে সমূলে উৎপাটন করার সামগ্রিক প্রচেষ্টা অবধারিতভাবে ব্যাহত হওয়ার সম্ভাবনার উদ্ভব হয়।

সামগ্রিক প্রক্রিয়ার এই বিশেষ অংশটি অত্যন্ত কঠিন হিসেবে প্রতিপন্ন হয়। আপনার পক্ষে কমপক্ষে তিন মাস, এই নির্দিষ্ট মানসিক পরিস্থিতির কবল থেকে সম্পূর্ণভাবে নিষ্কৃতি পাওয়া সম্ভব নয়। বিজ্ঞানসম্মত গবেষণার ভিত্তিতে বলা সম্ভব, একটি পারস্পরিক সম্পর্কের বিচ্ছেদের ক্ষেত্রে আপনার পক্ষ থেকে এই ন্যূনতম সময়ের বিনিয়োগ একান্তভাবে অনিবার্য, যার পরে আপনি মানসিকভাবে অপেক্ষাকৃত স্থিতিশীল অবস্থায় পৌঁছোতে পারেন।

একটি পারস্পরিক সম্পর্ক বিচ্ছেদের ১১ সপ্তাহ অতিক্রান্ত হওয়ার পরে, মোটামুটিভাবে ৭১ শতাংশ মানুষ মানসিক স্থিতিশীল অবস্থায় পৌঁছোতে সক্ষম। এই পরিসংখ্যানের ভিত্তিতে, আমার পক্ষে আপনাদের সান্ত্বনা দেওয়া অবশ্যই সম্ভব যে, অচিরেই আপনারা এই পরিস্থিতি কাটিয়ে উঠতে পারবেন। কারো ক্ষেত্রে, মাত্র ১১ দিনের মধ্যে এই পরিস্থিতি থেকে নিষ্কৃতি লাভ করা সম্ভব। কারো ক্ষেত্রে এই পরিস্থিতি কাটিয়ে উঠতে অন্ততপক্ষে ১১ সপ্তাহ সময় লাগতে পারে। অন্যান্যদের ক্ষেত্রে আরো একটু বেশী সময়ের প্রয়োজন হতে পারে। কিন্তু, আপনাদের পক্ষে এই পরিস্থিতি সম্পূর্ণভাবে কাটিয়ে ওঠা অবশ্যই সম্ভব।

দ্য লেট দেম থিওরি অর্থাৎ ওদের করতে দিন এর পদ্ধতি অনুরূপ পরিস্থিতি সম্পূর্ণভাবে কাটিয়ে ওঠার ক্ষেত্রে আপনাকে প্রয়োজনীয় সাহায্য করতে পারে, প্রয়োজনীয় প্রশিক্ষণ দিতে পারে, এবং অন্তর্নিহিত সত্তার সঙ্গে নিজের পারস্পরিক সম্পর্ক আরো সুদৃঢ় করতে তোলার ক্ষেত্রে সাহায্য করতে পারে, যার ফলে নিজের জীবনে অভীষ্ট লক্ষ্য পূরণ এবং প্রাপ্য সম্মান অর্জন করার উদ্দেশ্যে সম্পূর্ণভাবে মনোনিবেশ করায় ক্ষেত্রে আপনাকে সাহায্য করতে পারে। কিন্তু, প্রক্রিয়ার এই প্রাথমিক অংশে অবস্থান করা কালীন, নিজেকে এই পরিস্থিতিতে টিকিয়ে রাখার প্রয়োজনীয়তা অপরিসীম। লেট মি অর্থাৎ আমাকে করতে দিন।

আমাকে শোকপালন করতে দিন। দিনের পর দিন নিজের বিছানায় শুয়ে আমাকে কাঁদতে দিন। নিবিড় পারস্পরিক সম্পর্কের এই পরিসমাপ্তি কীভাবে ঘটল, সেই করুণ কাহিনীর স্মৃতি রোমন্থন বারবার আমাকে করতে দিন। তাঁর কাছে ফিরে যাওয়ার ক্ষেত্রে আমার উদগ্র বাসনা থেকে আমাকে বিরত থাকতে দিন। চূড়ান্ত মানসিক বিপর্যয়ের সম্মুখীন আমাকে হতে দিন।

একটি হৃদয়বিদারক পরিস্থিতির সামগ্রিক প্রতিক্রিয়ার নিরিখে আপনার এই শোকসন্তপ্ত মানসিক স্থিতি, একটি অত্যন্ত স্বাস্থ্যকর লক্ষণ। এবং এই পরিস্থিতি কাটিয়ে উঠতে যখন আপনি সমর্থ হবেন, বিভিন্ন গবেষণার ভিত্তিতে আবিষ্কৃত নির্দিষ্ট কিছু অনুষঙ্গের সঠিক প্রয়োগে—বাস্তবিকভাবেই যে এই পারস্পরিক সম্পর্কের অবসান ঘটেছে, তা আপনার পক্ষে সহজে মেনে নেওয়া সম্ভব এবং স্বাভাবিক জীবনে ফিরে নিজের অভীষ্ট লক্ষ্যপূরণের উদ্দেশ্যে অগ্রসর হওয়ার ক্ষেত্রে আর কোনো প্রতিবন্ধকতা আপনার পথে অন্তরায় হয়ে দাঁড়াতে পারবে না।

কীভাবে নিজের স্নায়বিক তন্ত্রকে ঢেলে সাজাবার কাজ শুরু করা সম্ভব এবং এই পারস্পরিক সম্পর্কের পরবর্তী হৃদয়বিদারক পরিস্থিতি থেকে কীভাবে একটি স্বাস্থ্যকর পদ্ধতি অনুসারে সম্পূর্ণভাবে নিষ্কৃতি লাভ করা আপনার পক্ষে সম্ভব, তার উদ্দেশ্যে আপনাদের জন্য নির্দিষ্ট কিছু অনুষঙ্গ বইয়ের পরবর্তী অংশে সাজিয়ে দেওয়া হয়েছে—কারণ এক্ষেত্রে সময় সবচেয়ে বড় প্রতিষেধক হিসেবে প্রতিপন্ন হয় না। সেই সময়কে আপনি কীভাবে ব্যবহার করবেন, এক্ষেত্রে সেটিই মুখ্য হয়ে ওঠে :

১. পারিপার্শ্বিকের সমস্ত ইন্ধনের সঙ্গে যোগসূত্র বিচ্ছিন্ন করুন।

চোখের সামনে দৃশ্যমান তাঁর স্মৃতি বিজড়িত প্রতিটি জিনিস—যে কোনো ট্রিংকেট (ছোটখাট সস্তার অলঙ্কার), পোশাক-আশাক অথবা ছবি—নিজের চোখের নাগালের বাইরে পাঠাবার ব্যবস্থা করুন। এই ব্যক্তির প্রতিটি প্রকৃতিগত বিশেষত্ব যেভাবে আপনার শরীর ও মননে ওতপ্রোতভাবে জড়িয়ে রয়েছে, তাঁর স্মৃতি বিজড়িত প্রতিটি জিনিসের দিকে নজর গেলেই তাঁর কথা মনে করতে আপনি বাধ্য থাকেন এবং তা আপনার স্বাভাবিক জীবনযাপনে অভ্যস্ত হওয়ার ক্ষেত্রে প্রতিবন্ধকতা সৃষ্টি করতে বাধ্য। কিন্তু তার জন্য, এই সমস্ত জিনিসপত্র আগুনে পুড়িয়ে ফেলা আবশ্যক নয়। সেগুলিকে একটি বাক্সে ঢুকিয়ে চোখের সামনে থেকে আপনি সরিয়ে রাখতে পারেন, এবং পরবর্তীকালে সেগুলির কাছে তখনই ফিরে আসতে পারেন যখন আপনার হাতে পর্যাপ্ত সময়, মানসিক শক্তি রয়েছে এবং এই প্রবল ভাবাবেগ থেকে সম্পূর্ণভাবে নিষ্কৃতি লাভ করা সম্ভব হয়েছে।

২. নিজের শোবার ঘরটি নতুন করে সাজিয়ে তুলুন।

সেই নির্দিষ্ট ব্যক্তির সান্নিধ্যে, সম্ভবত আপনি নিজের শোবার ঘরে অপর্যাপ্ত সময় কাটাতে অভ্যস্ত হয়ে উঠেছিলেন। তাই, শোবার ঘরটিকে নতুনভাবে সাজিয়ে তোলার মাধ্যমে নিজের অন্তর্নিহিত সত্তার উদ্দেশ্যে একটি নির্দিষ্ট বার্তা পৌঁছে দিতে আপনি সক্ষম যে, আপনার জীবনে সম্পূর্ণ নতুন একটি অধ্যায় শুরু করার সময় ইতিমধ্যেই আসন্ন। ঘরের দেওয়াল নতুন রঙে রাঙিয়ে দেওয়ার ব্যবস্থা করুন অথবা সেই নজরকাড়া ওয়ালপেপারটি লাগাবার ব্যবস্থা করুন। বিছানায় পাতার জন্য নতুন চাদরের ব্যবস্থা করুন এবং অত্যন্ত আরামদায়ক রংবেরঙের তাকিয়ার সাহায্যে ঘরের খোলনলচে সম্পূর্ণভাবে বদলে ফেলুন। যাবতীয় আসবাবপত্রের বিন্যাস আগাগোড়া বদলে ফেলুন। এক্ষেত্রে, এই অনুষঙ্গের প্রয়োগ একান্তভাবে অব্যর্থ হিসেবে প্রতিপন্ন হতে পারে।

৩. নিজের বন্ধুবান্ধব, সহোদর, জ্ঞাতি এবং সহকর্মীদের সঙ্গে নতুন করে পারস্পরিক যোগসূত্র স্থাপন করুন।

এই বিশেষ ব্যক্তির অনুপস্থিতিতে তৈরী হওয়া শূন্যস্থান অবিলম্বে পরিপূর্ণ করে তোলার উদ্দেশ্যে আপনাকে প্রয়োজনীয় ব্যবস্থা নিতে হবে। সেক্ষেত্রে সমর্থনের প্রয়োজন উপলব্ধ হলে, সাহায্যপ্রার্থী হিসেবে অন্যান্যদের উদ্দেশ্যে নিজের হাত বাড়িয়ে দিন। এক্ষেত্রে মানসিকভাবে অপ্রস্তুত বোধ করার প্রশ্নই ওঠে না। জীবনের কোনো না কোনো ক্ষেত্রে, প্রত্যেকেই সম্পর্কচ্ছেদের এই বিশেষ পরিস্থিতির সম্মুখীন হয়েছেন এবং জানেন, এই পরিস্থিতি মানসিকভাবে কতটা যন্ত্রণাদায়ক হয়ে ওঠা সম্ভব। পরবর্তী কয়েক মাসের জন্য, পারিপার্শ্বিকের মানুষজনকে অনুরোধ করুন আপনাকে ঘিরে রাখতে, প্রাতঃভ্রমণে অথবা নৈশভোজে যাওয়ার সময়ে নিয়মিতভাবে তাঁদের দলে আপনাকে অন্তর্ভুক্ত করতে, যাতে চার দেওয়ালের বন্দিদশা থেকে সাময়িকভাবে মুক্তি পাওয়া আপনার পক্ষে সম্ভব হতে পারে।

৪. প্রতিটি মুহূর্তে নিজেকে বিভিন্ন কর্মকাণ্ডে ব্যস্ত রাখুন।

নিজের অঞ্চলে অনুষ্ঠিতব্য যে কোনো অনুষ্ঠানের বিষয়ে খোঁজখবর নিন এবং সেগুলির প্রবেশপত্র জোগাড় করার ব্যবস্থা করুন, যাতে সেই অনুষ্ঠান উপভোগ করা আপনার পক্ষে সম্ভব হতে পারে অথবা ঘনিষ্ঠ কোনো বন্ধুবান্ধবের বাড়ি যাওয়ার উদ্দেশ্যে, চার দেওয়ালের গণ্ডির ঘেরাটোপ থেকে আপনি সাময়িকভাবে মুক্তিলাভ করতে পারেন। বন্ধুবান্ধবের সঙ্গে দেখাসাক্ষাতের মাধ্যমে এমন পরিকল্পনা করুন, যাতে আপনার মাসিক দিনপঞ্জীতে একটি দিনও ফাঁকা না থাকে, এবং প্রতিনিয়ত ব্যস্ততার মধ্যে সময় কাটাতে আপনি সমর্থ হন। এই স্বরোপিত অন্যমনস্কতার মূল্য অপরিসীম। পারস্পরিক সম্পর্ক বিচ্ছেদের পরিস্থিতিতে, একটি অলস মস্তিষ্ক কখনোই আকাঙ্খিত নয়। কারণ, এই পরিস্থিতিতে নিজেকে সর্বক্ষণ ব্যস্ত রাখতে না পারলে, তাঁর চিন্তাভাবনা ও স্মৃতি রোমনথনেই নিমজ্জিত হয়ে থাকতে আপনি বাধ্য।

৫. এমন একটি পরীক্ষার সামনে দাঁড়ান, যেটি আপনার জীবনে একটি বিশেষ লক্ষ্য হিসেবে প্রতিপন্ন হয়ে এসেছে।

সেটি নির্দিষ্ট কোনো পর্বতই হোক যার শীর্ষে পৌঁছোবার স্বপ্ন যা আপনি বরাবর দেখে এসেছেন, অথবা একটি ট্রায়াথলনের প্রতিযোগিতা যার জন্য পর্যাপ্ত প্রশিক্ষণ নেওয়ার সময় আপনার হয়ে ওঠেনি, কিংবা কোনো ক্লাসে অংশগ্রহণ করার স্বপ্ন যা আপনার মনে সযত্নে লালিত হয়ে এসেছে, বা গীটার শেখার প্রবল বাসনা—এসবের ক্ষেত্রে আদর্শ সময় হল এখন। নিজেকে এই সমস্ত পরীক্ষার সামনে দাঁড় করান, যাতে শুধুমাত্র নিজের জন্য এই মানসিক চাহিদা চরিতার্থ করতে পারেন, যার জন্য নিজের উপরে আপনি গর্ববোধ করবেন। এই অনুভূতির কোনো তুলনা সম্ভব নয়।

৬. নিজেকে বারবার এই প্রশ্নটি করতে থাকুন।

জীবনের যে কোনো মুহূর্তে আদর্শ ভালোবাসার মানুষটি আপনার জন্য অপেক্ষা করে রয়েছেন এবং এই সম্পর্কচ্ছেদের ফলে তাঁর সঙ্গে মিলিত হওয়ার ক্ষেত্রে আপনি আরো একটি পদক্ষেপ অগ্রসর হতে সক্ষম, এই সত্য যদি আপনি আগেই উপলব্ধি করে থাকেন, তাহলে প্রবল একাকিত্বের নিষ্পেষণে জর্জরিত হওয়ার পরিস্থিতিতে কীভাবে আপনি প্রতিটি রাত অথবা সপ্তাহান্ত অতিবাহিত করার করার ভাবতেন?

পারস্পরিক সম্পর্ক বিচ্ছেদের পরিস্থিতিতে মানুষ যে অন্যতম আতঙ্কের সম্মুখীন হতে থাকেন তা হল, ভবিষ্যত জীবনে তাঁরা চরম একাকিত্বের শিকারে পরিণত হতে চলেছেন এবং যে বিশেষ মানুষটি তাঁদের জীবন থেকে এই মুহূর্তে অন্তর্হিত হয়েছেন, তাঁদের পক্ষে তাঁর সমকক্ষ কোনো মানুষ খুঁজে পাওয়া নিতান্তই অসম্ভব। আপনাদের ক্ষেত্রে এটি নিছক একটি ভ্রান্ত ধারণা বিশেষ, এবং এককভাবে জীবনযাপনের মাধ্যমে আপনার পক্ষে কীভাবে নিজের অমূল্য সময়ের সদ্ব্যবহার করা সম্ভব তা সম্পর্কে সুনিশ্চিত থাকার ভিত্তিতে, আপনার মস্তিষ্ক উপলব্ধি করতে পারে যে ভবিষ্যতে এককভাবে জীবনযাপন না করার ক্ষেত্রে আপনি কী

পরিমাণে দৃঢ়প্রতিজ্ঞ—এবং সেই কারণে, এই মুহূর্তে নিজের সামগ্রিক উন্নতিসাধনের ক্ষেত্রে আপনি বদ্ধপরিকর।

একটি গুরুত্বপূর্ণ কথা : প্রতিশোধের বশে নিজের উপরে শারীরিক অত্যাচারের চিন্তাভাবনা কখনোই মাথায় আসা উচিত নয়।

সম্পর্কচ্ছেদের অজুহাতে যেনতেন প্রকারে নিজের শারীরিক ওজন কমিয়ে ফেলা অথবা ঘন্টার পর ঘন্টা জিমে গিয়ে শারীরিক কসরতে ডুবে থাকা, কিংবা অনুরূপ কোনো পরিকল্পনা আপনার ক্ষেত্রে একান্তভাবে ভুল হিসেবে প্রতিপন্ন হতে পারে, যখন আপনি ভাবেন যে নিজের অভূতপূর্ব দেহসৌষ্ঠবের আকর্ষণে আপনার প্রাক্তন জীবনসঙ্গী আবার আপনার জীবনে ফিরে আসার চিন্তাভাবনা শুরু করবেন, কিংবা আপনার ঝকঝকে শরীরী ভাষা তাঁদের প্রত্যাখ্যানের পরিপ্রেক্ষিতে মুখের উপর ছুড়ে দেওয়া যোগ্য জবাব হয়ে উঠতে পারে। এই কাজ থেকে নিজেকে বিরত রাখতে হবে। এর অর্থ হল, সেই বিশেষ মানুষটিকে আপনি এখনো ভুলতে পারেননি এবং আজ পর্যন্ত আপনার দৈনন্দিনের অনুপ্রেরণার ক্ষেত্রে তিনি এক অবিচ্ছেদ্য অংশ বিশেষ।

একমাত্র নিজের জন্য নিয়মিতভাবে জিমে গিয়ে যদি একটি অভূতপূর্ব দেহসৌষ্ঠব গড়ে তুলতে আপনি ইচ্ছুক থাকেন, তাহলে কোনো সমস্যা নেই। নিজের প্রতি যত্নবান হয়ে যদি যাবতীয় স্বাস্থ্যকর অভ্যাসকে অগ্রাধিকার দেওয়ার সিদ্ধান্ত গ্রহণ করে থাকেন, তার চাইতে ভালো আর কিছুই হতে পারে না। কিন্তু, তাঁদের জন্য এই কাজ আপনাকে করতে হবে না। করলে, একমাত্র নিজের জন্য এই কাজগুলি করার কথা চিন্তা করুন।

সবচেয়ে বড় কথা...এক্ষেত্রে সময়ের বিনিয়োগ একান্তভাবেই অপরিহার্য।

সময়ের পক্ষে জীবনের প্রতিটি ক্ষতে প্রলেপ লাগানো সম্ভবপর নয়। নিজের অমূল্য সময়কে আপনি যেভাবে ব্যবহার করবেন, তার ভিত্তিতেই এই ক্ষত অত্যন্ত শ্লথগতিতে নিরাময় হতে থাকবে। জীবনের ক্ষেত্রে নিজেকে যতই ব্যস্ত রাখার পরিকল্পনা আপনি করবেন, কিংবা বিচ্ছেদের পরবর্তী সময়ে নিজেকে মানসিকভাবে যতটা স্থিতিশীল বলে মনে হবে, মনে রাখতে হবে, সবকিছু পূর্বাবস্থায় ফিরে আসার ক্ষেত্রে সময়ের বিনিয়োগ অনিবার্য। এই প্রক্রিয়ায় সময় বিনিয়োগ করুন...কারণ এই পরিস্থিতিতে সময়ের প্রয়োজন অবশ্যম্ভাবী। অধিকাংশ ক্ষেত্রে, পরিস্থিতি পূর্বাবস্থায় ফিরে আসতে প্রচুর সময়ের প্রয়োজন হয়। কিন্তু রোজ সকালে ঘুম থেকে ওঠার পরে, জীবনে অগ্রসর হওয়ার উদ্দেশ্যে একটি করে পদক্ষেপ যদি আপনি নিতে থাকেন, যে কোনো দিন ঘুম ভেঙে উঠেই আপনি উপলব্ধি করতে পারবেন, আপনার যে শুধুমাত্র ভালো লাগছে তাই নয়—বাস্তবিকভাবেই আপনি ভালো হয়ে গিয়েছেন।

আপনিই হলেন নিজের জীবনের প্রথম ভালোবাসা

যেহেতু নিজের জীবনে ভালোবাসার নিরিখে প্রতিটি পরীক্ষা, পারস্পরিক সম্পর্কের হৃদয়বিদারক পরিসমাপ্তি এবং এই সামগ্রিক প্রক্রিয়ার মধ্যবর্তী প্রতিটি স্তরের সম্মুখীন আপনি ইতিমধ্যেই হয়েছেন, এই মুহূর্তে একটি অত্যন্ত গুরুত্বপূর্ণ সত্য উপলব্ধি করার উদ্দেশ্যে আপনাকে কিছু সময় ব্যয় করতে হবে : একটি পারস্পরিক সম্পর্ক ভালোবাসার ক্ষেত্রে একজন উপযুক্ত

এবং আদর্শ মানুষ হিসেবে আপনাকে গড়ে তুলতে নিতান্ত অক্ষম। একমাত্র আপনার সামগ্রিক উপস্থিতি এই কাজটি সুসম্পন্ন করতে পারে। জন্মগ্রহণ করার দিনটি থেকে শুরু করে আপনার মৃত্যুদিন পর্যন্ত, সারাজীবন একটি বিশেষ মানুষের নিশ্ছিদ্র সান্নিধ্যে আপনাকে কাটাতে হবে: আপনি নিজে। আপনিই হলেন নিজের জীবনের প্রথম ও একমাত্র ভালোবাসা।

এই বইয়ের প্রতিটি পৃষ্ঠায়, আপনাদের সঙ্গে পারিপার্শ্বিকের মানুষজনের সামগ্রিক পারস্পরিক সম্পর্কের ক্ষেত্রটিকে আমরা অগ্রাধিকার দিয়ে এসেছি। কীভাবে পারিপার্শ্বিকের মানুষজনকে জীবনের মূল সমস্যা হিসেবে প্রতিপন্ন করা থেকে নিজেদের বিরত রাখতে হবে, এবং কীভাবে আপনাদের যাবতীয় সম্পর্ককে নিজেদের ক্ষেত্রে অনাবিল আনন্দের উৎস, তাৎপর্য এবং যোগাযোগের সূত্র হিসেবে রূপান্তরিত করতে হবে, তার বিষয়ে বিস্তারিত আলোচনা করে এসেছি। কিন্তু একটি নির্দিষ্ট পারস্পরিক সম্পর্ক সমস্ত কিছুকে ছাপিয়ে যায়, তা হল নিজের অন্তর্নিহিত সত্তার সঙ্গে নিজের পারস্পরিক সম্পর্ক।

নিজের জীবনে আপনি অকৃতদার, ডেটিং প্রক্রিয়ার অন্তর্গত, বিবাহসূত্রে আবদ্ধ অথবা পারস্পরিক সম্পর্ক বিচ্ছেদের হৃদয়বিদারক পরিস্থিতি থেকে নিরাময়ের পথে অগ্রসর হওয়া একজন মানুষ—যেই হন না কেন, একটি আদর্শ এবং অত্যাশ্চর্য পারস্পরিক সম্পর্ক স্থাপন করার ক্ষেত্রে, আপনার অন্তর্নিহিত শক্তি অথবা ক্ষমতার কোনো তুলনা সম্ভব নয়। দ্য লেট দেম থিওরি অর্থাৎ ওদের করতে দিন এর পদ্ধতি আপনাকে শিখিয়েছে, কীভাবে মানুষের জীবনে অত্যন্ত জটিল যোগসূত্রের যোগ্য মোকাবিলা সম্ভব, কীভাবে অন্যান্য মানুষকে নিজেদের শর্তে, নিজেদের মতো জীবনযাপন করতে দেওয়া সম্ভব হতে পারে, এবং নিজের আসল পরিচয় অথবা ভাবমূর্তির উপযুক্ত উপস্থাপনার মাধ্যমে নিজেদের অন্তর্নিহিত শক্তি অথবা ক্ষমতার রাশ নিজেদের হাতে ফিরে পাওয়া সম্ভব। কিন্তু এই মুহূর্তে, এখনো পর্যন্ত আপনারা যা শিখেছেন, সেগুলি একযোগে জীবনের সর্বোৎকৃষ্ট এবং অত্যন্ত গুরুত্বপূর্ণ সেই নির্দিষ্ট পারস্পরিক সম্পর্কের ক্ষেত্রে আপনারা প্রয়োগ করতে চলেছেন: যে সম্পর্ক নিজের সঙ্গে নিজের অন্তর্নিহিত সত্তার।

ওদেরকে ওদের মতো থাকতে দিন, যাতে শেষ পর্যন্ত আপনারা আমাকে আমার মতো থাকতে দিতে পারেন।

ইতিমধ্যেই আপনারা জানতে পেরেছেন যে পারিপার্শ্বিকের মানুষজন অনায়াসে আপনাদের জীবনে সামগ্রিক আনন্দ, নীরোগ ও স্বাস্থ্যকর জীবনযাপন, নিরবিচ্ছিন্ন সমর্থন, অকৃত্রিম ভালোবাসা এবং সামাজিক যোগসূত্রের ক্ষেত্রে সবচেয়ে বড় উৎস হিসেবে প্রতিপন্ন হয়ে উঠতে পারেন। এগুলি এবং আরো অনেক কিছুই, জীবনের ক্ষেত্রে আপনাদের ন্যায্য প্রাপ্য বিশেষ। নিজেদের ক্ষেত্রে আপনাদের সেই আদর্শ পারস্পরিক সম্পর্ক একান্তভাবেই প্রাপ্য যা আপনাদের সার্বিক উন্নতিসাধনে সক্ষম, যা আপনাদের অন্তরাত্মাকে সমৃদ্ধ করতে পারে এবং অন্তর্নিহিত সত্তার প্রতি আপনাদের সামগ্রিক শ্রদ্ধা ও ভালোবাসার সার্বিক প্রতিফলনে সমর্থ। কিন্তু এই উপলব্ধির মূল সমাধান: এই ধরনের অত্যাশ্চর্য পারস্পরিক সম্পর্কগুলির মূল ভিত্তি হল, নিজের অন্তর্নিহিত সত্তার প্রতি আপনার সামগ্রিক মনোভাব কী হতে চলেছে।

নিজস্ব সত্তার সামগ্রিক পরিধি সম্পর্কে কি আপনি সম্পূর্ণভাবে শ্রদ্ধাশীল? নিজস্ব সত্তার প্রতি কি আপনার ব্যবহার অনুরূপ সহানুভূতিশীল এবং সহমর্মিতাপূর্ণ, নিজের প্রিয়জনের ক্ষেত্রে

যা প্রদর্শন করতে আপনি অভ্যস্ত? অন্যান্যদের অনুমতির অপেক্ষায় না থেকে, নিজের অভীষ্ট লক্ষ্য এবং যাবতীয় স্বপ্নপূরণের উদ্দেশ্যে অগ্রসর হওয়ার ক্ষেত্রে আপনি কি মানসিকভাবে প্রস্তুত ও বদ্ধপরিকর?

আপনিই হলেন সেই নির্দিষ্ট ব্যক্তি, যাঁর সান্নিধ্যে নিজের অবশিষ্ট জীবন অতিবাহিত করার ক্ষেত্রে আপনি সম্পূর্ণভাবে সুনিশ্চিত। এটি কোনো কাকতালীয় পরিস্থিতি নয়; এটি ঘোর বাস্তব। তাই, নিজের অন্তর্নিহিত সত্তার সঙ্গে আপনি কোন ধরনের পারস্পরিক সম্পর্ক গড়ে তুলতে ইচ্ছুক? নিজেকে ভালোবাসার ক্ষেত্রে বিশেষভাবে কোনো অগভীর মনোভাব পোষণ করার উপদেশ কখনোই আমি আপনাদের দেব না। কিন্তু আমি বলব, নিজেকে ভালোবাসার ক্ষেত্রে আপনাদের সামনে বিভিন্ন রাস্তা খোলা রয়েছে—পছন্দমতো নিজের জীবনে অত্যন্ত গুরুত্বপূর্ণ প্রয়োজনগুলি বেছে নেওয়ার রাস্তা, আপনার অন্তর্নিহিত আকাঙ্ক্ষা বেছে নেওয়ার রাস্তা এবং সর্বোপরি আপনার মানসিক সন্তুষ্টি এবং অনাবিল আনন্দপূর্ণ জীবন বেছে নেওয়ার রাস্তা।

এই পদ্ধতি কখনোই আপনাকে আত্মকেন্দ্রিক হয়ে উঠতে অথবা পারিপার্শ্বিকের মানুষজনের সঙ্গে নিজের যাবতীয় যোগসূত্র ছিন্ন করার শিক্ষা প্রদান করে না। এই পদ্ধতির সঠিক প্রয়োগে নিজের প্রতি সামগ্রিক ভালোবাসা, শ্রদ্ধা এবং যত্নশীল হওয়ার উপকারিতা সম্পর্কে আপনি সামগ্রিকভাবে ওয়াকিবহাল হয়ে উঠতে পারেন, যার ফলে নিজের জীবনের অন্তর্গত যাবতীয় পারস্পরিক সম্পর্কের ক্ষেত্রে একটি নির্দিষ্ট মাপকাঠি প্রস্তুত করতে সমর্থ হন। জীবনের প্রতিটি পদক্ষেপে অন্যান্যদের অনুমতির অপেক্ষা করা অথবা তাঁদের মতবাদকে প্রাধান্য দেওয়ার পরিবর্তে, যখন নিজের অন্তর্নিহিত সত্তার প্রতি আপনি সম্পূর্ণভাবে শ্রদ্ধাশীল থাকেন, পারিপার্শ্বিকের মানুষজনের পক্ষে উপলব্ধি করা সম্ভব হয়, তাঁদের কাছ থেকে আপনি কি ধরনের ব্যবহার প্রত্যাশা করছেন।

নিজের জীবনে সম্পূর্ণভাবে সন্তুষ্ট ও তৃপ্ত থাকার জন্য, ইচ্ছানুযায়ী পছন্দের কাজগুলি সুসম্পন্ন করার জন্য, নিজস্ব মনোভাব স্বাধীনভাবে ও নির্ভীকভাবে প্রকাশ করার জন্য, কিংবা নিজের স্বপ্ন অনুযায়ী আদর্শ জীবনযাপন করার জন্য অন্যান্যদের অনুমতির মুখাপেক্ষী হয়ে থাকার আপনার কোনো প্রয়োজন নেই। এক্ষেত্রে শুধুমাত্র একজনের অনুমতির প্রয়োজন, আপনার অন্তর্নিহিত সত্তার। নিজের জীবনে অভীষ্ট লক্ষ্যপূরণ এবং যাবতীয় চাহিদা ও আকাঙ্ক্ষা চরিতার্থ করার জন্য, অন্যান্যদের অপেক্ষায় ইতিমধ্যেই প্রচুর অমূল্য সময় আপনি অপচয় করেছেন—তা ভালোবাসা অথবা অনুমোদন কিংবা অনুমতির ক্ষেত্রে, যাই হোক না কেন। কিন্তু মোদ্দা কথাটি হল, নিজের জন্য যে প্রতিটি জিনিস আপনি খুঁজে বেড়াচ্ছেন, সেগুলির মূলে আছেন একমাত্র আপনিই।

দ্য লেট দেম থিওরি অর্থাৎ ওদের করতে দিন এর পদ্ধতি শুধুমাত্র নিজের পারিপার্শ্বিকের মানুষজনের সঙ্গে আদর্শ পারস্পরিক সম্পর্ক ও যোগসূত্র বজায় রাখার উদ্দেশ্যে ব্যবহৃত একটি সাধারণ অনুষঙ্গ নয়; এটি এমন এক প্রক্রিয়া, যার সঠিক প্রয়োগে আপনার পক্ষে নিজের অন্তর্নিহিত সত্তার প্রতি সেই প্রাপ্য ভালোবাসা, শ্রদ্ধা ও সহানুভূতি প্রদর্শন সম্ভব—যেগুলি এই জীবনে আপনার প্রাপ্য। নিজস্ব পরিচয় অথবা ভাবমূর্তি অনুসারে জীবনযাপন, ওদের করতে

দিন। কিন্তু সবচেয়ে গুরুত্বপূর্ণ, নিজের আসল পরিচয় অথবা ভাবমূর্তি অনুযায়ী নিজেকে স্বাভাবিক জীবনযাত্রায় অভ্যস্ত হতে দিন।

নিজস্ব সন্তুষ্টি এবং আনন্দকে অগ্রাধিকার আমাকে দিতে দিন।

নিজস্ব অভীষ্ট ও স্বপ্নকে একাগ্রচিত্তে অনুসরণ করার কাজ আমাকে করতে দিন।

মানসিক শান্তি বজায় রাখার উদ্দেশ্যে, নিজেকে ঘিরে একটি নির্দিষ্ট গণ্ডির ব্যবস্থা আমাকে করতে দিন।

এমন সম্পর্ক আমাকে গড়তে দিন, যেগুলি আমাকে অনুপ্রাণিত করবে এবং উন্নতিসাধন সাহায্য করবে।

নিজেকে ততটাই ভালোবাসার কাজ আমাকে করতে দিন, যাতে একটি নির্দিষ্ট পরিস্থিতি অকৃতকার্য হলে, সেখান থেকে অবলীলায় নিজেকে সরিয়ে নেওয়া আমার পক্ষে সম্ভব হতে পারে।

উপযুক্ত জীবনসঙ্গীর জন্য, অথবা অন্তরঙ্গ বন্ধুর জন্য কিংবা সঠিক সুযোগের জন্য অনির্দিষ্টভাবে অপেক্ষা করার প্রশিক্ষণ এই পদ্ধতি আপনাদের কখনোই দেয় না। এই পদ্ধতি আপনাদের উপলব্ধি করতে শেখায়, আপনারা নিজেই হলেন নিজেদের সামগ্রিক আনন্দ, নিজস্ব উন্নতি এবং সমৃদ্ধি ও মানসিক সন্তুষ্টির আসল উৎস এবং মূল আধার। যে মুহূর্তে এই পরম সত্যটি আপনাদের পক্ষে উপলব্ধি করা সম্ভব হবে, জীবন হয়ে উঠবে মসৃণ এবং অনায়াস।

এই বইয়ের পরবর্তী পৃষ্ঠায় যাওয়ার মুহূর্তে, আপনাদের মনে রাখতে হবে: আপনিই হলেন নিজের জীবনের প্রথম ভালোবাসা। এবং নিজের জন্য যে নির্দিষ্ট জীবন আপনি গড়ে তুলতে ইচ্ছুক—যেখানে রয়েছে অর্থপূর্ণ পারস্পরিক সম্পর্ক, অনাবিল আনন্দ এবং সামগ্রিক সমৃদ্ধি—সেই জীবনের ভিত্তি হল নিজস্ব অন্তর্নিহিত সত্তার প্রতি আপনার শ্রদ্ধা ও ভালোবাসা। আমাকে করতে দিন।

এই মুহূর্তে যেহেতু আমরা বইয়ের একেবারে শেষ অংশে এসে পৌঁছেছি, এই অত্যাশ্চর্য যাত্রাপথের অভিনব অভিজ্ঞতা বরাবরের জন্য আপনাদের স্মরণে রাখতে হবে। আপনারা শিখেছেন, সমৃদ্ধ হয়েছেন, এবং আপনাদের পক্ষে আবিষ্কার করা সম্ভব হয়েছে যে, নিজেদের প্রাপ্য একটি আদর্শ জীবন এবং ভালোবাসার সম্পর্ক সৃষ্টি করার জন্য অপর্যাপ্ত শক্তি ও ক্ষমতা, জন্মের প্রথম দিন থেকে আপনাদের অন্তরেই সমাহিত রয়েছে। বইয়ের এই অধ্যায়ে আপনারা শিখেছেন, কীভাবে নিজেদের আসল পরিচয় অথবা ভাবমূর্তি অনুযায়ী জনসমক্ষে আত্মপ্রকাশ করা উচিত এবং কীভাবে নিজের জীবনে প্রাপ্য ভালোবাসাকে খুঁজে নেওয়া সম্ভব।

আজ পর্যন্ত, যে ভালোবাসা একান্তভাবে আপনাদের প্রাপ্য, তার চাইতে অনেক কমে আপনারা সন্তুষ্ট থাকতে অভ্যস্ত হয়ে উঠেছিলেন। দ্য লেট দেম থিওরি অথবা ওদের করতে দিন এর পদ্ধতি আপনাদের নিজস্ব গুরুত্ব সম্পর্কে অবহিত হতে শেখায়, সেই মানুষকে পরিত্যাগ করতে শেখায় যাঁরা আপনার প্রতি ব্যবহারের মাধ্যমে কখনোই সদয় ছিলেন না, এবং সেই আদর্শ মানুষটিকে খুঁজে বার করার ক্ষেত্রে মনোনিবেশ করতে শেখায়, যাঁর ভালোবাসা আপনার একান্তভাবে প্রাপ্য।

১. **সমস্যা :** যে পরিমাণ ভালোবাসা আপনাদের প্রাপ্য, তার চেয়ে কমে আপনারা অভ্যস্ত হয়ে উঠেছেন। সেই মানুষের পিছনে দৌড়োতে আপনারা অভ্যস্ত, যাঁরা ভালোবাসার অঙ্গীকারে মানসিকভাবে প্রস্তুত নন, অথবা তাঁদের জন্য নিজেদের অমূল্য সময় অপচয় করছেন যাঁরা আপনাদের ভালোবাসেন না, কিংবা সেই মানুষটির সঙ্গে মানিয়ে নিয়ে চলতে প্রস্তুত নন, যিনি এই মুহূর্তে আপনাদের ছায়াসঙ্গী হয়ে রয়েছেন এবং তাঁদের নিজেদের মতো করে মেনে নিতে আপনারা মানসিকভাবে প্রস্তুত নন। পারস্পরিক সম্পর্কের ক্ষেত্রে উল্টোদিকের মানুষটির হাতে ক্ষমতার রাশ থাকে না, নিয়ন্ত্রণের সামগ্রিক ক্ষমতা থাকে আপনাদের হাতে। নিজেকে সম্পূর্ণ নতুনভাবে জনসমক্ষে উপস্থাপনা করার সময় আগত।

২. **উপলব্ধি :** পারস্পরিক সম্পর্কের অর্থ হল অন্যান্য মানুষকে তাঁদের নিজেদের মত করে গ্রহণ করা, এবং সেই ব্যক্তি হিসেবে নয় যিনি আপনাদের আদর্শ সেই মনের মানুষ। ডেটিং এর ক্ষেত্রে, এর অর্থ হল সামগ্রিক ব্যবহারিক বৈশিষ্ট্যের মাধ্যমে তাঁদের আসল পরিচয় অথবা ভাবমূর্তির প্রকাশ করতে দেওয়া। পারস্পরিক সম্পর্কের ক্ষেত্রে, এর অর্থ হল মানুষকে তাঁদের নিজেদের মত করে সর্বান্তঃকরণে গ্রহণ করা, এবং নিজেদের মনের মতো হয়ে ওঠার ক্ষেত্রে অকৃতকার্য হওয়ার জন্য তাঁদের শাস্তি দেওয়া নয়। এর অর্থ হল, সরাসরিভাবে একটি বিশেষ আলোচনায় বসা এবং তার ভিত্তিতে কঠিনতম সিদ্ধান্ত নেওয়া, যখন সেই মানুষটি আপনাদের ইচ্ছানুসারে নিজেদের জীবনে প্রয়োজনীয় পরিবর্তন নিয়ে আসার ক্ষেত্রে সম্পূর্ণভাবে উদাসীন থাকেন।

৩. **সমাধান :** দ্য লেট দেম থিওরি অর্থাৎ ওদের করতে দিন এর পদ্ধতির প্রয়োগে, একটি আদর্শ পারস্পরিক সম্পর্ক সৃষ্টি করার সামগ্রিক দায়িত্ব সম্পূর্ণভাবে আপনার উপরে বর্তায়, এবং অভিহিত মানের নিরিখে তাঁদের ব্যবহারিক বৈশিষ্ট্য এবং নিজের সামগ্রিক পরিচয় অথবা ভাবমূর্তির উপস্থাপনার ভিত্তিতে তাঁদের গ্রহণ করার নিয়ন্ত্রণ সম্পূর্ণভাবে আপনাদের হাতেই থাকে। এর ফলে আপনাদের পক্ষে সেই প্রাপ্য ভালোবাসাকে আকর্ষণ করার জন্য, নিজেকে উন্মুক্ত করে দেওয়া সম্ভব এবং বর্তমানের বিভিন্ন সম্পর্কের ক্ষেত্রে একটি নতুন ভাবমূর্তিতে নিজেকে উপস্থাপনা করা সম্ভব, যাতে সেই ভালোবাসার পারস্পরিক সম্পর্ক আরো সুদৃঢ় হয়ে উঠতে পারে। নিজের রূপান্তরিত জীবনে আপনাকে স্বাগত।

যে মুহূর্তে আপনি লেট দেম অর্থাৎ ওদের করতে দিন এর শরণাপন্ন হবেন, মানুষকে তাঁদের নিজেদের মতো করে সর্বান্তঃকরণে গ্রহণ করা আপনাদের পক্ষে সম্ভব, এবং তাঁদের সামগ্রিক ব্যবহারিক বৈশিষ্ট্যকে ধ্রুব সত্য বলে মেনে নিতে আপনাদের সমস্যা হবে না। যে মুহূর্তে আপনি লেট মি অর্থাৎ আমাকে করতে দিন এর শরণাগত হবেন, নিজেদের জীবনে ভালোবাসা কীভাবে অঙ্কুরিত হতে পারে, সেই নির্দিষ্ট প্রক্রিয়া আপনার পক্ষে বেছে নেওয়া অনায়াস হয়ে উঠবে।

ভালোবাসার পিছনে দৌড়োনোর থেকে নিজেকে বিরত রাখুন এবং আদর্শ ভালোবাসার সম্পর্কটিকে নিজের জন্য বেছে নিন।

উপসংহার

আপনার নিজের সুযোগের সদ্ব্যবহার করার দিন আগত

এই বইয়ের সিংহভাগ জুড়ে অন্যান্যদের সম্পর্কে আলোচনার ক্ষেত্রে, আপনাদের সঙ্গে আমি একত্রে অধিকাংশ সময় ইতিমধ্যেই কাটিয়ে দিয়েছি: কীভাবে তাঁদের যাবতীয় উপদেশ ও মতবাদ, তাঁদের আবেগতাড়িত প্রতিক্রিয়া, এবং যে বিভিন্ন উপায়ে তাঁদের যাবতীয় কর্মকাণ্ড আপনাদের প্রতিনিয়তভাবে অসন্তুষ্ট, রাগান্বিত, হতাশাগ্রস্ত এবং মানসিকভাবে বিপর্যস্ত করে তুলতে থাকে। কিন্তু এই বই আপনার পারিপার্শ্বিকের মানুষজনের উদ্দেশ্যে কখনোই উৎসর্গীকৃত নয়। এই বই একান্তভাবেই আপনার জন্য লেখা হয়েছে।

আপনারা যদি ইতিমধ্যেই ভেবে নিয়ে থাকেন যে এই বই অন্যান্যদের অগ্রাধিকার দেওয়ার উদ্দেশ্যে লেখা হয়েছে, তাহলে বইয়ের মূল উদ্দেশ্য সম্পর্কে আপনাদের সামগ্রিক ধারণা নিতান্তই সঠিক নয়। এখনো যদি আপনাদের মনে হয় যে, পারিপার্শ্বিকের মানুষজন আপনাদের জীবনে যাবতীয় সমস্যার মূল কারণ, আপনাকে ফিরে যেতে হবে এই বইয়ের প্রথম পৃষ্ঠায়, এবং আবার নতুন করে পড়া শুরু করতে হবে। মূল সত্যটি অত্যন্ত সহজ ও অতি সাধারণ: শক্তি অথবা ক্ষমতার রাশ একমাত্র আপনার হাতে রয়েছে। আপনিই হলেন সেই ব্যক্তি, যিনি সেই অপরিসীম ক্ষমতার রাশ স্বেচ্ছায় পারিপার্শ্বিকের মানুষজনের হাতে তুলে দেওয়ার ব্যবস্থা করেছেন।

কল্পনা করুন আপনি এমন এক আকাশের নীচে দাঁড়িয়ে রয়েছেন যেটি অনবরত পরিবর্তনশীল—এক মুহূর্তে গাঢ় নীল এবং নির্মেঘ, পরমুহূর্তেই সেখানে ঘন কালো মেঘের ঘনঘটা, অথবা গুরুগম্ভীর বজ্রনিনাদে পরিপূর্ণ। নিজের অমূল্য সময় এবং অন্তর্নিহিত ক্ষমতার প্রয়োগে সেই আকাশকে সুনীল এবং নির্মেঘ রাখার চেষ্টায় আপনি অত্যন্ত ব্যস্ত, মনেপ্রাণে চাইছেন যাতে যাবতীয় মেঘ এবং দুর্যোগের ঘনঘটা সরে গিয়ে উজ্জ্বল সূর্যালোকে দিকদিগন্ত উদ্ভাসিত হয়ে উঠুক। কিন্তু অনন্ত আকাশ আপনার মনোবাসনার প্রতি দৃকপাত করতে

কোনোভাবেই আগ্রহী নয়। সে নিজের নিয়মে চলার জন্য প্রস্তুত, আপনার ঐকান্তিক প্রচেষ্টার সাহায্যে অথবা কোনো সাহায্য ছাড়াই।

মাহেন্দ্রক্ষণের উদ্ভব তখনই সম্ভব, যে মুহূর্তে আপনি সর্বান্তঃকরণে উপলব্ধি করেন: মেঘের ঘনঘটা অথবা ঝড়ঝঞ্ঝার ভ্রূকুটির ফলে আকাশের চিরন্তন সৌন্দর্য কোনোভাবেই প্রভাবিত হয় না। পরিবর্তে, সেই অপার্থিব বৈচিত্র এবং সেই রহস্যময় অনিশ্চয়তাই বহুগুণে আকাশের সৌন্দর্যের শোভাবর্ধন করতে সমর্থ। ঝড়ঝঞ্ঝার ঘনঘটা আকাশের নৈঃসর্গিক সৌন্দর্যকে বহুগুণে বাড়িয়ে তোলে; কালো মেঘের সঞ্চার সূর্যকে করে তোলে অত্যন্ত দুর্মূল্য। আপনার জীবনও এই বিশেষ পরিস্থিতির অনুরূপ।

যে সমস্ত পরিস্থিতির নিয়ন্ত্রণ আপনার ক্ষমতা বহির্ভূত, সেগুলি নিয়ন্ত্রণ করার বৃথা চেষ্টায় আপনি ব্যস্ত ছিলেন, নিজের প্রত্যাশা অনুযায়ী সারা পৃথিবীর সামগ্রিক ঘটনাপ্রবাহকে অন্য খাতে বইয়ে দেওয়ার জন্য আপনি ছিলেন বদ্ধপরিকর। কিন্তু এর পরিবর্তে, আপনি যদি সেই সমস্ত পরিস্থিতির বিরুদ্ধে প্রতিক্রিয়াশীল হওয়ার ক্ষেত্রে মনোনিবেশ করতেন যেগুলির ক্ষেত্রে পৃথিবী আপনার কঠিন পরীক্ষা নেওয়ার ব্যবস্থা করেছিল, তাহলে কী হত? আপনার পক্ষে আবহাওয়ার সার্বিক পরিবর্তন কখনোই সম্ভব নয়। কিন্তু সেই আবহাওয়ার সামগ্রিক প্রভাবকে পরিবর্তনের ক্ষমতা আপনার সহজাত।

আপনাদের চারপাশের ঘটনাপ্রবাহ যাই হোক না কেন, সেটি কীভাবে আপনাকে প্রভাবিত করতে সক্ষম, তার সম্পূর্ণ নিয়ন্ত্রণ রয়েছে আপনার নিজের হাতে।

প্রিয়জনের কাছে থেকে একটি তির্যক মন্তব্য আপনার আত্মমর্যাদাকে বিধ্বস্ত করে ফেলবে, নাকি সেটিকে তুড়ি দিয়ে আপনি উড়িয়ে দেবেন, সেই বিষয়ে সিদ্ধান্ত নেওয়া একমাত্র আপনার পক্ষেই সম্ভব। ডেটিং এর প্রক্রিয়ার ক্ষেত্রে যে খারাপ অভিজ্ঞতা ইতিমধ্যে আপনি সঞ্চয় করেছেন, তার ফলে আপনার সামাজিক অবস্থানের অবনতি হয়েছে, না সেটি নিজের বিচক্ষণতার উন্নতিসাধন করেছে, তার মূল্যায়ন একমাত্র আপনার পক্ষে সম্ভব। অন্যান্যদের সাফল্য নিজের কর্মক্ষেত্র থেকে ইস্তফা দেওয়ার ক্ষেত্রে আপনাকে প্ররোচিত করে, না আরো ভালো করে কাজ করার ক্ষেত্রে অনুপ্রাণিত করে, সেই সিদ্ধান্ত গ্রহণের দায়িত্ব সম্পূর্ণভাবে আপনার উপরেই বর্তায়।

এই পদ্ধতি এতটাই আয়াসহীন। আপনার হাতেই রয়েছে নিয়ন্ত্রণ ক্ষমতার রাশ।

এই বিশেষ উপলব্ধি, আকাশের প্রকৃতিগত বৈশিষ্ট্যকে সম্পূর্ণভাবে হৃদয়ঙ্গম করার সমার্থক। যে মেঘের ঘনঘটা এক মুহূর্তে আপনার চূড়ান্ত হতাশার কারণ হয়ে দাঁড়িয়েছিল, এই মুহূর্তে সেটি আবহমানকালের এক অপার্থিব দৃশ্যপটের পরিবর্তনশীল ও বৈচিত্রময় অংশ হিসেবে প্রতিপন্ন হচ্ছে। যে প্রবল ঝড়ঝঞ্ঝা এক সময়ে আপনার আতঙ্কের অন্যতম কারণ হয়ে দাঁড়িয়েছিল, সেই অনুরূপ পরিস্থিতি বর্তমানে আপনার কাছে শক্তি ও সৌন্দর্যের প্রতিভূ হিসেবে পরিচিত, যার মাধ্যমে শক্তি ও স্থিতিস্থাপকতার শিক্ষা গ্রহণে আপনি সমর্থ হন। এক সম্পূর্ণ নতুন দৃষ্টিকোণের মাধ্যমে আপনি অচিরেই আবিষ্কার করেন, আকাশের এই অসীম অনিশ্চয়তাই তার সৌন্দর্যবর্ধন করতে সক্ষম এবং সেই অনির্বচনীয় সৌন্দর্য অনন্ত এবং অপরিসীম।

এক মুহূর্তের জন্য এই বিশেষ পরিস্থিতি সম্পর্কে চিন্তা করা যাক। আকাশ নিজের প্রকৃতিগত স্বভাব অনুযায়ী চলতে থাকবে—সেখানে মুহুর্মুহু তৈরী হবে মেঘের ঘনঘটা, আসবে ঝড়ঝঞ্ঝার প্রকোপ এবং সূর্য নিজের ইচ্ছানুসারে পৃথিবীতে আলো বিকীরণ করবে। আপনার পক্ষে এই পরিস্থিতির পরিবর্তন সম্ভব নয়, কিন্তু সেই আকাশের নীচে দাঁড়িয়ে আপনি কীভাবে নিজের জীবনের ক্ষেত্রে প্রয়োজনীয় পরিবর্তন নিয়ে আসবেন, তার নিয়ন্ত্রণ রয়েছে একমাত্র আপনার হাতে। সময়মতো একটি ছাতার নীচে আপনি আশ্রয় নিতে পারেন; বৃষ্টিতে ভিজে মনের আনন্দে আপনি নাচতে পারেন; অথবা নিজের প্রয়োজনে উজ্জ্বল সূর্যালোকের উত্তাপে নিজেকে তরতাজা করে তুলতেও সক্ষম।

আপনার পারিপার্শ্বিকের যাবতীয় ঘটনাবলী এবং মানুষজন হল সামগ্রিক আবহাওয়ার সমার্থক। মোদ্দা কথা হল, পারিপার্শ্বিকের মানুষকে নিয়ন্ত্রণ করা আপনার ক্ষমতা বহির্ভূত—তাঁদের চিন্তাভাবনা, তাঁদের কর্মকাণ্ড, তাঁদের কাছে আপনি প্রিয়জন হিসেবে বিবেচিত হন কি না, কিংবা নিত্যপ্রয়োজনীয় সামগ্রীর বিপণিতে দেখাসাক্ষাৎ হলে, কত দ্রুত এগিয়ে এসে তাঁরা আপনার সঙ্গে কুশল বিনিময় করতে আগ্রহী, ইত্যাদি।

সুতরাং, কী বিশেষ কারণে নিজের হাতে ধরা নিয়ন্ত্রণের ক্ষমতার রাশ স্বেচ্ছায় তাঁদের হাতে তুলে দেওয়ার চিন্তাভাবনা আপনার মাথায় আসা সম্ভব?

পারিপার্শ্বিকের মানুষজনের সামগ্রিক খেয়াল এবং মেজাজকে সম্পূর্ণ অগ্রাধিকার দিয়ে, কী কারণে নিজের অমূল্য আত্মবিশ্বাস, নিজস্ব মানসিক শান্তির স্থিতিশীল বাতাবরণ, নিজের আনন্দ এবং সন্তুষ্টি এবং অভীষ্ট লক্ষ্যের উদ্দেশ্যে সংরক্ষিত যাবতীয় স্বপ্নের মতো অমূল্য জিনিসের দায়ভার তাঁদের হাতে স্বেচ্ছায় তুলে দেওয়ার চিন্তাভাবনা আপনার মস্তিষ্কে উদ্রেক হবে?

লেট দেম অর্থাৎ ওদের করতে দিন এর পদ্ধতির প্রয়োগ করার জন্য যদি আপনি মানসিকভাবে প্রস্তুত না থাকেন, পারিপার্শ্বিকের মানুষজনের জীবনে যাবতীয় সমস্যা, কর্মকাণ্ড, নিরাপত্তাহীনতা এবং মতবাদের দ্বারা প্রভাবিত হওয়ার ক্ষেত্রে নিজেকে উন্মুক্ত করে দেওয়ার ব্যবস্থা আপনি নিজের অজান্তেই করতে বাধ্য থাকবেন। যদি আপনি লেট মি অর্থাৎ আমাকে করতে দিন এর প্রক্রিয়ার প্রয়োগে মানসিকভাবে প্রস্তুত না থাকেন, নিজের জীবনের অভীষ্ট লক্ষ্য এবং যাবতীয় আকাঙ্খাকে চরম অনিশ্চয়তার মুখে ফেলে রাখার বন্দোবস্ত আপনি করছেন।

নিজেকে প্রশ্ন করুন, আমি বলতে চাইছি নিজেকে বাস্তবের সামনে দাঁড় করান: বাস্তবকে অস্বীকার করার ক্ষেত্রে যদি নিজের অমূল্য সময় এবং অন্তর্নিহিত শক্তির অপচয় আপনি ইতিমধ্যেই করে থাকেন, যেমন—মানুষের ভিড়ে নিজের গন্তব্যে পৌঁছোতে অযথা তাড়াহুড়ো, অপরপক্ষ থেকে নিজের লিখিত মেসেজের তাৎক্ষণিক জবাবের প্রত্যাশায় থাকা, কর্মকর্তা যাতে আপনার যোগ্যতার সঠিক মূল্যায়ন করতে পারেন যা নিয়ে উদ্বিগ্ন থাকা, বন্ধুবান্ধবের সংখ্যা বৃদ্ধির প্রত্যাশা, সমমনস্ক মানুষ খুঁজে বার করার ক্ষেত্রে উৎকণ্ঠা, পেশাগত পরিবর্তনের ক্ষেত্রে পরিবারের সদস্যদের নিশ্ছিদ্র সমর্থনের প্রত্যাশা—এই যাবতীয় চিন্তাভাবনা, অনুভূতি, এবং দিনের মহার্ঘ মুহূর্তগুলিকে একত্রিত করে নিজের অভীষ্ট লক্ষ্যপূরণের উদ্দেশ্যে বিনিয়োগ করা সম্ভব হলে, বর্তমানে আপনার সামাজিক অবস্থান কোথায় পৌঁছোত? জীবনে কোন পরিস্থিতিতে আপনি থাকতেন? নিজের জীবনে কী অর্জন করতে আপনি সমর্থ হতেন?

লেট দেম অর্থাৎ ওদের করতে দিন এর প্রক্রিয়ার প্রয়োগে বিরত থাকলে, এই চড়া মাশুল আপনাকে গুনতে হবে।

নিজের জীবনে যে সুযোগ আপনি ইতিমধ্যেই হারিয়েছেন, সেগুলির দিকে একবার নজর রাখা যাক—যে সমস্ত বিশিষ্ট মানুষের সঙ্গে পরিচিত হতে চেয়েও আপনি পারেননি, পছন্দ অনুসারে যে পেশায় যেতে চেয়েও আপনি পারেননি, সংগীতের ক্ষেত্রে, স্ট্যান্ড আপ কমেডির ক্ষেত্রে, একটি বই লেখা আপনার পক্ষে সম্ভব হয়নি, যে ছবি অনলাইনে পোস্ট করা কখনই সম্ভব হয়নি, যে প্রমোদভ্রমণে যেতে চেয়েও আপনি পারেননি, ইচ্ছে থাকলেও যে কথা বলা হয়নি, যে মানুষটিকে ভালোবাসবেন ভেবেও তাঁকে ভয়ে বলতে পারেননি।

লেট মি অর্থাৎ আমাকে করতে দিন এর প্রক্রিয়ার প্রয়োগে বিরত থাকলে, এই চড়া মাশুল আপনাকে গুনতে হবে।

আপনার পক্ষে কি এই মাশুল গোনা সম্ভব? নিজের ক্ষেত্রে তা যে কোনোভাবেই সম্ভব নয়, তা আমার জানা আছে।

আমাদের আকাঙ্খিত যে সমস্ত জিনিসের অফুরন্ত জোগান অন্যান্যদের কাছে রয়েছে, তাঁরা প্রত্যেকেই যে আমাদের থেকে ভীষণভাবেই আলাদা, সেই পরিস্থিতির পক্ষে বিভিন্ন অজুহাত খুঁজতে আমরা সবাই ভালোবাসি: তাঁরা সোনার চামচ মুখে নিয়ে জন্মগ্রহণ করেছেন। তাঁরা আমাদের তুলনায় অপেক্ষাকৃত বেশি চিত্তাকর্ষক। তাঁদের জীবনযাপন আমাদের তুলনায় অনেক বেশি অনায়াস। আমাদের তুলনায় তাঁরা অনেকাংশে সৌভাগ্যবান।

সত্যি কথাটি আপনাদের সামনে প্রকাশ করতে আমার অত্যন্ত খারাপ লাগছে, এটি একান্তভাবেই দায় এড়িয়ে যাওয়ার জন্য এক বিশেষ অজুহাত। যে সমস্ত মানুষ নিজেদের জীবনের প্রতিটি ক্ষেত্রে সাফল্যের রসাস্বাদন করতে সক্ষম হয়েছেন, তাঁদের সঙ্গে আপনার একচুলও পার্থক্য নেই। তাঁরা কোনো অর্থেই 'বিশেষ' কোনো সত্তা নন।

কিন্তু একটি বিশেষ ক্ষেত্রে তাঁদের লক্ষ্য অবিচল : পারিপার্শ্বিকের পরিমণ্ডলে প্রতিনিয়ত ঘটে চলা ঘটনাপ্রবাহ যাতে নিজেদের যাবতীয় স্বপ্নকে অসম্পূর্ণ রাখতে সফল না হয়, সেই বিষয়ে তাঁরা মানসিকভাবে স্থিতিশীল। আকাশের প্রকৃতিগত স্বভাবের সঠিক মূল্যায়ন করতে তাঁরা সমর্থ, আবহাওয়া সংক্রান্ত যে কোন পরিস্থিতিকে সাদরে গ্রহণ করতে তাঁরা প্রস্তুত, এবং চারপাশে নিরন্তর ঘটে চলা প্রতিটি পরিস্থিতিকে উপেক্ষা করে নিজেদের অভীষ্ট লক্ষ্যকে পাখির চোখ হিসেবে দেখতে সক্ষম। জীবনের একটি নির্দিষ্ট পর্যায়ে এসে, অন্যান্যদের যাবতীয় মতবাদ এবং ধ্যানধারণার প্রতি নিতান্ত উদাসীন এবং বীতশ্রদ্ধ হয়ে তাঁরা নিজেদের কাজে মনঃসংযোগ করতে সমর্থ হয়েছিলেন।

প্রতিদিন সঠিক সময়ে নিয়মিতভাবে ঘুম থেকে ওঠার ক্ষেত্রে স্থিরপ্রতিজ্ঞ থাকা ও নিজেদের কর্মকাণ্ডের মাধ্যমে তাঁরা ইতিমধ্যেই প্রমাণ করতে পেরেছেন, নিজেদের জন্য প্রাপ্য জীবনের প্রতি তাঁদের সামগ্রিক মনোভাব এবং দৃষ্টিভঙ্গী কতটা পরিশীলিত, এবং সেই আদর্শ জীবন গড়ে তোলার ক্ষেত্রে তাঁরা মানসিকভাবে কতটা ব্যগ্র।

প্রতিনিয়ত যখন পারিপার্শ্বিকের মানুষজনের সামগ্রিক মতবাদ, বন্ধুত্বের পারস্পরিক সম্পর্কের ক্ষেত্রে মানসিক টানাপোড়েন, কিংবা কাউকে ফোন করার ক্ষেত্রে অন্যান্যদের

প্রতিক্রিয়া কী হতে পারে অথবা সেই নির্দিষ্ট ফোনের ক্ষেত্রে আপনাকে বিরত রাখার ক্ষেত্রে তাঁরা অযাচিতভাবে প্রতিবন্ধকতা সৃষ্টি করতে পারেন—তার পরিপ্রেক্ষিতে দুশ্চিন্তা, নির্দিষ্ট কোনো আবেদনপত্র পূরণ করা, বাণিজ্যিক পরিকল্পনার ক্ষেত্রে প্রয়োজনীয় আলোচনা, একটি স্বাস্থ্যকর খাদ্যাভ্যাসের অন্তর্ভুক্তি কিংবা নিজের সবটুকু উজাড় করে দেওয়ার ক্ষেত্রে আপনি মানসিকভাবে সন্ত্রস্ত হয়ে থাকেন, সার্বিক উন্নতিসাধনের ক্ষেত্রে নিজেকে আপনি ক্রমশ পিছিয়ে দিতে থাকেন। নিজের যাবতীয় সম্ভাবনাকে আপনি স্বেচ্ছায় ধুলিস্মাৎ করতে উদ্যত থাকেন। নিজের অবস্থানে অনড় অবস্থায় আপনি দাঁড়িয়ে থাকেন, অন্যদিকে জীবন আপনাকে ঘিরে নিজের নিয়মে আবর্তিত হতে থাকে।

অসংখ্য ক্ষুদ্রাতিক্ষুদ্র পরিস্থিতি যা আপনার জীবনে কোনোভাবেই গুরুত্বপূর্ণ নয়, সেগুলির ক্ষেত্রে মস্তিষ্কের উপরে অযথা চাপ সৃষ্টি করা থেকে নিজেকে বিরত রাখুন। যে কাজ অনায়াসে সুসম্পন্ন করার সহজাত প্রতিভা ও যোগ্যতা আপনার রয়েছে, সেই বিশেষ দক্ষতাকে প্রতিটি মুহূর্তে কাজ লাগিয়ে একটি অসাধারণ এবং অত্যাশ্চর্য জীবন গড়ে তোলার সময় আসন্ন।

পারিপার্শ্বিকের মানুষজনের আতঙ্কে সন্ত্রস্ত অবস্থায় জীবনযাপন থেকে নিজেকে সর্বদা বিরত রাখুন, যে আতঙ্ক আপনাকে রীতিমত বাহ্যজ্ঞানহীন পরিস্থিতিতে উপনীত করতে সমর্থ। নিজের যাবতীয় স্বপ্নপূরণের লক্ষ্যে নির্ভীকভাবে, নিরন্তরভাবে এবং নিঃশর্তভাবে অগ্রসর হওয়ার সময় আপনার জীবনে আসন্ন।

অন্যান্যদের মেজাজ মর্জি এবং যাবতীয় আবেগতাড়িত প্রতিক্রিয়াকে প্রাধান্য দেওয়ার ক্ষেত্রে, পা টিপে টিপে চোরের মতো চলাফেরা থেকে নিজেকে বিরত রাখুন। সরবে এবং সগর্বে নিজস্ব মানসিক শান্তি বজায় রাখার সময়, আপনার জীবনে ইতিমধ্যেই আগত।

অন্যান্যদের সামগ্রিক সাফল্য যেন আপনার মানসিক বিপর্যয়ের কারণ হিসেবে প্রতিপন্ন না হতে পারে। নিজের কাজ শুরু করার সময় আপনার জীবনে আসন্ন।

আপনার সামাজিক অস্তিত্বকে পারিপার্শ্বিকের মানুষজনের সামগ্রিক দায়বদ্ধতা হয়ে উঠতে দেওয়া থেকে নিজেকে বিরত রাখুন। জীবনের সর্বোৎকৃষ্ট বন্ধুত্বের পারস্পরিক সম্পর্কগুলি গড়ে তোলার সময় আপনার জীবনে আসন্ন।

সেই সমস্ত মানুষের জীবনে প্রয়োজনীয় পরিবর্তন নিয়ে আসার ক্ষেত্রে অনর্থক প্রচেষ্টা থেকে নিজেকে নিরস্ত করুন, যাঁরা নিজেদের পরিবর্তন করার ক্ষেত্রে মানসিকভাবে প্রস্তুত নন। প্রাপ্তবয়স্ক মানুষজনকে নিজেদের শর্ত অনুযায়ী জীবনযাপন করতে দেওয়ার সময় আগত।

জীবনযুদ্ধে সংগ্রামরত মানুষজনকে সেই কঠিনতম পরিস্থিতি থেকে উদ্ধার করার প্রচেষ্টা থেকে নিজেকে বিরত রাখুন। তাঁদের নিজেদের মতো করে নিরাময়ের উপায় খুঁজে নিতে দেওয়ার সময় এসে গিয়েছে।

পারিপার্শ্বিকের মানুষজনের ভালোবাসার পাত্র হয়ে ওঠার ঐকান্তিক প্রচেষ্টার মাধ্যমে অমূল্য সময়ের অপচয় থেকে নিজেকে বিরত রাখুন। নিজের জীবনে আপনার প্রাপ্য ভালোবাসা বেছে নেওয়ার সময় আসন্ন।

অবশেষে, অন্তর্নিহিত ক্ষমতার সামগ্রিক মূল্যায়ন এবং জীবনের দায়ভার সম্পূর্ণভাবে নিজের কাঁধে তুলে নেওয়ার সময় আসন্ন।

অন্তর্নিহিত ক্ষমতার রাশ নিজের হাতে ফিরিয়ে নেওয়ার ক্ষেত্রে, দ্য লেট দেম থিওরি অথবা ওদের করতে দিন এর পদ্ধতি আপনার কাছে এক অব্যর্থ এবং অকাট্য অনুষঙ্গ হিসেবে প্রতিপন্ন হতে চলেছে।

যে নির্দিষ্ট জীবনের স্বপ্ন আপনি প্রথমদিন থেকে দেখতে অভ্যস্ত, সেই জীবন আপনার কাছে আর কোনোভাবেই অধরা নয়। অনায়াসেই আপনার পক্ষে একজন বিত্তশালী মানুষ হিসেবে আত্মপ্রকাশ সম্ভব।

স্বপ্নে দেখা সেই আদর্শ ভালোবাসার পারস্পরিক সম্পর্কটি আজ আপনার নাগালের মধ্যেই অবস্থান করছে। বর্তমানে, আপনার পক্ষে এমন একটি পেশাগত কর্মক্ষেত্র গড়ে তোলা সম্ভব, যেটি বিভিন্নভাবে আপনার পরীক্ষা নিতে থাকবে এবং আপনার পেশাদারী জীবনের সমস্ত চাহিদা এবং আকাঙ্খাকে কানায় কানায় পরিপূর্ণ করে তুলবে।

এখন প্রশ্ন হল, আপনি নিজে কি এই কাজের জন্য মানসিকভাবে প্রস্তুত?

কারণ, এই মুহূর্তে এই কাজে প্রতিবন্ধকতা সৃষ্টির কোনো সম্ভাবনা নেই। এই সিদ্ধান্ত গ্রহণ করা আপনার পক্ষেই সম্ভব।

দ্য লেট দেম থিওরি অর্থাৎ ওদের করতে দিন এর পদ্ধতির সবচেয়ে গুরুত্বপূর্ণ অংশ হল সেই বিশেষ উপলব্ধি, যে নিজের জীবন অনাবিল আনন্দে পরিপূর্ণ করে তোলার ক্ষেত্রে একমাত্র আপনিই একান্তভাবে দায়বদ্ধ। নিজের আসল পরিচয় অথবা ভাবমূর্তির মাধ্যমে অথবা অন্তর্নিহিত ক্ষমতার মাধ্যমে নিজেকে জনসমক্ষে উপস্থাপনা করার সামগ্রিক দায়িত্ব আপনার উপরেই বর্তাবে। প্রতিদিন সময়মতো ঘুম থেকে উঠে বিছানা ছাড়ার ক্ষেত্রে এবং নিজস্ব কর্মকাণ্ডের মাধ্যমে সামগ্রিক উন্নতিসাধন করার সমস্ত দায়িত্বভার রয়েছে আপনার কাঁধে। জীবনে নিজের গুরুত্বপূর্ণ কাজগুলিকে সুসম্পন্ন করার দায়বদ্ধতা আপনার উপরে ন্যস্ত। কঠিন পরিস্থিতিতে নির্ভয়ে সত্যি কথা বলার দায়িত্ব সম্পূর্ণভাবে আপনার উপরে বর্তায়। নিজের জীবনে সমস্ত ভুলের মাশুল গোনার ক্ষেত্রে, সমস্ত দায়বদ্ধতা আপনার। পারিপার্শ্বিকের মানুষজন আপনার কাছে কোনোভাবেই ঋণী নন, কিন্তু নিজের অন্তর্নিহিত সত্তার কাছে আপনি আজীবন ঋণী থাকতে বাধ্য।

নিজের অভীষ্ট লক্ষ্য অতিক্রম করতে যদি আপনি অকৃতকার্য হয়ে থাকেন, তার মূল এবং একমাত্র কারণ হল, এই পরিস্থিতির জন্য একমাত্র আপনাকেই দোষারোপ করা সম্ভব। এবং তার থেকেও বড় সুখবর হল, যে মুহূর্তে আপনি সিদ্ধান্ত গ্রহণে সমর্থ হবেন, আপনি নিজের অবস্থানে প্রয়োজনীয় পরিবর্তন নিয়ে আসতে সক্ষম।

অন্যান্য মানুষজনের যাবতীয় ধ্যানধারণা, তাঁদের অনুভূতি এবং তাঁদের যাবতীয় কর্মকাণ্ডকে প্রাধান্য দেওয়ার ক্ষেত্রে আপনারা বছরের পর বছর অপচয় করতে বাধ্য থেকেছেন। তাই, এই বইটির বলে বলীয়ান হয়ে নিজেকে জাগিয়ে তোলার সময় আগত: নিজের জীবনের সম্পূর্ণ নিয়ন্ত্রণ রয়েছে আপনার নিজের হাতে।

এই বিশেষ উপলব্ধি কোনো নিন্দনীয় অপরাধ নয়, এই উপলব্ধি স্বাধীনতা, এটি হল মুক্তিলাভ!

পারিপার্শ্বিকের মানুষজনের পক্ষে যে আপনার উপরে কোনোভাবেই প্রভাব বিস্তার করা সম্ভব নয়, এই বিশেষ উপলব্ধি কি কোনো অংশে কম চমকপ্রদ? যখন আপনি উপলব্ধি করতে পারেন যে, আপনার বিরুদ্ধে তাঁরা যা ইচ্ছে তাই বলতে পারেন এবং করতে পারেন—আপনাকে নিয়ে তাঁরা বিদ্রুপ করতে পারেন, আপনার সহজাত দক্ষতার উপরে সন্দিহান থাকতে পারেন, পৃথিবীর সর্বোৎকৃষ্ট ও সফল মানুষ হতে পারেন, এবং তার পরেও তাঁদের সম্পর্কে সম্পূর্ণ উদাসীন এবং ভাবলেশহীন মনোভাবে আপনি অভ্যস্ত থাকতে পারেন?

নিজের যাবতীয় চিন্তাভাবনার ক্ষেত্রে, যাবতীয় বক্তব্যের ক্ষেত্রে এবং যাবতীয় কর্তব্যের সামগ্রিক নিয়ন্ত্রণের ক্ষেত্রে আপনি সর্বেসর্বা হয়ে উঠবেন, এর চাইতে চমকপ্রদ পরিস্থিতি আর কী-ই বা হওয়া সম্ভব?

জীবনে কোন পরিস্থিতিতে নিজের অমূল্য সময় এবং অন্তর্নিহিত শক্তি অথবা ক্ষমতার বিনিয়োগ আপনি করবেন, ও কোন ক্ষেত্রে সম্মতি দেবেন এবং কোন পরিস্থিতিতে অসম্মত থাকবেন, সেই নিয়ন্ত্রণের ক্ষমতার রাশ নিজের হাতে থাকার বিষয়টি এই মুহূর্তে কতটা অবিশ্বাস্য বলে মনে হচ্ছে?

নিজের অন্তর্নিহিত শক্তি অথবা ক্ষমতা নিজের নিয়ন্ত্রণে ফিরিয়ে নেওয়ার আসল অর্থ হল, জীবনের সম্পূর্ণ দায়ভার নিজের কাঁধে তুলে নেওয়া। এর অর্থ হল নিজের প্রতি অপেক্ষাকৃত বেশী প্রত্যাশার চাপ, কারণ সময় তার নিয়মে অতিবাহিত হয়ে চলতে বাধ্য, এবং ইতিমধ্যেই এমন অনেক অপ্রয়োজনীয় ক্ষেত্রে অহেতুক দুশ্চিন্তার ফলে নিজের অমূল্য সময় এবং উদ্যমের অপচয় আপনি করেছেন, যেগুলি আপনার জীবনে কখনোই গুরুত্বপূর্ণ ছিল না। এর অর্থ হল, এমন পরিস্থিতির ক্ষেত্রে সম্পূর্ণভাবে মনঃসংযোগ করা যেগুলির নিয়ন্ত্রণ আপনার পক্ষে সম্ভব, এবং এক মুহূর্তও সেই সমস্ত ক্ষেত্রে অপচয় না করা, যেগুলির নিয়ন্ত্রণ আপনার ক্ষমতা বহির্ভূত।

এক্ষেত্রে, আকাশের কথা আরো একবার ভেবে দেখা যাক। দিগন্তবিস্তৃত আকাশের পটভূমিকায় যাই ঘটুক না কেন, যেভাবেই আকাশের বিস্তীর্ণ প্রেক্ষাপট পরিবর্তন হতে থাকুক না কেন, আপনিই হলেন সেই একমাত্র ব্যক্তি যিনি ঠিক করবেন সেই আকাশের নীচে কীভাবে আপনি জীবনযাপন করতে চলেছেন। আপনিই সেই ব্যক্তি যিনি সিদ্ধান্ত নেবেন আপনার সামগ্রিক প্রতিক্রিয়ার বহিঃপ্রকাশ কেমন হতে চলেছে, আপনার ব্যবহারিক বৈশিষ্ট্য কেমন হতে চলেছে অথবা কীভাবে আপনি জীবনযাপনে অভ্যস্ত হতে চলেছেন। আকাশের প্রেক্ষাপটে মেঘের ঘনঘটা, যাবতীয় ঝড়ঝঞ্ঝা এবং উজ্জ্বল সূর্যালোক—তাদের একটি নির্দিষ্ট ও পূর্বনির্ধারিত অবস্থান থাকলেও, সেগুলি আপনার সংজ্ঞা হিসেবে কখনোই প্রতিপন্ন হতে পারে না। একমাত্র আপনিই নিজের সংজ্ঞা হতে পারেন।

আপনাদের কাছে মিথ্যা বলতে আমি কোনোভাবেই রাজি নই: এই কাজ কখনোই অনায়াস নয়। এই পরিস্থিতি এমন নয়, যে মুহূর্তে আপনি লেট দেম অর্থাৎ ওদের করতে দিন এর শরণাপন্ন হবেন, আকাঙ্খিত প্রতিটি জিনিস থরে থরে আপনার চোখের সামনে সাজিয়ে দেওয়া হবে। কোনো ব্যক্তি যদি ইতিমধ্যে অনুরূপ প্রতিশ্রুতি আপনাদের দিয়ে থাকেন, জানবেন তিনি অবশ্যই সত্যি বলছেন না।

কিন্তু, যে মুহূর্তে নিজের অন্তর্নিহিত শক্তি অথবা ক্ষমতা নিজের কাছে ফিরিয়ে নিতে আপনি সক্ষম হবেন, আপনি উপলব্ধি করে শান্তি পেতে পারেন যে নিজের ক্ষেত্রে আকাশচুম্বী সাফল্য শুধুমাত্র কিছু সময়ের অপেক্ষা। আপনার কর্মক্ষেত্র, জীবনসঙ্গী, বন্ধুবান্ধব এবং আত্মীয় পরিজন, নিজের শরীর এবং নিজের যাবতীয় স্বপ্ন ও অভীষ্ট লক্ষ্য—সবই এই মুহূর্তে সম্পূর্ণভাবে আপনার নিয়ন্ত্রণে রয়েছে।

এই পর্যায়ে পৌঁছে, এই মুহূর্তে আপনাদের প্রত্যেককে নিজেদের লেট মি অর্থাৎ আমাকে করতে দিন এর সুযোগের সদ্ব্যবহার করার পরিসরে ব্যক্তিগতভাবে স্বাগত জানাবার ক্ষেত্রে, আমি অনাবিল আনন্দ এবং উত্তেজনা অনুভব করছি।

আমাকে শুরু করতে দিন।

আমাকে একটি ঝুঁকি নিতে দিন।

আমাকে একটি বই লিখতে দিন।

নিজের যাবতীয় আকাঙ্খা এবং চাহিদা সম্পর্কে আমাকে সৎ থাকতে দিন।

নিজের জীবনে সর্বোৎকৃষ্ট দেহসৌষ্ঠব গড়ে তোলার কাজটি আমাকে করতে দিন।

নিজের স্বপ্নের কাজে বহাল হওয়ার চেষ্টা আমাকে করতে দিন।

সেই সমস্ত মানুষকে ভালোবাসা থেকে আমাকে বিরত থাকতে দিন, যাঁরা আমাকে ভালোবাসেন না।

একটি আদর্শ জীবন আমাকে গড়ে তুলতে দিন। এমন একটি জীবন যার সম্পর্কে আমি গর্ববোধ করতে সক্ষম। এমন একটি জীবন যা আমাকে আনন্দে পরিপূর্ণ করে তুলতে সক্ষম। এমন একটি জীবন, যেখানে প্রতিটি মুহূর্ত সম্পূর্ণভাবে উপভোগ করার উদ্দেশ্যে আমি নিজের অমূল্য সময় এবং অন্তর্নিহিত ক্ষমতার বিনিয়োগ করতে পারি।

এই বইয়ের মাধ্যমে আপনি উপলব্ধি করতে পেরেছেন, জীবনের প্রথম দিন থেকে নিজের জীবনের সামগ্রিক নিয়ন্ত্রণের রাশ আপনার হাতে ছিল। নিজের জীবনের দায়িত্বভার ছিল আপনার উপরে। নিজের জীবনকে সম্পূর্ণভাবে নিয়ন্ত্রণের সামগ্রিক ক্ষমতা আপনার আয়ত্বে ছিল। এই মুহূর্তে, সেই ক্ষমতা নিজের হাতে ফিরিয়ে নেওয়ার সময় আসন্ন।

একটি নির্দিষ্ট বিষয়ে আপনাদের অবগত করতে চাই যে, জীবনে নিজেদের জন্য আপনারা যত বড় স্বপ্নই দেখে থাকুন না কেন, সেগুলি যতই অসংলগ্ন, যতই অস্বাভাবিক, যতই অর্থহীন হিসেবে প্রতিপন্ন হোক না কেন, আমিও আপনাদের পাশাপাশি থেকে সেই স্বপ্ন দেখতে অভ্যস্ত। নিজেদের উপরে এখনো যদি আপনাদের পর্যাপ্ত বিশ্বাস না জন্মে থাকে, আপনাদের উপরে আমাকে বিশ্বাস রাখতে দিন। কোনো কাজের ক্ষেত্রে সঠিক প্রক্রিয়া সম্পর্কে যদি আপনারা অবহিত না থাকেন, আপনাদের জন্য সেই সঠিক প্রক্রিয়া আমাকে জেনে নিতে দিন।

নির্দিষ্ট কোন পরিস্থিতিতে শুরু করা উচিত—সেই বিষয়ে আপনাদের কোনো সংশয় থাকলে, প্রথম পদক্ষেপটি নেওয়ার ক্ষেত্রে সাহায্য আমাকে করতে দিন। এখনো পর্যন্ত যদি কেউ আপনাদের না বলে থাকে, তাহলে আমার মুখ থেকে সরাসরিভাবে শুনে নিতে পারেন: আমি আপনাদের প্রত্যেককে ভালোবাসি, প্রত্যেকের উপরে আমার অখণ্ড বিশ্বাস রয়েছে, এবং আমি

বিশ্বাস করি যে আপনাদের প্রত্যেকের মধ্যে সেই বিশেষ ক্ষমতা রয়েছে, যার প্রয়োগে নিজেদের জীবনে সেই আনন্দঘন এবং জাদুময় মুহূর্ত আপনাদের কাছে কখনোই অধরা থাকতে পারে না।

এই কাজে শুধুমাত্র দুটি বিশেষ শব্দের প্রয়োজন :

লেট মি অর্থাৎ আমাকে করতে দিন।

পরিশিষ্ট

কীভাবে 'লেট দেম' সন্তান প্রতিপালনের ক্ষেত্রে প্রয়োগ করবেন

দ্য লেট দেম থিওরি অর্থাৎ ওদের করতে দিন এর পদ্ধতির ক্ষেত্রে, প্রতিনিয়ত যে নির্দিষ্ট প্রশ্নটির সম্মুখীন আমাকে হতে হয় তা হল, সন্তান প্রতিপালনের ক্ষেত্রে এই পদ্ধতি কীভাবে প্রয়োগ করা সম্ভব। সত্যি কথা বলতে—সন্তানদের হাতে যদি নিজেদের ইচ্ছানুসারে কাজ করার অবাধ ছাড়পত্র আপনারা ইতিমধ্যে তুলে দিয়ে থাকেন, তাহলে প্রতিবার খাবার পর্বের শেষে নিয়ম করে তারা আইসক্রিম খেতে অভ্যস্ত হয়ে উঠবে, সময়মতো হোমওয়ার্ক শেষ করার দায়িত্ব সযত্নে এড়িয়ে যাবে, এবং দৈনন্দিনের কাজকর্মে হাতে দেওয়ার কথা মনেও আনবে না। কিন্তু তিন সন্তানের মা হওয়ার দরুণ, আমি আবিষ্কার করেছি যখন নিজেদের মতো থাকতে দেওয়ার স্বাধীনতা নিজের সন্তানদের হাতে আপনি তুলে দেন, আপনাদের পারস্পরিক সম্পর্কের সামগ্রিক উন্নতিসাধন সম্ভব হয় এবং সেই সম্পর্ক এমনভাবে সুদৃঢ় হতে থাকে, যা আপনাদের পক্ষে কল্পনা করাও সম্ভব নয়।

যদিও এই বই প্রাথমিকভাবে প্রাপ্তবয়স্কদের কথা মাথায় রেখে লেখা হয়েছে, দ্য লেট দেম থিওরি অর্থাৎ ওদের করতে দিন এর পদ্ধতি সকল বয়সের সন্তানদের ক্ষেত্রে প্রয়োগ করার উদ্দেশ্যে একটি অত্যন্ত শক্তিশালী প্রক্রিয়া। এই পদ্ধতি তাদের সঙ্গে সুদৃঢ় মানসিক যোগসূত্র স্থাপন করার ক্ষেত্রে আদর্শ, তাদের সর্বান্তঃকরণে সমর্থন করার ক্ষেত্রে প্রযোজ্য, এবং সঠিক পথনির্দেশ দেওয়ার জন্য উপযুক্ত—কিন্তু তাদের নিয়ন্ত্রণ করার জন্য একেবারেই নয়। বাস্তবিকভাবে, একজন দায়িত্বশীল অভিভাবক হিসেবে আপনার প্রাথমিক কাজ হল সন্তানদের সঠিক পথ প্রদর্শন করা, যাতে তারা নিজেদের অভীষ্ট লক্ষ্য অতিক্রম করতে সমর্থ হয়, অথবা অন্যভাবে বলতে গেলে—লেট দেম অথবা ওদের করতে দিন।

সন্তানদের সঙ্গে নিজেদের মানসিক যোগসূত্র দৃঢ়তর করে তোলার উদ্দেশ্যে (এবং নিজের বিচক্ষণতা আশানুরূপভাবে অক্ষুণ্ণ রাখার ক্ষেত্রে), সন্তান প্রতিপালনের ক্ষেত্রে দ্য লেট দেম থিওরি অর্থাৎ ওদের করতে দিন এর পদ্ধতির সঠিক প্রয়োগের সাহায্যার্থে, আমি একটি বিশেষ বোনাস গাইডের ব্যবস্থা করেছি, যেখানে দৈনন্দিন জীবনে ব্যবহারের জন্য বেশ কিছু ব্যবহারিক

উপদেশ এবং পরামর্শ সাজিয়ে দেওয়া হয়েছে। কারণ, নিজের সন্তানের সঙ্গে একটি অত্যাশ্চর্য পারস্পরিক সম্পর্ক গড়ে তুলতে কেই বা অনিচ্ছুক?

ডাউনলোড করতে দেখুন, melrobbins.com/parenting এবং শুরু করুন।

কীভাবে 'লেট দেম' একটি গোষ্ঠী সঞ্চালনার ক্ষেত্রে প্রয়োগ করবেন

বিগত কয়েক বছরে, পৃথিবীর অন্যতম সর্বোৎকৃষ্ট এবং অগ্রগণ্য বিভিন্ন প্রতিষ্ঠানের সঙ্গে একযোগে কাজ করার সুযোগ পাওয়ার ক্ষেত্রে নিজেকে আমি অত্যন্ত সৌভাগ্যবান মনে করি, যাদের মধ্যে রয়েছে স্টারবাকস, জেপি মর্গ্যানচেজ, হেডস্পেস, অডিবল, আল্ট্রা বিউটি এবং অন্যান্যরা।

প্রতিটি ক্ষেত্রে, নির্দিষ্ট যে প্রশ্নটির সম্মুখীন আমি বারবার হয়েছি তা হল: "এই পদ্ধতির প্রয়োগে কীভাবে নিজের দল অথবা গোষ্ঠীকে অনুপ্রাণিত করা সম্ভব?"

গবেষণার পরিপ্রেক্ষিতে ইতিমধ্যেই জানা সম্ভব হয়েছে—দলের শীর্ষে একজন করিৎকর্মা কর্মকর্তা থাকার ফলে একটি আদর্শ দল অথবা গোষ্ঠী গঠন করা সম্ভব। কিন্তু একজন আদর্শ কর্মকর্তার অনুপস্থিতির ক্ষেত্রে? এই বিশেষ পরিস্থিতিতে আত্মপ্রকাশ ঘটে দ্য লেট দেম থিওরি অর্থাৎ ওদের করতে দিন এর পদ্ধতির। এই মুহূর্তে আপনি হয়ত ভাবছেন, আপনি নিজের দল অথবা গোষ্ঠীকে নিজেদের ইচ্ছানুসারে কাজ করতে দিতে পারেন না—দলের সদস্যদের শৃঙ্খলায় বেঁধে রাখার জন্য বিশেষ একজনের উপস্থিতি একান্তভাবে অপরিহার্য। এ ধারণা একেবারেই অব্যর্থ, কিন্তু যেসব ক্ষেত্রে আপনি পুঙ্খানুপুঙ্খভাবে অধস্তন কর্মচারীদের নিয়ন্ত্রণ করেন, তাঁদের সৃজনশীলতাকে আপনি অবদমিত করেন, পারস্পরিক সম্পর্কের ক্ষতিসাধন করেন এবং কর্মক্ষেত্রে একটি অস্বাস্থ্যকর পরিমণ্ডলের সৃষ্টি হয়।

অন্যভাবে বলতে গেলে, কঠোর নিয়ন্ত্রণকারী কর্মকর্তা প্রতিটি ক্ষেত্রেই একজন আদর্শ কর্মকর্তা হিসেবে নিজেকে প্রতিপন্ন করতে সমর্থ হন না।

দ্য লেট দেম থিওরি অথবা ওদের করতে দিন এর পদ্ধতি আপনাকে সঠিক ভারসাম্য বজায় রাখার ক্ষেত্রে প্রভূতভাবে সাহায্য করতে সক্ষম, তাঁদের ক্ষেত্রে একটি নির্দিষ্ট পরিকাঠামো তৈরী করে সামগ্রিক কর্মকাণ্ড সুচারুভাবে জারি রাখার পাশাপাশি, তাঁদের মানসিক উদ্যমের সামগ্রিক উন্নতিসাধন ঘটিয়ে। ঘটনাচক্রে, অনুপযুক্ত কর্মকর্তারা একটি আদর্শ দল অথবা গোষ্ঠীর অকালমৃত্যুর কারণ এবং আদর্শ কর্মকর্তারা একটি অপেক্ষাকৃত নিকৃষ্ট দল অথবা গোষ্ঠীকে একটি আদর্শ গোষ্ঠী হিসেবে প্রতিপন্ন করতে সক্ষম। বিশেষভাবে সাজানো এই বোনাস গাইডের মাধ্যমে, দ্য লেট দেম থিওরি অথবা ওদের করতে দিন এর পদ্ধতির সাহায্যে আপনাদের পক্ষে একজন আদর্শ কর্মকর্তা হিসেবে নিজেকে প্রমাণ করা অবশ্যই সম্ভব।

ডাউনলোড করতে দেখুন, melrobbins.com/work এবং শুরু করুন।

আপনাকে স্বীকৃতি দেওয়ার সুযোগ আমাকে দেওয়া হোক

দ্য মেল রবিন্স পডকাস্টের লক্ষ লক্ষ শ্রোতা এবং এবং সোশ্যাল মিডিয়া অথবা সামাজিক মাধ্যমের দুনিয়ার বাসিন্দা—আপনাদের প্রত্যেকের উদ্দেশ্যে, যাঁরা হয় আমাকে প্রতিনিয়তভাবে অনুসরণ করেন অথবা "লেডি উইথ দ্য গ্লাসেস" এর কোনো কন্টেন্ট অনলাইনে কখনো শেয়ার করেছেন—আপনাদের প্রত্যেককে অসংখ্য ধন্যবাদ! আপনাদের ঐকান্তিক সমর্থন ছাড়া আমার পক্ষে সেই নির্দিষ্ট কাজ করা কখনোই সম্ভব হত না, যেটি আমার প্রাণাধিক প্রিয়। আপনাদের জন্যই এই বইয়ের অস্তিত্ব রক্ষা সম্ভব হয়েছে। আপনাদের সম্মিলিত সমর্থন, আবেগ, ভালোবাসা, এবং (অবশ্যই) আপনাদের ব্যবহৃত ট্যাটুগুলি আমার একমাত্র অনুপ্রেরণা হিসেবে কাজটি করতে আমাকে রীতিমত বাধ্য করেছে, যেটি নিজের জীবনে আর কখনোই করব না বলে আমি বদ্ধপরিকর ছিলাম: আরো একটি বই লেখার কাজ। এই অসাধারণ যাত্রাপথের অবিচ্ছেদ্য অংশ হিসেবে আমাকে অবিশ্রান্ত সান্নিধ্য প্রদান করার জন্য আপনাদের অসংখ্য ধন্যবাদ। আমাকে সাহায্য করার জন্য আবারও আপনাদের ধন্যবাদ জানাই, যে সহায়তার ফলে আমার পক্ষে এমন একটি সৃষ্টি সম্ভব হয়েছে : নিজস্ব বিশ্বাস অনুযায়ী, যা আমার নিজের জীবনের সর্বকালীন গুরুত্বপূর্ণ একক কাজ। একটি বিষয়ে আমি সুনিশ্চিত, এই বই আপনাদের জন্যই আমি লিখেছি এবং বইটি যতটা আমার, ততটাই আপনাদের। এই বই আপনাদের জীবন এবং আপনাদের পারস্পরিক সম্পর্কের সামগ্রিক উন্নতিসাধনের ক্ষেত্রে কতটা ফলদায়ী হয়ে উঠতে পারে, তা দেখার জন্য আমি উদগ্রীব হয়ে রয়েছি। নিজের জীবনের আপনাদের আরো ভালোবাসা, উদ্দেশ্য, আনন্দ, এবং মানসিক শান্তি একান্তভাবেই প্রাপ্য, এবং দ্য লেট দেম থিওরি অর্থাৎ ওদের করতে দিন আপনাদের সেগুলি অর্জন করতে অবশ্যই সাহায্য করতে চলেছে।

দ্য মেল রবিন্স পডকাস্ট এবং এই বইয়ের পৃষ্ঠায় যে সমস্ত প্রথিতযশা ও বিশ্ববরেণ্য বিশেষজ্ঞের সম্পর্কে আলোচনা করা হয়েছে—সময়ে অসময়ে বিশ্বের যে কোনো প্রান্ত থেকে বিমানে বসে সুদূর বোস্টনে পাড়ি জমাতে জমাতে, আমার পাশে বসে নিজেদের অমূল্য সময় বিনিয়োগ করার জন্য, তাঁদের প্রত্যেককে আমি অসংখ্য ধন্যবাদ জানাই। আপনাদের প্রত্যেকের কাছ থেকে আমি অমূল্য প্রশিক্ষণ লাভ করার ক্ষেত্রে অত্যন্ত সৌভাগ্যবান। আপনাদের গবেষণার

বিভিন্ন ক্ষেত্র সরাসরিভাবে এই বই এবং গ্রন্থপঞ্জির অংশে উদ্ধৃত করা হয়ে থাকুক অথবা নয়, সবসময়ে জানবেন; আপনাদের প্রত্যেকের সঙ্গে বিভিন্ন সাক্ষাৎকার, আলোচনা এবং প্রশিক্ষণে সমৃদ্ধ হওয়ার পরে বইয়ের প্রতিটি শব্দ আকার পেয়েছে, এবং আমার নিজের জীবনে প্রভূত উন্নতিসাধন সম্ভব হয়েছে। সারা পৃথিবী জুড়ে যে পাঠক এই বই পড়বেন, এবং ১৯৪ টি দেশে সম্প্রচারিত দ্য মেল রবিন্স পডকাস্টের প্রতিটি শ্রোতার পক্ষ থেকে, আমি আপনাদের অসংখ্য ধন্যবাদ জানাই। আপনাদের অসামান্য অবদানের জন্য প্রত্যেককে ধন্যবাদ; আমাদের সঙ্গে আপনাদের অতলান্ত জ্ঞান ভাগ করে নেওয়ার জন্য আপনাদের অসংখ্য ধন্যবাদ।

সয়্যার—আমার অত্যন্ত বুদ্ধিমতী কন্যা, আমার সহ-পরিচালিকা, আমার সহ-গবেষক, সহ-লেখিকা এবং সহযাত্রী—তুমি আগেই প্রতিজ্ঞা করেছিলে যে নিজের মায়ের সঙ্গে ভবিষ্যতে আর কখনো কাজ করবে না, তা সত্ত্বেও এই জাদু সম্ভব হয়েছে। প্রতিদিন ঘুম থেকে ওঠার সঙ্গে সঙ্গেই সেদিনের কথাটি মনে করে তোমার প্রতি অসীম কৃতজ্ঞতায় মাথা নুয়ে আসে, যেদিন আমার অনুরোধে তুমি একবাক্যে সায় দিয়েছিলে, "তুমি কি আমাকে 'একটি ছোটখাটো গবেষণার প্রোজেক্টের' ক্ষেত্রে সাহায্য করবে...সেটির নাম দ্য লেট দেম থিওরি।" আমাকে কথা দেওয়ার অব্যবহিত পরেই তুমি এই প্রোজেক্টের কাজে ডুব দিয়েছিলে, এবং দম নেওয়ার ফুরসত পাওনি। শুধুমাত্র একজন মা হিসেবে নয়, তোমাকে একজন একনিষ্ঠ সহকর্মী এবং সহযাত্রী হিসাবে সঙ্গে পাওয়ার এই অত্যাশ্চর্য অভিজ্ঞতা আমার জীবনে আগে কখনো আসেনি। তুমি আমার প্রাণপ্রিয় সন্তান হওয়ার পাশাপাশি, তোমার সঙ্গে কাজ করার অভূতপূর্ব অভিজ্ঞতার প্রতিটি মুহূর্ত আমার কাছে অত্যন্ত আনন্দের, যদিও জানি আমার সঙ্গে কাজ করার প্রতিটি মুহূর্তে তোমাকে লেট দেম, লেট দেম, লেট দেম অর্থাৎ ওদের করতে দাও, ওদের করতে দাও, ওদের করতে দাও (আমার উদ্দেশ্যে) এই মন্ত্রটি নিরন্তর আওড়ে যেতে হয়েছিল।

ট্রেসি—আমার ডান হাত, আমার মস্তিষ্কের ডানদিকের অংশ, বাক্য পরিপূরণকারী, এবং একজন অসামান্য কার্যনির্বাহী প্রযোজক—তোমাকে ছাড়া আমি কোথায় যেতাম? অন্তহীন সমুদ্রে হারিয়ে যাওয়া কোনো নাবিকের মতো অনির্দিষ্টভাবে জলে ভেসে বেড়াতাম। এই জাহাজ স্থিতিশীল রাখার সম্পূর্ণ অবদান একমাত্র তোমার। তোমার সবচেয়ে বড় গুণ হল: এক মুহূর্তের জন্যেও তোমার মুখে কোনো বিরক্তিসূচক অভিব্যক্তি অথবা কোনো নেতিবাচক প্রতিক্রিয়া আমার চোখে পড়েনি; কর্মস্থলে তোমার উজ্জ্বল উপস্থিতি কাজ করার আনন্দকে বহুগুণে বাড়িয়ে তুলতে পেরেছিল। দীর্ঘ আট বছরে, শক্ত হাতে এই অভিনব অভিযানে আমাদের প্রত্যেককে পথ প্বদর্শন করার কাজে সাহায্য করার ক্ষেত্রে, তোমার ইস্পাত কঠিন এবং নিস্তরঙ্গ মনোভাবের প্রতি রইল আমার অশেষ কৃতজ্ঞতা ও শ্রদ্ধা।

সুসি—এই বই লেখার সুদীর্ঘ প্রক্রিয়ার ক্ষেত্রে নিরন্তরভাবে হাসি, মজা, হৈহুল্লোড় এবং দুর্দান্ত সমস্ত গল্প বলে আমাদের অনবরত উৎসাহ দেওয়ার জন্য তোমাকে অসংখ্য ধন্যবাদ জানাই। তোমার জন্যেই আমি একজন অপেক্ষাকৃত ভালো লেখক হয়ে উঠতে পেরেছি। যেভাবে এই বিশেষ প্রোজেক্টের প্রাণ প্রতিষ্ঠা তুমি করেছ এবং গভীরতা এনে দিয়েছ, এই বইয়ের রন্ধ্রে রন্ধ্রে

তোমার অনন্য অবদান এক কথায়, অনস্বীকার্য। এই বইয়ের ক্ষেত্রে তোমাকে ও জি, অর্থাৎ মূল কান্ডারী হিসেবে অভিহিত করা যেতেই পারে, এবং তুমি ছাড়া এই বই লেখা কখনোই সম্ভব হত না। এই বই লেখার মাধ্যমে যে আমাদের পরিচয় হয়েছিল, সে বিষয়ে আমি অত্যন্ত রোমাঞ্চিত এবং এ কথা জেনে আমি অত্যন্ত আপ্লুত যে, আমাদের সম্পর্ক অচিরেই দীর্ঘায়িত হতে চলেছে।

জুনা—একটি মূর্তিমান ঘূর্ণিঝড়ের মতোই আমাদের কাছে এসে তুমি আছড়ে পড়েছিলে, এবং দিনের পর দিন তোমার অসামান্য লেখনী আমাকে যারপরনাই হতবাক করেছিল। ভাষার উপরে তোমার আশ্চর্য দখল, তোমার সর্বাঙ্গীন দক্ষতা, এবং এই বইয়ের ভাষায় একটি বিশেষ মেজাজের অন্তর্ভুক্তি অত্যন্ত উল্লেখযোগ্য। একটি সাধারণ বিষয়বস্তুকে একটি মনোগ্রাহী কাহিনীতে রূপান্তরিত করার অনবদ্য প্রক্রিয়ার এক অবিচ্ছেদ্য অংশ হলে তুমি। তোমার যাবতীয় ধ্যানধারণাকে আমি কুর্নিশ জানাই!

লিন—সেই বিশেষ অনুভূতির সম্পর্কে নিশ্চয় অবগত রয়েছ, যখন তোমার জীবনে কারো অন্তর্ভুক্তিতে উপলব্ধি করা সম্ভব যে এতদিন নিজের জীবনে কিসের অভাব বোধ হত...সেই অনুভূতি হলে তুমি, লিন। তুমি আমার জীবনের ক্ষেত্রে এক বিশেষ পরিপূরক, এবং একমাত্র তোমার সঙ্গে একযোগে কাজ করার ফলে আমি উপলব্ধি করতে পেরেছি সামগ্রিক সমর্থন এবং উৎকর্ষ কেমন হয়, এবং তার অনুভূতি বাস্তবে কিরকম। কার্যকারিতার মানদণ্ড তুমি সত্যিই অসম্ভব উচ্চতায় বেঁধে দিয়েছিলে। আমার মনে হয়, এই কাজ তোমার সাহায্য ছাড়া সুসম্পন্ন করা আমার পক্ষে কখনোই সম্ভব হত না। এই মুহূর্তে, দয়া করে নিজের হাতের ফোন নামিয়ে রাখো এবং নিজের ল্যাপটপ বন্ধ করো...কাজ বন্ধ করো...এবং নিজের উইকএন্ড উপভোগ করার ব্যবস্থা করো! আমি কোথাও যাচ্ছি না, তুমিও না, সুতরাং দয়া করে একটু বিশ্রাম নাও।...

সিন্ডি—গোলাপী ক্রকস এবং মানানসই লিপস্টিকের সঙ্গে বোস্টনের শ্রেষ্ঠতম আর্টপৌরে বাচনভঙ্গীতে অভ্যস্ত আমাদের দলের প্রিয়তম রকস্টারের উদ্দেশ্যে বলতে চাই, আমি তোমাকে অন্তর থেকে ভালোবাসি। যে মুহূর্ত থেকে আমাদের জীবনে পদার্পণ করেছিলে, তুমি এক ঝলক আনন্দ এবং হাসি আমাদের মধ্যে সংক্রমিত করেছিলে। নিজের ৫৬ বছর বয়সে, আমার যে বাস্তবে একজন "মাতৃসম" মানুষের সঙ্গে দেখা হওয়ার সম্ভাবনা রয়েছে, সে কথা আমি কখনোই ভাবিনি—তুমি হলে এমন এক বিস্ময়কর মানুষ যে অবলীলায় মেয়েদের একটি গোটা দলের দায়িত্বভার নিজের কাঁধে তুলে নিতে সক্ষম—হ্যাঁ, তুমিই সেই ব্যক্তি! তোমাকে অনায়াসে সিন্ডি রবিন্স নামে সম্বোধন করা সম্ভব এবং এই মুহূর্তে, ইয়োলো ও হোমি আমার উপস্থিতি থেকে তোমার আগমনে অনেক বেশী খুশি হতে অভ্যস্ত হয়ে উঠেছে।

এমি এবং জেসি—ভারমন্টের অধিবাসী দুই মূল কান্ডারীর প্রতি এই স্বীকারোক্তি। ভি টিতে বসবাস করতে আমাদের কী পরিমাণে ঘৃণা হত, সেই বিষয়ে আলোচনার মাধ্যমেই আমাদের সম্পর্ক গড়ে উঠেছিল, এবং এই ছোট মফঃস্বলে আমরা কীভাবে সময় কাটাব, তা নিয়ে

আমাদের দুশ্চিন্তার অন্ত ছিল না। এখানে থিতু হওয়া কোনো কাকতালীয় ঘটনা নয়; এটি নিছক একটি সমাপতনের ঘটনা। বিগত চার বছরে আমরা একযোগে হেসেছিলাম, কেঁদেছিলাম, এবং প্রতিটি প্রতিবন্ধকতার বিরুদ্ধে কাঁধে কাঁধ মিলিয়ে লড়াই করেছিলাম—একটি তাস বেছে নেওয়া এবং সেই পরিস্থিতিতে ঝাঁপিয়ে পড়ার প্রক্রিয়া মেনে (অসামান্য এমি!)। এবং সেই পথে চলতে চলতে, আমাদের পক্ষে এই গ্রহের "দ্রুততম উন্নতিশীল পডকাস্ট" এর গোড়াপত্তন করা সম্ভব হয়েছিল, এবং সেই কাজ শুরু হয়েছিল বিশেষ কোনো পরিকল্পনা ছাড়াই, আমাদের গ্যারেজের চার দেওয়ালের গণ্ডির অন্তরালে। পরবর্তীকালে, তোমাদের জীবনে বিশেষ কিছু পছন্দের মানুষের সঙ্গে পরিচয় হওয়ার বিষয়টি আমার জীবনে কোনো জাদুময় আবেশের তুলনায় কম নয়। তোমরা দুজনে আমার অবিচ্ছেদ্য অংশ বিশেষ। আমার মনে হয়, আমাদের জীবনের পরবর্তী অধ্যায়টি একটি স্বর্গীয় এবং মহাকাব্যিক অভিজ্ঞতা হয়ে উঠতে চলেছে। সবচেয়ে বিস্ময়কর পরিস্থিতি হল, বর্তমানে এই অঞ্চলে বসবাস করার বিষয়টি আমরা রীতিমত ভালোবেসে ফেলেছি।

মেলোডি—আমাদের সম্পাদক, অনুলিপি বিশেষজ্ঞ, এবং অত্যন্ত আকর্ষণীয় চশমা পরিহিতা ফ্যাশনদুরস্ত সুন্দরী—বই লেখার ক্ষেত্রে অসংখ্যবার গভীর রাতে, শেষ মুহূর্তে জমা দেওয়া আমার অসংখ্য লেখা সানন্দে গ্রহণ করা এবং সেগুলিকে শান্তভাবে সংশোধন করার জন্য তোমাকে অজস্র ধন্যবাদ জানাই। প্রতিটি ক্ষেত্রে, একগাল হেসে তোমার পক্ষেই এই বইয়ের ঝকঝকে এবং নিখুঁত পরিবেশনা করা সম্ভব ছিল। তোমার কাছে নিদেনপক্ষে এক পর্বতপ্রমাণ কফির ঋণ আমার রয়ে গিয়েছে, সঙ্গে অন্তহীন কৃতজ্ঞতা।

মার্ক—তুমি ইতিমধ্যেই জানো তোমাকে আমি কী পরিমাণে ভালোবাসি। এই বইয়ের স্বপ্নকে তুমি শুধুমাত্র যে বাস্তবায়িত করেছ তাই নয়, বইয়ের অন্তর্নিহিত অর্থ যাতে সম্যকভাবে মার্কিন যুক্তরাষ্ট্রের নির্দিষ্ট পরিধি অতিক্রম করে বিভিন্ন ভাষায় অনূদিত হয়ে, সারা পৃথিবীর সমস্ত পাঠকের কাছে অনায়াসে পৌঁছোতে পারে তা সুনির্দিষ্ট করেছ। এই কাজের ক্ষেত্রে তুমি সর্বোৎকৃষ্ট, এক অমিত প্রতিভাধর ব্যক্তি যার সাহায্যে প্রথম লেখক হিসেবে আমি সেই সমস্ত "দায়িত্ব" সম্পর্কে অবগত হয়েছি, যা দৈনন্দিনের জীবনে সুসম্পন্ন করার ক্ষেত্রে আমরা অভ্যস্ত, এবং যে অনন্য প্রক্রিয়ার মাধ্যমে সেই সমস্ত দায়িত্ব পালন করতে আমরা সক্ষম (অন্যান্যদের ক্ষেত্রে তা সম্পূর্ণভাবে গোপনীয়)—তোমার কাছে আমি চিরকৃতজ্ঞ থাকব।...

ক্রিস্টিন—আমার প্রিয় ননদ, আমার ব্যবসার অন্যতম অংশীদার, আমার মতোই অস্ট্রেলিয়ান শেপার্ড ভক্ত এবং আমার সর্বশ্রেষ্ঠ বান্ধবী—আমার জীবনে নোঙ্গরের মতো অবিচল থাকার জন্য তোমাকে অসংখ্য ধন্যবাদ। এই বই লেখার ক্ষেত্রে অসংখ্যবার মানসিকভাবে ভেঙে পড়ার জন্য আমি তোমার কাছে আন্তরিকভাবে ক্ষমাপ্রার্থী। তোমার উদ্দেশ্যে যাবতীয় আবেগতাড়িত মেসেজ এবং প্রায়শই গভীর রাতে অসংখ্যবার, নিজের অবদমিত ক্ষোভ এবং রাগের বহিঃপ্রকাশের অস্বস্তিকর পরিস্থিতির জন্য আমি আন্তরিকভাবে অত্যন্ত অপ্রস্তুত। এই বইয়ের অন্তর্ভুক্ত আবেগতাড়িত প্রতিক্রিয়ার নিয়ন্ত্রণ সংক্রান্ত অধ্যায়গুলির প্রয়োজন, পৃথিবীর যে কোনো মানুষের

তুলনায় আমার কাছে অনেক বেশী গুরুত্বপূর্ণ। আমার প্রতি এতটা সদয় থাকার জন্য তোমাকে অশেষ ধন্যবাদ। একটি দিকভ্রষ্ট যৎসামান্য স্টার্টআপের ব্যবসা থেকে, আমাদের ক্ষুদ্র সংস্থাটিকে এক বিশ্বমানের এবং পৃথিবীব্যাপী বাণিজ্যিক প্রতিষ্ঠানে পরিণত করার ক্ষেত্রে অন্যতম পথপ্রদর্শকের ভূমিকা পালন করার জন্য, তোমার প্রতি আমার অন্তহীন কৃতজ্ঞতা। তোমার জন্য আমি অত্যন্ত গর্বিত। বাণিজ্যিক পরিসরে তোমার অংশীদার হওয়ার ক্ষেত্রে আমি রীতিমতো গর্ববোধ করি। এবং, আমরা দুজনে মিলে যে প্রতিষ্ঠানকে গড়ে তুলতে সমর্থ হয়েছি, তা আমার সামগ্রিক গৌরবের অন্যতম কারণ। তোমার নিশ্চিন্ত আশ্রয়ে আমি যে নিরন্তরভাবে সুরক্ষিত এবং দুজনের হৃদয়ে সেই স্বপ্নের লালনে যে আমরা নিজেদের অভীষ্ট লক্ষ্য অতিক্রম করতে সক্ষম, সেই নির্দিষ্ট উপলব্ধি ছাড়া এই কাজ করা আমার পক্ষে কখনোই সম্ভব ছিল না। প্রতিদিন ঘুম থেকে ওঠার সঙ্গে সঙ্গে আমি নিজেকে প্রশ্ন করতাম: তুমি কি বিশ্বাস করো, এই কাজকে নিজেদের পেশা হিসেবে বেছে নিয়ে কর্মসংস্থান সম্ভব? প্রতি মুহূর্তে নিজের অন্তরে তোমার বলা কথাগুলি ভাসতে থাকে: আমরা হলাম জাদুকরী ডাইনী।

ক্রিস—সপ্তাহের পর সপ্তাহ জুড়ে লেট দেম লেখার সুদীর্ঘ প্রক্রিয়া চলাকালীন, নিয়মিতভাবে ক্যাম্পিং এ ব্যস্ত থাকার জন্য তোমাকে অসংখ্য ধন্যবাদ। একটি নালের (স্পাইনের) অনুপস্থিতিতে যেমন বই বাঁধাইয়ের কাজ অসম্পূর্ণ থেকে যায়, আমার জীবনে তুমি সেই নাল অথবা মেরুদণ্ড। আমাদের পরিবারকে তুমি আষ্টেপৃষ্ঠে বেঁধে রেখেছ। এই জীবনে আমার সবচেয়ে বড় পাওনা হল, তোমার সঙ্গে এই জীবন কাটানোর সুযোগ পাওয়া।

কেন্ডাল এবং ওকলে—এই বই লেখার সামগ্রিক প্রক্রিয়া যতটা কঠিন ছিল এবং সেটির সম্পর্কে তোমরা দুজনে এখনো পর্যন্ত যতটা শুনেছ, তার ভিত্তিতে আমার কল্পনা করতে ভালো লাগে যে এই সময়ে তোমরা সুদূর লস এঞ্জেলেসে নিজেদের কলেজে ব্যস্ত থাকার দরুণ আমার উপরে তোমাদের কৃতজ্ঞ থাকা উচিত, যখন সয়্যার এবং আমি কাজের চাপে রীতিমত নাস্তানাবুদ হচ্ছিলাম। নিজের যাবতীয় স্বপ্নপূরণের ক্ষেত্রে, তোমরা আমাকে বরাবরই পূর্ণ সমর্থন জুগিয়ে এসেছ, তাই আমার কথা মন দিয়ে শোনো: নিজেদের জীবনে তোমরা যাই করার সিদ্ধান্ত নিয়ে থাকো না কেন, জানবে প্রতি পদক্ষেপে তোমাদের মা গলা ফাটিয়ে তোমাদের সমর্থন জানাতে থাকবে।

মা এবং বাবা—মা: নিজের শৈশবে যখন আমি একটা ছোট্ট মিষ্টি মেয়ে ছিলাম, সেই সময় থেকেই আমার মননে লেট মি সম্পর্কে একটি ধারণা বুনে দেওয়ার ক্ষেত্রে আমি তোমাকে সম্পূর্ণভাবে কৃতিত্ব দিতে চাই। যখন আমি বই লেখার কাজ শুরু করেছিলাম, মনে আছে বাড়ির সেই ছিঁড়ে যাওয়া বালিশটি মেরামতের উদ্দেশ্যে, ছুঁচের ডগায় সুতো পরাতে পরাতে তুমি একটাই কথা বারবার বলতে: পরনের ঢিলে হয়ে যাওয়া পুরোনো প্যান্টটি কোমরের উপরে টেনে তুলতে তুলতে যে কোনো সমস্যার মোকাবিলা করতে হবে। শুনে প্রবল অট্টহাসিতে আমি গড়িয়ে পড়তাম। প্রতিটি প্রয়োজনে আমার পাশে অতন্দ্র প্রহরীর মতো জেগে থাকা এবং আমার জীবনে সবচেয়ে নিঃস্বার্থ ও আন্তরিক সমর্থকের ভূমিকা পালন করার জন্য তোমাদের ধন্যবাদ

দেওয়া আমার পক্ষে সম্ভব নয়। জানি, আমার জন্য তোমরা অত্যন্ত গর্বিত, তাই তোমাদের উদ্দেশ্যে আমার একটাই কথা—তোমাদের জন্য, তোমাদের বৈবাহিক সম্পর্কের জন্য, এবং যে জীবন তোমরা আমাকে দিয়েছ, তার জন্য আমার গর্বের সীমা পরিসীমা নেই।

অ্যানা—মহিলা হিসেবে নিজেকে পরিপূর্ণ করে তোলার সঠিক প্রশিক্ষণ আমাকে দেওয়ার জন্য তোমাকে অনেক অনেক ধন্যবাদ জানাই। আমার জীবনে, আমার বৈবাহিক সম্পর্কের ক্ষেত্রে এবং নিজের অন্তর্নিহিত যাবতীয় সম্ভাবনার যথার্থ মূল্যায়ন করার উদ্দেশ্যে তোমার সামগ্রিক প্রভাব সম্পর্কে বিস্তারিত বর্ণনার প্রচেষ্টা, নিছক কিছু শব্দের মাধ্যমে প্রকাশ করার যোগ্যতা আমার নেই। তুমি আমার অত্যন্ত ভালোবাসার প্রিয়জন।

ডেভিড—যখনই কোনো পরামর্শ, নির্দিষ্ট দৃষ্টিকোণ, প্রশিক্ষণ, অট্টহাসি, অথবা একটি অতুলনীয় জীন ও টনিকের প্রয়োজন অনুভূত হয়—তৎক্ষণাৎ স্পিড ডায়ালের সাহায্যে আমাদের আঙুল তোমার নম্বর খুঁজে পায়। একজন আদর্শ কর্মকর্তা হয়ে ওঠার পাশাপাশি, একজন আদর্শ বন্ধু হিসেবে নিজেকে গড়ে তোলার উদ্দেশ্যে অত্যন্ত প্রয়োজনীয় প্রশিক্ষণ দেওয়ার জন্য তোমাকে অসংখ্য ধন্যবাদ। তোমার সাহায্য ছাড়া ক্রিস্টিন ও আমার পক্ষে এই কাজ কখনোই সম্ভব ছিল না, এবং তাতে আমরা কেউই এই কাজে রাজি ছিলাম না! ভালোবাসি তোমাকে।

পিট—স্রেফ বইয়ের প্রচ্ছদের মাধ্যমেই তুমি সকলের মন জয় করে নিতে পেরেছ। আমার যাবতীয় স্বপ্ন এবং অন্তর্নিহিত চিন্তাধারার সামগ্রিক প্রতিফলন এই প্রচ্ছদের বিন্যাসে পুঙ্খানুপুঙ্খভাবে ধরা পড়েছে। আমি নিশ্চিত, কাজের ক্ষেত্রে আমি তোমার প্রবল মাথাব্যথার একমাত্র কারণ হিসেবে প্রতিপন্ন হয়েছিলাম, এবং প্রতি ক্ষেত্রে তোমার বরফ শীতল মানসিকতা এবং শেষ মুহূর্তের তাণ্ডবলীলা শান্ত ও সমাহিতভাবে সামলানোর ক্ষমতা আমাকে যারপরনাই বিস্মিত করেছিল! তোমার অসামান্য সৃজনশীলতার জন্য তোমাকে অসংখ্য ধন্যবাদ জানাই—বইয়ের প্রচ্ছদটির প্রশংসা করার মতো ভাষা আমার কাছে নেই, এবং আমি আশা করি এর জন্য তুমিও আমার মতোই গর্বিত।

জুলি—তোমার বিষয়ে কী বলি আমি? এই বইয়ের দুই মলাটের মাঝে প্রতিটি অংশ নিষ্কলুষ, হালকা এবং একেবারেই যথাযথ। একমাত্র তোমার নিরন্তর প্রচেষ্টায় এটি সম্ভব হয়েছে, এবং তার সম্মিলিত ফল আমাকে বাকরুদ্ধ করে রেখেছে। তোমার অক্লান্ত পরিশ্রম এবং একনিষ্ঠ মনোভাবের জন্য তোমাকে কুর্নিশ জানাই এবং অসংখ্য ধন্যবাদ।

লিন্ডসে—নতুন কোনো বইয়ের প্রকাশনার কথা যখন আমার মাথাতেও আসেনি, তার অনেক আগে থেকেই তোমার নিশ্ছিদ্র সমর্থন আমাকে বিস্মিত করেছিল, এবং তার জন্য কোনো প্রশংসাই যথেষ্ট নয়। তুমিই সেই ব্যক্তি, যে নিরন্তরভাবে আমাকে টুডে শো তে আমন্ত্রণ জানিয়েছিল এবং যখনই সম্ভব, আমাকে নিজের পি আর অর্থাৎ পাবলিক রিলেশনস ঝালিয়ে নেওয়ার সুযোগ দিয়েছিল। তোমার বুদ্ধিমত্তা, তোমার একনিষ্ঠ মনোভাব আমাকে এতটাই প্রভাবিত করেছে যে, তোমার সান্নিধ্যে এই অভূতপূর্ব অভিযান জারি রাখার ক্ষেত্রে আমি অত্যন্ত আগ্রহী।

আমার সম্পূর্ণ টিম—এই বই লেখার ক্ষেত্রে আমার এবং সয়্যারের জন্য প্রয়োজনীয় স্থান সংকুলানের ব্যবস্থা করার জন্য তোমাদের প্রত্যেককে অসংখ্য ধন্যবাদ জানাই, যে মুহূর্তে তোমরা প্রতি সপ্তাহে নিয়মিতভাবে দুটি করে পডকাস্টের পর্ব প্রযোজনা করতে ব্যস্ত ছিলে, পাশাপাশি চলছিল ছয় মাসব্যাপী একটি অনলাইন প্রশিক্ষণের অনুষ্ঠান, পদ্ধতির মূল বক্তব্য সম্বলিত বিভিন্ন বক্তৃতা এবং আমাদের অগ্রগণ্য বাণিজ্যিক অংশীদার অডিবল, আল্ট্রা বিউটি... এবং অন্যান্যদের সঙ্গে বিভিন্ন প্রযোজনা সংক্রান্ত অনুষ্ঠান! এই গ্রহের সর্বোৎকৃষ্ট টীম হলে তোমরা। তোমাদের অক্লান্ত পরিশ্রম এবং একনিষ্ঠতা ছাড়া আমার পক্ষে এই কাজ সুষ্ঠভাবে সম্পন্ন করা কখনোই সম্ভব ছিল না।

প্রতিটি ট্যাটু শিল্পী এবং সেই সমস্ত মানুষ, যাঁরা আপনাদের শিল্পের মাধ্যমে আমার সঙ্গে আপনাদের পরিচয় করিয়ে দিয়েছিলেন—এই বইয়ের নেপথ্যে আসল অনুপ্রেরণা আপনারাই। নিজের চোখের সামনে লেট দেম এর নবাঙ্কুরিত ধারণাটির প্রসার ও বিস্তার দেখার প্রক্রিয়াটি অত্যন্ত সুখকর এবং আনন্দদায়ক হিসেবে প্রতিপন্ন হয়েছিল। এই ধারণার প্রসার ঘটেছে আপনাদের হাত ধরেই, এবং আপনাদের সৃষ্ট অর্থপূর্ণ এবং নজরকাড়া নকশাগুলি সারা পৃথিবীতে ছড়িয়ে দেওয়ার সুযোগ পাওয়ার জন্য আপনাদের কাছে আমি আজীবনের জন্য ঋণী থাকব।

প্যাটি, রীড, ডায়ান, লিজি, আর্য-মেহের, মার্লিন, বেটসি, ক্যাথলিন, এবং হে হাউজের সম্পূর্ণ টীম—তোমাদের সহকর্মী হিসেবে কাজ করতে আমি অত্যন্ত ভালোবাসি। এই কর্মযজ্ঞের নেপথ্যে তোমাদের সামগ্রিক অবদান সম্পর্কে আমি সম্পূর্ণভাবে অবগত নই এবং সেই সমস্ত কাজের তালিকা তৈরী করার ক্ষমতাও আমার নেই, তাই এই বইয়ের সামগ্রিক সমর্থনের নেপথ্যে থাকা প্রতিটি ব্যক্তি, বিজ্ঞাপন এবং বিপণনের দায়িত্বে থাকা প্রতিটি মানুষ, এবং প্রতিটি পাঠকের প্রতি—যাঁদের সম্মিলিত সংখ্যা অনায়াসেই একটি দেশের জনসংখ্যাকে টেক্কা দিতে পারে—তাঁদের উদ্দেশ্যে বলি, আপনাদের এই বৃহত্তর পরিবারের একটি অবিচ্ছেদ্য অংশ হিসেবে আমি অত্যন্ত সম্মানিত বোধ করছি।

অডিবলের অংশীদাররা—অবিশ্বাস্য! আমরা ধারাবাহিকভাবে সাত বছর ধরে একযোগে কাজ করে চলেছি। আমার এখনো পর্যন্ত বিশ্বাস হয় না যে, একসঙ্গে আমরা কতরকমের কাজ ইতিমধ্যেই সুসম্পন্ন করতে পেরেছি। দ্য লেট দেম থিওরি অডিওবুক এর জন্য, আমাদের যুগ্ম অংশীদারিত্বের নিরিখে এই বিশেষ স্বীকৃতিপত্র লেখার সময়েও, আপনাদের সঙ্গে আমি প্রতিনিয়তভাবে একটি নির্দিষ্ট বিষয়ে গবেষণা করতে অত্যন্ত ব্যস্ত, ধারাবাহিকভাবে আমাদের সপ্তম অডিবল প্রযোজিত অনুষ্ঠানটির উদ্দেশ্যে। আপনাদের এই বিশ্বব্যাপী এবং জীবন বদলে দেওয়া মিশনের এক অবিচ্ছেদ্য অংশ হিসেবে থাকতে পেরে নিজেকে আমি ধন্য বলে মনে করছি। পরবর্তী সাতটি অডিবল অরিজিনালস এর জন্য আমার আন্তরিক শুভেচ্ছা ও অভিনন্দন। আমি আপনাদের প্রত্যেককে অত্যন্ত ভালোবাসি!

এলাইন পি আর—আপনারা হলেন সেই নির্দিষ্ট পাব্লিক রিলেশন্স সংক্রান্ত সংস্থা, যাঁদের সঙ্গে আমি নিজের জীবনে অর্থের বিনিময়ে কাজ করার সিদ্ধান্ত নিয়েছিলাম, এবং জোর গলায় বলতে পারি—আমার সিদ্ধান্তে কোন ভুল ছিল না। আপনাদের যাবতীয় চিন্তাধারা, আপনাদের কর্মশৈলী এবং সৃজনশীলতার ক্ষেত্রে আপনাদের অমানুষিক দক্ষতা আমাকে মন্ত্রমুগ্দ্ধ করে রেখেছে। এই পরিসরে সর্বোৎকৃষ্ট মানুষের সঙ্গে একযোগে কাজ করার ক্ষেত্রে আমি অত্যন্ত গর্বিত, এবং সেই মানুষ হলেন আপনারা।

মেল সম্পর্কে কিছু কথা

নিউ ইয়র্ক টাইমসের একজন সর্ববিক্রীত লেখক হওয়ার পাশাপাশি, মেল রবিন্স মানুষের মানসিকতার বিজ্ঞানভিত্তিক বিশ্লেষণ, অনুপ্রেরণা সংক্রান্ত গবেষণা এবং ব্যবহারিক বৈশিষ্ট্যের ক্ষেত্রে প্রয়োজনীয় পরিবর্তনের গবেষণার পরিসরে একজন বিশ্ববিখ্যাত এবং প্রথিতযশা বিশেষজ্ঞ, যাঁর গবেষণামূলক কর্মকাণ্ড ইতিমধ্যেই ৪১ টি আলাদা ভাষায় অনুদিত হয়েছে।

তাঁর লেখা বইয়ের লক্ষাধিক কপি ইতিমধ্যেই নিঃশেষিত, সর্বোৎকৃষ্টের তালিকায় শীর্ষস্থান অধিকার করে থাকা সাতটি অডিবল টাইটেলস, এবং কোটি কোটি ভিডিও ভিউয়ের মাধ্যমে, মেলের সার্বজনীন জনপ্রিয়তা সারা পৃথিবীর পাঠকদের বহুলভাবে প্রভাবিত করতে সমর্থ হয়েছে। মর্যাদাপূর্ণ দ্য ওয়েবি এবং সিগন্যাল পুরস্কারে ইতিমধ্যে ভূষিত পৃথিবীর এক নম্বর প্রশিক্ষণমূলক পডকাস্ট—দ্য মেল রবিন্স পডকাস্টের সঞ্চালক হিসেবে, মেল তাঁর বক্তব্যের মাধ্যমে প্রতিদিন ১৯৪ টি বিভিন্ন দেশের সকল বয়সের শ্রোতাদের সমৃদ্ধ করার দায়িত্বভার পালন করে চলেছেন।

তাঁর মিডিয়া সংক্রান্ত প্রতিষ্ঠান, ১৪৩ স্টুডিওস ইনকরপোরেশন, প্রতিনিয়ত অনুপ্রেরণাদায়ী এবং বিভিন্ন পুরস্কারে ভূষিত কন্টেন্ট, জীবন বদলে দেওয়া বিভিন্ন অনুপ্রেরণামূলক অনুষ্ঠান, এবং বিভিন্ন স্বতন্ত্র প্রশিক্ষণমূলক অনুষ্ঠানের উৎপাদন করে তাঁদের বিশ্ববরেণ্য ক্লায়েন্টদের জন্য, যেমন স্টারবাকস, জে পি মর্গ্যানচেজ, লিংকডইন, হেডস্পেস, এবং আল্ট্রাবিউটি এবং ইত্যাদি। ফোর্বসের পক্ষ থেকে অত্যন্ত মর্যাদাপূর্ণ ৫০ তে ৫০ সম্মানে তাঁকে ইতিমধ্যেই ভূষিত করা হয়েছে এবং অ্যামপ্লিফাই পাবলিশিং এর বোর্ড অফ ডিরেক্টরসদের অন্যতম হিসেবে বর্তমানে তিনি দায়িত্বপ্রাপ্ত।

অত্যন্ত জটিল বিষয়কে প্রাঞ্জলভাবে দৈনন্দিনের নিত্যনৈমিত্তিক কর্মকাণ্ডের মাধ্যমে বুঝিয়ে দেওয়ার ক্ষেত্রে তাঁর সহজাত ক্ষমতার ভিত্তিতে, তাঁকে সারা পৃথিবীতে পথিকৃৎ হিসেবে বরণ করে নেওয়ার পরে, মেল এখনো পর্যন্ত তাঁর অত্যন্ত শক্তিশালী এবং বিস্তারিত গবেষণামূলক কর্মকাণ্ডের সাক্ষর রেখেছেন এই বইয়ের মাধ্যমে—দ্য লেট দেম থিওরি।

আরো বিশদে জানতে, দেখুন melrobbins.com

কীভাবে আমার সংস্পর্শে থাকা সম্ভব

এই বই আপনাদের পছন্দ হয়ে থাকলে—এগুলিও অবশ্যই আপনাদের ভালো লাগবে :

১. আমার নিউজলেটার

পৃথিবীর জনপ্রিয়তম নিউজলেটারগুলির মধ্যে অন্যতম। প্রতি সপ্তাহে, নিউজলেটারের নবতম সংস্করণ সারা পৃথিবীতে ২,০০০,০০০-র বেশী সংখ্যক মানুষের কাছে নিয়মিতভাবে পৌঁছে দেওয়া হয়। এই নিউজলেটার একান্তভাবে ব্যক্তিগত, যথার্থভাবে অনুপ্রেরণামূলক, এবং সর্বোৎকৃষ্ট চিন্তাধারা ও গুরুত্বপূর্ণ পরামর্শে ঠাসা।
সম্পূর্ণ বিনামূল্যে সাইনআপ করুন melrobbins.com/newsletter এ।

২. দ্য মেল রবিন্স পডকাস্ট

টাইম ম্যাগাজিনের বক্তব্য অনুযায়ী : "শ্রোতারা এর মাধ্যমে আত্মবিশ্বাস ফিরে পাওয়ার সুনিশ্চিত অবলম্বন খুঁজে পেতে সক্ষম।" দ্য মেল রবিন্স পডকাস্ট ইতিমধ্যেই পৃথিবীর সর্বশ্রেষ্ঠ পডকাস্টগুলির তালিকায় শীর্ষস্থান অধিকার করে নিতে সক্ষম। প্রতি সপ্তাহে এই পডকাস্টের নিত্যনতুন পর্বগুলি মুক্তি পায়, এবং আপনারা যে মাধ্যমেই পডকাস্ট শুনতে অভ্যস্ত, সেখানেই এটি নিয়মিতভাবে উপলব্ধ অথবা আমার ইউটিউব চ্যানেলে youtube.com/melrobbins.।

৩. সোশ্যাল মিডিয়ার যোগসূত্র

নিজেদের পছন্দসই বিভিন্ন জনপ্রিয় সোশ্যাল মিডিয়া প্ল্যাটফর্মের মাধ্যমে প্রতিনিয়ত আমার সঙ্গে যোগাযোগ রাখতে হলে @melrobbins. এ নজর রাখুন।

সবিস্তারে জানতে হলে, দেখুন melrobbins.com